2011～2012

中国社会科学院创新工程学术出版资助项目

中国社会科学权威报告系列

总主编：陈佳贵

2011~2012 全球电信运营企业发展报告
——价值创造与可持续发展

THE GLOBAL TELECOM ENTERPRISES REPORT 2011-2012
——Value Creation and Sustainable Development

何瑛 主编

经济管理出版社
ECONOMY & MANAGEMENT PUBLISHING HOUSE

图书在版编目（CIP）数据

全球电信运营企业发展报告 2011~2012：价值创造与可持续发展/何瑛主编. —北京：经济管理出版社，2012.8
ISBN 978-7-5096-2041-0

Ⅰ.①全… Ⅱ.①何… Ⅲ.①电信—邮电企业—企业发展—研究报告—世界—2011~2012 Ⅳ.①F631

中国版本图书馆 CIP 数据核字（2012）第 156059 号

组稿编辑：张　艳
责任编辑：张　艳
责任印制：杨国强
责任校对：超　凡　熊兰华

出版发行：经济管理出版社
（北京市海淀区北蜂窝 8 号中雅大厦 A 座 11 层　100038）
网　　址：www.E-mp.com.cn
电　　话：(010) 51915602
印　　刷：三河市延风印装厂
经　　销：新华书店
开　　本：880mm×1230mm/16
印　　张：31.75
字　　数：780 千字
版　　次：2012 年 11 月第 1 版　2012 年 11 月第 1 次印刷
书　　号：ISBN 978-7-5096-2041-0
定　　价：298.00 元

·版权所有　翻印必究·
凡购本社图书，如有印装错误，由本社读者服务部负责调换。
联系地址：北京阜外月坛北小街 2 号
电　话：(010) 68022974　邮编：100836

全球电信运营企业发展报告 2011~2012

专家委员会

主　　任　陈佳贵　朱宏任

委　　员　(按姓氏笔画排序)

王长峰　吕廷杰　吕　政　吕　铁　孙启明　刘克选　安　佳　何　瑛
吴冬梅　吴　洪　宋　华　张世贤　张梦霞　忻展红　李　平　李　凯
李海舰　李维安　杜振华　杜莹芬　杨世伟　杨学成　汪　平　沈志渔
陈传明　陈　岩　林丹明　苑春荟　郑海航　金永生　金　碚　胡　春
荼洪旺　赵顺龙　赵景华　赵曙明　唐守廉　唐晓华　徐二明　徐向艺
郭玉锦　高　闯　戚聿东　梁雄健　黄秀清　黄津孚　黄速建　黄群慧
彭晓峰　曾剑秋　舒华英

编写委员会

主　　编　何　瑛

成　　员　东　娇　周　访　郝雪阳　李　娇　黄　洁　孔静敏　孙睿子　白瑞花
　　　　　王　晨　罗海虹　赵育梅　张　艳　陈　力　王　萌　申　兵　苑占伟
　　　　　潘教建　任　睿　李　玲　赵　立　彭亚男

序言

我国《国民经济和社会发展第十二个五年规划纲要》中明确提出要培育发展战略性新兴产业,并将新一代信息技术产业确立为七大战略性新兴产业之一,加以重点推进。新一代信息技术产业包括下一代信息网络、电子信息核心基础产业、高端软件及新兴信息服务业三个重点领域,其中新一代移动通信、下一代互联网、三网融合、物联网和云计算等是与通信业密切相关的重点发展方向。

世界各国为加快经济复苏并重建国家竞争力,纷纷加快科技创新与产业革命步伐,通过政府战略指引、政策激励甚至直接资金投入等重大举措,加强国家部署,将构建下一代国家信息基础设施作为发展重点和优先领域,力图抢占后金融危机时代经济、科技制高点。受到政府支持的全球重要电信运营企业竞争激烈,技术和商业模式创新已扩展到产业各个领域。面临国内外复杂的经济形势和社会发展环境,我国的通信业发展坚持统筹部署、创新引领、服务民生、安全可靠的基本原则,加快构建下一代国家信息基础设施,全面提高宽带普及率和接入带宽,深化基础设施应用效能,提升基础设施使用效率,培育基于宽带和移动互联网的新兴服务业态,发展壮大信息网络产业经济。

作为全面支撑经济社会发展的战略性、基础性和先导性行业,通信业具有创新速度快、通用性广、渗透力强的特点,是经济增长的倍增器、发展方式的转换器和产业升级的助推器。"十二五"期间，通信业将以服务经济社会发展为中心，加快转型升级，供给和需求双向推动，夯实市场对资源配置的基础性作用，强化规划指引、政策导向、要素支持的保障性作用，创新商业和服务模式，促进产业链的完善和延伸，推动工业化和信息化的深度融合，实现工业化和信息化的相互渗透和循环提升，提升国家信息化水平，为构建信息社会打下坚实的基础。同时，通信业还需要以国际化视野和战略性思维来推动宽带网络、新一代移动通信、下一代互联网、云计算、物联网等新兴产业形态发展，培育新的经济增长点。通过致力于提高国家科技实力和综合实力，着眼于引发技术和产业变革，做好战略决策储备、科技创新储备、领军人才储备、产业化储备，依托新一代信息技术这一战略新兴产业来支撑和引领我国经济社会的可持续发展。

随着通信业价值链外延的不断扩大，以及通信市场竞争的日趋加剧，如何通过创新商业模式和重塑价值创造方式获得可持续发展的核心能力，正成为电信行业发展的主旋律，智能管道和聚合平台正是实现这一转变的抓手或基石。随着行业融合发展的趋势进一步显现，电信运营企业对外需要与设备供应商、内容提供商、系统集成商、最终用户等共同搭建协同发展的产业链，对内需要进一步优化组织架构，逐步向平台化、虚拟化的方向演进，提高管理效率和管理水平。

"十二五"时期是全面建设小康社会的关键时期，通信业发展大有可为。希望我国通信业在未来发展中进一步提高核心竞争力，加快转型升级步伐，为服务国民经济和社会发展做出更积极的贡献。

工业和信息化部党组成员　总工程师

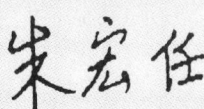

前 言

随着全业务竞争的日益加剧,电信行业正在发生本质的变化。日益同质化的产品和业务,使电信行业尤其是电信运营商的竞争,从业务和价格的竞争逐步转变为商业模式之争。因此,如何在价值链上改变电信运营商的地位,通过创新的商业模式获得持续发展的核心能力,正成为电信行业发展面临的核心问题。企业商业模式反映了一个公司基于价值导向的组织管理体系,是企业的 DNA。成功的商业模式可以促进对企业战略选择的分析、试验和确认;同样,成功的商业模式也能使企业获得强势的市场地位。随着物联网、云计算、Web3.0 等最新应用和技术的不断推广,苹果、微软、谷歌等企业对电信行业的进军,电信行业的构成和商业运作日趋复杂,因此,对电信运营企业来说创新商业模式应是一个系统工程。同时,随着用户规模的扩大,语音的支柱作用在减弱,数据以及移动互联网成为电信运营商的发力方向,智能手机和各类新型终端成为新的主流,移动流量激增及互联网创新商业模式也为电信运营商带来了新的挑战。总之,从目前电信行业的发展来看,技术、竞争、需求三方面的驱动力已经使得战略转型成为必然。电信行业的转型可以从三个角度界定:第一,从产业角度看,就是从传统的语音通信转变为信息通信,即 ICT 行业;第二,从价值创造角度看,电信价值链条转变成电信价值网络;第三,从企业角度看,传统的网络运营商正在转变为综合信息服务提供商。电信企业转型,其本质就是对公司赖以实现持续增长的商业模式进行创新,从而使企业获取长期竞争优势和实现可持续发展。

随着电信产业价值链的外延不断扩大,企业内部价值链所涉及专业分工更加精细,环节与流程更加复杂,但是电信运营商在产业价值链中的重要地位却始终没有改变。因此,技术和业务的转型要求管理向以客户为中心和提高运营效率方面转变,财务管理作为公司价值管理的主要部门,要深入研究产业价值链和内部价值链变化对公司价值的影响,提供战略成本信息,建立相应的估值模型,支撑公司建立合理的产业价值分配模式、盈利模式,推动产业价值链的扩大,实现企业价值最大化。同时,由于用户需求的多样化和激烈的市场竞争,企业内部需要精细管理经营收入、控制经营成本,确保收入质量、实现成本结构和效益的最优化,建立内部价值链管理体系,防止价值流失。

近年来,随着电信市场的进一步饱和,电信业务增长空间急剧缩小,企业效益、价值的增长陷入了困境,收入的增长进入了阶段性"瓶颈",增速不断减缓,已无法有效拉动企业效益的增长,成本资源消耗在市场竞争、服务完善、企业战略转型等增量因素作用下,上升似乎无法避免。因此,如何在电信运营企业利润不断摊薄的情况下,实现可持续的价值创造，成为所有电信运营企业面临的重要问题。

在上述背景下，《全球电信运营企业发展报告（2011~2012）：价值创造与可持续发展》的公开出版恰逢其时，为全球电信运营企业价值管理的研究和信息资源交流奉献了一份优秀的著述。

《全球电信运营企业发展报告（2011~2012）：价值创造与可持续发展》的主要内容包括：

第一部分——专题篇。包括一份总报告和五份分报告。

总报告对电信运营企业价值管理与提升战略进行了全面、系统的研究。基于价值导向从综合绩效和现金流视角构建电信运营企业财务竞争力评价体系，运用因子分析模糊矩阵评价法对世界500强中的20家电信运营企业（2011年）进行实证研究，并对综合绩效和现金流视角的两种财务竞争力评价结果与价值创造能力（EVA率）进行了相关性分析，分析了电信运营企业价值驱动要素，构建了价值管理模型，并基于市值管理理论的视角提出了价值管理与提升战略，电信运营企业价值管理的过程也就是价值创造、价值经营、价值实现的过程。

分报告则从品牌竞争力、品牌价值评估、客户价值分析、内部管理报告、融资机制等不同视角致力于电信运营企业价值创造与可持续发展的专题研究。

第二部分——报告篇。包括12家电信运营企业的可持续发展报告。

2011年进入世界500强的电信运营企业有20家，主要分布在美洲（6家）、欧洲（7家）、亚洲（6家）和大洋洲（1家），与2010年相同。其中：美国5家（AT&T、Verizon、Comcast、Sprint Nextel、DirectTV Group），日本3家（NTT、KDDI、Softbank），中国3家（中国移动、中国电信、中国联通），英国2家（Vodafone、BT），法国2家（France Telecom、Vivendi），墨西哥、澳大利亚、德国、意大利、西班牙各1家（America Movil、Telstra、Deutsche Telecom、Telecom Italia、Telefonica）。

报告从2011年进入世界500强的20家电信运营企业中，挑选出具有代表性的11家电信运营企业（中国3家，美国2家，英国2家，德国、西班牙、法国、墨西哥各1家），由于日本3家电信公司的年报对外披露过晚，所以选择了具有代表性的韩国SK电讯代替，总共12家，分别从公司简介、公司战略、公司治理、市场概览、业务概览、经营和财务绩效、内控与风险管理、人力资源发展、企业社会责任和前景展望10个方面，对其可持续发展状况进行概述研究。

第三部分——指标篇。呈现全球电信运营企业关键绩效指标概览。

报告从投资经营效果、融资管理效率、成本费用管理、现金与质量管理、可持续成长管理、价值创造与分配六个方面精选出44个重要指标，呈现出2011年20家公司的指标值以及平均值，为电信运营企业的标杆管理提供了可以参照的依据。同时，报告对每个关键绩效指标分四大洲呈现出2009~2011年的趋势数据，为电信运营企业的精细化管理提供有价值的基础数据信息。

第四部分——附录篇。

主要包括：2011年中国国民经济和社会发展统计公报、2011年中国电信业统计公报、2011年进入世界500强的20家电信运营商关键绩效指标一览表、全球电信运营企业LEGO以及2012年全球网络就绪度指数排名等。

《全球电信运营企业发展报告（2011~2012）：价值创造与可持续发展》的创新之处包括：

第一，随着国内外学者对企业经营目标的反思，价值管理理论经历了从股东价值管理、利益相关者价值管理到市值管理的变迁过程。报告分析了电信运营企业价值驱动要素,构建了价值管理模型,并基于市值管理理论的视角提出了价值管理与提升战略。

第二,目前国内外对企业财务竞争力的研究多处于概念界定和理论阐述阶段,尚未建立起规范可行的财务竞争力评价体系。报告基于价值导向从综合绩效和现金流视角构建了电信运营企业财务竞争力评价体系,并运用因子分析模糊矩阵评价法对2011年进入世界500强的20家电信运营企业进行实证研究得出:①基于综合绩效和现金流视角的财务竞争力评价结果之间具有较强的相关性;②价值创造能力(EVA率)与财务竞争力评价结果之间具有较强的相关性;③股价与财务竞争力评价结果之间也具有较强的相关性。

第三,报告从2011年进入世界500强的20家电信运营企业中,挑选出具有代表性的12家分别从10个方面对其可持续发展状况进行概述研究,为电信运营企业的国际化拓展提供了有价值的信息。

第四,报告呈现的全球电信运营企业的关键绩效指标(横向比较、纵向趋势、均值数据、分洲数据),为电信运营企业的标杆管理、精细化管理提供了可以参照的依据和有价值的基础数据信息。

作为第一部反映全球电信运营企业价值管理和可持续发展状况的报告,该著作难免有偏颇或疏漏之处。报告团队将与电信各界携手前进,共同努力,为电信行业的发展和电信运营企业的价值创造与提升做出更大的贡献。

何 瑛

2012年10月26日

目 录

第一部分 专题篇——全球电信运营企业价值管理与提升战略

总 报 告　电信运营企业价值管理与提升战略研究 / 3
分报告一　电信运营企业品牌竞争力指数 / 19
分报告二　电信运营企业品牌价值评估 / 33
分报告三　电信运营企业客户价值分析 / 45
分报告四　电信运营企业内部管理报告体系 / 66
分报告五　电信业融资机制的国际经验比较及启示 / 76

第二部分 报告篇——全球电信运营企业可持续发展报告

一　美国电报电话公司可持续发展报告（AT&T）/ 89
二　美国 Verizon 电信公司可持续发展报告 / 109
三　中国移动通信集团公司可持续发展报告 / 129
四　西班牙电信公司可持续发展报告（Telefonica）/ 155
五　德国电信公司可持续发展报告（Deutsche Telecom）/ 177
六　英国沃达丰公司可持续发展报告（Vodafone）/ 201
七　法国电信公司可持续发展报告（France Telecom）/ 219
八　墨西哥美洲电信公司可持续发展报告（America Movil）/ 241
九　中国电信集团公司可持续发展报告（China Telecom）/ 259
十　中国联通公司可持续发展报告（China Unicom）/ 287
十一　英国电信集团可持续发展报告（BT Group）/ 315
十二　韩国"SK 电讯"公司可持续发展报告（SK Telecom）/ 335

第三部分 指标篇——全球电信运营企业关键绩效指标

一 电信运营企业投资经营效果绩效指标概览 / 355
二 电信运营企业融资管理效率绩效指标概览 / 368
三 电信运营企业成本费用管理绩效指标概览 / 375
四 电信运营企业现金与质量管理绩效指标概览 / 383
五 电信运营企业可持续成长管理绩效指标概览 / 393
六 电信运营企业价值创造与分配绩效指标概览 / 400

第四部分 附录篇——统计公报、绩效指标和网络就绪度

附录一 2011年中国国民经济和社会发展统计公报 / 411
附录二 2011年中国电信业统计公报 / 435
附录三 2011年进入世界500强的电信运营商关键绩效指标一览表 / 449
附录四 全球电信运营企业及LOGO / 475
附录五 2011~2012年全球网络就绪度指数排名 / 480

后 记 / 493

Contents

Section1 Special Subject Part: The Value Management and Promoting Strategies of Telecom Enterprises

Main Report: The Value Management and Promoting Strategies of Telecom Enterprises / 3
Report Ⅰ The Brand Competitiveness Index of Telecom Enterprises / 19
Report Ⅱ The Evaluation of Brand Value for Telecom Enterprises / 33
Report Ⅲ The Analysis of Customers Value for Telecom Enterprises / 45
Report Ⅳ The Internal Management Reporting System of Telecom Enterprises / 66
Report Ⅴ The International Comparison and Enlightenment on the Financing Mechanism of Telecom Enterprises / 76

Section2 Report Part: The Report on Sustainable Development of Global Telecom Enterprises

一 The sustainable development report of AT&T / 89
二 The sustainable development report of Verzion / 109
三 The sustainable development report of China Mobile Communications / 129
四 The sustainable development report of Telefonica / 155
五 The sustainable development report of Deutsche Telekom / 177
六 The sustainable development report of Vodafone / 201
七 The sustainable development report of France Telecom / 219
八 The sustainable development report of America Movil / 241
九 The sustainable development report of China Telecom / 259
十 The sustainable development report of China Unicom / 287
十一 The sustainable development report of BT Group / 315

十二　The sustainable development report of SK Telecom / 335

Section3　Indicator Part: Key Performance Indicators for Global Telecom Enterprises

一　An overview of performance indicators of investment management effectiveness for Telecom Enterprises / 355

二　An overview of performance indicators of Financing management efficiency for Telecom Enterprises / 368

三　An overview of performance indicators of Cost management for Telecom Enterprises / 375

四　An overview of performance indicators of Cash and Quality management for Telecom Enterprises / 383

五　An overview of performance indicators of Sustainable development management for Telecom Enterprises / 393

六　An overview of performance indicators of Value creation and distribution for Telecom Enterprises / 400

Section4　Appendix Part: Statistical Bulletin、Performance Indicators and Network Readiness Index

Appendix Ⅰ　China's national economy and social development statistical bulletin for the year 2011 / 411

Appendix Ⅱ　China's telecom industry statistics bulletin for the year 2011 / 435

Appendix Ⅲ　List of key performance indicators for the twenty Telecom Enterprises on the top 500 of fortune forum in the world during the year 2011 / 449

Appendix Ⅳ　Names and Logos of the World Leading Telecom Enterprises / 475

Appendix Ⅴ　Ranks of Network Readiness Index for 2011–2012 / 480

Postscript / 493

第一部分 专题篇
——全球电信运营企业价值管理与提升战略

总 报 告　电信运营企业价值管理与提升战略研究
分报告一　电信运营企业品牌竞争力指数
分报告二　电信运营企业品牌价值评估
分报告三　电信运营企业客户价值分析
分报告四　电信运营企业内部管理报告体系
分报告五　电信业融资机制的国际经验比较及启示

总报告
电信运营企业价值管理与提升战略研究
——基于进入世界500强的20家电信运营企业的实证研究

一 引言

价值管理（value-based management），是20世纪80年代在美国企业界开始出现，经麦肯锡顾问公司提倡和推广的一种新型管理理念和管理模式。如同60年代末的"营销管理"取代"销售管理"，以及70年代末的"全面质量管理"取代"产品质量控制"一样，不是简单地替代"传统财务管理"等内容，而是一种内涵和外延的升华。世界许多著名企业，如微软、可口可乐、西门子、西南航空、杜邦公司等，都是价值管理的实践者和受益者。斯图斯特咨询公司的一项研究表明，推广和实施价值管理的公司与未推广和实施价值管理的公司相比，年收益高出8.25%。因此，已有越来越多的中国公司将传统的"财务管理"心智模式转变为"价值管理"心智模式也就不足为奇了（何瑛，2005）。价值管理是以企业价值最大化观念为先导，以价值创造和价值评估为基础，将预期、计量、控制、激励融于一体的综合管理模式。随着企业组织形式多元化和资本市场成为企业经营的外部激励机制，基于价值导向来研究战略决策、公司治理、过程控制、业绩评价和并购扩张已经成为专家和学者对价值管理理论研究内容的共识（翁世淳，2010）。与传统的企业管理模式关注企业的利润最大化、股东权益最大化不同，这种新的企业管理模式突出了企业价值在企业管理理念中的核心地位，立足于企业整体价值的提升（张济建、苗晴，2010）。电信运营企业作为在中国香港和美国上市的大型央企，关注价值创造、实施价值管理是各类相关利益者的共同诉求，财务转型的实施为电信运营企业实施价值管理创造了良好的控制环境和契机。

二 价值管理理论的演进和变迁

翁世淳提出随着国内外学者对企业经营目标的反思，价值管理理论经历了从股东价值管理、利益相关者价值管理到市值管理的变迁过程。①股东价值管理。股东价值管理理论诞生于20世纪80年代后期，当时正处于资本市场对企业产生剧烈冲击的年代，资本市场频繁发生的公司控制权接管交易迫使公司管理者更多地考虑如何创造价值。以 Alfred Rappaport、Joel Stern 和 Copeland 为代表的一批学者把 Modigliani 和 Miller (MM) 的价值评估方法和公司战略评估引入到股东价值管理研究中，推进了价值管理理论的发展。股东价值管理理论的确立存在两个基本前提：第一，公司的一切行为都以价值思想定位作为基础。第二，只有超过资本成本的收益才能被确认为创造价值。基于上述两个前提在实践中逐渐形成三种既有联系又有区别的股东价值管理模式：第一种管理模式被称为 SVA 模式，由 Rappaport 创造并被 LEK 公司采纳应用。该模式认为企业价值创造目标是最大化股东价值 (SVA)，实现 SVA 的股东价值方法分为价值审查、价值驱动因素评估、战略评价和股东价值方法培训四项内容。第二种管理模式被称为最大化经济价值模式 (EVA)，由斯特于1989年提出，并被思图斯特公司推广应用。虽然 EVA 模式的实施步骤沿袭了 SVA 模式，但是 EVA 模式从根本上讲，是一种业绩管理模式。以 EVA 指标设计的管理层薪酬计划可以达到公司董事会考虑的利益协同、财富杠杆、挽留员工和降低股东成本等诸多目标。第三种管理模式被称为 Mckingsey 模式，由 Copeland 提出并被 Mckingsey 公司应用。Mckingsey 模式并没有提出特定价值创造目标，但是强调公司必须将自身的长远目标与价值创造目标相结合，采用严格方法管理公司所有业务，并选择最佳时机进行并购重组。②利益相关者价值管理。整个20世纪90年代，虽然奉行股东价值管理模式的美国公司投资者取得了巨大收益，但是这个被 Stiglitz (2003) 称为"喧嚣的九十年代"的背后是财富分配的不均、层出不穷的公司欺诈丑闻和全球环境的恶化。1997年东南亚金融危机和新千年网络经济破灭表明，一味通过提高公司内部资源的配置和利用效率来创造价值的股东价值管理模式已经无法得到资本市场的认同，对股东价值最大化目标追逐最终会摧毁公司本身。随着利益相关者理论的浮现，强调公司社会责任以实现企业价值成为这一时期价值管理理论的焦点。包括 Freeman (1984)、Blair (1995)、Donaldson 和 Preston (1995) 在内的利益相关者理论学者普遍认为，企业决策应该是平衡所有利益相关者的利益，而不仅仅是最大化股东的利益。但是不同利益相关者的利益需求往往相矛盾，同时由于各个企业资源禀赋差异，其履行的社会责任程度也不同。Clarkson (1995) 通过实证总结了五类典型利益相关者问题，并借用 Carroll (1979) 模型建立了利益相关者战略管理模式 (RDAP)，认为不同资源禀赋的企业可以采用相应的管理战略。Jawahar 和 Mclaughlin 根据 Miller 和 Friesen (1980) 提出的阶段顺序：创业、成长、成熟、衰退/再生，在资源依赖理论和期望理论基础上发展了 RDAP 模式，提出了基于企业生命周期的利益相关者管理战略，构建出按照企业生命周期和企业利益相关者类型两个维度的管理战略矩阵。从利益相关者角度分析，无论 RDAP 模式还是企业生命周期管理战略模式的立足点仍然是企业管理者，利益相关者仅作为关注对象却不参与企业管理，企业决策更多来自管理者对道德价值的判断，一旦发生偏离，管理者就会最大限度地追求个人利益导致摧毁企业长期价值。③市值管理。进入21世纪后，强调社会责任的利益相关者价值管理理论似乎在与股东价值管理理论的争论中占据了上风。Jensen 认为传统利益相关者价值管理理论的根本缺陷在于违背理性公司应当遵守的单一价值目标原则。公司管理者为平衡不同利益相关者价值所制定的战略，与公司同时追求当前利润和扩充市场份额一样充满矛盾。企业价值不但被 Jensen 赋予了新内涵，即"利润预期下的长期市场价值"，而且也得到了"当经济中的所有公司企图最大化自身公司总价值时，社会福利也达到最大"的著名论断。Jensen 的研究最大的理论贡献在于提出了企业价值是利润预期下的长期市场价值这一重要概念（Jensen Michael，2001），使人们认识到对企业的市场价值管理成为价值管理理论发展的重要路径，价值管理理论的研究重心也逐渐从价值创造转向价值实现与价值经营。市值管理不仅强调企业价值的创造和提升，追求价值最大化目标，还关注企业价值在市场中实现的过程（翁世淳，2010）。

三 电信运营企业价值创造与财务竞争力综合评价及排名

财务竞争力根植于企业的财务资源和财务管理活动中，是基于价值导向的成长管理、盈利管理和风险管理动态平衡的综合实力体现（Fama 和 French，1991）。财务竞争力的强弱可以基于现金流量、综合绩效、经济增加值等视角加以衡量和评价。笔者以 Fama 和 French、吴荷青、张友棠、朱晓等关于如何评价财务竞争力的研究作为基础，结合电信运营企业资产、技术密集型的特点，逐步实施精细化管理将效益管理落到实处的要求，以及追求管理成长、提高盈利和控制风险的动态均衡实现价值增值为导向，构建了现金流视角的电信运营企业财务竞争力评价体系，同时为了验证评价结果的客观性，又建立了一套综合绩效视角的电信运营企业财务竞争力评价体系进行相关性研究，如表1-0-1和表1-0-2所示。

表 1-0-1　电信运营企业基于综合绩效的财务竞争力评价体系

总目标	子目标	一级指标	二级指标
财务竞争力	风险管理	融资效率	资产负债率　流动比率　利息保障倍数
	盈利管理	投资效果	总资产报酬率　净资产报酬率 经济增加值率（EVA率）　息税、折旧摊销前利润占收比（EBITDA率）
		资产管理	总资产周转率　固定资产周转率　应收账款周转率
		现金管理	销售现金比率　资产现金回收率　自由现金流占收比
	成长管理	成长能力	总资产增长率　主营业务收入增长率　净利润增长率 资本性支出占收比　每股收益增长率

表 1-0-2 电信运营企业基于现金流的财务竞争力评价体系

总目标	子目标	一级指标	二级指标	三级指标
财务竞争力	风险管理	安全性	流动性	现金比率 现金流量比率
			结构性	现金流入流出比
			灵活性	坏账发生率
	盈利管理	盈利性	效率性	销售现金比率
			效益性	自由现金流占收比 资产现金回收率息税、折旧摊销前利润占收比
	成长管理	可持续性	充足性	现金流量经营充足率
			稳定性	可持续增长率
			增长性	资本性支出占收比 经营活动现金流量增长率

本书选取的样本研究对象为进入世界500强的20家电信运营企业，但由于美国Sprint Nextel公司的年报尚未发布，同时考虑到韩国SK电讯在世界电信市场尤其是亚洲电信市场的良好表现和重要性，此次研究用韩国SK电讯替换掉美国Sprint Nextel公司，即本次的样本研究对象为进入世界500强的19家电信运营商加上韩国的SK电讯公司，总共20家，其中各项指标的计算取值均来自各公司公布的2011财年年报，其中由于日本和英国公司的财年计算是从本年的4月1日到次年的3月31日，因此对日本和英国公司选取的是2012年年报。在计算出各评价指标数值后使用SPSS 20.0软件对数据进行处理。本书采用了因子分析模糊综合评价法，能够将对样本公司各项指标的客观评价以及决策者对各评价层面的主观判断相结合，弥补了层次分析法易受人为操纵以及主成分分析法不能体现决策者经营重心的缺憾。基于两种不同视角（综合绩效和现金流）的评价结果不仅可以对企业的整体财务竞争力进行相关性评价，而且能够从多角度进行分析并提出提升电信企业财务竞争力的路径。

1. 因子分析

（1）提取公共因子。对各指标进行因子分析前，我们先对样本数据进行了KMO检验和Banlett球度检验，检验结果表明，所有的KMO检验值均大于0.5，说明样本数据适用于因子分析。所有的Banlett球度检验值均小于0.05，即当显著水平为95%时，样本数据适用于因子分析。对样本数据进行因子分析，按照累积方差贡献率大于80%的原则，各一级指标选入的公共因子列表如表1-0-3和表1-0-4所示。

表 1-0-3 各一级指标公共因子及方差贡献率（基于综合绩效）

目标	指标	公共因子	特征根	方差贡献率（%）	累积方差贡献率（%）
风险管理	融资效率	F11	1.584	52.805	52.805
		F12	1.108	36.947	89.753
盈利管理	投资效果	F21	1.910	47.751	47.751
		F22	1.012	25.303	73.054
		F23	1.004	25.110	98.164
	资产管理	F31	1.663	55.446	55.446
		F32	1.006	33.544	88.989
	现金管理	F41	1.360	45.320	45.320
		F42	1.088	36.275	81.595

续表

目标	指标	公共因子	特征根	方差贡献率（%）	累积方差贡献率（%）
成长管理	成长能力	F51	1.944	38.875	38.875
		F52	1.846	36.929	75.805
		F53	1.049	20.978	96.782

表 1-0-4　各一级指标公共因子及方差贡献率（基于现金流）

目标与指标	公共因子	特征根	方差贡献率（%）	累积方差贡献率（%）
风险管理——安全性	F11	1.228	32.209	32.209
	F12	1.249	31.225	63.434
	F13	1.009	25.215	86.649
盈利管理——盈利性	F21	1.529	38.223	38.223
	F22	1.055	26.378	64.602
	F23	1.040	26.003	90.604
成长管理——可持续性	F31	1.529	38.213	38.213
	F32	1.045	26.136	64.349
	F33	1.026	25.655	90.004

（2）计算各一级指标的综合得分。以旋转后因子的方差贡献率为权重，由各因子的线性组合得到某个一级指标的综合得分。计算公式如下：

$$F = \omega_1 F_1 + \omega_2 F_2 + \cdots + \omega_n F_n \quad (1)$$

在各一级指标内按照式（1）计算因子得分总计如表 1-0-5 和表 1-0-6 所示。

表 1-0-5　20 家电信运营企业基于因子分析的各一级指标因子得分及排名（基于综合绩效）

排名	公司名称	风险管理 融资效率		盈利管理 投资效果		资产管理		现金管理		成长管理 成长能力	
		得分	排名	得分	排名	得分	排名	得分	排名	得分	排名
1	日本 NTT	0.57	3	−0.50	17	−0.47	20	−0.38	16	−0.29	14
2	美国 AT&T	−0.19	13	−0.87	20	−0.37	17	−0.22	11	−0.82	19
3	美国 Verizon	−0.01	7	−0.18	14	−0.34	15	−0.20	10	0.01	10
4	中国移动	2.34	1	1.44	1	1.28	2	1.40	2	−0.11	11
5	西班牙电信	−0.46	18	−0.07	11	−0.34	16	−0.16	9	−0.42	17
6	德国电信	−0.35	15	−0.49	16	−0.32	14	−0.10	8	−0.93	20
7	英国沃达丰	0.19	4	−0.16	12	−0.16	9	−0.33	15	−0.36	15
8	法国电信	−0.30	14	−0.18	13	−0.20	10	0.04	6	−0.38	16
9	美国 Comcast	−0.37	16	−0.33	15	−0.22	11	−0.29	13	1.17	2
10	墨西哥美洲电信	−0.14	10	0.70	4	−0.14	8	0.15	4	0.07	8
11	日本 KDDI	0.66	2	0.01	10	0.20	3	−0.49	20	−0.11	12
12	中国电信	0.08	6	0.02	8	−0.26	13	0.06	5	0.35	4
13	意大利电信	−0.13	9	−0.81	19	−0.44	19	−0.44	18	−0.68	18
14	日本 Softbank	−0.08	8	0.13	6	0.05	6	−0.31	14	0.74	3
15	法国 Vivendi	−0.18	12	0.01	9	0.09	5	−0.38	17	−0.21	13
16	中国联通	−0.53	19	−0.66	18	−0.26	12	−0.47	19	1.20	1
17	英国电信	−0.66	20	1.02	2	0.12	4	−0.26	12	0.08	7
18	美国 DirectTV Group	−0.45	17	0.20	5	2.23	1	−0.02	7	0.35	5
19	澳大利亚电信	−0.15	11	0.73	3	−0.37	18	0.96	3	0.04	9
20	韩国 SK 电讯	0.18	5	0.02	7	−0.09	7	1.43	1	0.30	6

表1-0-6　20家电信运营企业基于因子分析的各一级指标因子得分及排名（基于现金流）

排名	公司名称	风险管理——安全性		盈利管理——盈利性		成长管理——可持续性	
		得分	排名	得分	排名	得分	排名
1	日本NTT	−0.01	11	−0.24	14	0.06	9
2	美国AT&T	−0.63	18	−0.32	16	−0.01	10
3	美国Verizon	0.08	10	−0.10	10	−0.02	12
4	中国移动	0.85	1	1.34	1	0.54	3
5	西班牙电信	−0.1	12	−0.09	9	0.13	7
6	德国电信	−0.36	16	0.03	6	−0.07	14
7	英国沃达丰	0.37	5	−0.20	13	−0.18	17
8	法国电信	0.50	4	0.12	5	−0.01	11
9	美国Comcast	−1.00	20	−0.72	20	−0.13	16
10	墨西哥美洲电信	−0.23	14	−0.15	11	−0.05	13
11	日本KDDI	−0.48	17	−0.42	18	−1.76	20
12	中国电信	0.25	7	0.21	4	0.42	4
13	意大利电信	0.32	6	−0.07	8	0.29	5
14	日本Softbank	0.82	2	−0.16	12	0.83	1
15	法国Vivendi	0.56	3	−0.26	15	−0.30	18
16	中国联通	0.20	9	−0.46	19	0.67	2
17	英国电信	0.23	8	−0.41	17	−0.55	19
18	美国DirectTV Group	−0.83	19	−0.05	7	−0.13	15
19	澳大利亚电信	−0.25	15	0.92	3	0.19	6
20	韩国SK电讯	−0.23	13	1.03	2	0.08	8

2. 模糊综合评价

本书的财务竞争力评价指标体系共有三或五个一级指标，设 d_k（$k=1,2,3,4,5$）或者 d_k（$k=1,2,3$）为第 k 个一级指标的权重，用模糊评价法确定如下：

（1）确定一级指标对于评价财务竞争力的重要性排序及对于财务竞争力重要性的隶属度值。本书对一级指标之间的相对重要性进行了专家调查，然后结合电信运营企业现阶段的发展特点，将融资效率、投资效果、资产管理、现金管理和成长能力按1，2，3，4，5的顺序排列成一个矩阵A，或将安全性、盈利性、可持续性按1，2，3的顺序排列成一个矩阵B，就会分别得到两个各一级指标之间优越性二元对比矩阵A和矩阵B。

矩阵A和矩阵B满足条件：若 d_k 比 d_l 优越，取 $e_{kl}=1$，$e_{lk}=0$；若 d_l 比 d_k 优越，取 $e_{kl}=0$，$e_{lk}=1$；若 d_k 与 d_l 同样优越，取 $e_{kl}=e_{lk}=0.5$。其中 $k,l=1,2,3,4,5$ 或 $k,l=1,2,3$。

矩阵A和矩阵B通过了一致性检验，可以得出各一级指标对财务竞争力的重要程度的排序为：①基于综合绩效：分为三个层级——第一层级为投资效果、第二层级为融资效率和成长能力、第三层级为资产管理和现金管理水平，重要度依次减弱。以投资效果为标准，将其他方面逐一和投资效果进行对比发现：投资效果与成长能力和融资效率相比，其重要程度介于"同样重要"与"稍稍重要"之间；投资效果与资产管理和现金管理水平相比，其重要程度介于"稍稍重要"与"略微重要"之间。②基于现金流：分为三个层级——第一层级为盈利性、第二层级为安全性、第三层级为可持续性，重要度依次减弱。以盈利性为标准，将其他方面逐一和盈利性进行对比发现：盈利性与安全性相比，其重要程度介于"同样重要"与"稍稍重要"之间；盈利性与可持续性相比，其重要程度介于"稍稍重要"与"略微重要"之间。这样，我们就用语气算子定义了前一步中所提及的优越性的程度。

（2）对隶属度值进行归一化处理，即得到各一级指标的评价权重。根据上述判断结果，查表即可得到各一级指标对财务竞争力重要性的相对隶属度向量：

$$d_k = (1.0, 0.905, 0.739, 0.905, 0.739)^T \quad (2)$$

或者 $d_k = (0.905, 1.0, 0.739)^T \quad (3)$

对式（2）和式（3）进行归一化处理后，即得到各一级指标的权向量：

$$d'_k = (0.2332, 0.2111, 0.1723, 0.2111, 0.1723)^T \quad (4)$$

或者 $d_k = (0.3423, 0.3782, 0.2795)^T \quad (5)$

3. 财务竞争力与价值创造排名

样本的综合评价得分计算公式为：

$$Z = \sum_{k=1}^{q} d_k F_k \quad (q = 5 \text{ 或 } 3) \quad (6)$$

其中，F_k 即根据式（1）计算得出的各一级指标的综合得分；Z 即财务竞争力得分。将上述计算结果代入式（6）即可计算出 20 家电信运营企业的财务竞争力综合得分及排名，现将基于综合绩效和现金流的财务竞争力评价结果及价值创造排名（EVA 率）汇总如表 1-0-7 和表 1-0-8 所示。

表 1-0-7 基于综合绩效和现金流的财务竞争力评价综合得分及排名

500强排名	公司名称	财务竞争力综合得分及排名 基于综合绩效		财务竞争力综合得分及排名 基于现金流		EVA 率
		得分	排名	得分	排名	排名
1	日本 NTT	−0.21	15	−0.07	13	16
2	美国 AT&T	−0.53	20	−0.34	18	17
3	美国 Verizon	−0.15	12	−0.01	11	13
4	中国移动	1.27	1	0.95	1	2
5	西班牙电信	−0.30	17	−0.05	12	9
6	德国电信	−0.48	18	−0.13	14	18
7	英国沃达丰	−0.16	14	−0.00	10	12
8	法国电信	−0.21	16	0.21	6	11
9	美国 Comcast	0.01	10	−0.65	19	15
10	墨西哥美洲电信	0.15	5	−0.15	15	3
11	日本 KDDI	0.07	8	−0.82	20	10
12	中国电信	0.06	9	0.28	5	14
13	意大利电信	−0.52	19	0.16	7	20
14	日本 Softbank	0.12	6	0.45	2	6
15	法国 Vivendi	−0.14	11	0.01	9	7
16	中国联通	−0.15	13	0.08	8	19
17	英国电信	0.09	7	−0.23	16	5
18	美国 DirectTV Group	0.40	2	−0.34	17	1
19	澳大利亚电信	0.25	4	0.31	4	4
20	韩国 SK 电讯	0.34	3	0.33	3	8

表 1-0-8　世界 500 强电信运营企业财务竞争力评价与价值创造综合排名（2009~2011 年）

500强排名	公司名称	2009年 财务竞争力综合排名（基于综合绩效）	2009年 财务竞争力综合排名（基于现金流）	2009年 EVA率排名	2010年 财务竞争力综合排名（基于综合绩效）	2010年 财务竞争力综合排名（基于现金流）	2010年 EVA率排名	2011年 财务竞争力综合排名（基于综合绩效）	2011年 财务竞争力综合排名（基于现金流）	2011年 EVA率排名
1	日本 NTT	8	4	17	10	14	18	15	13	16
2	美国 AT&T	13	10	11	15	12	8	20	18	17
3	美国 Verizon	10	7	12	17	8	13	12	11	13
4	中国移动	1	1	2	1	1	2	1	1	2
5	西班牙电信	7	6	5	8	6	6	17	12	9
6	德国电信	15	14	19	13	15	17	18	14	18
7	英国沃达丰	12	13	8	16	16	14	14	10	12
8	法国电信	14	12	10	14	17	10	16	6	11
9	美国 Comcast	17	5	16	11	3	16	10	19	15
10	墨西哥美洲电信	2	2	1	2	2	1	5	15	3
11	日本 KDDI	6	9	9	5	11	11	8	20	10
12	中国电信	5	8	14	9	10	15	9	5	14
13	意大利电信	18	17	7	12	14	7	19	7	20
14	日本 Softbank	11	11	15	4	5	12	6	2	6
15	法国 Vivendi	8	18	13	7	18	9	11	9	7
16	中国联通	16	15	18	18	9	19	13	8	19
17	英国电信	20	19	3	19	20	4	7	16	5
18	美国 DirectTV Group	3	16	6	3	13	3	2	17	1
19	澳大利亚电信	4	3	4	6	7	5	4	4	4
20	韩国 SK 电讯	—	—	—	—	—	—	3	3	8

综观上述，进入世界 500 强的电信运营企业的三种排名结果，可以发现相关性较高，连续三年中国电信运营企业相对绩效呈现出上升的趋势，并且中国移动始终处于综合实力第一的位置。具体来看：

首先，在 2009~2011 年这三年里，进入世界 500 强的电信运营企业始终保持在 20 家左右。从整体得分的趋势来看，基于综合绩效和基于现金流的财务竞争力得分为正的公司数量呈现逐年上升趋势，价值创造能力（EVA 率）也呈现出同样的上升趋势。以 2011 年和 2010 年为例，财务竞争力得分为正的公司数量增加了 4 家，EVA 率为正的公司数量从 2010 年的 6 家增加了到 2011 年的 7 家，说明电信运营企业都在积极致力于提升财务竞争力和创造价值的能力。

其次，按各家电信运营企业所处的地理位置不同划分，这 20 家公司主要来自美洲、亚洲、欧洲和大洋洲四个地区，相比较而言，亚洲地区的电信市场发展要好于欧洲和美洲地区，尤其是中国移动和韩国 SK 电讯的业绩表现要远远地超过其他电信运营企业。其中，欧洲的 7 家电信运营商在这三年内的表现一直处于中等偏下水平，与 2009 年和 2010 年相比，西班牙电信、德国电信、英国沃达丰、意大利电信和法国电信的排名略微下降，英国电信和法国 Vivendi 的排名有所上升。美国的四家公司三年基本上维持在均衡发展的水平，DirectTV Group 公司的财务竞争力和 EVA 率排名较其他三家相对靠前。墨西哥美洲电信同 2010 年和 2009 年相比，在现金流管理方面的竞争力显著下降，综合绩效排名和 EVA 率排名仍然处于第一集团的位置。作为大洋洲唯一一家进入世界500强排名的电信运营企业,澳大利亚电信尽管在世界500强的榜单中排名并不靠前,但在这连续三年内,无论是财务竞争力还是价值创造能力都名列前茅,这在一定程度上说明世界500强的评价标准和比较方式可能存在评价标准单一、不能全面反映企业能力尤其是企业财务综合实力的问题。另外,值得注意的是,韩国SK电讯尽管在营业收入和经营规模上无法同其他19家运营商相比,但其利用资源进行价值创造和产生现金流的能力确实不容小觑,其财务竞争力和EVA率的综合排名略低于中国移动。

再次,从具体的各家公司的排名情况来看,基于综合绩效的财务竞争力排名和EVA率的排名情况更加具有相关性和一致性,以2011年为例,基于综合绩效的财务竞争力排名位于前三位的是中国移动、美国DirectTV Group和韩国SK电讯,而这三家公司的EVA率排名也分别为第二位、第一位和第八位;基于综合绩效的财务竞争力排名后三位的是美国AT&T、意大利电信和德国电信,而这三家公司的EVA率排名分为第十七位、第十八位和第二十位。说明企业的财务竞争力和创造价值的能力存在正相关性,能够在投资、融资、现金管理、资产管理等方面拥有卓越表现的公司通常具有较强的价值创造能力。另外,基于现金流的财务竞争力排名和基于综合绩效的财务竞争力排名两者之间在大多数公司存在同向的相关性,但在个别公司存在较大的反差,拥有较强的基于综合绩效的财务竞争力的公司不一定就具备卓越的现金管理能力,如墨西哥美洲电信2011年的基于综合绩效的财务竞争力排名为第八位,但是现金流的排名为第十五位,这主要是由于2011年墨西哥电信受到了资费下降、大量收购业务的影响,造成了现金流管理的效率下降。现金作为企业最重要的资产之一,影响着企业的短期偿债能力以及流动性等多个重要方面,高效的现金管理和现金生产能力对企业的长期发展有着极其重要的意义,越来越多的投资者开始关注企业的现金流状况,而不再单一重视企业的盈利和经营规模。企业要想在未来立于不败之地,应该重视现金管理,关注自由现金流指标,提升企业在现金流方面的管理能力和利用效率。

最后,中国的三家电信运营企业在这20家运营商中保有重要的市场地位和较为杰出的经营业绩,就中国电信市场而言,三家运营商齐头并进,但又各有优势和弊端,在未来的发展中,中国移动一家独大的情况将得到缓解,中国联通和中国电信将会在中国乃至世界的电信市场取得更将长足的进步和发展。具体来看,中国移动三年连续领跑,始终保持着财务竞争力第一、EVA率排名第二的排名,无论是财务竞争力方面还是创造价值方面都存在明显的优势。中国联通从2008年电信重组以来,经营业绩明显提高,与2010年相比,中国联通在2011年的财务竞争力有了明显的提升,从第十三位和第九位上升到2011年的第十三位和第八位,但其EVA率的排名三年来始终处于劣势,并没有随着经营业绩的改善而为股东创造与之相得益彰的财富和价值,这是值得中国联通深思的一点。中国电信在价值创造和财务竞争力方面的表现基本上处于稳定的水平,始终保持中等水平,2011年其在现金流管理方面有较为明显的进步,从2010年的第十位上升到第五位,同样,中国电信的EVA率排名较联通而言稍有优势,但仍为负,尚未给股东创造财富。

四 电信运营企业价值驱动要素与价值管理模型构建

在过去的半个多世纪里，拉巴波特创立的自由现金流量（FCFF）估价模型将企业价值管理和价值增长的基本路径相结合，一直为理论界所推崇。20世纪80年代后期，出现了诸如经济增加值（EVA）、现金增加值（CVA）、市场增加值（MVA）、股东价值分析（SVA）、投资现金流收益（CFROI）等价值评估模型，这些模型本质上都是从财务视角分析企业价值驱动因素（Fredrik Weissenrieder，1997）。直到1989年，美国罗伯特·S.卡普兰与戴维·P.诺顿提出平衡计分卡，从经营视角诠释企业价值驱动因素。这两类模式从不同视角和侧重点诠释了企业价值的驱动因素，反映了不同的战略思想。

（一）电信运营企业经济增加值驱动要素与价值管理策略

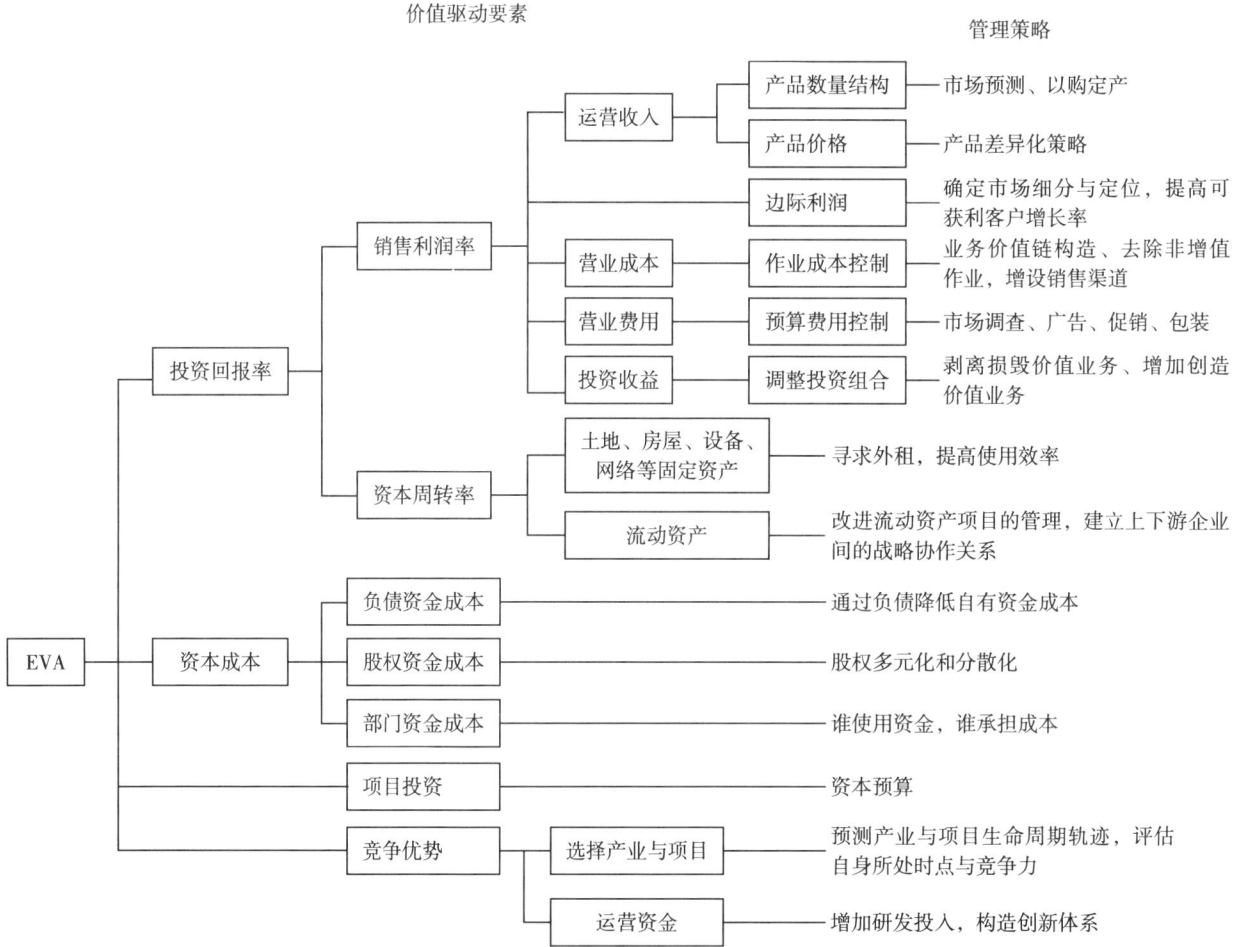

图 1-0-1 经济增加值驱动要素与价值管理策略

资料来源：何瑛.电信运营企业财务转型 [M].北京：经济管理出版社，2011.

（二）电信运营企业平衡计分卡驱动要素与价值管理策略

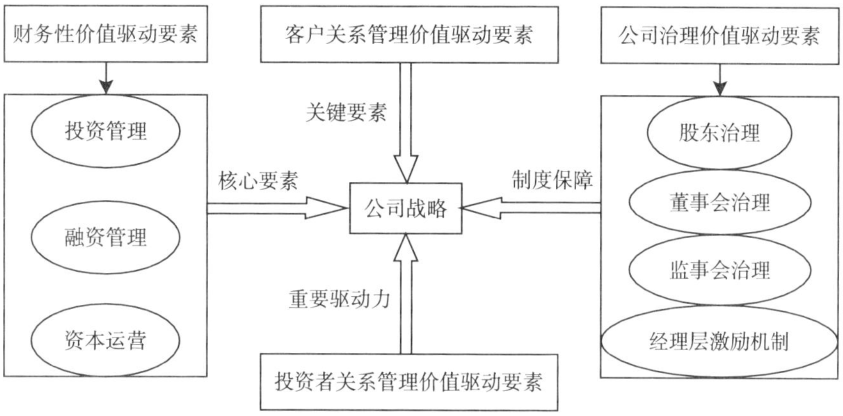

图 1-0-2　平衡计分卡驱动要素与价值管理策略

资料来源：张济建，苗晴. 中国上市公司市值管理研究［J］. 会计研究，2010（4）.

（三）电信运营企业基于经济增加值和平衡计分卡的价值管理模型构建

根据经济增加值并购模型，电信运营企业的价值由两部分构成：当前营运价值和未来增长价值，其中当前营运价值体现的是当前盈利能力对价值的贡献，而未来增长价值则主要用于度量公司期望增长价值的贴现值（戴维·扬、斯蒂芬·F. 奥伯恩，2002）。公司的内在价值由当前经济价值（即当前创造的价值）和潜在经济价值（即未来创造的价值）构成，其中当前经济价值体现的是当前财务指标反映的价值，而潜在经济价值用于度量公司期望增长价值的贴现值（张云亭，2003）。电信运营企业价值管理的过程也是价值创造、价值经营和价值实现的过程，其中价值创造环节产生的公司价值为"当前经济价值"，价值经营环节产生的公司价值为"潜在经济价值"，当前经济价值与潜在经济价值共同反映了企业的内在价值。价值实现环节是在股市有效性检验的基础上，通过对公司市场价值与内在价值的相关性分析，衡量公司市场价值与内在价值的匹配程度，通过运用投资者关系管理、资本运营等价值实现手段使市场价值与内在价值（MVA 与 EVA）之间存在更高的相关度（张济建、苗晴，2010）。

电信运营企业的经营活动始于战略目标，并将之与具体行动相结合从而创造价值。这些行动包括财务活动、流程管理活动、市场营销活动以及与外部沟通的活动等。企业在追求价值创造最大化的同时，还要满足顾客、员工、政府、社区等相关利益主体的共同价值需求。也就是说，公司价值最大化的目标是一个多方利益协调并最终达到价值总和最大化的过程，这就要求电信运营企业从价值管理的角度重新评估公司战略，将公司战略的制定着眼于能为公司创造价值的关键要素，并在管理方法和管理流程方面有所创新，以实现关键价值创造驱动要素的最优化（张济建、苗晴，2010）。平衡计分卡作为重要的战略执行工具可以以战略目标为导向实现价值驱动要素的平衡，这种"平衡"属性为提高价值评估指标体系的一致性和精确性提供了实现途径。基于平衡计分卡的基本原理，可知电信运营企业内在经济价值创造的源泉包括财务管理、公司治理、客户关系管理、投资者关系管理四个方面。电信运营企业基于经济增加值和平衡计分卡的价值管理模型如图 1-0-3 所示。

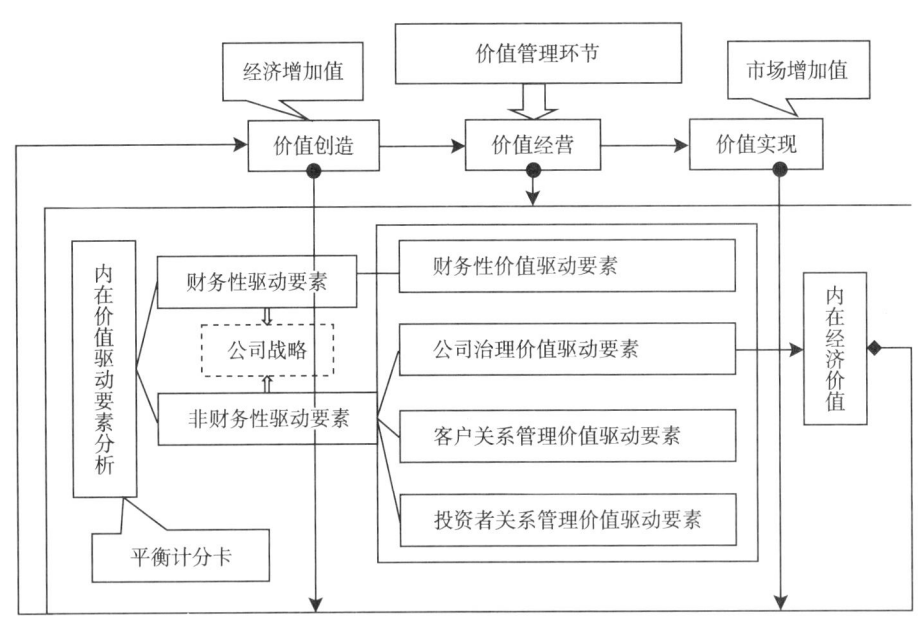

图1-0-3 电信运营企业基于经济增加值和平衡计分卡的价值管理模型

资料来源：张济建，苗晴.中国上市公司市值管理研究［J］.会计研究，2010（4）.（进行修改）

对电信运营企业来说，基于经济增加值和平衡计分卡的价值管理模型，一方面从财务战略的角度出发，强调财务价值和资本市场的作用；另一方面从经营战略的角度出发，强调经营价值和产品市场的作用。电信运营企业要想提升企业价值管理能力，只有通过产品市场与资本市场的联动，财务价值与经营价值的统一，才能最终提高EVA率并实现价值创造、价值经营与价值实现的终极目标。

五 电信运营企业价值管理与价值提升战略

随着电信产业价值链的外延不断扩大，企业内部价值链所涉及专业分工更加精细，环节与流程更加复杂，但是电信运营商在产业价值链中的重要地位却始终没有变。因此，技术和业务的转型要求管理向以客户为中心和提高运营效率方面转变，财务管理作为公司价值管理的主要部门，要深入研究产业价值链和内部价值链变化对公司价值的影响，提供战略成本信息，建立相应的估值模型，支撑公司建立合理的产业价值分配模式、盈利模式，推动产业价值链的扩大，实现企业价值最大化。同时，由于用户需求的多样化和激烈的市场竞争，企业内部需要精细管理经营收入、控制经营成本、确保收入质量、实现成本结构和效益的最优化，建立内部价值链管理体系，防止价值流失。近年来，随着电信市场的进一步饱和，电信业务增长空间急剧缩小，企业效益、价值的增长陷入了困境，收入的增长进入了阶段性"瓶颈"，增速不断减缓，已无法有效地拉动企业效益的增长，成本资源消耗在市场竞争、服务完善、企业战略转型等增量因素作用下，上升似乎无法避免。因此如何实现价值创造的可持续增长，并在价值创造的基础上最大限度地经营与实现价值，成为所有电信运营企业提升财务竞争力面临的重要问题。

（一）电信运营企业价值创造最大化

价值创造，就是要以公司战略为导向，通过财务管理、客户关系管理、公司治理等关键价值驱动因素来提升上市公司的盈利能力和成长性，实现规模、盈利和风险三者之间的动态平衡。企业的管理和组织结构、资本结构、经营和盈利模式等因素，都对价值创造有直接影响。为了避开这些不易量化的因素，一般用价值创造的结果（EVA）来评价公司的价值创造。2011年，进入世界500强的电信企业分布在美洲（6家）、欧洲（7家）、亚洲（6家）和大洋洲（1家），其中亚洲电信企业在财务竞争实力和价值创造能力方面，与美洲和欧洲电信企业相比仍然胜出。2011年，进入世界500强的20家电信企业中有7家EVA率为正值，比2010年多出1家，平均EVA率为-1.61%（如图1-0-4所示），整个行业连续多年一直处于毁灭价值的状态，中国三家电信运营企业只有中国移动EVA率为正值（10.18%），平均EVA率为-0.47%，高于进入世界500强的电信运营企业的平均水平。与传统的会计评价指标相比，基于EVA的公司内部价值链管理，追求的是扣除资本成本之后的经济利润。它能更为彻底地摒弃那种纯粹以实现会计评价指标增长为目标的规模扩张型价值链管理活动，避免由于会计选择等原因而产生的价值变动（苑德军，2008）。

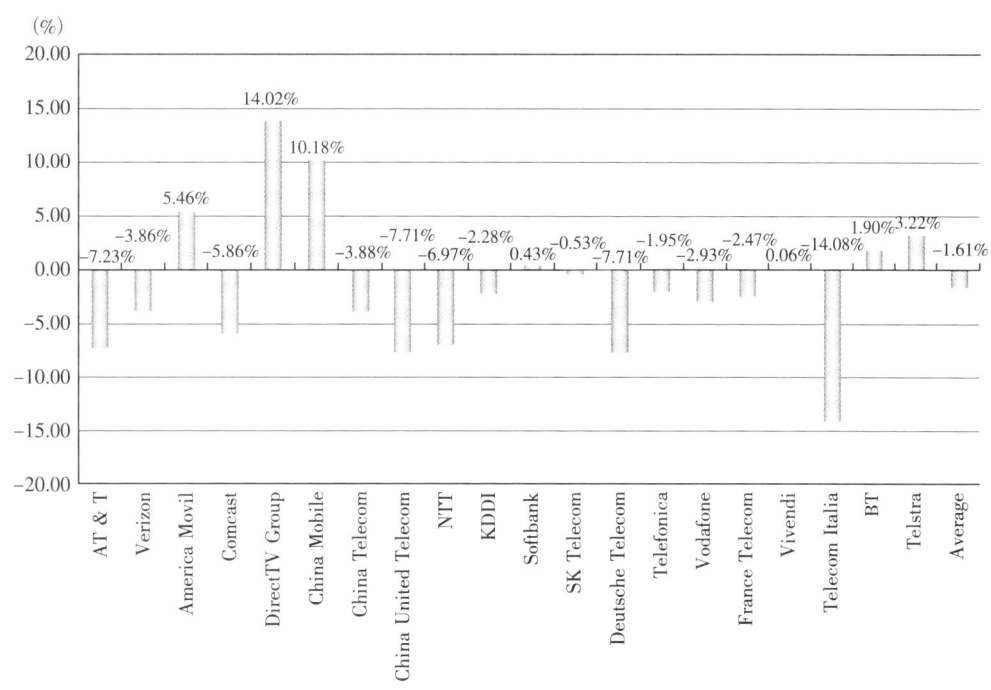

图1-0-4　进入世界500强的20家电信运营企业价值创造与毁灭状况（EVA率）（2011年）

价值创造是实现股东价值的基础，电信运营企业应通过积极创新商业模式、完善公司治理、拓宽市场渠道、深度开发核心技术，同时辅以科学的激励考核，提升价值创造能力。管理学大师彼得·德鲁克说：“当今企业之间的竞争，不是产品之间的竞争，而是商业模式之间的竞争。”商业模式是奠定上市公司价值管理的基础，只有在商业模式上有着优异的表现才能使投资者对上市公司未来的发展充满信心。合适的商业模式是形成和增强公司盈利能力的关键，而公司治理则是运行商业模式、增强公司盈利能力的保证。Brobetz、Schillhofer 和 Zimmermannn 的实证研究表明，从股票收益的角度来看，公司治理水平较高的公司其股票预期收益较高。Black、Jang 和 Kim 也通过构建公司治理综合指标考察韩国公司的公司治理水平与公司价值之间的关系，研究发现，公司治理指标每上升 10%，公司价值就上升 5.5%（龙舒婷，2011）。电信运营企业需要通过提高治理水平来增强价值创造的能力，主要包括优化公司股权和股东结构、优化公司董事会结构、优化内控和考核与激励机制等。此外，价值创造还要求管理者在公司层面的各种重大问题上（如产品市场的选择、市场细分、目标市场选择和全球竞争等）的战略决策都必须基于价值导向，关注未来较长时期的收入现金流。

（二）电信运营企业价值经营最佳化

价值经营是指公司应合理把握产业经营和资本经营的关系，充分运用整体上市、资产分拆、并购重组、定向增发、大股东增持与减持、发放股票股利、转增股本、股票回购等资本运营的手段提高公司盈利能力，积极开展公司股权、资本和资产管理活动，以提高公司的创造能力和价值实现能力，增加公司价值。这方面以英国沃达丰、西班牙电信、日本 KDDI、和记电讯的表现尤为突出。电信运营企业若要在海外拓展中成功实施资本运营策略需要做到：树立资本运营意识并强化价值投资理念、内部管理型战略和外部交易型战略并举、谨慎选择合作伙伴和市场进入方式、资本运营方式的多样化、加强风险管理和控制、产融结合等。只有通过产业经营和资本经营的合理联动，产业资本与金融资本的适度融合，才能在价值创造的基础上最大限度地实现与经营价值。

（三）电信运营企业价值实现最优化

价值实现是股东价值获取合理市场溢价的过程。信息披露、投资者关系管理、分析师行为和媒介关系管理都是上市公司价值实现的重要途径，是达成公司价值管理目标的重要手段。通过做好信息披露与沟通、不断提升公司透明度，构建和谐的投资者关系，消除市场偏见和投资者误解。一般来说，信息披露更多地强调监管者对上市公司的要求，分析师行为、投资者关系管理和媒介关系管理则不同，更强调上市公司主动与投资者和媒介沟通，旨在使得公司内在价值充分反映为市值。例如，在进入世界 500 强的电信企业中排名第 2 位的美国 AT&T 公司，在公司业务转向任意距离通信领域过程中，为了保证投资者跟上公司的发展，理解公司的变革并最支持公司的发展，积极开展投资者关系管理工作，通过网络、媒体等进行了几种有效的沟通，公开、真诚的双向沟通给公司带来了许多收益。在 1999 年初股东对公司收购 TCI 进行表决时，有投票权的股东 75% 参加了投票，其中 99% 投了赞成票。如果公司没有强大、有效的沟通，这个记录是无法实现的，并且 AT&T 公司的股票价值在不到两年的时间里涨了近三倍。电信运营企业在价值实现过程中一定要重视投资者关系管理，通过透明的信息发布等手段，与投资者进行有效沟通，使公司价值获得投资者认同；同时主动、准确、及时地披露公司的状况，客观分析原因及其影响，让投资者理性、全面地看待企业的发展过程和发展前景，做好投资者预期管理工作，增强投资者信心。此外，电信运营企业在价值实现过程中对外还应做好形象管理工作，宣传公司管理和品牌理念，利用网络媒体的信息传播速度和媒体影响力，扩宽宣传渠道，建立媒介关系管理的长效机制，搭建畅通的媒介渠道（龙舒婷，2011）。

总之，随着电信运营企业转型进程的不断深化，既有的三高（高资本投入、高能源消耗、高成本）一低（低附加值）的经济结构，正在向新的三高（高持续性、高技术含量、高管理能力）一低（低成本消耗）的经济结构转变。当此之际，财务管理身为企业运营流程和价值创造的枢纽，如何为企业的战略转型铺设"低摩擦系数"的精益财务轨道、如何为企业的价值管理提供"高决策支撑"的精益财务信息，成为电信运营企业价值管理亟待并需要持续关注的问题。

参考文献：

［1］Eugene F. Fama.Efficient Capital Markets［J］. The Journal of Finance，Vol. 46. No. 5，1991（12）.

［2］Fredrik Weissenrieder. Value Based Management：Economic Value Added or Cash Value Added?［J］. Gothenburg Studies in Financial Economics，1997（3）.

［3］Cedric Read, Hans-Dieter Scheuermann. The CFO：As Business Integrator［M］. New York：John Wiley & Sons，2003.

［4］Graham J. Harvey C. Rajpopal S.The Economic Implications of Corporate Financial Reporting［J］. Journal of Accounting and Economics，2005（40）.

［5］Jensen Michael C. Value Maximization, Stakeholder Theory and that Corporate Objective Function［J］. Journal of Applied Corporate Finance，2001（14）.

［6］Peter Doyle. Value-based Marketing：Marketing Strategies for Corporate Growth and Shareholder Value［M］. New York：John Wiley & Sons，2007.

［7］Chirinko, R.S., Singha, A.R.Testing static tradeoff against pecking order model of capital structure: a critical comment［J］. Journal of Financial Economics，2000（58）.

［8］Andrew Black, Philip Wright, John Davis. In Search of Shareholder Value［M］.Pricewaterhouse Coopers，2001.

［9］Gary Simpson, Theodor Kohers. The Link Between Corporate Social and Financial Performance：Evidence from the Banking Industry［J］. Journal of Business Ethics，2002（2）.

［10］Stewart Clements, Michael Donnellan. CFO Insights：Achieving High Performance Through Finance Business Press Outsourcing［M］. New York：John Wiley & Sons，2004.

［11］Bartlomiej Nita. Transformation of Management Accounting：From management control to performance management［J］. Transformations in Business & Economics，2008，7（3）.

［12］何瑛.电信运营企业财务转型［M］.北京：经济管理出版社，2011.

［13］何瑛.基于价值导向的电信运营企业财务竞争力综合评价与提升路径研究［J］.中国工业经济，2011（11）.

［14］刘圻.企业价值管理创新模式研究：基于自发程序和程序理性的视角［J］.会计研究，2010（8）.

［15］卢闯等.导入EVA考核中央企业的公平性及其改进［J］.中国工业经济，2010（6）.

［16］汤谷良，杜菲.试论企业增长、盈利、风险三维平衡战略管理［J］.会计研究，2004（11）.

［17］汤谷良.财务管理新模式：整合价值管理与市值管理［J］.财务与会计，2011（1）.

[18] 翁世淳. 从价值创造到市值管理：价值管理理论变迁研究评述 [J]. 会计研究，2010（4）.

[19] 张济建，苗晴. 中国上市公司市值管理研究 [J]. 会计研究，2010（4）.

[20] 苑德军. 运用EVA进行市值管理 [J]. 首席财务官，2008（1）.

[21] 龙舒婷. 后金融危机时代上市公司市值管理新动向. 中国上市公司市值管理研究 [J]. 经济师，2011（5）.

[22] 范秀成. 品牌权益及其测评体系分析 [J]. 南开管理评论，2000（1）.

[23] 韩传模，汪士果. 基于AHP的企业内部控制模糊综合评价 [J]. 会计研究，2009（4）.

分报告一
电信运营企业品牌竞争力指数

一、引言

2011年是中国3G牌照发放后三大电信运营商全业务竞争的第三年。中国电信行业以"加快推动行业转型升级"为主线，按照"引领发展、融合创新、普惠民生、绿色安全"为指导原则，积极推进3G基础设施建设，再加上新一代智能手机的推广和普及，为三大电信运营商打破目前电信市场饱和状态，突破阶段性增长"瓶颈"，提供了千载难逢的机遇，因此，2011年亦被称为"激烈竞争"的一年。而品牌竞争是市场竞争的集中体现（徐希燕等，2007），消费者对企业的认可实质上源于对企业品牌的认可。对竞争参与者而言，品牌是企业商战中最重要的无形资产，而品牌所体现出的竞争力，即品牌竞争力，更是企业赢得顾客忠诚度和求得长期生存与发展的关键。

另外，自改革开放30多年来，中国企业界仍然停留在制造和产品经营的思维层面，很少运用品牌经营思维来统筹企业管理，缺乏培育品牌的长效机制（李培林，2009）。品牌定位、品牌战略、品牌营销等相关理论应运而生，在此基础上，品牌竞争力理论逐渐成熟发展起来，并呈现出与心理学、市场营销学、运筹学、统计学等其他学科交叉渗透的发展趋势。所以，构建中国电信运营企业的品牌竞争力指数，从品牌角度分析三大电信运营商在市场竞争中各自的长处与短板，对于持续优化电信市场竞争格局，强化电信运营商品牌经营意识，提升电信运营商整体管理水平具有十分重要的理论和实践意义。

二 品牌竞争力指数研究综述

目前，国内外学者主要侧重于从绝对值角度，对品牌竞争力评价体系进行研究，结合指数理论从相对水平角度研究品牌竞争力的文献还比较少，但指数理论从产生到现在已经有300多年的历史，被广泛应用于社会经济的各个领域。综合国内外学者的研究成果，现将品牌竞争力研究和指数研究做如下综述：

（一）品牌竞争力研究综述

学术界对于品牌的研究可以追溯到1955年，Burleigh B.Gardner 和 Stdney J.Levy 在《哈佛商业评论》发表《产品与品牌》，首次提出品牌能为其所有者带来市场竞争收益。沿着 Gardner 和 Levy 的理论基础，学术界开始了对品牌竞争力理论的研究。近年来，随着市场竞争日益加剧，学术界和实务界均对品牌竞争力给予了越来越多的关注，但迄今为止，学术界对品牌竞争力指数的研究还很不统一，缺乏对品牌竞争力指数体系全面的、系统的研究，目前，对品牌竞争力指数的研究主要集中于三个角度，即综合角度、品牌价值角度和顾客价值优势角度。

基于综合角度对品牌竞争力指数的研究主要集中在国内，代表人物是李光斗和许基南。李光斗（2004）综合影响品牌竞争力的各种因素，提出八力测评模型，其评价指标包括品牌核心力、品牌市场力、品牌忠诚力、品牌辐射力、品牌创新力、品牌生命力、品牌文化力、品牌领导力八个方面。许基南（2005）基于综合角度，将指标体系分为3大类、10项内容、43项指标：第一类为品牌市场能力，包括市场占有能力（市场占有率、场覆盖率、销售额）和超值创利能力（利润、利润率）；第二类为品牌管理能力，包括品牌定位能力（市场细分能力、品牌个性等）、品牌传播能力（广告费用、品牌沟通能力等）、品牌运作能力（品牌延伸能力、品牌规模扩张能力）、持久发展能力（品牌知名度、品牌美誉度等）；第三类为品牌基础能力，包括企业管理能力（组织结构的合理性、组织外向拓展能力等）、技术创新能力（技术创新投入率、专利水平等）、人力资本和企业家（员工平均受教育程度、人力资本开发成本率等）、企业文化（企业文化适应性、聚合力、企业文化建设投入率）。白玉等（2005）从综合角度考虑，把品牌竞争力评价指标分为四个方面，包括品牌市场能力（市场占有能力、超值创利能力、持久发展能力）、品牌管理能力（品牌定位能力、品牌传播能力、品牌运作能力）、品牌关系能力（与客户关系、与供应商关系、与协作方关系）以及品牌基础能力（企业管理能力、技术创新能力、企业文化等）。

品牌价值作为品牌的影子价格，实际上是品牌市场竞争力的客观表现（刘石兰，2003）。在基于品牌价值角度的品牌竞争力指数研究中，最具代表性的是 Interbrand 公司提出的 Interbrand 模型。英国的 Interbrand 公司是世界上最早研究评价品牌价值的机构，为了将品牌价值这种无形资产有形化、价格化，该公司设计出了衡量品牌价值的公式，即 $E = I \times G$。其中，E 为品牌价值；I 为品牌给企业带来的年平均利润；G 为品牌强度因子，可视为品牌竞争力的体现。品牌竞争力的评价指标由七个一级指标构成：市场领导力、品牌稳定性、市场属性、品牌国际性、品牌发展趋势、品牌支持、品牌保护。另外，David Aaker（1996）研究了品牌价值的五种构成要素：品牌忠诚度、品牌知名度、消费者感知质量、品牌联想和其他品牌资产。基于短期财务和长期发展的视角，他提出一级评价指标包括品牌忠诚度、品牌认知质量、品牌领导力、品牌联想、品牌差异性、品牌知名度以及品牌市场行为。Motamenti 和 Shahrokhi 在 1998 年提出全球资产模型（Global Brand Equity，GBE）。该模型认为品牌价值等于品牌净收益和品牌强度的乘积。品牌强度体现了企业的品牌竞争力，由顾客潜力、竞争潜力和全球潜力三大要素构成，每个要素又包含了其他的子因素。品牌价值 = 品牌净收益（品牌收益 - 无品牌收益）× 品牌强度（顾客潜力、竞争潜力和全球潜力）。国内，韩福荣、赵红、赵宇彤（2008）结合品牌价值和品牌发展的具体过程，将品牌竞争力评价指标分为 5 个维度，分别为品牌知晓度、品牌知名度、品牌美誉度、品牌忠诚度、品牌联想度；汪波、高辉（2006）认为，品牌竞争力包括内在竞争力和外在竞争力两个层面，所以评价指标分为内在指标和外在指标，内在指标主要是指品牌的价值，包括品牌的内在价值和外在价值，外在指标包括品牌市场占有能力、品牌超值创利能力、品牌发展潜力等。

基于顾客价值优势角度对品牌竞争力指数进行的研究有：Keller（2006）认为，品牌的顾客价值优势导致的品牌忠诚是品牌价值最直接的表现，是品牌竞争力的基础，是为企业带来超额利润和为企业创造财富价值的前提条件。品牌的顾客价值优势、顾客的品牌忠诚与品牌竞争力应该形成一个相互支持的闭合回路。他强调品牌知识对消费者的影响，基于消费者视角，提出评价指标由品牌意识与品牌形象组成。陈亚荣、郭景（2010）认为，品牌是企业通过对消费者心理和行为的影响而发生作用的，品牌竞争力是品牌在市场竞争中的表现，其根源于品牌的顾客价值优势，基于此认识，其建立的评价指标包括品牌影响力（品牌知名度、品牌美誉度、品牌联想）、品牌生存力（市场占有率、市场渗透率、品牌溢价）和品牌发展力（品牌成长率、品牌偏好度、品牌忠诚度）；余可发（2006）认为，顾客价值优势构成了品牌竞争力的核心，其建立的评价指标包括顾客价值优势因子、市场占有率、超额利润率、品牌知名度四个方面，并探索性地给出了顾客价值优势因子的计算方法，顾客价值优势因子 =（品牌产品价值 - 品牌产品成本）/（竞争品牌产品价值 - 竞争品牌产品成本）。

研究方法方面，国内学者主要借鉴了国外的方法，因此国内外学者在品牌竞争力的研究方法上比较一致，主要有层次分析法、模糊综合评价法、多元数理统计法、对比差距法、因素分析法等。每种方法都有各自的优缺点，适用于不同的情形，例如，层次分析法通过层次思维方式使决策的过程数学化，从而为多目标、多准则或无结构特征的复杂决策问题提供清晰的决策思路，但判断矩阵构造起来比较复杂；模糊综合评价法具有结果清晰，系统性强的优点，但权重确定的主观性太强，缺乏科学依据；多元数理统计方法得出的评价结果对方案决策或排序比较十分有效，但其仅仅依靠指标间数值的拟合关系判断指标之间的相关程度，得出的结论可能与实际不符。运用时应根据具体情况具体分析。

（二）指数研究综述

指数最早起源于物价变动，广义上，是指任何两个数值对比形成的相对数；狭义上，是指用于测量多个项目在不同场合下综合变动的一种特殊相对数。指数理论从产生以来，就在实践中不断发展完善，使指数应用从简单到综合、由经济到社会甚至到自然科学的研究。指数理论的发展大致可以分为两个阶段，即个体指数阶段和综合指数阶段。

个体指数反映单一项目的变量变动，如某一商品价格或销售量的变动，是指数理论发展的初级阶段。1675 年，英国经济学家赖斯·沃亨（Rice Vaughan）率先设计个体指数。在其所著《硬货币及其货币铸造论》（A Discourse of coin and coinage）一书中，为了测定当时劳资双方对于货币交换的比例，采用家畜、谷物、鱼类、皮革和布帛等作为测算对象，以 1352 年为基年，将 1650 年的物价与之比较，这就是指数理论的萌芽。1707 年，英国经济学家皮索普·弗里特·伍德（Bishop Fleet Wood）在其所著《宝货历史》（Chromcle Precious）一书中，将 1440~1480 年英国五镑金币所购肉类、饮料和布帛的数量与 1707 年同样金额所购上列物品数量相比较，并进而研究 600 年间 39 种物品价格的变动，其计算公式如下：对于质量指标指数 $I_p = P_1/P_0$，定基指数 $I_p = P_i/P_0$，环比指数 $I_p = P_i/P_{i-1}$；对于数量指标指数 $I_q = Q_1/Q_0$，定基指数 $I_q = Q_i/Q_0$，环比指数 $I_q = Q_i/Q_{i-1}$。一般认为，伍德在指数理论史上的贡献具有划时代的意义。

随着经济社会的不断发展，个体指数已经不能满足统计分析的需要，为了反映多个项目变量的综合变动，解决多个不同计量单位的总体单位不能加总的矛盾，1864 年德国经济学家拉斯贝尔（Laspeyres）利用价格作为同度量因素，首创了加权综合指数，并主张将同度量因素固定在基期，从而开创了计算综合指数的先河，这就是著名的拉氏指数，其形式为 $I_q = \sum q_1 p_0 / \sum q_0 p_0$，$I_p = \sum q_1 p_0 / \sum q_0 p_0$。1874 年德国经济学家帕煦（Paasche）提出将同度量因素固定在报告期，从而形成了另一著名的指数，即帕氏指数，其形式为 $I_q = \sum q_1 p_1 / \sum q_0 p_1$，$I_p = \sum q_1 p_1 / \sum q_1 p_0$。拉氏指数和帕氏指数的提出，为建立综合指数体系奠定了基础，并成为社会经济统计领域中最重要的统计分析方法之一。随后，在拉氏指数和帕氏指数的基础上，指数理论进一步向前发展，英国经济学家马歇尔·埃奇沃思（Marshall.F.Y.Edgeworth）对拉氏指数和帕氏指数的权数（同度量因素）进行平均化，得出马埃公式，其形式为 $E_p = (\sum q_0 p_1 + \sum q_1 p_1)/(\sum q_0 p_0 + \sum q_1 p_0)$，$E_q = (\sum q_1 p_0 + \sum q_1 p_1)/(\sum q_0 p_0 + \sum q_0 p_1)$。美国著名统计学家费歇尔（Irving Fisher）对拉氏指数和帕氏指数求几何平均数，提出费歇尔公式，由于该公式能够通过他本人提出的对指数公式测验的重要要求，因此又被称为理想公式，其形式为 $F_p = \sqrt{L_p \cdot P_p} = \sqrt{\dfrac{\sum p_1 q_0}{\sum p_0 q_0} \cdot \dfrac{\sum p_1 q_1}{\sum p_0 q_1}}$，$F_q = \sqrt{L_q \cdot P_q} = \sqrt{\dfrac{\sum q_1 p_0}{\sum q_0 p_0} \cdot \dfrac{\sum q_1 p_1}{\sum q_0 p_1}}$。其他类型的综合指数还有英国经济学家凯恩斯提出的以权数数值中最低公因数为权数的加权综合指数，其形式为 $I_q = \sum q_1 p_{min} / \sum q_0 p_{min}$，$I_p = \sum p_1 q_{min} / \sum p_0 q_{min}$，以固定值进行加权的扬格指数，其形式为 $I_q = \sum q_1 p_c / \sum q_0 p_c$，$I_p = \sum p_1 q_c / \sum p_0 q_c$。

综合国内外学者的相关研究可以看出，无论从何种角度研究品牌竞争力，评价品牌竞争力时都会涉及很多指标，包括定性指标与定量指标、财务指标与非财务指标等，这是因为品牌竞争力具有内在性和综合性，对品牌竞争力的内在性和综合性进行分析和分解，并且尽可能的指标化，使之成为可计量的统计数值是客观评价品牌竞争力的前提。研究者们大都采用多种指标相结合的方法来构建品牌竞争力的评价体系。有的研究者注重从整个综合角度来衡量企业的品牌竞争力，考虑的因素十分周全，但该评价体系所包含的指标太过复杂，涉及的定性指标较多，统计起来比较困难，实践意义不大。有的学者则是从某一层面来构建品牌竞争力的评价体系，例如，从品牌价值角度出发，品牌价值代表品牌所产生的市场效益，是品牌竞争力的重要表现，但仅在这个层面构建品牌竞争力的评价体系难免比较狭隘。品牌竞争力评价指标体系关系到对品牌竞争力评估的科学性、准确性，因此本书在设计评价指标体系时在借鉴前人研究成果的基础上做了适当的改进，使评价指标全面、完整地反映品牌竞争力并且能够方便统计量化，尽量减少计算的工作量。品牌竞争力指数的研究方法主要来源于运筹学、决策分析等、数理统计等相关理论，解决的一个主要问题就是如何确定评价指标的权重，实现对影响品牌竞争力各主要因素的分解和量化处理。每种方法都有各自的优缺点，由于层次分析法的一致性检验可以避免对权重赋值的主观性，有效提高决策的科学水平，而且本文设计的评价体系层次结构突出，因此本文采用层次分析法对中国三家电信运营企业的品牌竞争力进行实证研究。从指数理论发展的脉络来看，指数研究解决的关键问题是同度量因素的确定，例如，拉氏指数将同度量因素固定在基期，帕氏指数将同度量因素固定在报告期，在实际应用当中，同度量因素视不同的情况而定，例如，香港恒生股票价格指数的编制是以1964年7月31日为基期，基点确定为100点，然后将33种成分股按每天的收盘价乘以各自的发行股数作为计算日的市值，再与基期的市值相比较，乘以100就得出当天的股票价格指数，即股市指数采用股票的发行量作为同度量因素。由于本文设计的指数体系包含不同类型的指标，无法直接加总，且指数大小反映的是不同企业之间品牌竞争力强弱，故采用扬格指数的计算方法，以层次分析法得出的固定权重为同度量因素，以所监测电信运营企业中品牌竞争力得分最低值为基期，计算品牌竞争力综合指数。

三 中国电信运营企业品牌竞争力指数应用研究

品牌竞争力根植于企业财务管理、市场营销、运营管理等各项日常活动中，是企业竞争力的综合体现（李光斗，2004）。品牌竞争力的强弱可以通过品牌财务表现力、市场竞争表现力、品牌发展潜力和消费者支持力四个方面来衡量。笔者以Aaker、Keller、李光斗、许基南、余可发、季六祥等（2002）关于如何评价品牌竞争力的研究为基础，结合电信运营企业资产、技术密集型的特点，以全面、客观评价电信运营企业品牌竞争力为宗旨，基于财务指标与非财务指标两个维度，综合考虑全面性、系统性、本土性以及可测量性等诸多因素，构建了中国电信运营企业品牌竞争力指数体系，如表1-1-1所示。

表 1-1-1　电信运营企业品牌竞争力指数体系

总目标	子目标	一级指标
品牌竞争力	品牌财务表现力	销售利润率、资产负债率、自由现金流占收比、EVA率、净资产增长率、净利润增长率、营业收入增长率、总资产报酬率、净资产报酬率、每股盈余、人均EBIT、营业收入、净资产、净利润
	市场竞争表现力	销售利润率、EVA率、总资产报酬率、净资产报酬率、净利润、市场占有率、市场覆盖率、品牌产品销售量、品牌成长年龄、品牌产品满意度、品牌服务满意度
	品牌发展潜力	净资产增长率、净利润增长率、营业收入增长率、营销执行力、品牌关系能力、品牌定位成功度、品牌社会责任、品牌文化建设、品牌战略规划、品牌信任程度、再次购买率、顾客推荐率
	消费者支持力	品牌社会责任、品牌形象认知度、提示后知名度、无提示知名度、品牌信任程度、品牌产品满意度、品牌服务满意度、再次购买率、顾客推荐率

本书选取的研究对象是中国的三家电信运营商，即中国移动、中国电信和中国联通，其中各项财务指标的计算均来自各公司公布的2011年度年报，非财务指标的数据主要通过问卷调查、专家评价和网上收集等方式取得。为了真实地反映品牌竞争力的四个方面，本指数体系中，一级指标与子目标之间并不是简单的一对一的关系，而是存在一个一级指标对应多个子目标的关系，由于逻辑对应关系比较复杂，适合于进行层次分析，再加上层次分析法中判断矩阵的一致性检验具有避免权重赋值主观性的优点，因此，本书基于层次分析法对上述品牌竞争力评价体系模型化，并用层次分析软件yaahp 0.5.2进行数据处理。

（一）评价指标的初始值及标准化

本评价体系中包含定量指标和定性指标，对于营销执行力、品牌关系能力等定性类模糊指标结合李克特五点量表进行量化，量化后的值域为0~10，对应关系如图1-1-1所示（林齐宁，2005）。

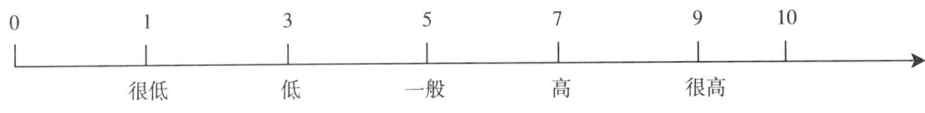

图 1-1-1　模糊指标的量化

本方法采用统计标准化和极值变换相结合的方法对评价指标进行标准化处理，统计标准化处理的目的是消除不同指标间的量纲，极值变换的目的是将标准值的值域控制在5~10之间，以便于计算品牌竞争力得分。具体过程如下：

（1）从财务报表或调查问卷中计算取得所监测企业某一指标的初始值 Q_i。

（2）确定所监测企业的数量 $N(N=3)$。

（3）针对所有监测企业计算该指标的平均值

$$\bar{Q} = \frac{\sum_{i=1}^{N} Q_i}{N}。$$

（4）针对所有监测企业计算该指标的标准差

$$S = \sqrt{\frac{\sum_{i=1}^{N}(Q_i - \bar{Q})^2}{N}}。$$

（5）计算某企业该指标的统计标准值 $D_i = \dfrac{(Q_i - \bar{Q})}{S}$。

（6）用极值变换对统计标准值做进一步标准化处理，转换公式为：

效益型指标 $Z_i = \dfrac{D_i - \min D_i}{\max D_i - \min D_i} \times 5 + 5$

成本型指标 $Z_i = \dfrac{\max D_i - D_i}{\max D_i - \min D_i} \times 5 + 5$

其中，$\min D_i$ 为所监测企业某一指标统计标准值中最小值，$\max D_i$ 为最大值（王可定、周献中，2010）。

（7）重复第（5）步和第（6）步，计算所有监测企业某一指标的标准值。

提示：由于资产负债率属于成本型指标，故对于资产负债率，在第（6）步中应选用成本型指标的转换公式。最终，电信运营企业评价指标的初始值及标准化结果如表 1-1-2 所示。

表 1-1-2 评价指标初始值与标准化结果一览表

评价指标	中国移动		中国电信		中国联通	
	初始值	标准值	初始值	标准值	初始值	标准值
销售利润率	23.76%	10	6.67%	6	1.94%	5
资产负债率	31.72%	10	38.71%	8	54.50%	5
自由现金流占收比	18.60%	10	9.57%	8	−3.34%	5
EVA 率	10.18%	10	−3.88%	6	−7.71%	5
净资产增长率	12.65%	10	4.37%	7	0.21%	5
净利润增长率	4.63%	6	2.85%	5	14.07%	10
营业收入增长率	8.81%	5	11.45%	6	22.34%	10
总资产报酬率	13.17%	10	3.90%	6	0.91%	5
净资产报酬率	19.29%	10	6.36%	6	2.01%	5
每股盈余（元）	6.27	10	0.2	5	0.07	5
人均 EBIT（百万元）	0.88	10	0.14	6	0.04	5
营业收入（百万元）	527999	10	67929	5	215519	7
净资产（百万元）	650419	10	256878	6	208611	5
净利润（百万元）	125439	10	16341	6	4188	5
市场占有率	50.84%	10	29.18%	6	19.98%	5
市场覆盖率	80.31%	10	56.92%	5	62.77%	6
品牌产品销售量（亿分钟）	38872	10	4078	5	6542	5
品牌成长年龄	12	6	10	5	18	10
品牌产品满意度	7	10	7	10	7	10
品牌服务满意度	7	10	7	10	5	5
营销执行力	9	10	7	5	7	5
品牌关系能力	7	10	7	10	7	10
品牌定位成功度	9	10	7	5	7	5
品牌社会责任	7	5	9	10	7	5
品牌文化建设	9	10	9	10	5	5
品牌信任程度	9	10	7	8	5	5
再次购买率	9	10	7	8	5	5
顾客推荐率	90%	10	75%	5	80%	7
品牌战略规划	9	10	7	5	7	5
品牌形象认知度	9	10	7	8	5	5
提示后知名度	100%	10	100%	10	100%	10
无提示知名度	100%	10	100%	10	100%	10

（二）运用层次分析法确定指标权重

根据确定的指数体系，本书将品牌竞争力所包含的因素划分为三个不同的层次，即总目标层、子目标层和指标层。其中，总目标层 A 为品牌竞争力，子目标层包含评价品牌竞争力的四个方面，即 C_1 品牌财务表现力、C_2 市场竞争表现力、C_3 品牌发展潜力以及 C_4 消费者支持力，最底层为指标层，包含了评价品牌竞争力的 $P_1 \cdots P_{32}$ 共 32 个具体指标（详见表 1-1-2），指标层与子目标层的隶属关系如表 1-1-1 所示。通过专家组打分确定判断矩阵，再运用层次分析软件 yaahp 0.5.3，得出判断矩阵的各项重要参数如表 1-1-3 所示。

表 1-1-3　各判断矩阵的特征根与 CR 值

	A-C	C_1-P	C_2-P	C_3-P	C_4-P
特征根 λ_{max}	4.0000	14.1323	11.1170	12.0947	9.0276
CR	0.0000	0.0064	0.0077	0.0056	0.0024

当 CR < 0.1 时，认为判断矩阵通过一致性检验，在此基础上，判断矩阵的特征向量 W 经过归一化后即为该判断矩阵中表示各指标关于判断矩阵目标层的相对重要性的权重，运用层次分析软件 yaahp 0.5.3 计算得出权重，其中，A-C 对应的权重向量 $W_0 = (0.3333, 0.3333, 0.1667, 0.1667)^T$，其他如表 1-1-4 所示。

（三）计算品牌竞争力子目标得分

以判断矩阵特征向量归一化结果为权重，与各子目标对应的评价指标标准值线性组合得到品牌竞争力某一子目标得分（$CBSC_i$），计算公式如下：

$$CBSC_i = Z_1W_1 + Z_2W_2 + \cdots + Z_nW_n \quad (1)$$

在各子目标内按照公式（1）的得分计算过程及结果如表 1-1-4 所示。

表 1-1-4　品牌竞争力子目标得分计算过程及结果一览表

	指标层	权重	中国移动 标准值	中国移动 得分	中国电信 标准值	中国电信 得分	中国联通 标准值	中国联通 得分
	销售利润率	0.1343	10	1.343	6	0.817	5	0.672
	资产负债率	0.0242	10	0.242	8	0.205	5	0.121
	自由现金流占收比	0.0424	10	0.424	8	0.337	5	0.212
	EVA 率	0.1235	10	1.235	6	0.750	5	0.618
	净资产增长率	0.0276	10	0.276	7	0.184	5	0.138
	净利润增长率	0.0424	6	0.246	5	0.212	10	0.424
	营业收入增长率	0.0424	5	0.212	6	0.253	10	0.424
品牌财务表现力	总资产报酬率	0.0424	10	0.424	6	0.264	5	0.212
	净资产报酬率	0.0729	10	0.729	6	0.456	5	0.365
	每股盈余	0.1298	10	1.298	5	0.663	5	0.649
	人均 EBIT	0.0729	10	0.729	6	0.408	5	0.365
	营业收入	0.0729	10	0.729	5	0.365	7	0.481
	净资产	0.0424	10	0.424	6	0.235	5	0.212
	净利润	0.1298	10	1.298	6	0.714	5	0.649
	合计	1.0000		**9.609**		**5.862**		**5.540**
市场竞争表现力	销售利润率	0.0493	10	0.493	6	0.300	5	0.247
	EVA 率	0.0164	10	0.164	6	0.100	5	0.082

续表

指标层		权重	中国移动		中国电信		中国联通	
			标准值	得分	标准值	得分	标准值	得分
市场竞争表现力	总资产报酬率	0.0253	10	0.253	6	0.157	5	0.127
	净资产报酬率	0.0253	10	0.253	6	0.158	5	0.127
	净利润	0.0493	10	0.493	6	0.271	5	0.247
	市场占有率	0.2090	10	2.090	6	1.357	5	1.045
	市场覆盖率	0.1871	10	1.871	5	0.936	6	1.169
	品牌产品销售量	0.1486	10	1.486	5	0.743	5	0.796
	品牌成长年龄	0.0986	6	0.592	5	0.493	10	0.986
	品牌产品满意度	0.0926	10	0.926	10	0.926	10	0.926
	品牌服务满意度	0.0986	10	0.986	10	0.986	5	0.493
	合计	1.0000		**9.607**		**6.426**		**6.243**
品牌发展潜力	净资产增长率	0.0198	10	0.198	7	0.132	5	0.099
	净利润增长率	0.0383	6	0.222	5	0.192	10	0.383
	营业收入增长率	0.0198	5	0.099	6	0.118	10	0.198
	营销执行力	0.0596	10	0.596	5	0.298	5	0.298
	品牌关系能力	0.0788	10	0.788	10	0.788	10	0.788
	品牌定位成功度	0.1829	10	1.829	5	0.915	5	0.915
	品牌社会责任	0.1109	5	0.555	10	1.109	5	0.555
	品牌文化建设	0.1696	10	1.696	10	1.696	5	0.848
	品牌战略规划	0.1726	10	1.726	5	0.863	5	0.863
	品牌信任程度	0.1109	10	1.109	8	0.832	5	0.555
	再次购买率	0.0198	10	0.198	8	0.149	5	0.099
	顾客推荐率	0.0198	10	0.198	5	0.099	7	0.132
	合计	1.0000		**9.213**		**7.190**		**5.732**
消费者支持力	品牌社会责任	0.0715	5	0.358	10	0.715	5	0.358
	品牌形象认知度	0.0231	10	0.231	8	0.185	5	0.116
	提示后知名度	0.0369	10	0.369	10	0.369	10	0.369
	无提示知名度	0.0715	10	0.715	10	0.715	10	0.715
	品牌信任程度	0.0715	10	0.715	8	0.536	5	0.358
	品牌产品满意度	0.1341	10	1.341	10	1.341	10	1.341
	品牌服务满意度	0.1341	10	1.341	10	1.341	5	0.671
	再次购买率	0.2286	10	2.286	8	1.715	5	1.143
	顾客推荐率	0.2286	10	2.286	5	1.143	7	1.524
	合计	1.0000		**9.642**		**8.060**		**6.593**

（四）计算品牌竞争力综合得分

品牌竞争力综合得分（CBSA）由品牌财务表现力、市场竞争表现力、品牌发展潜力和消费者支持力四个子目标的得分加权得出，计算公式为：

$$CBSA = CBSC_1 \times W_1 + CBSC_2 \times W_2 + CBSC_3 \times W_3 + CBSC_4 \times W_4 = \sum_{i=1}^{4} CBSC_i \times W_i \quad (2)$$

其中，W_i 为判断矩阵 A-C 权重向量 W_0 的第 i 个分量，由式（2）计算知：

中国移动品牌竞争力综合得分（CBSA）= $9.609 \times 0.3333 + 9.607 \times 0.3333 + 9.213 \times 0.1667 + 9.642 \times 0.1667 = 9.55$

中国电信品牌竞争力综合得分（CBSA）= $5.862 \times 0.3333 + 6.426 \times 0.3333 + 7.190 \times 0.1667 +$

$8.060 \times 0.1667 = 6.64$

中国联通品牌竞争力综合得分（CBSA）= $5.540 \times 0.3333 + 6.243 \times 0.3333 + 5.732 \times 0.1667 + 6.593 \times 0.1667 = 5.98$

（五）计算品牌竞争力指数

品牌竞争力综合得分是以绝对值形式反映了一个企业品牌竞争力在某一时点上的状态，并不能体现该企业与参照系之间的关系，也无法简洁地反映出该企业品牌竞争力状况的好坏。品牌竞争力指数（CBI）由中国企业品牌竞争力综合得分（CBSA）通过指数法方法转化得出，以相对值的形式反映了某一企业品牌竞争力相对于同一体系其他企业的强弱程度，计算公式为：

$$CBI = \frac{CBSA}{CBSA_{min}} \times 100 \quad (3)$$

其中，$CBSA_{min}$ 为 CBSA 中的最小值，也即指数化中采用最小值法确定的得分比较的标准值。对三家电信运营企业应用式（3），即可得出各企业的品牌竞争力指数排名，综合结果如表 1-1-5 所示。

表 1-1-5 2011 年中国电信运营企业品牌竞争力指数排名结果一览表

企业名称	品牌竞争力指数	品牌竞争力得分	品牌财务表现力	市场竞争表现力	品牌发展潜力	消费者支持力
中国移动	160	9.55	9.61	9.61	9.21	9.64
中国电信	111	6.64	5.86	6.43	7.19	8.06
中国联通	100	5.98	5.54	6.24	5.73	6.59

四 中国电信运营企业品牌竞争力提升路径研究

2009 年 1 月，3G 牌照的发放预示着电信运营企业产业转型的全面到来，但运营企业的竞争方式、盈利模式等没有出现根本性的改变。资费水平下降、投资压力加大、用户数量增长缓慢、新业务推广不力成为三大电信运营企业面临的共同困难，在这样的背景下，中国移动如何保持自身的品牌优势，中国电信和中国联通又该如何优化品牌定位，提升品牌竞争力，进一步缩小与中国移动的差距，最终形成良性、有序的竞争模式。针对这一系列问题，笔者将结合评价结果探讨提升中国电信运营企业品牌竞争力的有效路径。

1. 明确品牌定位，强化品牌管理

今天的市场，早已告别了短缺经济的时代，买方成为市场的主角，过去简单的产品推销已逐渐被品牌营销所代替，品牌营销的显著特点是结合客户需求和自身优势，进行市场细分和市场定位，因此品牌管理的核心就是品牌定位。从表 1-1-4 中可以看到，品牌定位成功度占品牌发展潜力的比重达到 0.1829，高于其他指标，这表明品牌定位成功度对品牌竞争力具有较大影响，明确品牌定位对于提升整个企业的品牌竞争力具有积极的作用。从表 1-1-2 中可以看到，中国移动的品牌定位成功度为 9，中国电信和中国联通的品牌定位成功度都为 7，这主要是因为中国移动通过"动感地带"、"全球通"、"神州行"成功实现了品牌定位，"移动通信专家"的形象已经深入人心，中国联通与中国电信在品牌定位方面与中国移动还有较大差距。任何企业都有其存在的价值，品牌定位不是企业之间实力的大比拼，它是在企业之间相互参照的情况下，结合市场上消费者需求特征与企业自身优势树立品牌形象的过程，因此，明确品牌定位要求企业能够深入理解品牌定位的五个核心价值元素（即创新/科技、效率、质量、可靠和服务），深刻分析市场环境并挖掘自身优势，主动发现其在市场中存在的价值。中国电信和中国联通虽然都塑造了各自的品牌形象，但品牌定位还不够明确，三家电信运营企业之间同质竞争的现象还十分严重，因此，明确品牌定位，打造品牌特性对于提升中国电信运营企业的品牌竞争力具有十分重要的意义。

2. 强化运营管理能力，注重企业文化建设

从品牌竞争力指数计算的最终结果来看，中国移动排名第一位，为160，中国电信和中国联通分别为111和110，不难发现，中国电信运营企业的品牌竞争力稍呈两极化发展态势。从客观环境来看，是由于一些历史原因，导致电信运营企业发展不平衡，但从主观方面而言，则可以归结为三家电信运营商在运营管理能力上的差距。要改变这种不均衡的发展态势，必须从强化运营管理能力入手，尽量摆脱政策环境的限制，从根本上提升中国电信运营企业的品牌竞争力。具体而言，一方面，要从改善和提高内部运营管理水平入手，强化运营管理中的决策支持能力，明确品牌定位与业务发展目标，优化企业资源，在企业内部建立基于IT流程化的运营管理体系；另一方面，要顺应产业发展规律，优化系统支持能力，必要时变革组织架构，重组工作单元，建立学习型组织，最终形成能够快速响应市场需求的流程化运营管理机制。另外，企业文化是品牌管理发展的高级阶段，品牌文化是在企业文化的作用下孕育产生的，企业文化的发展直接关系着品牌文化的建设。消费者心理学告诉我们，现代消费者对产品和服务的需求已经不再仅局限于物质层面，满足精神层面的需求才是更重要的。品牌文化以其独有的内涵和张力，在满足客户物质需求的同时，还为客户带来了精神消费，使客户体验到一种超值享受，支持着品牌的知名度和信任度，使品牌的影响深入人心，而高品质的品牌文化是以良好的企业文化为基础的。因此，强化运营管理能力，注重企业文化建设，完善企业管理，对提升企业品牌竞争力具有不可估量的作用。

3. 坚持基础电信市场拓展与新业务市场开发并重的市场发展策略

从子目标的得分结果来看，2011年中国联通的销售利润率为1.94%，中国电信的销售利润率为6.67%，EVA率仍然为负值，在每股盈余、资产报酬率等方面也不尽如人意，最终导致中国电信的品牌财务表现力得分为5.862，中国联通的品牌财务表现力得分为5.54，都处于较低水平。中国移动的品牌财务表现力得分较高，为9.609，但从净利润增长率和营业收入增长率来看，不及中国联通，显示出中国移动在品牌财务表现力方面增长乏力。这主要是因为近年来电信资费水平不断降低，再加上各大运营商正处于大规模3G建网、三网融合网络双向改造以及业务推广阶段，资本投资巨大，阻碍了三家电信运营企业盈利能力的提升。但是，随着3G网络的大量推广，新一代智能手机的迅速普及，移动互联网的需求已经呈现出持续上升的趋势，高附加值的新型3G业务为各大电信运营企业突破阶段性增长"瓶颈"，实现跨越式发展带来了机遇，可以预见，移动互联网将成为电信运营企业下一阶段争夺的制高点。

虽然中国移动在市场竞争表现力方面得分较高，但其市场覆盖率还有较大的提升空间，中国电信的市场覆盖率不到60%，中国联通的市场占

有率仅为19.98%，极大地限制了电信与联通品牌竞争力的提升。从表1-1-4中可以看出，在衡量市场竞争表现力的11个评价指标中，市场占有率的权重为0.209，市场覆盖率的权重为0.187，可见提高市场占有率和市场覆盖率是中国联通和中国电信减小与中国移动品牌竞争力差距的有效途径。从实际情况来看，与电信业发展程度较高的国家或地区相比，中国的电话渗透率仍较低。目前中国的移动电话普及率为60.5%，而美国为70%，英国为114%，中国香港为171%。另外，中国不同地区之间电话普及率也有很大悬殊，东部发达地区和大城市电话普及率较高，其中广东移动电话普及率达到90%，而其他经济落后地区则远未达到这一水平。由此可见，提升中国电信运营企业的品牌竞争力需要兼顾基础电信市场的拓展与新业务市场的开发。

4. 建立面向客户的市场竞争体系，优化市场竞争格局

电信市场竞争日益激烈，客户的选择权越大，其流动性就越高。无论是传统电信市场的拓展还是新业务市场的开发，前提条件都是运营商提供的产品与服务能够得到客户的认同。从表1-1-4中可以看出，品牌产品满意度和品牌服务满意度不仅与企业消费者支持力有关，而且还会影响企业的市场竞争表现力，其在品牌竞争力中的组合权重分别高达0.1341、0.1341，而从表1-1-2中两项指标的初始值可以看到，三家电信运营企业的品牌产品满意度均为7，即比较满意，在品牌服务满意度方面，联通的初始值为5，即满意度为一般，可见在提高客户满意度方面，三家电信运营企业都有改进的必要，因此，运营商要在未来提升自己的品牌竞争力必须将以降低价格为主导的竞争策略向面向客户的竞争体系转变，主动了解和挖掘客户需求，不断创造新的利润增长点。面向客户的竞争体系不仅仅局限于销售环节，还涉及业务产品的研发、设计、客户服务等诸多环节，各个环节的竞争行为相辅相成，形成一个良性循环的有机体，即运营商通过持续改善客户关系，主动了解客户需求，以提高产品和服务质量，增强客户满意度，提升品牌竞争力，最终为企业创造更多的价值（如图1-1-2所示）。

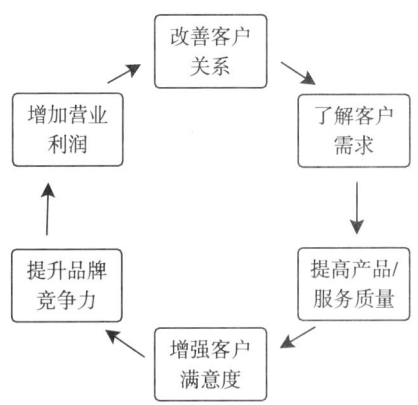

图1-1-2　面向客户的竞争体系循环系统

5. 建立集成的产业链合作模式，实现产业转型

中国电信业要实现产业转型，必须逐步从封闭的传统产业链向更为开放的集成产业链演进，即将电信产业链从过去的运营商、设备提供商、用户环节进一步向内容与应用提供商、系统集成商、终端制造商等环节延伸。建立集成的产业链合作模式，不仅有利于增强企业的市场竞争表现力,还可以极大地增强企业的品牌发展潜力,要建立成功的集成产业链合作模式,企业必须能够很好地处理产业链中上下游间的关系,如与内容提供商、终端制造商的关系等,这就要求企业有较强的品牌关系能力、较好的品牌定位和品牌战略规划,反过来,集成产业链模式的建立又会促进企业在品牌关系能力、品牌定位、品牌战略规划等诸多方面不断完善,从表1-1-2中可以看到,三家电信运营企业的品牌关系能力初始值均为7,即能力较强,仍需进一步提升,从品牌发展潜力得分来看,中国联通最低为5.73,因此,对中国联通而言,要提升自己的品牌竞争力,建立集成的产业链合作模式就尤其重要,而从中国联通与苹果合作,搭乘iPhone热卖的东风策反中国移动的高端用户来看,其在建立集成的产业链合作模式上已经迈出了成功的一步。

五 结论

本书综合考虑影响品牌竞争力的主要因素,从品牌财务表现力、市场竞争表现力、品牌发展潜力和消费者支持力四个维度构建了中国电信运营企业品牌竞争力指数体系,并基于层次分析法,对中国三家电信运营企业进行了实证研究,在构建品牌竞争力指数体系方面,本书的创新之处在于:①本体系中,指标层中的各评价指标与子目标层中的各个维度并非简单的一一对应的关系,存在一对多的对应关系,以进一步保证品牌竞争力评价结果的客观性与全面性。②本体系适当增加了财务指标的比重,定量指标与定性指标的搭配更加合理,提高了指数体系的可操作性和实用性。另外,本书针对目前电信运营企业面临的机遇和挑战,结合品牌竞争力指数的排名结果,从品牌管理、企业管理、市场发展、市场竞争、产业转型五个方面深入探讨了中国电信运营企业品牌竞争力提升路径,具体包括:①明确品牌定位,打造品牌特征,深入挖掘企业的市场价值。②强化运营管理能力,为网络运行、管理层决策和客户服务提供更加完善的运营支撑;注重企业文化建设,为培育高品位的品牌文化奠定基础。③兼顾基础电信市场的拓展与新业务市场的开发,发展移动互联网市场的同时,巩固基础电信市场,扩大经济落后地区的市场覆盖率。④主动改善客户关系,密切关注客户需求变化,构建面向客户的市场竞争体系。⑤延伸电信产业链,建立集成的产业链合作模式。

参考文献:

[1] Aaker D.A. Building Strong Brands [M]. The Free Press, 1996.

[2] Burleigh.B.Gardner, Stdney.J.Levy. Product and Brand [J]. Harvard Business Review, 1955 (4).

[3] Keller. 战略品牌管理(第2版)[M]. 李乃和等译. 北京:中国人民大学出版社,2006.

[4] Reza Motamenti, Manuchehr Shahrokhi. Brand Equity Valuation: A Global Perspective [M]. MCB UP Ltd., 1988.

[5] 白玉,乔鹏涛.基于层次分析法的品牌竞争力综合评价研究 [J]. 科技进步与对策,2005 (12).

[6] 陈亚荣,郭景.消费者视角下的品牌竞争

力测评体系探析[J]. 消费导刊, 2010(8).

[7] 韩福荣等. 品牌竞争力测评指标体系研究[J]. 北京工业大学学报, 2008(6).

[8] 季六祥. 品牌竞争力战略的全球化定位[J]. 中国工业经济, 2002(10).

[9] 李光斗. 品牌竞争力[M]. 北京: 中国人民大学出版社, 2004.

[10] 李培林. 构建企业品牌竞争力的战略思考[J]. 科技管理研究, 2009(2).

[11] 林齐宁. 决策分析[M]. 北京: 北京邮电大学出版社, 2005: 60-115.

[12] 刘石兰. 中国企业品牌竞争力亟待提升[J]. 软科学, 2003(3).

[13] 任栋, 王琦等. 关于统计指数研究的新思考[J]. 统计与决策, 2012(7).

[14] 汪波, 高辉. 品牌竞争力内涵及其测评研究[J]. 内蒙古农业大学学报, 2006(4).

[15] 王可定, 周献中. 运筹决策理论方法新编[M]. 北京: 清华大学出版社, 2010: 120-145.

[16] 徐国祥. 统计指数理论、方法与应用研究[M]. 上海: 上海人民出版社, 2011.

[17] 徐希燕, 曹丽, 周滨. 规模、创新与企业品牌竞争力[J]. 经济管理, 2007(6).

[18] 许基南. 品牌竞争力研究[M]. 北京: 经济管理出版社, 2005.

[19] 余可发. 基于顾客价值优势的品牌竞争力评价分析[J]. 商业研究, 2006(8).

[20] 詹雷, 郭文娟. 我国公司治理综合指数研究述评[J]. 财会通讯, 2011(2).

分报告二
电信运营企业品牌价值评估

一 引言

从 20 世纪 50 年代美国营销专家大卫·奥格威（David Ogilvy）首次提出品牌概念，国外学者尤其以西方国家为代表的学者便开始了对品牌相关理论的研究，但是直到 20 世纪 80 年代，品牌价值评估才逐渐成为各界关注的焦点。跨国公司在 80 年代大量收购已有著名品牌，以期构建有效的品牌组合，迅速扩大市场。几起以著名品牌为主要目标、涉及金额高达数亿甚至数百亿美元的并购案激发了各界人士对品牌价值测评的兴趣。出于改善资产负债结构和筹措资金等目的，企业也希望对品牌价值进行评估，将其作为资产放入企业的资产负债表中。此外，确定企业品牌价值还是考察企业品牌建设成效和评价企业营销工作绩效的一个重要方面。普华永道 2001 年对德国市场的公司品牌价值进行调查，发现德国公司的品牌价值占公司全部价值的比重平均为 56%，快速消费品行业的这一比重更高达 62%，从这一比重可以看出，品牌价值既是价值增值问题，也是企业发展的战略问题，它是竞争优势和长期利润的基础。随着电信市场的不断饱和，全球许多电信企业的转型战略目标都把整合品牌、提升品牌价值作为企业竞争的核心，如法国电信在转型过程中，多起收购的目标其实都是被收购对象的品牌价值，例如，收购互联网商务公司 Equant，并将旗下品牌整合到 Orange 下，此次品牌运作事件不仅为法国电信带来了巨大的财务收益，减缓了三年的负债，同时，大大提升了法国电信的品牌知名度和品牌形象，品牌橙色旋风所带来的无形收益是无法用账面价值来衡量的。

对于中国电信运营企业而言，随着中国电信市场的进一步饱和，电信业务增长空间急剧缩小，而全业务运营时代的到来，更进一步催化了电信业务的同质化竞争，用户流失和用户忠诚度的降低日趋严重，企业效益、价值的增长陷入了困境。如何有效地减少用户流失和提高用户忠诚度、促进企业可持续发展成为所有电信运营企业面临的重要问题，而建立差异化的电信品牌，提升品牌价值正是解决问题的关键。本书通过对中国电信运营企业的品牌价值进行评估，以测评中国电信运营企业的品牌建设成效和品牌竞争力。

二 品牌价值与品牌价值评估综述

20世纪80年代的并购浪潮促使西方学术界真正开始重视品牌价值的研究。学者们试图寻找品牌价值的来源以及重要影响因素，并尝试从不同的角度建立品牌价值评估模型，实现品牌价值量化。1989年，A.C.Nielsen咨询公司和英国的Interbrand公司相继提出了品牌资产平衡表和品牌价值评估模型，分别对全球几百个品牌进行了评估，使得品牌价值这一概念受到更加广泛的重视。

品牌价值评估方法的发展大体上经历了三个阶段：第一阶段，完全基于财务会计要素的品牌价值评估法；第二阶段，品牌资产评估方法中引进了市场要素，使得评估结果反映了品牌的市场地位，能够为管理者提供具体管理方面的指导；第三阶段，品牌价值评估方法考虑到了消费者与品牌的关系，以及消费者在品牌价值评估中的重要作用（李红莹，2009）。此外，中国学者叶明海在上述三个要素的基础上又加上了社会要素，从而形成了一个完整的动态系统，构架出了品牌价值评估的系统要素（吴迪，2006）。本书基于这四个基本要素，对国内外的品牌价值评估方法进行了分类，如表1-2-1所示。

表1-2-1 品牌价值评估方法分类表

评估方法的要素	评估方法特点	典型方法	评估方法不足之处
财务要素	将品牌资产作为无形资产的一部分，体现了会计学概念	成本法 股票价格法 收益法 市价法	理论上可行，但实际计算时各个组成部分的界定十分困难；忽略了消费者对品牌的影响，仅仅把品牌资产看作类似机器设备的有形资产
市场要素	将品牌价值定义在企业的市场行为和市场相对地位基础之上	品牌力模型	仅仅从企业的市场表现和竞争力等方面来衡量品牌价值，忽略了消费者对品牌的影响；仅仅采用市场数据，转化为定量的价值计算较为主观
财务要素+市场要素	品牌价值是品牌未来收益的折现值，加入市场因素进行调整	Interbrand评估法 Financial World评估法 Brand Finance评估法 北京名牌资产评估事务所法（MSD法） 世界品牌实验室法 Sinobrand品牌价值评价法 Kemin模型 BVA评估体系	不适用于品牌未来销售、利润的预测存在的较大不确定性的情况；关键评估指标的确定过于主观；将企业利润看成品牌利润的基数并不科学
财务要素+消费者要素	相对于同类品牌或竞争品牌，消费者为某品牌支付的额外费用	残值法 溢价法 联合分析法 消费者偏好法 品牌价格抵补模型 品牌力因子模型	问卷调查的设计较为主观；过分依赖于消费者的直观判断

续表

评估方法的要素	评估方法特点	典型方法	评估方法不足之处
市场要素+消费者要素	强调品牌与消费者的关系，着眼于品牌资产的运行机制和真正驱动因素	品牌资产十要素模型 Nielsen 模型 HIROSE 模型	需要对相关参数有较长期的数据支持，参数的主观随意性较大；选择相关参数的数据时，较难界定这些参数的相关性和发展性
消费者要素	通过消费者来衡量品牌资产	品牌资产评估电通模型 品牌资产趋势模型 品牌资产引擎模型 品牌要素/品牌潜力模型 余明阳品牌价值评估方法 忠诚因子法 基于消费者的品牌资产模型（CBBE） 两维度品牌资产评估模型	完全从消费者角度出发，过分依赖消费者的直观判断；忽略了企业作为品牌持有者对品牌管理的能动作用；没有结合企业的财务表现，完全脱离品牌持有者的实际财务表现
财务要素+市场要素+消费者要素+社会要素	考虑了社会价值，使品牌价值体系更加丰富完善	叶明海品牌价值评估方法	评估系数算法复杂，需要丰富的定性及定量的数据支持；缺乏实证性

通过对国内外品牌价值评估方法的分类总结可以发现，大多数品牌价值评估方法仅仅考虑了1~2个基本要素，并没有将四个基本要素全面地纳入品牌价值评估的模型当中。但是从品牌价值的形成来看，品牌价值不仅取决于品牌形成与发展过程中支出的沉淀成本，还取决于它为市场、消费者、社会等相关主体带来的价值。品牌价值一方面能够增强企业的市场竞争力、提高顾客忠诚度为企业创造利润，另一方面又能够给消费者在满足基本需求的同时带来额外的效用。此外，企业履行社会责任、提高自身的环保能力等活动在为社会做出贡献的同时也为企业树立了良好的形象，提升了企业的品牌价值。因此，在对企业的品牌价值进行评估时，需要全面系统地将四个基本要素纳入品牌价值评估模型当中。

三 中国电信运营企业品牌价值评估

2008年电信重组之后，电信运营商全业务竞争的时代来临，电信运营企业的电信业务逐渐趋于同质化，电信行业的竞争日趋激烈，品牌在电信运营商未来的战略和营销中的价值日益显现，电信行业逐步迈入了品牌营销时代。如何在新形势下快速形成自己的品牌优势，锻造核心竞争能力，是三大运营商迫切需要解决的问题。基于中国电信运营企业的品牌现状，在全面考虑影响品牌价值评估模型的四个基本要素的基础上，我们对Interbrand品牌价值评估模型进行了改进，并运用改进的品牌价值评估模型对电信运营企业的品牌进行价值评估。

（一）中国电信运营企业品牌现状

由于电信行业的特殊性，导致它所提供的产品不同于其他生产有形产品的行业，电信业所提供的产品是一种服务，这种服务承载于网络、依托于技术的发展，因此，电信业的产品品牌不是纯企业品牌的衍生，而是企业品牌、业务品牌、客户品牌和服务品牌的综合（汪永婕，2008）。中国电信运营企业的品牌体系如表1-2-2所示。

表1-2-2 中国电信运营企业现有品牌体系

企业名称	企业品牌	客户品牌（移动通信）	客户品牌（固网）	业务品牌	3G标识
中国移动	中国移动	全球通 动感地带 神州行	动力100 i-home	随e行 移动梦网 飞信	G3
中国电信	中国电信	天翼	我的e家 商务领航	互联星空 号码百事通 Chin@net	天翼
中国联通	中国联通	世界风 新势力 如意通	亲情1+ 宽带我世界 宽带商务	联通无限 电话导航116114 联通10010	沃

此外，中国移动、中国电信和中国联通都将客服平台作为一个主力渠道进行建设，试图在此基础上打造出自己的服务品牌。中国移动已经设立了"沟通100"，作为专门的服务品牌，并将原有的客户经理、10086服务热线、沟通100服务厅作为门户渠道整合到这个服务品牌中来。中国电信则通过资源整合，特别是优化各个本地网的10000号平台资源，力争在相应的区域范围内提升10000号的影响力和社会美誉度。中国联通的10010服务热线在服务品牌上进行大力打造以尽力满足用户的要求。

在2G时代的品牌建设中，中国移动无疑是国内电信运营企业当中最为成功的一个，其企业品牌和客户品牌价值较高。而中国电信在公众和企业客户市场方面的品牌有先入为主的优势，在电信市场上也获得了相当的影响力。相比之下，中国联通并没有形成自己的优势品牌。然而，全业务运营时代的新的市场竞争不仅对业务融合提出了要求，更推动了品牌融合的进程。原有基于业务种类和个别人群而设计的品牌策略，已经不再符合发展需求和定位，单一业务品牌策略不仅是一种创新，更将成为一种趋势。中国移动和中国电信暂时还没有进行资源整合，推出全业务及融合品牌，而中国联通率先发布了"沃"作为旗下所有业务的单一主品牌，引领了国内运营商单一品牌策略的创新，不仅将借此展现3G时代WCDMA的优势，消除消费者的品牌偏见，而且更将实现更强的品牌协同效应，以实现"胜券在'沃'"。

（二）Interbrand 品牌价值模型的改进

Interbrand公司成立于1974年，是全球最大的综合性品牌咨询公司，同时也是世界上最著名的品牌评估公司，该公司每年一度公布世界最有价值品牌排行榜（The World's Most Valuable Brands Rankings），其所倡导的Interbrand评估方法在品牌价值评估中运用较为广泛，具有较大的影响力。Interbrand评估方法的评估思路是：合理预测品牌带来的超额收益，并予以折现，计算评估值。Interbrand评估方法将折现率化为一个乘数，由乘数与预测的品牌收益相乘，得到品牌价值的评估值，其计算公式为：品牌价值 = 品牌收益 × 品牌乘数。

1. 品牌强度的改进

Interbrand模型在进行品牌价值评估时主要是基于财务要素和市场要素，并没有考虑消费者要素和社会要素对品牌价值的影响。为了更加全面地将影响品牌价值评估的四个基本要素均加以考虑，我们对 Interbrand 模型进行了改进，在确定品牌强度时，加入了消费者要素指标和社会要素指标，改进的 Interbrand 品牌价值评估模型如图 1-2-1 所示。

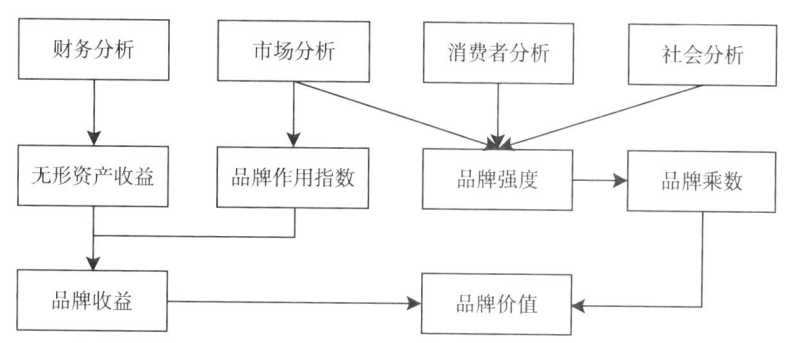

图 1-2-1　Interbrand 品牌价值评估模型的改进

2. 有形资产利润的确定

Interbrand 模型的一大难点在于如何划分无形资产与有形资产对品牌产品营业利润的比重。巴菲特认为，无形资产比有形资产更加重要。但是他认为特别重要的无形资产，并未反映到财务报表上，而且财务会计核算的只是狭义的可辨认的无形资产。因此，在估计有形资产与无形资产的收益比例时，需要将未计入财务报表的无形资产，包括管理、品牌、商标、专利考虑在内，从而降低了有形资产利润占品牌产品营业利润的比重，有形资产利润占品牌产品营业利润的比重用参数 ε 进行修正，有形资产利润的具体计算公式如下：

有形资产的利润 = 品牌产品的营业利润 × $\frac{有形资产}{总资产} \times \varepsilon$

其中，参数 ε 的大小通过专家调查法获得。

（三）电信运营企业品牌价值评估

1. 品牌作用指数的确定

我们通过市场分析以及专家意见调查来合理确定中国电信运营企业的品牌对其业务或服务在电信行业中的作用，以此决定电信运营企业的无形资产收益中品牌的贡献率，Interbrand 公司使用"品牌作用指数"来表示品牌收益占无形资产收益的比重。"品牌作用指数"将非品牌无形资产的收益从无形资产收益中剔除，避免了品牌价值的夸大。

品牌作用指数的确定主要依靠主观判断和经验值，层次分析法通过将无结构复杂系统结构化，层次内两两比较和层次间权重解决了这种多因素、主观判断的不可公度问题，实现定性和定量相结合，通过一致性检验一定程度上解决主观判断的可靠性问题，提高了主观决策过程的科学性，因而是确定品牌作用指数的一个有力工具。基于层次分析法的原理，我们构建了中国企业品牌作用指数的层次分析结构模型，如图 1-2-2 所示。

我们采用专家调查法合理确定了三大电信运营企业的品牌作用指数层次分析模型中同一层级两两指标的相对重要性，然后在层次分析软件（yaahp）建立判断矩阵，yaahp 软件对判断矩阵进行一致性检验，并得出中国移动、中国电信和中

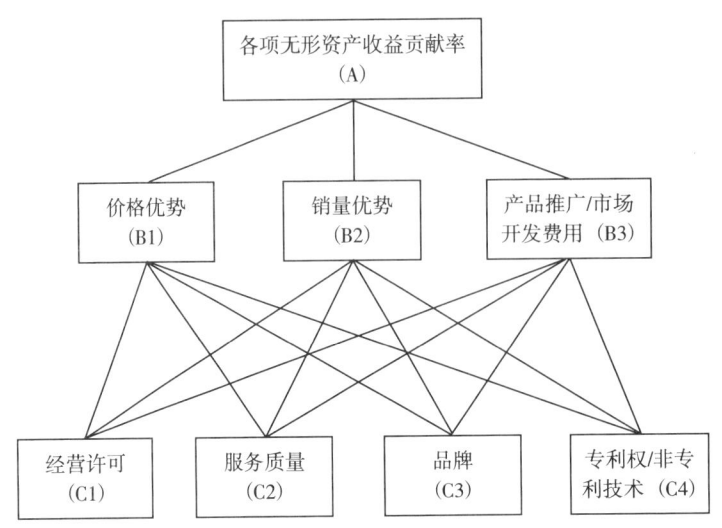

图 1-2-2 中国电信运营企业品牌作用指数层次分析结构模型

国联通的品牌作用指数分别为 32.43%、25.29% 和 24.69%。具体结果如表 1-2-3 所示。

表 1-2-3 中国电信运营企业各项无形资产收益贡献率

	经营许可	服务质量	品牌	专利权/非专利技术
中国移动	0.2129	0.3012	0.3243	0.1616
中国电信	0.3147	0.2377	0.2529	0.1946
中国联通	0.3425	0.2347	0.2469	0.1759

2. 品牌强度的确定

品牌强度的大小可以确定被评估品牌较之同行业其他品牌的相对地位。在改进的 Interbrand 品牌价值评估模型中，我们通过市场分析、消费者分析以及社会分析共同确定中国电信运营企业品牌强度的大小。其中，市场指标仍然采用了 Interbrand 模型中原有的七个品牌强度指标。消费者指标则参考了美国著名品牌专家 David Aaker 教授（1996 年）提出的品牌资产十要素模型（Brand Equity Ten）中的衡量指标，并将品牌资产十要素模型中的市场要素指标予以剔除，改进的品牌强度评价体系如表 1-2-4 所示。其中，采用专家调查法和层次分析法联合确定了要素指标和品牌强度指标权重，并通过问卷调查的方法获得了电信运营企业的各项指标得分，取各项指标的平均得分作为最终得分。通过将各品牌强度指标平均得分与其权重进行加权得到各要素指标的得分，然后将要素指标的得分与其权重再进行加权，得到中国电信运营企业的品牌强度得分。

表 1-2-4 中国电信运营企业品牌强度评价体系

要素指标	权重	品牌强度指标	权重	中国移动	中国电信	中国联通
市场指标	0.4018	市场领导力	0.25	90	68	69
		品牌稳定性	0.15	79	69	60
		市场属性	0.1	80	63	63

续表

要素指标	权重	品牌强度指标	权重	中国移动	中国电信	中国联通
市场指标	0.4018	品牌国际性	0.25	80	67	57
		品牌发展趋势	0.1	77	72	67
		品牌支持	0.1	76	73	68
		品牌保护	0.05	70	70	67
消费者指标	0.3289	品牌忠诚度	0.2749	77	67	66
		品牌认知	0.2251	84	73	71
		品牌联想	0.2749	80	65	67
		认知质量	0.2251	81	67	66
社会指标	0.2693	技术开发创新	0.4272	78	72	72
		环保能力	0.2864	79	71	73
		社会责任	0.2864	79	76	74
品牌强度得分				80.14	69.37	67.36

3. 品牌乘数的确定

为了将品牌强度得分转化成品牌乘数，Interbrand公司发展了一种S曲线，如图1-2-3所示。图1-2-3中纵轴为品牌乘数，横轴为品牌强度得分。品牌乘数的范围一般在6~20，最大值20为理想品牌的倍数，S曲线综合反映了品牌乘数和品牌强度得分的关系，故可通过该曲线定位品牌乘数。

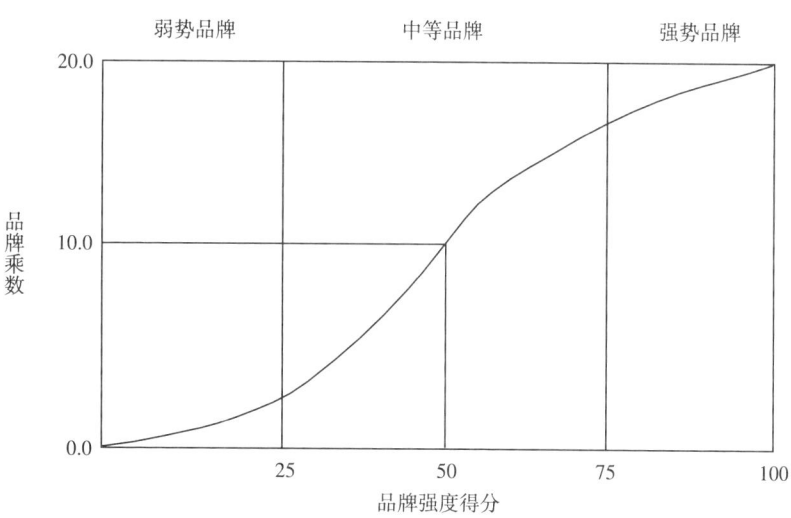

图1-2-3 Interbrand法的S曲线

根据S曲线，品牌强度得分越高，品牌乘数就越高，品牌面临的风险就越小，即品牌实现未来收益的可能性越大。品牌乘数与品牌强度得分的关系可近似表示为：

$$\begin{cases} 250y = x^2, & x \in [0, 50] \\ (y-10)^2 = 2x - 100, & x \in (50, 100] \end{cases}$$

其中，x为品牌强度得分；y为品牌乘数。将上述计算得出的中国电信运营企业的品牌强度得分代入 S 曲线乘数方程，得出中国电信运营企业的品牌乘数，如表 1-2-5 所示。

表 1-2-5　中国电信运营企业品牌乘数

	中国移动	中国电信	中国联通
品牌强度	80.14	69.37	67.36
品牌乘数	17.76	16.22	15.89

4. 品牌价值的确定

基于上述确定的品牌作用指数以及品牌乘数，依据改进的 Interbrand 品牌价值评估模型，计算得到中国移动、中国电信和中国联通评估的品牌价值，如表 1-2-6 所示。其中，参数 ε 通过专家调查得到。

表 1-2-6　中国电信运营企业品牌价值计算表

单位：百万元

公司	中国移动			中国电信			中国联通		
年份	2011	2010	2009	2011	2010	2009	2011	2010	2009
品牌产品营业利润	153858	153090	148788	43042	36839	31041	7997	4844	12192
有形资产	902048	812188	702546	355202	354865	378770	437784	423596	399587
总资产	952558	861935	751368	419115	407355	426520	458524	443466	419232
有形资产/总资产	94.70%	94.23%	93.50%	84.75%	87.11%	88.80%	95.48%	95.52%	95.31%
参数 ε	50%	50%	50%	50%	50%	50%	50%	50%	50%
有形资产利润	72850	72127	69560	18239	16046	13783	3818	2313	5810
无形资产收益	81008	80963	79228	24803	20793	17258	4179	2531	6382
品牌作用指数	32.43%	32.43%	32.43%	25.29%	25.29%	25.29%	24.69%	24.69%	24.69%
所得税率	25%	25%	25%	25%	25%	25%	25%	25%	25%
品牌收益	19703.22	19692.18	19270.21	4704.48	3943.90	3273.42	773.91	468.59	1181.72
平均品牌收益	19627.37			4212.45			740.11		
品牌乘数	17.76			16.22			15.89		
品牌价值（亿元）	3485.82			683.26			117.60		
品牌价值（《华尔街日报》）（亿元）	3412			694			401		

注：①品牌产品营业利润 = 销售收入 −（产品成本+销售费用+管理费用+折旧等相关费用）；②有形资产利润=品牌产品营业利润×（有形资产/总资产）×ε，参数 ε 是对有形资产利润占总资产利润的比重的修正；③无形资产收益 = 品牌产品营业利润 − 有形资产利润；④品牌收益 = 无形资产收益×品牌作用指数×(1 − 所得税率)；⑤平均品牌收益 =（当年品牌收益×3 + 前一年品牌收益×2 + 前两年品牌收益×1)/6；⑥品牌价值 = 平均品牌收益×品牌乘数。

四　中国电信运营企业品牌价值评估对比分析

从上述对中国电信运营企业的品牌价值评估的结果中，我们可以看到，中国移动、中国电信和中国联通评估的品牌价值依次递减。下面从品牌收益和品牌强度两个方面对三大电信运营企业品牌价值之间的差距进行对比分析。

(一)电信运营企业品牌收益对比分析

从表1-2-6中可以看出,中国移动、中国电信和中国联通的品牌乘数相差并不大,造成品牌价值相差悬殊的主要原因是品牌收益的巨大差异。三家运营商品牌收益差异巨大的原因主要有两个:一是三家运营商的品牌产品无形资产收益之间的差异,中国移动的无形资产收益远远高于中国电信和中国联通;二是品牌作用指数之间的差异。

1. 无形资产收益差异对比分析

从表1-2-6中可以看到,中国移动的无形资产收益远远高于中国电信和中国联通,这一优势主要来自其超高的品牌产品营业利润。三大运营商品牌产品营业利润的差距最终反映在其市场表现和投资经营效果上。从表1-2-7中可以看到,无论是收入市场份额还是投资回报,中国移动、中国电信和中国联通都呈现出依次递减的状态,这与三大运营商的无形资产收益状况相一致。中国移动的收入市场份额虽逐年下降,但是2011年中国移动的收入市场份额仍然占到了53.41%,超过中国电信和中国联通的营运收入的总和。中国移动的市场主导地位是其获得超高品牌产品营业利润的根本保障。从投资效果来看,中国移动的投资回报率远远高于中国电信和中国联通,反映出中国移动较好的投资效果和内部经营效率,也进一步确保了中国移动较高的无形资产收益的实现。

表 1-2-7 2011年电信运营商投资经营效果对比

单位:百万元

	中国移动	中国电信	中国联通
营运收入	527999	245041	215519
收入市场份额	53.41%	24.79%	21.80%
EBIT	153858	43042	7997
销售净利率	23.76%	6.67%	1.94%
总资产报酬率(ROA)	13.17%	3.90%	0.91%
净资产报酬率(ROE)	19.29%	6.36%	2.01%
EVA	63487	-11411	-17219

2. 品牌作用指数对比分析

从图1-2-4中可以看出,中国移动的品牌作用指数远远高于中国电信和中国联通。此外,中国移动的服务质量对无形资产收益的权重也高于中国电信和中国联通。反之,中国电信和中国联通由经营许可(牌照)所带来的无形资产收益比重较高,这与3G牌照的发放不无关系,更为成熟的CDMA和WCDMA为中国电信和中国联通带来了较高的无形资产收益。从上述的分析中可以看出,对于无形资产收益,中国移动最重要的资产是品牌和服务质量,而中国电信和中国联通更多的是依靠牌照的优势。

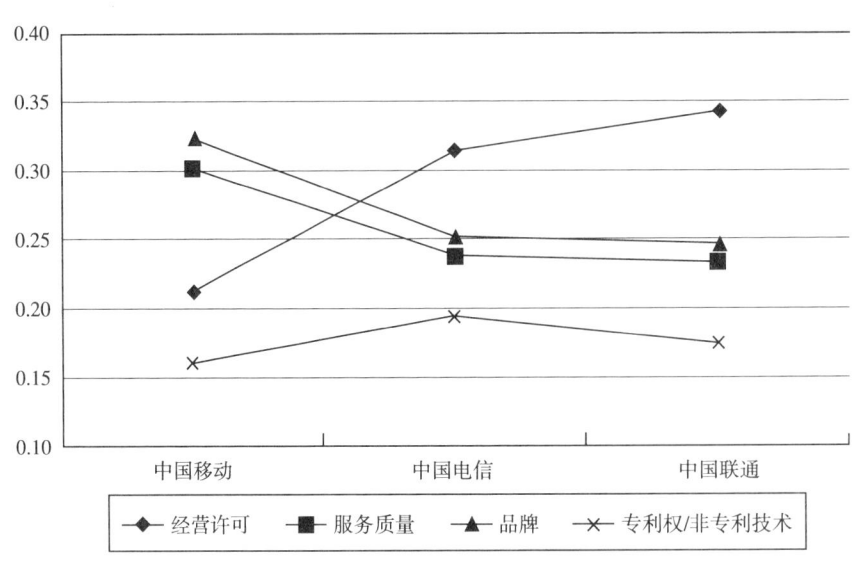

图 1-2-4　各项无形资产收益贡献率

（二）电信运营企业品牌强度对比分析

品牌乘数是将未来的品牌收益进行贴现时的贴现率，衡量了品牌在将其未来收益转化为现实收益过程中的风险。品牌乘数由品牌强度经 S 曲线方程变换得到，因此，中国移动、中国电信和中国联通品牌乘数的差别最终反映在品牌强度上。电信运营商品牌强度的高低反映了其品牌较之其他电信运营商品牌的相对地位。从图 1-2-4 中可以看到，中国联通、中国电信和中国移动的品牌强度依次增强。中国移动的市场指标得分、消费者指标得分、社会指标得分均高于中国电信和中国联通。中国移动品牌强度的优势主要来源于市场领导力、市场属性、品牌国际性、品牌认知、品牌联想和认知质量等方面；对于中国电信和中国联通来说，市场指标和消费者指标得分较低是其品牌强度低于中国移动的根源。随着电信运营企业全业务的逐渐深化，电信市场的格局正逐步发生改变。据 AC 尼尔森的调研数据显示，中国联通的品牌资产价值迅速提升：2011 年，在国内 3G 品牌中，联通"沃"品牌用户认知度由 38%提升到 65%，提升幅度居于首位，超过中国移动 G3；56%的用户认为"沃"对联通企业品牌产生了积极的影响。从品牌价值的计算公式来看，品牌强度并不是造成中国电信运营企业品牌价值差异的主因。但是品牌强度的大小反映了电信运营企业的品牌建设的成效，最终将通过品牌收益来反映电信运营企业品牌建设过程中各项投入的回报。

总体来看，目前中国联通的品牌价值低于中国移动和中国电信，但是中国联通"沃"品牌的成功推广、品牌统一管理、新媒体营销手段的有效探索、强势电视媒体的深度植入合作，以及 iPhone 合约计划在高端市场的成功营销，都将推动中国联通品牌价值的快速"膨胀"。与此同时，中国电信也于 2012 年 3 月正式公布了 iPhone4S 合约计划，可以看到随着中国 3G 市场的深化，中国联通和中国电信都选择了借力苹果公司，树立了较为高端的品牌形象，也正在借势改变国内运营商品牌格局。与品牌价值提升相对应的，是联通在 3G 市场的高歌猛进。联通 3G 用户数爆发增长态势已经显现，有机构预测，中国联通 3G 用户 2012 年有望过亿。此外，中国联通品牌营销效果获得了电信行业和品牌业界的广泛认可。今后联通仍将深耕3G,并在全网宽带、行业信息化应用等多方面发力,而联通品牌价值的持续提升,也将为联通的3G"跨越式发展"提供强劲动力。

五 结论

品牌之所以有价值,不全在于创造品牌所付出的成本,也不全在于有品牌产品较无品牌产品可以获得更高的溢价,而在于品牌可以使其所有者在未来获得较稳定的收益。品牌为其所有者带来的收益总和即为品牌价值。财务要素、市场要素、消费者要素以及社会要素四个基本要素形成了一个完整的动态系统,构架出了品牌价值评估的系统要素。本书基于这一思路,在Interbrand品牌价值评估模型的基础上,充分考虑了消费者要素和社会要素对品牌价值评估的影响。此外,鉴于很多未涵盖在企业资产负债表中的无形资产为企业创造价值这一事实,设定参数ε值对有形资产利润占总资产利润的比重进行修正,并根据改进的Interbrand模型对中国电信运营企业的品牌价值进行了评估。评估结果表明,中国移动、中国电信和中国联通的品牌价值依次递减。运营商品牌价值的差距可以表现在以下几个方面:①电信运营企业品牌收益的差异,品牌收益的差异可以体现为市场竞争力的差异和投资经营效果的差异。②品牌强度的差异,体现为市场要素、消费者要素和社会要素三者的差异,电信运营商为提高消费者满意度和忠诚度所作出的努力以及社会责任的履行最终将集中体现在品牌强度中的市场表现上。③从品牌价值的计算过程来看,品牌强度的差异并不是造成电信运营企业品牌价值差异巨大的主因,但是品牌强度的差异反映了品牌认知度、市场领导力等因素的差异,并最终影响企业的品牌收益。因此,品牌强度的强弱在一定程度上反映了电信运营企业现在及未来的品牌价值。因此,如何更好地满足消费者的需求、树立良好的公众形象、提高企业的市场竞争力是电信运营商提高其品牌价值的有效途径。

参考文献:

[1] David A. Aaker. Building Strong Brands [M]. Jossey-Bass Inc., 1996.

[2] David A. Aaker. Management of Brand Equity [M]. Free Press, 1991.

[3] Keller K. L. Conceptualizing measuring and managing customer-based equity [J]. Journal of Marketing, 1993, 12 (1): 1–22.

[4] Kelley K. L. Building customer-based brand equity [J]. Marketing management. 2001, 32 (7): 15–19.

[5] 崔博阳. 品牌资产及其评估方法研究 [D]. 北京:首都经济贸易大学, 2007:26.

[6] 范秀成,冷岩. 品牌价值评估的忠诚因子法 [J]. 科学管理研究, 2000 (5):50–55.

[7] 范秀成. 品牌权益及其测评体系分析 [J]. 南开管理评论, 2000 (1).

[8] 方毅. 基于实物期权的品牌价值评估方法研究 [D]. 浙江:浙江师范大学, 2009:25–27.

[9] 符国群. Interbrand 品牌评估法评介 [J]. 外国经济与管理, 1999 (11):39–41.

[10] 韩传模,汪士果. 基于AHP的企业内部

控制模糊综合评价［J］.会计研究，2009（4）.

［11］何建军.基于品牌价值的品牌创新研究——以燕京啤酒品牌为例［D］.桂林：桂林理工大学，2009：8-10.

［12］贾宁，张海燕，陈晓.品牌的市场估值效应与启示［J］.中国会计评论，2010，8（3）.

［13］李红莹.房地产品牌价值评估研究［D］.北京：北京建筑工程学院，2009：14.

［14］李宛.企业品牌资产测评方法及应用研究［D］.南京：南京航空航天大学，2008：26.

［15］汪永婕.电信品牌价值评价模型与价值塑造研究［D］.北京：北京邮电大学，2008：25.

［16］王成荣，李亚.品牌价值社会化评价方法的改进与创新——Sinobrand 品牌价值评价法［J］.管理评论，2005（1）.

［17］王月明，李晓红，何有缘.品牌价值形成机理初探［J］.商场现代化，2007（25）.

［18］吴迪.品牌价值评估方法的比较研究［D］.北京：北京工业大学，2006：14-25.

［19］叶明海.品牌发展和品牌价值评估的研究［D］.上海：同济大学，2011.

［20］余阳明.品牌学［M］.合肥：安徽人民出版社，2002.

［21］张金鑫.优化品牌价值评估简易模型［J］.陕西科技大学学报，2010（28）.

［22］张芮.电信运营商项目品牌的价值评估［D］.北京：北京邮电大学，2009：13-17.

［23］张元杰，陇小渝.国内电信运营商品牌整合研究［J］.重庆邮电大学学报，2011（2）.

［24］中国房地产TOP10研究组.中国房地产品牌价值研究：理论与实践［M］.北京：经济管理出版社，2011：7-9.

分报告三
电信运营企业客户价值分析

一 引言

我国电信行业近年来逐步打破垄断,市场竞争日趋激烈。2000年以来我国移动电话用户数呈现指数性增长,特别是2007年以来互联网上网人数也呈现爆炸式增长,同期电信业务总量也在逐年增长,但是增长速度远远低于用户数的增长,如图1-3-1所示。

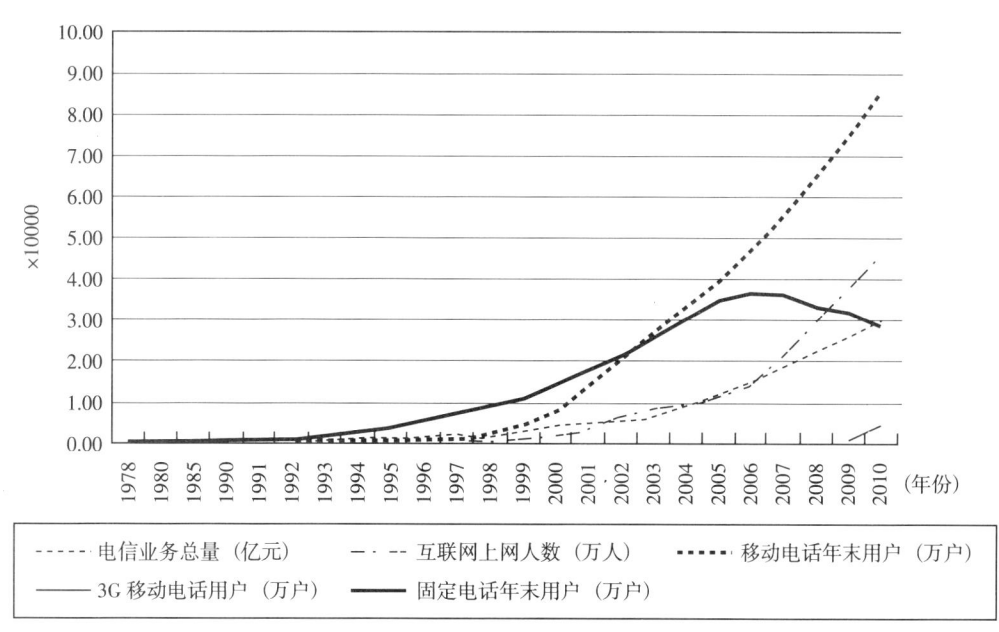

图1-3-1 我国电信业发展

对于电信运营企业来说规模的增长是必需的,但是规模增长应该以盈利的增长为前提。在竞争日益激烈,客户需求更趋多样化的背景下,电信运营企业正在积极实施战略转型,而财务管理作为企业重要的支撑手段也许要实现从传统的核算型、管理型向战略型的转变,财务的重点转向资源整合、决策支持和价值管理(何瑛,2011)。战略管理会计作为一个新兴理论工具,从1981年概念提出到今日,已经发展了30多年,我国理论界和实务界都在积极探索战略管理会计在企业中的实践应用,战略管理会计为电信运营企业财务转型提供了理论支撑和方法指导。战略成本管理作为战略管理会计的核心内容,使电信运营企业实现稀缺资源配置的有效性成为可能。要想实现稀缺资源的有效配置,就必须对现有的资源配置效率进行分析,从而对财务和运营进行改进。而客户价值分析作为战略成本管理的重要组成部分,是以企业外部客户为导向,进行价值分析的一种方法。在电信运营企业中运用客户价值分析,可以区分不同盈利群体,有效识别不同价值梯度客户,为企业进一步战略制定提供数据支撑。从财务角度上说,根据分析结果,企业应该对高价值客户进行一定倾斜,提高对高价值客户的成本投入以保持并维护高价值客户,同时降低对低价值甚至负价值客户的成本投入,以期逐渐减少低价值客户数量,这样才能实现企业稀缺资源的有效配置。从运营角度上说,企业应该为不同价值群体的客户提供差异化服务,更多地满足高价值附加值客户的需求,更好地维系与高价值附加值客户的关系,即遵循二八定律。从企业战略角度上说,电信运营企业必须要以客户为导向,进行客户价值分析,才能发现新盈利点,改变现有盈利模式,实现可持续发展,从根本上扭转量收倒挂的现状。

二 客户价值与客户价值分析

自20世纪80年代以来,日本的全面质量管理思想在全球范围内掀起了质量管理浪潮,企业纷纷将质量改善和提高作为自己的经营目标,但随着市场竞争日益加剧和消费者要求日趋多样化,产品或服务的质量已经不是企业制胜的唯一法宝,1947年,劳伦斯·迈尔斯首次提出价值分析方法,他认为通过向顾客提供由客户定义的、客户支付得起的、期望的产品或服务,才能传递最有前景的客户价值(张婷等,2005)。20世纪90年代以来,客户关系管理(CRM: Customer Relationship Management)成为企业营销策略研究和营销系统应用的持续热点。客户关系管理的目的就是实现客户关系的增值,明晰客户价值则成为实现增值的基点,因此客户价值成为客户关系管理的核心。理论发展至今,客户价值的内涵得到了丰富的扩充,其研究角度已经不再拘泥于客户感知的角度。

(一)客户价值范围界定

客户价值可以从不同的主体角度进行分析研究。一般来讲,主要是从客户角度和企业角度两个方面对客户价值进行分析研究。

从客户的角度出发,这是传统意义上的客户价值,即菲利普·科特勒在《营销管理》一书中所提出的顾客让渡价值。他认为,"顾客让渡价值"是指顾客总价值(Total Customer Value)与顾客总成本（Total Customer Cost）之间的差额。顾客总价值是指顾客购买某一产品与服务所期望获得的一组利益，它包括产品价值、服务价值、人员价值和形象价值等。顾客总成本是指顾客为购买某一产品所耗费的时间、精神、体力以及所支付的货币资金等，因此，顾客总成本包括货币成本、时间成本、精神成本和体力成本等。

从企业的角度出发，是近些年兴起的客户价值研究方向，到目前为止还没有对客户价值内涵形成一个统一的认识。从这一方面考虑的客户价值主要衡量的是客户对企业的相对重要性，衡量了客户给企业带来的利润，以及企业如何在企业价值最大化的前提下为客户提供产品、服务。客户价值分析的目标就是获得并保留能为企业带来盈利的客户，因此客户生命周期价值又成为这一领域客户价值研究的核心。

本文的主体部分所涉及的客户价值概念，均是指从企业的角度出发，以企业为主体的客户价值。

（二）客户价值的分类

对目前国内外学者发表的关于客户价值的内涵界定进行分类，主要可以从两个维度进行：一个维度是货币计量的角度；另一个维度是生命周期的角度。

1. 客户价值的货币计量

以货币计量的维度，可以将国内外学者对客户价值的概念界定划分为两类：一类在定义客户价值时只考虑客户的货币价值；另一类是既考虑客户的货币价值又考虑客户的非货币价值。

Frederick Reichheld 在其 1996 年出版的关于忠诚客户价值的著作中认为客户价值即客户所带来的净现金流的大小，并且指出基础利润、增加购买、成本节约、推荐效应以及价格溢价是客户产生利润的主要因素，并且随着客户关系的延续，忠诚客户带来的收益会更大。在此研究的基础之上，Robert E. Wayland 和 Paul M. Cole（1997）以及 Kelly D. Conway 和 Julie M. Fitzpatrick（1999）都根据客户价值对客户进行分类。Wayland 和 Cole 以客户价值—客户响应作为指标，进行客户分类，得到四种客户类型：最佳客户（高—高），具有价值且有响应的客户，是企业的目标客户；奇异客户群（高—低），有与生俱来的价值，但并不倾向于与企业建立关系；致命诱惑客户群（低—高），对企业的响应很高，但却无利可图；幽灵客户（低—低），价值低且无响应的客户群。Conway 和 Fitzpatrick 以客户价值—客户忠诚为指标，构造客户分类矩阵，得到金牌客户（高—高）、风险客户（高—低）、边际客户（低—高）和无须过多服务的客户（低—低），并针对不同的客户类型提出客户关系的不同发展策略。齐佳音（2005）总结发展了客户价值的内涵，将客户价值定义为：企业的关键决策者在所处的管理情景下，感知到的来自客户的净现金流及其未来净现金流的总体能力。

Achim Walter、Thomas Ritter 和 Hans Georg Gemunden（2001）将客户价值定义为企业决策者从客户关系中得到的收益与付出之间的权衡，收益和付出既包括货币因素也包括非货币因素，并将客户价值划分为直接价值、间接价值和社会价值。王海洲（2001）认为客户价值体现在五个方面，即市场价值、规模价值、品牌价值、信息价值以及网络化价值。

2. 客户价值的生命周期

客户价值领域还有一些研究是围绕客户生命周期价值进行的，但是在对于生命周期的时间界定上还有一定的偏差，因此根据对生命周期的划分，又可将客户价值的研究划分为两类。

一些学者认为客户生命周期价值中的时间是

从当前到客户关系解体时的剩余生命周期时间段。比如，Barbara Jackson（1985）将客户生命周期价值定义为客户当前以及将来所产生的货币利益的净现值。Roberts、Berger（1989）和 Jackson（1994）认为客户生命周期价值为客户将来在降低企业经营费用以及增加利润上所带来的收益的净现值。

另一些学者认为，客户生命周期价值中的时间应该是从客户关系的开始直至客户关系解体的生命周期时间段。Courtheoux（1995）为了对这一时间上的分歧进行区分引入了一个新概念：客户长期价值，他认为客户长期价值是指客户在未来为企业创造的预期价值，客户生命周期价值是指客户在全生命周期内为企业创造的价值。目前，大多数学者均采纳了这一观点。

综上所述，笔者认为衡量客户价值要达到货币和非货币价值、历史和未来价值、有形和无形价值之间的均衡。为了保证客户价值的完整性和准确性，应该从三个维度对客户价值进行定义和分析，即收入/成本维度、历史/未来价值维度和有形/无形价值维度，在应用中根据具体情况选定维度和相对应的指标。收入/成本维度，衡量了客户价值的货币价值。收入即客户购买产品和服务所支付的全部费用，成本即用于获取、维系客户所花费的全部成本。历史/未来价值维度，关注于客户价值在时间维度上的纵向延伸，客户价值分析不仅应关注客户历史价值，还应该关注客户的未来价值，也称为潜在价值。历史价值即截至某一个时间点客户给公司带来的价值。未来价值即预期客户未来给公司带来的价值。有形/无形价值维度。有形价值即客户购买产品或者服务所带来的直接经济效益。无形价值即客户购买产品和服务所带来的社会效益，如个人客户之间的口碑相传、集团客户的行业示范效应等。

进行客户价值分析帮助企业按照客户价值差别对待客户。根据著名的二八定律，大部分企业都依从帕累托规律：20%的顾客创造公司80%的利润，而其利润的一半又被处于低端的顾客（不盈利的顾客）消耗，也即少数顾客创造了公司大多数利润。企业的利润和损失在顾客分布中的不平衡性，已经成为影响企业生存和发展的战略性问题。

从企业财务管理方面考虑，客户价值分析作为一种精细化的财务分析为企业提供了高附加值的经营业务分析，当企业成本投入有限时，我们需要通过对客户价值的分析，识别客户，为不同价值的客户提供差别性服务。这一思想可以简单地用图 1-3-2 表示：

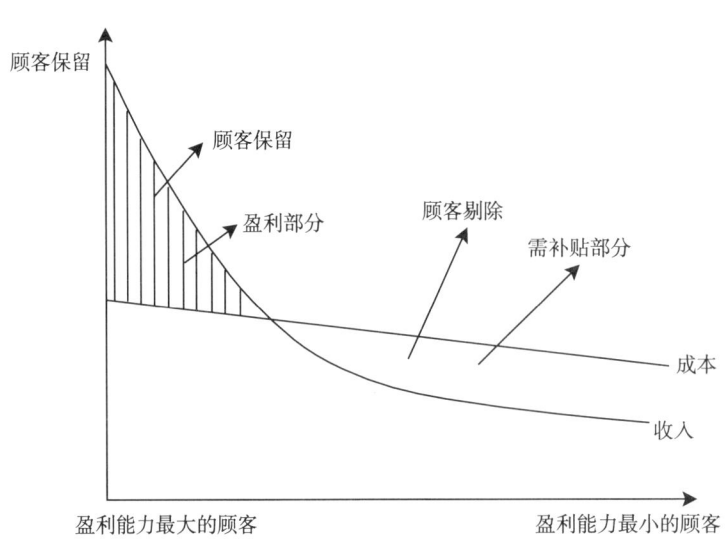

图 1-3-2 按照客户价值差别对待客户

从财务管理与企业运营的协同方面考虑，以客户价值为核心，企业通过客户指标、收入和成本对客户价值进行分析，即可发现企业与客户的关系维系是否有效，对于客户价值提升的成本投入是否有效，客户利润率是否有所提高。企业应重点保持毛利高服务少的客户群体，降低并逐步剔除毛利低服务多的客户群体。在客户价值增值的过程中，客户只有能够为企业带来利润，企业才会为其提供与之相称的产品和服务，只有客户关系具有有效性、客户成本配置有效的情况下，客户价值才能带来客户利润率的提高，如图1-3-3所示。

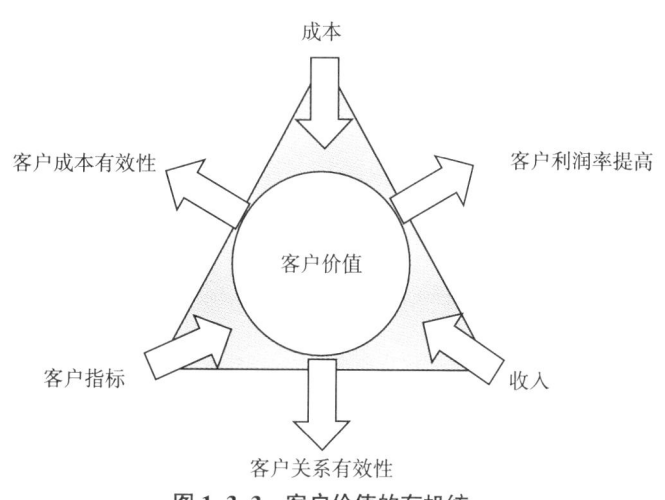

图1-3-3　客户价值的有机统一

从企业整体战略的方面考虑，企业的利润最终来源于客户，因此客户是企业发展的原动力。进行客户价值分析，有助于企业更清晰地辨识企业所处环境以及自身竞争优劣势，从而采取相应的战略举措，为企业价值最大化和可持续发展服务。

三　客户价值分析的主流理论

客户价值分析的理论有很多种，对目前电信运营商应用较多的主流理论进行总结主要有：第一，RFM理论。由美国数据库营销研究所Arthur Hughes研究提出的RFM分析是营销领域广泛采用的客户响应和客户价值分析方法，它根据客户以往的购买行为来预测客户未来的短期行为。其基本思想是通过三个重要的客户行为指标：最近购买时间R（Recency）、购买频率F（Frequecy）和总购买金额M（Monetary Value）来预测客户对促销活动做出响应的可能性。RFM这三个指标可以从客户交易数据中获取，该方法简便易用，在营销特别是数据库营销领域被广泛使用（赵晓煜等，2005）。运用该理论通过对客户购买行为进行评估即可评估客户对企业的价值，电信运营商在应用RFM理论时应该对RFM模型进行相应调整，R指标调整为：客户最后一次交费距离分析点的时间；F指标调整为：客户一定时期内交费的次数；M指标调整为：客户一定时期内的交费总额。

进行客户价值分析后，其提升客户价值的途径主要在于提高客户交易次数以及防止客户流失两方面。第二，钱包份额分析（Share Of Wallet, SOW）。Peppers 和 Rogers 于1993年提出了钱包份额的概念，该概念的最初应用是在营销领域，又称顾客份额（Customer Share 或 Share of Customer）。它是指一家企业的产品或者服务在一个顾客该类消费中所占的比重（Peppers、DON、Rogers、Martha，1995）。这一理论的主体思想是采用本企业份额以及竞争对手份额两个维度，评估客户购买某企业产品支付的费用占其购买此类产品支付的总体费用的份额。现在已经形成了一种普遍的认识，即钱包份额是客户满意度和利润的中介变量，较高的钱包份额对盈利性和客户忠诚度都具有积极促进作用。钱包份额分析的应用可以帮助电信运营企业制定合理的竞争策略，以获取和保留盈利客户。第三，利润与忠诚度分析（Profit and Loyalty, P & L）。这种方法是从客户产生的利润以及客户的忠诚度两方面来评价客户的价值。从客户产生的利润衍生出来的衡量维度即收入与成本，从客户忠诚度衍生出来的衡量维度即客户满意度、客户流失率。根据这两个维度，提高客户价值的途径主要有防止客户流失以及提高客户满意度。第四，客户盈利分析（Customer Profitability Analysis, CPA）。客户盈利分析从产品价格出发，在收入和成本两个方面进行考虑，分析客户对于企业的价值，其价值既包括当期价值也包括未来价值。因此客户盈利分析是企业制定产品价格策略，进行产品与客户适配的有力工具。客户盈利分析以产品价格为出发点，最终倒推出产品利润的过程可简单地用落袋价格瀑布图进行举例，见图1-3-4。通过这一分析过程，企业可以发现蚕食企业利润的非增值作业环节，因此可以通过提升最低价格、取消不增值折扣、降低服务成本、优化产品组合、提高销售团队效率、优化客户组合以及优化应收账款有效性等多途径，提升客户价值和企业利润。第五，客户生命周期价值（Customer Lifetime Value, CLV）。客户生命周期价值时客户角度的财务评估，它评估了客户在其与该公司进行业务来往期间所产生的当期和未来利润总和的净现值。该理论强调的是每个客户在整个与企业相关的生命周期中为企业创造的价值时客户战略带来的最关键财务价值。该方法从收入与成本以及历史价值、当前价值和潜在价值三个维度上对客户价值进行分析。在明确客户生命周期价值组成公式前，需明确两个概念，客户生命周期通用成本和客户生命周期通用价值。企业从获得一个客户开始到与该客户终止关系为终点，这一时间段内发生的与客户有关的成本都应该包括在客户生命周期通用成本之中，这些成本大致可以分为四类：获取成本、销售成本、服务成本以及终止成本。各成本之间的内在联系和进一步分解见图1-3-5。客户生命周期通用价值应同时涵盖客户的直接价值和间接价值。客户直接价值的驱动因素比较单一：利润潜力——客户相关利润流的净现值。客户间接价值的驱动因素则较为多样化，包括：推荐潜力——识别客户影响其他用户购买行为的程度；保留潜力——客户沟通和保留的评价；创新影响力——客户对于企业新产品，市场新政策等的接受程度。

第一部分 专题篇——全球电信运营企业价值管理与提升战略

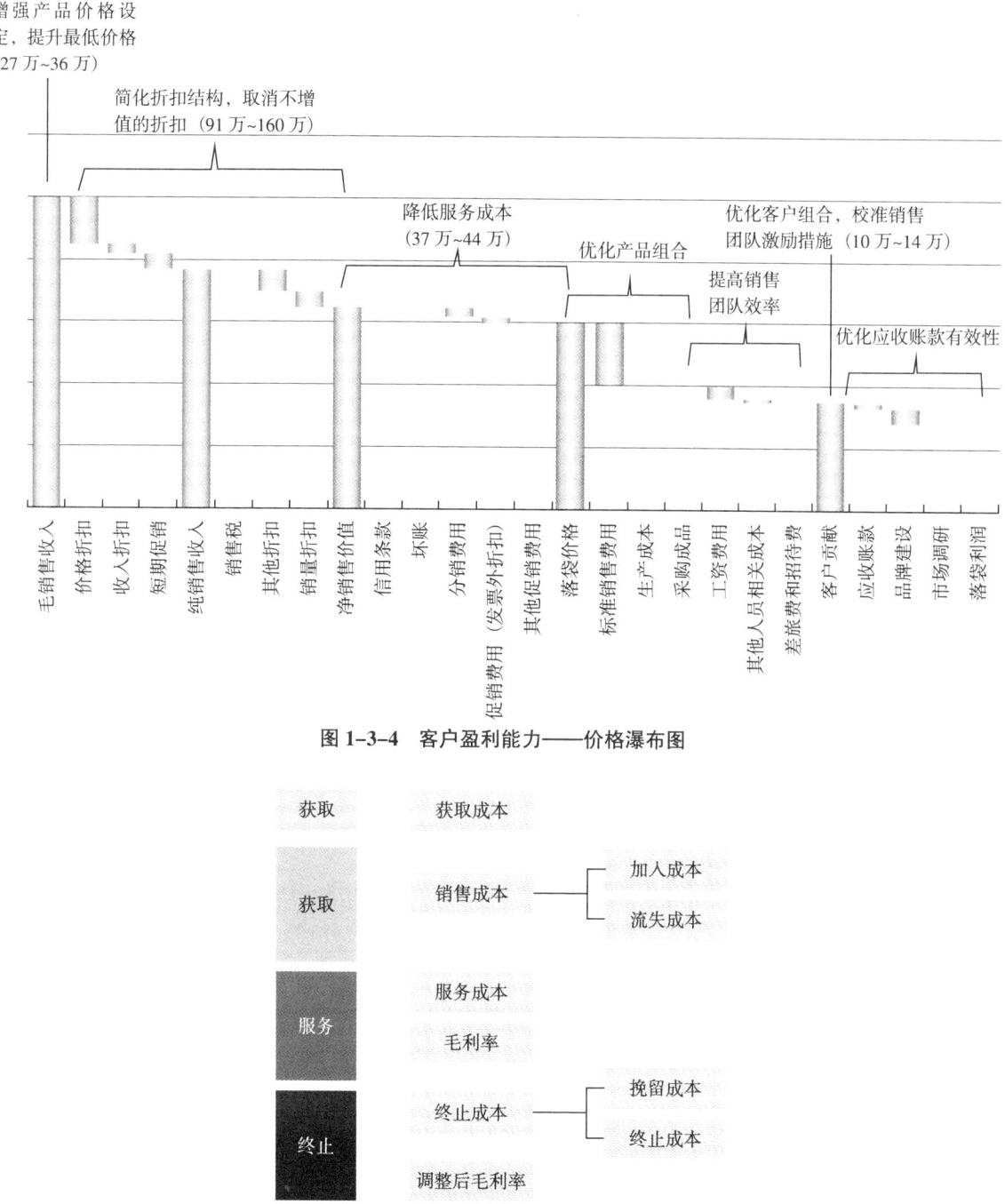

图 1-3-4 客户盈利能力——价格瀑布图

图 1-3-5 客户生命周期成本测度

将以上五种客户价值分析理论进行对比分析，总结如下表 1-3-1 所示。

表1-3-1 客户价值分析主流理论

名称	方法	维度	运营应用	优势	劣势
RFM理论	通过客户的购买行为评估客户对企业的价值	最近一次购买的时间、购买的频率和购买价值	提高客户交易次数；防止客户流失	如果与某个客户打交道时间足够长，就可以准确判断该客户的价值，乃至终身价值。适用于生产多种商品，并且商品单价相对不高的企业。这些商品包括：消费品、化妆品、小家电、录像带店、超市等	行业不同，购买时间、购买频率、购买金额也不尽相同。使用绝对金额可能会曲解客户行为
钱包份额分析	评估客户购买某企业产品支付的费用占其购买此类产品支付的总体费用的份额	本企业份额与竞争对手份额	制定竞争策略	"份额"的提出在客户价值分析中考虑了竞争者	钱包份额在测度上不够精确
利润与忠诚度分析	从客户产生的利润以及客户的忠诚度两方面来评价客户的价值	收入与成本；客户满意度；客户流失率	防止客户流失；提高客户满意度	将客户忠诚度与企业利润相结合，强调了客户满意度对企业利润的影响。只有客户满意度上升，客户忠诚度才能提高，从而成为企业利润原动力	客户满意度和客户忠诚度的测量存在一定困难
客户盈利分析	从收入和成本两方面考虑客户对企业的价值	收入与成本；当期价值与未来价值	产品与客户适配；产品价格策略	从收入和成本两个方面进行客户价值分析，数据容易获得，计算结果较为准确	没有考虑客户忠诚度等因素
客户生命周期价值	评估客户在其与该公司进行业务来往期间所产生的当期和未来利润总和的净现值	收入与成本；历史价值、当期价值和潜在价值	客户需求分析；精准营销适配；防止客户流失；成本分配与管理	体现了客户在不同时期如何使用企业的产品；专注于客户的持续性商业关系而非独立的财务时间段；提供了衡量市场和客户行为的定量化计算方式，为企业提供了区别对待分类客户的成本投入的衡量依据；在客户盈利分析的基础上融入了客户生命周期，将客户价值分析扩展到整个生命周期的时间范围内	各种客户生命周期价值模型中对参数的测定会在很大程度上影响客户生命周期价值计算的准确性

由于本书进行的案例分析需要对某一客户的历史价值、当前价值以及未来价值进行分析，因此本书以客户生命周期价值理论为主要理论支撑进行后续客户价值分析。

四 电信运营企业客户价值分析框架

目前，我国电信运营企业应用战略管理会计较为成熟的领域为基于作业成本的成本核算和管理。在客户价值分析的理论应用方面也有一定的发展。应用最为广泛的客户价值分析即在ARPU（Average Revenue Per User）值这一单指标基础上，按照社会属性将客户划分为党政军客户、金融客户、大企业客户、中小企业客户、公众客户以及其他客户等分类，对不同分类客户的ARPU值进行分析。随着计算机技术的逐渐发展，电信运营企业也开始采用聚类分析等统计分析方法对业务系统中的客户数据进行统计分析，发现识别不同客户群体并寻找同一群体的特性，进行成本收入的对比分析。同时，各电信运营企业也都在积极完善客户价值评估体系，该体系的主要思想即将客户的忠诚度、影响力、利润贡献度等因素指标纳入评估范围内，对不同客户进行打分评估，为制定相应策略提供支撑。综观电信运营企业的客户价值分析实施，缺乏一个贯穿企业上下的统一框架，企业并没有更好地利用客户价值分析打通一条企业价值提升的通道。

电信企业要在其运营管理实践中实施客户价值分析需要建立健全客户价值分析框架。该框架应以方法理论做指导，以运营制度流程做保障，以技术平台做支撑，在企业上下形成统一有机的客户价值分析体系。客户价值分析框架如图1-3-6所示：

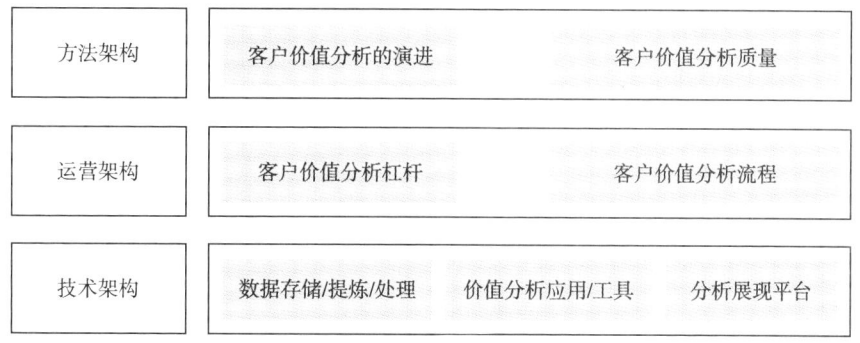

图1-3-6　客户价值分析框架

（一）客户价值分析的方法架构

1. 客户价值分析管理的演进历程

客户价值分析管理经历了一个由简到繁，从单一维度到多维度分析的发展阶段。随着理论的提升发展，其实施难度也逐渐加大。最初阶段的客户价值分析管理关注点主要在于客户的收入及其行为方式，认为客户的历史收入即构成了客户价值，显然这一阶段的客户价值没有考虑到客户在时间的纵向延续上为企业带来的连续的价值，并且也没有考虑客户所消耗的企业资源，再者没有考虑客户带来的无形价值。这一阶段的客户价值分析管理，电信企业只是基于传统的通过ARPU分群，再加入客户行为角度衡量客户价值。随着管理实践的发展，人们逐渐意识到企业的成本和费用并不是平均分摊到每一个客户上的，即不同的客户占用企业的成本费用投入比例是不同的，收入贡献高的客户并不一定占用企业更多的资源；反之，收入贡献低的客户也不必然占用企业较少的资源。因此客户价值逐渐引入了历史成本这一指标，与历史收入相对应，考虑客户给企业带来的利润。而仅仅加入历史成本来衡量客户给企业带来的利润是远远不够的，正如前文所述，客户在生命周期中的价值是不断演变的，某个客户过去的利润状况并不代表其未来能给企业带来的利润状况，因此发展到第三阶段的客户价值分析管理引入了生命周期的概念，时间维度上对未来进行了延伸，考虑了客户整个生命周期中所带来的直接经济利益。随着现代企业运营管理、营销管理由产品导向到客户导向的这一转变，企业单向地对客户进行信息传递已经远远不能满足企业的管理需求，因此客户价值分析管理发展到第四阶段开始关注客户反馈价值，加入反馈互动和无形价值维度，计算客户在整个生命周期中所带来的整体价值。客户价值分析管理所经历的四个发展阶段可以总结为图1-3-7所示。

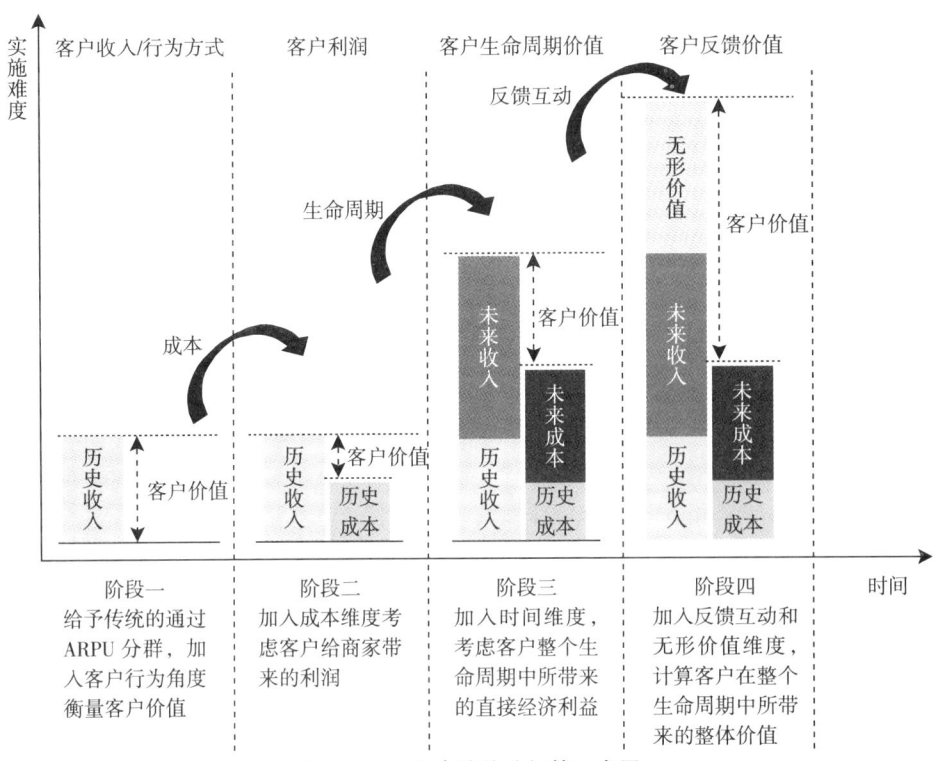

图 1-3-7 客户价值分析管理发展

2. 客户价值分析质量

要提高客户价值分析质量，就必须以对客户价值概念的深层次思考和清晰定位为基础。客户价值分析主要是为了解决五个关键问题：第一，什么样的客户是高价值客户？（即客户生命周期价值包括哪些部分？）第二，谁是真正的高价值客户？第三，哪些特征是和高价值客户相关的？第四，高价值客户的特征如何能转化成实际需求？第五，在定义和追踪客户生命周期价值时需要哪些流程、政策、手续、信息和系统的支撑？前三个问题是从客户价值认知出发，探索如何发现高价值客户，后两个问题则是从客户价值提供出发，探索如何获得和保留高价值客户。两个出发点共同发力，才能提升客户价值。

由于对客户无形价值的量化在应用实践方面还有一定的难度，因此在电信企业进行客户价值分析时，通常忽略客户无形价值，认为客户价值是客户在整个生命周期内给企业带来的净现值流入（NPV），如图 1-3-8 所示。首先，对于客户系统中记录的能直接归属于某一客户的各种历史成本和收入以及不能直接归属于某一客户的待分配数据，按照一定的分摊规则进行分摊，计算现金流。其次，客户的未来收入和未来成本，则可以根据趋势预测和客户流失预测，考虑客户的未来现金流入以及客户流失带来的现金流。最后，引入折现率，计算前述两个步骤计算出的现金流的净现值。该净现值即为客户价值。在这一分析过程中，客户价值分析质量的提升需要考虑成本分摊规则、对未来的预测以及利用现有数据进行价值深化这三个重点。

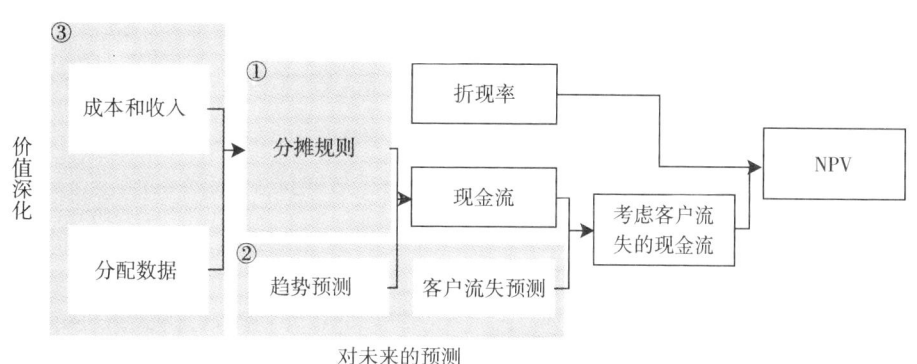

图 1-3-8　客户价值分析质量的提升重点

（1）分摊规则。为精确计算客户价值，需要相应的原则将整体价值分摊到目标评估客户群中，针对不同类型的成本需采用不同方法进行分摊。电信运营企业的成本可以划分为市场营销成本、网络成本和管理运营成本三大类。三大类成本又可继续细分为各项成本，如图1-3-9所示：

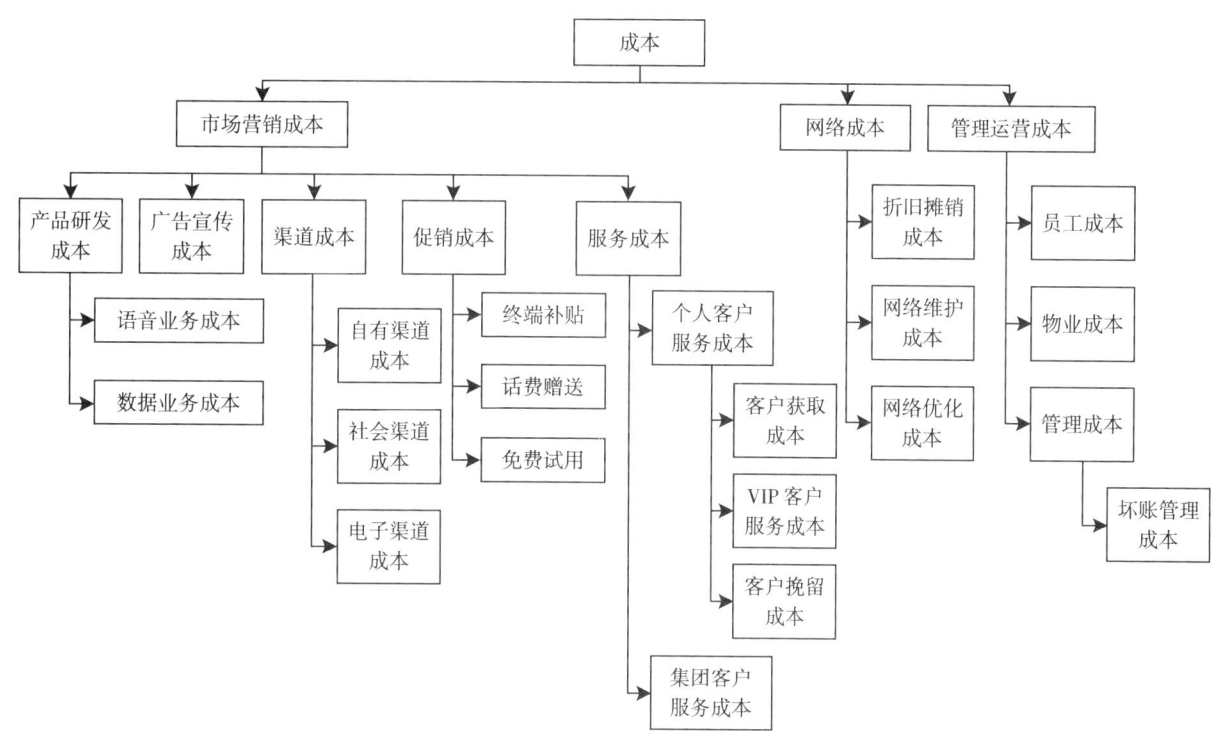

图 1-3-9　电信运营企业的成本构成

不同成本的分摊难易程度是不同的，较易分摊到客户群的成本，如促销成本、客户获取成本等可直接按照对象进行分摊。较难分摊到客户群的成本，如网络维护成本、渠道成本等，可先通过网络成本法分摊到产品成本等科目进行过渡，再进一步分摊到客户群上。还有一些成本的原有分摊原则相对粗放，需要加精细化，这类成本包括：网络折旧摊销成本、物业成本等。采用不同分摊规则会影响到企业对客户群的认识。比如，将成本分摊规则由原来的按照客户产品拥有的规则平均分摊成本，转变为按照客户实际的使用行为和交易次数分配成本，就会发现在价值曲线保持不变的情况下，大多数的客户所属客户价值群发生改变。以前表现欠佳的客户群可能会比原先表现优异，原被划分为负利润客户群可能创造了正利润，原被划分为高价值的客户群很可能成为真实的利润蚕食者。

（2）对未来的预测。对于客户未来价值的预测即可根据增长率简单获得，也可通过数据挖掘建模计算。基于历史数据对增长进行预测，即指根据历史数据计算出各项收入和成本的增长率，进而预测未来某一客户或客户群的收入和成本。

基于历史数据建模进行预测，指从数据库中调取某些客户指标作为输入变量，如用户数、用户规模、ARPU值、MOU值、EBITDA、客户流失率、平均资费、历史渗透率、使用频率等，然后运用数据挖掘的方法，进行建模，进而预测收入、客户流失或现金流。常用的建模方法包括线性回归、多元线性回归、非线性回归Logistic模型、时间序列预测和灰色预测。

（3）价值深化。全面客观地分析客户整体价值，不但要考虑客户直接和间接价值，还要综合评估其内外部特征对于价值的影响。

（二）客户价值分析的运营架构

1. 客户价值分析杠杆

客户价值分析能在企业价值链的各个环节为企业的运营提供帮助。计算客户价值的最终目的是制订行动方案并找到提升客户价值的杠杆，进而改变商业规则。客户价值分析为企业提供的启示在于CLV对于业务发展提供了哪些启示，以及高价值客户具有什么特点。企业通过这些启示采取相应行动，制订速赢方案，包括客户关怀、客户获取以及客户保持等行动举措。采取行动方案后，企业才能减少低价值客户补贴，淘汰低效率渠道，从而提升价值杠杆，完善商业规则。

2. 客户价值分析流程

电信运营企业可以通过六步实施客户价值分析：第一步，定义价值分析框架。明确分析目的，给出客户价值具体定义选择合适维度搭建价值分析框架。第二步，建立客户价值分析模型。根据分析框架搭建分析模型，收集并整理相关数据，基于模型进行客户价值分析。第三步，调整、细分客户分群。根据客户价值分析结果调整原有客户分群，或者在原有客户分群的基础上继续细分客户群。第四步，识别客户价值杠杆。刻画各客户群价值特征，基于客户群价值特征分析并识别该客户群价值杠杆。第五步，制定、实施客户价值优化策略。针对每个客户群价值杠杆制定客户价值优化的策略，实施客户价值优化策略所制订的行动方案。第六步，评估举措效果。评估客户价值优化方案的结果，通过评估结果找出预期差异并继续调整、细分客户群。

这六步流程是一个良性循环的过程，在评估举措结果之后，所得结果可以进一步辅助管理者完善调整细分客户群，从而实现客户价值优化的螺旋上升。

（三）客户价值分析的技术架构

客户价值分析是个持续的过程，需要体系化的IT系统进行支撑。电信运营企业内部的IT系统应该以客户价值分析为导向，进行统一规划，理想的客户价值分析系统框架如图1-3-10所示。

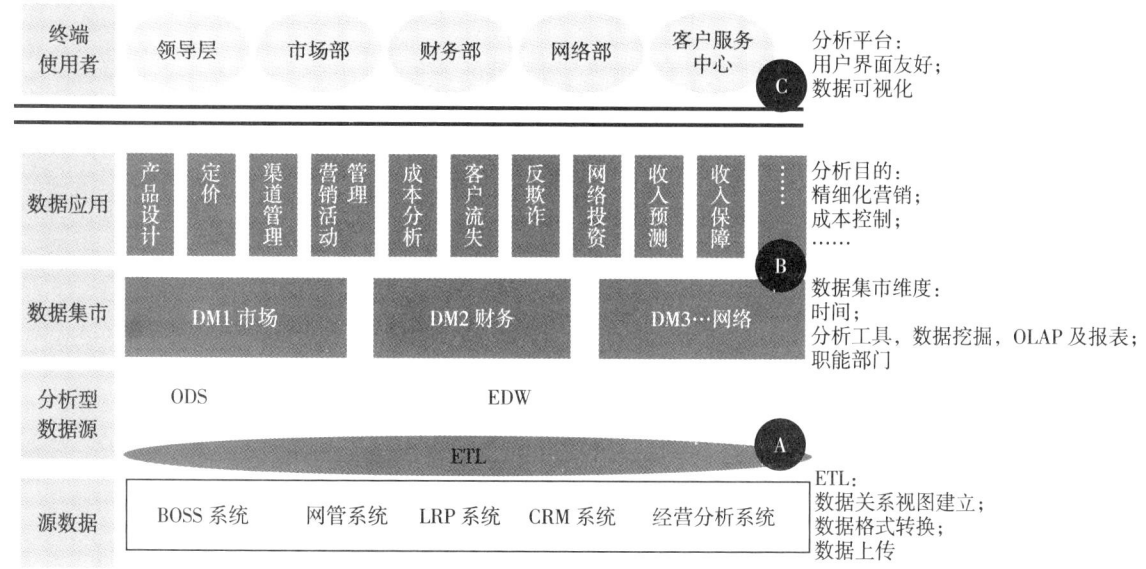

图 1-3-10 客户价值分析的 IT 系统

通过目前企业已有的 BOSS 系统、网管系统、ERP 系统、CRM 系统等业务系统可以获取客户信息原始数据源，对这些原始数据进行提取、转换和加载（Extraction-Transformation-Loading, ETL），即可成为进一步分析的数据源。经过业务系统初步处理的原始数据复杂性依然很高，因此需要数据仓库（Operating Data Store, ODS 或者 Enterprise Data Warehouse, EDW）进行进一步的处理，是处理后的数据能够直接应用于各项运营分析，最终的各项经营分析结果要呈现给包括领导层、市场部、财务部、网络部和客户服务中心在内的各终端使用者，以支持其决策分析。

在将原始数据转换为最终可供决策者使用的支撑数据的过程中，有三个关键点：首先，通过数据精练将源系统中的数据转化成分析型数据，从而保证分析应用的可持续性；其次，根据查询复杂性及智能性两个维度，客户价值分析可实现数据库查询、报表生成、OLAP 及数据挖掘功能；最后，搭建客户价值分析工作平台，实现使用者界面的友好性及分析结果的可视性。

五 电信运营企业客户价值分析案例

（一）客户价值分析与作业成本法相结合

全业务运营环境下，各家电信运营商的移动和固定通信市场都遭到了竞争对手不同程度的瓜分，因此全业务竞争导致运营商投资方向选择多样化，需要更全面的财务管理做支撑，以期更加清晰地提供不同产品或客户的效益及利润贡献能力，并在此基础上进行合理的选择决策。客户价值分析为企业提供了高附加值的经营分析，帮助经营人员识别高价值客户群体，作业成本法提高了企业的成本分摊核算精度，帮助经营人员识别非增值作业环节。两者是企业实施战略管理会计的核心内容，我国电信运营企业正在逐步完善客户价值分析体系，并且已经建立起作业成本核算体系并逐步推广深化应用。将客户价值分析与作业成本法相结合可以使企业更充分利用现有作业成本分摊体系，将各项成本费用在不同客户类别间进行归集分摊，提高客户价值分析过程中的成本核算分摊精确度，能够指导企业对客户盈利性和自身盈利状况进行深层次分析，在正确区分盈利客户和非盈利客户的基础上确定客户组合，从而为其日常经营管理和战略决策提供理论与方法支持（李艳芳等，2007）。提高对高盈利客户的投入，降低或取消对低盈利客户的成本投入，进行业务流程改造、作业成本定价、客户关系管理等措施将非盈利客户和微利客户转变成盈利客户和高盈利客户。

（二）电信运营企业客户价值分析案例

本书以中国电信S省分公司为例对客户价值分析与作业成本法相结合的应用进行案例探讨。S省电信2012~2015年的总体目标为通过实施聚焦客户信息化创新战略和差异化的移动发展战略，实现全业务的规模效益发展，重返集团领先地位，基本完成企业转型，为全面达到领先目标奠定坚实基础。该公司下辖21个市州分公司、2个直属单位和2个控股公司，注册资本81.2亿元。目前公司遇到的主要问题在于客户平均话费持续下降，并且市场同质竞争不断加剧。这些问题不仅影响了该公司的当前市场份额，而且影响到该公司的可持续发展。因此通过客户价值分析可以验证并调整公司的应对策略，以实现企业的价值最大化。

本案例中进行客户价值分析的思路为：

第一步，基于历史数据，对客户在未来使用某一电信产品所产生的收入贡献（即产品收入）进行预测，假设客户在未来可能带来的推荐收入为零。

第二步，运用作业成本法，将历史成本在不同客户中进行分摊，同时按照成本发生的时间点将其分为获取成本、服务成本、运营成本及终止成本等几类。

第三步，根据客户保持率计算客户生命周期，所用公式为 $\frac{1}{1-r}$（r为客户保持率）。

第四步，根据以上三步计算所得出的数据计算分析客户生命周期价值。

由于本书目的是对客户价值分析在电信运营企业中的应用进行初步探讨并大致说明应用流程，因此在对客户生命周期价值模型中的参数进行估计时所做出的假设有：

第一，由于客户的潜在影响非常难确定，因此客户的潜在价值忽略不计，即客户在未来可能带来的推荐收入为零。

第二，客户保持率是一个常量，即客户在各个交易期的条件客户保持率与客户关系的存续时间无关，是一个固定的量。在实际计算时一般取客户在历史阶段的几何平均客户保持率数据。

第三，折现率取一年期银行贷款利率6.00%。

第四，客户的获取成本只在客户入网的最初时点发生。

第五，本书案例分析中客户生命周期价值的计算采用的公式为1995年Angus Jenkison提出的基本公式：$CLV = \sum_{i=1}^{n} C_i(1+d)^{-i}$。其中，$C_i$为客户在第i年的净利润；n为客户生命周期的长度；d为折现率。

为了便于数据的选取以及进行生命周期价值研究，我们选择各期的用户数均为当期新增用户数。

1. 收入预测

为了更好地预测新增用户在其整个生命周期内的收入贡献情况，因此首先需要选取一段时间内一直在网的新增用户的每期消费情况。这里选取 2010 年 12 月和 2011 年 1 月的新增入网用户，并且截至 2012 年 2 月依旧在网的入网用户的月消费金额数据，如表 1-3-2 所示。

表 1-3-2 2010 年 12 月和 2011 年 1 月新增用户 ARPU 值记录

单位：元 入网日期	1	2	3	4	5	6	7	8
2010.12	69.52	78.33	75.68	75.75	71.5	69.65	67.9	71.18
2011.01	68.56	70.21	68.57	68.43	63.23	63.71	60.41	58.05
单位：元 入网日期	9	10	11	12	13	14	15	算数平均值
2010.12	64.54	59.79	55.69	64.53	76.36	74.08	72.55	69.80
2011.01	62.06	67.4	82.23	71.19	72.35	68.79	64.51	67.31

由表 1-3-2 数据可画出新增用户 ARPU 值走势曲线图，如图 1-3-11 所示：

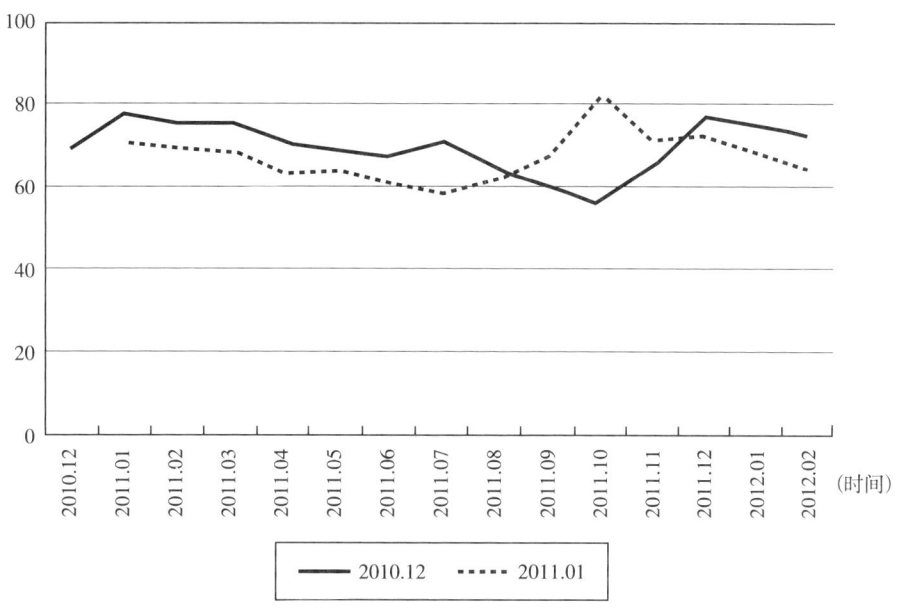

图 1-3-11 2010 年 12 月和 2011 年 1 月新增用户 ARPU 值走势

由图 1-3-11 可看出，新增用户的 ARPU 值虽然有些波动，但是趋于平衡。因此，可以近似采用算术平均值来预测其收入贡献，计算所得的算术平均值为：每月 68.56 元。

2. 采用作业成本法分摊成本

目前，中国电信的作业成本核算是将成本核算到产品、客户等成本对象。其分摊过程如图 1-3-12 所示。

作业成本法将成本分摊过程分成三个层次：资源层、作业层、成本对象层。成本从资源分摊到作业，再从作业分摊到产品、客户等成本对象。中国电信将资源归集于成本池，将成本划分为七个大类：产品专项成本、外部成本池、营销费用、人工成本、部门成本、网络成本和综合支撑成本。在 S 省，对于全省集中性成本池，其处理方案有三：第一，全省集中列支成本、全省开支本地网获益的成本（如广告宣传费等）将按照获益原则将成本分摊到各本地网；第二，各本地网通过设置外部成本池接收相关成本，可根据各类费用属

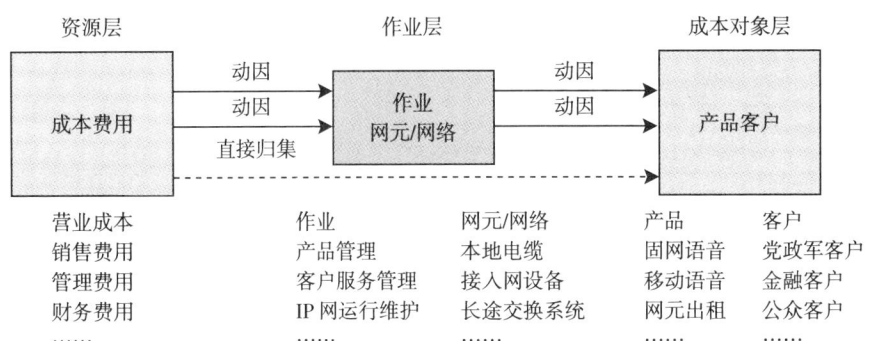

图 1-3-12 中国电信作业成本核算原理

性细化外部成本池的设置；第三，全省集中列支成本、全省开支本地网获益的成本按照各类费用属性分别确定合理规则分摊至各本地网，作为外部数据输入。

对于作业层，中国电信设置了不同层次的作业，包括一级作业（如市场管理与营销策划、客户管理及营销策划等前端作业以及与各类运行维护等后端作业）16个，二级作业61个；作业资产类别82个（基础资源类网元3个，网络设备类网元75个，管理类资产4个）；网络34个；网络产品54个；渠道11个。

成本对象划分为产品21个，以及客户7类。

总结中国电信作业成本法的实施情况，其总体框架如图1-3-13所示。

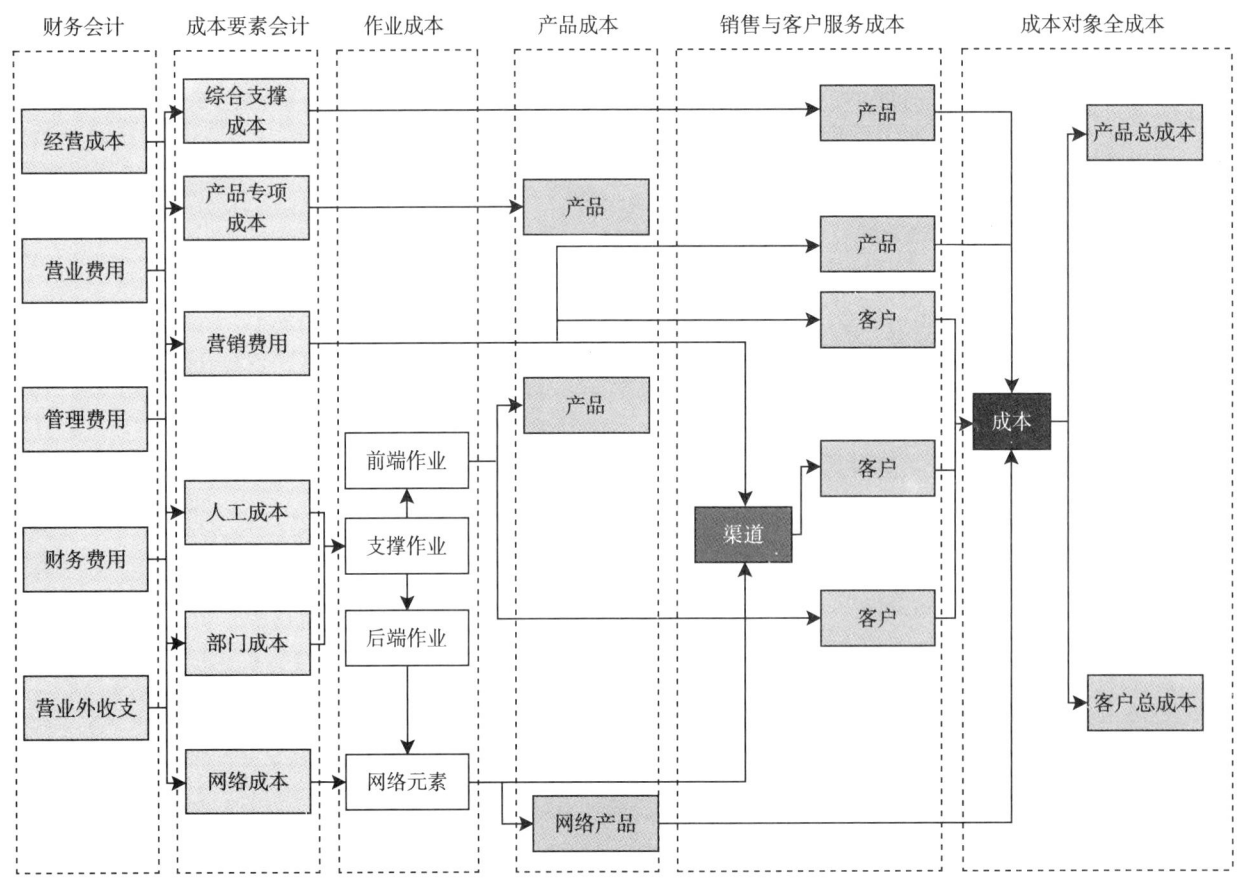

图 1-3-13 作业成本法总体框架

作业成本法的整个实施过程依然按照目前形成的框架进行，同时为了服务于客户价值分析，只需在最后归集为客户总成本时，按照该成本发生的时点将客户总成本划分为获取成本、服务成本、运营成本及终止成本等几类，以便进行客户生命周期价值分析。对于电信运营企业来说获取一个新入网用户的过程就是实现了一次销售过程，因此其获取成本和销售成本可以视作同一性质的成本，这里根据电信运营企业的特殊性，将销售成本和获取成本合并统一由获取成本表示。

根据以上思路在公司现有的作业成本核算基础之上对客户总成本进行微调，即可得到计算客户生命周期价值所需的各项成本。

以2010年12月新入网且到2012年2月依然在网的用户为例，经过归集划分后的成本表如表1-3-3所示。

表 1-3-3　2010 年 12 月新入网客户各项成本归集表

单位：元

入网日期	获取成本	服务成本	运营成本	终止成本
2010.12	400	5.52	6.45	
2011.01		3.82	6.45	
2011.02		4.49	6.45	
2011.03		5.76	6.45	
2011.04		3.75	6.45	
2011.05		3.97	6.45	
2011.06		3.65	6.45	
2011.07		4.01	6.45	
2011.08		4.32	6.45	
2011.09		3.99	6.45	
2011.10		4.10	6.45	
2011.11		4.90	6.45	
2011.12		4.59	6.45	
2012.01		5.01	6.45	
2012.02		5.12	6.45	

注：运营成本大部分为网络运营成本，因此在一定用户数量范围内，运营成本基本保持不变。

对各项成本取各期的算数平均值，则平均服务成本为4.39元，平均运营成本为6.45元。

3. 客户生命周期

以下选用了2010年12月至2012年2月新入网用户数量变化情况作为历史数据来计算平均客户保持率。

表 1-3-4 中第 m 行第 n 列数据代表的含义为：第 m 期新增的用户在第 n 期的在网数量。对于任一期的新入网客户来说，该期的新增客户在以后的各期里在网数量是递减的。以2010年12月新增用户数量为例，其在网数量在2010年12月至2012年2月这15个月的时间内，在网数量是逐期递减的。

表 1-3-4　新增用户每月在网数量

单位：个

入网时期	2010.12	2011.01	2011.02	2011.03	2011.04	2011.05	2011.06	2011.07
2010.12	42400	41203	40405	38095	35974	30787	27595	24928
2011.01	0	78688	75748	70519	64975	52774	44416	37549
2011.02	0	0	14050	13378	12748	11740	10354	9829
2011.03	0	0	0	52858	51850	47881	43870	40636
2011.04	0	0	0	0	113527	111070	104833	95362
2011.05	0	0	0	0	0	98848	94837	86059
2011.06	0	0	0	0	0	0	86479	81691
2011.07	0	0	0	0	0	0	0	82447
2011.08	0	0	0	0	0	0	0	0
2011.09	0	0	0	0	0	0	0	0
2011.10	0	0	0	0	0	0	0	0
2011.11	0	0	0	0	0	0	0	0
2011.12	0	0	0	0	0	0	0	0
2012.01	0	0	0	0	0	0	0	0
2012.02	0	0	0	0	0	0	0	0

入网时期	2011.08	2011.09	2011.10	2011.11	2011.12	2012.01	2012.02
2010.12	22723	21694	20497	19783	18523	17158	15856
2011.01	33244	31648	28582	26503	24235	22387	20770
2011.02	9010	8842	8590	7960	7918	7393	6889
2011.03	38746	38578	37801	35344	33496	31501	29338
2011.04	90784	90133	88369	83791	79402	73795	67936
2011.05	80683	79885	77302	72577	69112	64723	59494
2011.06	77911	75307	72115	67411	63421	59452	55126
2011.07	78037	76294	72535	68944	64912	60691	56239
2011.08	66487	63547	62539	59578	56596	53614	50359
2011.09	0	100339	98953	95656	89314	83728	78247
2011.10	0	0	98974	98407	93409	88033	80683
2011.11	0	0	0	83329	79969	75202	69805
2011.12	0	0	0	0	91939	79087	72073
2012.01	0	0	0	0	0	52858	49876
2012.02	0	0	0	0	0	0	19153

图 1-3-14　2010 年 12 月新增用户每月在网数量图及客户保持率

由图 1-3-14 计算出到 2012 年 2 月，2010 年 12 月入网的用户的客户保持率为 37.40%。那么对于 2010 年 12 月入网的用户来说，其客户保持率则是几何平均数，即 $r_1^{14} = 37.4\%$，于是求得 2010 年 12 月入网客户的平均客户保持率为 93.22%。同理，可计算得出各期入网用户的平均客户保持率，见表 1-3-5。

表 1-3-5　2010 年 12 月至 2012 年 2 月各期入网用户平均客户保持率

入网日期	2010.12	2011.01	2011.02	2011.03	2011.04	2011.05	2011.06	2011.07
平均客户保持率（%）	93.22	90.26	94.23	94.79	94.99	94.51	94.53	94.68
入网日期	2011.08	2011.09	2011.10	2011.11	2011.12	2012.01	2012.02	
平均客户保持率（%）	95.48	95.15	95.02	94.27	88.54	94.36	100	

对 15 期的客户保持率再取算数平均值算得该公司平均客户保持率为 94.27%。

因此，该公司客户生命周期 = 1/(1−94.27%) = 17.45（月）。

4. 计算客户生命周期价值

以 2010 年 12 月新入网且截至 2012 年 2 月依旧在网的用户为例，从入网到入网第 15 个月的数据都是历史数据，我们可以用其平均收入和平均成本来模拟客户生命周期 17.45 月中剩下的 2.45 个月的收入和成本。折现率取一年期银行贷款利率 6.00%，那么每月的折现率即 6.00%/12 = 0.50%（为简化计算，选取用户入网时点，即 2010 年 12 月为时间初始起点），如表 1-3-6 所示。

表 1-3-6　客户生命周期计算表

单位：元

在网时间	收入	获取成本	服务成本	运营成本	终止成本	利润	折现系数	折现后利润
2010.12	69.52	400	5.52	6.45		−342.45	1.0000	−342.45
2011.01	78.33		3.82	6.45		68.06	0.9950	67.88
2011.02	75.68		4.49	6.45		64.74	0.9901	64.39
2011.03	75.75		5.76	6.45		63.54	0.9851	63.03
2011.04	71.50		3.75	6.45		61.3	0.9802	60.64

续表

在网时间	收入	获取成本	服务成本	运营成本	终止成本	利润	折现系数	折现后利润
2011.05	69.65		3.97	6.45		59.23	0.9754	58.44
2011.06	67.9		3.65	6.45		57.8	0.9705	56.87
2011.07	71.18		4.01	6.45		60.72	0.9657	59.58
2011.08	64.54		4.32	6.45		53.77	0.9609	52.62
2011.09	59.79		3.99	6.45		49.35	0.9561	48.17
2011.10	55.69		4.10	6.45		45.14	0.9513	43.94
2011.11	64.53		4.90	6.45		53.18	0.9466	51.63
2011.12	76.36		4.59	6.45		65.32	0.9419	63.24
2012.01	74.08		5.01	6.45		62.62	0.9372	60.46
2012.02	72.55		5.12	6.45		60.98	0.9326	58.72
2012.03	68.56		4.39	6.45		57.72	0.9279	55.43
2012.04	68.56		4.39	6.45		57.72	0.9233	55.28
2012.05	68.56		4.39	6.45		57.72	0.9212	55.22
CLV 合计								613.80

本案例分析提供了一种在系统相对不甚完善的情况下，如何计算客户生命周期价值的思路。对各种参数估计的准确度还有很大的提升空间。目前研究较为深入的是将数据挖掘技术应用于客户细分和价值分析，利用 IT 系统进行数学建模估计客户生命周期价值中的各项参数，精确度较高。

六 电信运营企业实施客户价值分析的经验借鉴

战略管理会计将会计定量分析的思想应用到企业战略制定、实施、评估的各个阶段，为企业日常运营提供指导，推动了电信运营企业财务战略转型的进程，进而为企业转型可持续发展提供系统的支撑。作为战略管理会计的核心内容，客户价值分析将战略管理会计的优势体现得淋漓尽致。

首先，从企业战略管理的角度出发。客户价值分析为切入点引入战略管理会计进而推动电信运营企业战略转型，战略制定阶段客户价值分析帮助企业识别不同价值群体客户，为企业制定营销策略、客户发展策略等各项策略提供理论和数据支持，将企业战略管理落实到具体运营层面，发挥了战略管理会计的战略决策支撑作用。

其次，从企业价值创造的角度出发。客户价值分析从财务的角度出发，通过进行偏财务的数据分析，最后得出支撑企业运营的经营决策，以经营决策指导企业日常运营，从而改善企业经营，提高企业财务业绩，在这一企业财务和运营协同作用的良性循环过程中实现企业价值最大化。

再次，从财务应用角度出发，客户价值分析是企业实施战略管理会计的一个重要环节，它提供给企业高附加值的财务经营分析，帮助企业识别客户价值提升的重要路径，从而有效提高企业的整体财务表现，并且很好地支持了电信运营企业的财务转型，为提升企业价值的持续提升服务。

最后，从企业运营角度出发，客户价值分析发挥了战略管理会计的战略决策支撑作用，它帮助企业识别对低价值客户提供的高成本服务，从而采取应对策略,限制显著高成本服务的提供范围,逐步取消显著无效服务。企业可以通过客户价值分析识别低价值客户所共同使用的产品或优惠方案,及时修正企业所提供的产品和促销策略,限制显著低价值产品或优惠,逐步取消显著未盈利产品或优惠。

参考文献:

[1] Achim Walter, Thomas Ritter, Hans Georg Gemunden. Value Creation in Buyer-Seller Relationship, Idustrial Marketing Management, 2001 (30): 365-377.

[2] Barbara Bond Jackson. Building Customer Relationship that Last. Harvard Business Review, 1985 (11/12): 120-128.

[3] Frederick F. Reichheld. The Loyalty Effect: The Hidden Force Behind Growth, Profits, and Lasting Value. Harvard Business School Press, 1996.

[4] Kelly D. Conway, Julie M. Fitzpatrick. The Customer Relationship Revolution-A Methodology for Creating Golden Customers. http://www.eloyaltyco.com.

[5] PEPPERS, DON, ROGERS, MARTHA. The end of mass marketing [J]. Marketing Tools, 1995, 2 (2): 42-50.

[6] R. Courtheoux. Customer Retention: How Much to Invest. Research and the Customer Lifecycle. DMA, 1995.

[7] 何瑛. 电信运营企业财务转型 [M]. 北京: 经济管理出版社, 2011.

[8] 李艳芳, 贾国军. 浅析作业成本法在客户盈利性分析中的应用 [J]. 商场现代化, 2007 (8).

[9] 齐佳音, 舒华英. 客户价值评价、建模及决策 [M]. 北京: 北京邮电大学出版社, 2005.

[10] 王海洲. 客户资源价值与管理 [Z]. http://www.crmchina.com.cn/datum/210000054.html, 2001-10-10.

[11] 张婷, 吴先锋. 移动通信企业客户价值分析 [J]. 经济论坛, 2005 (18).

[12] 赵晓煜, 黄小原. 基于RFM分析的促销组合策略优化模型 [J]. 中国管理科学, 2005, 2: 60-64.

分报告四
电信运营企业内部管理报告体系

会计是个信息系统，可分为会计信息生成系统和会计信息加工利用系统两大分支，也即对外的财务会计系统和对内的内部管理系统，以此为依据生成的报告被称为财务会计报告（对外）和内部管理报告（对内）。财务会计报告侧重反映企业事后的经营活动信息，主要供债权人、投资者、社会公众等外部利益相关者使用；而内部管理报告则侧重于对企业经营活动的全过程进行预测决策、规划控制和分析评价，并主要向企业管理部门、内部各职能部门等内部利益相关者提供财务与非财务信息。美国会计准则委员会在1980年发布的《财务会计公告》中提出，会计信息首先应满足"效益>成本"这一普遍性约束条件，其次对于使用者要具有可理解性和决策有用性，相关性和可靠性是针对决策的首要质量，其中相关性包括预测价值、反馈价值和及时性，可靠性包括可核性、中立性和反映真实性。企业内部管理报告的相关性和可靠性，决定着外部财务报告的相关性与可靠性。由于企业内部管理报告实质上包含着外部财务报告，或者说内部管理报告比外部财务报告更全面，因此，企业内部管理报告的全面性决定了内部管理报告的相关性比外部财务报告更强（张先治，2009）。基于决策相关性的内部管理报告要求其满足内部管理决策者履行职责时利用、解释和加工信息的方式（Hall Matthew，2010）。

一 引言

在电信运营企业利润不断摊薄的情况下，股东对投资回报的要求并没有降低。市场竞争和资本市场的双重压力促使电信运营企业向效益型发展转变，进行财务转型，实现成长管理与成本管理的有机统一，以支撑公司成功实施战略转型，逐步实施精细化管理，将效益管理落到实处，从而持续改善公司绩效。所谓财务转型就是指从传统的核算型、管理型向战略型转变。战略型财务是一种面向战略，以战略为核心的财务管理过程，从核算为重点向资源整合、决策支持和价值管理转变（何瑛，2008）。它以改善基本财务作业流程为基础，通过提供高附加价值的经营业务分析、公司风险与机会的管理、绩效管理的建立和完善，来支持公司制定战略，并在实施过程中进行财务评估与控制，促使公司完成重要的战略目标。对于以盈利为目标的电信运营企业来说，几乎所有的经营活动都有一个成本效益的比较问题，而财务部门正好具有收集、整理成本与收益信息的优势以及核算和预测上的技术能力。因此，其管理职能应当也必须渗透到公司经营管理的方方面面，而不应仅仅局限在本部门内部。要在财务分析的基础上，重点进行战略的成本效益分析，加强战略实施考核与控制，降低财务风险，提供决策支持。决策支持主要指通过完善内部管理报告为企业战略提供财务评价、为管理层及经营者提供经营预测的模型和工具、为管理层提供动态的预算、预测信息和实时的经营信息。Read 和 Scheuermann（2003）提出决策支持流程分为五个阶段：战略评估（评估企业战略能否为股东创造价值）、经营分析与风险评估（评价经营措施是否有助于战略目标实现）、规划与预测（阶段性计划）、会计与合并报告（财务信息传递）、业绩报告（各分部或经营单元的绩效考核）、认知与反馈（重要业绩指标的推广、内部信息共享与交流）。随着电信运营企业财务转型的逐步推进与实施，对于基于管理者决策相关性的内部管理报告的需求就显得日渐突出。内部管理报告的基本目标是为企业内部经营管理提供决策支撑信息，终极目标应满足价值相关性，为资源优化配置和经济价值增值提供信息保证（张先治，2010）。

二 内部管理报告及其演进历程

内部管理报告是财务部门向公司各级管理层提供决策支撑的重要途径。对内部管理报告的基本要求包括：规范体系、丰富内容、提升质量、定期、定向、决策相关性等。公司要逐步建立规范的内部管理报告体系，不断丰富报告内容，提升报告质量，通过向管理层、业务部门定期、定向地提供内部管理报告，才能最终实现价值最大化的终极目标。"高质量"的内部管理报告应做到（汤谷良等，2004）：首先，支撑战略决策。内部管理报告通过对公司战略进行支撑，确保战略计划对关键成功因素的挖掘，确定执行方案和财务绩效衡量标准，并建立战略目标监控系统。其次，实现管理沟通。内部管理报告可以作为企业的重要沟通工具，为实现公司战略决策层、管理控制层、作业执行层的无缝连接发挥作用。通过规范、高效的报告指标和报告流程，引导企业的战略渗透到各个层级、各位员工的日常经营行为中，以保证做到基于价值导向并对战略执行、业务经营、财务运作、风险管理等进行实时监控。最后，实施激励机制。通过内部管理报告系统，反映经营者、管理单位、员工的业绩和表现，并适时实施相应的奖惩措施。总之，内部管理报告通过面向组织各层级的个性化报告将信息使用者置身于一个价值创造系统，通过价值链上各个环节的联动来推动绩效的提升，鼓励组织各层级员工之间相互沟通和合作，寻找解决问题的优化方案，引领组织各层级员工进行系统思考和持续学习，有助于实现组织绩效管理目标。

内部管理报告的演进历程，从内部管理业绩评价的角度来看，大致可分为五个时期（叶小平，2006）：①成本绩效评价时期，企业追求产出最大化，以哈瑞（1911）建立标准成本制度为代表；

②财务绩效评价时期，企业追求投资报酬最大化，以杜邦公司的唐纳德森·布朗（1960）为代表，主要注重以投资回报率为核心的财务指标；③企业价值评价时期，追求企业价值最大化，以麦尔尼斯（1971）、帕森（1979）为代表，注重EVA、销售利润率、现金流量、资产负债率等财务指标；④股东价值评价时期，强调股东财富最大化，注重每股收益、每股收益增加值、MVA为核心的财务指标，以加里·阿什沃思（1999）为代表；⑤财务指标和非财务指标相结合时期，凯尔文·克罗斯和理查德·林奇提出将总体战略与财务和非财务信息相结合的业绩评价系统，强调组织战略在确定业绩指标中所扮演的重要角色，美国著名管理会计学家卡普兰和诺顿提出了用于企业战略经营业绩评价的平衡计分卡，并广泛运用于战略管理、人力资源管理和财务管理等领域。

国外对于内部管理报告的研究，一直与内部管理的研究融合在一起，并随着内部管理的发展而发展，大致可分为基于效率的执行型内部报告、基于效益的决策型内部报告、遗失相关性的内部报告，以及复兴的内部报告（邱芳，2007）。而在国内，内部管理报告研究大都被视作企业内部管控的一个重要组成部分，从内部会计控制角度到企业价值创造角度对内部管理报告进行研究，具有代表性的观点为：叶小平（2006）提出内部管理报告应以系统改进为目标、从分析决策者的信息需求出发，向组织层次、流程层次和作业层次的信息使用者提供定制化的报告。邱芳（2007）提出内部管理报告体系是围绕经营管理过程展开，所以研究内容包括预测决策内部报告、规划控制内部报告和责任中心内部报告。万寿义（2009）认为应借鉴"精益会计"的思想基于价值流设计内部管理报告体系，包括价值流成本核算表、价值流成本预算表、价值流损益表及价值流业绩评价表。张先治（2010）则从会计要素、会计相关性和企业价值创造目标三个层次进行分类，分别构建基于会计要素（资产、负债、所有者权益、收入、费用、利润）的内部报告体系、基于会计相关性（管理会计、内部控制、财务分析、财务管理）的内部报告体系和基于企业价值创造目标（产品经营、商品经营、资产经营、资本经营）的内部报告体系。他认为内部管理报告通过正式的信息沟通向组织内部成员传达与管理当局的决策相联系、为管理者提供内部决策、控制、评价、沟通所需要的各种信息，促使管理者做出与公司战略保持一致的经营决策和投资决策；或者促使会计控制和管理控制的有效运作；或者为经营活动分析或经营分析提供重要的信息基础。内部管理报告的研究对象大体可分为：①基于战略目标的实现状况；②基于不同产品经营状况和获利能力；③基于不同战略经营单位或地区经营状况；④基于作业；⑤基于绩效考评；⑥基于资本投资决策分析和管理控制分析；⑦基于风险识别与控制；⑧基于公司竞争地位分析；⑨基于供应商和顾客价值分析；⑩基于不同类型责任中心等（汤谷良等，2004）。

综上所述，国内外学者普遍认为内部管理报告主要是向企业内部利益相关者提供财务信息和非财务信息，不仅对过去的交易事项进行分析评价，更注重对未来事项的预测决策和规划控制，以更好地发挥决策支持作用。企业内部管理报告所提供的信息范围广、内容详细，与企业外部财务报告所容纳的信息相比更具有独特性及针对性。也正是由于这种各企业内部管理报告需求的独特性及针对性，使内部管理报告难以统一格式。因此，如何针对不同行业、不同企业的特点，设计适合于企业的内部管理报告便成为正在探索的重要课题。

三 电信运营企业内部管理报告体系的现状分析

电信运营企业是典型的资金密集型企业，作为在中国香港、美国两地上市的上市公司，不断加强和提高财务信息披露的准确性、及时性和完整性，是资本市场、投资者和监管机构的基本要求，特别是美国出现了"世通"、"爱迪菲尔电信"等财务报告舞弊事件后，资本市场对这方面的要求就更加严格。国外关于财务报告舞弊成因理论已相当成熟，主要包括"舞弊三角理论"、"GONE 理论"和"企业舞弊风险因子理论"（吴国萍、朱君，2009）。财务报告信息的基本功用是：通过为投资者等提供"相关"信息，创造出控制"逆向选择"的有效机制；通过生产出不易为管理者操纵的"可靠"信息，用于经理报酬契约等目的，控制"道德风险"（陆正飞，2006）。财务报告应用指引概括出下面重要风险：企业财务报告的编制违反会计法律法规和国家统一的会计准则制度，导致企业承担法律责任和声誉受损；企业提供虚假财务报告，误导财务报告使用者，造成报告使用者的决策失误，干扰市场秩序；企业不能有效利用财务报告，难以及时发现企业经营管理中的问题，还可能导致企业财务和经营风险失控（萨缪尔·迪皮亚兹等，2004）。电信运营企业近几年纷纷开展了以整体财务管理体制集中变革为核心的财务转型工作，其主要目的之一就是通过完善对外财务报告以提高呈报的财务信息质量。对外财务报告与内部管理报告共同构成了企业会计报告的完整体系。

随着电信运营企业财务转型的逐步推进和精细化管理的深度实施，现行财务报告所承载的信息量十分有限，已难以满足经营者，尤其是最高管理层独特的信息需求。依据企业的个性化信息，将管理当局的需求融汇于内部管理报告，使之成为用于投资及经营决策的工具，这便是内部管理报告的初衷。它将在完善企业经营管理和维持企业高效运转中起重要的作用。从电信运营企业目前的内部管理报告来看，主要表现在：报表编制的工作量大、效率低，数据之间的逻辑性和准确性较差；更侧重于数据的统计，对分析工作投入的精力少，且分析的重点和深度不够；缺乏精细化的成本和收益管理信息，对经营和管理决策的支持力度不够。从整体来看，内部管理报告的结构尚不够合理，决策支持和财务分析花费的时间和精力较少，分别只占10%和20%左右，而内部管理报告的编制占用了70%甚至更多的时间和精力，最终效果不够理想，因此决策支持体系亟待完善。

四、电信运营企业内部管理报告体系的内容框架及关键路径

1. 电信运营企业内部管理报告体系的结构性转变

从目前电信业的发展来看,技术、竞争、需求三方面的驱动力已经使得转型成为其发展的必然。技术的飞速发展使得转型成为可能,为转型提供了保障;竞争的日益加剧和客户需求的多样化转变使得转型成为必然,推动着战略转型的进程;市场的发展、技术的进步和利益的驱动推动着全球电信业必须进行转型。电信业的转型可以从三个角度界定:第一,从产业角度看,就是从传统的语音通信转变为信息通信,即ICT行业。第二,从价值创造角度看,电信价值链条转变成了电信价值网络。第三,从企业角度看,传统的网络运营商正在转变为综合信息服务提供商。由技术和业务转型带来的管理转型,对财务管理的价值管理能力、业务支撑能力和精细化管理能力提出了更高要求。为了更高效地履行财务管理职能,提高价值管理能力、业务支撑能力和精细化管理能力,电信运营企业内部管理报告体系应实现结构性转变,理想的内部管理报告结构应该是决策支持占50%~60%、经营分析占30%~40%、管理报表编制占10%~20%。理想的内部管理报告与传统内部管理报告相比,在人员的时间和精力分配、人员的综合素质和知识结构、决策分析的深度和广度、提供相关数据的精准度、高效管理决策支撑等方面都提出了更高的要求。

2. 电信运营企业内部管理报告体系的设计思路

电信运营企业内部管理报告体系的设计应遵循管理目标、管理需求、管理重点、价值信息的路径展开并深入,具体如下:

(1)管理目标——设计内部管理报告体系首先需要明确亟待实现的管理目标。内部管理报告体系的建立需要明确会计信息的服务对象和服务范围;内部管理报告体系要实现为企业公司治理与企业管理的双重目标提供所需的相关信息(刘今秀,2008)。电信运营企业应利用财务转型的契机逐步形成面向组织各个层级和层次的内部管理报告系统,具体分为集团公司、省公司和地市公司等层级;组织、流程和作业等层次,针对不同层级和层次设计合适的内部管理报告,设计应具有价值链系统思维,针对不同层级深入到不同层次,将财务和运营紧密结合。

(2)管理需求——明确各层级和层次信息使用对象的管理需求。内部管理报告的信息使用对象所处层级不同,视角和关注点就会有所不同。电信运营企业集团层面的信息需求者需要关注集团整体发展状况和价值实现状况,而省公司层面主要关注整体盈利情况,地市公司层面关注更多的是分客户群、分产品、分业务流程和分网络元素的盈利状况以及生产经营状况等。因此,明确不同信息使用对象的管理需求是企业建立健全内部管理报告体系的前提和关键。

(3)管理重点——立足于管理目标和管理需求深度发掘各层面的管理重点。电信运营企业在

对市场营销方案和固定资产网络投资前需要利用内部管理指标进行投资项目决策分析；在对业务和网络进行投资后需要利用内部管理指标分客户群、分产品、分业务流程和分网络元素持续进行盈利状况分析并进行投资项目后评估，这些内容就构成了"决策报告"。电信运营企业集团公司为了完成年度经营总目标，需要将预算目标层层分解和落实，构建以责任中心为主体、各部门与各管理层各负其责的多元监控主体和网络，并对其业绩完成情况进行管理控制和绩效考核，并实施相应的业绩奖惩措施，这些内容就构成了"责任报告"。电信运营企业需要持续地进行内部控制和风险管理，并对风险进行预警预测，使管理层及时调整战略和战术，实现公司的可持续发展，这些内容构成了"风险报告"，风险报告应当包括：对风险管理流程中全部过程的报告、对特定风险管理的报告以及对风险管理有效性结论的报告。另外，在以价值创造为导向的内外部市场竞争环境下，为了满足决策者对市场及客户消费定位的管理需求以及投资者对企业当前价值和潜在价值估值的要求，电信运营企业在内部管理报告中就需要加入"价值报告"。广义价值报告（普华管理顾问公司，2001）是一种涵盖了财务与非财务层面的绩效评价指标体系，着力描述目前无法量化的无形资产变化情况，用于反映企业真实价值，缩小企业与市场信息差距，提供符合管理者和投资者需要的财务信息报告。随着企业广义价值报告的产生，管理会计、财务会计与投资会计三者之间的信息渠道将会彼此打通，甚至实现某种程度的融合（张家伦，2010）。其显著利益在于能让管理层传递价值报告结论给内外部利益相关者。广义价值报告应当包括企业战略核心能力、无形资产、智力资本、社会责任、市场机会与业务拓展、风险、加权平均资本成本等驱动企业价值（EVA）创造的内外部因素。而狭义价值报告则是指企业价值创造与分析报告，主要包括宏观经济分析、资本市场分析、电信行业分析、企业价值创造与分析报告，通过推进建立以 EVA 为核心的价值管理与考核体系，目标在于引领企业实现价值最大化的终极目标。对于基于决策相关性的内部管理报告而言，关注的重点是狭义价值报告。上述四个部分构成了电信运营企业内部管理报告体系的核心内容。

（4）价值信息——定位于战略决策支撑提供综合性的价值信息。电信运营企业作为价值创造实体，需要基于价值导向实现价值创造、价值实现和价值经营，致力于保持强劲的财务竞争力以保证企业的可持续增长。为了最大限度地实现价值增值（EVA）的核心目标，关键在于进行高效的战略决策和管理控制活动，价值管理需要持续、动态地进行管理和控制，因此综合性价值信息的及时提供就显得尤为关键。

3. 电信运营企业内部管理报告体系的内容框架

内部管理报告是电信运营企业财务部门向公司各级管理层提供决策支撑的重要途径，报告信息应分维度、分层次加以呈现。从其具体用途来看，大体可以分为：电信行业与企业价值分析报告、驱动价值成长的内外部因素报告；分客户群、分产品、分业务流程和分网络元素的盈利状况和成本分析报告（如客户盈利性报表、客户成本报表、产品盈利性报表、产品成本报表、网络在用及备用报表、逻辑网络元素成本报表、零售服务对象成本报表、业务流程成本报表等）；生产经营分析报告；重要经营指标衡量报告；网络资产属性维度编制的报告；按责任中心（集团本部为投资中心、省公司为利润中心、地市公司为成本中心）编制的管理报告；市场营销案的盈利状况评估以及固定资产投资项目评估报告；财务管理分析报告；财务内控与风险管理报告、财务预警预测报告等。实施财务转型后的电信运营企业将逐步围绕产品、客户、渠道、地域等维度，以价值管理为核心，建立规范的内部管理报告体系，从产品定价、保本点测算、投资回报、套餐价值评估、商业模式分析、价值链管理等方面，加强对市场前端的服务与支撑，更好地履行"业务合作伙伴"和"价值创造者"的职能。

电信运营企业在明确了公司内部各层面信息使用对象的管理目标、管理需求、管理重点和价值信息后，便可形成内部管理报告的内容框架，主要包括三个部分，即综合报告、核心报告和基础报告。由于内部管理报告与财务会计报告相比具有个性化的特点，所以不可能有固定的报表结构、格式设计及项目设置。但为了使管理者快速获取决策相关信息，应将内部管理报告的综合结论作为内部管理报告的顶层，主要用户是公司内部战略决策层。内部管理报告的核心内容应该根据各方相关利益者对内部管理报告的需求，分为四个部分，即决策报告、责任报告、风险报告、价值报告，并构成了内部管理报告的中层，主要用户是公司内部各级管理层和监控层。整个内部管理报告的基础数据就成为内部管理报告的基础内容，主要包括不同维度盈利状况表、生产经营状况分析表、财务管理状况分析表和资产属性维度报表等，并构成了内部管理报告的底层，主要用户是公司内部作业层。其数据主要来源于财务会计报告、公司内部的成本费用数据库及数据仓库中的其他信息，公司需要根据行业特色、企业和业务类型特点加入一些非财务指标，这些不同层次的报告都可以用数据、图表、文字等方式加以提供。这样电信运营企业就可以建立一套个性化、结构化、系统化的内部管理报告体系，具体见图1-4-1。

内部管理报告应体现"结构化"的思想（张先治，2010），将复杂、不确定的信息分维度、分层次呈现，以反映信息的完整性和综合性。主要体现在：①从作业层、执行层到管理层和决策层，信息复合度和因果关联度应逐步提高，以满足决策相关性的要求。②财务信息与非财务信息相结合，以保证信息的互补性和完整性。③与公司战略和环境特征相匹配，以利于确定合适的功能定位。同时，内部管理报告还应体现"系统化"的思想，报告信息是企业管理信息系统的重要组成部分，动态跟踪、预测、反馈实体流和资金流，对象主要是企业内部相关利益者，通过促进企业经营管理活动等内部信息的流动和转化，发现关键价值驱动因素，为履行内部决策、控制、评价、激励、沟通等管理职能提供信息支撑。总之，内部管理报告是对企业整个经营管理过程与结果的总结，通过提供个性化信息以满足企业内部相关利益者的不同需求。

第一部分　专题篇——全球电信运营企业价值管理与提升战略

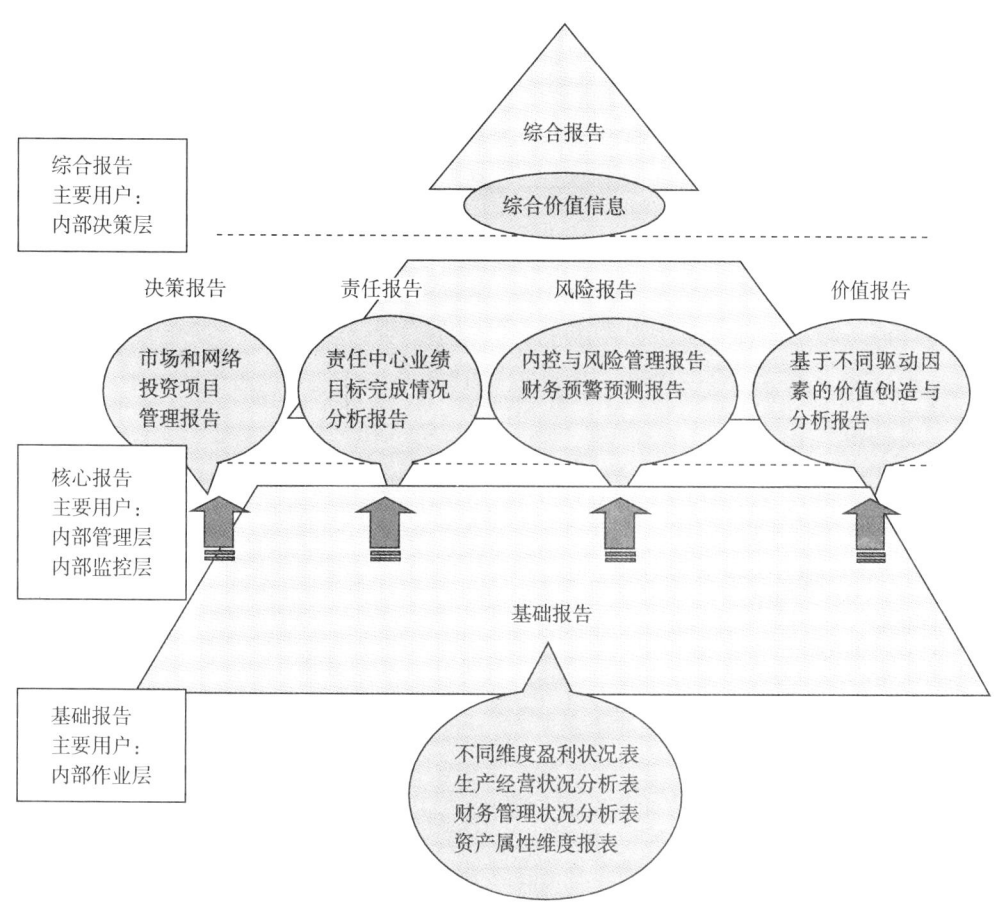

图 1-4-1　电信运营企业内部管理报告体系的内容框架

4. 电信运营企业建立和完善内部管理报告体系的关键路径

（1）基于不同视角理解和应用管理会计。管理会计在企业决策支持系统中起到重要作用，其核心价值是为提高企业资源配置效益和使用效益服务，协助战略制定与实施，快速吸收信息，并做出快速反应。管理会计重在面向未来，它以现金流为基础、对企业的价值运动进行研究，涉及企业中各个主要组织单元。管理会计提供了企业内部决策与控制所需要的信息，这些信息构成了企业内部管理报告的核心内容（王玉红，2010）。对管理会计的应用应基于不同视角进行：首先，从业务视角来看，不同企业拥有不同的业务特点，管理会计体系必须反映各自企业的特点，因此了解和熟悉业务是做好管理会计的基础。其次，对于管理会计而言，管理视角是最重要的一个视角。企业的管理会计体系，怎样才能真正支持高层的管理决策，这中间更多地需要从管理的角度加以把握。最后，对于会计人员而言，财务视角或许是管理会计的最终落脚点。站在财务的视角，所有的过程最终都要通过精细化的财务数据加以体现。

（2）着力培养复合型管理会计人才。面对新的市场竞争形势和企业管理需求，建立和完善内部管理报告体系需要电信运营企业不断着力培养复合型的内部管理人才，一方面，引领公司财务转型的成功实施；另一方面，强化财务战略的执行力，为市场支撑和管理决策支撑奠定良好的人才基础。作为合格的内部管理人才应该具备金融学（金融市场学、投资学等）、管理学（公司治理、战略管理、市场营销管理、生产运作管理、人力资源管理、财务管理、物流与供应链管理等)、经济学(宏观经济学、微观经济学)、会计学(财务会计、成本管理会计、审计)等方面的学科知识,构建起综合型的管理知识架构。从外部来看,时刻关注资本市场的新动向需要经济学和金融学的知识背景;而从内部来看,必须娴熟运用会计专业知识和深入了解市场、网络、运维等企业管理知识才能够为市场经营和管理决策提供良好的服务支撑。

(3)制定和规范内部管理报告制度。电信运营企业为了确保内部管理报告可以真正成为决策相关的高效管理工具,内部管理报告设计及实施过程中应遵循:公司制定内部管理报告操作指南,以利于提高内部管理报告的规范性和内部管理报告编制执行的效率性;公司制定严密高效的内部管理报告制度流程,对报告目标、报送流程、相关责任、奖惩措施等环节加以明确;内部管理报告的报送周期应根据各管理部门的需求来确定。电信运营企业制定严密规范的流程制度并监督执行,有助于提高决策相关性和组织绩效目标的实现。

(4)逐步建立和完善全面成本管理体系。电信运营企业需要通过逐步建立和完善分客户群、分产品、分业务流程和分网络元素的成本管理体系,从而实现准确地核算不同业务主体的盈利能力和投资效益,并在此基础上通过明确成本费用发生的责权利关系,建立企业内部转移价格体系,实现客户、产品收入或成本的有效分摊,从源头加强成本的效益分析,并逐步建立成本管理流程评价体系,推动成本效益的事前分析和监控,实现资源的优化配置。不断加强财务成本管理与企业经营信息的相关性研究,通过使用对标管理、作业成本法、网络成本法等先进的成本费用管理方法,打通企业运营管理与财务管理的沟通通道,为企业战略决策与内部管理提供支持,推动建立财务部门与业务部门之间的新型合作关系。通过不断推进企业的精细化管理并最终为上市公司信息披露和盈利预测提供完整的成本信息支持,提供高质量的管理信息,引领企业外部投资者,实现企业生产经营和资本市场的良性互动,提升公司资本市场的形象。

五 结论

随着电信运营企业财务转型的逐步推进与精细化管理的深度实施,为企业将效益管理落到实处,从而高效实施价值管理创造了良好的环境和契机。财务管理作为公司价值管理的主要部门,要深入研究产业价值链和内部价值链变化对公司价值的影响,提供战略成本信息,建立相应的估值模型,支撑公司建立合理的产业价值分配模式、盈利模式,推动产业价值链的扩大,实现企业价值最大化。同时,由于用户需求的多样化和激烈的市场竞争,企业内部需要精细管理经营收入、控制经营成本,确保收入质量、实现成本结构和效益的最优化,建立内部价值链管理体系,防止价值流失。总之,随着电信产业价值链的外延不断扩大,企业内部价值链所涉及专业分工更加精细,由技术和业务转型带来的管理转型,对财务部门的价值管理能力、业务支撑能力和精细化管理能力提出了更高要求,而内部管理报告体系的完善正是电信运营企业成功实施财务转型的基础和重要支撑。所以，电信运营企业应遵循管理目标、管理需求、管理重点、价值信息的路径展开，基于决策相关性着力建立一套个性化、结构化、系统化的内部管理报告体系，为企业内部经营管理提供决策支撑信息，也为资源优化配置和经济价值增值提供信息保证。

参考文献：

[1] Bartlomiej Nita. Transformation of Management Accounting: From management control to performance management [J]. Transformations in Business & Economics, 2008 (7).

[2] Copeland T., Dolgoff A.Expectations–Based Management[J]. Journal of Applied Corporate Finance, 2006 (18).

[3] Cedric Read, Hans–Dieter Scheuermann (The mySAP Financials Team). The CFO as Business Integrator [M]. John Wiley & Sons, 2003.

[4] Feltham G.A., Ohlson J.A.Valuation and Clean Surplus Accounting for Operating and Financial Activities [J]. Contemporary Accounting Research, 1995 (Spring).

[5] Hall Matthew.Accounting information and managerial work [J]. Accounting Organizations and Society, 2010 (1).

[6] Peter Doyle.Value–based Marketing: Marketing Strategies for Corporate Growth and Shareholder Value [M]. John Wiley & Sons, 2007.

[7] Robert G. Eccles, Robert H. Herz, Mary Keegan, David M. H. Phillips.The Value Reporting Revolution: Moving Beyond The Earnings Game [M]. Pricewaterhouse Coopers, 2002.

[8] Stewart Clements, Michael Donnellan. CFO Insights: Achieving High Performance Through Finance Outsourcing [M]. John Wiley & Sons, 2004.

[9] William H. Beaver. Financial Reporting – An Accounting Revolution [M]. Prentice Hall International, 1999.

[10] 何瑛，彭晓峰. 基于战略视角的企业财务转型拓展路径研究 [J]. 经济与管理研究，2008 (9).

[11] 刘今秀. 浅析内部管理会计报告体系 [Z]. http://bbs.esnai.com/forum.php?mod=viewthread&tid=4616513&archiver=1, 2009–08–10.

[12] 陆正飞. 财务报表分析 [M]. 北京：中信出版社，2006.

[13] 萨缪尔·迪皮亚兹，罗伯特·艾克力.建立公众信任：公司报告的未来 [M]. 北京：机械工业出版社，2004.

[14] 汤谷良，董甦. CFO应如何规划公司内部财务管理报告[J]. 财务与会计，2004 (8).

[15] 吴国萍，朱君."压力"与"机会"导因的财务报告舞弊问题研究——基于证监会处罚公告的分析[J]. 东北师范大学学报，2009 (4).

[16] 张先治. 基于会计相关性的企业内部报告地位与价值[J]. 会计研究，2009 (12).

[17] 张家伦. 企业价值报告：现代财务报告演进的必然趋势[J]. 会计研究，2010 (2).

[18] 张先治，刘媛媛.企业内部报告框架构建研究[J]. 会计研究，2010 (8).

分报告五
电信业融资机制的国际经验比较及启示

战略性新兴产业是指关系到国民经济社会发展和产业结构优化升级，具有全局性、长远性、导向性和动态性特征的新兴产业。其战略性的重要地位和新兴的产业特征决定了战略性新兴产业所需要的资金数额巨大，融资难度较高。电信业作为战略性新兴产业的重要组成部分，目前已经逐渐走出金融危机的负面影响，实现行业收入的正向增长；移动互联网、云计算、M2M等新业务的发展轨迹日趋清晰，市场规模初步形成；宽带网络等核心基础设施加速发展，社会信息化水平持续提高，这些都为行业未来增长奠定了重要基础。电信业作为典型的资金密集型和技术密集型行业，面对资本领域的全面竞争及电信行业的快速发展，融资效率就成为决定投资效果、价值创造和竞争成败的重要因素之一。

一 中国电信业融资现状及特点

（一）融资特点一：融资规模大，呈现"上升—下降—平稳"的趋势

我国电信业虽然起步较晚，但发展速度较快，自2006~2011年电信投资呈现"上升—下降—平稳"的趋势（见图1-5-1），2008年起首次超过3000亿元规模，巨额投资支出规模必然会加大电信业资金筹措的压力，摒弃以往单一、保守、规模较小的融资方式，并把企业的融资行为迅速转变为适度多元化的资本运作行为。目前在基本完成3G网络在全国范围的部署之后，电信投资逐步走向平稳，因此对于资金有持续巨大的稳健需求。

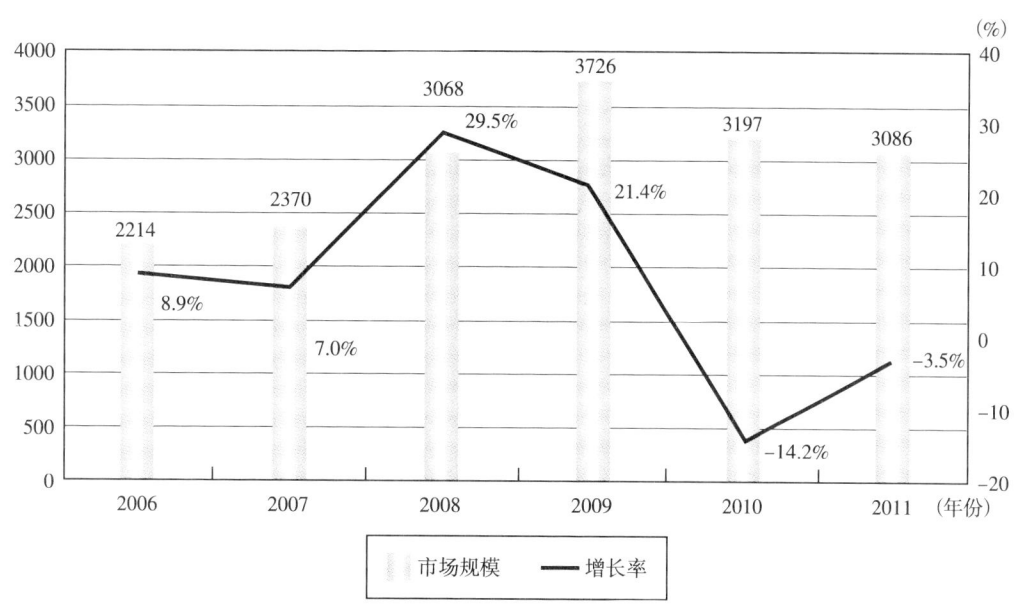

图 1-5-1 中国电信业投资趋势（2006~2011年）

（二）融资特点二：境外股权融资占比较高，融资成本居高不下

随着 1997 年中移动的境外发行股票上市，我国电信业的融资方式从单一依赖债权融资向股权融资、债权融资相结合的融资方式转变。开始关注融资战略与资本运营，市场化、多元化和国际化特征凸显。股权融资（尤其是境外股权融资）是筹集资金的一种高成本方法，因为从长期来看，权益持有者总是期望得到较高的回报以补偿收益不确定的风险。股权融资成本主要包括发行费用、股利支付、信息披露成本等，美国纳斯达克市场股票发行费用占到筹资额的 10% 左右，导致国外发达国家电信企业股权融资的成本高达 12%~15%，我国电信企业纷纷在中国香港和美国上市，所以也不例外。

（三）融资特点三：融资结构和资本结构向合理区间趋近

在西方的融资结构理论中，比较经典的是 MM 理论，揭示了融资方式构成的意义及在融资结构中债务融资的价值所在，基于此梅耶斯提出了最优融资顺序理论，认为如果存在有利可图的投资项目，其融资应先通过内部资金（留存收益与折旧）进行，然后是低风险的债券，最后才采用股票。上述理论在国外发达国家电信业得到了实践的验证。我国电信业随着资本市场的逐步完善，融资结构持续优化，也在逐步实现内源>债权>股权的最优融资结构。另外，我国电信业在境外上市后，受制于美国资本市场的压力和国资委的要求开始运用 EVA 进行绩效考核，使资本结构持续不断优化，资产负债率逐渐趋于 45%~50% 的合理水平。

（四）融资特点四：资本市场融资机制亟待加强和完善

我国电信业资本市场融资的特点是：融资地点和方式单一；投资者与消费者分离，难以实现电信企业经营价值与资本价值的有机统一，不利于长远发展；境外上市平价或者折价发行现象普遍，国有资产的保值增值受到一定的挑战。

二　电信业融资机制的国际经验比较

世界电信业的融资机制较为成熟，典型融资模式有两种：一种是以证券主导的英美融资模式，要求有发达的证券市场、明晰的私有产权制度和完备的法律法规与之配套；另一种是以银行为主导的德日融资模式，适应于庞大的银行体系以及政府对经济领域的较强干预（韦秀长，2009）。企业融资按照来源可分为内源融资和外源融资。其中内源融资主要源自企业内部正常经营形成的现金流，在数量上等于净利润加上折旧、摊销后减去股利，是企业实现可持续发展的基础。电信业融资机制的构成如表1-5-1所示：

表1-5-1　电信业融资机制的构成

电信业外源融资机制	政策性融资机制	税收政策支持 提供信用担保或政策性贷款
	市场性融资机制	传统市场融资方式： ● 借贷融资 ● 债券融资 ● 股票融资 ● 商业信用融资 新兴市场融资方式： ● 融资租赁 ● 风险投资 ● 资产证券化融资 ● 公私合作经营（PPP） ● 供应链融资
电信业内源融资机制	内部挖潜	提高经营效率 提高折旧和摊销比率
	资本运作	股票回购 资产剥离 外包

（一）电信业外源融资机制的国际比较

1. 政策性融资机制

电信业作为战略性新兴产业的重要组成部分，与国家的主权和安全有着密切的关系，这种特殊性就决定了电信企业的经营要受到国家政策的严格管理，在市场准入、股权结构、经营方式等方面都遵守国家政策的规定，势必在融资方面也要受到国家政策的管理。世界各国都在通过制定税收优惠、提供信用担保或政策性贷款，以及制定其他扶持政策等途径为电信业提供融资支持。如日本、德国、美国等政府对战略性新兴产业中包括的电信业给予政策性贷款和利率方面的优惠，在很大程度上减轻了电信业发展的负担。另外，值得注意的是，由于各国政府对所提供资金的投资回报率和管理控制权的要求往往比其他投资者低，所以政策性融资机制对电信业发展具有较强的扶植力。

2. 市场性融资机制

在绝大多数国家，电信业的外源融资主要依靠市场化手段，包括传统市场融资方式和新兴市场融资方式。

（1）传统市场融资方式。借贷融资、债券融资、股票融资和商业信用融资是世界各国电信业常用的市场融资方式，但资本结构和融资结构却不尽相同。西方发达国家电信企业普遍认为，合理的资产负债率应介于45%~50%。但是2010年，进入世界500强的20家电信企业平均资产负债率高达62.10%，相比2009年57.59%的平均水平有所提高。其中欧洲和美洲的电信企业资产负债率普遍偏高，大都高于60%，亚洲的电信企业举债相对比较谨慎，大都保持在40%~50%的合理区间内（如图1-5-2所示）。自21世纪初始，所有欧洲电信企业为了竞得3G牌照都背上了承重的债务包袱，加之受到欧债危机的负面影响，至今仍未得以完全缓解，而美国电信企业尽管在通过股票回购等多种方式调整资本结构，仍未达到合理水平。另外，由于美国证券市场比较发达，电信企业在外源融资结构中符合"先债券后股票"的融资顺序，债券融资在债务融资中比例高达60%。德国电信企业在外源融资结构中债务融资占82%、股权融资占18%，并且在债务融资中银行借贷融资占60%、债券融资占35%、商业信用融资占5%。

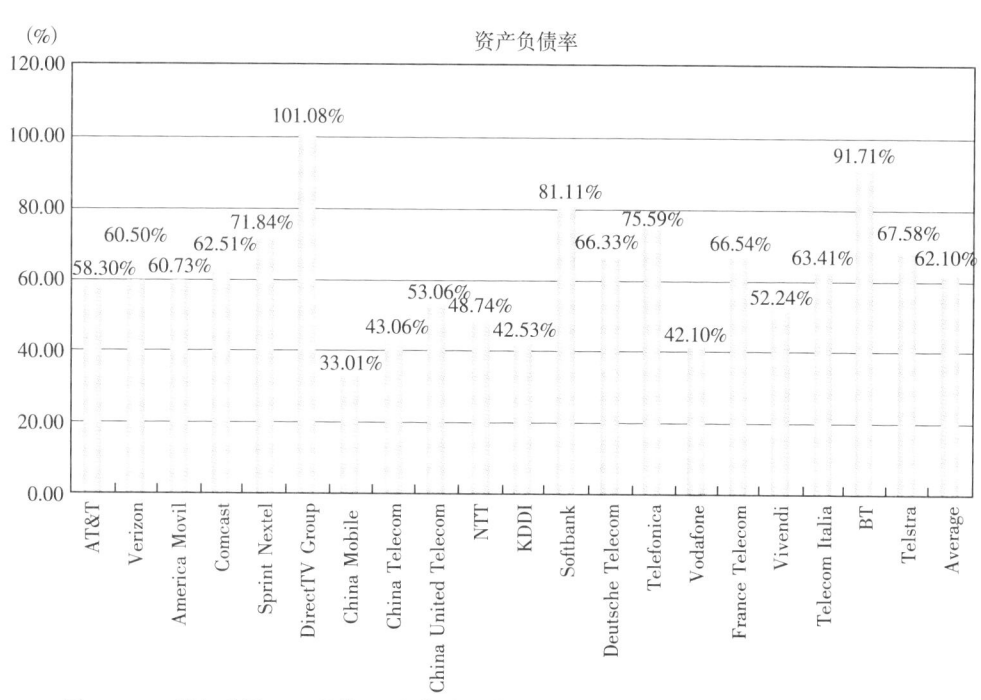

图1-5-2　进入世界500强的20家电信运营企业资本结构（资产负债率）（2010年）

（2）新兴市场融资方式。融资租赁、风险投资、资产证券化融资、项目融资和供应链融资等是世界各国电信业正在尝试使用的市场融资方式。①融资租赁是一种通过短时间、低成本、特定程序把资金和设备紧密结合起来的融资方式，包括直接租赁、杠杆租赁、转租赁、售后租回等主要方式，能够减轻电信企业巨额资本开支的压力，加快网络建设的步伐，降低融资成本，节税收益非常明显。从目前世界电信业来看，20%~30%的设备采购是通过直接租赁方式进行的，相比之下，美国电信企业融资租赁方式使用更加普遍。②风险投资对于世界各国的增值电信企业来说是可选的融资方式之一，根据全美风险投资协会的定义，风险投资是由职业金融家投入到新兴的、迅速发展的、有巨大竞争潜力的企业（特别是中小企业）中的一种股权资本。它集融资和投资于一体，集供应资本和提供管理于一身，是一种全新的投融资方式。具有高投入、高风险、高收益和融资方式灵活等适合高新技术产业发展的特点。从国外风险投资领域看，主要集中在信息产业和生物医药两大领域。电脑、通信、微处理器、互联网等成为投资热点，造就了20世纪末一大批巨型公司，这其中尤以美国最为明显。创投研究机构ChinaVenture的统计数据显示，自2006年至今，中国增值电信领域共发生风险投资案例25件，投资总额高达数十亿元人民币。部分电信企业由于技术实力、市场前景、产权等自身问题，对风险投资缺乏了解等原因未能获得风险投资，部分企业担心控制权分散和引入成本过高而未能获得风险投资。③资产证券化是指将缺乏流动性，但具有可预期收入的资产，通过在资本市场上发行证券的方式予以出售，以获取融资，并最大化提高资产的流动性。通过电信资产支撑证券化可以将电信企业中流动性低的交换、传输、管道、网络、建筑物等非流动性资产变为流动性高的现金；将未来预期的资产收益转变为当前实现的现金收入；通过资产负债表外融资，可优化资本结构。英国沃达丰、日本软银等电信公司在过去的几年里尝试推出资产证券化产品，据统计，国外电信业资产支撑证券化的融资成本比传统融资方式至少下降0.5%~1%。④世界电信业的发展在历经全行业垄断、私有化浪潮之后，公私合作共建已成为多国电信业的共识。公私合作经营（PPP）作为新兴融资方式更易带来低成本、高效率和满足特殊服务质量要求的特征。其中公共合作伙伴是地方或国家政府，私营合作伙伴则包括私营企业、国营公司或特定专业领域的企业财团。公私合作经营模式将宽带基础设施供给中公共部门与私营部门合作作为结合点，宽带网络投入在政府掌控的公共部门和已私有化的电信公司之间进行，如荷兰、意大利、智利、澳大利亚、新西兰等国家在高速宽带通信网建设中纷纷采用公私合作经营（PPP）模式，取得了明显的成效（吴洪等，2011）。⑤供应链融资是将融资服务潜入电信公司供应链业务流程，把电信、供应商、银行三方业务进行整合，形成完整的供应链融资业务闭环，实现数据的快速、无缝化交互共享，达到物流、资金流、信息流和商流的统一。这种融资方式在欧美日韩等国的电信企业正在逐步推广和应用，既保障了电信企业供应链的平稳运作，又提升了供应链整体价值，实现"银行—电信企业—中小企业合作共赢"的产业链良性发展。

（二）电信业内源融资机制的国际比较

与其他诸多行业相比，电信企业的利润率和折旧、摊销比率较高，所以内源融资能力较强，加之内源融资相比外源融资的明显优势，发达国家和地区电信企业都在积极采取措施以提高内源融资的比例。自20世纪70年代到21世纪初期，发达国家和地区电信企业内源融资占全部融资总额的比例处于不断上升的趋势，德国由53.2%上升到65.5%，英国由58.4%上升到68.3%，美国由61.3%上升到82.8%，即使在实行主银行制的日本，这一比例也由29.7%上升到49.3%，而中国则相对较低，由27.8%上升到36.7%左右。发达国家电信企业提高内源融资水平的主要方法包括内部挖潜和资本运作两类。

1. 内部挖潜

世界各国电信业通过内部挖潜提高内源融资能力的主要措施包括：通过提高经营效率来提升利润水平、通过提高折旧和摊销比率来增强内部融资能力等。电信企业衡量内源融资能力的指标主要包括：人均 EBITDA、折旧摊销占 EBITDA 的比重、股利占股权资本的比率、内部融资额等（肖云，2004）。仅以 2010 年进入世界 500 强的 20 家电信运营企业人均 EBITDA 为例，见图 1-5-3，可以发现日本电信企业（如 KDDI、软银）人均运营效率（2.94）远远高于 1.35 的平均值，处于最高水平。美国和欧洲电信企业的人均运营效率大致相当（1.1），中国处于较低水平（0.67）。再以 2010 年进入世界 500 强的 20 家电信运营企业内源融资额为例，见图 1-5-4，可以发现日本 NTT、美国 AT&T、中国移动、英国沃达丰远远超过行业平均水平，处于前四位，但四家公司折旧摊销占 EBITDA 的比重分别为 60%、47%、36%、54%，所以相比于世界领先的电信企业，中国电信企业内源融资的意识和能力还需要进一步加强。

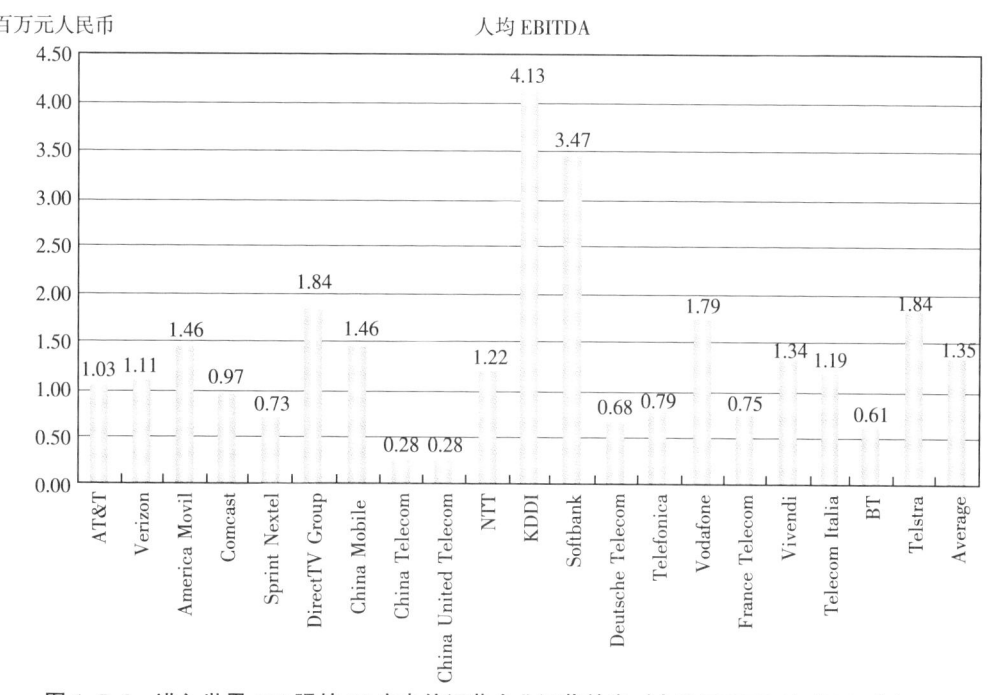

图 1-5-3　进入世界 500 强的 20 家电信运营企业运营效率（人均 EBITDA）（2010 年）

2. 资本运作

世界各国和地区电信业通过资本运作来提高内源融资能力的主要措施包括：股票回购、资产剥离、外包等。股票回购作为现金股利的替代发放形式有提升公司股价、改善资本结构、增强公司控制权等重要作用。在国外成熟的资本市场上，股权融资成本远远高于债权融资成本，所以公司分红派息需要付出大量的资金，股票回购减少股息支出增加留存收益，从而提高内源融资水平。自 2003 年以来，世界发达国家的电信企业全都进行了大规模的股票回购，包括英国沃达丰、英国电信、日本 NTT、美国 AT&T、澳大利亚电信、西班牙电信等。另外，资产剥离和外包带给各家电信企业（如英国沃达丰、和记电讯、日本 NTT）的是专注于核心业务的经营，同时扩大内部融资规模和改善财务状况。

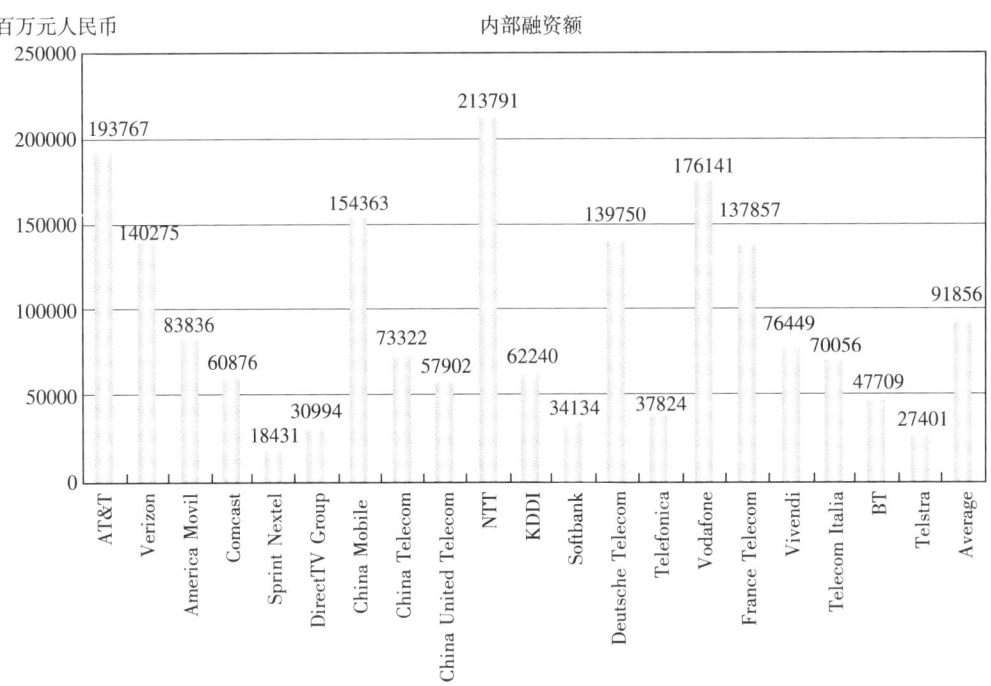

图 1-5-4 进入世界 500 强的 20 家电信运营企业内源融资能力（内部融资额）（2010 年）

三 融资效率、投资效果与电信业价值创造

融资行为是为投资需求服务，所以必须在时间、金额等方面同投资需求相匹配，投资拉动融资是资本市场永恒不变的准则之一。电信业对融资效率与投资效果的追求表现在持续优化资本结构与资产结构，通过价值创造、价值实现与价值经营实现可持续发展。国务院国有资产监督管理委员会第 22 号令《中央企业负责人经营业绩考核暂行办法》已于 2010 年 1 月 1 日起正式实施。《考核办法》中引入了一个崭新的价值管理指标"经济增加值（EVA）"，这一业绩考核指标的引入标志着企业价值管理新阶段的到来。从某种意义上说，企业的实质就是一种价值创造机制的现实存在。如何有效地为投资人带来增量价值是企业运营的不变追求，而对这一价值创造过程进行有效管理则是企业价值管理的本质目标。

2010 年，进入世界 500 强的电信企业主要分布在美洲（6 家）、欧洲（7 家）和亚洲（6 家），其中亚洲电信企业的整体财务竞争实力和价值创造能力超过美洲和欧洲的电信企业。2010 年，进入世界 500 强的 20 家电信企业中有 6 家 EVA 率为正值，14 家 EVA 率为负值，平均 EVA 率为 –0.83%（如图 1-5-5 所示）。而 2009 年，进入世界 500 强的前 20 家电信企业中有 5 家 EVA 率为正值，15 家 EVA 率为负值，平均 EVA 率为 –1.41%，说明整个行业还处于毁灭价值的状态，但是已经呈现出良性发展趋势。

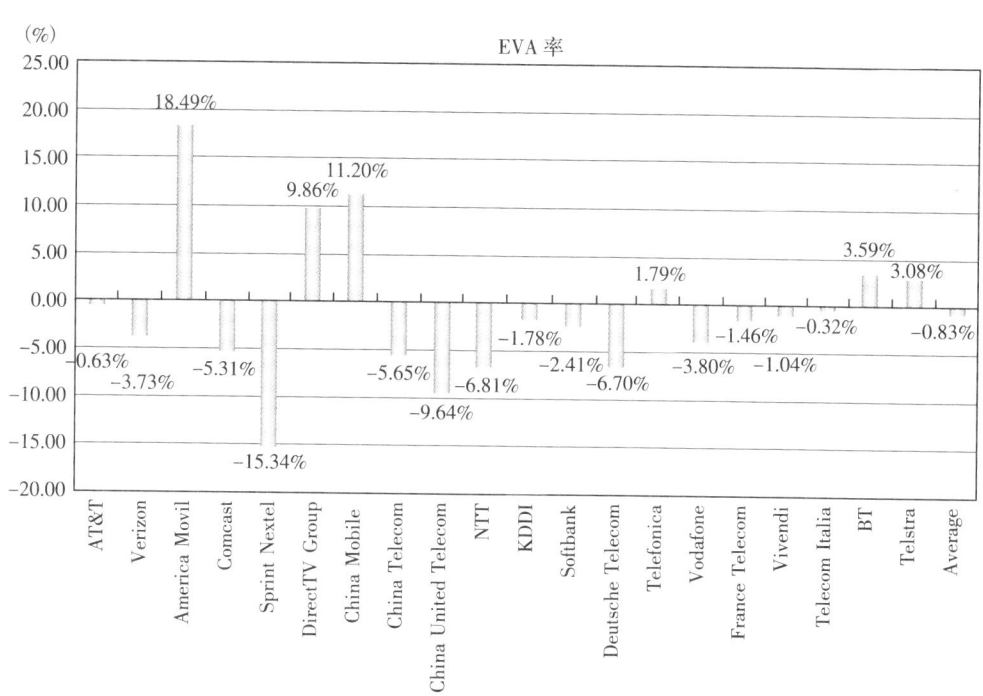

图1-5-5 进入世界500强的20家电信运营企业价值创造与毁灭状况（EVA率）（2010年）

电信业作为战略性新兴产业的重要组成部分，其战略性的重要地位和新兴的产业特征决定了所需资金数额巨大，融资难度较高。所以亟待借鉴国外电信业融资经验，完善融资机制需从国家层面、行业层面和企业层面同时着手进行。

（一）优化电信业融资的政策机制

为了促进新一代通信技术的快速发展，在电信业的融资方面，国家层面的肯定和扶持会给社会各界的融资主体更多的信心和投资偏好，并且政府的金融支持和税收优惠也会给电信业的发展注入活力，并在很大程度上减轻电信业发展的负担。同时，建立科学合理的激励与约束机制，如对电信业低碳经济投资项目在贷款额度、贷款利率、还贷条件等方面予以优惠和支持，以降低企业成本，实现可持续的价值创造。最后，从电信业法律法规、定价机制、风险分担模式、参与者合同标准等各方面制定相关政策，并完善具体的操作规程，使公私合作经营（PPP）等新兴融资方式逐步得以采用。

（二）完善电信业融资的金融支持体系

在电信业的融资方面，与美国和英国相比，德国和日本的金融体系贡献很大。德国的金融体系不同于其他国家，银行是整个金融体系的支柱，包括全能银行和专业银行，其中全能银行为客户提供全方位的服务。日本的银行体系对电信业的支持则体现在融资金额、贷款利率等方面，因此我国应不断完善电信业融资的金融支持体系，以商业银行作为主渠道，为电信业融资提供便利和支撑。

（三）强化电信业资本市场融资机制

我国电信业资本市场融资的特点是：股权融资地点和方式单一；债权融资中企业债券发行不足，银行贷款比例过高；投资者与消费者分离，难以实现电信业经营价值与资本价值的有机统一，不利于电信业长远发展。因此，为了对不同规模和发展阶段的电信企业形成资金支持，应积极建立多层次资本市场体系，开辟多样化的融资渠道，为不同阶段的电信企业融资提供便利；积极发展债券市场，稳步推进企业债券、公司债券、短期融资债和中期票据的发展，拓宽企业债务融资渠道，并建立相应的融资监管体系；积极尝试使用新兴资本市场融资方式，使电信业融资方式日益呈现出市场化、多元化、国际化的特征。

（四）提高电信业内源融资的能力和水平

梅耶斯提出的最优融资顺序理论，在国外发达国家电信业得到了实践的验证。我国电信业随着资本市场的逐步完善，融资结构持续优化，也在逐步实现内源＞债权＞股权的最优融资结构。尽管如此，与国外发达国家电信业相比，仍然存在内源融资能力不强、内源融资水平不高等问题，因此就需要通过产品经营和资本运营的联动，产业资本和金融资本的融合，把企业的融资行为迅速转变为适度多元化的资本运作行为。

总之，融资机制是制约电信业发展的关键问题，需要各方主体的积极配合和共同努力。融资机制的日臻完善可以使电信企业根据不同的发展时期、不同的市场环境和不同的业务特点选择适合的融资方式，既可以合理控制融资成本又能够有效规避融资风险，实现融资效率、投资效果和价值创造的有机统一。

参考文献：

［1］Eugene F. Fama.Efficient Capital Markets［J］. The Journal of Finance，Vol. 46. No. 5，1991（12）．

［2］Fredrik Weissenrieder. Value Based Management：Economic Value Added or Cash Value Added?［J］. Gothenburg Studies in Financial Economics，1997（3）．

［3］何瑛. 电信运营企业财务转型［M］. 北京：经济管理出版社，2011.

［4］吴洪等. 国有垄断—私有化—公私合作：国外电信业体制变革新趋势及对我国的启示［J］. 经济社会体制与比较，2011（4）．

［5］韩素芬，李蕾红.我国上市公司融资结构优化探析［J］. 金融与经济，2009（10）．

［6］卢闯等. 导入EVA考核中央企业的公平性及其改进［J］. 中国工业经济，2010（6）．

［7］肖云. 对我国电信运营商融资策略的思考［J］. 世界电信，2004（10）．

［8］张先治. 基于价值的管理与公司理财创新［J］. 会计研究，2008（8）．

［9］韦秀长. 中国电信运营商融资问题的理论与实践［M］. 北京：经济科学出版社，2009.

［10］汤谷良，杜菲. 试论企业增长、盈利、风险三维平衡战略管理［J］. 会计研究，2004（11）．

［11］刘淑莲.企业价值评估与价值创造战略研究［J］. 会计研究，2004（9）．

第二部分 报告篇

——全球电信运营企业可持续发展报告

一　美国电报电话公司可持续发展报告（AT&T）
二　美国 Verizon 电信公司可持续发展报告
三　中国移动通信集团公司可持续发展报告
四　西班牙电信公司可持续发展报告（Telefonica）
五　德国电信公司可持续发展报告（Deutsche Telecom）
六　英国沃达丰公司可持续发展报告（Vodafone）
七　法国电信公司可持续发展报告（France Telecom）
八　墨西哥美洲电信公司可持续发展报告（America Movil）
九　中国电信集团公司可持续发展报告（China Telecom）
十　中国联通公司可持续发展报告（China Unicom）
十一　英国电信集团可持续发展报告（BT Group）
十二　韩国"SK电讯"公司可持续发展报告（SK Telecom）

兰德尔·斯蒂芬森（Randall L. Stephenson）
董事长、首席执行官兼总裁

兰德尔·斯蒂芬森在 2007 年被任命为 AT&T 的董事长、首席执行官兼总裁。自上任董事长后，斯蒂芬森先生巩固了 AT&T 全球最大的电信公司的霸主地位以及移动、宽带和基于 IP 的商业通信服务的领导者地位。在他的领导下，AT&T 加快了其在先进的电视服务方面的发展，并成为了本地搜索广告的领导者。

2001~2004 年，斯蒂芬森先生曾担任 AT&T 高级执行副总裁和财务总监；2004~2007 年期间，斯蒂芬森先生还曾担任 AT&T 的首席运营官，负责无线和有线业务的运营。2005 年斯蒂芬森先生成为 AT&T 董事会成员。

兰德尔·斯蒂芬森出生于俄克拉荷马城，1982 年开始任职于西南贝尔电话在俄克拉荷马城的信息技术部门。随后担任一系列的领导职务，包括墨西哥 SBC 国际财务总监，监督 SBC 公司在墨西哥的所有者权益。1996 年，斯蒂芬森先生被任命为 SBC 通讯公司墨西哥分部的财务主管。斯蒂芬森先生还担任过主管消费市场的高级副总裁。

在斯蒂芬森先生的领导下，AT&T 发起了 AT&T 公司历史上最大的教育倡议——AT&T Aspire——1 亿美元的慈善计划，帮助学生做好成功和工作的准备。

斯蒂芬森先生是美国艾默生（Emerson）电气公司的董事会成员，美国童子军全国执行委员会成员。

at&t

AT&T 的 LOGO 的主要图像要素是一个地球，但并不画成光溜溜的球体，而是特意加上了一圈圈线条，表示地球正被电子通信线路环绕着。

AT&T 是公司的简称，全称为 American Telephone & Telegraph Company。

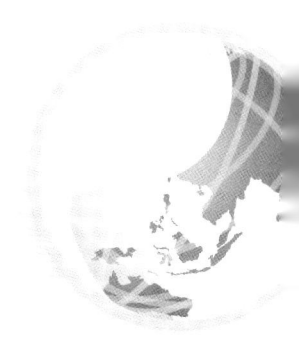

一　美国电报电话公司可持续发展报告（AT&T）

（一）公司简介

美国电话电报公司（American Telephone & Telegraph Company）是一家美国电信公司，创建于 1877 年，曾长期垄断美国长途和本地电话市场。AT&T 在近 20 年中曾经历过多次分拆和重组。AT&T 的前身是由电话发明人贝尔于 1877 年创建的美国贝尔电话公司。1895 年，贝尔公司将其正在开发的美国全国范围的长途业务项目分割，建立了一家独立的公司称为美国电话电报公司（AT&T）。1899 年，AT&T 整合了美国贝尔的业务和资产，成为贝尔系统的母公司。该公司一直是美国长途电话技术的先行者。1984 年，美国司法部依据《反托拉斯法》拆分 AT&T，分拆出一个继承了母公司名称的新 AT&T 公司（专营长途电话业务）和七个本地电话公司（即"贝尔七兄弟"），美国电信业从此进入了竞争时代。1995 年，又从公司中分离出了从事设备开发制造的朗讯科技和 NCR，只保留了通信服务业务。2000 年后，AT&T 又先后出售了无线通信、有线电视和宽带通信部门。2005 年，原"小贝尔"之一的西南贝尔对 AT&T 并购，合并后的企业继承了 AT&T 的名称。

美国电话电报公司有八个主要部门：贝尔实验室、商业市场集团、数据系统公司、通用市场集团、网络运营集团、网络系统集团、技术系统集团和公司国际集团。美国电话电报公司在泰国、德国、新加坡等地设有工厂，在意大利、韩国、日本等国设有子公司或者合资公司，公司总部设在纽约。1995 年 9 月，该公司分拆为三个独立的公司，即通信服务公司、通信设备公司和电脑信息服务公司，并退出个人电脑领域。

截至 2011 年年底，AT&T 共有 6495231088 股普通股，2011 年共实现销售收入 1267.23 亿美元，净利润 39.44 亿美元，股东投资报酬率达到 3.73%，每股收益为 0.66 美元，2011 年 12 月 30 日的收盘价为 30.24 美元，市盈率为 45.82。在美国《财富》杂志公布的 2011 年度全球企业 500 强排行榜中 AT&T 排在第 30 位，位居行业排名首位。

（二）公司战略

AT&T 新战略——用人性化体验取悦用户。AT&T 品牌识别及设计副总裁格雷格·赫德（Gregg Heard）称，AT&T 不仅仅要让用户喜欢 AT&T 的手机，还要让用户喜欢上这家公司。

当前，许多移动用户对自己所使用的手机很满意，但对移动运营商的服务却怨声载道。为了缩小两者之间的差距，AT&T 的战略是用人性化体验彻底赢得用户的心。

赫德在纽约"数字广告时代峰会"（Ad Age Digital Conference）上称："我们想让大家清楚的是，AT&T 是一家感情强烈的生活方式品牌，让用户的生活更丰富，为用户带去新体验和新价值。但当前用户的感觉并非如此，所有主要运营商都面临这样一个问题：用户喜欢他们的技术（手机），但并不喜欢他们的运营商。"

AT&T 近期进行了一系列广告宣传，也都围绕着这样的主题而展开，即更加注重人性化用户体验。赫德说："我们的战略已发生转移，更加注重技术如何改变生活。"

(三) 公司治理

1. 股权结构

截至 2011 年 12 月 31 日，AT&T 发行普通股 64.95 亿股，流通股股数为 59.28 亿股，流通股占绝对比重，机构持股占 55.60%，如图 2-1-1 所示。

股权结构	
流通股股数（百万）	5928
市值（百万美元）	200280
机构持股（%）	55.60
股价（2011 年 12 月 31 日）	30.24

图 2-1-1 AT&T 股权结构

2. 公司治理准则

AT&T 董事会在其公司治理和提名委员会（以下简称委员会）的指引下行事，发展并采纳了下列准则来促进董事会和委员会的运作，并就董事会如何发挥其职能建立了一套共用期望。

（1）董事会的组成和选举：①董事会规模。根据 AT&T 的章程，董事会有权随时修改董事会规模以填补股东会议中可能产生的空缺。董事会应根据董事会的需要和候选人的能力，定期评估何种规模更为合适。一般情况下，董事会的规模为 11~14 人。②被提名者的选择。董事会选举的被提名者由董事会负责挑选。公司治理和提名委员会在与董事会主席协商和接收其他董事或股东的推荐的被提名者后，负责确认和推荐合格的被提名者，这些人将有权在年会参加董事选举或者有权在非年会期间填补董事空缺。③资格标准。成员资格：在评估成员是否合适时，委员会会综合考虑很多因素，包括候选人对现有商业环境下大型上市贸易企业的相关成功因素的一般理解、对 AT&T 业务的理解、教育和专业背景等。董事会及公司治理和提名委员会兼顾候选人的判断力、能力、在董事活动中的预期表现、经验、地理位置和特殊天赋或个人品质。董事会的组成应具有技能、经验、行业知识等方面的多样性；绝大部分董事会的董事应按照纽约证券交易所列示的标准保持独立。④任期。董事每年改选一次，任期一年。⑤退休政策。72 岁及以上的董事将不能再被提名。⑥其他董事职责。

（2）董事职责：①监督 AT&T。董事会董事应该依照特拉华州的法律来管理或监管公司业务及事务。董事最基本的责任就是以公司利益最大化为目标来进行商业判断，以行使他们的职责。董事会对董事有明确的期望，因此董事会出台了这些准则，来促进这些责任的履行，并有效地开展董事会的业务。②承诺、出席与参与。董事们必须参加董事会和董事委员会的年度会议。董事应在年会之前投入适当的时间进行准备，充分熟悉 AT&T 的业务（包括财务报表、资本结构、风险和竞争），以便积极、有效地参与董事会及委员会的商议。公司应对董事们提出的与 AT&T 业务相关的问题做出回答，并向董事会及其委员会提供帮助。③忠诚和道德。董事应依照特拉华州的法律对公司保持忠诚。AT&T 道德准则 26 章下讨论的内容用于处理董事的活动，尤其是涉及公司安全、潜在利益冲突、以公谋私及与公司产生矛盾的情况。董事应花费一定的时间来熟悉准则中关于这些方面的规定，如有任何问题，应与公司的法律顾问进行协商。④保密。董事会及其委员会的会议记录及审议意见都是保密的。每个董事都应为其在职时所获得的信息保密。⑤董事会会议。董事会应制订日常会议计划表，除了定期的日常会议外，董事会可以根据特定的需要，依据章程随时召开特别会议。在所有董事都签署了书面同意的情况下，董事会可以不召开会议就以书面形式采取行动。⑥非管理董事的行政会议。非管理董事应根据首席董事的决定，以不低于三个月的频率召开无管理董事参与的行政会议。行政会议应该由首席董事主持，首席董事应从委员会主委之中的非管理董事中进行选择，任期为两年且不能连任。首席董事将在秘书的协助下准备行政会议的议程安排，任何董事都可以要求首席董事在议程中增加条款。

（3）委员会：①董事会下设委员会。董事会建立了以下几个主要委员会：审计委员会、公司发展与财务委员会、公司治理和提名委员会、执行委员会、人力资源委员会以及公共政策和公司声誉委员会。每个委员会都有其书面章程列示委员会的责任、义务和权利。董事会可以根据其履行职责的需要增加或取消现有委员会。②委员会组成。公司治理和提名委员会、审计委员会和人力资源委员会至少要由3名董事组成，这些董事都应按照纽约证券交易所中列示的规定保持独立。此外，除了为董事会或委员会服务所得的费用，审计委员会的成员不可以接受AT&T的其他任何咨询费或补偿。③委员会成员的分配。公司治理和提名委员会在与董事长和其他董事商议后，将根据董事会的建议负责将董事会成员安排到不同的委员会并任命委员会成员。④委员会议程。每个委员会的主席都将在与管理部门和委员会成员商议后，合理的安排委员会的会议议程。委员会主席可邀请全体董事（无论是否为委员会成员）对该议程提出建议，或者直接向董事会申请一个

已通过审核的议程。⑤委员会报告。在委员会会议或其他活动之后，委员会需尽快在董事会会议上提交其活动报告。

（四）市场概览

AT&T每个分部即战略业务单位基于各种技术平台提供不同的产品和服务。下面将按照内部管理报告，分别提供各个分部的经营业绩。公司共有四个报告分部：无线、有线、广告解决方案及其他。2011年，公司各个分部营业收入构成如图2-1-2所示。

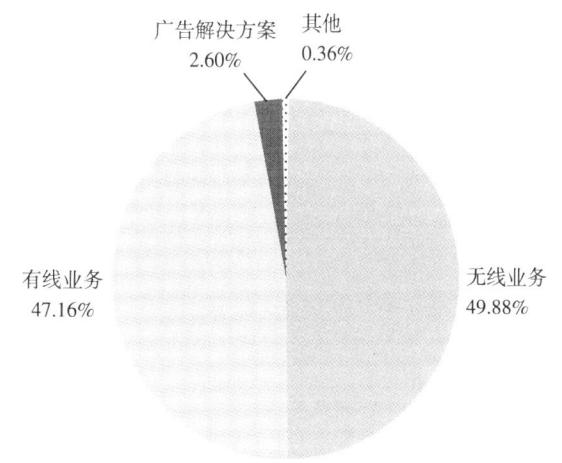

图2-1-2　AT&T公司各个分部营业收入构成（2011年）

1. 无线业务

2011年，无线业务约占AT&T所有分部营业收入总额的50%，2010年该比重约为47%。这部分业务通过AT&T的全国性网络来为用户提供无线语音和先进的数据通信服务，其业绩表现如表2-1-1、表2-1-2所示。

表2-1-1　无线业务经营业绩

	2011年	2010年	2009年	百分比变动情况	
				2011年相对于2010年	2010年相对于2009年
分部营业收入					
服务	$56726	$53510	$48563	6.0%	10.2%
设备	6486	4990	4941	30.0%	1.0%

续表

	2011年	2010年	2009年	百分比变动情况	
				2011年相对于2010年	2010年相对于2009年
分部营业收入总额	63212	58500	53504	8.1%	9.3%
分部营业费用					
运营支持	41581	36746	33631	13.2%	9.3%
折旧和摊销	6324	6497	6043	(2.7)%	7.5%
分部营业费用总额	47905	43243	39674	10.8%	9.0%
分部营业利润	15307	15257	13830	0.3%	10.3%
子公司净利润中所占权益	(29)	9	9	—	—
分部利润	$15278	$15266	$13839	0.1%	10.3%

表 2-1-2　无线业务的其他重要业绩表现

	2011年	2010年	2009年	2011年相对于2010年	2010年相对于2009年
无线用户数	103247	95536	85120	8.1%	12.2%
用户增加总数	23869	25879	21316	4.3%	7.3%
用户净增	7699	8853	7278	(13.0)%	21.6%
流失总数	1.37%	1.31%	1.47%	6BP	(16) BP
后付费用户数	69309	68041	64627	1.9%	5.3%
后付费用户净增	1429	2153	4199	(33.6)%	(48.7)%
后付费流失	1.18%	1.09%	1.13%	9BP	(4) BP
预付费用户数	7.225	6524	5350	10.7%	21.9%
预付费用户净增	674	952	(801)	(29.2)%	—
经销商客户数	13644	11645	10439	17.2%	11.6%
经销商客户净增	1874	1140	1803	64.4%	(36.8)%
设备连接客户数	13069	9326	4704	40.1%	98.3%
设备连接客户净增	3722	4608	2077	(19.2)%	—

2. 有线业务

2011年，有线业务约占AT&T所有分部营业收入总额的47%，2010年该比重为49%。这部分业务使用AT&T局域、全国以及全球网络为用户提供固话语音、数据通信服务、U-verse电视和高速宽带，并为企业客户提供语音服务和网络管理。其业绩表现如表2-1-3、表2-1-4所示。

表 2-1-3　有线业务经营业绩

	2011年	2010年	2009年	百分比变动情况	
				2011年相对于2010年	2010年相对于2009年
分部营业收入					
数据	$29606	$27555	$25644	7.4%	7.5%
语音	25131	28332	32345	(11.3)%	(12.4)%
其他	5028	5413	5632	(7.1)%	(3.9)%
分部营业收入总额	59765	61300	63621	(2.5)%	(3.6)%

续表

	2011年	2010年	2009年	百分比变动情况	
				2011年相对于2010年	2010年相对于2009年
分部营业费用					
运营支持	40879	41096	42439	(0.5)%	(3.2)%
折旧与摊销	11615	12371	12743	(6.1)%	(2.9)%
分部营业费用总额	52494	53467	55182	(1.8)%	(3.1)%
分部营业利润	7271	7833	8439	(7.2)%	(7.2)%
子公司净利润中所占权益	—	11	17		(35.3)%
分部利润	$7271	$7844	$8456	(7.3)%	(7.2)%

表 2-1-4　有线业务的其他重要业绩表现

单位：千户

	2011年	2010年	2009年	百分比变动情况	
				2011年相对于2010年	2010年相对于2009年
交换接入线路					
零售消费	18954	22515	26378	(15.8)%	14.6%
零售业务	15613	17006	18486	(8.2)%	(8.0)%
零售小计	34567	39521	44864	(12.5)%	(11.9)%
批发小计	2120	2300	2590	(7.8)%	(11.2)%
交换接入线路总额	36734	41883	47534	(12.3)%	(11.9)%
零售消费语音接入总额	21232	24195	27332	(12.2)%	(11.5)%
无线宽带连接总额	16427	16309	15769	0.7%	3.3%
卫星服务	1765	1930	2174	(8.5)%	(11.2)%
U-verse 视频	3791	2987	2065	26.9%	44.6%
视频连接	5556	4917	4239	13.0%	16.0%

3. 广告解决方案

2011年，广告解决方案业务约占 AT&T 所有分部营业收入总额的 3%，2010年该比重也约为 3%。在 2011年，由于记录了商誉和商标名的损失，导致支出超过收入，最终收益表现为负。这部分业务包括目录经营，主要是发布黄页和白页目录、销售目录广告以及基于互联网的广告和本地搜索，其经营业绩如表 2-1-5 所示。

表 2-1-5　广告解决方案经营业绩

	2011年	2010年	2009年	百分比变动情况	
				2011年相对于2010年	2010年相对于2009年
分部营业收入总额	$3293	$3935	$4724	(16.3)%	(16.7)%
分部营业费用					
运营支持	2264	2583	2743	(12.3)%	(5.8)%
无形资产减值准备	2910	—	—		
折旧与摊销	386	497	650	(22.3)%	(23.5)%
分部营业费用总额	5560	3080	3393	80.5	(9.2)%
分部利润（损失）	$(2267)	$855	$1331	—	(35.8)%

4. 其他

2011年及2010年，其他业务占AT&T所有分部营业收入总额的比重都小于1%。在这两年，其他业务的营业成本均超过营业收入，出现亏损。这部分业务包括客户信息服务、国际股权投资的损益和企业其他业务，其经营业绩如表2-1-6所示。

表 2-1-6 其他业务经营业绩

	2011年	2010年	2009年	百分比变动情况	
				2011年相对于2010年	2010年相对于2009年
分部营业收入总额	$453	$545	$664	(16.9)%	(17.9)%
分部营业费用总额	5266	2396	3049	—	(21.4)%
分部营业损失	(4813)	(1851)	(2385)	—	22.4%
子公司净利润中所占权益	813	742	708	9.6%	4.8%
分部损失	$(4000)	$(1109)	$(1677)	—	(33.9)%

（五）业务概览

1. 细分客户

AT&T将移动客户划分为个人客户和企业客户。其中，为个人客户主要提供移动通信、数字电视、互联网接入、家庭固话以及各类组合捆绑业务。

（1）移动通信方面：AT&T主要为客户提供移动通信服务以及基于移动通信的终端销售服务。AT&T为客户提供了丰富的终端种类和灵活多样的租机政策，并在此基础上提供个人、家庭、预付费、数据业务4大类27种套餐，还为个人客户提供多种增值业务，内容涵盖娱乐休闲、生活辅助、教育学习等多个领域。

（2）数字电视方面：在光纤接入已覆盖区域，AT&T为客户提供高清数字电视服务，客户使用相应套餐即可免费获得数字电视终端，并享受多达390个频道的高清数字电视服务；在光纤接入无法覆盖的区域，也提供了超过265个频道的普通数字电视服务。

（3）互联网接入方面：AT&T通过设计不同的上下行最大传输速率，推出了不同资费标准的业务，同时还向客户提供邮件、杀毒、上网保护等附加服务。客户可以通过上网保护，确保儿童远离不良网站的侵扰，并可以设置权限，控制儿童可以浏览的网站范围和内容。AT&T还在全美部署了大量的Wi-Fi热点。覆盖了主要的酒店、机场、住宅区、连锁店和餐厅，只要是AT&T的客户都可申请使用，有线宽带客户还可利用账户密码直接登录。

2. 领先地位

（1）移动宽带。2011年AT&T无线数据收入达到220亿美元，比去年同期增长21.0%，因此，在移动宽带方面，AT&T依然是行业内的领导者。自2008年以来，AT&T无线数据收入已增长超过一倍。具体如图2-1-3所示。

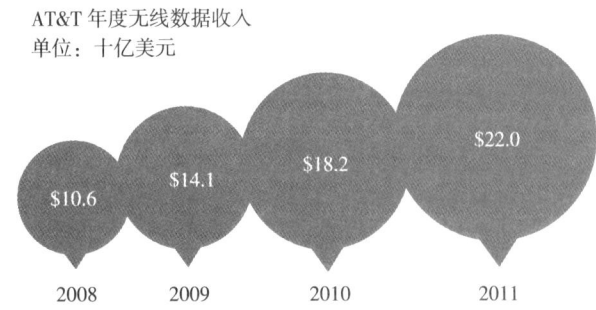

图 2-1-3 AT&T无线数据收入增长状况（2008~2011年）

（2）网络连接设备。AT&T是网络连接设备行业中的领先者，如电子阅读器、汽车监控系统、安全系统及其他新兴产品。2011年，AT&T无线网络中连接设备数增加了370多万。具体如图2-1-4所示。

截至年底 AT&T 无线网络中的网络连接设备数
单位：百万美元

（年份）
2008　2.7
2009　4.7
2010　9.3
2011　13.1

图2-1-4　AT&T网络连接设备增长状况（2008~2011年）

（3）视频。鉴于用户数的强劲增长，2011年，AT&T的U-verse服务收入比上年同期增长了53%。具体如图2-1-5所示。

（4）战略性投资业务服务收入的强劲增长。2011年，AT&T最为先进的商业解决方案的收入增长了18.4%，为有线业务带来了良好的发展趋势。具体如图2-1-6所示。

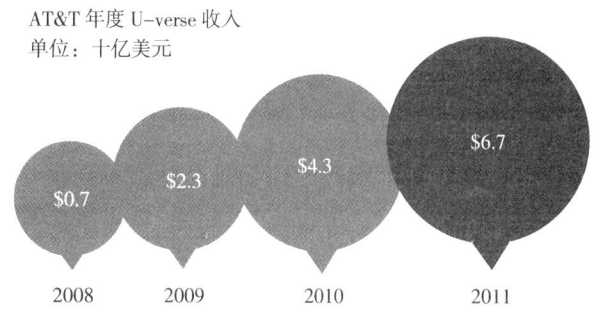

AT&T 年度 U-verse 收入
单位：十亿美元

2008　$0.7
2009　$2.3
2010　$4.3
2011　$6.7

图2-1-5　AT&T U-verse收入增长状况（2008~2011年）

AT&T 年度战略性投资业务服务收入
单位：十亿美元

（年份）
2008　$3.5
2009　$4.1
2010　$4.7
2011　$5.6

图2-1-6　AT&T战略性投资业务服务收入增长状况（2008~2011年）

（六）经营和财务绩效

表2-1-7　AT&T 2009~2011年度经营与财务业绩比较一览表

单位：百万美元

年份	AT&T		
	2011	2010	2009
收入	126723	124280	123018
总资产	270344	268488	268752
EBITDA	28628	40611	42092
EBITDA率	22.59%	33.30%	34.22%
净利润	3944	19864	12535
净利润率	3.11%	15.98%	10.19%
总资产报酬率（ROA）	1.46%	7.40%	4.66%
净资产报酬率（ROE）	3.73%	17.74%	12.25%
资本性支出（CAPEX）	20110	19530	16595
CAPEX占收比	15.87%	15.71%	13.49%
经营活动净现金流	34648	34993	34445
每股经营活动净现金流	5.84	5.92	5.84
自由现金流（FCF）	14538	15463	17850

续表

年份	AT&T		
	2011	2010	2009
自由现金流占收比	11.47%	12.44%	14.48%
销售现金比率	27.34%	28.16%	27.97%
资产现金回收率	12.82%	13.03%	12.80%
EVA	-17199	-1494	-8545
EVA率	-7.23%	-0.63%	-3.62%
每股盈利（EPS）	0.66	3.36	2.12
每股股利（DPS）	1.73	1.69	1.65
股利支付率	262.12%	50.30%	77.83%
主营业务收入增长率	1.97%	1.03%	-0.81%
总资产增长率	0.69%	-0.10%	1.32%
净利润增长率	-80.14%	58.47%	-2.58%
经营活动现金流增长率	-0.99%	1.71%	2.23%
每股盈余增长率	-80.36%	58.49%	-1.85%
资产负债率	60.87%	58.30%	61.93%
流动比率	74.78%	58.76%	66.30%
利息保障倍数	2.90	5.84	5.45
总资产周转率	0.47	0.46	0.46
固定资产周转率	1.24	1.27	1.27
坏账发生率	6.06%	6.57%	7.45%
折旧与摊销	18377	19379	19714
股息	10244	9985	9733
内部融资额	12077	29258	22516
折旧摊销率	14.50%	15.59%	16.03%
付现成本率	78.22%	68.66%	66.49%
营销、一般及管理费用率	30.65%	26.61%	25.55%

（七）内控与风险管理

1. 市场风险

市场风险主要是利率风险和汇率风险，这些风险以及其他业务风险影响着企业的资本成本。用以管理资本结构和外汇风险的政策，其最终目的是为了管理资本成本。为了管理市场风险，AT&T利用金融工具，如利率互换、远期利率合同、外汇合约以及综合利率外币合约（交叉货币掉期）等。AT&T使用这些金融工具目的并不是为了交易或投机，而是为了套期保值。

管理利率风险的金融工具大多是中长期的固定利率债券。为了控制利息费用，AT&T通过利率互换来管理固定利率和浮动利率的债务组合，并通过密切观察利率敏感性来设定利率风险的界限。

公司对以外币计价的交易、现金流和债务以及收到的国外投资的分红及其他收支进行外币折算风险的对冲。通过交叉货币掉期以对冲以外币计价的债务的外币折算风险，通过外币远期合约来固定利率以管理外币交易。

2. 风险影响因素

AT&T公司面临的风险影响因素主要包括：

①日益恶化的美国经济加剧了客户和供应商面临的财务困境，并对企业的业务拓展造成了重大的不利影响。②医疗费用、美国证券市场以及利率的不利变化有可能会大大增加企业的福利计划成本。③全球金融市场的持续不稳定严重影响了企业以及企业的大客户为获得业务运营所需资金而进入资本市场的能力。④现有技术的变化会加剧行业竞争和增加企业的资本成本。⑤联邦、州以及外国政府法规和监管制度的变化可能对企业产生重大不利影响。⑥无线服务业务的持续增长依赖于可持续获得足够的频谱、新技术的部署和向客户提供更有吸引力的服务。⑦无线行业的竞争加剧对企业的经营业绩产生不利影响。⑧有线业务支出的增长对有线业务的营运利润产生的不利影响。⑨设备故障、自然灾害、电脑黑客入侵和恐怖袭击可能对企业的业务产生重大不利影响。⑩AT&T 公司 U-serve 服务的持续创新依赖于时间、程度和成本；有吸引力且有利可图的服务的发展；监管、特许费和适用于这一创新的建设要求的程度；还有提供产品所需的各种技术的可用性和可靠性。⑪不利的诉讼或政府调查结果可能使企业付出很大的代价或导致运营程序变得更加复杂。⑫公会代表了公司的大部分员工，如果 2012 年预定到期协议的谈判没有成功，公司可能会经历长时间的罢工。

（八）人力资源发展

截至 2011 年年底，AT&T 公司的员工人数为 256420 人，其中女性占 39%，男性占 61%，如图 2-1-7 所示。AT&T 员工种族组成如图 2-1-8 所示。

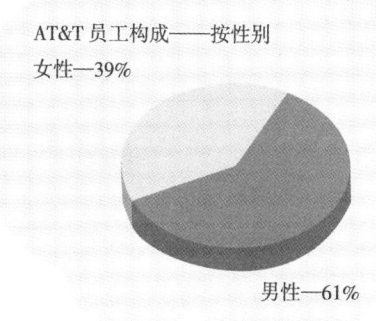

图 2-1-7 AT&T 员工性别构成

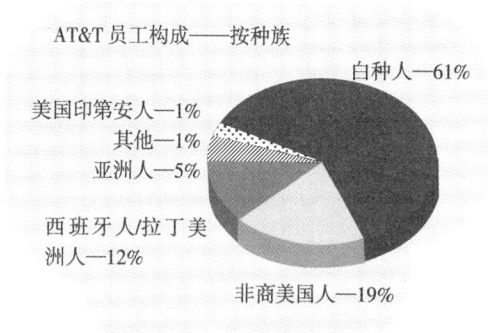

图 2-1-8 AT&T 员工种族构成

1. AT&T 人力资源团队（AT&T Employee Resource Groups）

AT&T 设有几个向所有员工开放的人力资源团队，反映了 AT&T 员工构成的多样性。AT&T 人力资源团队支持 AT&T 在工作场所、市场和社会努力实现其多样性和包容性的承诺。

2. AT&T 大学（AT&T University）

随着企业的快速发展，AT&T 的大学旨在培养一种学习文化，也是为了培养能在企业的各个业务层面发挥其影响力的领导者。AT&T 大学建立的基础是：热情服务、流动性和不断创新，给员工提供更好的职业发展机会。

3. 职业生涯与人才开发（Careers & Talent Development）

2010年，AT&T投资2.32亿美元用以员工培训和发展计划，并向员工提供3400万美元的学费资助。公司的核心理念是为现有员工提供继续成长的机会和职业生涯的发展。为支持这项理念，AT&T通过基于工作的培训、学费援助和各种培训和再培训计划以鼓励管理和非管理员工来不断提高自身的能力。

4. 福利和定位（Benefits & Locations）

从全世界来看，通信行业是当今发展最快的行业之一，AT&T已紧跟这一步伐。AT&T已经认识到有才能的、乐于奉献的员工是公司成功的关键，因此AT&T为员工提供了具有竞争力的薪酬福利。另外，AT&T还在制订具体的投资计划，例如帮助退役军人进入到私营部门，帮助联盟成员提高自身技能为迎接新的工作做好充分的准备。

（九）企业社会责任

1. 员工和社区（People and Community）

以人为本，这是AT&T公司过去136年的核心理念，且公司会在未来发展过程中持续坚持这一理念。正是因为这一理念，公司才能更好地为员工、商业和社区服务。具体表现如图2-1-9所示。

$1.15亿美元
通过公司、员工和AT&T基金会捐赠工程的捐献

600万
志愿时长——相当于1.33亿美元

256420名
截至2011年底全球员工数

120万名
员工、退休员工和家属在2011年获得健康和生活福利

39%
女性员工

39%
有色人种员工

120亿多美元
花费在少数种族、女性和残疾退伍军人的自有业务中

将近99.6%
AT&T员工在2011年接受了商业行为守则的培训，其中包括人权和反腐主题培训

18名
高级执行官和管理人员在公民与可持续发展指导委员会

图2-1-9　AT&T在员工和社区方面的具体表现

2. 环境（Environment）

如何在保证不抑制自然环境再生能力的情况下与这个拥有70亿人口的世界接触，这是一个艰巨、刺激且重要的挑战，AT&T每天都在为此做出努力。具体表现如图2-1-10所示。

4200 万美元
通过实施 4500 个能源节约项目年节约数

8600 万美元
通过实施 8700 个能源节约项目，在 2010 年和 2011 年共节约量

5114 辆
可替代车辆投入部署，其中包括 3469 辆压缩天然气车辆和 1617 辆混合电动车。公司承诺到 2018 年的 10 年期间投入 5650 万美元部署近 15000 可替代车辆

250 万加仑
在 2012 将避免使用的无铅汽油，且在随后的每年将有 3469 辆压缩天然气车辆投入使用

≤30%
植物材料的新塑料将应用于 AT&T 品牌的配件中

50.1 英镑
网络废料将用于再利用，出售与回收材料而不是进行填埋

将近 300 万部
手机回收再利用

170 万英镑
电池和配件回收再利用

77000 台
显示器、主机和服务器回收再利用

1720 万个
用户在 2011 年选择无纸化账单

图 2-1-10　AT&T 在环境方面的具体表现

3. 科技（Technology）

科技是将纸上的创意转化为现实的通路。这期间发生了什么——创新、投资和决定——这就是我们在做的事情。AT&T 创造了一个拥有无限可能的现实世界。具体表现如图 2-1-11 所示。

20000%
在 2007 年至 2011 年间，AT&T 的无线网络中的数据流量增长

大于 200 亿美元
2011 年投资于 AT&T 无线和有线网络中，这个数字也是 AT&T 计划在 2012 年投资的数目

6 亿美元
累计投资于 AT&T 的网络灾难复原工程

1300 万个
双向连通性的智能仪表，随着 AT&T 的通信技术发展能够投入使用

180 万分钟
用户发起的沉浸式网页会议时长

大于 2 个
AT&T 平均每天获得的专利数

图 2-1-11　AT&T 在科技方面的具体表现

（十）前景展望

有了网络，即使我们分离了，也会觉得距离更近了；即使我们独自一人，也会觉得更安全了；即使我们缺少时间，也会觉得更高效了，无时无刻我们都会觉得更智能了。

1. 使一切移动起来（Making Everything Mobile）

在 AT&T 世界级别的网络上，公司正在扩展移动联通性的规模效益，尤其是电子设备的网络连接，无论是电子阅读器还是车载装置或是健康

监视器。用户对移动网络的需求正在持续高速增长，预计在未来的五年内，用户对移动数据的需求相比于2006年将增长20000%。随着网络连接至"云"及下一阶段移动改革的超负荷，公司保守估计移动数据流量的增长至少将是如今的8倍。因此，AT&T向移动宽带大力投资。现如今，AT&T拥有全美国最快的移动宽带网络，能够更好地向用户提供移动数据业务。

2. 迁移到"云"（Moving To The Cloud）

AT&T正在部署的4G LTE无线科技和云服务，可以使商务变得更容易，使管理网络能力的支出更有效率，AT&T正在开放一个充满无限可能的新世界。AT&T的网络，在世界级别的安全和威胁防护的保护下，给我们力量来改变生活、商业和世界。如今，AT&T正在加速部署4G LTE技术，这个最先进的网络技术将使得公司现有技术的效率提高30%~40%，但是限于如今流量增长的速度，这只能带来短期的帮助。因此，AT&T积极增设子网站，发挥现有频谱的最大效用，同时也在继续购买更多的频谱，意在为用户提供一个更好的用户体验。

3. 更好地进行商业（Better For Business）

当提到企业用户时，AT&T的网络帮助大企业和小企业运行的同样有效和高效。应用AT&T先进的网络和商业解决方案，公司可以使得员工无缝链接应用程序和数据，而无论员工是在办公室、家里或者是在世界的某一个地方。其结果是更快的决策、更快的响应时间和生产效率的大幅度提高。

在某些情况下，AT&T先进的商业解决方案可以帮助转变整个商业模式，帮助企业从市场营销到客户服务到库存管理进行重新思考。AT&T拥有潜在的特定行业机会，即卫生保健，例如，AT&T的网络可以通过无线病人监护仪、高品质的视频连接以进行远程诊断等方式来帮助改善提供的服务。AT&T致力于投资大量的人才和资源以促进AT&T在这一领域的快速和可持续发展。

4. 全球解决方案（Global Solutions For Enterprise）

除了世界级别的无线和云解决方案，AT&T的商业客户已经进入了全球网络之中，所以AT&T几乎可以保证跨国公司能与他们在各地的分公司保持联系。公司为跨过企业提供创新的、可扩展的网络服务，连接从总部至工厂，分散在世界各地的员工。跨国企业可享受到AT&T一系列灵活多变的服务，包括网真技术、全球安全解决方案和网络管理服务等。同时，AT&T还将跨国企业的各种移动设备、电脑连接至专用网络，降低其经营成本，提高其生产率。

附件一：AT&T 财务报告（2011 年）

1. 合并资产负债表

合并资产负债表

单位：百万美元（除每股数额外）

	12月31日	
	2011年	2010年
资产		
流动资产		
现金及现金等价物	$3185	$1437
应收账款净额	13606	13610
待摊费用	1155	1458
递延所得税资产	1470	1170
其他流动资产	3611	3179
流动资产合计	23027	20854
物业、厂房及设备净值	107087	103196
商誉	70842	73601
牌照	51374	50372
客户名单及关系净值	2757	4708
其他无形资产净值	5212	5440
子公司股权投资	3718	4515
其他资产	6327	6705
资产合计	$270344	$269391
负债及所有者权益		
流动负债		
一年内到期负债	$3453	$7196
应付账款及应计负债	19858	20055
预收账款及客户存款	3872	4086
应交税费	1003	975
应付股利	2608	2542
流动负债合计	30794	34854
长期负债	61300	58971
递延贷项及其他非流动负债		
递延所得税负债	25748	22070
退休福利义务	34011	28803
其他非流动负债	12694	12743
递延贷项及其他非流动负债合计	72453	63616
所有者权益		
普通股（每股1美元，2011年12月31日和2010年12月31日批准140亿股，2011年12月31日和2010年12月31日已发行6495231088股）	6495	6495
资本公积	91156	91731
留存收益	25453	31792

续表

	12月31日	
	2011年	2010年
库存股（2011年12月31日 568719202股，2010年12月31日 584144220股，以历史成本计价）	(20750)	(21083)
累计其他综合利润	3180	2712
少数股东权益	263	303
所有者权益合计	105797	111950
负债及所有者权益合计	$270344	$269391

2. 合并损益表

合并损益表

单位：百万美元（除每股数额）

年份	2011	2010	2009
营业收入			
无线服务	$56726	$53510	$48563
数据	29606	27555	25644
语音	25131	28332	32345
目录	3293	3935	4724
其他	11967	10948	11237
营业收入总计	126723	124280	122513
营业费用			
服务和销售成本（不包括折旧及摊销）	57374	52379	50639
销售、一般及管理费用	38844	32864	31359
无形资产减值准备	2910	85	—
折旧及摊销	18377	19379	19515
营业费用合计	117505	104707	101513
营业利润	9218	19573	21000
其他收入（费用）			
利息费用	(3535)	(2994)	(3368)
子公司净利润中所占权益	784	762	734
其他收入（费用）净额	249	897	152
其他收入（费用）合计	(2502)	(1335)	(2482)
持续经营税前利润	6716	18238	18518
所得税（收益）费用	2532	(1162)	6091
持续经营净利润	4184	19400	12427
终止经营业务净利润	—	779	20
净利润	4184	20179	12447
减：少数股东权益应占净利润	(240)	(315)	(309)
归属于AT&T的净利润	$3944	$19.864	$12138
归属于AT&T的持续经营业务基本每股收益	$0.66	$3.23	$2.06
归属于AT&T的终止经营业务基本每股收益	—	0.13	—
归属于AT&T的基本每股收益	$0.66	$3.36	$2.06
归属于AT&T的持续经营业务摊薄每股收益	$0.66	$3.22	$2.05
归属于AT&T的终止经营业务摊薄每股收益	—	0.13	—
归属于AT&T的摊薄每股收益	$0.66	$3.35	$2.05

3. 合并现金流量表

合并现金流量表

单位：百万美元

年份	2011	2010	2009
经营活动			12447
净利润	$4184	$20179	
将净利润调节为经营活动现金流量：			
折旧及摊销	18377	19379	19515
子公司股权投资未分配盈余	(623)	(603)	(419)
坏账准备	1136	1334	1762
递延所得税费用（收益）及非流动未确认税务收益	2937	(3280)	1885
资产减值及出售净收益	(89)	(802)	—
无形资产减值准备	2910	85	—
养老金及退休福利计划的精算损失	6280	2521	215
终止经营业务收益	—	(779)	(20)
经营资产和负债变动：			
应收账款	(1133)	(99)	(490)
其他流动资产	(428)	(187)	(617)
应付账款及应计负债	(383)	(1508)	943
退休福利拨款	(1000)	—	—
其他净额	2480	(1247)	(816)
调整总额	30464	14814	21958
经营活动产生的现金流量净额	34648	34993	34405
投资活动			
建设及资本支出：			
资本性支出	(20110)	(19530)	(16554)
资本化利息	(162)	(772)	(740)
现金收购净值	(2368)	(2906)	(983)
处置取得的现金流	1301	1830	287
销售（购买）证券净值	62	(100)	55
其他	27	29	52
投资活动产生的现金流量净额	(21250)	(21449)	(17883)
筹资活动			
三个月内短期借款变动净额	(1625)	1592	(3910)
发行长期债务	7936	2235	8161
偿还长期债务	(7574)	(9294)	(8652)
发行库存股	237	50	28
分配股利	(10172)	(9916)	(9670)
其他	(452)	(515)	(465)
筹资活动产生的现金流量净额	(11650)	(15848)	(14508)
现金及现金等价物的增加（减少）额	1748	(2304)	2014
年初现金及现金等价物	1437	3741	1727
年末现金及现金等价物余额	$3185	$1437	$3741

附件二：AT&T 大事记

AT&T 的前身是由电话发明人贝尔于 1877 年创建的美国贝尔电话公司。

1885 年 3 月 3 日，AT&T（美国电话电报公司）成立，最初是经营、扩展美国贝尔电话公司及其他小公司的长途业务。

1899 年 12 月 30 日，AT&T 收购了美国贝尔的业务和资产，成为贝尔系统（Bell System）的母公司。

1984 年 1 月 1 日，美国联邦法院颁布的《最终修正案》规定 AT&T 剥离资产，公司的本地电话业务被拆分出去，重新组建了 7 个子公司，分别是：大西洋贝尔、西南贝尔、西部贝尔、太平洋贝尔、南方贝尔、亚美达科和纽约公司。

1995 年 9 月 20 日，AT&T 宣布其分为三个公司：一个"新"的 AT&T（提供通信业务）、朗讯技术有限公司（提供通信系统和技术）和 NCR 公司（集中商务密集型计算机业务）。此次战略重组于 1996 年 12 月 31 日全部完成。

1998 年，AT&T 收购有线电视巨头 Tele-Communications 公司。

1999 年，AT&T 收购 Media One Group，成为全美最大的有线电视公司。

2000 年 10 月 25 日，AT&T 公布了今后两年内一分为四的改组计划。根据它所经营的业务，成立的 4 家新公司分别是 AT&T 商业服务公司、AT&T 消费者服务公司、AT&T 无线通信服务公司和经营有线电视业务及互联网接入服务的 AT&T 宽带公司。

2001 年 7 月，AT&T 将 1994 年创建的 AT&T 无线公司剥离出去，使它成为一家独立的公司。当时，AT&T 持有 AT&T 无线服务公司 9100 万股股票，约占 AT&T 无线服务公司股票总额的3.6%。

2002 年 11 月，AT&T 再次卖掉其电缆部门。

2002 年 11 月 18 日，AT&T 卖掉了公司最有希望的 AT&T 宽带。

2004 年，Cingular 以 410 亿美元收购 AT&T 无线，成为美国头号移动运营商。

2005 年，西南贝尔（SBC）合并了 AT&T 和原来 4 个小贝尔公司，重新命名为 AT&T；同年 Verizon 收购 MCI，美国重新出现通信业双巨头的局面。

2006 年 3 月 5 日，AT&T 与南方贝尔宣布合并计划，同年 12 月 30 日，美国联邦通信委员会（FCC）全票通过 AT&T 对南方贝尔的收购。

2007 年 1 月 8 日，AT&T 宣布对南方贝尔的收购正式完成，新 AT&T 成为全球第一大电信公司。

2007 年 5 月，AT&T 以 3 亿美元的价格向 Clearwire 公司出售教育宽带服务频谱和宽带无线服务频谱。出售频谱作为 AT&T 收购南方贝尔的一个批准条件。

2007 年 11 月，AT&T 斥资约 25 亿美元收购了多布森通信公司（Dobson Communications Corporation）。

2008 年，AT&T 合计出资 6.63 亿美元收购了 Easterbrooke Cellular Corporation、Windstream Wireless、Wayport Inc 以及 Edge Wireless 64%的股份，其中包括 4.49 亿美元的商誉。AT&T 收购这些公司旨在扩大其无线 Wi-Fi 覆盖面积。

2008 年 4 月，AT&T 将 Berry 公司的独立业务线分部出售给了 Local Insight Regatta Holdings 公司，这家公司是 Local Insight Yellow Pages 公司的母公司，售价为 2.3 亿美元。

2010 年 6 月，AT&T 出资 23.76 亿美元从 Verizon 收购了无线属性，包括 FCC 牌照和网络资产。这项资产原为前 Alltel 无线资产，曾跨越 18 个国家在 79 个服务领域向 160 万用户提供服务。

2010 年 8 月，AT&T 以约 14 亿美元的价格将

Sterling Commerce（Sterling）的附属公司出售给IBM。Sterling 提供业务应用程序和集成解决方案，在全球约有18000个客户。

2010年12月，AT&T 完成了对 Centennial 的收购。截至2010年12月31日，收购的 Centennial 的公允价值总计包括15.18亿美元的商誉、6.55亿美元的 FCC 牌照和4.49亿美元的客户名单和其他无形资产。

2010年12月，AT&T 同意出资约19.25亿美元从高通公司（Qualcomm）购买700MHz 以下频段的频谱牌照。该频谱在全国覆盖超过3亿人口，其中700MHz 以下的 D 和 E 块频谱的12MHz 在最大的15个大都市地区覆盖超过0.7亿人口，700MHz 以下的 D 块频谱的6MHz 在美国其他地区覆盖超过2.3亿人口。一旦 AT&T 开发兼容手机和网络设备，则 AT&T 计划使用载波聚合技术，部署该频谱作为下行容量的补充。该交易还有待监管部门的批准和其他成交惯例条件。在2011年2月，根据《哈特—斯科特—罗迪诺法案》（Hart-Scott-Rodino Act）的等待期满，司法部门未提出额外的信息要求，AT&T 和高通公司的交易将在2011年下半年交易完成。

2011年3月，AT&T 宣布斥资390亿美元收购 T-Mobile 美国，但收购失败。

2011年4月，墨西哥工业巨头 ALFA 宣布收购 AT&T 在墨西哥电信运营商 Alestra 中所持有的49%的股权，以实现对 Alestra 的完全控股，同年7月，ALFA 完成该收购。

2011年6月，AT&T 宣布斥资3.2亿美元收购肯沃基公司（Convergys）公司旗下位于俄亥俄州辛辛那提地区的两个无线业务单元，进一步扩展服务范围。同年7月，AT&T 完成该收购。

2011年12月，监管部门批准了 AT&T 对高通公司无线频谱的购买，AT&T 完成收购。

2012年4月，AT&T 宣布同意将其黄页业务，包括 AT&T 广告解决方案部门（AT&T Advertising Solutions）与 AT&T 互动部门（AT&T Interactive）以9.50亿美元的价格出售给博龙资产管理有限公司（Cerberus Capital Management，L.P.）的一个附属公司。被出售的两个部门将组成一家新公司——YP Holdings LLC，根据交易条款，AT&T 还将获得该公司47%的股权。同年5月，AT&T 完成此项出售。

洛厄尔·麦克亚当（Lowell C. McAdam）
Verizon 董事长兼首席执行官

洛厄尔·麦克亚当是 Verizon 电信公司的董事长兼首席执行官，负责 Verizon 所有业务单元和员工职能的运营。此外，他也是 Verizon 无线的董事长代表。

2011 年 8 月 1 日，洛厄尔·麦克亚当接替伊凡·塞德伯格，成为新任首席执行官，2012 年 1 月 1 日继任董事长。

自 2010 年 10 月至他担任现在的职位之前，麦克亚当作为公司总裁兼首席运营官，负责公司基于网络部分的业务（Verizon 无线及 Verizon 电信与商务）和 Verizon 服务业务的运营。同时麦克亚当还担任首席信息官，负责技术管理。

在此之前，自 Verizon 无线 2010 年成立以来，麦克亚当一直担任着公司的关键行政职务。凭借着全国最大、最可靠的无线语音和 3G 宽带数据网络，将 Verizon 无线打造成了全行业领先的无线提供商。2007 年至被任命为 Verizon 首席运营官期间，麦克亚当一直是 Verizon 无线的总裁兼首席执行官，而在此之前，他还担任过 Verizon 无线的执行副总裁和首席运营官。

早先，麦克亚当担任过 PrimeCo 个人通信公司（大西洋贝尔和沃达丰 AirTouch 控股的一家合资公司）的总裁兼首席执行官。他还担任过 PrimeCo 公司的首席运营官，负责监督公司新客户服务运营和全数字网络的部署。

麦克亚当还担任过 AirTouch 通信的国际业务的副总裁，是其在西班牙、葡萄牙、瑞典、意大利、韩国和日本的子公司的首席技术合作伙伴。1993 年，麦克亚当加入 AirTouch 董事会，担任国际申请和操作的执行董事。1983~1993 年期间，麦克亚当担任过太平洋贝尔的各种行政职务，包括旧金山湾区市场的区域副总裁和南湾客户服务总经理。

麦克亚当是 CITA 无线行业贸易协会的前任董事长，此外，他还是国家科学基金会的董事，商业领袖和教育工作者，协助高校在全国建立和运营技术服务学院，为学生的大学学业和就业做更好的准备。

麦克亚当获得了康奈尔大学的工程学士学位和圣地亚哥大学工商管理硕士学位。他在美国作为海军工程兵服役 6 年，并于 1979 年成为专业工程师。

标志"VZ"以图形的方式描绘了速度的两条线，还呼应了 Verizon 公司名称的起源：veritas 和 horizon，verita 是一个拉丁词，包含确定性和可靠性的意思；horizon 是地平线，标志着富有前瞻性和远见。

二 美国 Verizon 电信公司可持续发展报告

（一）公司简介

Verizon Communications（简称 Verizon）总部设在纽约，并在特拉华州注册成立，2000 年 6 月 30 日 Bell Atlantic 和 GTE 公司合并成立 Verizon。合并后，Verizon 一举成为美国最大的本地电话公司、最大的无线通信公司，全世界最大的印刷黄页和在线黄页信息提供商。2000 年 7 月 3 日，Verizon 在纽约证券交易所以标识"VZ"上市，2010 年 3 月 10 日，Verizon 以同样的符号在纳斯达克上市。选择"VZ"标志的原因是表示以图形的方式描绘了速度的两条线，还呼应了 Verizon 公司名称的起源：veritas 和 horizon，verita 是一个拉丁词，包含确定性和可靠性的意思；horizon 是地平线，标志着 Verizon 富有前瞻性和远见。2009 年 1 月 9 日，Verizon 无线收购了 Alltel，按客户总数计算，Verizon 无线一跃成为美国最大的无线服务供应商。Verizon 在美国、欧洲、亚洲、太平洋等全球 45 个国家经营电信及无线业务。

2011 年，Verizon 实现销售收入 1108.75 亿美元，获得净利润 101.98 亿美元。股东投资报酬率达 11.87%。2011 年末，Verizon 的股数为 28.33 亿股，实现每股收益 0.85 美元。Verizon 在 2011 年 12 月 31 日股票的收盘价为 40.12 美元，市盈率为 47.2。

（二）公司战略

2011 年，Verizon 在前一年良好业绩的基础上，要继续巩固在移动宽带、高速因特网和高级商务服务中有利的战略地位。这一年公司的挑战在于如何在持续创造股东利润的同时，抓住全球高科技机会，继续转变增长方式。

1. 全面建设 4G LTE，保持网络优势

2010 年 12 月，Verizon 成为首个启动 4G 的运营商，它仅用了一年时间就在全美 195 个市场中吸引了 2 亿用户，并计划在 2013 年完成在全美覆盖 4G 的任务。4G LTE 成为 Verizon 在 2011 年重点建设部分，Verizon 开设了两个新的创新中心（一个致力于设备创新，另一个关注于应用创新）来加快改革建设步伐。Verizon 相信 4G LTE 有极大的发展潜力，能够极大地提高人们的数字生活水平。

2. 继续建设 FiOS

2011 年，Verizon 将继续以"影音和宽带"为主体改善客户有线商务。Verizon 的光纤 FiOS 网络已经覆盖了 1650 户家庭（大约是 Verizon 有线服务领域的 60%），向其提供高质量的平台来接收宽带服务、流式视频和其他高带宽服务。FiOS 业务带来的收入占到了客户有线收入的 60%，大大弥补了传统服务带来的损失。Verizon 继续大力发展 FiOS，以提高用户渗透率和网络利用率作为经营重点，继续与知名企业合作，丰富业务内容，不断改进用户体验，提高 FiOS 业务的黏性和吸引力。

3. 开展云服务

高速的全球因特骨干网，广泛的数据中心网络和全球接点为 Verizon 奠定了良好的基础，使其

足以向跨国公司提供高级服务和行业综合解决方案。2011年，Verizon企业战略服务收入增长了15%，这部分收入相当于公司大型商业收入的50%。许多专家都把目光投向了"云服务"，将其看作全球商务的下一个大型计算平台。2011年，Verizon收购了Terremark和CloudSwitch两家公司，其技术将大大增强Verizon作为云服务提供商的价值，使它向成为领先的云服务公司迈出了重要的一步。Verizon非常看好云服务的发展前景，因此也在大力推进云服务的发展。

（三）公司治理

Verizon公司治理的原则是建立在核心价值观"正直"和"尊重"之上的。董事会对管理层和雇员进行监督，以确保他们的行为符合股东的长期最佳利益。Verizon拥有一个强有力的、积极的和独立的董事会，董事会成员运用专业的知识和经验来执行监督，应对管理挑战。

Verizon恪守公司治理准则，且并不局限于董事会内部。我们通过对全球雇员采用严格而全面的商业行为守则来支持Verizon最高标准的商业行为。Verizon培训雇员，要求雇员明确他们遵守行为守则标准的责任。Verizon运行一个保密的伦理800代码，员工可以随时提出问题、要求澄清或者报告违反守则的不当行为。Verizon也为供应商设立了行为标准，以确保供应商能够满足Verizon的期望。

简而言之，Verizon的目标是以最高水平的诚信、责任和问责制经营，并巩固多年来已赢得的信任。

1. 股权结构

截止到2011年12月31日，Verizon发行普通股29.68亿股，流通股股数为28.33亿股，流通股占绝对比重，机构持股占53.45%。第一大股东为先锋集团，持股1.20亿；第二大股东为资本世界投资者，持股1.18亿；第三大股东为道富银行，持股1.14亿。Verizon股权结构如图2-2-1所示：

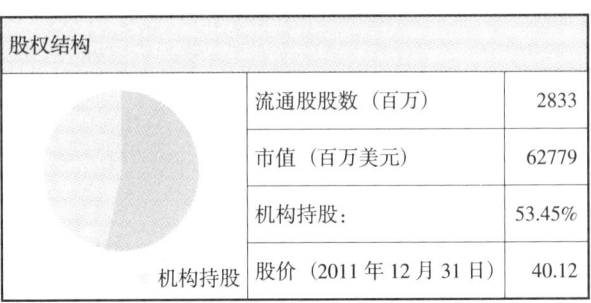

图2-2-1 Verizon股权结构

2. 董事会的职责

在董事会的领导下，管理层负责公司的经营和管理。董事会及各个委员会有权介入管理。必要时，董事会及委员会可以获取独立顾问。

（1）发展战略规划和管理。董事会每年至少召开一次战略规划和管理会议。董事会每年都应该审查战略规划和管理的发展。审查过程考虑的因素包括组织的需要、有竞争力的挑战、关键管理人员的潜力、未来发展的规划和紧急情况。

（2）行政会议。独立董事每年应至少召开两次会议。董事会非雇员董事每年应至少召开三次会议。所有董事都有权召开会议或非雇员独立董事行政会议。董事会应至少在一次行政会议上评估董事会的进程和效果（新董事的方向和继续教育机会），并考虑董事会要求的其他事项。在独立董事会议上，董事会会收到人力资源委员会关于首席执行官绩效和报酬的报告。

（3）首席董事。在年度股东大会上或之前，董事会独立成员应选举一名独立董事担任首席董事直到下次的股东年会或其继任者当选。首席董事充当董事长的联络员，并与其他董事进行协商。必要时，所有的董事都有权直接与董事长对话。首席董事主持董事会的所有行政会议和董事长不出席的其他董事会会议。首席董事可以自行考虑召开董事会会议，或应其他董事要求召开会议。首席董事应与董事长协商，以审查和批准董事会会议的时间表、议程和需要递交董事会的材料。董事有权向首席董事和董事长提供有关董事会会议的时间表、议程和递交材料的建议。任何股东或利益相关者可以与首席董事直接沟通。

（4）委员会。董事会下设三个常设委员会：审计委员会、企业治理和政策委员会、人力资源委员会。这三个委员会保持法律法规要求的独立性。每个委员会的职责都经过董事会的批准并在公司网站上公告，然后载入公司章程。委员会主席批准会议议程和材料，并将会议活动和讨论内容及时向董事会报告。每个委员会每年至少召开一次会议，并按照章程评估其进程和效果。

3. 成员资格

公司治理和政策委员会每年审查和推荐委员会成员和主席，并由董事会批准。委员会定期轮换委员会成员和主席。

董事应该参加董事会及其所服务的委员会的所有会议。在会议召开前，董事会会提供给董事一份建议进行的议程，给董事评论或更改议程的机会。参选董事将参加年度股东大会。

4. 董事会构成及董事资格

董事会定期评估公司的需要来确定董事会的适当规模。董事会的绝大部分成员应该是独立董事，其中现在或曾经在 Verizon 就职的董事不应超过 2 名。

（1）董事资格。有道德；有判断能力和胜任能力；具有处理大型复杂组织中复杂问题的专业技术和经验以及董事会相关的背景和经验以满足公司的需要；具有独立行动的能力，能够代表全体股东的利益；愿意并能够投入足够的时间来履行其对 Verizon 及股东的职责；在考虑董事会的构成的适当性时，公司治理及政策委员会还会考虑公司目前的需要及存在多样性等其他因素。

（2）查明和审议候选人。公司治理及政策委员会负责考察由委员会成员、其他董事、管理层和股东推举的候选人。委员会负责候选人的重新选举，确保候选人同意参加重新选举并且在每年提名前不会辞职。所有的候选人都以同样的方式进行评估。评估结束以后，委员会应提交其建议以供董事会进行审议和批准。在提交建议时，委员会还应报告在考虑范围内但未被选上的候选人的情况。Verizon 为董事会新成员举行迎新活动，以使其了解公司业务、财务状况、战略、道德责任、关键问题及其他相关问题。

（3）独立性。如果董事会认为一个董事在纽约证券交易所和纳斯达克股票市场上市标准的公司治理下是独立的，则该董事就是独立董事。Verizon 的高级管理人员不能作为公司新董事的提名。

5. 关联方交易政策

每年每位董事及管理人需提交其直系亲属的名字和就职单位以及其他相关人员就职的公司名称。董事及管理人员应及时上报上述信息的变更。每位董事、管理人员应了解自己及直系亲属、相关人员所在公司正在或将要参与的交易。董事、管理人员应及时持续地将有关其直系亲属和相关人员所在公司的交易变更向委员会上报。管理层还应提交交易和其他补充信息给公司治理及政策委员会以供其审查。公司治理及政策委员会审查确定是否为关联方交易。在必要和适当的情况下，委员会将对关联方交易采取措施，如批准与否、取消或给予管理建议。只有委员会成员才能参与这些决定。在公司治理委员会不能召开会议的情况下，委员会主席有权做出上述决定并以书面报告形式通知委员会其他成员。委员会应将关联方交易上报董事会。

6. 任职于其他董事会

上市公司的管理人员不得在三个以上的上市公司董事会任职，包括其所在公司的董事会。其他董事不得在六个以上的上市公司董事会任职。为了避免破坏与其他董事会的现有关系，董事将维持目前的职务，即使任职数量超过了限额，除非董事会认为允许维持目前的职务将损害董事向 Verizon 董事会服务的能力。

（四）市场概览

Verizon 共有两个报告分部：国内无线和有线。每个分部即战略业务单位基于不同的技术平台提供不同的产品和服务。2011 年，公司各分部营业收入构成，如图 2-2-2 所示。

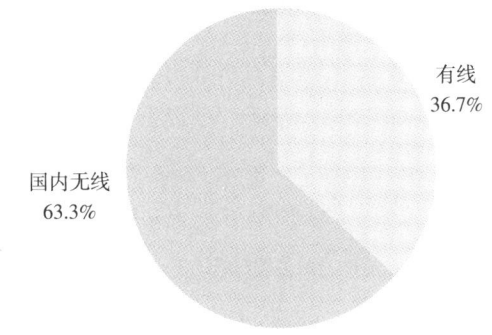

图 2-2-2　2011 年 Verizon 各分部营业收入构成

1. 国内无线业务分部

Verizon 的国内无线业务提供全美无线语音和数据服务、其他增值服务和设备销售，相比其他美国无线提供商，Verizon 拥有全美最大的 3G 和 4G LET 网络。该分部主要由 Verizon 与沃达丰的合资企业 Verizon 无线来运营。Verizon 拥有合资企业 55%的权益，沃达丰拥有余下的 45%的权益。

表 2-2-1　无线业务分部营业收入及运营统计

营业收入及选定的营业统计数据　　　　　　　　　　　　单位：百万美元，除 ARPU 外
增加/（减少）

年份	2011	2010	2009	2011 vs. 2010		2010 vs. 2009	
零售业务	$56660	$53308	$50760	$3352	6.3%	$2548	5.0%
其他业务	2497	2321	1236	176	7.6	1035	80.5
服务收入	59157	55629	52046	3528	6.3	3583	6.9
设备及其他	10997	7778	8279	3219	41.4	(501)	(6.1)
营业收入合计	$70154	$63407	$60325	$6747	10.6	$3082	5.1
连接数（000）：							
总连接数	107798	102246	96495	5552	5.4	5751	6.0
零售客户数	92167	87535	85445	4632	5.3	2090	2.4
预付费至零售客户数	87382	83125	80495	4257	5.1	2630	3.3
净增加数（000）：							
总连接数	5419	5517	4935	(98)	(1.8)	582	11.8
零售客户数	4624	1977	4369	2647	133.9	(2392)	(54.7)
预付费型零售客户数	4252	2529	3987	1723	68.1	1.458	(36.6)
流失率：							
零售客户数	1.26%	1.38%	1.41%				
预付费型零售客户数	0.95%	1.02%	1.07%				
ARPU：							
零售业务	$52.69	$51.51	$50.85	$1.18	2.3	$0.66	1.3
预付费型零售业务	54.34	53.14	52.29	1.20	2.3	0.85	1.6
预付费型零售数据	21.70	18.78	15.75	2.92	15.5	3.03	19.2

表 2-2-2 无线业务分部营业费用

营业费用

单位：百万美元
增加/(减少)

年份	2011	2010	2009	2011 vs. 2010		2010 vs. 2009	
服务和销售成本	$24086	$19245	$19348	$4841	25.2%	$ (103)	(0.5)%
营销、一般及管理费用	19579	18082	17309	1497	8.3	773	4.5
折旧及摊销	7962	7356	7030	606	8.2	326	4.6
营业费用合计	$51627	$44683	$43687	$6944	15.5	$996	2.3

表 2-2-3 无线业务分部营业利润及 EBITDA

分部营业利润及 EBITDA

单位：百万美元
增加/(减少)

年份	2011	2010	2009	2011 vs. 2010		2010 vs. 2009	
分部营业利润	$18527	$18724	$16638	$ (197)	(1.1)%	$2086	12.5%
加：折旧及摊销	7962	7356	7030	606	8.2	326	4.6
分部 EBITDA	$26489	$26080	23668	$409	1.6	$2412	10.2
分部营业收入利润率	26.4%	29.5%	27.6%				
分部 EBITDA 占服务收入比	44.8%	46.9%	45.5%				

2. 有线业务分部

有线业务分部向客户提供通信产品和服务，包括语音、宽带视频和数据、网络接入、长途和其他服务。这部分客户包括住宅小区、小型客户和运营商。同时也提供面向全球大中型企业和政府客户的下一代IP网络服务和通信解决方案。

表 2-2-4 有线业务分部营业收入及运营统计

营业收入及选定的营业统计数据

单位：百万美元
增加/(减少)

年份	2011	2010	2009	2011 vs. 2010		2010 vs. 2009	
客户零售	$13606	$13419	$13202	$187	1.4%	$217	1.6%
小型商务	2731	2837	2913	(106)	(3.7)	(76)	(2.6)
大众市场	16337	16256	16115	81	0.5	141	0.9
战略服务	7607	6602	6195	1005	15.2	407	6.6
其他	8015	8714	9094	(699)	(8.0)	(380)	(4.2)
全球企业	15622	15316	15289	306	2.0	27	0.2
全球批发	7973	8746	9533	(773)	(8.8)	(787)	(8.3)
其他	750	909	1514	(159)	(17.5)	(605)	(40.0)
营业收入合计	$40682	$41227	$42451	$ (545)	(1.3)	$ (1224)	(2.9)
连接数（000）							
语音连接总数	24137	26001	28323	(1864)	(7.2)	(2322)	(8.2)
宽带连接总数	8670	8392	8160	278	3.3	232	2.8
FiOS 互联网用户	4817	4082	3286	735	18.0	796	24.2
FiOS 视频用户	4173	3472	2750	701	20.2	722	26.3

表 2-2-5 有线业务分部营业费用

营业费用　　　　　　　　　　　　　　　　　　　　　　　　　　　　　　　　　　　　　单位：百万美元
　　增加/(减少)

年份	2011	2010	2009	2011 vs. 2010		2010 vs. 2009	
服务和营销成本	$22158	$22618	$22693	$ (460)	(2.0)%	$ (75)	(0.3)%
营销、一般及管理费用	9107	9372	9947	(265)	(2.8)	(575)	(5.8)
折旧及摊销	8458	8469	8238	(11)	(0.1)	231	2.8
营业费用合计	$39723	$40459	$40878	$ (736)	(1.8)	$ (419)	(1.0)

表 2-2-6 有线业务分部营业利润及 EBITDA

分部营业利润及 EBITDA　　　　　　　　　　　　　　　　　　　　　　　　　　　　　　单位：百万美元
　　增加/(减少)

年份	2011	2010	2009	2011 vs. 2010		2010 vs. 2009	
分部营业利润	$959	$768	$1573	$191	24.9%	$ (805)	(51.2)%
加：折旧及摊销	8458	8469	8238	(11)	(0.1)	231	2.8
分部 EBITDA	$9417	$9237	$9811	$180	1.9	$ (574)	(5.9)
分部营业收入利润率	2.4%	1.9%	3.7%				
分部 EBITDA 占收比	23.1%	22.4%	23.1%				

（五）业务概览

Verizon 是在通信、信息和娱乐方面进行创新的全球领导者。Verizon 通过智能无线、宽带和全球 IP 网络向客户提供语音、数据和视频服务，以满足客户对开放性、速度、流动性、安全性和可控性需求的不断增长。

Verizon 的无线业务提供了富有创新且价格具有竞争力的语音和数据产品，并致力于提高客户满意度。Verizon 建设了全美最大、最可靠的 3G 网络，使用户能够快速安全地浏览网页、下载应用程序、发送电子邮件、图片和视频信息。此外，Verizon 正在建设美国最快的 4G 网络，以提供更快的速度和提高带宽密集型无线设备和服务的能力，以满足未来几年客户的需求。Verizon 还经营先进的宽带骨干网络，并且拥有能够直接向客户家中提供 100 兆容量的光纤技术。Verizon 可以直接向客户家中提供光纤连接，光纤连接提供了快速可靠的宽带连接、高品质的高清视频以及不断增长地将互联网推进到电视屏幕的互动服务。对于世界各地的企业和政府客户而言，Verizon 是世界上拥有最多 IP 连接网络的、全球领先的能够提供全球 IT、安全和通信解决方案的 IT 供应商之一。Verizon 向全球诸多大型机构提供各种战略解决方案、服务和专业知识，其中包括 96% 的财富 1000 强的企业和政府。Verizon 拥有并运营的基础设施包括连接 6 大洲 150 多个国家的骨干网络近 50 万英里的光纤。

表 2-2-7 Verizon 公司分部业务描述

报告分部	业务描述
国内无线	国内无线通信产品和服务，包括全美无线语音、数据服务和设备销售
有线	有线通信产品和服务，包括语音、互联网接入、宽带视频和数据、互联网网络服务协议、网络接入、长途电话和其他服务。Verizon 为美国的消费者以及全球其他超过 150 个国家的运营商、企业和政府客户提供这些产品和服务。

（六）经营和财务绩效

表 2-2-8　美国 Verizon 电信 2009~2011 年度经营与财务业绩比较一览表

单位：百万美元

年份	美国 Verizon 电信（Verizon）		
	2011	2010	2009
收入	110875	106565	107808
总资产	230461	220005	227251
EBITDA	35330	34376	32389
EBITDA 率	31.86%	32.26%	30.04%
净利润	10198	10217	10358
净利润率	9.20%	9.59%	9.61%
总资产报酬率（ROA）	4.43%	4.64%	4.56%
净资产报酬率（ROE）	11.87%	11.76%	12.28%
资本性支出（CAPEX）	16244	16458	17047
CAPEX 占收比	14.65%	15.44%	15.65%
经营活动净现金流	29780	33363	31565
每股经营活动净现金流	10.51	11.79	11.11
自由现金流（FCF）	13536	16905	14518
自由现金流占收比	12.21%	15.86%	13.47%
销售现金比率	26.86%	31.31%	29.28%
资产现金回收率	12.92%	15.16%	13.89%
EVA	−7747	−7200	−7529
EVA 率	−3.86%	−3.73%	−3.72%
每股盈利（EPS）	0.85	0.90	1.29
每股股利（DPS）	1.98	1.93	1.87
股利支付率	232.35%	213.89%	144.96%
主营业务收入增长率	4.04%	−1.15%	10.74%
总资产增长率	4.75%	−3.19%	12.30%
净利润增长率	−0.19%	−1.36%	61.14%
经营活动现金流增长率	−10.74%	5.70%	18.58%
每股盈余增长率	−0.56%	−30.23%	−42.92%
资产负债率	62.72%	60.50%	62.87%
流动比率	100.58%	73.04%	77.59%
利息保障倍数	4.71	4.64	3.87
总资产周转率	0.48	0.48	0.47
固定资产周转率	1.30	1.28	1.22
坏账发生率	6.38%	6.92%	7.20%
折旧与摊销	16496	16405	16532
股息	5555	5412	5271
内部融资额	21139	21210	21621
折旧摊销率	14.88%	15.39%	15.33%
付现成本率	73.51%	70.86%	71.65%
营销、一般及管理费用率	32.13%	29.43%	30.56%

（七）内控与风险管理

1. 市场风险

Verizon 在经营过程中会遇到各种市场风险，包括利率变化、汇率波动、投资、股票及商品价格变化以及所得税率变化的影响。Verizon 的风险管理策略包括各种衍生工具，包括交叉货币掉期、提前或滞后付款、利率和商品掉期协议及利率锁定。Verizon 持有衍生工具的目的并不是为了进行交易。

Verizon 控制市场风险的目标包括维持固定和浮动利率的混合利率在一个合理的风险参数范围内，以降低借款的资本成本和防止企业盈利和现金的流动性随市场环境的变化而出现波动。Verizon 不能完全对冲掉市场风险敞口，消除利率和汇率变化对企业盈利的影响。Verizon 预期这些风险管理策略可以保证企业的盈利、流动性和现金流不会受到重大的影响。

（1）利率风险。Verizon 的利率风险主要来源于采用浮动利率的短期负债和部分长期负债。2011 年 12 月 31 日，Verizon 总债务中超过 3/4 的本金是定息负债，包括利率掉期协议的对冲效果。浮动利率变化 100 个基点将导致每年利息费用包括将近 1 亿的利率互换协议的变化。Verizon 现有长期负债的利率不受 Verizon 债务评级变化的影响。Verizon 国内利率掉期是通过固定利率和浮动利率的有效组合，主要是收取固定利率和支付基于伦敦银行同业拆借的浮动利率。这些掉期用来对冲债务组合公允价值的变动。Verizon 将利率掉期的公允价值作为资产或负债记录在合并资产负债表中。利率掉期公允价值的变动记为利息费用，抵消了由于利率变化导致的债务公允价值的变动。2011 年 12 月 31 日和 2010 年 12 月 31 日，这些合同的公允价值分别为 6 亿美元和 3 亿美元，主要记录在其他资产和长期负债中。2011 年 12 月 31 日，这些利率掉期的名义价值为 70 亿美元。

（2）外币折算风险。Verizon 海外业务的功能货币主要是当地货币。将国外运营的利润表和资产负债表折算成美元记为累计折算调整额，将记录在合并资产负债表的其他累计综合亏损中。外币交易的损益记录在合并利润表的其他收入（支出）净额里。2011 年 12 月 31 日，Verizon 的主要外币折算风险是英镑、欧元和澳大利亚元。Verizon 采用交叉货币掉期作为现金流对冲工具，将 24 亿美元的英镑和欧元计价的负债汇兑成美元，固定了未来以美元支付的利息和本金，减小了外币折算损益的影响。在 2011 年 12 月，Verizon 为 7.625% Verizon 无线的 7 亿到期负债偿还了 9 亿美元，相关交叉货币掉期的解决对 Verizon 的财务报表没有实质性的影响。其他资产中进行交叉货币掉期的资产在 2011 年 12 月 31 日和 2010 年 12 月 31 日的公允价值分别都是 1 亿美元。在 2011 年期间，其他综合收益中认定的税前损失并不重大，2010 年发生 2 亿美元的外币折算损失，2009 年 3 亿美元的外币折算收益均被记录在其他综合收益里，部分被重新记录到其他收入（费用），其净额抵消了潜在债务的税前外币折算收益。

2. 风险因素

Verizon 公司面临的风险影响因素主要包括：①美国和国际经济不利条件的影响；②市场竞争的影响；③劳工问题上的重大不利变化，包括劳资谈判及由此产生的对财务和经营的影响；④现有技术的重大变化；⑤关键供应商产品和服务供应的中断；⑥福利计价成本的显著增加和计划资产的投资回报率降低；⑦自然灾害、恐怖袭击、网络或信息技术安全的破坏、现有或未来诉讼，以及其他没有投保产生的财务影响；⑧技术替代；

⑨国家认可的评级机构给企业债券利率带来的不利变化，或者信贷市场上影响成本的不利条件，包括利率和融资条件；⑩企业运营的监管环境的变化，包括网络运营限制的增加；⑪宽带技术部署的时间、范围和财务影响；⑫监管机构，包括证券交易委员会，要求的会计假设的变化，或者会计准则和应用程序的变化，可能对盈利结果产生影响；⑬Verizon进行收购和资产处置的能力；

⑭业务战略没有实现。

（八）人力资源发展

1. 人力资源结构

截至2011年12月31日，Verizon的员工人数约为193900名，其中女性员工的比重为38.1%，男性员工的比重为61.9%，如表2-2-9所示。

表2-2-9　2011年Verizon雇员概况

2011年员工概况	总劳动人口（2011）		总劳动人口（2010）		2010年美国劳动力总数
种族群体					
美洲印第安人/阿拉斯加原住民	947	0.5%	1280	0.7%	0.7%
亚洲人	9335	5.2%	8596	4.7	6.6%
本地夏威夷夷/太平洋岛民	613	0.3%	549	0.3%	0.2%
黑人/非洲裔美国人	35763	19.8%	36032	19.7%	10.8%
西班牙人/拉丁人	18926	10.5%	19388	10.6%	14.2%
两个及以上种族	3000	1.7%	2743	1.5%	1.9%
白人	112418	62.1%	114314	62.5%	65.7%
美国人总数	181002		182902		100.0%
国际总人数	12898		11498		
全球总人数	193900		194400		
按性别（美国）					
女性	70862	39.1%	73344	40.1%	47.3%
男性	110140	60.9%	109558	59.9%	52.7%
美国人总数	181002		182902		
按性别（国际）					
女性	3019	23.4%	2599	22.6%	
男性	9879	76.6%	8899	77.4%	
国际总人数	12898		11498		
按性别（全球）					
女性	73904	38.1%	75943	39.1%	
男性	119996	61.9%	118457	60.9%	
全球总人数	193900		194400		

2. 职业发展

Verizon正致力于发展一项与公司全球有线和无线网络一样具有意义的事业。Verizon为员工提供他们所必需的培训和发展，以帮助他们适应这个迅速发展的科技时代。培训项目中最突出的一项就是要重点培训员工如何平衡长期职业发展与短期的任务和责任。

（1）VZ学习计划：更聪明的工作、提供创新的顾客解决方案和驱动业务是Verizon需要在全球市场中竞争的因素，因此Verizon在员工培训和学习管理系统方面投资甚多。

2011年，Verizon在员工培训中投资了将近3亿美元，以各种方式提供了13000多种科目的培训课程，员工可通过在线、课堂或其他方式接受培训。2011年，Verizon的雇员总共完成了870万小时的培训——相当于每个员工完成了44个小时，如图2-2-3所示。仅在3年内，Verizon的雇员就完成了3000多万小时的培训。

图2-2-3　2009~2011年员工平均培训时长

（2）助学金计划：Verizon的助学金计划向员工提供资金，帮助他们提高在工作相关领域的原有技能水平或学习新技能。在2011年，全公司27000多个雇员参加了这个项目，公司每年提供高达8000美元的助学金，学费支出约1.27亿美元，如表2-2-10所示。

表2-2-10　2009~2011年Verizon助学金计划

Verizon助学金计划		
年份	参与人数	支出
2009	31985	$107百万
2010	31741	$114百万
2011	27232	$127百万

3. 薪酬福利

Verizon对雇员实行竞争工资制，Verizon利用各种计划和手段来积极调整薪资以满足不同个人和家庭的需求，当然也包括正在服役的雇员。

（1）薪资报酬：基于Verizon绩效机制的企业文化，公司采取竞争性的薪资和福利。此外，Verizon的年度激励奖金是基于个人和公司业绩的。Verizon的储蓄计划（401k）允许员工为未来储蓄，公司会在年底将员工薪酬的6%算在储蓄计划中，当然，这也是基于公司业绩的。

（2）健康福利：2011年，将近800000个员工、退休人员和他们的家属获得了35.5亿美元的健康保健福利。为了帮助员工保持健康，Verizon提供实用性的健康教育，以及免费的预防和早期检查。Verizon在全国范围内提供45个现场的健康保健中心，如果员工所在地没有保健中心，那公司将为员工提供健身中心的会员折扣。

（3）家庭：员工可以根据工作需要选择弹性工作时间或者远程办公；综合员工援助计划为员工提供儿童成长服务、老年关怀服务、收养援助、社会关怀和其他家庭服务；对新父母，我们实行逐步返岗计划，对于收养孩子的员工，我们提供每个孩子1万美元的报销额度；Verizon的员工折扣计划为员工提供汽车、电子产品、金融服务、保健和其他服务的折扣。

（4）对退役军人的支持：Verizon雇用了将近12000个退役军人，其中在2011年就招聘了541人。Verizon为退役和现役军人的员工支付三年不同的工资，为其家属支付不间断的健康福利，现役军人可以选择离其配偶较近的工作地点；Verizon为军人的退役纠纷提供法律支持。

4. 多样性

Verizon提倡多样性和个性发展，认为不同背景和经验的员工可以使公司变得更富有创造性，帮助公司迎合日益多样的客户需求。Verizon向所有员工提供平等的机会，无关种族、肤色、宗教、性别、性取向、年龄、国籍、残疾与否、军籍、婚姻状况、国民身份或者其他受法律保护的类别。Verizon设立了10个员工资源组织，这些组织通过指导、研讨会等方式为员工提供职业发展和个人成长机会。

5. 员工安全

Verizon 对国内和全球分公司的设备进行内部和外部审计，以确保遵守国际和国家规定，提高工作场所安全。2011 年，Verizon 的职业安全和健康管理记录率比上年下降了大约 20%，无效工作日下降了大约 14%。Verizon 的这两个指标远低于劳工统计局的标准。

图 2-2-4　2009~2011 年工伤及患病率

图 2-2-5　2009~2011 年无效工作日率

（九）企业社会责任

2011 年，Verizon 实行"共享成功"（Shared Success）战略来履行企业社会责任，希望为股东创造长期价值的同时为社会留下一个积极长久的影响。

1. 共享方案（Shared Solutions）

Verizon 用科技来改变教育、能源管理和医疗保健，以达到造福社会、创造新商业机会的目的。

（1）教育。Verizon 通过宽带生态学习系统来促进学生参与和广泛使用数字经济工具；将智能技术方案交到学生、老师和家长的手中，改变教育方式，比如用平板电脑连接 4G 网络来帮助学生学习、备考；利用慈善来测试科技的创新应用，用科技将教育带到真正需要的人身边去，如 VGo 机器人帮助残障儿童在家里学习。

2011 年，Thinkfinity 学习网站及其合作网站访问量超过 3100 万次，在线教育社区的成员超过 40000 个。在过去的 10 年里，Verizon 为教师和学生开发了超过 1 万个在线资源；培训了超过 12 万个教育工作者的集成技术和数字内容的应用；在教育中投资 2.77 亿美元。

（2）能源管理。从家电、汽车到输电线和发电机，通信科技让这些设备的能源生态系统变得更加智能。用智能系统管理能源能够极大地节约资源。

（3）医疗保健。通过 4G LET 网络视频功能，用智能手机在线与医生交流；消除农村医疗障碍，Verizon 在医患咨询、移动和远程医疗计划中的投资超过 300 万；家庭暴力防治，2011 年 Verizon 投资 1000 万美元进行防治家庭暴力，并帮助了 2500 多个学生参加生活训练营。

2. 共享服务/慈善（Shared Service/Philanthropy）

（1）慈善。2011 年 Verizon 通过 Verizon 慈善基金会共捐赠了大约 6600 万美元，具体如表 2-2-11 所示。Verizon 的员工参加志愿活动的时长超过 670000 小时。在过去的 10 年里，基金会共向社会捐献将近 1.65 亿美元，员工志愿工作时长超过 620 万小时。

表 2-2-11　2011 年 Verizon 基金会慈善投资

2011 年 Verizon 基金会慈善投资 （百万美元）	
教育和识字	$26
志愿服务（包括配套礼品）	$17
公民和社区支持	$9
家庭暴力预防	$10
医疗保健及辅助功能	$3
互联网安全	$1
慈善投资总额	$66M

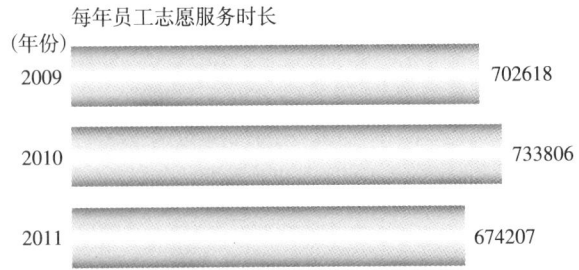

图 2-2-6　2009~2011 年 Verizon 员工志愿服务时长

（2）志愿活动。2011 年，员工在 7000 多个社区组织中志愿服务时长为 674207 小时，如图 2-2-6 所示。我们的志愿者激励计划，员工向正规非营利组织每年提供 50 小时的服务将可获得 750 美元的补助。在过去的 10 年内，员工志愿累计时长超过 6200 万小时。超过 45000 个非盈利社区获得 Verizon 员工的支持，我们有 108000 个志愿者，志愿者通过基金会向非盈利组织捐赠了 1.65 亿元。

（3）公益广告。2011 年，Verizon 通过 Verizon 光纤电视、Verizon 无线和 Verizon 光纤网络共捐赠了价值 200 万美元的媒体时长，以支持 10 个国家公益广告活动。

3．共享持续发展（Shared Sustainability）

（1）节能减排。Verizon 从 2001 年起就一直关注机器能耗和效率，并计算和报告了每百万收入中排放的温室气体或二氧化碳的比例。2011 年的碳效率比 2009 年提高了 30%；Verizon 采用各种智能建设方案以节省资源；在各地的办事处鼓励双面黑白打印，开展墨盒回收计划；投放了 2500 多辆燃料替代汽车，这些方案都是为了保护环境和节约能源。

表 2-2-12　2009~2011 年 Verizon 的能源效率结果

Verizon 能源效率结果				
	2009 年	2010 年	2011 年	变动%
TB 吞吐量	67.87 百万	78.65 百万	88.59 百万	12.64%
电力（千瓦时）	10.27 十亿	10.24 十亿	10.00 十亿	(2.34%)
CO_2（吨）	6.20 百万	6.06 百万	5.64 百万	(6.93%)
千瓦时/TB	151.71	130.27	112.84	(13.38%)
CO_2/TB （月平均）	0.09158	0.07716	0.06369	(17.45%)

表 2-2-13　2010~2011 年替代燃料概况

替代车辆概况			
车辆类型	2010 年在用数	2011 年增加数	总在用数量
生物燃料车	370	360	730
压缩天然气航空器	10	0	10
压缩天然气货车	503	1	504
电动轿车	0	5	5
电动货车	0	5	5
混合航空接片机	8	0	8

续表

替代车辆概况			
车辆类型	2010 年在用数	2011 年增加数	总在用数量
混合皮卡车	604	278	882
混合货车	12	1	13
混合航空	6	2	8
混合轿车	377	15	392
智能道路拖拉机	12	0	12
绿色车辆总数	1902	667	2569

（2）Hopeline 工程。连续 5 年，通过 Hopeline 手机回收和再利用计划，Verizon 回收了 100 多万部废弃的无线手机，并且不再将这些手机填埋而是将其转变为对家庭暴力幸存者的支持，如表 2-2-14 所示。在 2011 年底，全国共有 29000 部 Hopeline 手机提供服务，比 2010 年增长了 14.3%。手机包括 8710 万分钟的免费无线服务，足够保持连续 165 年通话不中断。Verizon 还为全国近 450 个家庭暴力预防和宣传工程捐助了超过 420 万美元的现金补助。

表 2-2-14　2009~2011 年 Verizon Hopeline 计划

	Hopeline 指标		
年份	2009 年	2010 年	2011 年
手机回收	1100000	1102000	1043000
手机翻新	927000	955000	930000
手机再利用	173000	147000	113000
向避难所捐赠的手机	23000	25000	29000
Hopeline 捐赠的现金	$1587000	$2179000	$4206000

（3）回收工程。Verizon 回收废弃的通讯设备、手机电池及配件和纸张纸板等，以防止污染，保护环境，具体如图 2-2-7 至图 2-2-9 所示。

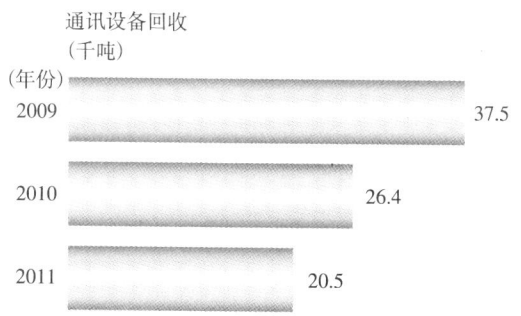

图 2-2-7　2009~2011 年电信设备回收状况

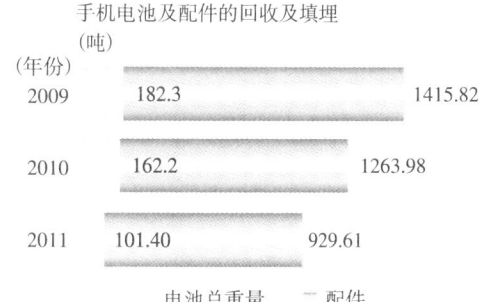

图 2-2-8　2009~2011 年手机电池及配件回收及填埋状况

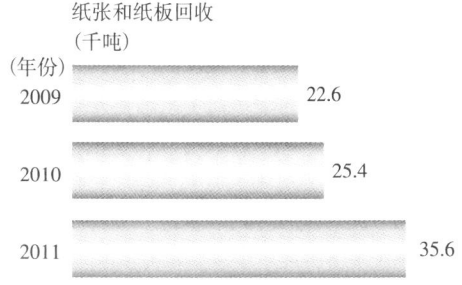

图 2-2-9　2009~2011 年纸张和纸板回收状况

（十）前景展望

2011年Verizon出色的业绩为公司的发展壮大奠定了良好的基础。在2012年及以后，Verizon将依靠其无线宽带、光纤服务和全球因特网主干网络的融合，使公司提供的服务可以传输到任何设备上。这就为顾客提供了一个管理电子生活的新方式、转变商务运作模式，为社会的迫切需求提供创新的解决方案。

Verizon向全球性方案公司转型战略的最后一步已经开始了。2013年中期，Verizon将在全国范围内完成对4G LTE的建设，并且计划购买更多的无线频谱来增强网络的可靠性和承载能力，以进一步巩固其LET的现有领导地位。Verizon无线与美国四家主要的有线电视公司达成了协议，在全美提供"四网融合"（即无线、视频、语音、互联网）服务。根据协议，Verizon无线需要在产品创新上多加努力，这也是Verizon如今在4G领域正在做的，可以让任何设备都可以通过LET、FiOS或有线电视网来接收服务，Verizon正致力于将客户复杂的数字需求整合在一起。

同时，Verizon希望成为大型企业、政府和所有顾客的战略合作伙伴并正在为此努力。Verizon将有线网、移动网和云计算能力结合在一起，建立了一个新的企业解决方案市场和销售组织。自2006年收购了MCI起，Verizon为市场斥巨资打造了先进通讯所必需的基础设施、云服务、安全移动平台，Verizon相信世界上再没有任何一家公司能在利用信息解决公司的问题的方面胜过自己。Verizon已经准备好向更高处进发，争取成为全球市场中的主要方案供应商。

为了使公司更加精简高效，Verizon将整合组织，避免其官僚化，使产品和工序流程化并努力提高客户服务，同时Verizon采用"6σ"的方法进行全面质量管理，以提高产品质量和客户满意度。

在看到科技改变商务和社会的同时，Verizon同时也看到了一个可以利用自身独特的网络平台去改变世界的机会。Verizon在追求新的商业机会的同时，也专注于慈善事业和社区活动。Verizon利用科技向人们提供他们真正需要的资源，比如，提供教育、医疗方面或能源管理方面的解决方案。Verizon认为最重要的是要加深与顾客和股东之间的联系，证明自己是一个既能创造利润，又能持续发展的合作伙伴。

附件一：美国Verizon电信财务报告（2011年）

1. 合并资产负债表

合并资产负债表

	（百万美元，除每股数额外）	
	2011年	2010年
资产		
流动资产	$13362	$6668
现金及现金等价物	592	545
短期投资	11776	11781
应收账款净额	940	1131
存货	4269	2223

续表

	(百万美元，除每股数额外)	
	2011年	2010年
待摊费用及其他	30939	22348
流动资产合计	215626	211655
物业、厂房及设备	127192	123944
减：累计折旧	88434	87711
非合并企业投资	3448	3497
无线牌照	73250	72996
商誉	23357	21988
其他无形资产净值	5878	5830
其他资产	5155	5635
总资产	$230461	$220005
负债及所有者权益		
流动负债		
一年内到期负债	$4849	$7542
应付账款及应计负债	14689	15702
其他	11223	7353
流动负债合计	30761	30597
长期负债	50303	45252
员工福利义务	32957	28164
递延所得税	25060	22818
其他负债	5472	6262
所有者权益		
系列优先股（每股面值10美元未发行）	—	—
普通股（每股面值10美元，两个期间发行在外的股份数均为2967610119）	297	297
实收资本	37919	37922
再投资收益	1179	4368
累计其他综合收益	1269	1049
库存普通股，以历史成本计价	(5002)	(5267)
递延补偿——员工持股计划及其他	308	200
少数股东权益	49938	48343
所有者权益合计	85908	86912
负债及所有者权益合计	$230461	$22005

2. 合并损益表

合并损益表

	(百万美元，除每股数额外)		
	2011年	2010年	2009年
营业收入	$110875	$106565	$107808
营业费用			
服务和销售成本（不包括下列两项）	45875	44149	44579
营销、一般及管理费用	35624	31366	30717
折旧及摊销	16496	16405	16534
营业费用合计	97995	91920	91830

续表

	(百万美元，除每股数额外)		
	2011年	2010年	2009年
营业利润	12880	14645	15978
子公司净利润所占权益	444	508	553
其他净收入（费用）	(14)	54	91
利息费用	(2827)	(2523)	(3102)
税前利润	10483	12684	13520
所得税费用	(285)	(2467)	(1919)
净利润	$10198	$10217	$11601
少数股东权益应占利润	$7794	$7668	$6707
归属于Verizon的净利润	2404	2549	4894
净利润	$10198	$10217	$11601
基本每股收益			
归属于Verizon的净利润	$0.85	$0.90	$1.72
加权平均流通股（百万）	2833	2830	2841
摊薄每股收益			
归属于Verizon的净利润	$0.85	$0.90	$1.72
加权平均流通股（百万）	2839	2833	2841

3. 合并现金流量表

合并现金流量表

	(百万美元)		
	2011年	2010年	2009年
经营活动现金流			
净利润	$10198	$10217	$11601
将净利润调整为经营活动净现金流量：			
折旧及摊销	16496	16405	16534
员工退休福利	7426	3988	2964
递延所得税	(223)	3233	2093
坏账准备	1026	1246	1306
非合并企业的股权收益，扣除已收利息	36	2	389
流动资产和流动负债的变动，扣除收购/处置企业的影响			
应收账款	(966)	(859)	(1393)
存货	208	299	235
其他资产	86	(313)	(102)
应付账款及累计负债	(1607)	1075	(1251)
其他净额	(2900)	(1930)	(986)
经营活动产生的现金流量净额	29780	33363	31390
投资活动现金流			
资本性支出（包括资本化的软件）	(16244)	(16458)	(16872)
购买牌照，投资业务的现金流净额	(2018)	(1438)	(5958)
处置取得的现金流	—	2594	—

续表

	（百万美元）		
	2011 年	2010 年	2009 年
短期投资变动净额	35	(3)	84
其他净额	977	251	(410)
投资活动产生的现金流量净额	(17250)	(15054)	(23156)
融资活动现金流			
长期借款取得的现金流	11060	—	12040
偿还长期借款及融资租赁债务	(11805)	(8136)	(19260)
短期债务的增加（减少），不包括已到期部分	1928	(1097)	(1652)
股利分配	(5555)	(5412)	(5271)
出售普通股取得的现金流	241	—	—
接入线路分拆取得的现金流	—	3083	—
其他净额	(1705)	(2088)	(1864)
融资活动产生的现金流量净额	(5836)	(13650)	(16007)
现金及现金等价物的增加（减少）	6694	4659	(7773)
年初现金及现金等价物	6668	2009	9782
年末现金及现金等价物	$13362	$6668	$2009

附件二：美国 Verizon 电信大事记

2000 年 6 月 30 日，Bell Atlantic 和 GTE 公司合并成立 Verizon。合并后，Verizon 一举成为美国最大的本地电话公司、最大的无线通信公司，全世界最大的印刷黄页和在线黄页信息提供商。

2000 年 7 月 3 日，Verizon 在纽约证券交易所以标识"VZ"上市。

2002 年，Verizon 公司将阿拉巴马州、密苏里州和肯塔基州的有线接入线路出售。

2005 年，Verizon 将夏威夷州的有线接入线路出售。

2006 年 1 月 6 日，Verizon 公司以约 85 亿美元的价格收购了 MCI 公司，此举是为了提高 Verizon 在全国及全球融合通信、信息和娱乐的收益。

2006 年，Verizon 将其在美国的印刷和互联网黄页目录公司剥离。

2006 年 12 月，Verizon 将其在多米尼加的电信运营商的权益出售给 América Móvil。

2007 年初，Verizon 又将其在波多黎各和委内瑞拉的电信运营商的权益出售给 América Móvil。

2008 年 5 月 31 日，Verizon 将缅因州、新罕布什尔州和佛蒙特州的有线业务出售给 FairPoint Communications。

2009 年 1 月 9 日，Verizon 无线以 59 亿美元的价格完成了对 Alltel 的收购，收购后 Verizon 的无线网络几乎覆盖整个美国地区，Verizon 无线也一跃成为美国最大的无线服务供应商。

2009 年 5 月，Verizon 与 AT&T 签订协议出售 79 个无线属性，并于 2010 年 6 月，以 23.76 亿美元的价格完成了交易，包括 FCC 牌照和网络资产。这项资产原为前 Alltel 无线资产，曾跨越 18 个国家在 79 个服务领域向 160 万用户提供服务。

2009 年 6 月，Verizon 与 Atlantic Tele-Network 签订协议出售余下的 26 个无线属性，交易在 2010 年上半年完成。

2010 年 7 月 1 日，Verizon 将爱达荷州、伊利

诺伊州、印第安纳州、密歇根州、内华达州、北卡罗来纳州、俄亥俄州、俄勒冈州、南卡罗来纳州、华盛顿、西弗吉尼亚州和威斯康星州，以及与加利福尼亚州接壤的亚利桑那州、内华达州和俄勒冈州的部分有线业务出售给 Frontier Communications。

2010 年 12 月，Verizon 无线推出 4G LTE 移动宽带网络，是美国最快、最先进的 4G 网络，覆盖 38 个主要城市、1/3 的美国人口和 60 多个民用机场。

2011 年 1 月，Verizon 宣布以 14 亿美元的价格收购 Terremark 全球公司，Terremark 公司是管理信息技术基础设施和云服务的全球供应商，此项交易预计在 2011 年完成。

2011 年 4 月，Verizon 完成对 Terremark 的收购，Terremark 成为 Verizon 的全资子公司。

2011 年 8 月，Verizon 宣布收购 CloudSwitch 软件公司，并计划利用其云软件帮助企业客户更轻松地在 Verizon 的 Terremark 环境中迁移应用程序。

2011 年 12 月，伊凡·塞德伯格退休，洛厄尔·麦克亚当继任 Verizon 董事长和首席执行官。此外，宝洁北美业务总裁梅兰尼·希利被任命为 Verizon 董事会成员。

2011 年 12 月，Verizon 无线斥资 36 亿美元购买新的无线频谱，该频谱由 Comcast、Time Warner Cable 和 Bright House Networks 联合投资的 Spectrum Co.出售，包括 122 个移动业务频率许可证。

奚国华，60岁，本公司执行董事兼董事长，于2011年7月加入公司董事会。奚先生同时任移动集团党组书记、董事长和通信公司董事、董事长。奚先生曾先后担任上海市邮电管理局电报局副局长、电信处副处长、长途电信局副局长和局长、副总工程师和副局长，原邮电部电信总局副局长，上海贝尔有限公司董事长、常务副总裁，信息产业部副部长，中国网络通信集团公司总经理，以及工业和信息化部副部长。奚先生在过去三年内并无担任其他上市公司的董事职务。奚先生于1977年毕业于合肥工业大学电机系，拥有上海交通大学经济管理专业管理学硕士学位及同济大学经济与管理学院管理学博士学位。奚先生是一位教授级高级工程师，在电信管理、营运和技术方面有丰富经验。

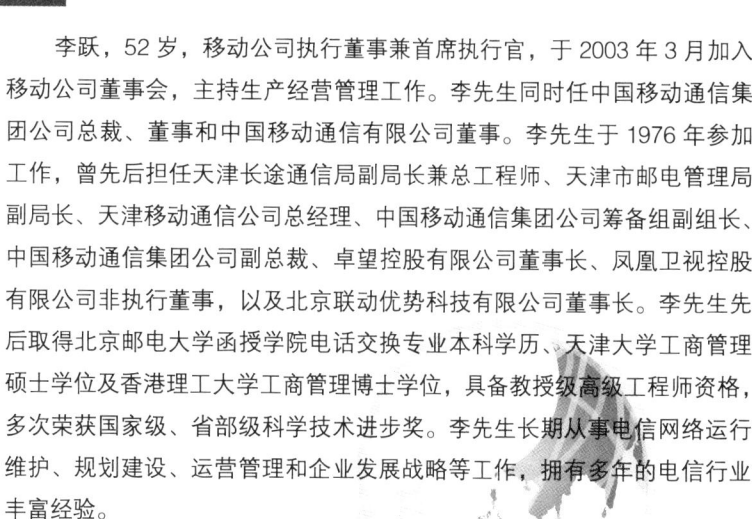

李跃，52岁，移动公司执行董事兼首席执行官，于2003年3月加入移动公司董事会，主持生产经营管理工作。李先生同时任中国移动通信集团公司总裁、董事和中国移动通信有限公司董事。李先生于1976年参加工作，曾先后担任天津长途通信局副局长兼总工程师、天津市邮电管理局副局长、天津移动通信公司总经理、中国移动通信集团公司筹备组副组长、中国移动通信集团公司副总裁、卓望控股有限公司董事长、凤凰卫视控股有限公司非执行董事，以及北京联动优势科技有限公司董事长。李先生先后取得北京邮电大学函授学院电话交换专业本科学历、天津大学工商管理硕士学位及香港理工大学工商管理博士学位，具备教授级高级工程师资格，多次荣获国家级、省部级科学技术进步奖。李先生长期从事电信网络运行维护、规划建设、运营管理和企业发展战略等工作，拥有多年的电信行业丰富经验。

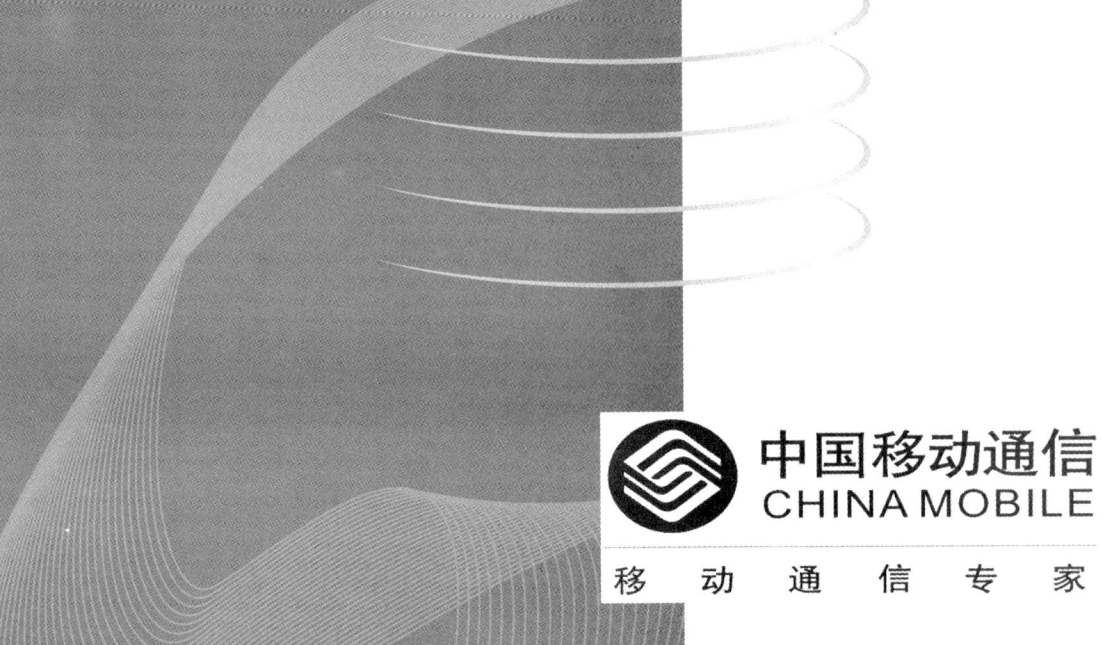

移 动 通 信 专 家

一组回旋错落的线条组成了一个平面造型为六面体的网络结构，象征着移动通信的蜂窝网络。两组线条犹如握在一起的两只手，象征着中国移动通信通过自己的服务，拉近了人与人之间的距离；线条组成的图案适合在圆形（地球）之中，取其意为"全球通"。图形中央是一个贯穿东西，连接南北的字母 G，同时也是一个变形的字母 T，合体字母 GT 以流畅的线条表现了英文 GOTONE 的缩写，也表达了汉语的沟通；GT 仿佛一个向上的箭头，预示着全球通的不断进取与突破，传达出全球通价值、创新、品位、自信的品牌信息。

合体字母 GT 将图形分为两部分，左边的 C 代表 CMCC 的缩写，它环抱着 GT，隐喻着全球通出自中国移动，反映出中国移动致力于创无限通信世界，做信息社会栋梁的企业使命。右边的 O，中心被 GT 所连接，一方面表达着沟通全球，另一方面隐喻着中国移动沟通从心开始的服务理念；被 GT 所勾画后的 O，宛如一个逗号，表达着意犹未尽的沟通与情感，传达着中国移动追求客户满意服务的企业宗旨。

全图以沟通为诉求点，流畅的线条上下贯通、左右结合，体现出全球通作为信息传递与情感交流的沟通纽带所值得信赖的品牌价值。

 中国移动通信集团公司可持续发展报告（China Mobile）

（一）公司简介

中国移动通信集团公司（简称中国移动）于2000年4月20日成立，注册资本3000亿元人民币，资产规模超过万亿元人民币，拥有全球第一的网络和客户规模。

中国移动全资拥有中国移动（香港）集团有限公司，由其控股的中国移动有限公司（简称上市公司）在31个省（自治区、直辖市）和香港特别行政区设立全资子公司，并在香港和纽约上市。2011年列《财富》杂志世界500强第87位，品牌价值位列全球电信品牌前列，成为全球最具创新力企业50强。

中国移动主要经营移动话音、数据、IP电话和多媒体业务，并具有计算机互联网国际联网单位经营权和国际出入口局业务经营权。除提供基本话音业务外，还提供传真、数据、IP电话等多种增值业务，拥有"全球通"、"神州行"、"动感地带"等著名客户品牌。

目前，中国移动的基站总数超过90万个，客户总数接近6.5亿户。中国移动连续七年在国资委考核中获得最高级别——A级，并获国资委授予的"业绩优秀企业"称号。连续四年进入《金融时报》全球最强势品牌排名。上市公司连续四年入选道琼斯可持续发展指数，是中国内地唯一入选的企业。同时，中国移动积极投身社会公益事业，连续三年荣获慈善领域最高政府奖"中华慈善奖"。

截至2011年年底，中国移动共有20068193892股普通股，2011年共实现销售收入5279.99亿元人民币，净利润1254.39亿元人民币，股东投资报酬率达到19.29%，每股收益为6.27元人民币，2011年12月30日的收盘价为75.9港元，折合人民币61.53元，市盈率为9.81。

（二）公司战略

1. 核心价值观

中国移动的核心价值观是"正德厚生　臻于至善"。

"正德厚生"是中国移动的行为责任规范。中国移动的员工要以"责任"为安身立命的根本。中国移动在全集团倡导承担责任的自觉意识，鼓励承担责任的自觉行为。中国移动将本着负责任的态度处理好自身与用户、政府、合作伙伴、竞争对手、供应商和员工等各利益相关者的关系。这是中国移动作为一个企业通过承担责任对自身价值的彰显。

中国移动"臻于至善"的进程，是一个不断进取、上下求索、开拓创新、自我超越的持续提升过程。它宣示了中国移动在未来通信行业乃至全球产业界的自我定位，那就是要力争在全球企业中站位领先。通过不懈的努力，成为同业乃至所有企业所公认的典范。

"正德厚生　臻于至善"既体现了中国移动独有的特质，又阐释了中国移动历来的信仰。"正德厚生　臻于至善"就是要求中国移动以人为本打造以"正身之德"承担责任的团队，就是要求中国移动成为以"厚民之生"兼济天下、承担社会责任的优秀企业公民，就是要求我们培养精益求精、不断进取的气质，锻造勇于挑战自我，敢于超越自我的精神。

2. 使命

中国移动的企业使命是"创无限通信世界，做信息社会栋梁"。

"创无限通信世界"体现了中国移动通过追求卓越，争做行业先锋的强烈使命感；"做信息社会栋梁"则体现了中国移动在未来的产业发展中将承担发挥行业优势、勇为社会发展中流砥柱的任务。

及时、充分而有效的沟通是人类实现资源共享、社会实现集约快速发展的必要条件。通信业的发展，帮助人类逐渐打破沟通的时空障碍，使人与人之间的沟通更为快捷有效。"无限通信"的世界是我们每个人的梦想乐园，在没有任何沟通限制和障碍的世界，在能够"随时"、"随地"、"随意"、"沟通无极限"的世界，人类能够自由共享所有知识，自由传达所有情感。中国移动凭借卓越的技术和才能，把创造和实现人类共同的梦想"创无限通信世界"作为自己无上的企业使命。

作为信息社会的栋梁，中国移动将不断提高网络技术水平和网络的综合能力，为社会提供更完善的基础设施和更有效的解决方案，成为信息化的重要基础和桥梁。中国移动将以高效的运营保证信息沟通与交流的及时通畅，通过运营的不断完善和创新，将消费层面的需求发展传递给技术层面，将技术层面的进步传递到消费层面，从而形成一个良性的循环，通过自身的进步和发展，带动和推进整个社会的进步与发展，不断推动社会向信息社会的迈进。

3. 愿景

中国移动的愿景是"成为卓越品质的创造者"。

"成为卓越品质的创造者"是中国移动对多年来倾力打造的"移动通信专家"形象的传承和升华。经过多年的辛勤努力，中国移动拥有了全球规模最大、质量最好的无线通信网络，拥有了全球第一的客户群体，拥有了一支高素质的年轻而富有活力的员工队伍，成就了"移动通信专家"的能力和形象，奠定了中国移动创造卓越品质的基石。中国移动已铸就的一切成果，以及正在进行的努力让中国移动坚信，中国移动完全有能力成为全球最佳通信服务和业务的提供者，成为全球品质最佳的企业。

"成为卓越品质的创造者"，是中国移动在新环境下，适应市场需求、保持价值增长，实现新跨越的着力点。随着信息社会的发展，未来的通信消费需求将逐步由单纯的产品需求向复杂的品质需求转变，运营商只有在产品的功能性、服务的系统性、体验的崇尚性、内容的时尚性等诸多方面不断创新才能形成长期的差异化竞争优势，将2G优势延续到3G时代，最终实现新的发展跨越。

"成为卓越品质的创造者"，其核心就在于，以客户需求的洞察、挖掘和满足为目标，以企业价值链各环节的持续改善为策略，以人、组织、运营体系的系统结合为基点，从领先的网络质量、精准的计费系统、深入的客户理解、满意的客户服务、创新的业务产品、值得信赖的品牌等多个方面塑造中国移动服务的卓越品质。

4. 公司战略

（1）四网协同发展战略。在网络创新方面，中国移动确立了2G/3G/WLAN/TD-LTE四网协同发展的战略，结合客户需求，针对四网不同定位，建设发展网络。截至2011年底，2G基站数超过70万个，网络利用率保持在合理水平，网络质量持续领先。3G基站数近22万个，实现县级以上城市的覆盖，深化热点区域网络的连续覆盖和深度覆盖。WLAN的无线接入点近220万个，流量比上年增长397.9%，起到积极分流作用。配合母公司顺利完成TD-LTE在六城市的规模试验，建成900个以上基站。下一步将扩大至9个城市，以新建和平滑升级方式，建设2万个以上基站，杭州、深圳主城区将达到试商用水平，至2013年，基站规模将增至超过20万个。通过四网协同发展，充分发挥各自优势，更好满足客户需求。

中国移动2011年资本开支1285亿元，低于年初预算的1324亿元。2012年中国移动计划投入1319亿元用于各项建设。虽然总额仅有微幅上调，但投入结构却发生明显变化。最突出的是今年移动通信网的投入将被压缩190亿，占比从去年的57%下降到今年的41%，同时传输网的投入则会增加111亿元，较2010年增长近50%。这表明宽带也是中国移动的战略重点之一。

纵观整个中国移动2011年财报，可以发现对于3G，中国移动很少提及，WLAN（无线局域网络）和TD-LTE（即4G）则成为中国移动投资和建设布局的重点。外界对中国移动即将开展的4G试商用抱有很大想象空间。中国移动年内4G试商用也大大领先于中国联通和中国电信在4G上的布局。目前中国电信和中国联通还未就4G开展试验网建设。不过掌握4G进程决定权的还是政府，工信部部长苗圩日前表示，中国自主研发的4G技术TD-LTE技术实现规模商用估计还要两三年时间。

（2）"智能管道、开放平台、特色业务、融合界面"相结合的发展战略。在业务创新方面，中国移动紧跟信息技术发展趋势，面向信息服务的广阔市场，积极拓展移动互联网领域，实施"智能管道、开放平台、特色业务、融合界面"相结合的发展战略。中国移动正围绕"终端＋应用＋入口"来引导客户和产业发展，布局未来的移动互联产业链。致力于构筑好用、易用、高效、智能的管道。把移动应用商场作为面向消费者的销售平台、面向开发者的服务平台、面向产业链的支撑平台。形成Mobile Market云服务、物联网能力、电子商务能力、位置能力、飞信+五大开放平台能力。在发展特色业务的同时，推动终端与业务的深度融合。

（三）公司治理

1. 股权结构

中国移动的主要股东是中国移动（香港）集团有限公司。于2011年12月31日，移动集团公司通过其全资拥有的子公司中国移动香港（BVI）有限公司，间接持有移动公司约74.18%的股本权益，余下25.82%的股本权益则由公众人士持有，如图2-3-1所示。

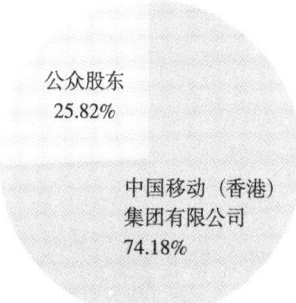

图2-3-1 中国移动股权结构

2. 董事会及董事会委员会

移动公司的董事会的主要职责包括制定移动集团整体战略目标、设定管理目标，监督公司的内部控制和财务管理，以及监管管理层的表现，而公司的日常运作则由董事会授权公司的管理层进行管理。董事会按照制定的董事会常规（包括有关汇报及监管程序）运作，并直接负责制定移动公司企业管治指引。

目前，董事会共由12名董事组成，包括王建宙先生（董事长）、奚国华先生（副董事长）、李跃先生、薛涛海先生、黄文林女士、沙跃家先生、刘爱力先生、辛凡非女士及徐龙先生担任执行董事，由罗嘉瑞医生、黄钢城先生及郑慕智博士担任独立非执行董事。

董事会目前下设三个主要委员会，包括审核委员会、薪酬委员会和提名委员会，三个委员会全部由独立非执行董事组成。

3. 董事会薪酬与任免

移动公司目前对高级管理层的现金薪酬采用固定的每月工资及与绩效挂钩的年度奖金结构，与绩效挂钩的年度奖金的发放办法是按照设定评核指标完成情况作为评核标准。在长期奖励计划方面，公司采用了认股期权奖励，不同级别的管理层会获分配不同比重的认股期权奖励。非执行董事的酬金则部分根据市场水平，并考虑其担任移动公司非执行董事及董事会委员会成员的工作繁重程度。

移动公司对执行董事的提名主要是在移动集团内挑选和物色深谙电信业务并拥有丰富的电信行业管理经验的人士，对非执行董事的提名则以其独立性及其在金融和商业管理方面的经验和专业资格为标准，并考虑上市地法律法规的要求以及董事会的架构及组成的合理性等广泛审慎物色具备合适资格可担任董事的人士。公司提名委员会首先商议新董事的提名和任命，然后再提交董事会后任命。奚国华先生的提名和任命均按照上述的标准和程序进行。

所有新委任的董事均获得全民就任的须知，以确保他们对公司的运作及业务均有适当的理解，以及完全了解其本身的责任、公司上市地的上市规则、适用的法律及移动公司业务及管治政策下的职责。新任董事须于获任后首年的股东周年大会上告退并获重选。每名董事应至少每三年一次轮流退任。

4. 管理层及员工

为了鼓励诚实道德的行为，防范错误行为，中国移动根据《索克斯法案》的要求，于2004年通过了适用于中国移动集团首席执行官、财务总监、副财务总监、助理财务总监以及其他高级职务的职业操守守则。根据该守则，如发生违反守则的情况，中国移动经与董事会协商，将采取适当的防范或惩戒性措施。

近两年，中国移动发生了一些管理人员违法违纪案件。对于这些案件，中国移动严格遵循上市规则做了适时披露，并高度关注相关问题暴露出来的问题，高度控制内控体系，进一步检讨和健全相关制度和流程，实施改善管理制度等措施，以防止今后类似事件的发生。

（四）市场概览

三大运营商利润增长率总体呈逐年下降态势，通信运营商已由高增长的黄金时代步入平缓期。从总体营收和利润规模来看，市场仍维持2G时代一强两弱格局，但三家公司在3G业务上已呈现三足鼎立态势，中国移动的市场竞争压力正在加大。

1. 手机用户市场

截至2012年2月，中国手机用户达到10亿用户数，其中中国移动的用户数为6.6亿，手机用户市场份额为66%，比上年下降3.7%。

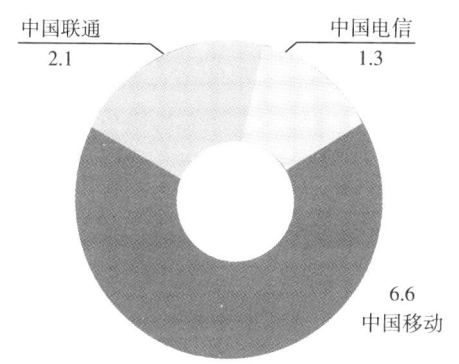

图 2-3-2 中国电信运营企业用户数（单位：亿）
注：采用 2012 年 2 月末数据。
数据来源：上市公司财报。

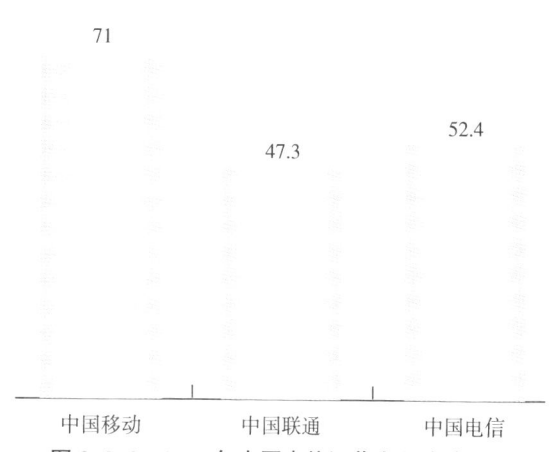

图 2-3-3 2011 年中国电信运营企业移动业务 ARPU 值对比分析（单位：元）

在 2G 用户中，2011 年中国移动增加 3504 万户，中国电信 2G 用户增加 1195 万户，而中国联通 GSM 用户全年累计净增 627.5 万户，加上三家运营商原有的 2G 用户基础，可以看出 2G 仍是移动通讯市场的主流。

从移动通讯用户结构来看，目前中国联通 3G 用户的比例最高，占其总用户 20%。此部分贡献的收入为 327.4 亿元，年增长达 182.3%，3G 的强劲增势是中国联通整年业绩加速的"驱动力"，特别是在三大运营商中首先引入苹果明星产品 iPhone，为中国联通的用户群内加入了众多高端用户。财报显示，每户 3G 用户贡献给中国联通的费用（ARPU）维持在 110 元的较高水平。

2. ARPU 值

移动业务 ARPU 值方面，中国电信和中国联通相差不大，中国移动则明显较高，占有显著优势。2011 年中国电信运营企业的移动 ARPU 值对比分析如图 2-3-3 所示。

3. 3G 用户市场

截至 2012 年 2 月底，三大运营商的 3G 用户总数达到 1.43 亿户，其中中国移动 5658 万，中国联通 4589 万，中国电信 4115 万。迥异于 2G 时代中国移动一家独大的局面，在 3G 市场上中国移动、中国联通、中国电信的用户份额势均力敌，分别占比 39%、32%、29%，如图 2-3-4 所示。而在 2G 时代，中国移动 GSM 的市场份额一直维持在 85% 以上的水平。

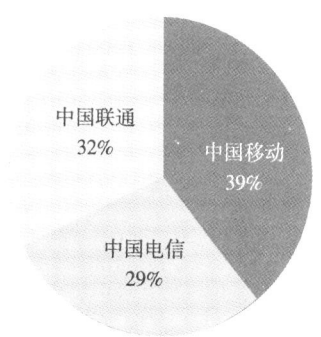

图 2-3-4 中国电信运营企业 3G 用户市场份额

在 3G 市场执 TD 牌照的中国移动，虽然规模远远大于中国电信和中国联通，但强势背后亦存隐忧。由于目前的 2G 市场已趋于饱和，2G 新增用户多为低端用户，在 3G 市场又缺乏能打动消费者的智能终端，2011 年中国移动平均每月每户收入继续下滑至71元。由于中国移动的2G网络数据业务处理能力低，数据流量增长给资本支出带来更大压力。剔除浦发银行20%股权带来的利润，中国移动2011年全年净利润同比增幅只有2%，第四季度净利润比上年同期下降了7%。

三家运营商2011年盈利总和为1465亿元，约占苹果同期纯利的七成。这说明移动互联网带来的大部分增量利润涌向了以苹果为代表的创新型技术公司，电信运营商管道化的趋势日渐明显。

（五）业务概览

1. 业务种类

（1）语音业务，具体可分为本地呼叫、国内长途、国际长途、省内漫游、省际漫游和国际漫游。

（2）新业务，包括语音增值业务和数据业务。语音增值业务主要包括主叫显示、主叫隐藏、呼叫等待、呼叫转移、呼叫保持、语音信箱和会议电话等。数据业务主要包括短信、WAP、彩铃、彩信等。移动还开发了很多其他数据业务产品，如百宝箱、语音杂志、号簿管家等。

2. 业务运营

截至2011年底，中国移动集团客户总数近6.56亿户，比上年增长11.2%；总通话分钟数达到38872亿分钟，比上年增长12.3%；数据业务收入达到人民币1393亿元，比上年增长15.4%；数据业务收入占运营收入的比例达到26.4%，比上年提高1.5%；无线上网业务流量达到3614亿MB，比上年增长152.1%。中国移动主要运营数据如表2-3-1所示。

表2-3-1 中国移动主要运营数据

年份	2011	2010
客户总数（百万户）	649.6	584.0
净增客户数（百万户）	65.6	61.7
3G客户总数（百万户）	51.2	20.7
3G净增客户数（百万户）	30.5	15.2
总通话分钟数（十亿分钟）	3887.2	3461.6
平均每月每户通话分钟数（MOU）（分钟/户/月）	525	521
平均每月每户收入（ARPU）（元/户/月）	71	73
短信使用量（十亿条）	736.1	711.0
无线上网业务流量（十亿MB）	361.4	143.3

（1）经营业绩。2011年，中国移动加强新客户的拓展和存量客户的经营，成效显著。截至2011年12月31日，中国移动客户总数近6.5亿户，净增客户市场份额继续保持行业领先。农村、流动人口等市场继续成为重要的增长点。3G客户发展加快，客户规模突破5100万户。通过优化资费、提升服务等举措加强经营，中高端客户规模稳定增长。中国移动客户规模持续扩大，截至2011年底，中国移动客户总数达到324万家，其个人客户数占客户数的比例达到36%。中国移动2011年经营业绩变化如图2-3-5所示。

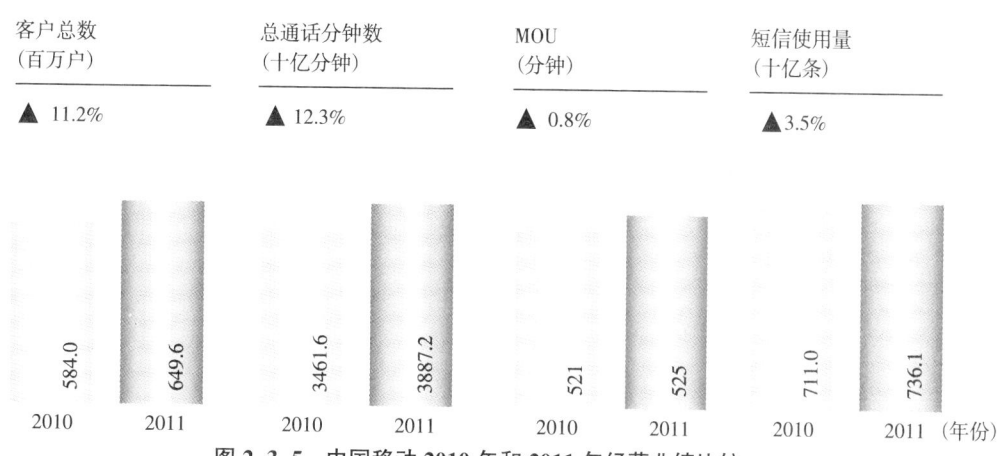

图 2-3-5 中国移动 2010 年和 2011 年经营业绩比较

2011年，中国移动积极开展话务营销，进一步把握客户需求，挖掘长途、漫游、国际等话务潜力，语音业务继续增长。总通话分钟数达到38872亿分钟，比上年增长12.3%；平均每月每户通话分钟数（MOU）达到525分钟；语音业务收入达到3624亿元，比上年增长5.9%。

中国移动的数据业务包括短信及彩信、无线上网业务、应用及信息服务三大类，总体呈现快速发展态势。2011年，数据业务收入达到1393亿元，比上年增长15.4%，数据业务收入占营运收入的比例为26.4%，比上年提高1.5%。其中，短信及彩信业务继续在数据业务收入中发挥重要作用。2011年，短信及彩信业务收入达到465亿元。

中国移动加强流量经营，无线上网业务迅猛发展。2011年，无线上网业务流量为3614亿MB，比上年增长152.1%，收入达到444亿元，比上年增长45.0%，占营运收入的比例提升为8.4%，成为拉动收入增长的重要来源，实现了健康发展。

应用及信息服务快速发展。2011年，收入达到484亿元，比上年增长12%。其中，无线音乐保持规模发展，收入达到221亿元；手机邮箱收入达到15亿元；手机阅读和手机视频快速发展，收入分别达到6.3亿元和5.7亿元，比上年增长153.8%和136.0%；手机游戏、位置服务等业务也呈现出迅速发展态势。

中国移动坚持"开放合作、竞争发展"的原则，加快构建移动互联网业务发展新模式。移动应用商场（Mobile Market）发展令人鼓舞，累计注册客户1.58亿，累计应用下载量超过6.3亿次，成为全球最大的中文应用软件商场。

中国移动加快推出标准化、模板化的物联网产品，并以"无线城市"平台为依托，持续扩大物联网的应用领域和规模。"无线城市"建设取得了显著成果，与31省、自治区、直辖市，217个城市签署"无线城市"合作协议，全国布局基本完成，形成面向政务、交通、医疗、就业等十类50项重点应用的规模发展局面。

（2）提升质量。中国移动一贯坚持"质量是通信企业生命线"的理念。2011年，重点提升基础网络、数据业务和业务支撑的质量。GSM网络质量继续保持领先水平，掉话率下降至0.32%，全程呼叫成功率提升至99.26%。3G网络质量继续提高，掉话率下降至0.35%，全程呼叫成功率达到99%。互联网业务质量明显改善，网络访问速度提高，客户体验增强。业务支撑能力稳步提升，计费、数据业务订购的业务支撑水平达到优秀。网络、业务和支撑质量的提升，为中国移动在复杂竞争环境下保持业务发展打下了坚实的基础。

(3) 改进服务。中国移动深入贯彻"客户为根、服务为本"的理念,建立全流程服务质量管理体系,不断提升客户满意度。2011年,客户满意度继续保持行业领先。

客户服务界面进一步优化,营业厅、10086热线等客户基础服务水平稳步提升。10086.com统一门户网站建设取得成效,网上业务办理时效缩短17%。主要业务及产品均实现电子渠道办理,电子渠道业务办理量占比达到76%,比上年提高22%。消费者权益保护体系日益完善,全面优化客户账单,推出数据业务短信查询退订、主动提醒、梦网收费争议先退费后查证等举措,确保客户明白消费、放心消费。认真解决客户投诉,2011年百万客户升级申诉率全行业最低。

(4) 资本开支。中国移动以增强核心能力、注重投资效益为原则,科学安排投资。重点用于保障四网协同发展,巩固传统语音优势,满足流量增长需求;支撑移动互联网、物联网、云计算等技术创新和业务发展;积极储备基础设施资源,提升全业务竞争能力。中国移动合理把握投资规模,优化投资结构,确保投资效率和效益。

2011年资本开支约为1285亿元,主要用于移动通信网(57%)、传输网(18%)、业务网(6%)、支撑网(6%)以及局房土建(9%)的建设。中国移动新确定的2012~2014年的资本开支计划分别为1319亿元、1300亿元和1250亿元,如图2-3-6所示。2012年各项投资占比分别为:移动通信网(41%)、传输网(26%)、业务网(6%)、支撑网(8%)以及局房土建(16%)。

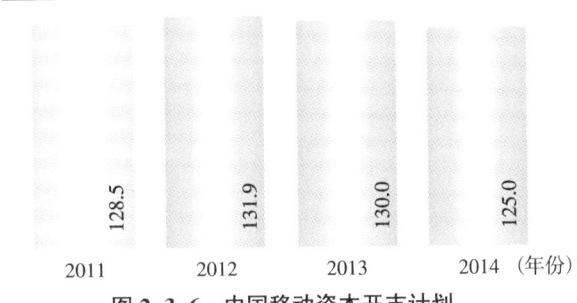

图2-3-6 中国移动资本开支计划

(5) 持续发展。面向未来,中国移动将积极把握信息通信服务需求不断增长带来的机遇,继续扩大对个人客户的"生活服务份额"和对社会各行各业的"信息服务份额",努力发掘和培育新兴产业形成的发展空间。继续提升质量,确保全面领先;不断改进服务,提高客户满意度;持续加强创新,提升发展水平;加强市场拓展,保持规模优势;从严精细管理,坚持低成本高效运营。实现"移动改变生活"的战略愿景和企业的可持续发展。

(六) 经营和财务绩效

表2-3-2 中国移动2009~2011年度经营与财务业绩比较

单位:百万元人民币

年份	中国移动		
	2011	2010	2009
收入	527999	485231	452103
总资产	952558	861935	751368
EBITDA	251025	239382	229023
EBITDA率(%)	47.54	49.33	50.66
净利润	125439	119889	115465
净利润率(%)	23.76	24.71	25.54
总资产报酬率(ROA)(%)	13.17	13.91	15.37

续表

年份	中国移动		
	2011	2010	2009
净资产报酬率（ROE）（%）	19.29	20.76	22.75
资本性支出（CAPEX）	128500	124300	129400
CAPEX占收比（%）	24.34	25.62	28.62
经营活动净现金流	226756	231379	207123
每股经营活动净现金流（人民币/股）	11.30	11.53	10.33
自由现金流（FCF）	98208	107032	77756
自由现金流占收比（%）	18.60	22.06	17.20
销售现金比率（%）	42.95	47.68	45.81
资产现金回收率（%）	23.80	26.84	27.57
EVA	63487	63985	66320
EVA率（%）	10.18	11.2	13.24
每股盈利（EPS）（人民币/股）	6.27	5.96	5.74
每股股利（DPS）（港元/股）	3.33	3.01	2.80
股利支付率（%）	43	43	43
主营业务收入增长率（%）	8.81	7.33	9.64
总资产增长率（%）	10.51	14.72	14.24
净利润增长率（%）	4.63	3.83	2.22
经营活动现金流增长率（%）	−2.00	11.71	6.96
每股盈余增长率（%）	5.20	3.83	1.95
资产负债率（%）	31.72	33.01	32.44
流动比率（%）	140.05	125.92	136.96
利息保障倍数	295.83	177.35	124.76
总资产周转率	0.55	0.56	0.60
固定资产周转率	1.29	1.26	1.26
坏账发生率（%）	32.44	38.86	48.76
折旧与摊销	97167	86292	80235
股息	54298	51818	49544
内部融资额	168308	154363	146156
折旧摊销率	18.40	17.78	17.75
付现成本率	52.94	51.15	49.74
营销、一般及管理费用率（%）	18.34	18.67	17.70

1. 营运收入

2011年，中国移动客户规模继续稳步扩大、话务量持续较快增长、数据业务拉动作用明显，全年营运收入达到5280亿元，比上年增长8.8%，如图2-3-7所示。中国移动不断优化客户服务体系，构建差异化竞争优势，在继续大力拓展农村市场的同时，着力开拓集团客户市场，深度运营存量客户，积极维系高价值客户，努力提升客户满意度，2011年净增客户6555万户。中国移动通过有效的话务量营销，激发话务量增长潜力，实现了语音业务的稳定增长；2011年总通话分钟数达到38872亿分钟，比上年增长12.3%。

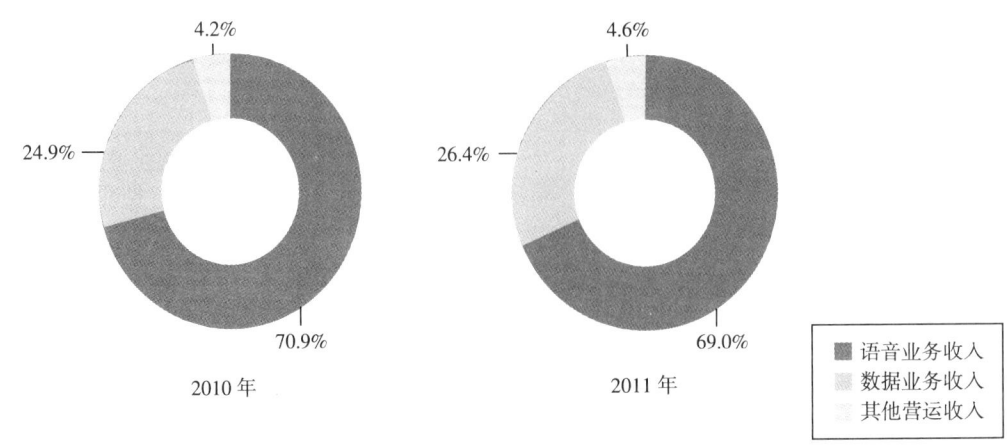

图 2-3-7　中国移动营运收入构成

2011年，中国移动收入市场份额达到53.76%，仍超过中国电信、中国联通收入之和，但比2010年略微下降了2.44%。2011年中国三大电信运营企业的营收状况如图2-3-8所示。

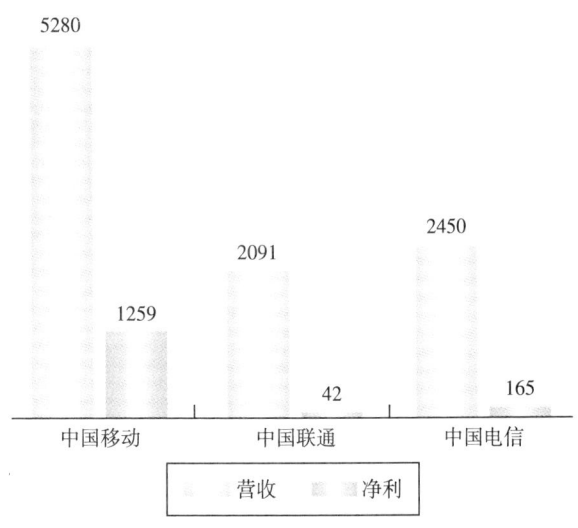

图 2-3-8　2011年中国电信运营企业营收状况
（单位：亿元）

从营业收入增幅来看，2011年中国移动、中国电信、中国联通分别增长8.8%、11.7%、22.2%；从净利润增长幅度来看，3家分别增长了5.2%、10.5%、20.0%。中国联通、中国电信的追赶意味十分明显。与历年数据相比，运营商总体的主营业务收入、净利润和新增用户增幅均在收窄，用户平均收入（ARPU）持续下降。

中国移动加大业务应用创新，推动在新兴领域的布局和拓展，以无线上网业务为代表的数据业务呈现良好的发展势头，对收入增长的贡献日益显著。2011年数据业务收入达到1393亿元，比上年增长15.4%，占总营运收入比重提升至26.4%，数据业务收入结构得到进一步优化，如图2-3-9所示。短信及彩信业务维持可观的收入规模，业务量持续增长；2011年短信及彩信业务收入达465亿元，占数据业务收入比重为33.3%；随着物联网和集团客户相关业务发展，短信及彩信业务仍具有发展空间。3G业务的良好发展和智能手机的普及推动无线上网业务持续高速增长，2011年无线上网流量增幅达152.1%，无线上网业务收入实现444亿元，比上年增长45.0%，占数据业务收入比重提升至31.9%。无线音乐、来电提醒等规模型业务稳定增长；移动应用商场、手机阅读、手机视频等新兴业务实现高速增长；2011年应用及信息服务收入达到484亿元，占数据业务收入比重为34.8%。

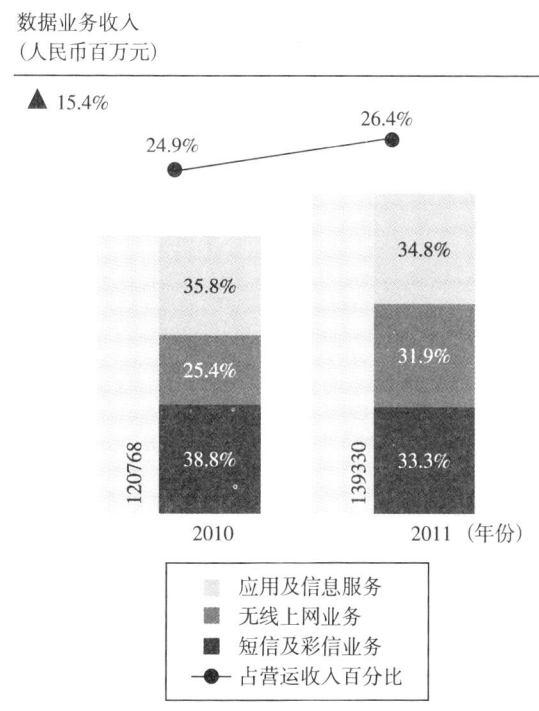

图 2-3-9　中国移动数据业务收入构成

2. 营运支出

为不断巩固在移动通信市场的领先地位以及着眼于提升公司未来竞争力，中国移动始终坚持理性投入、有效配置、前瞻规划、精细管理的成本资源分配原则，推进管理的集中化、标准化、信息化、专业化和一体化，全面增强核心能力，不断提升管理效率，实现低成本高效运营。2011 年营运支出为 3767 亿元，比上年增长 12.6%，占总营运收入的比重为 71.3%，如图 2-3-10 所示。中国移动将不断强化精细管理，深入开展成本标杆管理，持续优化成本结构，提升成本使用的效率和效益，以实现成本的最佳收益。

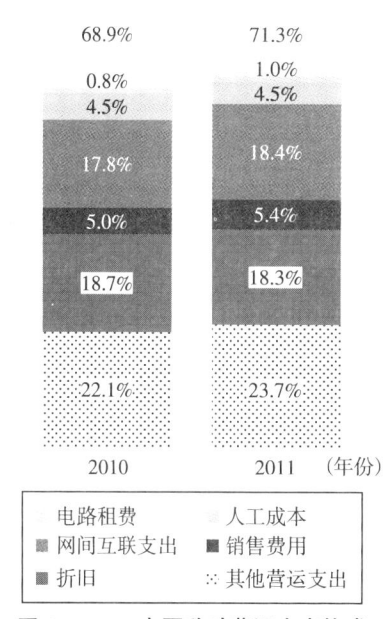

图 2-3-10　中国移动营运支出构成

注：以上各比重数据为占营运收入之百分比。

（1）电路租费。中国移动自建及合建电路已经达到一定规模，因此传输电路相关租赁费规模已经较小。随着 3G 客户规模和 3G 业务快速增长，中国移动按实际 TD 网络占用情况支付给母公司的 TD 无线网络容量租赁费有所增加，2011 年为 11 亿元；并且互联网端口租赁费也随着移动互联网业务快速发展有所增长。2011 年电路租费占营运收入的比重为 1.0%，比上年有所上升。

（2）网间互联支出。由于网间互联话务量有所增长，2011 年中国移动网间互联支出为 235 亿元，比上年增加 16 亿元，占营运收入的比重与上年基本持平。

（3）折旧。为继续保持网络能力和质量的领先优势，有效支撑客户和话务量增长，促进移动互联网业务快速发展，中国移动持续投入必要的资本开支，以进行相关的网络建设与优化，相应的折旧费用有所增加，中国移动 2011 年折旧费用比上年增加 109 亿元。优质的网络提高了客户的忠诚度、支撑了新业务的持续发展和良好的财务

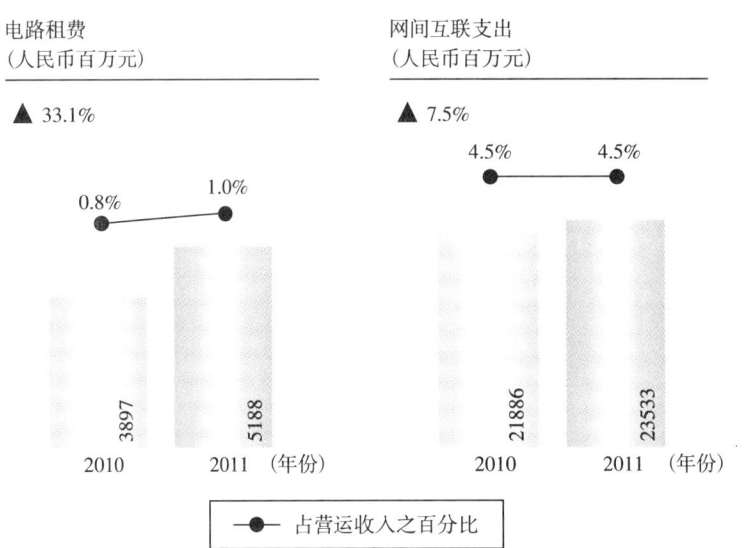

图 2-3-11 中国移动电路租费和网间互联支出变动

业绩。同时,中国移动坚持理性投资,不断优化投资结构,推进集中化建设,认真考虑资本开支投入的成本效益,有效发挥规模优势,确保取得良好的投资效益。

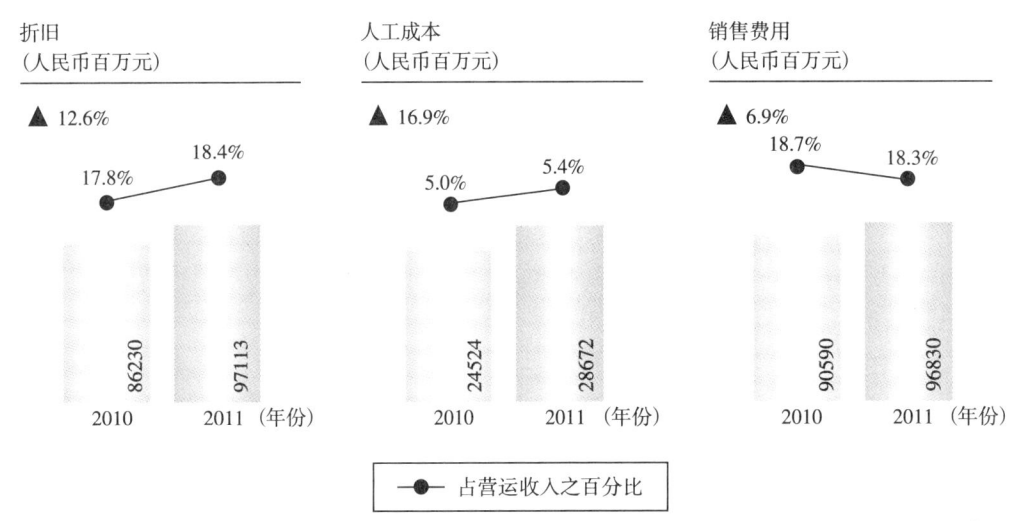

图 2-3-12 中国移动折旧、人工成本和销售费用变动

(4)人工成本。中国移动持续强化高效的人才管理和激励机制,促进员工活力和创造力,在继续保持企业人才竞争力的前提下,充分发挥全面预算管理和绩效考核制度的积极作用,合理控制人工成本支出。2011年,为支撑业务良好发展,中国移动进一步充实各方面人才力量,员工数有所增长,截至2011年12月31日,中国移动共雇用员工175336名;2011年人工成本为287亿元,占营运收入比重比上年有所上升。

(5)销售费用。为有效应对市场竞争并着眼于提升未来的竞争力,持续提升客户服务水平和客户满意度,强化存量客户经营,巩固新增市场竞争力,中国移动继续加大了对营销渠道、客户服务等方面的投入,销售费用比上年增加62亿元,增幅明显放缓。同时,中国移动进一步实施各类营销资源的统筹规划,大力推广电子渠道、客户服务集中管理等低成本高效率的发展模式,销售费用占收入比重得到良好控制,2011年为18.3%,比上年有所下降;2011年每客户每月销售费用为13.1元,比2010年进一步降低,反映出良好的成本效益。

(6)其他营运支出。2011年,中国移动的其他营运支出(主要包括网络维护费、经营租赁费、劳务派遣制用工费用、水电取暖费、坏账、资产注销、行政管理及其他)比上年增加180亿元。为有效支撑良好的业务增长,中国移动适度增加了在网络优化、支撑系统和研发等方面的投入。同时,随着资产规模的不断扩大以及租金、能源价格等持续上涨,相应的网络维护费、经营租赁费、水电取暖费等均有所增长。中国移动2011年底劳务派遣制用工人数达到323506名,所支付劳务派遣制用工费用为200亿元。同时,中国移动高度关注客户信用管理,严格管控客户欠费,2011年坏账率为0.67%,保持在良好水平。中国移动通过精细化管理进一步提升成本使用效率和效益,严格控制行政管理费增长,大力倡导全员理财观念,着力打造低成本高效运营体系。

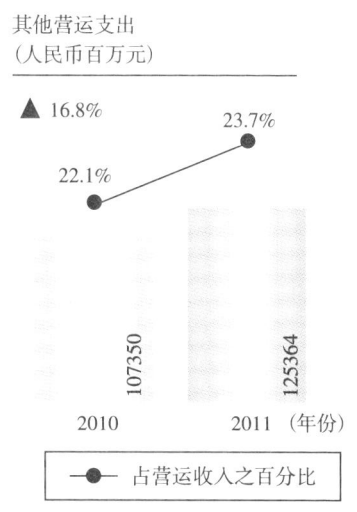

图 2-3-13 中国移动其他营运支出变动

3. EBITDA、营运利润及股东应占利润

中国移动盈利能力继续保持同业较高水平,2011年股东应占利润率和EBITDA率分别达到23.8%和47.5%;营运利润达到1513亿元;EBITDA、股东应占利润和每股基本盈利分别为2510亿元、1259亿元和6.27元。尽管面临多重挑战,但中国移动在营运收入稳定增长的基础上,持续加强对营运支出的优化配置和精细化管理,充分发挥规模优势,着力提升集团整体运营效益和盈利能力,不断为股东创造价值。

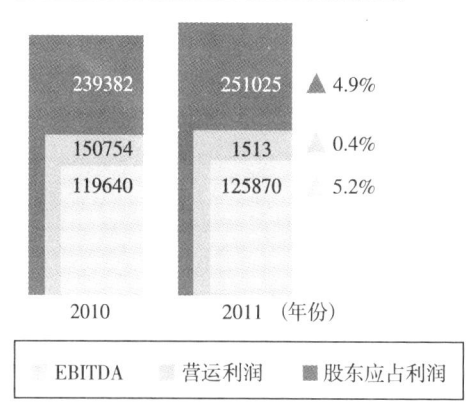

图 2-3-14 中国移动 EBITDA、营运利润及股东应占利润变动

4. 资金管理、现金流、资本结构及债信评级

(1)资金管理和现金流。中国移动一贯坚持稳健审慎的财务政策和严格的资金管理制度。为进一步保障现金安全、提升资金使用效率并降低资金成本,中国移动继续加大资金集中管理力度,合理调度整体资金,使内部资金得以更加充分有效运用。中国移动透过高度集中的投融资管理,严格控制对外投资,确保资金的安全与完整。

2011年度,中国移动继续保持了强劲的现金流,经营业务现金流入净额达到2268亿元,自由现金流达到 982 亿元。截至 2011 年末中国移动现金及银行结存余额为 3331 亿元，其中人民币资金占 98.8%，美元资金占 0.2%，港币资金占 1.0%。中国移动在保证运营所需资金的基础上，通过发放委托贷款的方式对所持现金进行保值增值管理，2011 年 12 月 31 日，委托贷款余额为 140 亿元，中国移动对委托贷款进行严格的风险管控，发放对象均为内地大型国有企业，资金风险极低。稳健的资金管理和充裕的现金流为中国移动的长远发展奠定了良好的基础。

（2）资本结构。2011 年末，中国移动长、短期借款合计为 303 亿元，总借款占总资本的比重为 4.5%，反映出本集团财务状况继续处于十分稳健的水平。总借款中，人民币借款（主要为人民币债券）占 22.0%，美元借款（主要为收购八省、十省的递延对价的结余）占 78.0%。中国移动所有借款中 78.2% 为浮动利率借款。中国移动于 2011 年实际的平均借款利息率约为 1.81%，实际的利息保障倍数约为 281 倍，反映出中国移动一贯审慎的财务风险管理政策、强劲的现金流及雄厚的偿债能力。

（3）债信评级。目前中国移动拥有穆迪 Aa3/前景正面和标普 AA-/前景稳定的评级，分别保持与中国国家主权评级相同，如图 2-3-15 所示，体现了中国移动雄厚的财务实力、良好的业务潜力和稳健的财务管理已得到市场更深层次的认可。

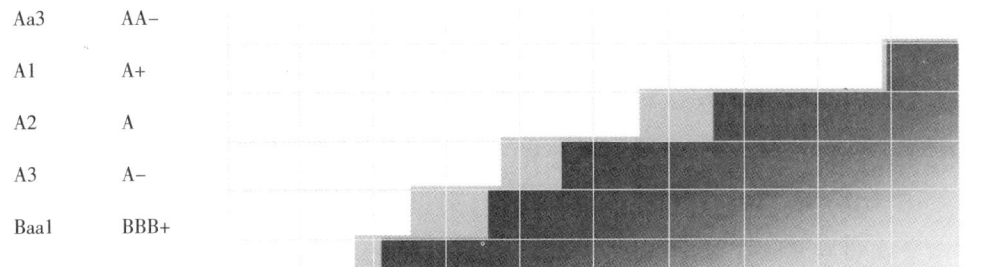

图 2-3-15　中国移动债信评级

5. 公司股息

基于 2011 年全年良好的经营业绩以及考虑到中国移动未来的长期发展，按照 2011 年全年 43% 的利润派息计划，中国移动董事会建议就截至 2011 年 12 月 31 日的财政年度派发末期股息每股 1.747 港元，连同已派发的中期股息每股 1.580 港元，全年股息每股共 3.327 港元，如图 2-3-16 所示。

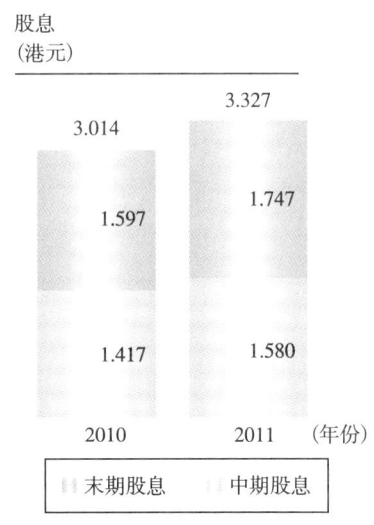

图 2-3-16　中国移动 2010 年和 2011 年股息

2012年，考虑到各项相关因素，包括中国移动整体财务状况、现金流产生能力和未来持续发展的需要，中国移动计划2012年全年的利润派息率为43%。

（七）内控与风险管理

1. 内部审计

中国移动内部审计通过运用系统化和规范化的审计程序和方法，对公司各项经营活动和内部控制的适当性、合规性和有效性进行独立、客观的监督、评价并提供咨询服务，协助改善公司治理、风险管理和控制过程的效果，旨在增加公司价值、改善公司运营，促进公司持续健康发展，服务公司战略目标的达成。

中国移动及其运营子公司设有内审部，对公司及子公司各业务单位开展独立的内部审计工作。内审部主管直接向审核委员会汇报，并由审核委员会定期向董事会作出报告。内审部在执行职务时，可不受限制地查阅业务单位所有业务、资产记录及接触相关人员。

内审部搭建了公司内部审计范围框架，每年开展风险调查，基于风险调查结果制定内部审计项目滚动规划和年度审计计划，并与审核委员会检讨及议定年度审计计划及资源运用。内审部每年按照《索克斯法案》的要求，组织开展对公司与财务报告相关的内部控制进行内部测试，为管理层出具内部控制评估报告提供保证。

2011年，中国移动内部审计工作成效进一步增强，工作价值更加显著，有效发挥了监督、评价和服务职能，包括：

（1）以风险为导向，针对公司目前运营管理的核心关注点，对合作业务风险管理、营销资源使用管理等领域加强了审计和评估，促进精细化管理和风险防范水平的进一步提升。

（2）充分运用已有审计成果，注意加大整改力度，督促审计发现问题与高风险点的规范纠正和修补，实现业务流程设计和监控能力的提升，促进公司管理机制的完善。

（3）优化内部审计工作机制和完善管理流程、广泛运用先进审计技术方法，显著提高审计发展问题能力，总结和推广先进审计实践经验，促进局部审计成果向全网管理提升的转化。

（4）以实现内部审计集中化、标准化、信息化为目标，持续完善内部审计组织管理体系，将审计人员进一步集中管理，同时进一步规范审计流程和工作质量标准，深化质量控制，优化和加强内部审计信息系统应用，提升审计信息化水平。

2. 内部控制

中国移动董事会定期检讨中国移动内部监控的成效以合理保障公司的合法经营、资产安全，以及业务上使用或向外公布的财务资料的正确可靠。

中国移动采用美国COSO《企业内部控制综合框架》的标准框架，建立了一套严格的与财务报告相关的内部控制体系，完善了常态化的内部控制机制，有效防范了财务报告的错报、漏报和舞弊风险。同时，中国移动根据外部监管政策的要求以及公司内部各项业务、管理流程的发展和变化，系统化地检讨涵盖包括公司战略、财务、运营、市场、法律等方面的内控体系设计的合理性和有效性，并聚焦业务运营的高风险领域和关键性控制，搭建融合内部控制和风险管理等要求的内控及风险管理体系框架。在确保控制要求不降低的情况下，重点关注主要的业务流程中的风险点，删除某些繁琐、效率不高的流程或控制点，合并同质业务流程、业务环节和业务操作，进一步改善内控措施的执行效率和效果，提升公司整体风险管理水平。此外，中国移动积极推进内控管理信息系统的应用工作，及时监控相关业务单元的内控遵循情况，提升管理工作效率，保障内控责任的有效落实。

依据中国移动管理层作出的评估，中国移动管理层认为，中国移动于2011年12月31日与财务报告相关的内部控制确属有效，并可对财务报告工作的可靠性，以及就报告目的并按照公认会计原则所编制财务报表的工作，作合理的保证。

（八）人力资源发展

截至2011年底，中国移动的员工人数达到175336人。中国移动于2011年首次编制及搭建起人力资源管理数据的静态与动态分析框架，初步实现人力资源信息数据的决策支持作用，形成面向各省公司的人力资源管理工作内部对标体系，有针对性地引导各单位改进能力、提升管理水平。面向公司业务发展要求，全面开展人力资源配置效率指标体系分析工作，指导各省公司优化结构，不断优化人力资源配置效率。结合公司转型和业务发展对人才的实际需要，在全面掌握公司人才资源信息、分析现状和存在问题的基础上，阐明了人才工作的总体框架思路，提出以建设经营管理人才、专业技术人才、营销服务人才、职能管理人才四支队伍为重点，为造就一支结构合理、素质优秀、能力突出、贡献显著的人才队伍提供制度保障。

1. 关爱支持员工成长

作为生产力最活跃的因素，员工成长与企业未来发展相辅相成。中国移动积极创新人力资源管理模式，保障员工权益，关爱员工身心健康，为员工搭建展示才华的优秀平台。中国移动结合班组长、内训师和网络高级技术人员等人群学习交流的需要，开辟了学习社区，为他们提供知识分享和经验交流的平台。拓展培训合作方式，加大海外培训力度，并将行动式学习引入到高管培训中。2011年中国移动全集团培训员工97.5万人次，其中中高层管理人员达到9322人次参加培训，人均培训时间达57.4小时。

此外，中国移动完善了一系列的人才管理和成长制度，如制定《总部员工下基层交流任职管理办法》，鼓励总部员工充实基层管理经验；组织开展任职资格体系建设工作；结合任职资格要求开展员工培训；探索建立员工岗位认证体系，并分专业启动岗位认证工作，推动员工培养与职业发展的结合。

2. 关怀增进员工幸福

中国移动密切关注员工身心健康，定期组织员工体检，并全面推行员工帮助计划（EAP）。2011年，EAP项目已覆盖中国移动的31个省级公司。在陕西，中国移动立足"深化员工关爱"，以"EAP·心·关爱"为主题，构建了三位一体的"金字塔式"EAP项目服务体系：

（1）"基础服务层"：面向全体员工的最基本的服务内容，坚持常态化发展，以心理咨询专家为支撑，持续、健康地为员工排忧解难；以网站为依托，多维度、常态化地实施心理健康宣传。

（2）"骨干培养层"：建立了企业内部的服务支撑网络作为保证项目落地执行的中坚力量。30名EAP专员和303名"快乐蒲公英"成员与外部服务专家一起，保证了服务的专业化与项目执行落地。

（3）"专项服务层"：根据实际需求，面向重点群体提供专项化服务，管理岗位专项服务使管理者成为EAP项目的中坚力量。同时，支撑服务人员也是心理帮助与关爱的重点对象。

（九）企业社会责任

1. 打造优质畅通网络

2011年，中国移动创新核心技术，完善管理与激励手段，持续优化网络质量：

（1）中国移动首次开展第三方网络质量客户满意度专项调查和研究，并创建公司网络质量客户满意度指数，分析影响客户网络感知的关键因素，不断提升网络运行质量和可靠性。

（2）在全网开展"中国移动网络质量竞赛"，在全网层面共发现问题98268个，解决91104个，解决率92.7%；全网总结优秀案例、科技创新、最佳实践等合计5404项。

（3）建立了国内首个能够实现测试数据与优化分析集中处理的自动测试系统，并首次实现了全国325个地级以上城市网络质量的自动测试，全年测试效率是原有人工测试的40倍以上。系统投入使用以来，共测试发现并解决网络质量问题点44000余个。

2. 全力保障放心消费

（1）确保透明消费。2011年初，中国移动在国内率先推出"业务扣费主动提醒"和"增值业务0000统一查询退订"两项"透明消费"举措。客户订购增值业务后，在扣费之前能够得到短信提醒，且只要发送"0000"到10086，就能便捷地查询和退订已订购的包月类增值业务。该举措充分保障了手机客户的知情权和选择权。

2011年底，中国移动宣布从2012年1月1日起，对新入网客户不再推出设置话费有效期的产品，而"有效期限制"的存量客户将在2012年第二季度后可进行自主选择。

（2）倡导健康通信。中国移动组建专门机构，配备专职人员，持续开展不良信息治理工作，着力净化网络环境，打造绿色通信文化。

2011年，中国移动稳步推进手机淫秽色情信息治理工作，已发现并封堵43万多个域名，有效净化了网络文化空间，保护青少年健康成长。

2011年，中国移动积极探索垃圾短信集中治理模式，全面提升治理水平。截至2011年12月，在被举报的垃圾短信号码中，中国移动号码占比（22%）比上年下降了11%。据中国移动10086999垃圾短信举报平台统计，2011年度月均垃圾短信被举报量比上年下降38%。

3. 创新便民利民服务

中国移动利用自身的信息技术优势，积极推动"无线城市"建设，将"无线城市"和政务、公共事业、交通、医疗、教育、就业、金融、消费购物等紧密联系起来，同时大力推进手机媒体化和多用化。截至2011年底，中国移动已与31省、自治区、直辖市，217个城市完成"无线城市"战略合作协议的签订，全国布局基本完成，覆盖十大类50项重点应用。

在典型应用方面，26个省已经实现或正在进行位置能力接入，重点关注周边搜索，公交/自驾查询、WLAN热点、实时路况等应用与位置能力的结合，提供"一站式出行应用服务"；29个省已着手开发手机支付功能，并重点关注公共事业缴费、交话费、团购、电影票订购等应用；在北京、广州、南京、重庆、福州、南昌、太原、西安等城市，通过访问"无线城市"，公众可查看多家医院的科室、医生及挂号源信息，并进行预约挂号。

4. 助力构建和谐社区

2011年，中国移动进一步完善中国移动慈善基金会管理，完成了基金会的《2011~2013年发展

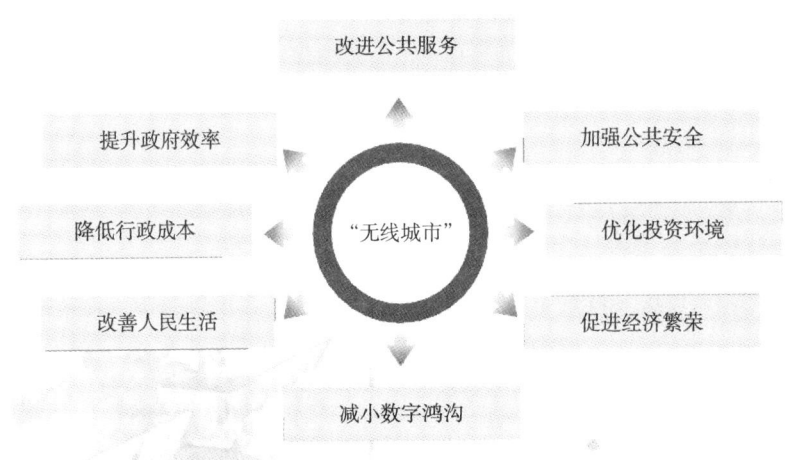

图 2-3-17 "无线城市"应用分布

规划》编制,将公益慈善活动关注的重点集中在扶助弱势群体、支持教育、健康救助和赈灾等方面。在大力开展公益项目的同时,积极倡导员工参与志愿活动,鼓励员工投身公益,促进社区和谐发展。2011年,中国移动荣获"中国儿童慈善奖突出贡献奖",并连续四年荣获"中华慈善奖"。

此外,依托中国移动庞大的客户基础和服务体系,中国移动积极搭建更加广泛的社会公益援助平台。目前,中国移动共为包括中国妇女发展基金会、中国儿童基金会等在内的11家公益基金会开通用于公益捐款的短信业务,为大型公益活动提供了便捷的小额捐赠渠道。截至2011年底,已经协助上述基金会募集超过1100万的短信捐款。

(十) 前景展望

展望未来,宏观经济的平稳增长,经济结构转型和消费结构升级的加快,不断继续激发传统通信需求,还将促进新型信息消费需求,信息通信服务市场蕴藏着巨大发展潜力;信息通信技术向宽带化、移动化、融合化的方向加速发展,智能终端日益普及,推动信息应用服务市场迅速成长,扩展了通信业的边界,将为中国移动带来新的价值来源;国家鼓励自主创新,中国主导的TD-LTE技术取得新突破,产业化、商用化加快推进,将为中国移动未来发展带来新的动力。

同时,信息通信技术的不断融合发展,使产业生态环境发生较大变化,市场竞争更为多元化;移动互联网的持续快速发展,既为中国移动带来新的增长机会,也对中国移动运营带来新挑战;通信行业格局的变化,移动电话普及率的不断提高,将使行业竞争更为激烈。

面对机遇与挑战,中国移动将凭借全球最大的网络规模和客户规模,全面发挥在品牌价值、运营能力、管理经验、人才队伍等方面的优势,努力推动移动互联网发展,建立移动互联网产业主导地位;充分发挥四网协同效应,强化全业务发展的竞争能力,注重质量、服务、创新,全面增强核心能力;注重营销效率提升、数据流量经营、信息服务拓展,大力促进价值增长;注重机制变革、流程优化、组织保障,不断激发内在活力,促进企业持续健康发展。

附件一：中国移动财务报告（2011年）

1. 合并资产负债表

二零一一年十二月三十一日
（以人民币列示）

	附注	于2011年12月31日 人民币百万元	于2010年12月31日 人民币百万元
非流动资产			
物业、厂房及设备	14(a)	408165	385296
在建工程	15	56235	54868
预付土地租赁费		12798	12040
商誉	16	36894	36894
其他无形资产	17	818	813
联营公司权益	19	43794	40175
合营公司权益	20	7	8
递延税项资产	21	10913	9720
已抵押银行存款	22	122	162
其他金融资产	23	127	127
		569873	540103
流动资产			
存货	24	7944	4249
应收账款	25	9165	7632
其他应收款	26	19483	7026
预付款及其他流动资产	26	12854	10151
应收最终控股公司款项	27	170	293
预付税款	11(c)	91	135
已抵押银行存款	22	32	—
银行存款		246687	204803
现金及现金等价物	28	86259	87543
		382685	321832
流动负债			
应付账款	29	116266	111646
应付票据		1616	502
递延收入	30	51753	43489
应计费用及其他应付款	32	92362	85716
应付最终控股公司款项	27	285	15
应付直接控股公司款项	27	33	35
带息借款	31(a)	—	4981
融资租贷承担	33	68	68
税项	11(c)	10861	9178
		273244	255630
净流动资产		109441	66202

续表

	附注	于2011年12月31日 人民币百万元	于2010年12月31日 人民币百万元
资产总值减流动负债结转		679314	606305
承前资产总值减流动负债		679314	606305
非流动负债			
带息借款	31(a)	(28617)	(28615)
递延收入（不包括即期部分）	30	(261)	(248)
递延税项负债	21	(17)	(39)
		(28895)	(28902)
资产净值		650419	577403
资本及储备			
股本		2140	2139
储备		646924	574018
本公司股东应占总权益		649064	576157
非控制性权益		1355	1246
总权益		650419	577403

2. 合并损益表

截至二零一一年十二月三十一日
（以人民币列示）

	附注	2011年 人民币百万元	2010年 人民币百万元
营运收入（营业额）	3		
语音业务		364189	343985
数据业务		139330	120768
其他		24480	20478
		527999	485231
营运支出			
电路租费		5188	3897
网间互联支出		23533	21886
折旧	14(a)	97113	86230
人工成本	4	28672	24524
销售费用		96830	90590
其他营运支出	5	125364	107350
		376700	334477
营运利润		151299	150754
其他收入净额	6	2559	2336
营业外收入净额	7	571	685
利息收入		8413	5658
融资成本	8	(565)	(902)
应占联营公司利润		4306	558
应占合营公司亏损	20	(1)	(18)
除税前利润		166582	159071

续表

	附注	2011年 人民币百万元	2010年 人民币百万元
税项	11（a）	（40603）	（39047）
本年度利润		125979	120024
本年度其他收益			
境外企业的财务报表汇兑差额		（311）	（135）
应占联营公司其他综合收益		（229）	—
本年度总收益		125439	119889
股东应占利润			
本公司股东		125870	119640
非控制性权益		109	384
本年度利润		125979	120024
股东应占总收益			
本公司股东		125332	119505
非控制性权益		107	384
本年度总收益		125439	119889
每股盈利—基本	13（a）	人民币6.27元	人民币5.96元
每股盈利—摊薄	13（b）	人民币6.20元	人民币5.89元

3. 合并现金流量表

截至二零一一年十二月三十一日
（以人民币列示）

	附注	2011年 人民币百万元	2010年 人民币百万元
经营业务			
除税前利润		166582	159071
调整：			
——物业、厂房及设备折旧	14（a）	97113	86230
——其他无形资产摊销	5	54	62
——预付土地租赁费摊销		325	298
——出售物业、厂房及设备亏损	5	3	—
——物业、厂房及设备注销	5	5853	2763
——呆账减值亏损	5	3548	4019
——存货减值亏损	5	87	55
——利息收入		（8413）	（5658）
——融资成本	8	565	902
——非上市证券之股息收入	7	（13）	（17）
——应占联营公司利润		（4306）	（558）
——应占合营公司亏损		1	18
——未实现汇兑亏损净额	7	9	6
营运资金变动前的经营业务现金流		261408	247191
存货增加		（3492）	（457）

续表

	附注	2011年 人民币百万元	2010年 人民币百万元
应收账款增加		(4865)	(5232)
其他应收款（增加）/减少		(258)	170
预付款及其他流动资产增加		(2613)	(1087)
应收最终控股公司款项减少/(增加)		123	(268)
应付账款增加		651	5704
应付票据增加/(减少)		614	(1)
递延收入增加		8277	7847
应计费用及其他应付款增加		6719	16369
应付最终控股公司款项增加		270	11
经营业务现金流入		266834	270247
税项			
——已付香港利得税		(134)	(99)
——已付中国企业所得税		(39944)	(38769)
经营业务现金流入净额结转		226756	231379
承前经营业务现金流入净额		226756	231379
投资业务			
资本开支		(123331)	(113203)
预付土地租赁费		(1083)	(1135)
购置其他无形资产所付款项		(85)	(162)
出售物业、厂房及设备所得款项		123	12
银行存款增加		(41884)	(19190)
已抵押银行存款的增加		—	(162)
新发委托贷款		(14000)	(2700)
收回委托贷款		2700	—
已收利息		7593	4588
支付联营公司的投资款项		—	(39617)
支付合营公司的投资款项		—	(20)
购置子公司所得款项（扣除收购所得现金及现金等价物）		140	—
已收联营公司之股息		458	—
已收非上市证券之股息		13	17
投资业务现金流出净额		(169356)	(171572)
融资业务			
行使认股权计划发行股份所得款项	36(c)(N)	136	93
已付利息		(651)	(919)
已付本公司股东股息	36(b)	(52575)	(50201)
已付非控股股东股息		—	(24)
偿还债券及其他贷款		(5330)	—
融资业务现金流出净额		(58420)	(51051)
现金及现金等价物净（减少）/增加		(1020)	8756
年初现金及现金等价物		87543	78894
外资汇率变动的影响		(264)	(107)
年末现金及现金等价物	28	86259	87543

附件二：中国移动大事记

2000年4月20日，中国移动通信集团公司根据国家关于电信体制改革的部署和要求，在原中国电信移动通信资产总体剥离的基础上组建成立。中国移动通信集团公司全资拥有中国移动（香港）集团有限公司。

2000年10月4日，中国移动（香港）有限公司与Vodafone Group Plc达成了一项策略投资者配售协定，Vodafone Group Plc购入25亿美元中国移动（香港）有限公司的新股。

2000年11月3日，中国移动（香港）有限公司完成约68.85亿美元的股票发行和6.9亿美元的于2005年到期的美元可转换票据的发行。中国移动（香港）有限公司亦通过银团贷款，融资125亿元人民币。

2000年11月13日，中国移动（香港）有限公司正式完成收购北京移动、上海移动、天津移动、河北移动、辽宁移动、山东移动和广西移动的权益。

2001年6月18日，中国移动（香港）有限公司通过其全资子公司广东移动在中国内地发行了总额50亿元人民币债券，并在2001年10月23日于上海证券交易所成功挂牌上市。

2002年7月1日，中国移动（香港）有限公司完成收购四川移动、湖北移动、湖南移动、陕西移动和山西移动的权益。

2002年10月28日，中国移动（香港）有限公司通过其全资子公司广东移动，在国内再次发行了总额80亿元人民币债券。

2003年1月22日，中国移动（香港）有限公司通过其全资子公司在中国内地发行的80亿元人民币债券在上海证券交易所成功挂牌上市，市场反应热烈。

2004年7月1日，中国移动（香港）有限公司正式完成收购内蒙古移动、吉林移动、黑龙江移动、贵州移动、云南移动、西藏移动、甘肃移动、青海移动、宁夏移动、新疆移动、中国移动通信有限公司和北京移动通信设计院有限公司的权益，成为第一家在中国国内所有31个省（自治区、直辖市）经营电信业务的海外上市中国电信企业。

2004年11月5日，王晓初先生辞去移动公司的执行董事、董事长兼首席执行官职务。经移动公司董事会及提名委员会会议批准，王建宙先生被委任为移动公司的执行董事、董事长兼首席执行官，主持移动公司全面管理工作。

2005年11月10日，中国移动（香港）有限公司提出以自愿有条件现金收购要约方式，通过全资附属公司Fit Best Limited收购华润万众电话有限公司全部已发行股份。

2006年3月28日，中国移动（香港）有限公司正式完成对前华润万众电话有限公司的收购和私有化，该公司后改名为中国移动万众电话有限公司。中国移动万众电话有限公司成为中国移动（香港）有限公司全资拥有的子公司。中国移动万众电话有限公司其后改名为中国移动香港有限公司。

2006年5月29日，中国移动（香港）有限公司改名为中国移动有限公司。

2006年6月8日，中国移动有限公司与新闻集团及星空传媒签订战略合作备忘录，在无线多媒体领域建立长期战略合作伙伴关系。

2007年10月22日和23日，中国移动有限公司分别于纽约交易所和香港交易所成功挂牌上市10周年纪念。

2008年5月23日，中国铁通集团有限公司有限公司并入中国移动通信集团公司，成为其全资子公司，保持相对独立运营。

2009年4月29日，中国移动有限公司与台湾远传电信股份有限公司（远传电信签订股份认购协议，其将通过全资子公司认购远传电信444341020股股份，占远传电信扩大后已发行股本的12%。

2010年3月10日，中国移动通信集团公司全资子公司广东移动与上海浦东发展银行股份有限公司（浦发银行）签订了股份认购协议，以395亿元人民币认购浦发银行20%股权。股份认购于10月完成交割。

2010年4月30日，中国移动在台设立的子公司纵信股份有限公司。中国移动拟通过该子公司入股台湾远传。

2011年11月25日，中国移动有限公司与浦发银行签署了《战略合作协议》，正式介启移动金融及移动电子商务领域的合作。

CéSAR Alierta Izuel
西班牙电信集团董事长兼首席执行官

1945年5月5日，César Aliertal zuel先生出生于西班牙萨拉戈萨市（Zaragoza）。1967年获得萨拉戈萨大学法律学士学位，1970年获得哥伦比亚大学（纽约）MBA学位。

2000年7月，Alierta先生成为Telefonica.S.A.的执行主席，同时担任TelecomItalia.S.p.A、中国联通（香港）有限公司以及国际统一航空集团（IAG）的董事会成员。他还是哥伦比亚商学院校监委员会成员以及UnED（国立西班牙远程教育大学）的社会理事会主席。

Alierta先生于1970~1985年在马德里BancoUrquljo担任资本市场部总经理。1985~1996创建BetaCapital，并担任董事长。1996年6月~2007年7月，担任Tabacalera公司首席执行官，TabacaleraS.A.在与法国烟草公司Selta合并后成立Altadis.S.A。2000年至今，担任西班牙电信董事长兼首席执行官。

2005年9月，西班牙—美国商会在纽约授予Alierta西班牙全球企业家奖，该奖项用于表彰其领导Telefonica进入道琼斯全球泰坦50指数。2009年，马德里—意大利商会为奖励Alierta带领Telefonica成为西班牙跨国公司的"领头羊"，授予其Tiepolo奖项。2010年6月，美国商会在纽约授予Alierta金奖，以表彰其为拉丁美洲的发展做出的巨大贡献。

Telefonica 为西班牙电话公司（Telefónica of Spain）的西班牙文缩写。

四 西班牙电信公司可持续发展报告（Telefonica）

（一）公司简介

西班牙电信是世界顶级运营商之一，向全世界 25 个国家、超过 3 亿的用户提供通信、信息和娱乐服务，是西班牙和葡萄牙地区语音市场的领先者。2011 年，西班牙电信又扩大了其国际化的范围，进一步巩固其电信行业领导者的地位。在世界 500 强的排名中，西班牙电信是世界第三的电信公司，以市场价值作为标准，西班牙是世界第七、欧洲第一大运营商，在全世界各地员工总数超过 290000 名。

西班牙电信于 1994 年 1 月在马德里证券交易所上市交易。截至 2011 年 12 月 31 日，公司权益资本全部为上市流通股，普通股股数为 4563996485 股，比较重要的股东有 Cajade Ahorrosy Pensionesde Barcelona（LaCaixa）、Banco Bilbao Vizcaya Argentaria. S. A. （BBVA）以及 Blackrock，持股比例分别为 5.658%、5.410% 和 3.884%。另外，西班牙电信在许多证券交易所上市交易，包括伦敦、巴黎、法兰克福、东京、纽约、圣保罗、利马的股市和伦敦的 SEAQ 国际股票交易系统。

2011 年，公司总收入为 628.37 亿欧元，净利润达到 61.87 亿欧元，基本每股盈余为 1.20 欧元/股，2010 年 12 月 30 日收盘价格为 13.39 欧元，市盈率为 11.16，总资产报酬率为 4.77%。

（二）公司战略

2011 年，西班牙电信为了其长远的发展，于 2010 年启动的 "bravo! Program" 战略的基础上加入全新的发展元素，启动全新项目 "bravo! + Programme"。

1. 战略转型项目

2011 年年初，西班牙电信启动了战略转型项目，此项目主要是基于部门和西班牙竞争优势，项目实施周期长达一个夏天。在此期间，西班牙电信的连接性、商业模式、网络解决方案、价值链变革以及个性化服务等多个方面得到了全新的评估，举办了全体会议、网上讨论和集团会议等一系列活动，主要成果包括：

（1）远期愿景——"西班牙电信 2020"。西班牙电信明确了其加强客户关系以及引领数字化体验的愿景，提出以全面优质的产品和服务驱动数字化生态系统的建设，在客户中传播和灌输服务热情。

（2）新的组织架构。新的组织架构主要包括两大部分：业务部门和为整个企业服务的职能部门，这两大部门各自拥有不同的战略目标：两大业务部门（欧洲和拉丁美洲）的主要使命是更加了解客户，使西班牙电信成为其所有业务范围内最优秀的电信运营商；对于职能部门而言，西班牙电信数字部主要关注公司的市场定位、产品研发、拓展市场以及产品和业务组合，全球资源部则负责引导公司成为世界级企业，提高公司运营的灵活性和责任性。

（3）转型计划。西班牙电信的转型计划主要包括七个战略维度：客户导向、产品和服务、价格、互联网模式、网络建设、效率以及容量。后续的行为都会遵循结构性规定，并且后续战略也会持续更新。

2. 新项目——"bravo! +Programme"

2011年10月,西班牙电信召开第六届执行委员会会议,确定了转型的实施原则并正式启动新项目——"bravo! +Programme",接下来,欧洲和拉丁美洲各个业务部门也将加入到这个全新的计划中来。这一新项目主要强调以下三点:抓住加快世界数字化进程的机会;提高企业的盈利能力和可持续发展能力;简化业务流程以优化决策流程。总体来看,这个新项目主要包括五个维度:

(1)更加客户化(+customer):向知识型公司转变。目标:为客户提供更好的服务体验,并把我们的知识转化为客户和公司本身共同的优势,把客户信息转变成公司的新资产,领导公司向知识型公司转变。

西班牙电信的战略在于以目前的客户数量为基础,抓住市场中的增长机会,尤其是高增值客户。截至2011年,西班牙电信客户接入数同比增长近7%,主要增长来源于移动宽带业务和签约业务的增长,集团的宽带客户数量达到3800万,是2010年的1.6倍,市场占有率达到16%。客户是西班牙电信成功的重要因素之一,未来几年的主要增长策略将重点关注为客户提供更好的服务体验,主要包括以下几点:提高智能手机市场占有率;以高速的网络运营和丰富的IP服务保证固定业务的市场地位;抓住云计算、在线医疗等数字化发展的机会。

(2)更加数字化(+digital):全新的增长机会。目标:明确西班牙电信在数字业务市场的定位,抓住全新的增长机会,推动创新。

2011年,西班牙电信数字部(Telefonica Digital Unit)正式成立,增加了公司在技术研发方面的投资,总额达到50.91亿欧元。未来数字化的发展趋势包括以下三点:数字服务需求不断增加;智能手机大众化,高速网络流行化;各个公司对于数字技术的运用越来越多。这就为电信产业的发展提供了巨大的机会和挑战。这也是西班牙电信在2011年实施转型的原因。西班牙电信在未来将进一步加大在云计算、移动广告、M2M、在线医疗以及财务业务等方面的投资。

(3)更加全球化(+global):提供最好的服务。目标:向用户提供最好的服务,提高企业盈利能力。

2011年9月,西班牙电信的全球资源部正式成立,主要目的包括提高企业盈利能力和可持续发展能力。此战略的第一步主要包括四个项目:全球标准化供应;扩大国际市场份额;建立全球共享服务中心;构建全新人力资源运营模式。全球资源运营部工作内容主要包括运营与网络、信息技术、采购、全球解决方案、集团业务和人力资源六个部分,利用规模经济原理,通过简单化、标准化和综合化的方式向客户提供更好的服务,以最好的工作团队提高企业的盈利能力。

(4)更加灵活化(+agile):及时的回应和决策。目标:以直接且专注的方式及时做出决定并实施。要求实现组织架构的灵活化和清晰性,减少官僚气息。

这一部分的战略主要是指对其企业组织架构的重建以及人力资源的全面发展,西班牙电信尝试以灵活的组织架构及时处理运营过程中遇到的问题,关注员工的满意度和激励制度,改善员工的工作环境,注重员工的培训和发展。

(5)更加领先化(+leader):追求卓越。目标:致力于成为最好的电信运营企业。挑战自我、不断进步,向客户传递激情和正面力量,追求卓越。

此战略主要是指西班牙电信对股东的不断回馈。目前,西班牙电信在以公司市场价值作为评价标准的排名中名列第七,2011年向股东派发了超过 72 亿欧元的股利，其中包括 68.52 亿欧元的现金股利和 3.86 亿欧元的股份回购，占 2011 年自由现金流的 78%以及市场价值的 9%。2012 年西班牙电信预计总体股东回报将达到每股 1.5 欧元。此外，西班牙电信也将通过战略联盟、丰富产品组合、推进企业可持续发展等方式提高其领导地位。

（三）公司治理

1. 董事会

董事会在董事会成员的支持下，遵循公司治理规章制度进行活动。这些公司治理章程来自于公司章程、股东大会章程和董事会法规。Telefonica 董事会是监督和控制公司活动的机构，对公司政策和总体战略有至高无上的权力。其所作的政策包括：与公司治理相关的政策、企业社会责任决策、董事会成员和高层管理者薪金以及对股东的回报决策。遵循公司规章制度，董事会委派 Telefonica 的执行机构及其管理团队执行日常业务管理工作。根据具体的监督和检查范围的情况，董事会随时调整下设的八个委员会以支持正常的业务活动。董事会每天向监督机构和管理团队提交每日的业务管理报告。董事会成员及其分管领域如图 2-4-1 所示：

董事会及其委员会组成	董事类型	委员会主任	审计和内控	任命、报酬及优秀员工管理	人力资源、声誉和公司责任	管制	服务质量和商业计划	国际事务	创新	战略
César Alierta Izuel (Executive Chairman)	●	√								
Isidro Fainé Casas (Vice-chairman)	●	√								
Jose Maria Abril Pérez (Vice-chairman)	●	√						√	√	
Julio Linares lopez (Chief Operating Officer)	●	√							√	
Jose Femando Almansa Morenos-Barreda	○				√			√		√
Jose Marta Aivarez-Pallete Lopez	●									
David Arculus	●					√	√			
Marta Eva Castillo Sanz	●					√				√
Carlos Colomer Casellas	●	√	√			√		√		
Peter Erskine	○	√	√						√	√
Alfonso Ferrari Herreno	●	√	√		√					
Luis Fernando Furlan	●						√			
Gonzalo Hinojosa Femandez de Angulo	●	√	√		√		√	√		√
Pablo Ista Alvarez de Tejera	●			√	√					
Antonio Massanell Lavilla	●		√		√			√		
Ignacio Moreno Martinez	●									
Francisco Javier de Paz Mancho	●	√			√	√	√			
Chang Xiaobing										
Ramiro Sanchez de Lerin (Seretary)										
Mariz Luz Medrano Araguren (Vicesecretary)										

● 执行董事　　● 提名董事　　● 独立董事　　○ 其他外部董事

图 2-4-1　西班牙电信公司董事会及其委员会组成

2. 管理团队

2011年，为了进一步体现其在全球数字产业的实力，西班牙电信对公司的组织架构做出了较为彻底的变革。这个全新的组织架构由九人组成执行委员会负责监督，主要负责集团战略的制定以及企业绩效的管理。这个执行委员会的九名成员包括：首席执行官、首席运营官、西班牙电信数字部总监、两大业务部门（欧洲和拉丁美洲）的总监、全球人力资源部总监、财务总监以及两名分别负责法律和技术的高级秘书。执行委员会引入了变革委员会的支持和服务，这个全新因素引入的目的在于保证变革的措施能够得以实施。

3. 股权结构

目前为止，西班牙电信的总股本为4563996485欧元，总股数为4563996485股，总投票权为4563996485，每股拥有同样的投票权，截至2011年4月3日，集团股东总数为1468688名，包括个人股东和法人股东。

目前为止，公司的所有数据显示，没有任何一个自然人或法人能够单独完全控制整个西班牙电信，几个直接或间接持有公司股份的重要股东见表2-4-1。

表2-4-1 西班牙电信重要股东持股情况

股东姓名或公司名称	直接投票权数量	间接投票权数量	总投票权（%）
Banco Bilbao Vizcaya Argentaria.S.A.	257947943	269194	5658
Caja de Ahorrosy Pensiones de Barcelona "la Caixa"	0	246898917	5410
Blackrock.Inc.	0	177257649	3884

（四）市场概览

西班牙电信在全球25个国家运营，用户总数超过3.066亿，2011年总收入达到628.37亿欧元，其中72%以上的业务收入来自西班牙以外的市场，其中，西班牙电信在拉丁美洲地区的业务接入总数达到2.01亿次，欧洲地区的用户接入总数达到1.05亿次，考虑到和中国联通以及意大利电信的战略联盟，西班牙的用户总数达到8.08亿。

1. 按业务地区分解的业务收入概览

如图2-4-2所示，拉丁美洲地区的收入占集团总收入的比例达到46.5%，远远领先于其他地区，西班牙和欧洲地区分列其后，占比分别为27.5%和24.7%。

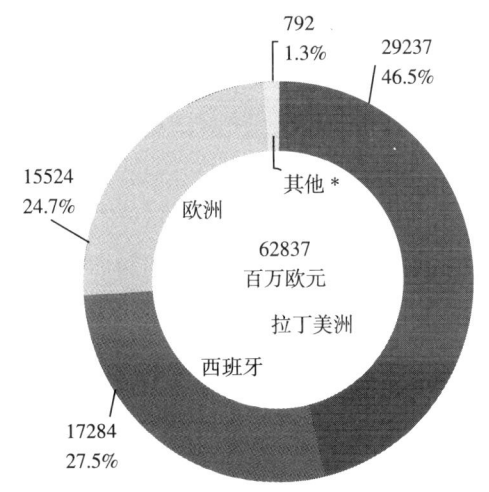

图2-4-2 西班牙电信2011年按地区分解的收入概况对比

2. 各业务地区业务开展情况

2011年西班牙电信的用户总数达到3.07亿，拉丁美洲、欧洲和西班牙三个业务地区所经营业务的用户数具体情况如2-4-2所示。

表 2-4-2 拉丁美洲、欧洲和西班牙各业务用户数

	固定电话	数据和网络	移动业务	付费电视	固定无线业务
拉丁美洲					
阿根廷	4611	1631	16767	—	—
巴西	10977	3943	71554	699	—
中美洲	530	3	7563	—	—
智利	1848	887	9548	391	—
哥伦比亚	1481	620	11391	255	—
厄瓜多尔	—	—	4478	—	36
墨西哥	—	—	19742	—	745
秘鲁	2848	1120	13998	799	—
乌拉圭	—	—	1819	—	—
委内瑞拉	—	—	9439	114	883
欧洲					
德国	2055	2922	18380	83	—
斯洛伐克	—	—	1164	—	—
爱尔兰	—	24	1623	—	—
英国	216	620	22168	—	—
捷克共和国	1582	971	4942	136	—
西班牙	12305	5711	24174	833	—

注：表格中数据的单位为百万人次。

3. 集团各运营地区主要财务数据

表 2-4-3 西班牙电信主要运营地区 2010~2011 年主要财务数据对比

未审计数据（百万欧元）	1~12月		变化百分比			
	2011年	2010年	已报告	Drganic	2011年指标	指标完成情况
收入	62837	60737	3.5	0.1	"up to 2%"	0.1
西班牙	17284	18711	(7.6)	(7.6)		
拉丁美洲	29237	25756	13.5	5.0		
欧洲	15524	15724	(1.3)	(1.6)		
OIBDA	20210	25777	(21.6)	(5.1)		
西班牙	5072	8520	(40.5)	(12.0)		
拉丁美洲	10941	13713	(20.2)	(1.4)		
欧洲	4233	4030	3.8	(2.5)		
OIBDA 率	32.2%	42.4%	(10.3 p.p.)	(2.0 p.p.)	"upper 30's" Limited erosion y-o-y	36.1% (2.0 p.p.)
西班牙	29.3%	45.5%	(16.2 p.p.)	(2.2 p.p.)		
拉丁美洲	37.4%	53.2%	(15.8 p.p.)	(2.4 p.p.)		
欧洲	27.3%	25.9%	(1.3 p.p.)	(0.3 p.p.)		
经营利润	10064	16474	(38.9)	(9.6)		
西班牙	2984	6511	(54.2)	(16.8)		
拉丁美洲	6157	9759	(36.9)	(4.3)		
欧洲	1116	879	27.0	(0.9)		
净利润	5403	10167	(46.9)			
每股盈余（欧元）	1.20	2.25	(46.7)			
资本支出	10224	10844	(5.7)	3.3	-9000	0.819

续表

未审计数据（百万欧元）	1~12月		变化百分比			
	2011年	2010年	已报告	Drganic	2011年指标	指标完成情况
西班牙	2914	2021	4422.6	(12.6)		
拉丁美洲	5299	5455	(2.9)	6.6		
欧洲	1705	3152	(45.9)	(3.8)		
OPCF（OIBDA-CAPEX）	9986	14933	(33.1)	(9.8)	−9000	8819
西班牙	2158	6499	(66.8)	(16.5)		
拉丁美洲	5641	8258	(31.7)	(6.9)		
欧洲	2528	928	n.s.	(1.5)		

4. 战略联盟

西班牙电信加强和世界其他运营商的合作，通过战略联盟和产业联盟两种方式不断巩固和扩大其国际级运营商的领导地位。通过和中国联通以及意大利电信的战略联盟，西班牙电信的用户总数达到 8.08 亿，和 Zon 多媒体（Zon Multimedia）的产业联盟使得西班牙电信在葡萄牙电信市场找到立足点。

（1）西班牙电信与中国联通战略联盟。2011年1月23日，西班牙电信和中国联通就新一轮的股份交换达成协议，协议顺利签订主要目的在于加强在采购、移动业务平台、跨国公司业务以及信息技术研发等多个领域的合作。这一次的股份交换是价值约5亿美元的互惠投资，一旦投资完成，中国联通将通过收购西班牙电信21827499股库存股提高其股票持有量，作为此项收购的对应交易，西班牙电信将直接在股票市场上购买中国联通的股票。在上述股份交换完成之后，西班牙电信对中国联通的持股比例将达到9.57%，中国联通对西班牙的持股比例将达到1.37%。另外，西班牙电信也将在董事会提名一名代表中国联通的董事会成员。西班牙电信和中国联通将进一步加强在互联网业务方面的合作，包括研发 M2M（machine to machine）技术，共同建设 M2M 运营平台等。

（2）西班牙电信与意大利电信战略联盟。西班牙电信通过直接持有电信联盟46.2%的股份间接持有意大利电信10.5%的投票权。西班牙电信和意大利电信的战略联盟是欧洲最大的，总共涉及意大利以及其他8个欧洲国家的超过6000万用户。这一联盟也为运营协同项目的有效运行打下了坚实的基础，仅2008~2010年，这一项目就创造了超过13亿的价值，预计在未来三年将实现15亿欧元的效益。西班牙电信和意大利电信之间的合作涉及云服务、移动互联网等创新技术的研发以及基础设施的建设等多个方面。

（3）西班牙电信合作伙伴项目（Telefonica Partners Program）。西班牙电信的合作伙伴项目是西班牙电信在新的业务地区建立联盟的有效工具。基于之前和中国联通以及意大利电信的战略联盟的合作经验，2011年，西班牙电信正式启动"合作伙伴计划"（Partners Program），以此来扩大其与其他运营商的合作，尤其是那些在西班牙电信尚未涉足的地区或国家运营的电信运营商。

（五）业务概览

1. 移动电话

截至2011年年底，西班牙电信的移动电话用户总数达到2.387亿，同比去年增加8.4个百分点，拉丁美洲地区同比增长11.4%，是增长最快的地区。

西班牙电信在 2011 年重点关注高价值客户的引入，主要目标是协议用户，协议用户总数同比去年增加了 11%，占所有移动用户的 1/3。移动宽带接入次数在 2011 年年底达到 3800 万次，同比上年增加了 61%，占移动用户接入总数的 16%。

西班牙电信在欧洲的市场占有率达到了 31%，拉丁美洲地区的市场占有率有望增加 10%。

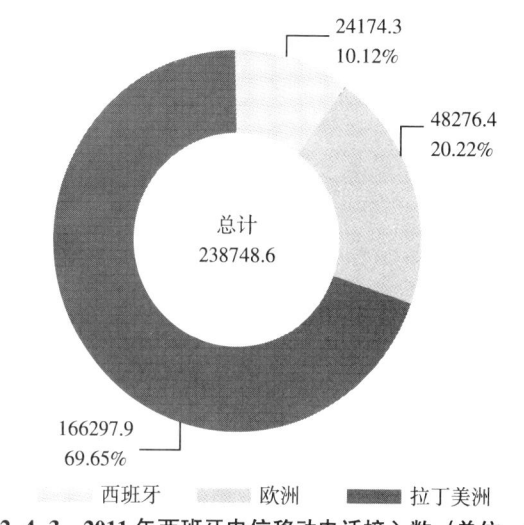

图 2-4-3　2011 年西班牙电信移动电话接入数（单位：千）

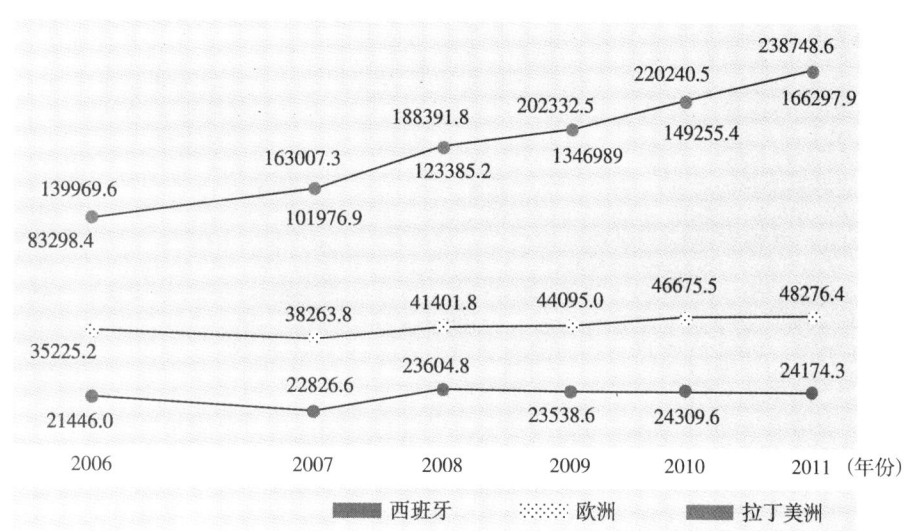

图 2-4-4　西班牙电信 2006~2011 年移动电话接入数

2. 数据和互联网

2011 年，数据和互联网用户接入数达到 1910 万人次，同比去年增长 2.8%。其中，宽带用户同比增长 5%，总数达到 1800 万，最大的增长区域是拉丁美洲，同比增长 7.9%。

数据和互联网接入成功发展的一个重要因素是固定语音、宽带业务和电视业务的绑定销售，极大地促进了西班牙和拉丁美洲地区的业务增长。截至 2011 年，将近 90% 的固定宽带用户使用的是两项或三项业务的组合。

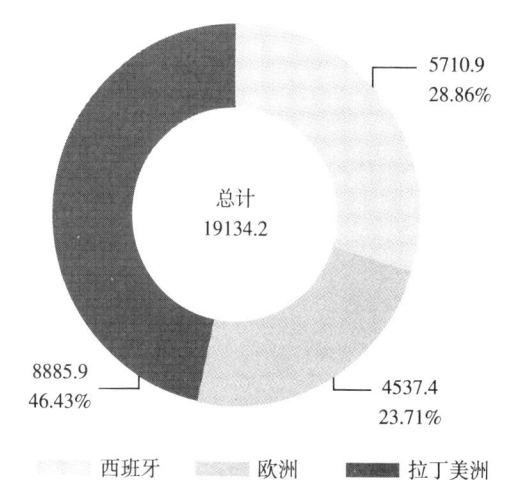

图 2-4-5　2011 年西班牙电信数据和互联网接入数（单位：千）

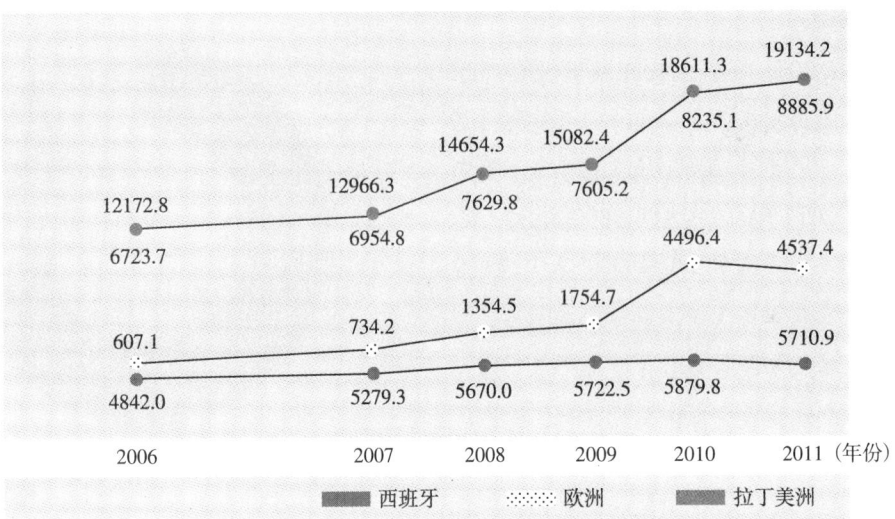

图 2-4-6　西班牙电信 2006~2011 年数据和互联网接入数（单位：千）

3. 付费电视

2011 年付费电视的增长率高达 18.7%，这一高速的增长主要归功于西班牙电信在拉丁美洲的合理商业定位，致使 2011 年净增长是 2010 年的三倍之多。

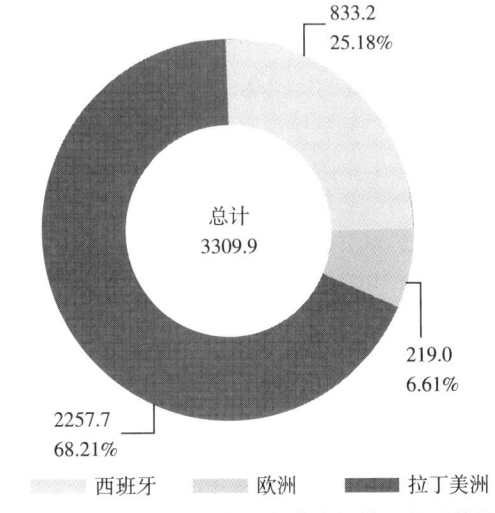

图 2-4-7　2011 年西班牙电信付费电视接入数（单位：千）

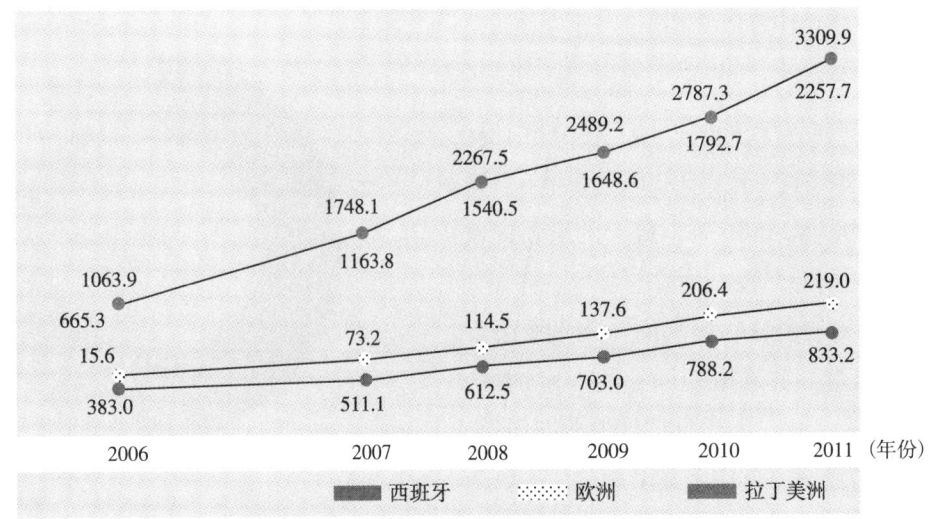

图 2-4-8　西班牙电信 2006~2011 年付费电视接入数（单位：千）

4. 固定电话

固定电话市场越来越成熟，2011年净接入数呈现负增长，下降速率一直保持在3.0%，用户总数减少了4010万。60%的用户来自拉丁美洲地区，同比上年增长了1%。

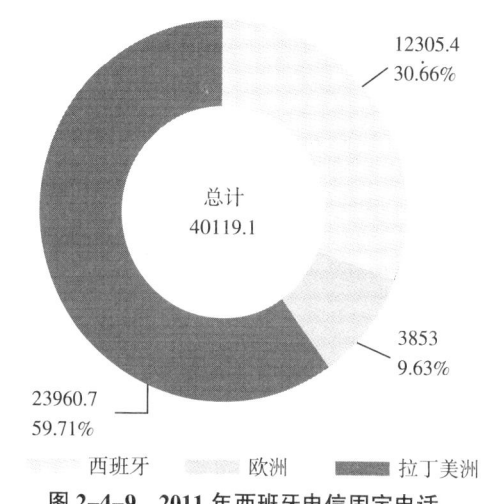

图 2-4-9 2011 年西班牙电信固定电话接入总数（单位：千）

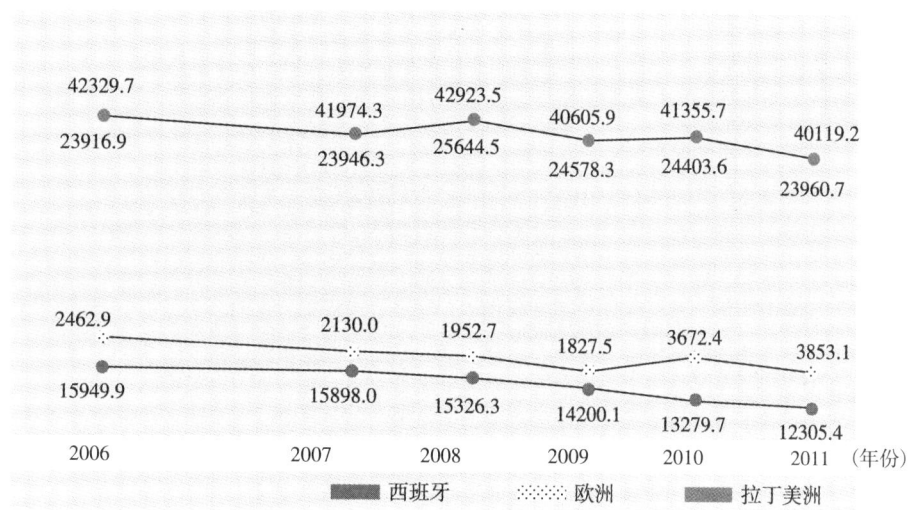

图 2-4-10 2006~2011 年西班牙电信固定电话接入数（单位：千）

（六）经营和财务绩效

表 2-4-4 西班牙电信 2009~2011 年度经营与财务业绩比较一览表

单位：百万欧元

年份	西班牙电信（Telefonica）		
	2011	2010	2009
收入	62837	60737	56731
总资产	129623	129775	108141
EBITDA	19416	25718	22379
EBITDA率	30.90%	42.34%	39.45%
净利润	6187	10167	7776
净利润率	9.85%	20.01%	13.71%
总资产报酬率（ROA）	4.77%	7.83%	7.19%
净资产报酬率（ROE）	22.59%	32.09%	32.03%
资本性支出（CAPEX）	10224	10844	7257

续表

年份	西班牙电信 (Telefonica)		
	2011	2010	2009
CAPEX 占收比	16.27%	17.85%	12.80%
经营活动净现金流	17483	16672	16148
每股经营活动净现金流	3.83	3.65	3.55
自由现金流（FCF）	7259	8466	9097
自由现金流占收比	11.55%	13.94%	16.04%
销售现金比率	27.82%	27.45%	28.46%
资产现金回收率	13.49%	12.85%	14.93%
EVA	-2028	1087	289
EVA 率	-1.95%	1.79%	0.32%
每股盈利（EPS）	1.20	2.25	1.71
每股股利（DPS）	1.60	1.40	1.15
股利支付率	133.33%	62.22%	67.25%
主营业务收入增长率	3.46%	7.06%	-2.10%
总资产增长率	-0.12%	20.01%	8.25%
净利润增长率	-39.15%	30.75%	2.42%
经营活动现金流增长率	4.86%	3.24%	1.33%
每股盈余增长率	-46.67%	31.58%	4.91%
资产负债率	78.87%	75.59%	77.55%
流动比率	63.92%	62.86%	88.47%
利息保障倍数	3.33	6.53	4.42
总资产周转率	0.48	0.47	0.52
固定资产周转率	1.77	1.79	1.49
坏账发生率	6.66%	6.56%	8.23%
折旧与摊销	10146	9303	8956
股息	3394	5872	4557
内部融资额	12939	13598	12175
折旧摊销率	16.15%	15.32%	15.79%
付现成本率	55.04%	51.16%	60.55%
营销、一般及管理费用率	24.50%	38.24%	33.59%

（七）内控与风险管理

西班牙电信在运营的过程中面临多种多样的资本市场风险，主要是由于：①企业日常业务；②筹资业务引起的负债；③对其他公司的投资；④与上述活动相关的金融工具。西班牙电信通常依靠衍生工具以及使用以当地货币计量的负债两种方式来规避风险，保证自身的偿债能力，促进财务计划的实施以及及时抓住投资机会。

西班牙电信面临的主要风险包括：一是汇率风险：一方面是由于西班牙电信在全球范围内进行投资，有些投资和业务经营的国家和地区使用的货币不是欧元（拉丁美洲、英国、捷克共和国）；另一方面是西班牙电信的负债并非业务经营所在国家所用的货币，或者也不是发生负债的国家所使用的货币。二是利率风险，主要产生于利率的变动，这些利率影响到以浮动利率计算的负债的融资费用的价值或者是以固定利率计算的长期负债的价值。三是股价风险，主要来源于可能会买入、卖出及其他相关交易的权益投资的价值变化，来源于衍生工具投资的价值变化以及库存股和权益衍生工具的价值变化。除上述三个风险之外，西班牙电信还面临流动性风险、国家风险（与市场风险和流动性风险有重合之处）。

1. 汇率风险

汇率风险管理政策的基本目标就是，在外币兑换欧元发生贬值时，由此引起的任何以相关货币计量的现金损失都能够从以这些货币计量的负债的收益中得到冲减。汇率风险对这一操作的影响程度取决于投资类型。截至 2011 年 12 月 31 日，以拉丁美洲当地货币计量的净负债大约在79.53 亿欧元。但是，这些以拉丁美洲货币计量的负债和以拉丁美洲当地货币计量的现金并不成比例。上述基本目标能否有效实现完全取决于当地货币相对欧元的贬值程度。西班牙电信为了应对这种风险，采取了以美元计量发行负债的方式。另外，西班牙电信还通过最小化由于汇率变动对利润表造成的影响等方式来管理汇率风险。由于西班牙电信的直接风险都会在企业内部得以抵消，西班牙电信就把汇率风险置于整个集团层面进行处理。

2. 利率风险

集团的财务费用受到利率变动的影响。2011年，集团最大数额的短期负债是以欧洲银行同业拆借利率为基础计算的，西班牙电信购买了衍生金融工具、利率期权等来冲减这种风险。同样，西班牙电信从集团层次处理和对待利率风险。

为了计算利润表对于利率变动的敏感性，公司假设在 2011 年 12 月 31 日，公司所拥有经营业务的所有国家的货币利率都提高 100 个基点，并且除美元和英镑的所有货币利率都降低 100 个基点，以消除负利率，还假设这一财务状况同样适用于 2011 年年底。同样为了计算权益对利率变动的敏感性，公司同样假设其拥有经营业务的所有国家的货币利率都提高 100 个基点，并且所有货币所有期限的利率都降低 100 个基点，同时，还假设只考虑拥有现金流套期的公司，这些公司由利率变化而引起的市场价值变动都计入了所有者权益。所得分析如表 2-4-5 所示：

表 2-4-5 营业收入和权益对利率变动的敏感度

以百万欧元计量的变化的基点	对合并利润表的影响	对合并所有者权益的影响
+100 个基点	(141)	779
-100 个基点	147	(849)

注：所有货币利率变化 100 个基点所产生的变化，不包括美元和英镑。

3. 股价风险

根据 Telefonica.S.A 的期权计划和业绩分享计划，分配给员工的股份可能是母公司的库存股也可能是集团公司内的任何股份，或者也可能是新发行的股份。公司根据相关的全体股东回报政策，可能需要在未来授予员工股份，这就使得公司面临在每个阶段末都需要交付大量股份的风险，因此公司未来可能会有大量的流出。为降低股价变动所造成的影响，公司购买了衍生工具来复制将要交付的股份的风险组合。2010 年，集团回馈员工的股份购买计划正式启动，这项计划可能会引起 5000 万欧元的成本支出。另外，西班牙电信可能会用 2011 年 12 月 31 日持有的库存股来弥补由于期权计划和业绩分享计划造成的股份流失，由此引起股价的变动就可能造成净资产的减少或增加。

4. 流动性风险

西班牙电信尝试将债务到期和现金流量产生期限相匹配，并且还应有一定灵活性。实践中，集团的流动风险主要遵循以下两条原则：集团金融负债的平均到期时间为6年；集团必须能够偿付未来12个月将要到期的负债，并且不依靠借新债或从资本市场筹资。

5. 国家风险

西班牙电信集团管理和降低国家风险的措施有两种：一是在一定程度上实现资产和负债（没有被母公司担保的负债）的匹配，集团拉丁美洲潜在的资产摊销必须伴随着负债的减少；二是对于在拉丁美洲地区形成的并非用于追求新的可盈利业务发展机遇的基金都应该解散。

6. 信用风险

通常情况下，西班牙电信和信用可靠的对手进行衍生金融工具的购买和交换。在西班牙地区，集团的大部分衍生金融工具都来源于此，公司和金融机构签订合约，以贷款人和供款人两种方式来抵消破产的风险，把风险降到最低。另外对于其他子公司，尤其是拉丁美洲地区的子公司，考虑到主权稳定性低等问题，通常和当地具有较高信用等级的金融机构进行合作。

（八）人力资源发展

随着2011年西班牙电信组织架构的改变，人力资源部的角色和作用显得越来越重要。目前，全新的全球人力资源运营模式的主要方法和措施已经开始启动，为组织架构的重构提供积极的帮助和支持。全球人力资源部是公司进行运营和文化转型的催化剂，确保整个转型能够切实得到实施。

1. 员工：291027名员工（包括Atento集团），同比上年增长2.1%

截至2011年12月31日，西班牙电信集团（不包括Atento集团）在全球25个国家的员工总人数为134000名，同比2010年增长了1%。就电信行业激烈的竞争情况和充满挑战的经济环境，这样的人员增加具有巨大的意义。从地域区分的角度来看，拉丁美洲地区的员工人数最多，占比达到71%，西班牙地区和欧洲其他地区的占比分别为19%和9%，剩余的1%分布在其他非核心国家和地区。西班牙电信的员工中，96%以上和西班牙集团（不包括Atento集团）签有永久劳动合同，将Atento考虑在内这个比例下降为81%。女性员工比例达到37%，而管理层中女性高管比例上升到19.1%。

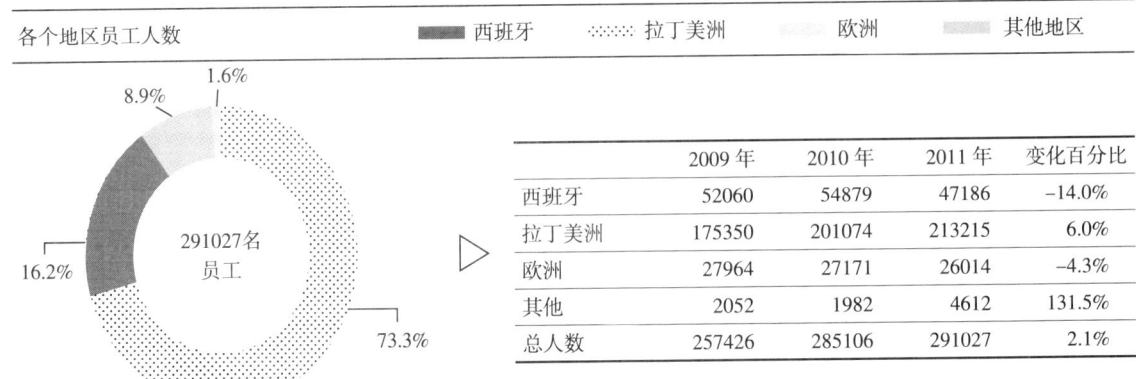

图 2-4-11　各地区2011年员工人数及2009~2011年三年员工人数对比

2. 社会对话和劳资谈判：207126 名员工（71%）参加了劳资谈判

集团给予员工社会对话、加盟、参与和协商的权利，这是建立在集团的企业准则、国际协议的社会协议以及国际联合网络（UNI）和公司间的行为规范之上的。2011年，77736名员工在联合选举中投票，占比达到27%。207126名员工参加了劳资谈判，占比达到71%。2011年3月，西班牙电信员工代表选举大会正式召开，81.64%的员工参加了选举。

3. 工作环境：工作环境改善，同比上年上涨2个百分点

从员工工作环境满意和激励指数（Workforce Satisfaction and Motivation Index）的调查结果来看，员工满意度同比2010年增加2%，达到76%。从具体的地域来看，西班牙地区从2010年的63%增加到65%，欧洲地区增长了1%，拉丁美洲地区同比2010年下降1%。此次调查共有来自24个国家的超过108000名员工参加了调查。此外，2011年西班牙电信被评为最受欢迎的25个公司之一，在45个国家和地区的350个跨国公司中排名第17位。

4. 流程整合中的杰出表现：全球绩效及人才管理模式正式启动

2011年，西班牙电信在人力资源发展方面取得的最大的成就之一是全新的全球性绩效及人才管理模式的正式启动，这一全新的管理模式将员工个人的发展情况和集团的战略决策全面融合确定关键要素。西班牙电信十分关注人才的流动性，认为这代表着员工个人和企业组织的发展程度。根据相关国际行为的调查结果显示，44.06%的员工是长期员工（1年以上），43.75%的员工是短期员工（不多于6个月），剩下的12.19%是中长期员工（6~12个月）。2011年最新的签约结果显示，35.26%的员工是女性，剩下的64.74%员工是男性，与2010年相比，女性比例有所下降，和2009年处于同一水平。

5. 培训和发展：总投资6740万欧元，同比增长13%

2011年，西班牙电信在员工培训方面投入了6740万欧元，总培训时间达到1800万小时，平均每名员工62个小时，同比2010年增加了38%。2011年在线培训为西班牙电信集团调动资源提供了极大的方便。此外，西班牙电信大学（University Telefonica）在2011年重新确定了员工和战略焦点。全新的战略焦点是强调卓越的绩效、提供令人满意的员工以及员工的多样性。2011年，西班牙同时启动了14个不同的项目，培训了2674名专家，同比去年增加了106%。与此同时，西班牙电信也注重对于在线培训这一工具的运用，已经取得了良好的效果。

（九）企业社会责任

1. 西班牙电信企业社会责任与可持续发展战略

西班牙电信将践行企业社会责任看做其向相关利益集团负责管理企业集团事务的一种方式。西班牙电信尽全力在经济、技术及社会生活等方面以实际行动赢得相关利益集团的信赖和认可，同时也保证公司本身的可持续发展。总之，西班牙电信将财务上的成果和企业社会责任方面的成果看做同等重要。西班牙电信未来的企业社会责任和可持续发展在未来几年重点关注以下三个战略区域：有效的风险管理；机会管理；信守对相关利益者的承诺。

图 2-4-12　西班牙电信企业社会责任与可持续发展战略框架

（1）有效的风险管理。有效的风险管理是以企业的商业准则作为日常处理与相关利益者关系的行为准则。西班牙电信的企业准则办公室（the Business Principles Office）直接向董事会的人力资源部和企业社会责任委员会报告，积极促进与利益相关者有关准则的生成和完善，并且确定、评估、管理和整个集团相关的风险。有效的风险管理会通过影响成本削减问题而改善企业的盈利情况。风险管理的目标就是降低成本。

（2）有效的机会管理。机会管理的目的就在于以最大化的收入为社会做贡献。目前，主要的工作内容包括两个：一是信息通信技术（ICT）的接入：以合并、管理和实施全球的"西班牙接入"（Telefonica Accessible）项目，为有特殊需求的老年人、残疾人和儿童提供各种各样的业务和产品；

二是节约能源的绿色信息通信技术：西班牙电信的气候管理办公室（Climate Change Office）直接向分管主席汇报相关工作内容，主要负责集团在能源消耗方面的工作，旨在为用户提供更高效率的服务，成为能源高效实用的推动者。

（3）信守对利益相关者的承诺。西班牙电信的企业社会责任战略包括促进透明通信和有效对话的发展，在相互信任的基础上通过信息通信技术的使用实现在经济、技术和社会三个方面的全面进步，为公司创造价值。除了西班牙电信内部的评价指标之外，道琼斯可持续发展指数以及媒体测评指数（Rep Trak TMIndex）同样也被作为评价集团战略成果的评价指标。前者主要关注集团在环境、社会和经济方面的表现，后者从七个维度26个指标评价公司的名声，确定企业的优劣势。

2. 联合国全球契约十项原则

从 2010 年起，西班牙电信将联合国的全球契约十项原则作为集团编制企业社会责任报告的基础，2011 年，西班牙电信加入"全球企业领先执行委员会"（Global Compact's LEAD Executive Committee），促进全球的可持续发展。全球契约十项原则总共包括人权、人力标准、环境和反腐败四个方面总共十条原则，西班牙电信将继续在生产经营中遵守这十条原则：

原则一：企业应当支持和尊重人权国际保护的宣告；

原则二：企业应该确认自身没有助长践踏人权的行为；

原则三：企业应该坚持结社自由和进行有效的劳资谈判；

原则四：企业应当坚持消除一切形式的强制性劳动；

原则五：企业应该坚持有效废除童工制；

原则六：企业应该坚持消除雇佣和职业中的歧视；

原则七：企业应当对环境挑战做出预防措施；

原则八：企业应当进行活动以承担更大的环境责任；

原则九：企业应当鼓励发展和传播的环保技术；

原则十：企业要竭力反对各种形式的贪污，包括勒索和行贿受贿。

3. 西班牙电信的企业社会责任活动和成果

（1）全球气候和承诺指数。截至 2011 年，已有 24 个国家的 143000 名员工参与这一指数情况调查，调查结果显示，2011 年比预定目标高出 2 个百分点，达到 76%，具体情况如图 2-4-13 所示。

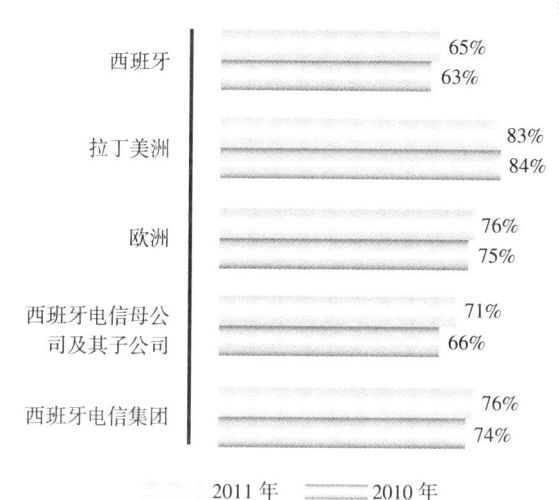

图 2-4-13　西班牙电信气候和承诺指数
（GlobalIndexon Climateand Commitment）

（2）社会工程。西班牙电信组织了一系列的社会工程活动，每年投资 1.32 亿欧元到相关活动中来。在教育方面，组织项目改善 13 个拉丁美洲地区的儿童教育问题，针对少年的教育问题，西班牙电信积极通过奖学金等方式促进继续教育的推进；在信息技术使用方面，西班牙电信通过整合信息技术在教育方面的应用提高教学质量，促进艺术和科技的发展；在志愿活动方面，以西班牙电信基金会为基础，成立专门的企业志愿项目，截至目前已有 21000 名志愿者参加了西班牙电信组织的一系列活动。西班牙电信 2011 年的社会工程项目投资分布情况如图 2-4-14 所示。

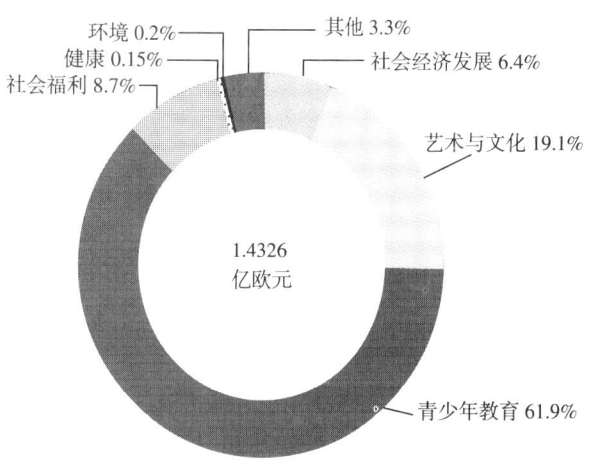

图 2-4-14　西班牙电信社会工程投资分布情况

（十）前景展望

电信行业的数字化进程正在以超过整体经济增长的速度飞速发展，预计在未来四年将会以每年6.5%的速度增长。实体经济的数字化进程的加快决定了数字化不仅仅局限于沟通这一简单需求。健康、公共行政、教育及娱乐行业对于数字化应用和服务的需求日益增长，也使得用户逐渐追求高水平、高效、高质量的生活。电信行业正在步入一个智能、高度连接的社会，几乎每一项电子设备都连接到互联网。西班牙电信的成功是基于高度的客户满意度，因此，西班牙电信未来几年的增长战略重点是以优质的产品和服务不断改善客户消费体验，这样的增长并不只是短期的增长而是长期的增长。

西班牙电信为了抓住数字化时代来临带来的绝佳机会，已经对企业的组织架构进行了深度变革，在未来的几年之内，西班牙电信将更进一步完善相关内容，以达成成为世界顶尖运营商的公司愿景，为用户提供优质的数字化消费体验。另外，西班牙电信也将致力于成为可持续发展的电信运营商，关注所有运营地区的经济和社会环境，为社区生活和文化传播提供资源。西班牙电信将以强势的姿态和十足的信心面对2012年，加速整个企业的转型，促进公司的增长。除了上述运营和管理方面的计划和展望之外，西班牙电信将继续回报股东。预计2012年，西班牙电信仍将为每位股东发放每股1.5欧元的股利，其中包括1.3元现金股利和0.2元的股份回购，股份回购预计在2013年5月全部完成。

附件一：西班牙电信财务报告（2011年）

1. 合并资产负债表

（2011年12月31日） （百万欧元）

总资产	2011年	2010年
A）非流动资产	108800	108721
无形资产	24064	25026
商誉	29107	29582
土地、工厂及设备	35463	35797
投资性房地产	6	5
联营合营投资	5065	5212
非流动金融资产	8678	7406
递延所得税资产	6417	5693
B）流动资产	20823	21054
存货	1164	1028
应收款项及其他应收款	11331	12426
交易性金融资产	2625	1574
所得税应收款	1567	1331
现金及现金等价物	4135	4220
持有待售其他非流动资产	1	475
总资产（A+B）	129623	129775

续表

总资产	2011年	2010年
所有者权益及负债		
A）所有者权益	27383	31684
归属于母公司所有者权益	21636	24452
少数股东权益	5747	7232
B）非流动负债	69662	64599
非流动付息负债	55659	51356
非流动应付款项及其他应付款	2092	2304
递延所得税负债	4739	6074
非流动准备金	7172	4865
C）流动负债	32578	33492
流动付息负债	10652	9744
流动应付款项及其他应付款	17855	19251
流动应付税项	2568	2822
准备金	1503	1675
所有者权益和负债总计（A+B+C）	129623	129775

2. 合并利润表

合并利润表（2011）
（百万欧元）

利润	2011年	2010年	2009年
收入	62837	60737	56731
其他收入	2107	5869	1645
材料等主营业务成本	(18256)	(17606)	(16717)
人力成本	(11080)	(8409)	(6775)
其他费用	(15398)	(14814)	(12281)
折旧摊销前营业利润（OIBDA）	20210	25777	22603
折旧与摊销	(10146)	(9303)	(8956)
经营利润	10064	16474	13647
来自关联公司的利润（交损）	(635)	76	47
财务收入	827	792	814
汇兑收入	2795	3508	3085
财务费用	(3609)	(3329)	(3581)
汇兑损失	(2954)	(3620)	(3625)
净财务费用	(2941)	(2649)	(3307)
税前持续经营利润	6488	13901	10387
所得税	(301)	(3829)	(2450)
持续经营利润	6187	10072	7937
税后非持续经营利润	—	—	—
本年利润	6187	10072	7937
少数股东权益	(784)	95	(161)
归属于母公司股东的利润	5403	10167	7776
归属于母公司股东的持续经营基本每股收益及稀释的每股收益（欧元）	1.20	2.25	1.71
归属于母公司股东的基本每股收益及稀释每股收益（欧元）	1.20	2.25	1.71

3. 合并现金流量表

合并现金流量表（2011）
（百万欧元）

	2011年	2010年	2009年
经营活动现金流量			
来自客户的现金	77222	72867	67358
支付给供应商及员工的资金	(55769)	(51561)	(46198)
收到的股利	82	136	100
利息及其他财务费用净支出	(2093)	(2154)	(2170)
税费支出	(1959)	(2616)	(2942)
经营活动现金净流量	17483	16672	16148
投资活动现金流量			
土地、厂房、设备和无形资产处理收益	811	315	242
土地、厂房、设备和无形资产投资支出	(9085)	(8944)	(7593)
公司处理现金及现金等价物处理净收益	4	552	34
公司处理现金及现金等价物处理获取投资支出	(2948)	(5744)	(48)
金融投资（不含现金等价物）收益	23	173	6
金融投资（不含现金等价物）支出	(669)	(1599)	(1411)
现金盈余（不包括现金等价物）利息（支出）	(646)	(621)	(548)
获得政府补助	13	7	18
投资活动现金净流量	(12497)	(15861)	(9300)
融资活动现金流量			
支付股利	(7567)	(6249)	(4838)
与其他股份持有者的交易支出	(399)	(883)	(947)
发行债券收到现金	4582	6131	8617
借款、期票收到现金	4387	9189	2330
偿还债券支付的现金	(3235)	(5482)	(1949)
偿还借款、期票支付的现金	(2680)	(7954)	(5494)
融资活动现金净流量	(4912)	(5248)	(2281)
托付和承付的外币汇率变动影响	(169)	(463)	269
合并财务报表编制方法的影响	10	7	—
报告期现金及现金等价物增加（减少）	(85)	(4893)	4836
1月1日现金及现金等价物	4220	9113	4277
12月31日现金及现金等价物	4135	4220	9113
根据资产负债表对现金及现金等价物的调节			
1月1日余额	4220	9113	4277
库存现金及银行存款	3226	3830	3236
其他现金等价物	994	5283	1041
12月31日余额	4135	4220	9113
库存现金及银行存款	3411	3226	3830
其他现金等价物	724	994	5283

附件二：西班牙电信大事记

1924年4月19日，西班牙电信的前身CTNE（Conpania Telefonica Nacionalde Espana，西班牙国家电话公司）在马德里成立。ITT是CTNE最初成立时的股东之一。

1945年，西班牙政府取得CNTE 79.6%的股份。

1960年，CNTE成为西班牙最大的公司，拥有10万名股东，32000名员工。

1967年，首创卫星通信。

1971年，在欧洲率先开始运营欧洲数据传输特殊网络。

1978年，电话安装数达到1000万。

1987年，在纽约证交所上市交易。

1989年，参与西班牙卫星（Hispasat）的建造。

1989年，进入智利市场，参股智利CTC公司。

1990年，发起了Moviline，这是一种模拟移动服务，三年内地理覆盖率达到98%。

1990年，进入智利和阿根廷市场，参股阿根廷TASA公司。

1994年，进入秘鲁市场，入股TdP。

1994年，推出数字移动电话Movistar。

1995年，商业互联网诞生，西班牙电信推出了Infovia。

1995年，西班牙政府第一次出售其持有的本公司股权。

1998年，竞标胜出，承建巴西的Telesp。

1999年，西班牙电信再次实现由公众持有全部股份。

1999年，推出固定宽带接入服务ADSL。

2000年，Veronica投标承建西班牙电信在阿根廷和秘鲁的分公司，以及巴西的Telesp和TeleSudeste。

2002年，提出了专注于优质增长的新战略。

2003年，西班牙电信和葡萄牙电信在巴西成立合资企业——Vivo。

2003年，西班牙电信推出Imagenio。

2004年，收购南方贝尔公司在拉丁美洲的资产。

2005年，入股中国网通，持有5%股份。

2005年，收购捷克电信。

2006年，收购英国O_2公司在英国、德国和爱尔兰的资产。

2006年，控股哥伦比亚电信，持有51%股份。

2006年，获得斯洛伐克移动电信服务牌照。

2007年，与意大利电信结成产业联盟，间接持有10.49%的有表决权股份。

2008年，收购巴西Telemig公司53.9%的有表决权股份以及4.27%的优先股。

2008年，在中国网通合并入中国联通之后，持有中国联通5.38%的股份。

2009年，与中国联通结成战略联盟，达成了双方投资协议，西班牙电信对中国联通的持股比例增至8.37%，中国联通持有西班牙电信0.88%的股份。

2009年，持有智利TelefonicaCTC公司的股份增至97.89%。

2010年，收购德国Hansenet公司。

2010年，西班牙电信通过收购葡萄牙电信持有Brasilcel的50%股份，获得对巴西Vivo公司的控股权。

2011年，获得哥斯达黎加电信服务牌照。

2011年，增强了2009年与中国联通建立的战略联盟，增加了股权互换，西班牙电信持有的中国联通的股权达到了9.57%。中国联通持有西班牙电信的股权达到了1.37%。

莱尼·奥伯曼（René Obermann）
德国电信集团董事长兼首席执行官

  1963年3月，莱尼·奥伯曼出生于杜塞尔多夫，之后在宝马汽车公司（BMW AG）实习，于1986年和其他合作伙伴共同创立了ABC电信公司（ABC Telekom），该公司主要关注通信设备和移动通信的市场营销以及关键技术指导。随后，ABC电信公司在1991年被香港和记黄埔有限公司收购，在1994~1998年期间，他继续担任收购后的公司——和讯移动有限公司（Hutchison Mobilfunk GmbH）的合作伙伴及司CEO；莱尼·奥伯曼于1998年加盟德国电信，担任T-mobile德国分部的销售总监；2000年4月，勒内·奥伯曼被任命为管理层首席执行官，一年之后，被任命为整个欧洲分部以及T-mobile集团协调部（T-Mobile International AG & Co.）的管理层成员；2002年11月，莱尼·奥伯曼成为德国电信集团董事会成员，负责移动通信业务的经营和管理，同时担任T-Mobile International的首席执行官；2006年11月13日，莱尼·奥伯曼正式成为德国电信集团的首席执行官，主要负责集团美国移动分部的经营发展、集团的发展战略、集团的组织架构以及企业社会责任、品牌管理以及政策规制等；2012年1月开始，莱尼·奥伯曼除上述工作内容之外，同时直接负责企业的产品与创新部的工作。

此公司标识主要是代表公司在2009年完成卓越计划、三个简化之后的品牌单元——T品牌：T-com、T-system和T-mobile。这个标识体现德国电信希望"通过一切简单的来源为消费者和企业客户提供所需要的一切服务"，标识的意义在于为客户提供最好的服务和沟通，了解客户的需求是德国电信的宗旨，德国电信品牌使命声明的核心是要了解德国电信业的发展以及客户的需求；德国电信认识到生活是所有人的经验的集合，人们希望彼此分享。

德国电信的品牌口号是"life is sharing"，此口号针对"T"旗下的所有品牌，对德国电信对客户的一种品牌承诺，是对德国电信未来发展方向的一种展望。

五 德国电信公司可持续发展报告（Deutsche Telecom）

（一）公司简介

德国电信是全球第三大欧洲最大的全业务电信运营企业，总部设在德国首都柏林，主要业务有固定网络/宽带、移动通信、互联网以及网络电视等产品和服务，同时也为企业和跨国公司用户提供 ICT 服务。德国电信以其快速的通信网络以及云计算服务设施为客户提供随时随地的信息、娱乐及交流的接入服务。德国电信将质量、安全和持续性作为企业发展的首要目标，并将在环境保护和教育发展领域全力践行一个大型企业应具备的社会责任。

德国电信于 1995 年由国家垄断企业改组成为有限公司，1996 年 11 月在东京、纽约和法兰克福同时上市，截至 2011 年年底，公司总股本为 110.63 亿欧元，其中流通股 29.39 亿股，占比 68%，德国联邦政府持有 6.46 亿股，是公司第二大股东，持股总额占公司总股本的 15%；2010 年，公司总收入 586.53 亿欧元，净利润达到 6.70 亿欧元，基本每股盈余为 0.13 欧元/股，2011 年 12 月 30 日收盘价格为 8.87 欧元，市盈率为 68.23，总投资报酬率为 0.55%。

（二）公司战略

宏观经济环境和电信市场的不断变化要求德国电信对发展现状和未来趋势做出正确的判断和预期，并以此制定相应的战略。德国电信提出以下四点：首先，快速的基础网络是一切业务的发展基础，影响网络建设的两个关键点是下一代网络技术以及标准化的 IT 技术；其次，移动互联网技术、移动互联服务在未来将迎来巨大的发展；再次，云计算等动态计算技术在企业客户方面具有空前的发展潜力；最后，智能网络是能源产业、医药护理产业及运输和自动化产业取得巨大改变的主要技术支持。

为了应对激烈的竞争以及上述四点的认识和判断，德国电信于 2010 年提出了"改进—转型—创新"的公司战略。这一战略展示了德国电信致力于成为"完美连接用户工作与生活的国际性市场的领导者"的公司愿景。在未来的几年，德国电信将遵循这一发展战略，实现包括网络建设投资、IT 业务改善等多个方面在内的公司商业模式的再造。此战略的主要目的是实现德国电信业务在整个价值链上的有效扩展，明确德国电信的战略定位——个人用户、企业用户以及网络服务机构的开放性的合作伙伴。

德国电信将逐步实现"改进—转型—创新"的战略，主要包括以下五个战略区域：

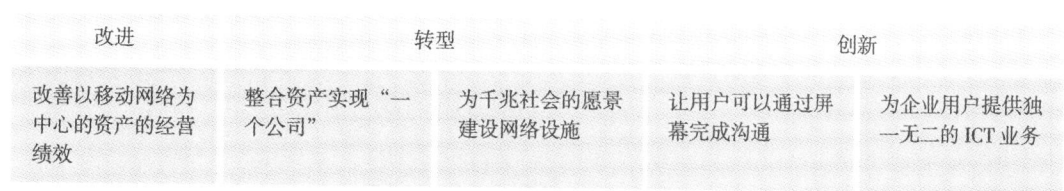

图 2-5-1　德国电信公司战略

1. 改善以移动网络为中心的资产的经营绩效

德国电信将改善所有移动业务的经营绩效。到目前为止，德国电信已经加大了下一代通信技术的投资力度，着重研发创新型业务，并丰富了移动设备的组合种类。例如，在2010年，德国电信明确旗下波兰子公司 Polska Telefonia Cyfrowa (PTC) 所有权问题，2011年中期，德国电信重新以 T-mobile 的名称命名 PTC 旗下的业务，加强了对其管理和控制能力。另外，在2010年年初提出的将 T-mobile USA 出售给 AT&T 的提案最终以美国政府当局的反对而终结。为此，AT&T 将支付德国电信30亿美元的赔偿以及3G网络的使用权。德国电信也将逐渐将 T-mobile USA 逐步加入到公司总部的战略计划中来。

2. 整合资产实现"一个公司"

在"一个公司"项目的指引下，德国电信将继续实施固定网路和移动通信设施的整合。通过对德国以及几个其他欧洲市场的成功整合，德国电信取得了较多的额外收入，进一步提高了业务服务质量，实现了公司业务的协调发展，在此基础上，尽管这些市场的经济环境充满挑战，德国电信的 EBITDA 率仍然保持较高水平。

3. 为千兆社会的愿景建设网络设施

在未来的几十年内，用户对于数据量的需求必将成倍增长。因此，德国电信将通过改革运营方式实现经营效率的提高，尽全力满足用户日益增长的带宽需求。德国电信重点关注以下几个方面：

（1）推动 HSPA+和 LTE 以提高光纤网络和移动通信网络的建设；

（2）系统落实全 IP 概念；

（3）提高"IT 工厂"的速度和灵活性；

（4）系统地提高和改善关键推动技术。

2011年，德国电信继续扩大了德国市场的网络建设投资，实现了16500个 UMTS 基站同时运行；在其他很多国家，德国电信同样通过 HSPA+技术的推广完成了 UMITS 基站网络的升级。与此同时，德国电信在德国等市场完成了 LTE 标准的实践，与其他运营商建立合作，提高了网络运营效率。

4. 让用户可以通过屏幕完成沟通

德国电信致力于为用户提供创新的、无任何特定设备要求的、整合性的服务。德国电信将数据的移动化特别是移动互联网技术看做未来发展的巨大机会。数据显示，2011年德国地区销售的手机当中有62%是智能手机，这为上述观点提供了有力的证据。除此之外，德国电信同样计划成为个性化数字媒体定制的主要提供商，为此，德国电信完成了较多的兼并业务，丰富了本身的移动互联业务种类。另外，德国电信在欧洲电视（IPTV）市场的遥遥领先也保证了其领先者的地位。

5. 为企业用户提供独一无二的 ICT 服务

通过 T-systems 业务部门，德国电信实现了企业 ICT 业务的个性化定制。2011年，德国电信开发了以安全云计算服务为核心的智能化创新型业务，受到了广大企业用户的热烈欢迎。目前，德国电信的智能网络服务对象主要包括能源、医药护理和智能汽车三个产业。

在"改进—转型—创新"的公司总战略的指导下，德国电信秉承企业价值最大化的基本原则，时刻以股东、债权人、公司员工和高管四种利益相关者的预期为标准，制定了为期三年的财务战略。

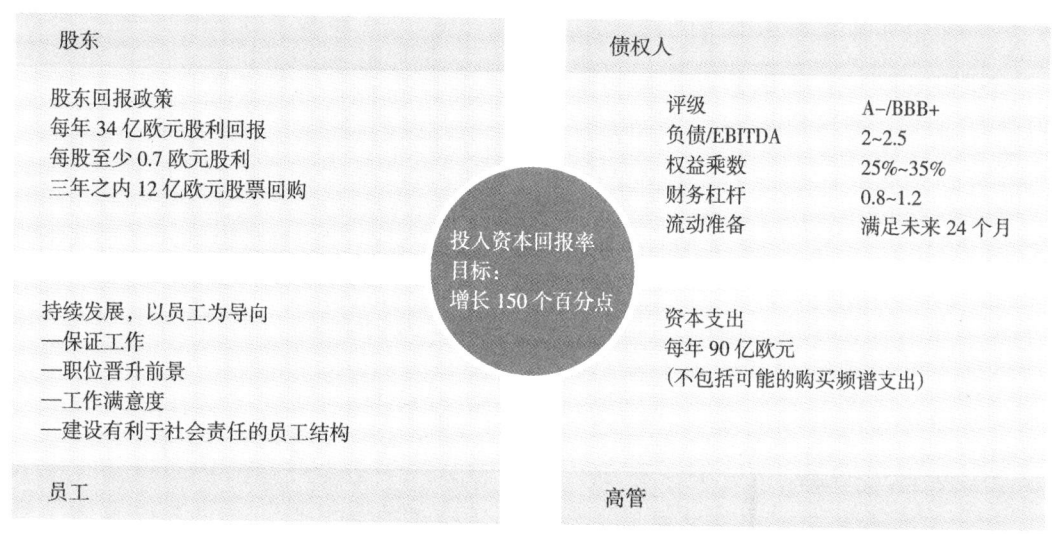

图 2-5-2　德国电信三年财务战略（2010~2012）

（三）公司治理

截至 2011 年 12 月 31 日，德国电信总股本为 110.63 亿欧元，总股数为 4.32 亿股，流通股占绝对比重，其股权结构如图 2-5-3 所示。

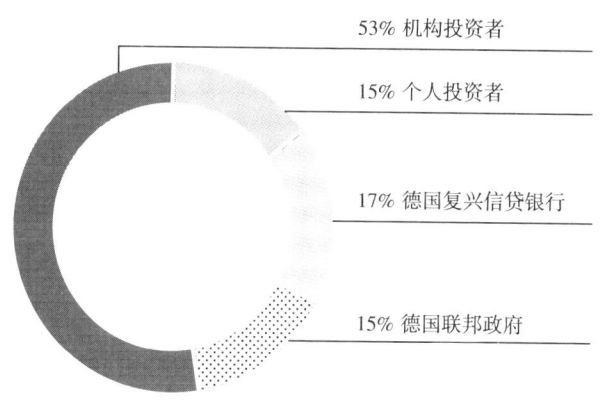

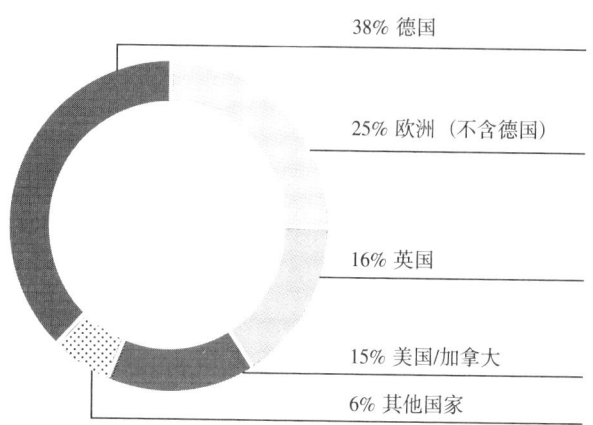

图 2-5-3　德国电信股权结构

管理层的组成：德国电信管理层的任务分配和集团的责任体系保持一致，目前为止共有 7 大管理部门：CEO、财务部、人力资源部、数据保护和法律事务部、T-systems、德国分部、欧洲和技术分部。2012 年 1 月，由原来的 8 大部分的管理层结构转变为现在的 7 大部门，将原来的技术和研发分别归为 CEO 和欧洲分部负责。每个管理层成员必须坚守分配给自己的责任。重大事件必须获得管理层所有成员的同意，并且每个成员都需要提交报告给管理层，才能做决定，管理层成员的年龄不能超过 62 岁。

监事会的组成：共有 20 个成员：10 名股东代表、10 名员工代表。10 名股东代表都是通过简单投票制在股东大会上选举出来的，2011 年 5 月 12 日的股东大会上完成了此届监事会股东代表的选举。员工代表都是员工集合在一起选出来的，目前的监事会员工代表是在2008年12月从员工代表团中推举选出。监事会守第三方地位、保持足够独立性,以此来监督管理层的行为,并提供公正的意见。

监事会工作内容:监事会除了对管理层提交的日常事务进行审核,在会计期末出具监事会报告之外,还负责参与企业的资本运营、长期股权投资、日常产品研发、技术投资、会计准则的使用等其他事务的讨论。为了方便有效地组织监事会的活动,监事会下设一般委员会、财务委员会、审计委员会、员工委员会等7个下属委员会,各个委员会由相同数量的股东代表和员工代表组成,具体负责和组织监事会活动。

(四)市场概览

德国电信作为世界领先的电信运营商之一,为数以百万计的客户提供工作和生活中的各种各样的业务和产品。德国电信的业务市场覆盖全世界50多个国家和地区。仅2011年,德国电信约有323亿欧元的收入来自德国以外的地区,占总收入的比例超过了50%。

如图2-5-4所示,德国电信主要包括集团总部和四个经营分部,其中德国、欧洲和美国三个经营分部是按照所属地区划分的,而系统方案分部(Systems Solutions)是根据业务类型划分的,各自经营分部提供的业务如图2-5-4所示。

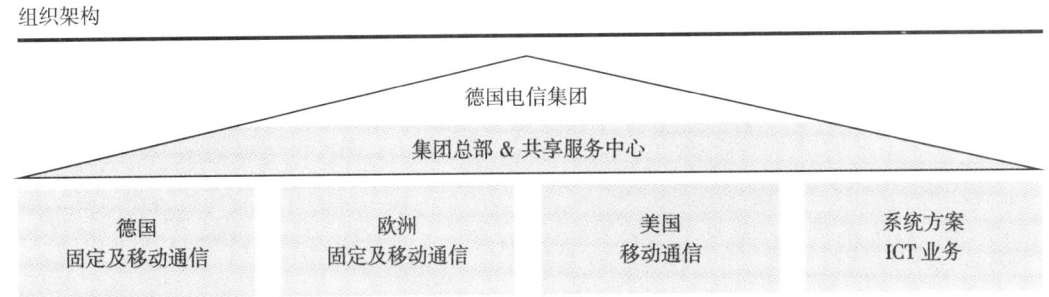

图2-5-4 德国电信组织架构

总体来说,四个经营分部对德国电信集团的净收入以及调整后的EBITDA的影响和贡献如图2-5-5和图2-5-6所示。

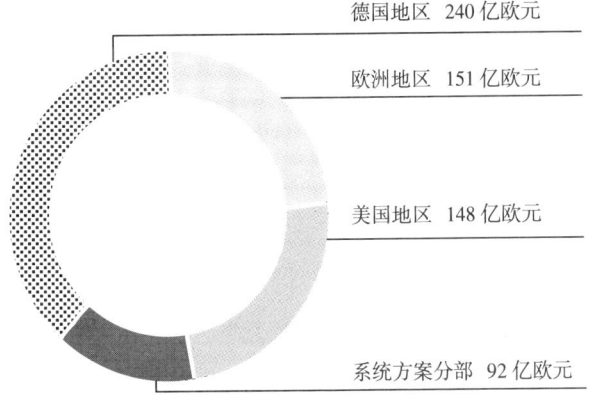

图2-5-5 德国电信各经营分部对集团净收入的贡献
系统总部和共享服务21亿欧元调整-67亿欧元。

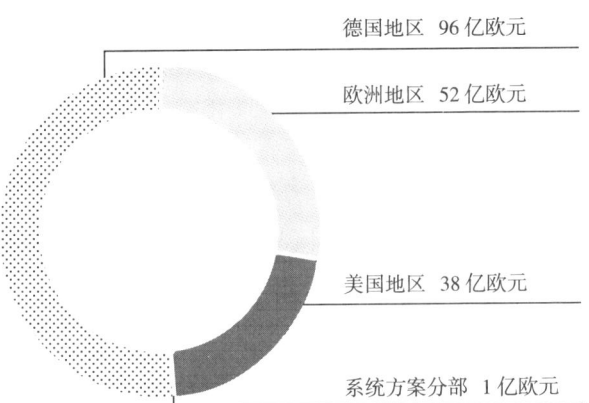

图2-5-6 德国电信各经营分部对集团调整后的EBITDA的贡献
集团总部和共享服务-7亿欧元调整-1亿欧元。

具体来看,各个经营分部的市场发展状况如下:

1. 德国

总体来说,德国地区 2011 年的业务表现良好,保持了其在德国地区的领导者地位。EBITDA 占收比达到 39.9%,移动合同用户数增加 100 万,移动数据业务收入同比增加 30%,而固定业务用户数只减少了 21%,为历年来最低。

	变化	2011 年 十亿欧元	2010 年 十亿欧元	2009 年 十亿欧元	2008 年 十亿欧元
总收入	(4.4)	24.0	25.1	25.4	26.4
EBIT(营业利润)	(9.6)	4.4	4.9	5.1	4.6
EBITDA(特殊因素调整后)	(0.2)	9.6	9.6	9.6	9.8
平均员工数(全职员工,不包括实习生)	(4.2)	76028	79364	84584	89961

图 2-5-7　德国分部四年经营数据对比

(1)客户发展方面:德国分部的移动个人用户、电视业务用户以及宽带用户数都实现了不同程度的增加,但固定用户方面呈现了小幅度的下降。2011 年的固定业务用户流失数达到 130 万,用户流失的主要原因是较多的用户选择转换运营商或是选择移动通信、网络服务等。

(2)总收入方面:2011 年德国分部总收入为 240 亿欧元,同比去年下降了 4.4%,2011 年收入的下降主要是由固定和移动语音业务需求的下降造成。相反,固定网络和移动网络业务以及电视业务的迅速发展在一定程度上刺激了收入的增加。另外,由于规制政策的愈加严格也使业务价格不断下降从而引起总收入的减少。

(3)现金资本支出方面:在不考虑 2010 年购买 LTE 牌照引起的现金资本支出大幅增加这一影响因素的情况下,2011 年的现金资本支出同比增加 2 亿欧元,主要用于下一代通信技术网络的建设、高速基站的建设以及运输网络能力的提高。

(4)员工方面:2011 年,德国地区平均雇用了 76028 名员工,同比 2010 年减少 4.2%,人数减少的主要原因包括三个方面:践行企业社会责任、优化人力资源结构和中层管理人员新增招聘。

2. 欧洲

总体来说,欧洲分部在不断扩大网络建设以满足用户在容量和速度上的需求。目前宽带数量同比增长了 4.5%,达到 460 万,IPTV 用户同比增长 24%,移动合约用户达到 270 万,增长了 3%,移动数据业务收入增长 15%,在一定程度上缓解了严峻的经济环境造成的负面影响。当然,欧洲市场同样面临规制日益严厉、竞争日益激烈的困境。

	变化	2011 年 十亿欧元	2010 年 十亿欧元	2009 年 十亿欧元	2008 年 十亿欧元
总收入	(10.2)	15.1	16.8	19.6	15.9
EBIT(营业利润)	(20.8)	0.8	1.0	0.1	1.4
EBITDA(特殊因素调整后)	(8.8)	5.2	5.7	6.4	5.0
平均员工数(全职员工,不包括实习生)	(8.1)	60105	65435	69277	39174

图 2-5-8　欧洲分部四年经营数据对比

(1)客户发展方面：2011年，欧洲分部的IPTV、宽带和移动用户数都呈现上升趋势。其中，宽带用户同比去年上涨了4.5%，总数达到460万；固定网络用户同比去年下降了6.2%，用户流失主要出现在希腊、罗马尼亚和匈牙利三个国家；移动用户总数达到6030万，同比上升0.3个百分点。

(2)总收入方面：2011年总收入为151亿元，同比下降了10.2%，但是剔除汇率变动等因素的影响，总收入仅下降了5.4%，收入下降的原因主要是欧洲大多数国家业务价格的大幅度下降。宽带业务、IPTV业务和移动数据业务三者的收入约增加15%，在一定程度上抵消了价格下降造成的损失。

(3)现金资本支出方面：2011年的现金资本支出额为19亿欧元，同比上年下降7.1%。下降的主要原因包括两个方面：一是T-mobile UK的分拆；二是大多数欧洲地区的投资都受到了不同程度的限制，但是在希腊等国家，德国电信仍然获得了新的移动通信牌照，造成一定程度的资本支出增加。

(4)员工方面：目前有60105名在职员工，同比去年下降了8.1%。罗马尼亚和希腊的规模缩减计划是人数减少的主要原因之一。同样，T-mobile UK的分拆也在一定程度上造成了员工人数的减少。

3. 美国

总体来说，美国分部在激烈的竞争环境以及T-mobile USA计划出售给AT&T的宏观环境之下，收入总额（以美元计算）仅下降3.3%。数据业务的收入增长在一定程度上弥补了其他业务收入的下降。智能手机用户数增长了34%，达到了1100万。

	变化	2011年 十亿欧元	2010年 十亿欧元	2009年 十亿欧元	2008年 十亿欧元
总收入	(7.9)	14.8	16.1	15.5	15.0
EBIT（营业利润）	n.a.	(0.7)	2.1	2.2	2.3
EBITDA（特殊因素调整后）	(7.8)	3.8	4.2	4.3	4.2
平均员工数（全职员工，不包括实习生）	(8.7)	34518	37795	38231	36076

图2-5-9 美国分部四年经营数据对比

(1)客户发展方面：截至2011年12月31日，美国分部的总用户人数达到3320万，同比2011年减少了54.9万。合约用户同比2010年减少31.8万，而预付用户则增加了110万。

(2)总收入方面：2010年的总收入为148亿欧元，同比下降7.9%，但主要是由于汇率变动造成。

(3)现金资本支出方面：2010年资金投入为20亿欧元，与2010年相比下降了7.4个百分点。2011年的资本投入主要用于网络覆盖范围的扩大以及移动网络的升级。

(4)员工方面：员工人数为34158人，较2010年减少了8.7%。员工人数减少的主要原因是员工效率的提高以及用户业务需求量的减少。

4. 系统方案分部（System Solutions）

总体来说，ICT业务在激烈的市场竞争中仍然取得了2%的收入增长。此外，大量的设备投资一方面增加了企业财务费用，另一方面业务也为德国电信赢得了良好的客户口碑。

	变化	2011年 十亿欧元	2010年 十亿欧元	2009年 十亿欧元	2008年 十亿欧元
总收入	2.1	9.2	9.1	8.8	9.3
EBIT（营业利润）	n.a.	(0.04)	0.04	(0.01)	0.08
EBITDA（特殊因素调整后）	(8.0)	0.9	0.9	0.9	0.8
平均员工数（全职员工，不包括实习生）	1.3	48224	47588	45328	46095

图 2-5-10 系统方案分部四年经营数据对比

（1）总体业务的发展：2011年系统方案分部在国内和国际市场取得了十分优异的成绩，在2010年和2011年两年完成一系列的大型订单。2011年，系统业务分部和大量的企业用户签署了新的合作协议，交易的内容既有传统业务也包括大量云计算等新兴技术，为用户提供增加带宽、提高计算能力和存储容量等服务。当然，由于ICT业务市场的激烈竞争，2011年的订单数量同比去年也出现了4.9%的下降。系统方案部门在为其他企业服务的同时，也负责德国电信本身的IT服务，2011年推行的标准化IT设施减少了德国电信集团的IT成本。

（2）总收入方面：2011年系统方案分部的总收入为92亿欧元，同比上年增加了2.1个百分点，主要是得益于2010年以及2011年签订完成的一系列大型订单。

（3）现金资本支出方面：2011年的现金资本支出额约为6亿欧元，同比上年减少1亿欧元，一方面是由于2010年在动态计算平台上的超大量投资，另一方面是由于系统标准化措施的采用使得集团的效率有所提高。

（4）员工方面：2011年的员工人数同比2010年增加636人，总数达到48224。其中，德国地区约增加453人，其他地区增加183人。

5. 集团总部和共享服务（Group headquarter & shared services）

总体来说，德国电信总部的收入同比下降了1%，员工总人数达到21914人，同比上年减少818人。2011年资产管理部门的重点仍然是企业房产的优化和效率的提高。2011年，德国电信共关闭186个销售处，通过对土地的出售和转让获得1亿欧元的现金流入。图2-5-11是集团总部和共享服务四年的经营数据对比：

	变化	2011年 十亿欧元	2010年 十亿欧元	2009年 十亿欧元	2008年 十亿欧元
总收入	(1.0)	2.1	2.2	2.4	2.8
EBIT（营业利润）	n.a.	1.2	(2.5)	(1.2)	(1.3)
EBITDA（特殊因素调整后）	(14.7)	(0.7)	(0.9)	(0.3)	(0.2)
平均员工数（全职员工，不包括实习生）	(3.7)	21494	22312	20181	23581

图 2-5-11 集团总部和共享服务四年经营数据对比

（五）业务概览

德国电信的业务活动是以信息和社会的主要趋势作为决策方向的。目前数字技术成为生活中必不可少的技术之一。业务和产品的个性化需求逐渐增强，用户的移动性较之前有较大改变，而全球化的趋势日益明显。各项技术不断碰撞和融合,这也是德国电信逐渐推出业务组合产品的原因。这些组合产品能够满足用户的个性化需求,用户可以通过任何一个设备接收到音乐、影像或者是电子书等数据。德国电信以其固定网络和移动通信网络以及巨大的带宽资源为用户提供各种通信及增值业务。而创新产品又使用户可以随时随地保持联系。德国电信旗下所有的业务都以"T"品牌冠名,除了固定通信、移动通信等核心的传统业务之外,德国电信也逐渐扩大其在智能网络、IT、网络产品组合上的投资,不断推出创新产品。

1. 传统业务

德国电信的固定网络主营业务主要包括语音和数据业务两种,其他业务除少量的终端设备以及其他硬件的销售之外,还包括少量的将业务销售给经销商的中间业务。

德国电信的移动通信业务同时向个人用户和企业用户提供语音和数据两种业务。与此同时,德国电信也向消费者出售移动终端和其他少量的配套硬件。另外,德国电信兼营移动通讯设备的出售业务,主要是将设备销售给经销商或者其他向虚拟运营商提供网络的企业。

德国电信的ICT业务部门即T-systems主要经营业务是IT服务和其他电信服务,为世界各地的企业提供完整的信息系统解决方案。另外,德国电信的T-systems还向处于变革期的能源、医药护理以及智能汽车等行业提供IT解决方案和技术支持。

2. 创新业务

2011年,德国电信将原来的技术与创新部门进行分拆,于2012年年初整合成立"产品与创新部",由CEO莱尼·奥伯曼直接领导这个部门。产品与创新部聚焦数字市场的六大业务领域:通信服务、媒体、娱乐、云计算、广告和支付业务。德国电信将集团的创新结果同先进的技术相结合,开发了以下一系列新产品和业务:

(1)移动互联网(Mobile Internet)。德国电信致力于让用户的移动互联网工作和生活更加简单便捷。德国电信运用众多关键技术来实现这一目标。目前,在全世界已有45000个地点完全支持手机、平板电脑以及笔记本的无线连接。网络建设只是德国电信推动移动互联网业务的起点,德国电信还和苹果、三星等智能手机公司建立合作关系,在业务应用领域赢得先机。例如,在2011年推出的Travel & Surf的主要特色是对于成本的控制。而在2011年3月推出的Smartphone Sync业务的主要功能是将用户的移动设备和电子邮件中心中的电子邮件、约会或是其他安排等进行同步,并且这项业务是完全免费的。

(2)连接生活(Connected Home)。德国电信将固定语音、数据业务和电视业务联系起来,从2011年9月开始,德国电信的电视业务正式可以通过卫星实现信号接收,并且将娱乐项目正式加入到电视业务当中来,改变用户对于电视业务的体验效果。目前为止,德国75%以上的家庭已经开始使用这种业务。2011年3月,德国电信正式推出个人用户娱乐节目个性化定制业务,这项业务可以满足用户的个性化需求,用户可以根据自己的需求点播节目。同时德国电信也会根据客户的记录确定用户的偏好。HomeTalk这一业务是德国电信移动网络和固定网络融合的又一里程碑式的事件,用户可以通过此项业务实现智能手机和家用固定电话的同步使用。

(3)网络服务(Internet Services)。德国电信的网络服务真正体现了用户导向的服务理念。从2011年6月开始,德国电信的宽带用户可以通过平板电脑、手机、笔记本等任何一种移动设备随时随地下载和阅读书籍、杂志和新闻。这家在线商店已有超过66000种电子书、620种电子杂志和来自930多个出版社的60多种报纸。另外，德国电信在网络广告的投放和门户网站的接入方面也都有不同程度的创新。

（4）云服务（Cloud Services）。为了满足用户高带宽、高存储量、高计算能力和多应用的需求，德国电信正式开始向各个地区的用户提供云服务。个人用户、中小企业甚至是跨国企业都可以接受德国电信的云服务。对于个人用户而言，可以利用身边的任何移动设备将照片、电子邮件、影像等资料上传到存储空间，而在需要的时候联网即可下载。对于企业用户，德国电信推出专门应对办公室通信和移动办公的云计算网络——Deutschland LAN，用户可以随时通过电话、电子邮件和其他即时通讯设备进行沟通。而VideoMeet的推出又为企业用户召开视频会议提供了极大的方便。

（5）智能网络连接（Intelligent Network Solutions）。德国电信以其优质的智能网络建设为基础，逐渐将智能连接的技术推广到各行各业。目前，德国电信开始在智能汽车、医药护理行业和能源行业推广这种随时随地接入的概念。例如，在智能汽车行业提出在线服务的概念、在医药护理行业提供医生远程治疗的设备支持等。

（六）经营和财务绩效

表 2-5-1　德国电信 2009~2011 年度经营与财务业绩比较一览表

单位：百万欧元

年份	德国电信（Deustche Telekom）		
	2011	2010	2009
收入	58653	62421	64602
总资产	122542	127812	127774
EBITDA	20022	19473	20668
EBITDA 率	34.14%	31.20%	31.99%
净利润	670	1760	873
净利润率	1.14%	2.82%	1.35%
总资产报酬率（ROA）	0.55%	1.38%	0.68%
净资产报酬率（ROE）	1.68%	4.09%	2.08%
资本性支出（CAPEX）	8406	9851	9202
CAPEX 占收比	14.33%	15.78%	14.24%
经营活动净现金流	16214	14731	15795
每股经营活动净现金流	3.77	3.40	3.64
自由现金流（FCF）	7808	6543	6969
自由现金流占收比	13.31%	10.48%	10.79%
销售现金比率	27.64%	23.60%	24.45%
资产现金回收率	13.23%	11.53%	12.36%
EVA	-8139	-7379	-8149
EVA 率	-7.71%	-6.70%	-7.45%
每股盈利（EPS）	0.13	0.39	0.08
每股股利（DPS）	0.7000	0.7000	0.7800
股利支付率	538.46%	179%	975%
主营业务收入增长率	-6.04%	-3.38%	4.76%
总资产增长率	-4.12%	0.03%	3.76%

续表

年份	德国电信 (Deustche Telekom)		
	2011	2010	2009
净利润增长率	−61.93%	101.60%	−56.87%
经营活动现金流增长率	10.07%	−6.74%	2.78%
每股盈余增长率	−66.67%	387.50%	−76.47%
资产负债率	67.41%	66.33%	67.18%
流动比率	65.19%	57.63%	92.81%
利息保障倍数	2.16	2.94	3.16
总资产周转率	0.48	0.49	0.51
固定资产周转率	1.40	1.41	1.42
坏账发生率	1.66%	2.00%	4.69%
折旧与摊销	10985	11109	11510
股息	3010	3000	3400
内部融资额	8645	9869	8983
折旧摊销率	18.73%	17.80%	17.82%
付现成本率	39.04%	39.44%	38.31%
营销、一般及管理费用率	32.98%	31.84%	31.76%

（七）内控与风险管理

1. 内部控制

德国电信的内部控制系统总体来说是基于COSO内部控制——整合框架，审计委员会监督内控的绩效，管理层有责任根据自己的判断力定义内部控制的范围和结构。内部审计主要负责单独评价集团和总部内控系统的有效性。内部控制系统并不是一成不变的，根据具体的情况进行修正和更新，一般来说主要由基本原则、方法和具体措施组成。内部控制系统主要目的包括两个方面：保证集团的财务报表以国际财务报告准则（IFRS）和德国商法为基准进行编制；保证母公司财务报表的编制符合德国的一般会计准则。内部控制系统根据风险程度的不同，存在于整个会计过程当中，包括预防和检测两种控制，具体包括自动化和人工的匹配、职责的分离、双重检测原则、变革管理以及对这些系统的监督。

目前为止，德国电信已经在整个集团范围内建立了内部控制标准化的监督体系，重点关注在财务报表编制过程中可能出现的错误和失误。通常来讲，会计周期开始时，德国电信会根据特定账户和会计过程的具体特点确定可能产生影响的风险因子，会计周期结束时，重点检查这些账户的有效性和真实性。为了确保内部控制的高质量绩效，内部审计活动贯穿整个会计周期。

2. 风险管理

德国电信在风险管理方面使用"整体风险早期预警系统"，集团的风险管理系统进一步完善和发展，已覆盖了德国电信集团内战略、运营和财务三个方面可能遇到的各种风险。风险管理系统的主要目的是尽早发现和确定风险的存在，随之马上进行监督以及相应的处理。目前，风险管理系统的所有方法和系统构成由集团风险管理和保险单元统筹规划，已在整个集团范围内完成标准化实施，并明确要求上交书面的关于风险的报告。德国电信的风险管理系统主要遵循"发现—评估—确认—处理—报告—监督"的标准化程序，具体运作方式如图2-5-12所示。

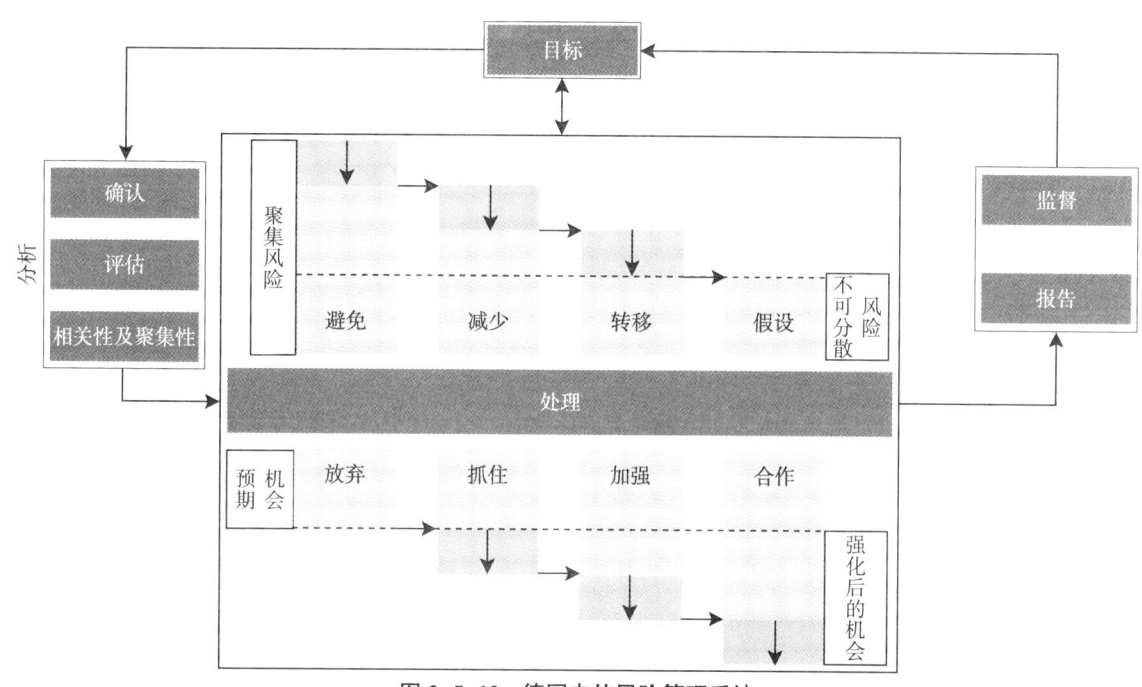

图 2-5-12　德国电信风险管理系统

德国电信除了上述整体的风险管理系统之外，还要求各个营业分部每个季度向集团总部提交风险报告。报告的内容主要根据集团总部风险管理部门所设立的标准以及具体的临界值，评估具体的风险和机会可能对 EBITDA 造成的影响，主要包括发生的可能性以及影响大小两个方面。除此之外，风险报告通常也需要包括拟采取的解决措施和方案。

德国总部将各个营业分部的具体风险报告内容进行整合后统一向集团管理层报告。这份报告通常会将上报的个别影响因素作为统一的整体进行分析，并将可能对集团形象和名誉造成影响的其他因素考虑进来，以此确定最终的整个集团的风险程度。而后，由管理层将风险信息通报给监事会，监事会下设的审计委员会专门召开会议对此进行讨论和分析。

德国电信认为主要风险是指那些可能会对集团的财务状况、经营成果造成巨大影响的区域性或个别的风险，具体主要包括：

(1) 经济环境：主要是指 2011 年 7 月爆发的欧债危机。这场由国家主权危机逐渐演变成为银行业危机到如今的信心危机，将在未来一段时间内对欧洲甚至全世界的经济环境造成威胁。对于德国电信而言，主要可能存在以下几点风险：在全球经济萧条、增长趋势不明朗的环境之下，个人用户和企业用户都可能会缩减在电信方面的消费；国家经济的萧条会造成政府需求的减少以及私人机构可自由支配收入的下降，从而影响电信消费；各个营业分部可能面临税率的上升或是税种的突然增加，尤其是南欧和东欧市场；欧债危机可能触发汇率的极端脆弱和不稳定性。

(2) 行业及竞争：2011 年语音和数据业务的价格都呈现继续下降态势。在移动网络取代固定网络的趋势逐渐明显的背景之下，固定网络市场的竞争趋势将会日益严峻。在宽带网络市场，可能会出现越来越多的新型竞争者，可能会造成市场份额的严重丢失。另外，移动语音和数据业务价格的下降也将对移动业务的收入造成严重的负面影响。

(3) 管制：政府管制水平不断提高，规制加剧。

（4）人力：2011年，德国电信又一次通过自愿离职、提前退休等方式对人力资源结构进行重构和优化，而这种重构在未来几年仍将继续，如果不能按照预期完成，则可能对财务目标和盈利性产生负面影响。

（5）信息技术和网络技术基础设施建设：德国电信信息技术和网络技术基础设施的复杂性和多重覆盖性决定了这些基础设施的运行中断不可能完全避免，一旦发生突然性的中断，将会造成严重的收入损失或是成本增加；德国电信正在逐步完成集团基础设施的标准化和新基础设施的开发，以适应用户需求的改变和组织结构的变化。新开发网络设施和现存网络实施之间的不兼容可能对企业业务流程和服务产生巨大的影响；另外，自然灾害或是火灾的发生也可能影响基础设施的正常运作。

（6）数据隐私及数据安全：客户数据的安全和隐私是服务的宗旨，对于目前盛行的云计算技术而言同样重要。在信息安全发面，德国电信面临的挑战日益增加，尤其是目前对于信息安全的关注已由原来的预防转变为分析。网络犯罪和商业间谍的增加也为企业带来巨大的风险。

（7）采购：作为电信运营商，德国电信和大量的供应商保持合作关系，如软件、硬件、传输系统供应商以及终端设备商等。这就决定了供应链风险是不可避免的。传输瓶颈、价格上涨、供应商战略的改变都可能影响企业的经营过程和经营结果。

（8）法律风险：主要是指诉讼风险，具体包括：由于对德国联邦政府的赔偿可能产生的或有资产、可预计的负债、未决诉讼、下属客户要求的赔偿、价格挤压造成的索赔、频谱分配、专利风险等。

（9）财务风险：主要是指流动性风险、信用风险、货币风险以及利率风险。

（10）希腊的经济环境：希腊萧条的境遇不可避免且日益严重。失业率的上升、收入下降以及不确定的增加都可能对个人消费造成影响。政府开销和私人机构投资的减少也将影响电信业的消费。债务危机可能对德国电信未来的业务以及利率造成极大影响。如果希腊退出欧元区，情况就必须重新评估。

（11）资产减值风险：定期对资产进行检查，在经济、政治或者商业环境发生重大变化时，除日常的检测之外，对商誉、无形资产或者固定资产采用特殊减值测试，而这些测试的结果可能最终并不会发生，但是却对经营结果产生影响，甚至影响德国电信的股价。

（12）联邦政府和德国复兴信贷银行持有的股份：这两家非流通的股份截至2011年12月31日占总股份比例达到32%，但是随着环境的不断变化，两者可能进一步减持股份以加速德国电信的私有化进程。股份的减持或者仅仅是减持预期都可能在短期内对德国电信的股价造成较大的影响。

（13）总体累积风险定位：与2010年相比，对于总体累积风险的定位并没有较明显的变化。主要的挑战来自经济环境、管制、激烈的市场竞争以及价格的不断下降。目前，管理层仍将德国电信作为可持续经营的主体进行核算。

（八）人力资源发展

截至2011年12月31日，德国电信集团人数总共达到240369人，同比上年减少12125人。德国电信的人力资源发展和企业集团的总体战略相适应，HR战略和集团战略的紧密联系使得德国电信能完成向有效电信服务运营商和创新推动者的角色转变。德国电信将人力资源的使命定位为"业务伙伴"。

1. 人力资源的 4 个战略维度（big 4: key strategic focuses for HR）

德国电信的人力资源部门逐渐向客户导向、业务导向转变。目前为止，德国电信根据四项基本原则确定了四个战略维度。

基本原则一：创造价值——有竞争力的人力资源。全面员工管理（Total Workforce Management）的引入为德国电信优化员工结构、实现战略目标提供了一个有效且全球适应的管理工具。集团的技术管理同样是基于全面员工管理这一计划的，确保完成对员工的以业务为导向的再训练以及对未来新员工的培训和引导。德国电信切实以未来业务发展和员工技能可能出现的合并为导向，关注员工的质量、范围以及结果，进而打造高效有竞争力的人才队伍。

基本原则二：促进转型——服务文化。服务文化的传播和盛行主要有四个影响因素：首先，不断推进企业共享文化的国际化进程；其次，在德国电信的内部学校不断深化学员的服务意识；再次，推进以服务为导向的集团组织结构的重组；最后，在企业范围内形成开放、创新的文化。

基本原则三：优秀的员工——人才计划。德国电信以其优质的企业文化、良好的工作环境以及明确的职业规划和发展前景成为越来越受欢迎的雇主。反之，这也为德国电信在激烈的人才竞争市场中招募新的人才奠定了良好的基础。公司的培训项目"Bologna @Telekom"使德国电信成为提供定期系统的假期和培训的顶尖雇主。从2010年开始，德国电信逐渐扩大女性员工的比例，这种多元化的人力资源结构将使其更加有效地应对人员的流动和更具挑战性的业务发展。与此同时，德国电信的"work-life @Telekom"项目为男女员工提供同样的工作和生活进行平等的指导和帮助。

基本原则四：英才计划（HR excellence）——2012 计划。人力资源精细化的原则指导德国电信完成以客户、业务和服务三者为导向的服务联盟的建立，以此实现人力资源的使命——高质量、值得信赖的业务伙伴。人力资源部门的培养目标在于培养出专业的员工队伍，为企业创造价值、为客户提供卓越的服务体验。此外，德国电信还对与人力资源相关的 IT 基础设施进行标准化，使效率和质量之间产生积极的协同作用。

如图 2-5-13 所示，德国电信集团的人力资源战略是对人力资源使命、人力资源的四个战略维度以及基本原则的完美融合。

2. 员工培训项目——Bologna @Telekom

2011 年，德国电信的员工培训项目 Bologna @Telekom 凭借杰出的培训业绩被奥托·乌尔夫基金会以及德国工商业协会共同授予"假期及深入培训杰出奖"奖项，鼓励其对专业人才培养所作出的巨大贡献。德国电信的 Bologna @Telekom 项目主要包括以下几个方面：Bologna 大学为各个年龄层的员工提供获得硕、博士学位的学习机会和资金帮助，所修专业包括企业与经济、商业信息系统、信息通信技术等；对于年龄超过 40 岁的员工，德国电信仍然提供良好的进修机会；德国电信每年选送 200 名企业员工到与其有合作关系的大学进行学习，这些员工由德国电信支付 50%的学费并且每学年提供 10 天的专门学习时间，到 2012 年，将有 600 名员工从此项目中受益；德国电信的培训项目遍布世界各地的子、分公司。

3. 员工多元化管理

德国电信推崇多元化的员工管理文化，试图从多元化的文化和碰撞中寻找到创新的源头。截至 2011 年 9 月，整个德国电信的女性高层管理人

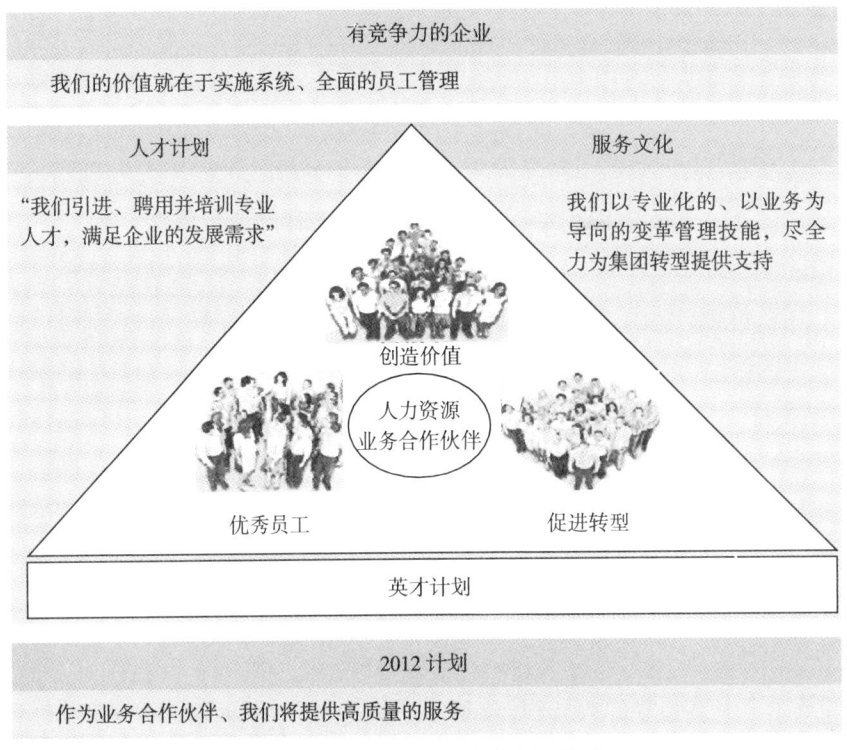

图 2-5-13　德国电信人力资源战略

员比例从 2010 年 2 月的 19% 上升到 23.3%。预计到 2012 年，公司董事会的 7 个职位中至少有 2 位女性管理者。到 2015 年，将有 30% 的中高层管理职务是由女性员工担任的。另外，德国电信已经开始试行管理人员的兼职体制，到 2010 年，德国地区已有 16 位员工是兼职的管理人员。德国电信认为，在家办公和移动办公是公司员工多元化管理的一部分。

4. 员工健康管理机制

德国电信极其重视员工的健康问题，公司的健康和安全管理部门（the Health & Safety Management Unit）成立专门的专家队伍，为员工提供全面综合的健康管理服务。改善公司的工作环境从而改善员工的健康状况是德国电信的宗旨。德国电信指出，保障员工的健康并不仅仅是为员工着想，更是为了企业整体的利益。德国电信对员工的健康指导也随着时代的发展而不断进步，

过去的背部疾病是困扰大多数企业员工的问题，而如今，心理上的困难已经成为影响当代社会员工健康的关键因素之一。2011 年，德国电信聘请了 50 名心理专家专门解决员工的心理问题。德国电信分布在世界各地的子、分公司的员工同样拥有良好的健康指导和帮助。德国电信也因此获得了多项荣誉。

（九）企业社会责任

1. 企业社会责任治理

德国电信致力于在 2015 年之前成为"企业社会责任"的世界领先者。德国电信的企业社会责任战略（CR strategy）是以集团"改进—转型—创新"总战略为基础形成的。德国电信将企业社会责任看作其对社会做出的推进可持续发展的一种承诺。总体来说，德国电信的企业社会责任战略包括生态、社会和经济三个方面。如图 2-5-14 所示。

企业社会责任战略相关活动范围
德国电信为以下的业务负责任：

连接工作和生活	积极投身信息知识社会的建设	建设对环境有好处的社会
在日益数字化的工作和生活环境下，德国电信致力于以积极的方式引导这种变革，将以创新的产品来支持这种文化上的变革，使用户的生活更加自主化，更加高品质，目的在于成为可持续生活和工作的助推器	和其他社会或经济机会不同，德国电信希望让更多的人参与到社会发展中来。基于这个目的，德国电信将不断开发新的产品，为数字化社会发展提供支持	对于人类社会而言，最大的挑战之一就是全球气候变暖及其产生的后果。德国电信将会不断减少二氧化碳的排放。与此同时，德国电信也会把客户和业务伙伴加入到这个行列中来

图 2-5-14　德国电信企业社会责任战略

除了明确的企业社会责任战略之外，德国电信还设计开发了一套衡量企业社会责任的指标体系，即企业社会责任关键绩效指标（CR KPI）。这套指标体系是以企业社会责任战略为基础，结合具体的企业社会责任活动的透明性和可计量性设计而成的。指标体系适用于德国电信整个集团，并且作为企业社会责任的控制工具来确保未来有效持续的发展。这套企业社会责任关键绩效指标体系主要包括四个指标：一是"能源消耗"（Energy Consumption），主要是指由于销售业务引起的电量消耗；二是"CO_2 排放量"（CO_2 Emission），主要是指德国电信的 CO_2 排放量大小；三是"社会承诺"（Social Commitment），主要指公共对于德国电信企业社会责任的评价；四是"持续性投资"（Sustainable Investment），主要指由非营利性的、环境保护组织和政府等持有的德国电信的股份。

2. 2011 年企业社会责任具体活动

（1）保护气候及环境的活动。实现能源和资源的最小化消耗：德国电信已经在很多方面实现了资源的节省，比如设备管理、后勤管理、工厂自动化等。另外，德国电信的 ICT 业务也为企业向可再生资源转型提供了巨大的帮助。2011 年，德国电信重点关注了二氧化碳的排放量问题，并且开始尝试建设利用效率更高，对环境和气候有好处的网络。仅 2011 年，德国电信已将 3400 个第一代的 3G 基站更换为更加节省资源的新一代基础设施，这一项活动就使得每个基站可以将耗电量减少至 800 k·Wh。

减少对环境的伤害：德国电信计划在 2020 年将二氧化碳的排放量减少 40%（同 1995 年相比）。在具体实施过程中，德国电信根据每个地区的具体情况，结合集团的总目标确定各个地区的排放指标。2011 年，德国电信在固定网络方面实现了技术的更新，同时也减少了二氧化碳的排放量。

（2）引导客户的可持续发展行为。首先，德国电信认为其作为世界顶尖的电信运营商有责任和能力与客户建立忠诚的关系。每年进行四次客户对德国电信的忠诚度的调查，2011 年的调查结果显示，客户忠诚度以每年 6% 的速度逐年增长。其次，德国电信尝试为客户提供优质的产品和服务，与此同时，通过自身技术的提高降低客户因使用其产品而产生的二氧化碳量。最后，德国电信通过和客户之间的交易关系使客户加入到可持续发展的行列当中来。2011 年的主题是二手和废弃手机的回收。2011 年总共回收手机 762000 部，对其中可以继续使用的手机进行修理，对不能使用的手机的材料进行回收再利用，并将所得收入全部捐献给慈善机构。

(3) 整个价值链的可持续发展。德国电信希望可以在整个价值链上实现其企业社会责任中的社会和生态方面的目标。德国电信将其供应商作为践行企业社会责任的合作伙伴，明确要求供应商遵守相关法律的要求，尽量使用对环境伤害小、节省资源的材料作为基本生产原料。另外，德国电信还尝试在邀请函中指出企业社会责任方面的具体标准，并希望在2013年可以正式将这些标准作为正式的竞标条件。德国电信尝试和法国电信、意大利电信、KPN等世界电信运营商共同合作，实行对供应商的全球审计，切实将企业社会责任作为评价标准之一。

(4) 社会承诺。德国电信依靠自身的力量希望可以让更多的人享受到信息与知识的乐趣。早在2003年，德国电信就成立了非营利组织"德国电信基金会"，用来帮助提高科学、技术、工程和数学四个方面的教育成果。到2011年年底，德国电信已经资助过230个项目，资助金额达到200万欧元，从中受益的9~14岁的青少年超过50000人。其次，德国电信关注"电信鸿沟"问题，尽全力帮助不发达地区接入网络。截至2011年，作为"漫游世界"(surfing the world) 项目的一部分成果，已有3600所学校的老师和孩子开始享受宽带网络的优势。最后，德国电信还发起了"commitment@Telekom"项目，鼓励员工参加各种各样的慈善活动，包括在2011年夏天发起的航天员项目以及和德国电信基金会合作的项目等。

(5) 与利益相关者建立合作。德国电信一直将与利益相关者之间的合作看作其践行企业社会责任的重要部分之一。2011年，德国电信建立了一个全新的战略级的项目：根据全球公认的AA1000标准选择利益相关者，AA1000标准是全球性的关于可持续发展管理和报告审计的理论框架。德国电信通过数据库的建立和维护，实现和其他利益相关者的交流以及对实践案例的讨论。

例如，在2011年11月，德国电信和位于中国深圳市的利益相关者Dialog Day进行了如何建立社会和环境方面的标准的相关讨论。

（十）前景展望

德国电信认为欧债危机将会进一步影响欧洲乃至全世界的经济增长速度。而德国电信的主要市场和业务地区的经济发展状况差别很大。德国在2010年和2011年两年的经济高速增长之后预计在2012年后可能会停滞不前。美国地区预计在2012年的GDP增长率为2%~2.5%。另外，美国人力资源市场的日渐复苏可能会推动这一地区个人消费的增长。其他欧洲国家的经济发展状况可能会出现局部的停滞不前甚至轻微的下滑。

1. 市场状况预期

德国地区：在激烈的竞争环境之下，德国整体电信市场将呈现停滞甚至轻微下滑的状态。在移动通信领域，移动数据业务的高速发展将带动用户数呈现少量的增长，而智能手机和平板电脑的日渐流行将会推动移动数据业务的收入增长；在固定网络领域，宽带业务预计会出现小范围的增长，但相关业务如TV、动态E-mail和云计算业务将会发生大幅度的增长，尤其是中小企业在数据传输和数据交换方面的需求会有较大的增加。

欧洲地区（不包括德国地区）：欧洲地区对于语音业务的高管制和激烈的竞争仍会对这一地区的运营商造成负面影响。尽管数据业务、创新产品和ICT业务可能会呈现较大幅度的增长，但仍不能弥补上述的损失。欧洲南部和东部的一些国家可能从经济危机中有所复苏，但政府可能会通过财政政策来保证财务状况的平衡，这必然会影响个人消费以及整个电信市场的需求量。总体来说，德国电信认为在2013年之前，欧洲地区的电信市场不可能迎来稳定的发展。

美国地区：美国的高失业率和用户偏好的改变使得移动通信仍然处于竞争激烈的状态。美国的宽带、非语音类业务预计会出现大幅度的增长从而带动整个美国地区的业务增长，并且弥补由于语音业务和短信传输业务造成的无线通信业务收入的下降。另外，预购业务将会继续爆发生机和活力。

ICT业务：2011年欧债危机对德国电信的ICT业务造成了巨大的影响。2012年后ICT业务仍然会保持之前低迷的增长速度甚至出现增长速度放缓的情况。企业用户的需求将会呈现增长的态势，但仍然是传统的业务需求。德国电信各个市场的业务价格将会逐渐下降，这就会引起用户对带宽的需求突然增长。总体来说，德国电信2012年的ICT业务保持稳定的发展态势。

2. 财务数据预期

总体来说，尽管2012年的宏观经济环境不容乐观，但德国电信在各个业务市场的领导者地位让其有信心、有能力面对这些困难。2012年年初，德国电信将创新研发活动直接归入集团总部，而内部IT服务由系统方案解决分部负责。德国电信优质的网络建设仍将继续为其发展提供良好的设备基础。德国电信在2012年总体的投资水平仍将和去年保持一致。另外，德国电信在2012年仍将会进一步加大扩张的规模，目前还没有特别明确的计划，但是收购、并购等资本运营活动仍将是德国电信的主要活动。

营业收入和EBITDA方面，德国电信2012年的营业收入将会出现小幅下降。将汇率变化和资本结构等考虑在内，德国电信2012年的EBITDA为180亿欧元左右，自由现金流约为60亿欧元。具体各个经营分部的EBITDA预期值如图2-5-15所示。

调整后的EBITDA	
	2012年（预期）
德国地区	约94亿欧元
欧洲地区	约50亿欧元
美国地区（以美元计）	约48亿美元
系统方案分部	约9亿欧元

图2-5-15　德国电信各经营分部预期EBITDA

注：未考虑集团总部和共享服务以及合并报表的影响

成本控制方面，德国电信计划在2012年比2009年成本下降42亿欧元。得益于德国电信成本控制项目的良好实施，这一目标已经在2011年得以实现，比预期提前一个会计年度。尽管目标已经达到，但德国电信在2012年仍将继续关注成本控制问题和成本控制项目的实施。

投资回报方面，德国电信的投资回报率仍将继续增加。根据德国电信的财务战略，预计在2012年投入资本回报率增长150个百分点。

股利政策方面，2012年德国电信仍将保持每股0.7欧元的股利分配政策，对股东的回馈总额仅2012年一年就达到34亿欧元。股利支付和股票回购两个政策的同时使用既确保了股东的现金流入，也保证了德国电信股价的稳定。

资本结构方面，德国电信预计净负债占EBITDA的比率为2~2.5，股东权益占资产总额的比率为25%~35%，而股东权益同负债的比率为0.8~1.2。

附件一：德国电信财务报告（2011年）

1. 合并资产负债表

	附注	2011年12月31日 百万欧元	2010年12月31日 百万欧元
资产			
流动资产		15865	15243
现金及现金等价物	1	3749	2808
应收款项及其他应收款	2	6557	6889
可回收的所得税	25	129	224
其他金融资产	8	2373	2372
存货	3	1084	1310
非流动资产及集团持有待处理资产	4	436	51
其他资产	9	1537	1589
非流动资产		106677	112569
无形资产	5	50097	53807
土地、厂房及设备	6	41927	44298
（使用权益法计量）长期投资	7	6873	7242
其他金融资产	8	2096	1695
递延所得税资产	25	4449	5129
其他长期资产	9	1235	398
总资产		122542	127812
负债及所有者权益			
流动负债		24338	26452
短期借款	10	10219	11689
应付款项及其他应付款	11	6436	6750
所得税负债	25	577	545
其他准备金	13	3217	3193
和其他非流动资产及集团持有待处理资产相关的负债	4	—	—
其他负债	14	3889	4275
非流动负债		58263	58332
长期借款	10	38099	38857
退休金及其他员工福利的准备金	12	6095	6373
其他准备金	13	1689	1628
递延所得税负债	25	8492	7635
其他负债	14	3888	3839
总负债		82601	84784
所有者权益	15	39941	43028
股本		11063	11063
		(6)	(5)

续表

	附注	2011年12月31日 百万欧元	2010年12月31日 百万欧元
库存股		11057	11058
资本公积		51504	51635
期初和分配利润（上期结转和分配利润）		(25498)	(24355)
其他综合收益		(2326)	(2017)
净利润（损失）		557	1695
归属母公司股东的股本及资本公积		35294	38016
少数股东权益		4647	5012
负债及所有者权益总额		122542	127812

2. 合并利润表

	附注	2011年 （百万欧元）	2010年 （百万欧元）	2009年 （百万欧元）
净收入	16	58653	62421	64602
营业成本	17	(33885)	(35725)	(36259)
毛利润		24768	26696	28343
销售费用	18	(14060)	(14620)	(15863)
一般、行政费用	19	(5284)	(5252)	(4653)
其他营业收入	20	4362	1498	1504
其他营业支出	21	(4200)	(2817)	(3319)
营业利润		5586	5505	6012
财务费用	22	(2325)	(2500)	(2555)
利息收入		268	349	341
利息支出		(2593)	(2849)	(2896)
（以权益法计量）的联合企业及合资企业的股份相应的利润	23	(73)	(57)	24
其他财务收入（支出）	24	(169)	(253)	(826)
财务活动净利润（支出）		(2567)	(2810)	(3357)
税前利润		3019	2695	2655
所得税	25	(2349)	(935)	(1782)
净利润（损失）		670	1760	873
归属于		670	1760	873
母公司股东净利润（损失）		557	1695	353
少数股东权益	26	113	65	520
每股盈余	27			
基本每股盈余	€	0.13	0.39	0.08
稀释的每股盈余	€	0.13	0.39	0.08

3. 合并现金流量表

	附注	2011年 (百万欧元)	2010年 (百万欧元)	2009年 (百万欧元)
	31			
利润（亏损）		670	1760	873
折旧、摊销及减值准备		14436	11808	13894
所得税支出（收入）		2349	935	1782
利息收入及利息支出		2325	2500	2555
其他财务支出（收入）		169	253	826
（以权益法计量）联合企业及合资企业的投资相应的利润（损失）		73	57	(24)
处理子公司等的亏损（利润）		(4)	349	(26)
由AT&T提供的非现金交易产生的赔偿		(705)	—	—
其他非现金交易		27	(21)	(230)
处置土地、工厂及设备等损失（收益）		28	90	51
营运资本（资产）增加/减少		690	(243)	1936
准备金增加/减少		535	(68)	(891)
营动资本（负债）增加/减少		(1578)	(209)	(1818)
收到（或支出）的所得税		(778)	(819)	(928)
收到的股利		515	412	29
投资或处置远期利率的净支出		—	265	242
营业活动现金流入		18752	17069	18271
支付利息支付的现金		(3397)	(3223)	(3456)
收到利息收到的现金		859	885	980
营业活动现金流量净额		16214	14731	15795
投资无形资产的现金流出		(1837)	(2978)	(1598)
土地、厂房及设备		(6569)	(6873)	(7604)
非流动金融资产		(430)	(997)	(176)
投资子公司及其他营业单位的现金支出		(1239)	(448)	(1007)
处置无形资产的现金净额		20	26	7
	31			
土地、厂房及设备		336	318	369
非流动金融资产		61	162	99
投资子公司及其他营业单位现金		5	4	116
短期投资、交易性金融资产和应收账款的增加或减少		339	491	(320)
由于对OTE的第一次控制所引起的现及现金等价物增加或减少		—	—	1558
其他		39	(416)	(93)
投资活动现金流量净额		(9275)	(10711)	(8649)
发行流动负债的现金净额		66349	30046	3318
偿还流动负债支付的现金		(71685)	(34762)	(9314)
发行非流动负债的现金净额		3303	3219	5379
其他非流动负债支出的现金		(51)	(149)	(93)
分配股利支付的现金		(3521)	(4003)	(4287)

续表

	附注	2011年（百万欧元）	2010年（百万欧元）	2009年（百万欧元）
股票期权行权产生的现金净额		—	—	2
回购股票		(3)	(400)	—
支付租金支付的现金		(163)	(139)	(128)
其他		(187)	(181)	—
筹资活动现金流量净额		(5958)	(6369)	(5123)
汇率变动对现金及现金等价物的影响		(40)	50	58
和非流动资产及集团持有待处理资产相关的现金及现金等价物变动		—	85	(85)
现金及现金等价物净增加（减少）		941	(2214)	1996
现金及现金等价物期初余额		2808	5022	3026
现金及现金等价物期末余额		3749	2808	5022

附件二：德国电信大事记

1950年，"德国邮政服务"在西德成立，德国电信作为国有机构一部分隶属其中。

1989年7月1日起，德国邮电部门——联邦德国邮政系统开始实施改革，德国电信从一个国家行政机构变为政企分开、独立经营、以市场为导向、贴近顾客的国有企业。

1995年，德国电信开始从国有企业到股份企业的改革进程。

1996年11月18日，德国电信公司在纽约、东京、法兰克福三地同时上市，出售26%的股份，集资额达207亿马克（约137亿美元），德国电信正式从国有企业转型为股份制企业。

1998年，德国电信制定了"未来电信"规划，出售转让亏损单元，大力发展新兴业务，通过创新形成全新的电信运营集团，同时确立了四大战略支柱产业：移动通信、互联网网络、电子商务和面向企业客户的、具有高回报的信息技术产业，并分项制定了业务发展策略。

1999年6月，德国电信第二次发行新股，筹资额为106亿欧元。

2000年，T-Online公司上市，并在当年脱离德国电信成为一家独立核算的公司。

2001年，德国电信引入一个全新理念：未来是一个T.I.M.E.S时代（T代表电信；I代表信息技术和互联网；M代表多媒体和移动商务；E代表娱乐和电子商务；S代表系统解决方案和安全业务），未来的发展是将这五项融合在一起。这个新理念将公司运作分为四个核心支柱部门和一个非核心业务部门。

2001年，德国电信旗下T-Mobile公司收购VoiceStream和Powertel，并成为第一个跨大西洋的GSM供应商。

2002年7月，佐默辞去德国电信首席执行官的职务。

2002年11月，里克被任命为德国电信首席执行官，开始接手上任遗留的难题，其中包括820亿美元的巨额债务、过剩的员工队伍以及严重缩水的股票价格。

2004年10月，德国电信宣布收回互联网部门T-Online公司。

2005年9月，德国电信将持有的俄罗斯MTS通信公司的股票售出。

2005年11月，德国电信宣布在德国市场裁员 32000 人的计划。

2006 年 4 月，美国私人投资公司黑石集团（Blackstone）以 26.8 亿欧元收购德国电信 4.5%的股份。

2006 年 11 月，里克被迫辞去德国电信首席执行官一职。

2006 年 11 月，勒内·奥伯曼为集团新任 CEO。

2009 年 2 月，德国电信公司对外宣布了一项重大的部门重组计划。该公司计划将旗下的移动通信子公司 T-Mobile 国际公司并入母公司之中，并将本土移动业务部门和固定业务部门合并。

2009 年 9 月，德国电信与法国电信宣布，双方将合并各自在英国的手机运营业务，T-Mobile 英国及 Orange。此项合并将催生英国最大的移动服务运营商。两家母公司将各持合并后新公司 50%的股份，并由此节约超过 40 亿欧元的成本费用。新公司将拥有 2840 万用户，占英国市场 37%的份额。

2010 年，德国电信公司宣布其新战略为"改进—转型—创新"。

2010 年 8 月，作为向国际电信市场扩展的一个重要步骤，德国电信以 111 亿美元现金收购了英国第四大移动电话公司——121 公司，在英国移动电信市场上站稳了脚跟。并通过股权交换的方式，以 T-ONLINE6.5%股权购入拉加代尔集团持有的互联网俱乐部 99.9%股权，进军发展迅速的法国互联网市场，向网络业务国际化迈出重要一步。

2011 年 3 月，宣布将出售旗下的 T-Mobile USA 给美国 AT&T。

2011 年 6 月，Polska Telefonia Cyfrowa（简称"PTC"）在波兰正式开始使用"T-Mobile"的名称。

2011 年 7 月 11 日，德国电信以 4 亿欧元购买了 Hellenic Republic 持有的希腊电信运营商 OTE 的 10%股份，至此，德国电信对 OTE 的持股总比例约为 40%。

2011 年 9 月 1 日，德国电信的电视业务"Entertainment"正式可以通过卫星接收观看。

2011 年 10 月 7 日，德国电信和法国电信合并建立的企业——BUYIN 正式开始运营。

2011 年 12 月 19 日，德国电信正式终结将 T-Mobile USA 出售给美国 AT&T 的提案，T-Mobile USA 将继续作为德国电信的子公司运营。

杰勒德·柯慈雷（Gerard Kleisterlee）
沃达丰集团董事长

　　杰勒德·柯慈雷，65岁，于2011年7月26日的年度股东大会上被任命为沃达丰集团的董事长。在此之前，他担任公司董事会的非执行董事。2011年3月31日，杰勒德·柯慈雷从皇家飞利浦电子股份有限公司（Koninklijke Philips Electronics N.V.）退休，结束了他在飞利浦公司30年的职业生涯。在飞利浦公司，他担任公司的总裁/首席执行官、管理董事会董事长兼集团管理委员会主席。2009年4月，他加入戴姆勒监事会，成为其中的一员。2010年11月，他出任荷兰皇家壳牌公司监事会的非执行董事和审计委员会的成员。2010年12月，他成为戴尔公司董事会的成员。

维托里奥·科劳（Vittorio Colao）
沃达丰集团首席执行官

　　维托里奥·科劳，50岁，于2008年7月被任命为沃达丰集团首席执行官。2006年10月，作为沃达丰欧洲区首席执行官兼集团副总裁，维托里奥·科劳加入董事会。早期，他曾在米兰的麦肯锡咨询公司从事媒体、通信等方面的工作，此外他还负责招聘工作。1996年他加入了Omnitel Pronto意大利，随后，Omnitel Pronto意大利被沃达丰集团收购，变成Vodafone意大利。1999年，他被任命为Vodafone意大利的首席执行官。2001年，他被任命为沃达丰集团南欧区首席执行官。2002年，维托里奥·科劳成为董事会成员，并于2003年被沃达丰集团任命为负责南欧、中东和非洲地区的首席执行官。2004年，维托里奥·科劳离开沃达丰，加入意大利出版业巨头RCS Media Group公司，成为该公司的首席执行官，直至他回到沃达丰集团，担任沃达丰欧洲区首席执行官。此外，维托里奥·科劳是意大利博科尼大学国际咨询委员会的成员。

沃达丰的名称结合了 Voice（语音）、Data（数据）、Fone（电话）三个方面的含义，这三个方面涵盖了沃达丰整体的业务经营范围，比较直观地反映了沃达丰集团大型移动通信运营商的市场定位。

六　英国沃达丰公司可持续发展报告（Vodafone）

（一）公司简介

沃达丰是跨国性的移动通信运营商。总部设在英国波克夏郡的纽布利（Newbury）。

沃达丰创建于1984年，成立时使用的名称是Racal Telecom Limited（瑞卡尔电信有限公司），为英国瑞卡尔电子有限责任公司的附属公司。1988年10月，公司把20%的股权出售给公众。1991年9月脱离其母公司瑞卡尔电子，成为一个独立公司，并正式改名为沃达丰集团有限责任公司。沃达丰的名称结合了Voice（语音）、Data（数据）、Fone（电话）三个方面的含义。1999年6月29日，在与AirTouch通信公司合并后，曾改名为沃达丰AirTouch。但后来经股东同意，于2000年7月28日恢复原来的名称，即沃达丰集团有限责任公司。

沃达丰是全球最大的移动通信运营商之一，其网络直接覆盖26个国家，并在另外31个国家与其合作伙伴一起提供网络服务。沃达丰使用沃达丰集团作为名称，分别于伦敦证券交易所（代号 VOD.L）及纽约证券交易所（代号 VOD）上市。沃达丰拥有世界上最完备的企业信息管理系统和客户服务系统，在增加客户、提供服务、创造价值等方面拥有较强的优势。沃达丰的全球策略是涵盖语音、数据、互联网接入服务，并且为客户提供满意的服务。

截至2012年3月31日，公司股东权益为782.02亿英镑，总资产为1395.76亿英镑。公司总收入为464.17亿英镑，净利润达到70.03亿英镑，基本每股盈余为13.74便士，2012年3月31日收盘价格为27.67美元，市盈率为12.61，总投资报酬率为5.02%。

沃达丰公司品牌在世界品牌实验室（World Brand Lab）编制的2010年度《世界品牌500强》排行榜中名列第175位，在《巴伦周刊》公布的2006年度全球100家大公司受尊重度排行榜中名列第86位，在2012年度《财富》全球500强公司中名列第105位。

（二）公司战略

2010年11月，沃达丰公布了公司最新的发展战略，由原来"一个强大的沃达丰"转变为"一个更具价值创造力的沃达丰"，这个新战略有赖于对四个关键领域增长潜力的关注。

1. 数据服务（Data Services）

顾客对移动网络和相关服务的迫切需求是使沃达丰能够走得更远的最大的驱动力。沃达丰的目标是要成为顾客想要使用数据服务时的首选供应商。沃达丰认为这个机会是巨大的，因为他们相信，随着时间的推移所有的客户都会想要在他们的移动设备上使用数据网络服务。从目前来看，移动数据服务的需求正在迅速增长。

沃达丰以其领先的IT系统为依托，计划在其经营的所有地区内建立最好的移动网络。这意味着沃达丰将会带给客户更加广阔的覆盖范围，更加可靠的连接以及日益增长的速度和数据能力。

目前，沃达丰已经拥有238000多个基站网站用来传递无线信号——这使得沃达丰成为世界上最大的移动运营商之一。沃达丰每年投资约60亿英镑来为用户实现一个更高品质的移动数据体验。2012年，沃达丰的网络维持了将近1万亿分钟的通话时长并发送了216拍字节的数据。换句话说，这些传输量足够发送2.8万亿封电子邮件。

2. 新兴市场（Emerging Markets）

诸如印度、非洲等新兴市场表现出了巨大的增长机会。2010年印度移动市场净增加了1.4亿用户——这比英国总人口的2倍还多。

新兴市场约占沃达丰服务收入的29%，由于经济的持续强劲增长以及成熟市场移动渗透水平的增长，其份额很可能会在中、长期内继续增长。预计未来4年内，新兴市场将新增15亿移动手机用户。

考虑到新兴市场展示出的相对于发达市场的更为强劲的增长前景，沃达丰正在稳定地增加对新兴市场的披露。沃达丰在包括印度、南非、埃及、土耳其、加纳、卡塔尔以及斐济的新兴市场中经营移动网络，并且在这些国家的市场占有率都是领先的。沃达丰高品质的网络结合了低成本的设备和创新的服务（如移动支付和移动健康解决方案），以此来支持不发达地区的经济发展。

3. 企业与全通信（Enterprise And Total Communications）

沃达丰的企业用户包括家庭办公族（SoHo）、中小企业（SME）以及大型国内和跨国企业。正是这些群体，沃达丰才拥有了超过3000万的移动企业用户，这些企业用户占到了所有用户的8%，来自企业用户的收入占服务收入的23%。

沃达丰想要利用自己在融合业务方面的专业知识来连接商务，实现无与伦比的客户体验，让客户感到物有所值。沃达丰计划继续努力增加市场份额，开拓新机会。沃达丰在欧洲的地理分布使其能够提高效率，实现规模经济，向用户提供固定和移动融合解决方案。

"沃达丰一网融合计划"（Vodafone One Net proposition）提供给用户一个编号，使得用户可以使用台式电脑或者手机应答，这是沃达丰统一通信战略的基础。目前，沃达丰的欧洲企业用户中，40%的用户都拥有一台智能手机或平板电脑，这使得企业数据收入增长了18.2%。

4. 新业务（New Services）

沃达丰正在用一系列的新业务补充其核心通讯业务（语音、数据和文字），以此创造更多的收入，同时加强用户体验。新业务包括三个关键方面：移动贸易服务、M2M服务和运营商计费。

随着快速可靠的移动数据网络的发展，手机、平板电脑等设备的持续改进，人们在日常生活中越来越频繁地使用数据。虽然目前新业务带来的收入只占收入的一小部分，但是其潜在的市场机会是巨大的。

沃达丰想要更多的关注、有吸引力的新增长部分，以此抓住不断增长的机遇；通过为客户生活提供增值的、新的、实用的业务，以此来提高客户服务。

（三）公司治理

沃达丰一直致力于高标准的公司治理，认为这对于公司的商业信誉以及保持投资者对公司的信任至关重要。公司希望所有的董事、雇员及供应商能恪守诚实、正直和公正的道德观念，并以此来约束自己的行为。

1. 经营原则

公司制定了自己的经营原则，以确保公司能够合法经营，尊重各个国家的文化差异，并在与各个国家合作的过程中与之融合。

2. 道德规范

公司采用的道德规范与《2002年萨班斯—奥克斯利法案》第406条一致，并适用于高级财务负责人和主要执行官。

3. 董事会的组织架构

依据英格兰和威尔士有关法律和公司章程，董事会负责集团业务的整体运营，并具有向本公司投资的权利和义务。具体而言，董事会对公司业务的管理、指导和执行负有最终责任，并要求独立于公司的经营管理，针对公司存在的问题做出客观的评价。代表所有股东，监督公司的行为是否适当，确保公司治理的有效性并向股东作公司治理系统的报告。

4. 披露委员会

披露委员会的职责是向首席执行官和首席财务官汇报披露信息，并负责审核通过财务以及相关信息的披露程序，对披露过程实施控制。

5. 美国上市

2009年10月29日沃达丰将美国存托股票从纽约证券交易所转移到纳斯达克股票市场，公司不仅要服从于美国证券法和美国证监会，而且还会受到美国纳斯达克的约束。作为海外证券发行者，公司可以免除纳斯达克的部分公司治理规则。

6. 股权结构

截至2012年3月31日，公司发行普通股50644000000股。具体股权结构如表2-6-1、表2-6-2所示。

表 2-6-1 股权结构
Shareholders at 31 March 2012

股数	总额	股权占比
1~1000	425559	0.22
1001~5000	79267	0.34
5001~50000	28303	0.66
50001~100000	1116	0.15
100001~500000	1025	0.43
超过500000	1563	98.20
	536833	100.00

表 2-6-2 不同地区的股权占比
Geographical analysis of shareholders ot 31 March 2012

国家或地区	股权占比
英国	42.3
北美	30.4
欧洲（除英国以外）	12.2
其他地区	15.1

（四）市场概览

沃达丰是世界上最大的移动公司之一，在世界30多个国家和地区经营业务，同时还与世界上40多家网络运营商进行合作。沃达丰的全球市场包括，欧洲地区：匈牙利、葡萄牙、阿尔巴尼亚、爱尔兰、罗马尼亚、捷克、意大利、西班牙、德国、马耳他、土耳其、希腊、荷兰、英国；AMAP地区：印度、澳大利亚、埃及、新西兰、斐济、卡塔尔、加纳、南非等；以及非控股的Verizon无线。各地区关键财务指标如表2-6-3所示。

表 2-6-3 沃达丰各地区关键财务指标

欧洲   单位：百万英镑（除比率外）

截至2012年3月31日	德国	意大利	西班牙	英国	其他	抵消	合计		变动百分比
收入	8.233	5.658	4.763	5.397	8.352	(222)	32.181	0.5	(0.1)
服务收入	7.669	5.329	4.357	4.996	7.780	(217)	29.914	(0.6)	(1.1)

续表

截至 2012 年 3 月 31 日	德国	意大利	西班牙	英国	其他	抵消	合计		变动百分比
EBITDA	2.965	2.514	1.193	1.294	2.479	—	10.445	(3.5)	(4.5)
调整后的营业利润	1.491	1.735	566	402	1.066	—	5.260	(8.1)	(9.6)
边际 EBITDA	36.0%	44.4%	25.0%	240%	29.7%		32.5%		

非洲、中东和亚太地区

截至 2012 年 3 月 31 日	印度	南非	其他	抵消	合计		变动百分比
收入	4.265	5.638	3.965	—	13.868	4.2	8.4
服务收入	4.215	4.908	3.628	—	12.751	3.7	8.0
EBITDA	1.122	1.930	1.063	—	4.115	2.9	7.8
调整后的营业利润	60	1.084	328	—	1.472	15.7	22.4
边际 EBITDA	26.3%	34.2%	26.8%		29.7%		

沃达丰关键市场共有 7 个：

1. 德国

从收入角度来看，德国是沃达丰全球最大的市场，拥有 3600 万移动用户。沃达丰是德国市场中领先的移动运营商，占据 35% 的收入市场份额。2010 年，沃达丰成为德国市场上第一个启动 4G 移动数据服务的运营商，数据下载速度最高可达 50m/s。德国共有 340 万固网用户，是沃达丰最大的固网市场。

2. 意大利

沃达丰是意大利市场中最大的移动运营商，拥有 3000 万移动用户。2000 年，沃达丰获得在意大利的经营权，而在 2011 年，沃达丰成了意大利市场中最大的移动运营商，占据了 37% 的收入市场份额。尽管这一年的经济萧条导致了收入降低，但由于沃达丰弹性灵活的成本结构和手机补贴的降低，仍旧保证了高水平的利润。

3. 南非

这是一个增长非常迅速的市场，拥有 570 万移动用户。沃达丰占据了南非五国（南非坦桑尼亚、莱索托、莫桑比克和刚果）65% 的市场份额及 85% 的收入市场份额。在南非，沃达丰是绝对的市场领导者，移动数据服务持续为公司带来强劲的收入增长。

4. 英国

沃达丰的第一个市场，拥有 190 万移动用户。1985 年，沃达丰第一个进入英国市场，2001 年，沃达丰成为第一个在英国启动商用 3G 服务的移动运营商。沃达丰在英国的业务迅速扩展，占据了 26% 的收入市场份额和 37% 的移动企业市场。

5. 西班牙

这是一个极具挑战性的市场，拥有 180 万移动用户。经济萧条在西班牙表现得尤为严重，高达 24% 的失业率直接导致了用户们纷纷缩减支出，也导致了沃达丰在西班牙的整体营收的大幅降低。尽管如此，沃达丰还是对西班牙的长远前景充满信心，近期内斥资 5 亿英镑购买了新的频谱用于 4G 服务的建设。

6. 印度

从用户数量角度来看，印度是沃达丰最大的市场，拥有 1.5 亿移动用户。2007 年，沃达丰在印度获得控股权。自此以后，市场中的用户数由 2800 万增长至 1.5 亿，市场收入份额由 16% 增长至 21%。通过在 3G 技术上的大力投资及低成本手机的发售，沃达丰正在向这个高速发展的市场普及移动网络服务。

7. Verizon 无线

Verizon 无线是美国领先的运营商，拥有 9300 万移动用户。沃达丰拥有 Verizon 无线 45% 的股份，是美国收入市场份额最大的移动运营商。2011 年，由于客户的增长和优秀的移动数据服务，Verizon 无线的服务收入增长了 7.3%。如今，Verizon 无线已成为覆盖 2/3 美国人口的领先 4G 网络供应商。这些关键市场的收入、利润、市场份额概况如图 2-6-1 至图 2-6-3 所示。

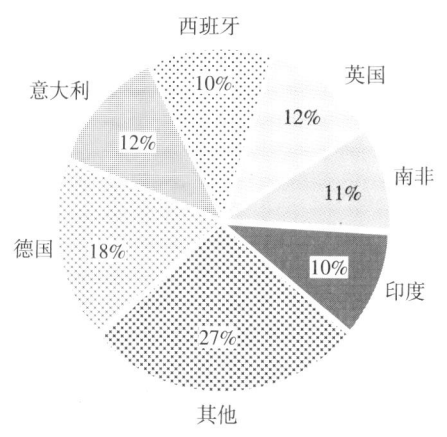

图 2-6-1　基于关键市场的收入分布情况

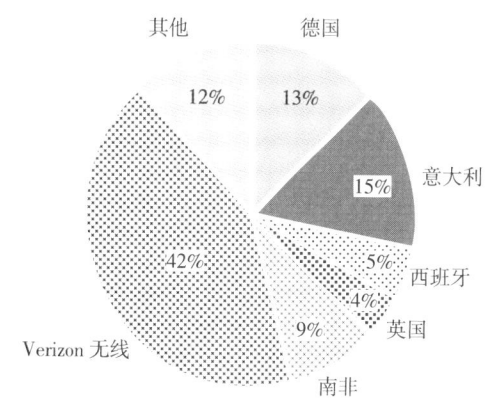

图 2-6-2　基于关键市场的利润分布情况

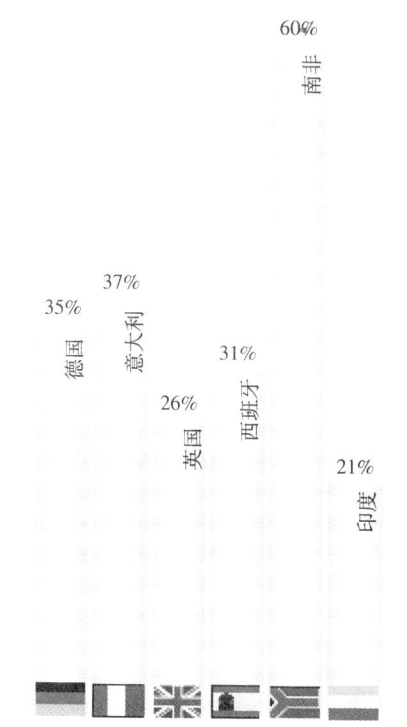

图 2-6-3　关键市场移动服务收入的市场份额

（五）业务概览

1. 语音业务

沃达丰是世界上最大的移动语音通信运营商之一，公司向全球 4.04 亿个客户提供包括国内、国际以及漫游语音服务。

2. 信息业务

沃达丰向用户提供对文字、图片、音乐和视频信息的接收和传送服务。沃达丰还将与各类互联网企业展开合作，在内容和应用方面进行扩充和创新。如与 Sky TV 公司就电视内容进行合作，与 Google、Yahoo 等就移动搜索、移动广告等进行合作。同时，还设立开放平台及社区交流手段，并将各类创新应用直接引入运营，提供高额奖金激励，以进一步深化信息业务的市场渗透。

3. 数据业务

越来越多的顾客选择购买沃达丰的移动数据服务，移动数据服务可以帮助顾客实现互联网、电子邮件、手机应用、笔记本以及上网本之间的互联互通。为迎合如印度和非洲等低消费水平市场，以及欧洲一些消费能力较低的客户群，继此前推出100英镑的智能手机之后，沃达丰还计划推出50英镑的更低成本的智能手机，希望借此加快数据业务的渗透速度。

4. 固定宽带业务

顾客使用沃达丰的固定宽带服务来满足自身全面的通信需求。另外，通过网关，公司向40多个非洲国家提供了批发载体服务。

5. 其他业务收入

包括商业管理服务，如安全的远程网络访问以及移动虚拟网络运营商以批发价格出售网络接入所产生的收入。沃达丰目前正在走出低迷的电信业市场环境，向移动数据产业纵深发展，力图站得更高、发展更加迅速。为鼓励低用量用户更多地使用数据业务，从而提升用户ARPU值，沃达丰推出了数据分级套餐计划，用户可通过较低的价格获得相对较少的数据流量。套餐价格随着用户使用量的增加而提高，用户ARPU值也随之提高。该计划首先在英国、荷兰、葡萄牙和爱尔兰启动，欧洲其他地区在2010~2011财年年底完成。此外，为提升客户体验，沃达丰在欧洲地区建立了5000个零售店，立足服务和支持中心，更加注重客户关怀和相关支持功能，并为数据业务用户提供专门的服务支持，加强客户在线服务体验。在计费方面采用多SIM卡、多账户等计费方式灵活管理家庭和企业客户，同时加大相关业务系统的投资力度，加强CRM系统的处理能力以适应各种计费模式。

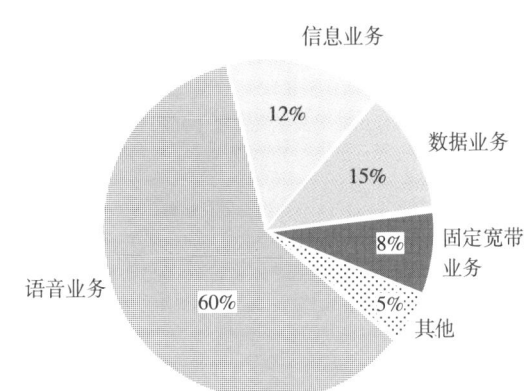

图 2-6-4 基于业务类型的收入分布情况

（六）经营和财务绩效

表 2-6-4 沃达丰 2009~2011 年度经营与财务业绩比较一览

单位：百万英镑

年份	沃达丰（Vodafone）		
	2011	2010	2009
收入	46417	45884	44472
总资产	139576	151220	156985
EBITDA	14475	14670	14735
EBITDA 率	31.18%	31.97%	33.13%
净利润	7003	7870	8618
净利润率	15.09%	17.15%	19.38%
总资产报酬率（ROA）	5.02%	5.20%	5.49%
净资产报酬率（ROE）	8.96%	8.99%	9.49%
资本性支出（CAPEX）	6423	5658	5986

续表

年份	沃达丰（Vodafone）		
	2011	2010	2009
CAPEX 占收比	13.84%	12.33%	13.46%
经营活动净现金流	12755	11995	13064
每股经营活动净现金流	0.25	0.23	0.25
自由现金流（FCF）	6105	7049	7241
自由现金流占收比	13.15%	15.36%	16.28%
销售现金比率	27.48%	26.14%	29.38%
资产现金回收率	9.14%	7.93%	8.32%
EVA	−3505	−5016	−3909
EVA 率	−2.93%	−3.80%	−2.86%
每股盈利（EPS）	13.74	15.20	16.44
每股股利（DPS）	3.05	2.85	2.66
股利支付率	22%	19%	16%
主营业务收入增长率	1.16%	3.18%	8.42%
总资产增长率	−7.70%	−3.67%	2.81%
净利润增长率	−11.02%	−8.68%	179.81%
经营活动现金流增长率	6.34%	−8.18%	6.97%
每股盈余增长率	−9.61%	−7.54%	181.51%
资产负债率	43.97%	42.10%	42.15%
流动比率	83.35%	62.80%	49.69%
利息保障倍数	5.94	15.84	4.51
总资产周转率	0.33	0.30	0.28
固定资产周转率	2.49	2.27	2.15
坏账发生率	9.94%	8.43%	9.56%
折旧与摊销	7859	7876	7910
股息	1536	1492	1400
内部融资额	13326	14254	15128
折旧摊销率	16.93%	17.17%	17.79%
付现成本率	51.03%	49.99%	48.41%
营销、一般及管理费用率	17.89%	18.24%	18.68%

（七）内控与风险管理

审计委员对集团评估内控环境、评估风险的过程以及管理重大风险的方式进行审核。委员会还会考虑有关内控效果以及员工和经营者欺诈行为的报告，这些员工和经营者都在内控中扮演着重要的角色。审计委员会还负责监督集团行为是否与《2002 年萨班斯—奥克斯利法案》中第 404 条所规定的一致。

1. 内部控制

董事会全面负责企业的内控制度，设计健全的内控制度是为了进行有效的管理，而非消除实现商业目标过程中遭遇失败的风险，为资产的误报与流失提供合理保证而不是绝对保证。董事会已经建立了一套基于企业联合准则的内控实施程序，这套程序将在 2010 年度年报审核期间为公司的内部控制提供指导。这些程序还要接受定期审核，以便为识别、评估、管理公司所面临的重大风险提供持续帮助。

2. 风险管理

公司成立了风险理事会来管理风险的识别、评估、监控和减轻过程。风险理事会主席由财务总监担任，集团审计主任和各职能部门的代表都给予大力支持。每年召开两次会议，主要讨论和审核各业务单元以及职能部门的高层经理所识别的风险。理事会将运用"风险矩阵"来评估风险发生的可能性以及可能产生的影响，如果风险被确定会发生，理事会就会考虑采取措施来管理和消除这些风险。风险评估的结果将会提交给执行委员会和审计委员会，然后汇报给董事会作最终的审核和确认。风险理事会负责保证公司存在的风险得到持续的监控，为减轻风险采取适当的措施并确定所应采取的进一步行动。

（八）人力资源发展

"效率、简捷和信任"（speed，simplicity and trust）是公司一贯秉承的"沃达丰方式"，公司员工团结一致，共同为公司的成功不懈努力。

1. 组织效率与人员变化

2011年，公司在全球范围内共拥有大约86400名员工。高层领导中女性所占比例由原来的16.5%上升到19.4%，高层领导者的国籍总数由原来的29个降至25个。客户呼叫中心的选择性内包、公司对荷兰的贝尔公司的收购以及新兴市场的增长在一定程度上使得效率的增长和相关人员编制的减少相互抵消。同时，公司继续将一些交易型和后勤部门的活动移向匈牙利、埃及和印度的共享服务中心。沃达丰员工分布状况如图2-6-5所示。

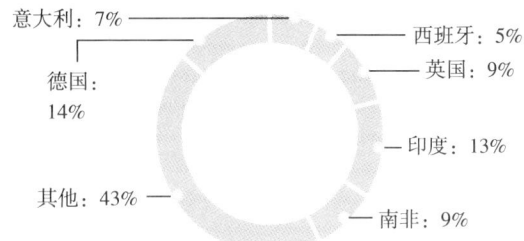

图2-6-5 各地区的员工分布状况

2. 招聘政策与员工关系

公司的招聘政策充分反映了当地法律、文化以及应聘者的要求。公司的目标是成为求职者心仪的雇主，因此，公司一直致力于在开展经营的地方保持高标准和良好的员工关系。公司反对不公平地对待员工，不论种族、国籍、性别、年龄、婚姻状况、性取向、宗教信仰和政治信仰，尽量从各个方面为员工提供平等的机会。在公司最近的一项调查中，88%的雇员认为沃达丰能抛开性别、背景、年龄和信仰歧视，平等地对待员工。

3. 员工的健康、安全与福利

2011年公司引进了新的安全计划，意在显著地减少死亡率，创造一个无伤亡的工作环境。结果我们可以看到一些国家（土耳其、刚果、莫桑比克）的死亡率已降低至零。但同时令人悲伤的是，在全球范围内公司有21名员工死亡。车祸仍然是造成死亡事故的首要原因，因此公司也采取了一些干涉措施。例如：在加纳，公司制定了一个计划，利用车辆模拟器来评估驾驶员的能力，通过GPS追踪系统，每周对驾驶活动进行分析，以此来提高驾驶员的安全。

4. 文化、沟通与员工参与度

公司的文化源于公司一贯秉承的"沃达丰方式"——效率、简捷和信任。2011年，公司所有的高层领导团队（227人）都参与进了CEO led 文化变革方案，进行亲身实践来加强领导能力，将"沃达丰方式"应用于日常工作中。公司的群体功能和本地市场针对所有管理者推出了类似的方案。

定期、持续、公开的沟通是高级别员工参与度形成的基石。2011年，公司启动了沃达丰循环（Vodafone Circle）——一个面向全体员工的在线社交网络和合作工具，可以使员工在公司范围内更容易地联络他人、分享专业知识。公司员工可以从企业局域网中获取公司全部的经营信息，可以通过定期团队会议、电子邮件、视频、网络聊天直接与公司执行官进行沟通。同时，公司发生的变化以及一些有关业绩的问题也会在团体会议中提出来，与员工或者被选举出来的员工代表一起讨论解决。

5. 人才和能力发展

2011年，员工绩效继续保持在一个较高的水平，内部人才填补了高层领导团队53%的职位空缺，领导团队得到加强。2011年，公司的全球顶尖毕业生招聘计划持续开展，又招聘到了400多名优秀人才。此外，公司还与欧洲、美国、非洲和印度的9家顶尖MBA学院合作，为公司的关键管理职位招聘了15名MBA毕业生。

公司致力于通过不断的学习与锻炼，帮助员工充分发挥自身的潜力。作为业绩沟通的流程之一，部门经理每年要帮助他的职员识别和制定发展目标。2011年，公司投资了大约6000万英镑用于开展员工培训项目。公司最新的员工调查发现，75%的员工认为他们能够学到自己所需的工作技能。

6. 绩效、报酬与提升

公司根据员工的绩效、潜力以及对公司成功所做出的贡献给予员工相应的报酬。公司的目标是在开展经营的国家里，为员工提供公平、有竞争力的工资待遇和福利。公司已经在全球范围内对大部分员工实施了短期刺激计划，对高层领导实施了长期刺激计划。两项计划均是根据个人和公司的绩效来提供相应的报酬。

（九）企业社会责任

1. 提出转变性的解决方案

沃达丰意在向用户提供可改变人们生活、促进可持续生活的产品和服务，为了达到这一目的，沃达丰服务用户，着眼于更长远的发展，并注意降低环境影响。

（1）农业。通过提高供应链的效率，向农民提供市场价格、种植建议和气候变化情况，移动业务有助于粮食增产，减少粮食浪费。沃达丰结合农业企业用户、消费品和零售部门，为农业供应链提供全程服务，以提高其效率。

（2）医疗。移动技术有望改善医疗状况。例如：慢性疾病患者可在家检查自己的健康状况，农村医疗中心可以保证必备药品随时处于不缺货状态。沃达丰提出了mHealth计划，与合作伙伴共推出50多项服务来提高医疗质量，降低医疗供应商的成本。

（3）低碳社会。沃达丰的M2M业务通过帮助企业客户提高经营效率，大大降低了他们的碳排放量。沃达丰在智能办公、减少差旅需要等其他领域的创新，也为碳排放量的减少做出了贡献。

（4）教育。利用移动技术来为新兴市场的教师和学生提高教育质量，这对可持续发展、创建新的商业机遇都是极其重要的贡献。在印度，沃达丰与教育机构尝试建立了"虚拟教室"，使学生不必去很远的地方就可以进行学习。

（5）金融服务。移动支付可以使人们不需要银行账户即可享受金融服务，这为新兴市场的经济发展做出了贡献。沃达丰的移动支付服务——

M-Pesa，是很多其他地区的服务的基础。比如：新兴市场的用户可以使用 M-Pesa 进行农业及保健服务的小额支付。

（6）智能办公。无论何地，当人们在为经济、社会和环境做出贡献时，沃达丰都可以使人们的工作变得更有效率。智能办公可以为企业降低间接成本，提高生产率；可以使公共服务更高效；可以降低差旅和通勤的成本及碳排放量；可以帮助人们平衡家庭和事业，提高生活质量。

2. 责任经营

为了改变社会，公司需要股东的信任与合作。为了取得信任，公司必须处理好与股东息息相关的问题，并做好公司应该做到的每一件事。以下列举了其中的四个主要问题。

（1）隐私。沃达丰的隐私管理计划帮助公司在日常经营活动中践行尊重客户隐私和个人信息的承诺。同时，沃达丰也在与供应商、业内同行共同努力，发展隐私共用准则来保证在业务拓展过程中隐私的安全。

（2）可靠的供应链。沃达丰用《采购道德准则》中的严格标准来控制供应商，以供应商管理 2.0 计划来监控他们的绩效。公司与供应商、业内同行共同努力，从车间出发，进行联合审核、实施持续改进计划、严格审查有争议的原料，以提高供应链全程的可持续发展。

（3）健康与安全。安全是沃达丰经营过程中的核心价值观，公司相信所有的事故和伤亡都是可以避免的。公司为 2011 年 12 月发生的重大事故中失去的生命感到深深的遗憾和自责，因此公司在正式员工与合同工间推行了零死亡率的企业文化。

（4）环保。跟处理公司经营影响一样，沃达丰与供应商、用户一起，为降低公司产品和服务对环境的影响而努力着。其中最重要的是降低碳的排放量和处理电子废物。

沃达丰在社会责任方面做出了诸多努力，具体成果如表 2-6-5 所示。

表 2-6-5 社会责任关键业绩指标总结

年份	2012	2011	2010
网络			
基站数量	238000	224000	104344
电子废品的管理			
网络设备废品（吨）	14532	7473	5870
循环再利用的网络设备废品（%）	98	99	98
回收再利用的手机（百万部）	1.37	1.23	1.33
能源消耗			
能源消耗总量（GWh）	4454	4117	3278
可再生能源利用率（%）	18	19	23
碳排放量			
CO_2 净排放量（百万吨）	2.27	2.14	1.37
CO_2 总排放量（百万吨）	2.59	2.29	1.54
全部市场 CO_2 净排放量（百万吨）	2.20	1.96	1.21
成熟市场 CO_2 净排放量	1.00	0.94	0.94
新兴市场 CO_2 净排放量	1.20	1.02	0.26
对低碳未来的贡献			
低碳 M2M 连接数	6.4	>4	
员工			
员工总数	86400	83900	84990

续表

年份	2012	2011	2010
员工平均流失率	15	15	13
高层管理者中女性占比	19	17	14
高层管理者国籍总数	25	29	26
员工参与度（%）	77	75	76
安全			
员工与合同工死亡数	21	21	27
损失工时的事故数（按员工计算）	146	188	147
每1000个员工中发生损失工时的事故率	1.69	2.40	2.01
手机、标榜和保健			
在调查中认为沃达丰认真履行了其在手机、标榜和保健方面责任的人数比率（%）	87	87	87

（十）前景展望

在即将到来的2013年，沃达丰认清了自己的位置。由于智能手机已全面占领市场，加之众多市场对数据服务的认可，沃达丰在许多市场中的收入市场份额在持续增长。公司对企业分部和新兴市场资产的披露将会继续成为公司绩效的战略驱动力。公司现有资产负债状况良好，并将继续关注于股东回报，保证对网络再投资的可持续性，以增强用户体验。

但是欧洲地区的外部环境仍旧很动荡。糟糕的微观环境造成了客户需求的低迷，严格的管制背景和激烈的竞争是阻挠增长的实质性障碍。沃达丰希望进一步降低移动终端费率，以减少对营业收入产生的负面影响。

排除汇率变动的影响，与2012年相比，公司希望调整后的经营利润能有所增长，自由现金流能够保持稳定。公司预计下年调整后的经营利润应保持在111亿~119亿英镑，自由现金流将维持在53亿~58亿英镑。下一年度与2012年最大的区别在于：①沃达丰出售了其拥有的SFR公司44%的股份，不再能从其获得股利；②欧元走势的逐年降低。按照恒定的货币基准估计，公司资本性支出水平将维持稳定。

依托AMAP地区的业务的强劲增长和经营杠杆作用，以及公司对欧洲商业成本控制的加强，沃达丰预计集团的边际EBITDA的下降幅度将有所减缓。

公司已经做好一切准备，通过对有关自由现金流、股息增长的目标的完成，向潜力增长地区的大力投资以及公司不断更新的资本政策，沃达丰仍旧致力于继续为股东创造更多的价值。

附件一：沃达丰财务报告（2011年）

1. 合并资产负债表

单位：百万英镑

截至3月31日	附注	2012年 欧元	2011年 欧元
非流动资产			
商誉	9	38.350	45.236
其他无形资产	9	21.164	23.322

续表

	附注	2012年 欧元	2011年 欧元
物业、厂房及设备	11	18.655	20.181
对联营企业的投资	14	35.108	38.105
其他投资	15	79	1.381
递延税项资产	6	1.790	2.018
退职福利	23	31	97
应收账款	17	3.482	3877
		119551	134217
流动资产			
存货	16	486	537
税款减免		334	281
应收账款	17	10.744	9.259
其他投资	15	1.323	674
现金及现金等价物	18	7138	6.252
		20025	17003
总资产		139576	151220
权益			
股本	19	3.866	4.082
资本公积		154.123	153.760
库存股		(7.841)	(8.171)
留存收益		(84.184)	(77.661)
其他累计综合收益		10.971	15.545
本公司股东应占权益		76935	87555
非控制性权益		2.090	2.880
非控制性权益看跌期权		(823)	(2.874)
非控制性权益合计		1267	6
权益合计		78202	87561
非流动负债			
长期借款	22	28.362	28.375
应交税金		250	350
递延所得税负债	6	6.597	6.486
退职福利	23	337	87
预计负债	24	479	482
应付账款	25	1.324	804
		37349	36584
流动负债			
短期借款	22	6.258	9.906
应交税金		1.898	1.912
预计负债	24	633	559
应付账款	25	15.236	14.698
		24025	27075
权益与负债合计		139576	151220

2. 合并损益表

单位：百万英镑

截至3月31日	附注	2012年欧元	2011年欧元	2010年欧元
主营业务收入	3	46417	45884	44472
主营业务成本		(31.546)	(30.814)	(29.439)
主营业务利润		14871	15070	15033
销售费用		(3.227)	(3.067)	(2.981)
管理费用		(5.075)	(5.300)	(5.328)
应占联营公司业绩	14	4.963	5.059	4.742
资产减值损失	10	(4.050)	(6.150)	(2.100)
其他收入和支出	26	3705	(16)	114
营业利润	4	11187	5596	9480
营业外收入和支出	15	(162)	3.022	(10)
投资收益	5	456	1.309	716
财务费用	5	(1.932)	(429)	(1.512)
税前利润		9549	9498	8674
所得税费用	6	(2.546)	(1.628)	(56)
本年净利润		7003	7870	8618
分配制：				
——本公司股东应占利润		6.957	7.968	8.645
——非控制性权益股东应占利润		46	(98)	(27)
		7003	7870	8618
基本每股盈余	8	13.74p	15.20p	16.44p
稀释每股盈余	8	13.65p	15.11p	16.36p

3. 合并现金流量表

单位：百万英镑

截至3月31日	附注	2012年欧元	2011年欧元	2010年欧元
经营活动产生的现金净额	27	12755	11995	13064
投资活动产生的现金流量				
购买子公司、合营公司权益所支付的现金		(149)	(46)	(1.777)
与购买子公司相关的其他投资活动所支付的现金		310	(356)	—
购买关联方权益所支付的现金		(5)	—	—
购买无形资产所支付的现金		(3.090)	(4.290)	(2.134)
购置物业、厂房及设备所支付的现金		(4.762)	(4.350)	(4.841)
增加投资所支付的现金		(417)	(318)	(522)
出售子公司、联营公司权益所收到的现金		832	—	—
出售关联方权益所收到的现金		6.799	—	—
处置物业、厂房及设备所收到的现金		117	51	48
减少投资收到的现金		66	4.467	17
收到关联方的股息		4.023	1.424	1.436
收到投资收入的现金		3	85	141

	附注	2012年 欧元	2011年 欧元	2010年 欧元
收到利息收入的现金		322	1.659	195
投资活动的税项支出所付出的现金		(206)	(208)	—
投资活动产生的现金净额		3843	(1882)	(7437)
融资活动产生的现金流量				
发行普通股以及补发库存股所收到的现金		71	107	70
短期借款流动净额		1.206	(573)	227
取得长期借款收到的现金		1.642	4.861	4.217
偿还借款所支付的现金		(3.520)	(4.064)	(5.184)
回购库存股所支付的现金		(3.583)	(2.087)	—
分配股利所支付的现金		(6.643)	(4.468)	(4.139)
分配子公司中非控制性股东股利所支付的现金		(304)	(320)	(56)
取得子公司中非控制性权益所收到的现金		—	—	613
其他在子公司中与非控制性股东的交易事项		(2.605)	(137)	—
支付利息所付出的现金		(1.633)	(1.578)	(1.601)
融资活动所用现金净额		(15369)	(8259)	(5853)
净现金流		1.229	1.854	(226)
年初现金及现金等价物	18	6.205	4.363	4846
汇率变更的影响		(346)	(12)	(257)
年末现金及现金等价物	18	7088	6205	4363

附件二：沃达丰大事记

公司始创于1984年，成立当时使用名称Racal Telecom Limited（瑞卡尔电信有限公司），为英国Racal Electronics Plc.（瑞卡尔电子有限责任公司）的附属公司。

1985年1月，建立的第一个模拟信号网络，在这之后，模拟网络的演示活动继续进行着，网络的架设也在规定的时间内得以完成，使得Vodafone的网络迅速覆盖全国。

1987年，Vodafone已经被认为是世界上最大的移动通信公司。Gerald Whent先生将Vodafone的早期战略定为大力发展国际远距离移动科技，虽然Vodafone已经拥有了世界最大规模的移动网络，但是公司的发展仍然遵循着最初的商业计划。

1990年，商务数据传输业务开通。广播网络公司PAKNET推出了基于改进后的移动应用商务服务以满足商业发展快速、准确、可靠的传输数据需要。

1991年9月，脱离其母公司瑞卡尔电子，成为一间独立公司，并正式改名为沃达丰集团有限责任公司。

1992年，公司从CABLE&WIRELESS手中购得了其50%的股份。

1995年，Vodafone开始开发高速公路网络。近500位专家通过辛勤劳动终于将7条主要高速公路覆盖到了Vodafone移动网络中。Vodafone网络同时也成为世界上首个引入TACS对比技术的网络，以杜绝网络中的盗拨现象。1999年年初，该公司出资560亿美元成功地并购了美国空中通信公司，Vodafone AirTouch正式成立。

1999年11月，公司的市值约为900亿英镑，而且成为FTSE100榜中排名第二，同时也是欧洲第三。公司还是世界最大的25个公司之一，在1999年9月底，英国Vodafone和美国AirTouch通信公司在全世界24个国家5个大洲共有超过3100000个客户。

1999年9月21日，贝尔实验室与Vodafone、AirTouch达成协议共同开发新的无线网络商务。

2000年2月3日，德国曼内斯曼公司与英国沃达丰公司终于正式宣布合并。英国沃达丰总裁根特和德国曼内斯曼公司总裁埃瑟尔联合宣布，他们已经达成两个公司合并的协议，涉及金额近4000亿德国马克，相当于2000亿美元，完成了迄今为止涉及金额最大的公司合并。

2000年7月28日，Vodafone AirTouch恢复原来的名称，即沃达丰集团有限责任公司。

2001年，沃达丰集团投资3000亿美元将自己的实力范围扩张到了全球28个国家，其中包括以115亿美元的价格收购了Japan Telecom Holdings Inc.。

2004年，通过一系列的并购交易，获得了沃达丰日本公司97.7%的股权。

2006年4月27日，沃达丰集团出售了沃达丰日本公司的所有股权。

2007年5月，沃达丰集团以55亿英镑收购了印度的Essar公司。

2008年5月19日，沃达丰集团斥资3.66亿英镑增持其在Arcor公司的股权。至此，沃达丰拥有了Arcor公司100%的控股权。

2008年8月17日，沃达丰集团以4.86亿英镑收购了（Ghana Telecommunications）加纳电信70%的股份。

2009年4月20日，沃达丰集团斥资16亿英镑，使其在非洲跨国移动运营商Vodacom公司中的持股比例增加了15%。5月18日，Vodacom成为沃达丰集团的子公司。

2009年6月9日，沃达丰和Hutchison 3G联合创建了（Vodafone Hutchison Australia）沃达丰—和记澳大利亚公司。

2010年9月10日，沃达丰以43亿英镑的价格出售其持有的中国移动3.2%的股权。

2010年10月，沃达丰以31亿英镑的价格出售其所持有的日本软银股权。

2011年3月30~31日，印度Essar公司出售VIL 22%的期权，随后沃达丰认购了仍保留在埃萨集团手中的VIL 11%的期权。这两项期权的总价格为50亿美元（31亿英镑）。

2011年6月16日，沃达丰以77.5亿美元（68亿英镑）的价格向法国Vivendi公司出售其拥有的SFR 44%的权益，并从SFR公司获得了2亿欧元（1.76亿英镑）的末期红利。

2011年7月1日，沃达丰以42亿美元（26亿英镑）的价格从Essar公司获得了VIL 22%的股份。

2011年8月18日，印度Piramal保健公司（Piramal Healthcare Limited）以286亿卢比（3.68亿英镑）的价格从Essar公司购得VIL 5.5%的股份。

2011年11月9日，沃达丰以近9.2亿欧元（7.84亿英镑）的价格出售了其拥有的波兰Polkomtel公司24.4%的股份。

2012年2月8日，印度Piramal公司以近301亿卢比（3.99亿英镑）从Essar公司购得VIL公司5.5%的股份，使其在VIL占股份额增长至11%。

斯蒂芬·理查德（Stephane Richard）
法国电信集团董事长兼首席执行官

斯蒂芬·理查德，50岁，2011年2月23日被任命为法国电信集团董事长兼首席执行官，为期4年。

斯蒂芬·理查德曾担任法国财政部部长拉加德的首席助理，法国经济、工业和社会保障部总参谋长，是法国总统萨科奇的好友，毕业于巴黎高等商学院和巴黎国家行政学院。1992~2003年间，曾任法国跨国公司Generale des Eaux的执行CFO，Immobiliere Phenix公司的首席执行官，CGIS公司的董事长。2003年，斯蒂芬·理查德成为威立雅环境集团执行CEO。斯蒂芬·理查德于2009年9月加入法国电信集团，2009年10月5日被集团任命为执行CEO，负责法国国内的集团运营。2010年1月1日成为集团CEO候选人。2010年6月9日，在年度股东大会上，斯蒂芬·理查德加入董事会，成为集团董事。在2011年2月23日召开的集团会议上，董事会正式接受法国电信集团前任董事长兼首席执行官迪迪埃·隆巴德的辞职申请，并根据公司治理与社会责任委员会的提名，任命斯蒂芬·理查德为法国电信集团董事长兼首席执行官，该任命于2011年3月1日生效。

法国电信 LOGO 的主要图像要素是 France Telecom，橙色"&"符号，在英语里代表"and (和、与)"含义。通过新品牌，法国电信想要表达"连接、沟通、综合"的意义。世界上人与人之间、企业与企业之间、人与企业之间通过通信手段紧密相连，亲密交流。1999 年，法国电信 CEO 米歇尔·波恩为改变公司长久以来业务单调，行动迟缓的形象，痛下决心，制定了移动通信、互联网和国际化三个方向。为配合这一重大转型，2000 年 2 月 29 日，法国电信公布了包括新标志和一系列视觉形象在内的新的品牌。法国电信希望借此树立一个全新的形象，那就是在一个被互联网和移动新技术推动的竞争时代里，成为一个不断革新的、为用户提供优质服务的综合性国际运营商。

七 法国电信公司可持续发展报告（France Telecom）

（一）公司简介

法国电信（France Telecom）成立于1988年，总部位于巴黎，前身是法国邮政和通讯局的一个分支机构。法国电信是世界领先的电信运营商之一，在巴黎和纽约交易所上市，业务遍布五大洲的220多个国家和地区。2005年6月推出的NEXT战略（New Experience in Telecommunications即"电信业务新体验"）将集团全业务运营商的概念进一步延伸，致力于将其打造成欧洲新业务的先锋代表。自2006年6月以来，Orange已经成为集团唯一的服务品牌，在法国、英国、荷兰和西班牙同时代表互联网、电信和无线电话业务，而Orange Business Service（Orange企业服务）已经在全球范围内成为为大企业提供通信服务的品牌。法国电信是欧洲第二大无线电话和互联网运营商，同时还是世界第一大为跨国公司提供通讯服务的运营商。Orange Labs是法国电信集团发展的强大支柱，在世界三大洲建立了17个研发分支机构，其中包括8个海外研发分支，分布在伦敦、旧金山、波士顿、东京、华沙、北京、首尔、新德里和西班牙。Orange Labs拥有4200多名研发人员，至今已创造了8000多项专利。凭借其先进技术，被公认为世界三大电信研发中心之一。截至2011年底，法国电信公司的股本规模为2711972965股，总收入为452.77亿欧元，净利润为38.28亿欧元，每股盈余为1.47欧元每股。

（二）公司战略

2010年7月1日，斯蒂芬·理查德推出了法国电信Orange集团的战略性项目"征服2015"，该项目旨在推进各集团单位和各国家电信业务的广泛合作，项目围绕四个主题：人、网络、客户和国际发展。法国电信集团目标是成为所有利益相关者的首选，使公司客户、员工、股东和社会成为一个整体。

2011年，全球经济环境紧张，法国电信公司尤其是电信部门在处理业务问题时面对着许多重大不确定性。但为了企业更好的发展，法国电信公司必须适应环境的变化，在挑战中抓住机遇，最终实现公司的战略性目标。

1. 征服2015

（1）员工是我们关注的核心。法国电信公司有一个持续性目标：立足于本公司员工。公司内部社会关系的质量是公司拥有良好绩效的基础。在法国，新的社会契约项目于2010年启动，包括三年内招聘10000名新员工、雇员调查和制定一个新调解过程的措施。落实新的组织结构，以提高经营管理人员和当地管理团队质量。

（2）网络奠定了增长基础。网络，数字世界的脊柱，是法国电信的核心业务和专业领域。随着网络的覆盖面积越来越大，网络成为法国电信经济增长的主要来源，法国电信在2011年用于改善资本收入的12.7%，其中55%花费在网络上。

（3）顾客。法国电信的目标是为消费者提供全面、流行和值得信赖的服务，致力于成为顾客数字体验中的首选合作伙伴。在竞争激烈的电信行业，服务质量、用户的需求和顾客满意程度是法国电信发展的关键所在。2015顾客体验计划于

2011年在所有欧盟国家和具有反垄断执法机构的国家推出，该计划涉及：服务质量、简化和分割产品类别、简化销售渠道和辨别顾客的忠诚度等内容。

（4）国际发展。2012~2015年，法国电信国际业务拓展致力于以下两方面的目标：第一，全球用户达到3亿人次。第二，在新兴市场的收入翻一番至70亿欧元，并在B2B市场实现收入10亿欧元。

（5）逐步实现集团目标是2012年法国电信的战略重点。法国电信的战略计划是，"学会征服"，是征服2015计划量化和运作的表达。通过量化项目对法国电信公司的影响，确定实施的必要资源。该计划使用的具体操作方案，将有利于法国电信实现其公司目标。

2. 集团计划的核心——创新

创新是一个公司抓住机遇得以发展的关键因素。本集团已经确定了关于产品和服务的五个创新领域以及发展和改造资产和力量的两个创新领域。我们的研究和创新将集中在这些问题上：

（1）现有活动。从传统业务中获取更多利益，如数据通信业务和商业化数据。

（2）新的活动。不断从新活动中创造价值，如担保交易和数据保护（"安全、身份和隐私"）、"云服务"和"物联网"（特定行业，如能源或水的分配和运输的综合解决方案）。

（3）网络挑战。在未来几年，面对的挑战主要有服务质量改善、数据爆炸、高宽带的部署等。法国电信需要加强网络质量，并通过其他经营者或者服务提供商等第三方赚取更多的利益。

3. 其他业务方案

其他业务方案旨在保证法国电信员工在本公司能够顺利发展，并保证员工的视野宽阔度以及完善员工社会契约等。法国电信公司通过"客户体验2015"和"蝶蛹"等计划发展更高效、更多、更好的共享经营模式。

（三）公司治理

1. 董事会的运作

（1）内部指引条例。2003年，董事会采用内部指引条例方法确定公司指导原则和各委员会运行流程等。内部指引条例已被董事会多次更新，更好地反映公司治理的变化情况。内部指引条例用来规定董事会、董事长和首席执行官的各自职责及权利，而且确定董事会下面三个委员会的责权利。

（2）董事会主席。董事会主席代表董事会，除了一些特殊情况，董事会主席是唯一被授权可以代表董事会发言的个人。董事会主席作为法国电信公司董事会和股东之间的衔接点，与管理者共同合作管理本公司业务，统筹组织和指导董事会各董事的工作，以便公司拥有高效的治理团队，同时也监督公司财务信息的质量。不管在法国还是国际，通过与各部门的合作，董事会主席代表着与各公共机关单位的上层关系，也代表着与公司主要合作伙伴和重要顾客之间的关系。

（3）董事会委员会。董事会委员会由三个专门委员会的专家构成，他们的职责是为董事会的问题讨论提供更多宝贵意见并出具更多解决方案。董事会各委员会的建立是非常必要的，他们的经营方法和公司责任不同于董事内部指引条例。

①审核委员会。审核委员会至少由三名成员组成，具体人员由公司治理和企业社会责任委员会指定。审核委员会主席从独立董事中选出。审核委员会主要职能是确保内部控制和财务风险的可控性，审核公司财务报表和管理报告，保证传达给股东信息的质量和有效性。②公司治理与企

业社会责任委员会。公司治理与企业社会责任委员会成员至少有三名成员，该成员需经董事会主席的审核和任命。该委员会负责为企业相关人员的任命和公司管理人员的补偿提交建议。另外，委员会审核股东大会后做出的公司治理及社会责任等政策，确保该政策在公司的道德规范内。③战略委员会。战略委员会至少由三名成员组成，成员由董事会主席任命。审核董事会主席出席战略委员会会议。该委员会审查以下行为，包括战略性合作协议的签署、合作伙伴的选取、技术和工业合作、重大收购和资产出售等内容。

2. 综合管理的运作

（1）综合管理。继董事会主席迪迪埃·隆巴德退休之后，根据公司治理与企业社会责任委员会的要求，董事会于2011年2月23日决议合并董事会主席与首席执行官的职位，并任命斯蒂芬·理查德为董事会主席，负责法国电信公司的综合管理。在法国电信过渡时期，董事会主席与首席执行官职位的合并旨在继承迪迪埃·隆巴德的成功指导方针，并简化公司决策过程。

（2）CEO权限的设置。董事会的《内部指引条例》规定，首席执行官在处理金额超过2亿欧元的公司并购或资产剥离等问题时，必须获得董事会的授权。此外，不在法国电信公司战略制定范围内的任何投资，一旦金额超过2000万欧元，必须由董事会批准。

（3）执行委员会。在董事会主席和首席执行官的授权监督下，公司管理由13名成员组成的执行委员会负责，主要负责公司各部门的分工与合作情况。执行委员会协调实施公司战略方针，负责监督公司运营、劳资关系、技术目标和有关财政资源分配的成效。执行委员会会议每周举行一次。斯蒂芬·理查德推出了一系列措施，将执行委员会的权利下放。

（4）公司治理委员会。根据执行委员会的要求，创建了几个专门委员会，负责对公司整体决策的申请、监督和执行。影响公司治理的主要委员会包括投资委员会、财务筹资委员会、税务委员会、索赔和承诺委员会、风险委员会、就业和技能委员会、披露委员会。这些委员会还负责与金融负债相关的风险管理，从而控制法国电信集团的集体风险。

3. 法国电信的股权结构（2009~2011年）

表2-7-1 法国电信的股权结构

持股人	2011年12月31日			2010年12月31日			2009年12月31日		
	股数	股权占比	投票权占比	股数	股权占比	投票权占比	股数	股权占比	投票权占比
法国政府	356194433	13.45%	13.53%	356757953	13.47%	13.47%	350418080	13.23%	13.24%
ERAP	—	—	—	—	—	—	6339873	0.24%	0.24%
FSI	357656131	13.50%	13.58%	357526133	13.50%	13.50%	357526133	13.50%	13.51%
公众	713720564	26.94%	27.10%	714284086	26.97%	26.97%	714284086	26.97%	26.99%
集团员工	127437554	4.81%	4.84%	122243149	4.61%	4.61%	116765615	4.41%	4.41%
库存股	15456045	0.58%	—	4609	—	—	2042836	0.08%	—
流通股	1792271220	67.66%	68.00%	1812326762	68.42%	68.42%	1815617237	68.55%	68.60%
总数	2648885383	100%	100%	2648858606	100%	100%	2648709774	100%	100%

(四) 市场概览

1. 国际市场

截至 2011 年底，法国电信集团全球用户数达到 2.263 亿，比 2010 年用户数增加 8%，其中包括 1.674 亿移动用户和 1440 万宽带用户（提高 5%）。用户数量的增多主要是因为非洲和中东地区移动业务量的增长，截至 2011 年 12 月 31 日，这些地区的用户数量达到 7460 万，同比增长 26.4%。法国电信正在非洲的 8 个国家开展业务，到 2011 年底已拥有 320 万用户。

截至 2011 年 12 月 31 日，欧洲智能手机的用户使用者数量达到 1620 万人次，同比增长 57%；数字电视（IPTV 和卫星）达到 510 万人次，同比增长 24.8%，用户主要集中在法国和波兰；Deezer 服务（在线音乐）作为 ADSL 产品和移动电话的一部分，2011 年底的用户数量达到 120 万；截至 2011 年底，欧洲的 MVNO 客户群扩大了 21.3%，达到 560 万人次。

2011 年，法国电信创造了 4530 万欧元的收入。

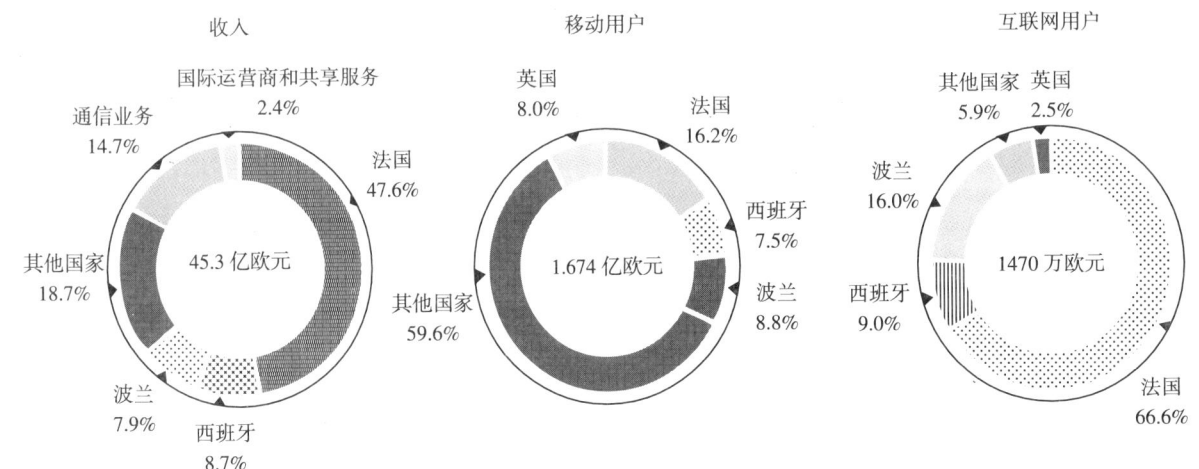

图 2-7-1　国际市场概览

2. 国内市场

自 2011 年下半年以来，由于欧洲债务危机的刺激，法国电信大部分业务的经济活动放缓。法国电信资本支出、出口和就业机会创造的减少，让下降趋势变得更为明显。然而，2011 年国内生产总值预计为 1.7%，同比增长 1.4%（资料来源：2011 年 10 月 Insee），同时家庭消费放缓，下降 0.7%。通信市场有同样的下滑趋势，电子通信服务的市场份额 2011 年下降 3.1%（资料来源：2012 年 2 月 11 日 Arcep）。固话业务收入继续以每年 2.6%的速度减少，同时移动业务的收入同比下降 1.4%，然而 2011 年移动电话普及率从 2.5%提高到 103.2%（资料来源：2011 年 9 月 Arcep）。

2011 年，法国电信在固话市场的主要竞争者为法国网络公司（Numericable）、Free 公司、法国布依格集团（Bouygues）和 SFR-Neuf Cegetel 集团。面对激烈的竞争，法国电信依然是宽带网络的领跑者。截至 2011 年 9 月，法国电信宽带市场份额为 42.3%，同比下降 0.9%。2011 年 7 月，法国电信向人口密度稀薄地区的用户推出了光纤网络批发方案，这样的安排会降低法国电信在这些非营利性地区的资本支出，并保持公司零售市场上的竞争优势。据介绍，Free 集团和法国电信公司制订了共同融资计划，为约 60 个社区的 500 万个家庭终端用户安装光纤网络。

表 2-7-2 关键宏观指标

	2011年	2010年	2009年
人口（百万）	65.2	64.6	64.3
家庭（百万）	28.0	28.0	27.7
GDP 增长率（%）	+1.7%	+1.5%	-2.7%
人均 GDP（按购买力平均价计算）	35.049	33.910	33.237
家庭消费变化率（%）	+0.7%	+1.4%	+0.2%

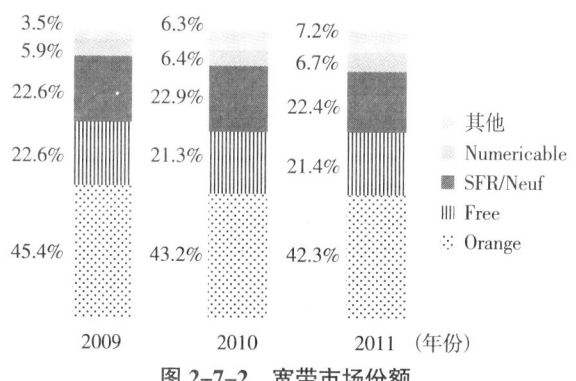

图 2-7-2 宽带市场份额

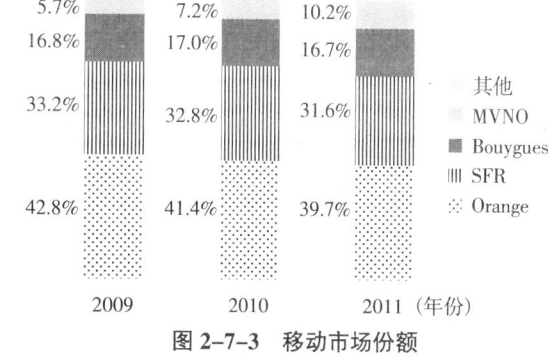

图 2-7-3 移动市场份额

（五）业务概览

1. 主要市场业务状况

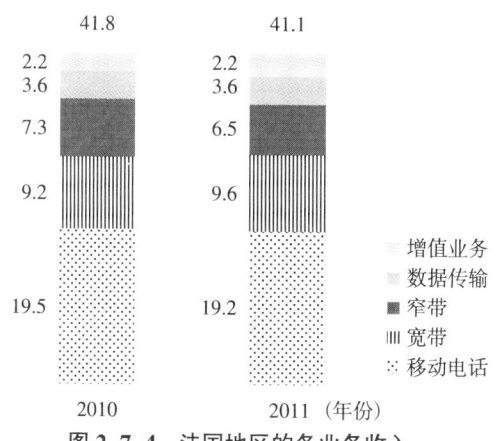

图 2-7-4 法国地区的各业务收入

从整体来看，法国地区的收入呈下降趋势，同比减少 7000 万欧元，窄带收入和移动电话收入分别减少 8000 万欧元和 3000 万欧元，而宽带业务收入上扬，增加 4000 万欧元。

图 2-7-5 法国地区的用户数

不论是固定电话、固话网络还是移动电话，用户数量均有所增加，说明法国电信在法国地区的业务拓展非常积极。

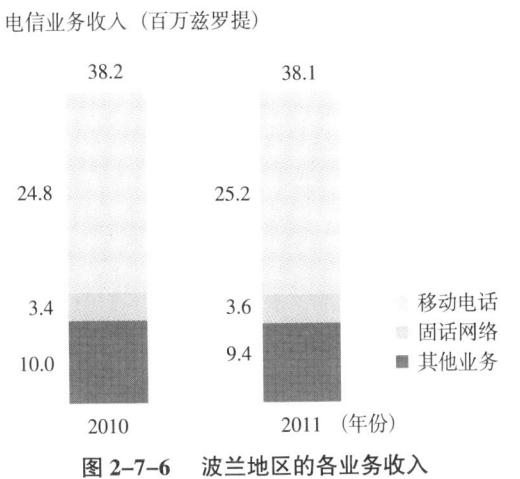

图 2-7-6 波兰地区的各业务收入

波兰地区的整体收入呈下滑趋势，同比减少1000万兹罗提，但移动手机和固话网络两大业务收入均有所增加，分别增长4000万兹罗提和2000万兹罗提，其他业务收入同比下降很多，减少6000万兹罗提。

图 2-7-7 波兰地区的用户数

波兰地区的固话使用人数略微下降，固话网络和移动电话用户数量增加。

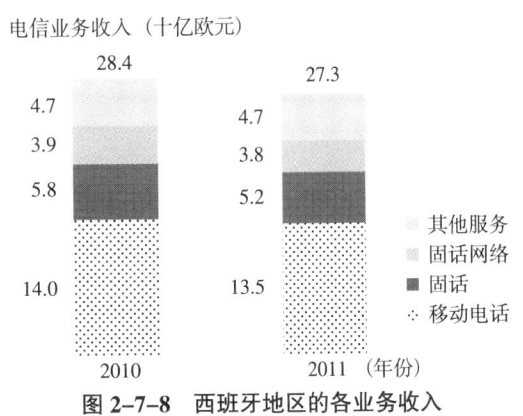

图 2-7-8 西班牙地区的各业务收入

法国电信在西班牙地区的总收入呈下降趋势，同比减少1.1亿欧元，固话和移动电话业务收入下降较为明显。

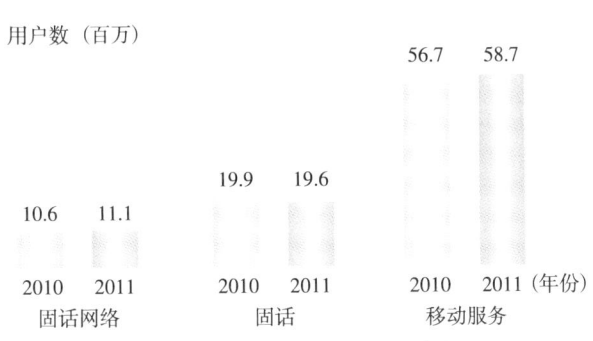

图 2-7-9 西班牙地区的用户数

法国电信在西班牙地区的用户数量整体呈上升趋势，除固话用户减少30万，固话网络和移动服务用户数量均有所增加。

2. 法国电信的全业务经营

最近几年来，无论企业客户还是个人客户都对法国电信提出了一体化通信服务的需求，电信技术的快速发展则为全业务运营提供了条件，而在连年亏损的情况下，法国电信则将全业务运营视为了扭转不利状况的突破口。比如，通过"top项目"以及"100工程"实现"15＋15＋15"的目标。构造新盈利模式，加速发展个人应用服务、融合业务、ICT业务，实现固定和移动业务的深层次融合。

2005年，法国电信提出"NEXT计划"，目标是从2006年到2008年，通过实施一系列创新性计划（如统一服务门户网站、统一客户支持服务、统一品牌架构），为客户提供全新的通信体验，实现用户发展、业务收入、财务状况三方面的量收目标。

在用户目标方面，IP电话用户超过2000万户，30%的移动用户使用定制设备。固定宽带用户将突破1200万户，其中Livebox用户将达到

800万户。移动宽带用户将超过1200万户,"Business Every where"的用户将超过100万户。

在业务收入目标方面,2008年来自ICT服务的收入将超过20亿欧元,内容应用收入超过4亿欧元,集团总收入的5%~10%将来自于融合产品,移动收入占比超过30%。

在财务目标方面,年收入平均增长率将达到3%~5%,EBITDA增长率将略高于收入增长率,CAPEX在收入中所占比例将保持在12%,研发支出占收入的2%。

3. 法国电信的业务创新

随着法国电信战略转型的不断深入,其在产品设计上也推陈出新,力争在电信业务融合的基础上,将电信服务与个人娱乐、工作生活结合起来,由此实施捆绑策略提供融合服务。

(1) 新型通信服务。新型通信服务包括Livebox、FamilyTalk、HomeZone、Unik和Livecom等。

Livebox业务将ADSL调制解调器、以太网、Wi-Fi以及蓝牙的接口整合在一起。最初包括网络浏览、ADSL电视、IP电话、视频电话以及网络游戏等服务,随后捆绑了无线宽带接入、VoIP、邮件等服务,制定多层次业务套餐。统计数据显示,2008年3月底,Livebox用户达到680万户。FamilyTalk是一项在2005年6月推出的"1PSTN+3移动电话"捆绑服务,月租费为39欧元,家庭内签约用户可实现无限时通话,最初两个月的月使用费为29欧元。HomeZone业务于2006年上半年推出,将固定网络、移动网络和DSL宽带网络集成在家庭网关,提供融合服务。Unik业务将Livebox作为家庭网关,把Wi-Fi/GSM双模手机作为终端,利用UMA技术实现话音在GSM网络和Wi-Fi网络间的无缝切换。注册用户支付套餐费用后,可以无限制拨打国内固定电话以及Orange的移动电话,商业用户则可无限制拨打国际固定电话。Livebox除了提供Unik业务功能外,还能作为宽带网关连接可视电话、游戏机、电视机顶盒、VoIP座机等设备,以一个终端、一个号码、一个电话簿为用户提供真正的融合服务。统计数据显示,2007年9月底,Unik终端超过46.8万部,用户数超过20万。Livecom是一项2005年6月推出的融合个人通信业务。该业务融合语音、视频、SMS、MMS、电子邮件以及IM,可在各种终端(如固定电话、计算机、2G/3G手机以及可视电话)上实现。

(2) 新型信息娱乐服务。这类服务主要有两种:一种是图片转存服务Phototransfer,用户可将存储在手机上的图片通过Livebox发送到图片博客上;另一种是音乐转存服务LiveMusic,通过Wi-Fi连接Livebox,用户可将电脑上的音乐发送到高保真音响设备或家庭影院。

(3) 新型日常生活服务。这类服务主要包括以下三种:第一,LiveZoom,该业务通过Livebox和LiveZoom使用户能用手机或电脑远程监控家庭情况;第二,Homecare,该业务把MaLigneVisio同其他一系列服务相结合,使用户能同亲友保持联系,同时能接入社会和医疗单位的服务;第三,Mobivisit,这是一项互动移动服务,为用户提供景点和饭店等的精确定位信息。

(4) 新型企业服务。新兴企业服务是面向企业用户推出的融合服务。

Business Every where通过PSTN、ADSL、Wi-Fi、GPRS、EDGE、3G等接入网络,为商业和企业用户提供随时随地登录各自办公网络的服务。法国电信2008年上半年财务报表显示,2007年该业务的用户量达到870万,同比增长32%,业务营收达到19.64亿欧元,同比增长了2个百分点。

BusinessVPN提供给用户端到端的网络连接,为客户架构VPN专用网,该网络包括多种骨干网、接入网和路由技术，它们无缝结合在一起，组成一个单一的网络运行和管理系统。

Business Talk 和 Telephony 面向商业或企业用户，特别是跨国企业客户，提供语音、图像、多方会议等业务。法国电信在全球 100 个国家的 3500 个站点部署了 20 万个 IP 电话终端，为 300 家全球客户提供经济、灵活、可控、连贯、完整的专业通信服务。

（六）经营和财务绩效

表 2-7-3 法国电信 2009~2011 年度经营与财务业绩比较一览表

年份	法国电信（France Telecom）（单位：百万欧元）		
	2009	2010	2011
收入	44845	45503	45277
总资产	90910	94276	96083
EBITDA	14264	14337	15129
EBITDA 率	31.81%	31.51%	33.45%
净利润	3402	4877	3828
净利润率	7.59%	10.72%	8.45%
总资产报酬率（ROA）	3.74%	5.17%	1.98%
净资产报酬率（ROE）	11.50%	15.46%	12.94%
资本性支出（CAPEX）	5041	5522	5770
CAPEX 占收比	11.24%	12.14%	12.74%
经营活动净现金流	14003	12588	12879
每股经营活动净现金流	5.29	4.75	4.75
自由现金流（FCF）	8962	7066	7109
自由现金流占收比	19.98%	15.53%	15.70%
销售现金比率	31.23%	27.66%	28.44%
资产现金回收率	15.40%	13.35%	13.40%
EVA	−2372	−1094	−1756
EVA 率	−3.19%	−1.46%	−2.47%
每股盈利（EPS）	1.14	1.84	1.47
每股股利（DPS）	1.40	1.40	1.40
股利支付率	123%	76%	97.24%
主营业务收入增长率	−4.00%	1.47%	−0.50%
总资产增长率	−2.93%	3.70%	1.92%
净利润增长率	−23.00%	43.36%	−21.51%
经营活动现金流增长率	−5.02%	−10.10%	2.31%
每股盈余增长率	−26.92%	61.40%	−20.11%
资产负债率	67.47%	66.54%	67.20%
流动比率	60.89%	64.13%	70.82%
利息保障倍数	3.60	3.72	3.86
总资产周转率	0.49	0.48	0.47
固定资产周转率	1.90	1.84	1.92
坏账发生率	21.48%	19.42%	20.39%
折旧与摊销	6234	6461	6735
股息	4250	4316	4390
内部融资额	5386	7022	6173

续表

年份	法国电信（France Telecom）（单位：百万欧元）		
	2009	2010	2011
折旧摊销率	13.90%	14.20%	14.88%
付现成本率	69.04%	69.18%	47.87%
营销、一般及管理费用率	—	—	—

（七）内控与风险管理

1. 内部控制

法国电信集团为提高内部控制与风险管理水平，不断实施新的计划，致力于构建完善的内控与风险管理制度，以便为经营目标的实现、财务信息的可靠性以及公司现行规则制度的贯彻执行提供合理的保障。为提高财务信息的可靠性，法国电信已推出国际公认的COSO内部控制体系。

（1）确定重大风险。对于各地区的集团分公司而言，每年至少一次发现各区域存在的主要风险。风险的识别是通过风险的规避计划来完成的，由此形成了各地区的风险图。如果风险为重大风险，由此可能加强公司内部控制力度。风险列表中的变化和行动计划实施的监督会由各地区公司内部控制系统进行管理，集团风险委员会每年对其至少也要评估一次。

（2）检测和解决内部欺诈。检测欺诈是管理的责任，由集团欺诈收入保障组织和当地欺诈检测专家共同合作完成。当内部欺诈尤其是公司总部欺诈遭到强烈怀疑时，一般都是委托给专业人士对该公司进行调查。调查要以事实为依据，对公司负责。内部欺诈事件的最终处罚由本公司管理者决定。

（3）内部控制自我评价的发展。自我评估是法国电信集团内部监控部门发起的一个方案，由少数部门试点实施，评估其业务质量与内部控制等方面。此方案的核心在于确定一个正式、标准化程序，使管理者能够识别内部控制问题，并采取纠正措施。该程序包括初步风险识别和分析前期两个阶段。

（4）财务内部控制程序。财务内部控制程序是如何准备和处理会计及财务资料的特殊程序，并根据萨班斯法案实施内部控制程序。

2. 风险管理

根据2011年法国电信年报披露的信息，可把影响墨西哥美洲电信风险分为三大类：①经营风险；②法律风险；③财务风险。

下面对各风险内容进行逐个分析：

（1）经营风险。①关于各部门、经济环境和公司战略的风险。欧洲的萧条经济和财务现状对法国电信特别是收入及业绩方面产生重大影响。在电信行业，过于激烈的竞争可能会削弱法国电信的市场份额和盈利能力，法国电信在具有成熟市场环境的国家经营商业活动并从中获得大量利益。法国电信在新的国家和市场不断尝试开发新资源，实施这一战略是有一定难度的，可能会无果而终，且投入成本很高。另外，如果法国电信集团的投资回报率没有达到投资者预期，可能会增加无形负债或者企业运营风险，进而对公司业绩和前景产生不利影响。随着科技的不断进步，通信网络质量也在不断提高，公司需要不断革新应对不断变幻的网络市场，而公司改革力度的缓慢可能会导致公司顾客流失，公司业务被竞争者取代。为维护网络质量，法国电信需要不断增加网络投资，但这也会影响公司的财务状况。②关于人力资源的风险。2009年,法国电信面临一个重大的社会危机,危机主要来源于员工社会心理的担忧和工作中的焦虑,由此引发了员工自杀事件。自2010年,法国电信实施了强有力的人力资源计划,并作为"征服2015"战略中的一部分,这是法国电信消除危机并保证人力资源稳定的重要举措,但是这一项目并没有对公司形象及运营产生预想的结果。法国电信和竞争对手相比,对人才的吸引力没有那么强烈,可能会对公司的商业活动或者营业收入产生不利影响。为保证公司项目或者国家项目的顺利完成,法国电信必须招聘一些专家或高级人才来确保项目的完成进度和质量。③其他经营风险。电信网络技术故障、技术基础设施或者IT系统等问题都有可能使收入下降,破坏运营商的行业声誉;电信运营商的技术基础设施易受洪水、风暴、火灾、战争、恐怖主义行为等其他类似事件的损害或中断;法国电信活动经营范围及网络的开放性可能会在遭到诈骗及团队欺诈,从而影响公司收入和利润、损害公司形象。

(2)法律风险。①法国电信一直运营在高度管制的市场中,其业务管理的灵活性受限。法国电信是跨国公司,业务遍布众多国家,法国电信的产品和服务必须符合各国法律法规,尤其是营业执照的获取,需经各国严格审核。面对跨国企业的渗入,各国政府必须保证本国电信行业竞争的有效性和市场稳定性。另外,在波兰和法国等国家,有相当多的法律法规,市场管制严格,业务管理活动受限。②法律纠纷。法国电信作为电信网络和通信服务的提供商,世界最大电信运行商之一,一直受到监管机构和竞争对手的强烈关注。法国电信的特殊地位,也导致了法国电信不断与监管机构、竞争对手或其他组织产生法律纠纷。这类诉讼结果通常是不确定的,但会对公司的财务状况产生重大影响。③法律法规或政府政策的变化。法律法规或政府政策的变化,特别是监管机构或竞争当局采取的决策变动,可能会对法国电信的业务活动和营业收入产生重大不利影响。

(3)财务风险。①流动风险。法国电信的大部分融资来源于资本市场,尤其是债券市场。最近四年,金融市场波动较大并出现市场失灵现象,大大减少了资本市场的流动性。如果法国电信在资本市场融资仍然存在很大难度,法国电信的发展前景可能受到不利影响。②利率风险。法国电信在处理正常业务时,从资本市场尤其是债券市场筹得大量资金,从银行取得了少量贷款。法国电信的部分债务为浮动利率,大部分债务为固定利率。由此,法国电信在面对利率上升,就处于相对不利状态。法国电信一直致力于灵活使用金融工具,但也不能完全保证金融交易的有效性、确定金融工具的合理价格。③信用评级风险。如果法国电信信用等级被降级,需要评级机构重新修订公司等级,并置于监视之下,其借贷成本可能会增加,并在某些情况下限制了公司资本贷款的途径。④外汇风险。法国电信是一家跨国企业,公司发展与汇率变动有密不可分的关系。自全球金融危机以来,外汇市场波动很大,不利的外汇汇率变动,可能会增加法国电信货币风险和对冲成本。

(八)人力资源发展

1. 员工发展趋势

2011年,法国电信在职职工总数对相比2010年增加了3255名,永久性员工和临时性员工增加了989名。

表 2-7-4　不同标准下的员工变动趋势

员工数——期末在职	2011 年	2010 年	2010 年（形式上）	2009 年
法国电信有限公司	95642	94259	94259	92570
法国子公司	9608	7828	9474	7484
法国总数	105250	102087	103733	100054
海外子公司	66699	66607	67227	64597
集团总数	171949	168694	170960	164651
员工数（按合同分类）	2011 年	2010 年	2010 年（形式上）	2009 年
永久性合同	167704	164693	166748	160904
临时性合同	4245	4001	4212	3747
集团总数	171949	168694	170960	164651

员工基于业务类型占比	2011 年	2010 年	2009 年
销售与客户服务	48.8%	49.4%	51.1%
创新与预测	2.4%	2.5%	2.4%
管理与支撑	12.9%	13.1%	12.8%
内容与多媒体产品	0.6%	0.6%	0.6%
工厂与信息系统	8.4%	8.2%	8.0%
技术与网络	24.3%	25.2%	22.6%
其他	2.6%	1.0%	2.5%
集团总数	100.0%	100.0%	100.0%
基于性别的员工占比	2011 年	2010 年	2009 年
女人	36.4%	36.3%	37.2%
男人	63.6%	63.7%	62.8%
集团总数	100.0%	100.0%	100.0%

2. 人员招聘

表 2-7-5　法国电信公司员工招聘

外部招聘的员工数	2001 年	2010 年	2009 年
法国电信集团	2901	3197	949
法国的子公司	778	659	368
法国总数	3679	3856	1317
海外子公司	6445	6297	5661
集团总数	10124	10153	6978

2011 年，在法国招聘的员工数为 3679 人，2010 年招聘员工数为 3856 人。增加外部人员招聘是"征服 2015"战略的一部分。截至 2011 年底，外部招聘的人数占法国电信集团三年招聘计划的 78%，主要是招聘网络、销售、顾客服务、商业服务等人员。

在波兰，2011 年共招聘 1498 人，与 2010 年 1429 数量近似。在 AMEA 地区（Africa、Middle East、Asia，即非洲、中东和亚洲），公司 2011 年招聘 1182 人，相比 2010 年略微下

降。欧洲部分2011年招聘1440人次，相比2010年1278人有所上升。在罗马尼亚，由于经济不景气引起的宏观环境变化使在这一地区的招聘人数骤减。

表2-7-6 法国电信公司在法国地区的专业整合情况

专业整合——法国公司	2011年	2010年	2009年
实习生数量	3185	2812	3186
基于工作学习合同的数量	3162	3343	3434

法国电信继续采用积极的财政政策支持年轻人工作，增加年轻人的初期培训机会。2011年2月，法国电信与工会签署的一项协议中重申了这一承诺，法国电信将每年至少开放4500个工作名额和2500个实习生名额。

4. 激励和利润共享制度

法国电信自1992年以来就开始实施激励制度，这些制度根据员工的经营业绩来确定员工的奖励情况。法国电信从2009年实行奖励制度，只有当公司运营业绩指标（OPI）和客户服务质量指标（IQSC）达到要求时，才进行奖金分配，而分配奖金也与OPI和IQSC相一致。衡量指标是否完成的指标主要为收入、运营成本、投资优化程度和营运资本。

3. 年轻人的专业整合

1997年，法国电信与工会签署了集团利润共享协议，此协议适用于法国电信及其控股的子公司。作为企业管理人员，法国电信董事长和首席执行官不享有该福利。鼓励员工持股也是法国电信采用的一种激励手段。例如，研发部设有一种五年期的存款计划，加入计划的员工，这部分收入可以免税。实际上，大多数法国电信研发部的员工都购买了集团的股票。同时，为对创新团队和个人进行表彰，法国电信集团每年举行Innovation Prize颁奖，奖项共分为6类。

5. 人员培训

表2-7-7 法国电信公司人员培训

培训——法国电信集团	2011年	2010年	2009年
培训经费占工资支出的比例	6.60%	6.50%	6.50%
后续培训支出（百万欧元）	270.0	260.5	262.0
培训人数	82651	80308	77031
培训时间（小时）	3199286	3154850	3192778

培训是社会关系发展的重要驱动因素，同时也是实施"征服2015"战略的动力。尽管面对不利的社会经济环境，法国电信依然保持着320万小时的培训时间，相比2010年的培训时间，提高了1.4%。2011年公司访问率再次提高，达到83%左右，约83000人参加了培训，比2010年多了2350人。对于那些3年内未曾受过培训的员工、残疾员工、年龄较长的一代员工，法国电信做出了聚焦计划，保证公司的每个员工都有培训机会。

（九）企业社会责任

1. 支持当地经济的发展

法国电信除了不断扩大公司顾客访问量，还为各地区提供更吸引人的业务，促进当地经济的发展，让当地居民生活更加便捷。对于各地区的电信行业发展，法国电信主张开放式创新，与当地企业一起合作，为更好地满足当地需求而努力。为了满足各地用户的需求，法国电信集团用15个实验室和遍布四大洲的3500名员工来构建全球创新网络。

2. 鼓励教育和文化发展

技术的革新彻底改变了我们获取知识的途径和方法，任何人都可以在互联网上便捷地获得无限资源。法国电信不断创新电信网络，为各地教育和文化发展做出了重大贡献。如不断改革创造新功能为各地教育和文化发展提供更好的交流平台；对于教育机构或者文化机构采购数字设备给予特殊优惠等。

3. 慈善活动

法国电信坚持回馈社区的理念，以实际行动为当地社区的公益、教育、赈灾救助和环保等做出积极贡献。每当重大灾害发生，法国电信都第一时间组织员工投入通信抢通，尽快为灾区民众恢复通信。2010年，法国电信为委内瑞拉、哥伦比亚、墨西哥和越南等遭受洪水灾害的国家，捐助了价值100多万美元的现金，帮助当地居民抵抗洪灾。从20世纪90年代初，法国电信开展资助孤独症患者，员工中有250多位志愿者参加了陪伴孤独症志愿者协会。自1987年以来，法国电信在全球范围内赞助音乐和体育活动。此外，法国电信还成立Orange基金会，Orange基金会拥有20年的专业经验，旨在加强各地人民之间的沟通联系。基金会致力于儿童教育、健康和文化三个领域，以提高生活质量，通过鼓励演唱组的形式加强与文化界的联系。

（十）前景展望

根据宏观经济指标显示，2012年欧洲经济环境将进一步恶化。面对政府的严格监管、巨大的税收压力以及激烈的行业竞争，法国电信公司重新设置了资本支出计划，支出目标为8亿欧元。

在"适应征服"战略指导下，法国电信将继续执行2011~2015年计划。为提高"蝶蛹"程序和企业合营的运作效率、优化销售成本，法国电信将实施更为有效的措施。法国电信公司致力于维持健全的资本结构，重新设定2012年中期净金融负债EBITDA率为2.0左右，继续实施具有强吸引力的股利分配政策，同时保持与"重设EBITDA——资本支出"指标一致性。根据"重设EBITDA——资本支出"计划，2012年股息分配的比例在40%~45%范围内。法国电信公司将向董事会提议，设定2012年9月的中期股息为每股0.6欧元。法国电信并没有计划拨付大量资金支持2012年收购。到目前为止，也不打算在2012年对任何股份进行回购，但以后也可能这么做，取决于股东大会的决议。

法国电信是大型跨国企业，业务范围覆盖广泛，虽然面对较为严峻的欧洲经济环境和政府监管，但是法国电信企业本身的顾客群和经营能力还是相当强大的。随着科技的进一步发展，用户对电信等相关产品及服务的需求越来越多，有需求的地方就有市场，法国电信应利用企业自身竞争优势，在原有业务的基础上，开发新业务，满足用户不同需求，拓展新市场，保持差异化竞争策略，领跑于全球电信行业。

附件一：法国电信财务报告（2011年）

1. 合并资产负债表

（百万欧元）	附注	2011年12月31日	2010年12月31日	2009年12月31日
资产				
商誉	6.2	27340	29033	27797
其他无形资产	7.2	11343	11302	9953
物业、厂房及设备	7.3	23634	24756	23547
所拥有联营公司的权益	9.1	7944	8176	937
可供出售资产	10.7	89	119	220
非流动贷款和应收账款	10.2	994	891	2554
非流动金融资产公允价值	10.9	114	96	199
非流动套期保值衍生资产	10.10	428	328	180
其他非流动资产	3.5	94	21	32
递延税项资产	12.3	3551	4424	3775
非流动资产合计		**75531**	**79146**	**69194**
存货	4.3	631	708	617
应收账款	3.3	4905	5596	5451
流动贷款和其他应收款	10.2	1165	775	1093
交易性金融资产公允价值				
额外现金等价物	10.9	948	758	91
流动套期保值衍生资产	10.10	66	72	18
其他流动资产	3.5	2284	2346	1828
流动税项资产	12.3	124	124	142
待摊费用	4.5	368	323	407
现金等价物	10.2	6733	3201	2911
现金	10.2	1311	1227	894
流动资产合计		**18535**	**15130**	**13452**
待出售资产	2	**2017**	—	**8264**
资产合计		**96083**	**94276**	**90910**
权益及负债				
股本		10596	10595	10595
资本公积		15731	15731	15730
留存收益		1246	2775	539
本公司股东应占权益		**27573**	**29101**	**26864**
非控制性权益		2019	2448	2713
权益合计	13	**29592**	**31549**	**29577**
非流动应付账款	4.4	380	466	411
非流动金融负债摊余成本（除应付账款外）	10.2	33933	31617	30502
非流动金融负债公允价值	10.6	259	2175	614
非流动套期保值衍生负债	10.10	277	250	693
非流动员工福利	5.2	1688	1826	1223

续表

(百万欧元)	附注	2011年12月31日	2010年12月31日	2009年12月31日
非流动统计负债	8.2	991	1009	1009
其他非流动负债	4.6	487	628	565
递延税项负债	12.3	1264	1285	1043
非流动负债合计		**39279**	**39136**	**36060**
流动应付账款	4.4	8151	8274	7531
流动金融负债摊余成本（除应付账款外）	10.2	5440	4525	6230
流动金融负债公允价值	10.6	2019	366	73
流动套期保值衍生负债	10.10	3	18	1
流动员工福利	5.2	1829	1816	1687
流动预计负债	8.2	1506	1546	1217
其他流动负债	4.6	2277	2105	2629
应缴税金	12.3	2625	2353	282
递延收入	3.4	2322	2588	2443
流动负债合计		**26172**	**23591**	**22093**
待出售资产的关联负债	2	1040	—	3180
权益与负债合计		**96083**	**94276**	**90910**

2. 合并损益表

百万欧元（除每股数据外）	附注	2011年	2010年	2009年
收入	3.1	45277	45503	44845
外部赊购	4.1	(19638)	(19735)	(18748)
其他运营收入	3.2	658	573	568
其他运营支出	4.2	(2463)	(2532)	(2211)
工资费用	5.1	(8815)	(9214)	(9010)
资产处置损益	2&7.1	246	62	(3)
重组成本和类似的项目	8.1	(136)	(680)	(213)
与2009年11月30日欧盟法院裁决相关的法律费用	4.6	—	—	(964)
折旧与摊销	7.1	(6735)	(6461)	(6234)
业务整合重评估	2	—	336	—
累积换算调整重分类				
清算公司	13.5	642	—	—
商誉减值	6.1	(611)	(509)	(449)
固定资产减值	6.1	(380)	(127)	(69)
应占联营公司损益	9.1	(97)	(14)	138
营业利润		**7948**	**7562**	**7650**
财务负债总额	10.1	(2066)	(2117)	(2232)
净资产损益	10.1	125	120	129
汇兑损益	10.1	(21)	56	(42)
其他财务收入和支出	10.1	(71)	(59)	(61)
财务费用，净值		**(2033)**	**(2000)**	**(2206)**
所得税	12.1	(2087)	(1755)	(2242)
连续性经营税后利润		3828	3807	3202

百万欧元（除每股数据外）	附注	2011年	2010年	2009年
非连续性经营税后利润	2	—	**1070**	**200**
税后净利润		**3828**	**4877**	**3402**
本公司股东应占利润		3895	4880	3018
非控制性股东应占利润		(67)	(3)	384
每股盈余（欧元）	13.3			
本公司股东应占连续性经营净利润				
基本		1.47	1.44	1.06
稀释		1.46	1.43	1.06
本公司股东应占非连续性经营净利润				
基本		—	0.40	0.08
稀释		—	0.39	0.08
本公司股东应占利润				
基本		1.47	1.84	1.14
稀释		1.46	1.82	1.14

3. 合并现金流量表

（百万欧元）	附注	2011年12月31日	2010年12月31日	2009年12月31日
经营活动				
合并净利润		3828	4877	3402
对经营活动产生的资金的调整				
处置资产损益	2-7.1	(246)	(62)	5
在英国处置实体收益	2	—	(960)	—
折旧与摊销	7.2-7.3	6735	6461	6921
其他条文规定的改变		(339)	764	(41)
业务整合重评估	2	—	(336)	—
从清算实体	13.5	(642)	—	—
商誉减值	6.2	611	509	450
非流动资产减值	7.2-7.3	380	129	69
应占联营公司损益	9.1	97	14	(138)
经营净外汇及衍生工具		44	1	102
财务费用净值	10.1	2033	2001	2203
所得税	12.1	2087	1779	2285
股份补偿	5.1	21	14	41
存货、应收账款、应付账款变动				
存货增加或减少净值		43	(13)	232
应收账款增加或减少总额		596	228	242
应付账款增加或减少		(41)	(3)	(625)
其他营运资本变动				
其他应收账款增加或减少		(60)	(319)	131
其他应付账款增加或减少		(169)	425	(173)

续表

（百万欧元）	附注	2011年12月31日	2010年12月31日	2009年12月31日
经营活动				
与2009年11月30日欧盟法院裁决相关的法律费用	15.1	—	(964)	964
其他净现金流出				
收到的分红和利息收入		693	629	201
衍生工具的利息支出与利率影响，净值		(1771)	(2051)	(1692)
所得税支出		(1021)	(535)	(576)
经营活动产生的净现金流		12879	12588	14003
英国非持续性经营部分	2	—	87	941
投资活动				
购买（处置）物业、厂房、设备以及无形资产				
购买物业、厂房和设备以及无形资产	7.2-7.3	(6711)	(6102)	(5454)
由于固定资产供应商的数量增加（减少）		39	150	(423)
处置物业、厂房和设备以及无形资产收到的现金	7	74	64	92
取得投资证券所支付的现金净额				
刚果中国电信	2	(153)	—	—
欧洲电信公司	2	(61)	—	—
帝国网站管理系统	2	—	(152)	—
埃及电信	2	—	(41)	—
其他		(3)	(104)	(28)
净现金				
伊拉克移动运营商	2	(305)	—	—
每日影像	2	(66)	—	—
阿尔及利亚电信	2	(3)	(744)	—
橙色突尼斯集团	2	—	—	(95)
欧洲电信公司	2	—	—	(20)
其他		(18)	(24)	—
现金净流量				
从投资证券中获得的收益	2	410	—	—
证券及其他金融资产增加或减少		42	(19)	11
证券公允价值	10.9	(67)	(645)	596
与欧盟法院裁决关联的托管存款	10.8	—	964	—
部分贷款赎回	10.8	511	706	—
其他		3	(4)	(76)
投资活动产生的净现金流		(6308)	(5951)	(5397)
英国非持续性经营部分	2	—	(107)	(406)
筹资活动				
发行				
债券	10.4	3870	3948	4638
其他长期负债	10.5	461	405	421
赎回与偿还				
债券	10.4	(1345)	(6413)	(4963)
其他长期负债	10.5	(372)	(575)	(2248)
混合债务的权益部分	10.3	—	—	(97)

续表

（百万欧元）	附注	2011年12月31日	2010年12月31日	2009年12月31日
投资活动				
其他变更				
银行透支与短期借款的增加（减少）	10	(570)	238	(1253)
存款与其他关联债务金融资产的增加（减少）——包括现金担保物	10	2	778	(590)
衍生工具的汇率影响		(238)	(149)	(360)
购买库存股	13.2	(275)	11	(8)
非控制性所有者权益变化				
Orange Botswana 应占部分		—	(38)	—
	2	—	—	(1387)
其他		(8)	(8)	1
资本溢价（折价）——本公司股东	13.1	1	1	2
资本溢价（折价）——非控制性权益应占部分		—	3	2
支付给非控制性权益股东的权利	13.6	(683)	(612)	(571)
支付给本公司股东的权利	13.4	(3703)	(3706)	(3141)
筹资活动产生的净现金流		(2860)	(6117)	(9554)
英国非持续经营应占部分	2	—	66	(554)
现金及现金等价物变化净值		3711	520	(948)
英国非持续性经营应占部分	2	—	46	(19)
汇率变更对现金及现金等价物的影响				
其他非货币因素影响		(78)	103	59
英国非持续经营应占部分	2	—	6	(11)
期初现金及现金等价物		4428	3805	4694
现金		1227	894	928
现金等价物		3201	2991	3766
非持续性经营应占部分	2	—	—	30
期末现金及现金等价物		8061	4428	3805
现金		1311	1227	894
现金等价物		6733	3201	2911
出售瑞士公司运营的埃德		17	—	—

附件二：法国电信大事记

1988年，法国电信（France Telecom）正式成立，总部位于巴黎。在此之前，它是法国邮政和通信局的一个分支机构。

1993年，法国电信提出"单站服务"即一点接触的经营概念，与德国电信一起为大用户提供VSAT优质服务。

1996年1月，法国电信与德国电信及斯普林特合资的国际公司Global One正式启动，在其高科技支持下，为用户提供全面、灵活、价格优惠的电信服务。

1997年10月20日，法国电信的股票首次在按月结算的巴黎交易所和纽约交易所上市。通过向外界提供25%的资本，法国电信吸引了390万位预订者，虽然所提供的股票只有220亿法郎，各个机构却争相购买，需求超过了4200亿法郎。其中，有2/3来自国外。

1998年2月，法国电信与中国联通公司合作的GSM网络在广州开通，3月在佛山开通。

2000年5月，法国电信向Vodafone AirTouch支付251亿英镑（377亿美元）的现金和股票，收购英国移动运营商Orange，顺利进入英国移动市场，成为继Vodafone之后的欧洲第二大移动电话公司。

2000年11月，法国电信以大约35亿美元的资金从国际航空信息通信机构（SITA）手中购得美国Equant公司54%的股票，Equant公司位于美国亚特兰大州，是一家向航空公司提供全世界各地机场最新信息的数据通信公司。

2002年，法国电信提出了"FTAmbition 2005"复兴计划，设立了阶段性运营目标，该计划的成功执行使法国电信到2005年实现了收入增长，避免了用户的流失。

2004年2月，法国电信以38亿欧元的价格，收购其在Wanadoo公司尚未拥有的29.4%股权，至此，Wanadoo成为法国电信的全资子公司。

2004年3月，法国电信宣布进行以客户为导向的组织结构重组，即把原来以技术为导向的业务部门重组为以客户为导向、提供融合服务的部门。重组后的法国电信主要包括企业通信业务部、家庭通信业务部、个人通信事业部、法国销售与业务部、网络运行与信息部等部门。所有部门都从客户需求出发，提供融合业务，而不是原来各自独立的业务。

2004年6月17日，法国电信与中国电信双方出资2000万欧元在中国建立合资研发中心，这一研发中心将进行新技术、新设备的测试评估，新业务的研发和应用集成；在设备采购方面合作以降低资本开支和运营成本；同时进行高级管理人员和专家的交流。

2004年8月，法国电信的子公司Wanadoo推出Livebox家庭网关，它将ADSLModem、蓝牙、无线Wi-Fi功能集成到一起，家庭用户可以通过Livebox实现宽带接入、无线互联、VoIP、视频电话、邮件收发等多种业务，享受业务融合带来的便利。

2005年6月，法国电信推出了NExT战略（New Experience in Telecommunications，电信业务新体验）。NExT战略的推出可以看作是法国电信实施战略转型、提供融合服务的标志。

2006年6月，法国电信正式宣布实施统一品牌策略。将集团在全球的移动、宽带、融合服务和企业用户业务品牌统一为"Orange"。而"法国电信"作为公司名称保持不变。

2006年10月，法国电信正式推出了面向家庭客户的固定与移动融合业务Unik服务。

2007年3月，发展Livebox用户480万用户，2007年中期年报数字显示为520万户，Livebox满足了家庭客户接入融合的需求，解决了名目繁多的接入终端的困扰。对于运营商而言，则通过终端的融合，抵御单一的网络业务流失风险，将网络延伸到用户家中。

2010年12月3日，法国电信公司与摩洛哥第二大运营商地中海电信签署了收购协议。根据协议，法国电信将收购地中海电信40%的股权，收购总额为6.4亿欧元。

2011年2月23日，董事会任命斯蒂芬·理查德为法国电信的董事长和首席执行官，此决议2011年3月1日起生效。

2011年10月21日，法国电信收购刚果第四大电信运营商刚中电信51%的股份。

2011年12月31日，法国电信的用户数量达到2.263亿，较上一年增长8%。移动业务快速增长的主要来源为非洲和中东地区。

2012年1月,法国电信Orange和法国布伊格集团(Bouygues)签署了伙伴关系,并协议共享法国电信在法国各地推出的光纤网络(FTTH)等内容。

2012年2月,法国电信和其欧洲的合作伙伴(MEP)分别签署了奥地利小组的股份转让协议,股份均转让至和记黄埔子公司。

卡洛斯·斯利姆·埃卢（Carlos Slim Helu）
墨西哥美洲电信董事长

卡洛斯·斯利姆·埃卢，72岁。1940年出生于墨西哥一个黎巴嫩移民家庭，埃卢的父亲是一位商人，早年在墨西哥开发房地产获得成功，积累了一笔不小的财富。当埃卢还只有12岁的时候，他的父亲就给他一笔约合20美元的资金，而埃卢很快就让这笔钱升值了数倍，可谓很有经商头脑。17岁的时候，埃卢已经学会了炒股。1962年，埃卢毕业于墨西哥国立自治大学土木工程系。毕业后，埃卢在商界广泛投资，他所涉及的行业从采矿、制造业、造纸业到烟草业，几乎是投资什么赚钱就投资什么。凭借自己的商业头脑，埃卢的产业帝国迅速膨胀。到20世纪80年代初，埃卢旗下的公司就已经雇用30000多名员工，规模已经非常壮观。根据《福布斯》2004年公布的数据显示，当时64岁的斯利姆已经是拉丁美洲首富，控制了数目惊人的拉丁美洲公司，其投资领域包括拉丁美洲最大的移动通信公司、银行、代理、保险、互联网业务、餐饮、零售、电子、石油设施、钢铁、水泥，甚至航空公司。美国威廉与玛丽学院墨西哥问题专家乔治·格雷森曾经这么评价过埃卢："斯利姆·埃卢的产业简直从摇篮覆盖到坟墓，墨西哥就像是一个'斯利姆·埃卢王国'，他简直无处不在。"2002年，斯利姆的个人财富已经达到110亿美元，成为墨西哥第一富豪。在全球富豪中，斯利姆曾经创下最近10年全球个人资产增值速度最快的纪录。截至2012年3月，埃卢以690亿美元的身价登上《福布斯》富豪榜榜首，连续3年成为世界首富。

丹尼尔斯·黑吉·阿布姆拉德（Daniel Hajj Aboumrad）
墨西哥美洲电信首席执行官

丹尼尔斯·黑吉·阿布姆拉德，出生于1966年，是卡洛斯·斯利姆·埃卢的养子。2000年开始担任墨西哥美洲电信的首席执行官，也是卡苏集团（Grupo Carso）、S.A.B. de C.V集团和墨西哥电信公司（telmex）的董事之一。

墨西哥美洲电信 LOGO 的主要图像要素是 America Movil，右上方有一个椭圆形的环形球，表示这家公司是从事电子通信业务的公司。墨西哥美洲电信公司的英文全称为 America Movil。

八 墨西哥美洲电信公司可持续发展报告（America Movil）

（一）公司简介

墨西哥美洲电信公司是由早期墨西哥电信根据墨西哥公司法分拆而成，2000年成立于墨西哥市，世界总部设在墨西哥的墨西哥城，是拉美领先的电信运营商，同时也是全球最大的无线运营商之一。墨西哥美洲电信公司是一家无线通讯上市公司，墨西哥美洲电信的业务分布在美洲18个国家，而且主要集中在拉丁美洲和加勒比地区，旗下拥有区域性固定电话运营商墨西哥电信国际（Telmex Internacional）、Inbursa银行以及多家高端零售店和基础设施开发商。2011年，公司投资总额为54218023千比索，总收入为665301504千比索，净利润为88124166千比索，每股盈余为1.05比索，总投资报酬率为13.59%。2012年，墨西哥美洲电信第一季度的净利润为326亿比索（约25亿美元），去年同期为237亿比索。墨西哥比索和其他货币兑美元的升值导致了本季度193亿比索的外汇增益，以及总计58亿比索的财务收益。其第一季度的营收增长了12%，达1920亿比索（约148亿美元）。EBITDA增长6.3%，达675亿比索。其中，无线业务营收增长16%，固定业务营收增长7.1%。截止到2012年3月31日，墨西哥美洲电信共发行76992百万流通股，（其中AA股23425百万股、A股757百万股、L股52810百万股）持有"AA"股和"A"股的股东拥有完整的投票权，而持有"L"股的股东只能投票选出两名董事会成员。墨西哥美洲电信的前三大股东分别是斯利姆家族、美国电话电报公司和卡苏集团。

（二）公司战略

墨西哥美洲电信一直致力于成为电信行业的领跑者，公司战略包括整合拉丁美洲电信行业的各类业务、扩大加勒比地区用户数量、发展现有的公司业务，并抓住适当机会进行战略收购。

墨西哥美洲电信为用户提供整合多种服务功能的新软件包，持续投资于公司网络，以优化实施新的应用技术，希望以此为消费者提供有价值的服务。在与此目标一致的基础上，墨西哥美洲电信的公司战略以增长、整合、优化为三大支柱。

墨西哥美洲电信公司战略具体表现在以下三个方面：第一，了解客户群体需求，抓住机遇，用丰富且更具特色的电信产品与服务进行新市场的开拓。第二，继续致力于公司收入和盈利的增长，对附属公司之间的整合费用进行控制，减少顾客流失率，减少区域内最佳实践的复制状况。第三，提供衔接服务，确保质量，为公司的客户提供最好的服务，并不断优化客户服务。

（三）公司治理

1. 董事会的独立性

根据《墨西哥证券市场法》，墨西哥美洲电信的股东在董事会中的人数不超过21名，但也不能少于5名,其中25%的董事必须是独立董事。内部人员、控制人员、主要的供应商以及与上述成员有任何关联的所有人员都被认为不具有独立性。按照《墨西哥证券市场法》的要求,股东大会还必须独立于董事会。

2. 行政会议

以前公司的非管理董事在没有管理人员参与的情况下是不能召开行政会议的,他们也不被允许这么做。

3. 公司提名委员会或公司治理委员会

墨西哥美洲电信没有提名委员会或者治理委员会,但是按照墨西哥法律,公司必须具有一个或者更多的委员会来监督董事的任命和执行情况。在美洲电信公司,公司治理的职能由审计和企业实务委员会执行。

4. 审计委员会

墨西哥美洲电信审计与企业实践委员会共有4名成员,每名成员都符合《墨西哥证券市场法》和经过修订的《1934年美国证券交易法案》10A-3法则规定的独立性要求。其审计与企业实践委员会主要遵循董事会根据10A-3法则的规定制定的章程、公司规章制度和《墨西哥法》。由于美洲电信未设立赔偿委员会,所以其工作范围也包括对管理者及各董事的赔偿事项评估并批准。

5. 股本补偿计划

根据墨西哥法律通过了股本补偿计划并对其进行后续修订,这些计划确保职位相当的高管拥有基本无差别的待遇。

6. 商业行为和道德守则

墨西哥美洲电信的商业行为准则包括质量优异、信守承诺、正直诚实等,企业要严格遵守已做出的商业行为准则,不断提高企业形象。经各董事、高管及其他人员的同意,墨西哥美洲电信实施了道德守则,主要阐述了公司使命、公司的社会责任、员工行为等方面。

7. 同行审查

根据墨西哥法律的规定,公司必须接受独立公众会计师的审计,墨西哥美洲电信聘请安永会计师事务所为其进行审计服务。

8. 排名前三位的股东

表 2-8-1 墨西哥美洲电信股权结构

股东	股份拥有量（百万）	股权占比
AA股		
斯利姆家族	10894	46.5%
美国电话电报公司	5739	24.5%
卡苏集团	1392	5.9%
L股		
斯利姆家族	5998	11.4%

(四) 市场概览

墨西哥美洲电信在18个国家提供电信服务,是拉丁美洲最大的无线通信服务提供商,不论是从用户数量还是从市场份额来看,墨西哥美洲电信都极具竞争力。企业在墨西哥、哥伦比亚和厄瓜多尔拥有最大市场份额,在巴西电信行业拥有第三大市场份额。另外,企业在墨西哥、巴西和12个其他国家和地区也有固定的运营线路。墨西哥美洲电信的主要品牌名称以及其在每个国家经营的主要业务如表2-8-2所示。

表 2-8-2　墨西哥美洲电信的经营范围及各国主营业务

国家	主要品牌	主要业务
墨西哥	Telcel	无线
	Telmex	固话
阿根廷	Claro	无线、固话
巴西	Claro	无线、固话、收费电视
	Embratel	固话、卫星
	Net	收费电视
智利	Claro	无线、固话、收费电视
哥伦比亚	Comcel	无线
	Telmex	固话、收费电视
哥斯达黎加	Claro	无线
多米尼加共和国	Claro	无线、固话、收费电视
厄瓜多尔	Claro	无线、固话、收费电视
萨尔瓦多	Claro	无线、固话、收费电视
危地马拉	Claro	无线、固话、收费电视
洪都拉斯	Claro	无线、固话、收费电视
尼加拉瓜	Claro	无线、固话、收费电视
巴拿马	Claro	无线、收费电视
巴拉圭	Claro	无线、收费电视
秘鲁	Claro	无线、固话、收费电视
波多黎各	Claro	无线、固话、收费电视
乌拉圭	Claro	无线、固话
美国	Tracfone	无线

1. 墨西哥

墨西哥美洲电信在墨西哥的业务包括无线、固网语音、宽带等业务，其中无线和固话是在该公司的主导性业务。墨西哥美洲电信的无线业务是墨西哥电信及其附属公司的一些子公司来推广的。2011年，该区域无线业务取得将近16161600万比索的收入，占墨西哥美洲电信总收入的24.3%，固话取得11192400万比索的收入，占墨西哥美洲电信总收入的16.8%。无线包括语音业务、数据业务、手机和饰品业务、其他服务等。固话主要包括语音业务、数据业务、多元化服务等业务。2011年，公司在墨西哥市场主要推广的业务为3G网络业务，通过喷绘、广播、电视等方式大力宣传墨西哥美洲电信公司，不断提高品牌知名度，并发展多种网络应用技术，如TDMA、GSM/EDGE、3G、4G等。

2. 巴西

公司主营业务包括无线、固网语音、宽带、收费电视、目录服务和产品。截至2011年12月31日，巴西共有6040万无线用户，近79%的用户都是预付费用户；固话用户数量近920万，宽带用户数量近470万，收费电视用户数量近980万。2011年，巴西市场总收入为17061900万比索，占墨西哥美洲电信总收入的25.6%。

3. 南锥体（南美洲位于南回归线以南的地区）

公司主营业务包括无线、固网语音、宽带、收费电视。2011年12月31日，该地区拥有近2630万无线用户，68%的用户为预付费用户，占墨西哥美洲电信总无线用户数量的10.9%；固话用户将近40万，宽带用户近30万，收费电视用户约60万。截至2011年末，南锥体地区总收入为5021900万比索，占墨西哥美洲电信总收入的7.5%。

4. 哥伦比亚

在该地区的业务主要包括无线、固网语音、宽带、收费电视和目录服务。这些业务是通过哥伦比亚的一些附属公司进行的。截至2011年12月31日，该地区拥有2880万无线用户，近83.5%的用户为预付费用户，该地区无线用户数量占墨西哥美洲电信总无线用户数量的11.9%，固话用户近80万，宽带用户近90万，收费电视用户近190万。2011年全年该地区收入为5870500万比索，占墨西哥美洲电信总收入的8.8%。

5. 安第斯地区

公司主营业务包括无线、固网语音、宽带、收费电视和目录服务。截至2011年12月31日，该地区拥有2230万无线用户,其中近84.1%用户为预付费用户,其无线用户数量占墨西哥美洲电信无线用户数量的9.2%,另外固话用户近40万,宽带用户数量近20万,收费电视用户近30万。该地区2011年的总收入为3392100万比索,占墨西哥美洲电信总收入的5.1%。

6. 中美洲

该地区主营业务包括无线、固网语音、宽带、收费电视和目录服务。截至2011年12月31日,该地区无线用户为1290万人,其中近92%的用户为预付费用户,其无线总人数占墨西哥美洲电信无线用户总数量的5.3%,另外,固话用户数量近240万,宽带用户数量近50万,收费电视数量近70万。该地区2011年共收入1895900万比索,占墨西哥美洲电信总收入的27.9%。

7. 美国

在美国,墨西哥美洲电信的经营业务主要包括无线和其他服务。截至2011年12月31日,该地区总无线用户数量为1980万,所有用户均为预付费用户,其无线用户数量占墨西哥美洲电信无线总用户的8.2%。该地区2011年全年收入为4741900万比索,占墨西哥美洲电信总收入的7.1%。

8. 加勒比地区

在该地区的主营业务包括无线、固网语音、宽带、收费电视。截至2011年12月31日,该地区拥有近560万无线用户,其中近75.1%用户为预付费用户,占据墨西哥美洲电信总无线用户数的2.3%。另固话用户数量近140万,宽带用户数量近60万,收费电视用户数量近10万。该地区2011年全年总收入为2653300万比索,占墨西哥美洲电信总收入的4%。

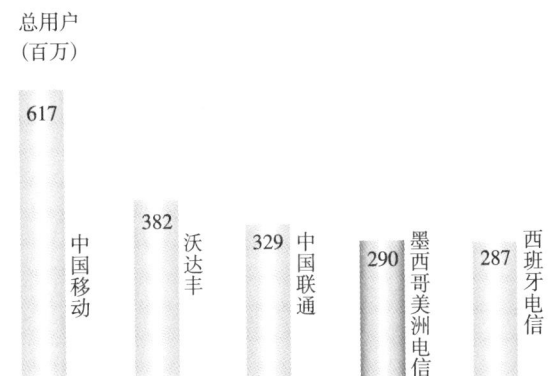

图 2-8-1　2011年全球电信运营商用户数比较

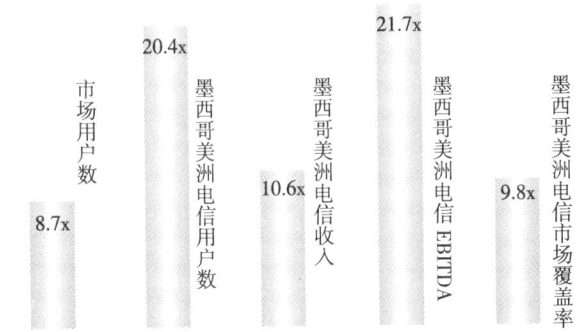

图 2-8-2　墨西哥美洲电信各指标倍数增长概况

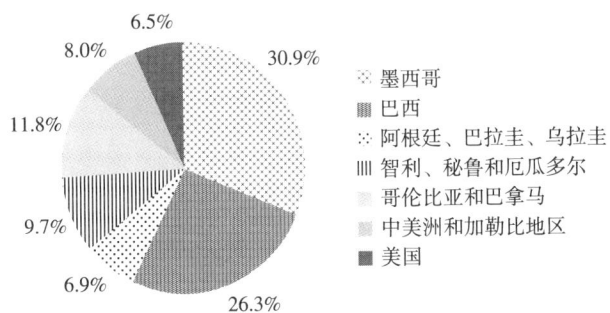

图 2-8-3　墨西哥美洲电信2011年6月的用户区域分布

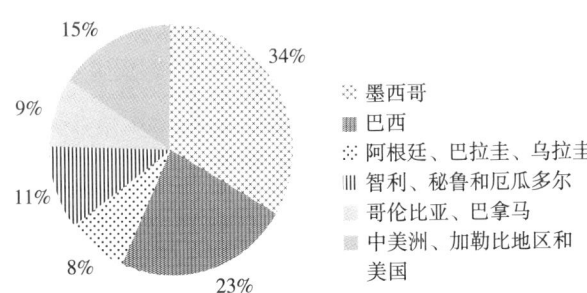

图 2-8-4　墨西哥美洲电信的收入区域分布

（五）业务概览

墨西哥美洲电信在拉美和加勒比地区有无线、固话、宽带及收费电视服务等业务。截止到2011年底，墨西哥美洲电信的无线业务用户数量达到560万，其中75.1%为预付费用户，固话用户数量将近140万，宽带用户数量达60万，收费电视服务用户数量达10万。

下面对无线、固话以及宽带三大类业务进行简介：

1. 无线

为了满足不同顾客群的需求，在许多计划方案中，墨西哥美洲电信提供了无线语音和数据服务功能。我们提供的数据服务包括短信、彩信、高级短信和高级彩信、移动娱乐服务、数据传输、互联网浏览和电子邮件服务。另外，墨西哥美洲电信通过蜂窝服务运营商向用户提供国际漫游服务，公司同世界各地的公司签订国际漫游协议，向公司国际漫游合作伙伴的用户提供CDMA、GSM和3G漫游服务。关于语音服务，墨西哥美洲电信收入来源于其他用户向本公司用户拨打电话时收取的拨打方服务提供商费用，收费标准取决于网络呼叫时间。当然，如果墨西哥美洲电信用户向其他服务提供商的用户拨打电话，公司也要向其他运营商支付费用。墨西哥美洲电信还提供了多种终端服务，包括智能手机及其配件，如充电器、耳机、皮带夹、电池、宽带卡等。我们还提供其他无线服务，如推广通话服务等。

2. 固话

我们提供的固定线路语音服务包括本地和长途电话服务、数据服务包括数据管理和托管服务、宽带服务和收费电视服务。通过不同的业务方案，向企业和住宅客户提供不同的服务，以满足不同用户群的需求。

3. 宽带

在萨瓦尔多，通过GSM技术，墨西哥美洲电信的无线网络覆盖了91%的人口。在危地马拉，通过使用CDMA和GSM技术，墨西哥美洲电信的无线网络覆盖了国家约87%的人口。在洪都拉斯，通过GSM技术，墨西哥美洲电信的无线网络覆盖了其65%的人口。在尼加拉瓜，通过GSM技术，墨西哥美洲电信覆盖了约78%的人口。在巴拿马，通过GSM技术，墨西哥美洲电信的无线网路覆盖了其人口的84%左右。在哥斯达黎加，通过3G和GSM技术，墨西哥美洲电信覆盖了其人口的49%左右。中美洲固网使用的依然是HFC，VoIP和普通老式电话服务技术。

表2-8-3 墨西哥美洲电信各地区的无线用户数量变化

	12月31日		
	2009年	2010年	2011年
	（千）		
无线用户			
墨西哥	59167	64138	65678
巴西	44401	51638	60380
南锥体	21833	24508	26281
哥伦比亚	27674	29264	28819
安第斯地区	17760	20310	22312
中美洲	9658	10923	12932
美国	14427	17749	19762
加勒比地区	6043	6494	5593
总无线用户	200963	225024	241755

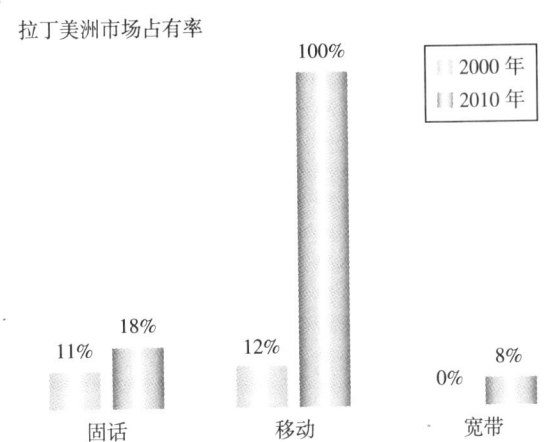

图 2-8-5 墨西哥美洲电信在拉丁美洲的市场占有率

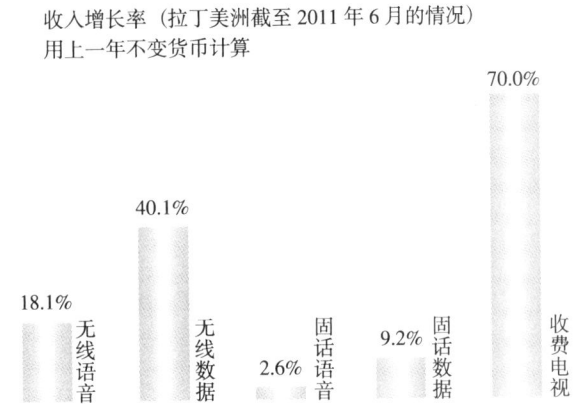

图 2-8-7 墨西哥美洲电信各业务收入增长率

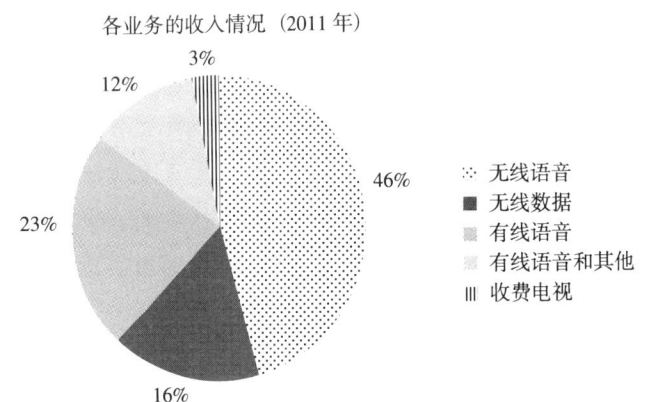

图 2-8-6 墨西哥美洲电信各业务的收入占比

（六）经营和财务绩效

2-8-4 墨西哥美洲电信 2009~2011 年度经营与财务业绩比较一览

单位：千比索

年份	墨西哥美洲电信（America Movil）		
	2009	2010	2011
收入	394711031	607855678	665301504
总资产	453007961	876694534	945616861
EBITDA	99257161	135119042	128544828
EBITDA 率	25.15%	22.23%	19.32%
净利润	76997853	98905423	88124166
净利润率	19.51%	16.27%	13.25%
总资产报酬率（ROA）	17.00%	11.28%	9.32%
净资产报酬率（ROE）	43.28%	29.43%	29.81%
资本性支出（CAPEX）	125363074	105646359	134116763
CAPEX 占收比	31.76%	17.38%	20.16%

续表

年份	墨西哥美洲电信（America Movil）		
	2009	2010	2011
经营活动净现金流	152808954	201584824	193240759
每股经营活动净现金流	4.67	5.10	2.46
自由现金流（FCF）	27445880	95938465	59123996
自由现金流占收比	6.95%	15.78%	8.89%
销售现金比率	38.71%	33.16%	29.05%
资产现金回收率	33.73%	22.99%	20.44%
EVA	54621920	48198995	36620786
EVA率	19.55%	7.57%	5.46%
每股盈利（EPS）	2.35	2.31	1.05
每股股利（DPS）	0.78	0.44	0.22
股利支付率	33.10%	18.84%	20.65%
主营业务收入增长率	14.19%	95.09%	9.45%
总资产增长率	4.03%	151.11%	7.86%
净利润增长率	29.24%	68.50%	−10.90%
经营活动现金流增长率	74.71%	31.92%	−4.14%
每股盈余增长率	35.06%	38.32%	−54.55%
资产负债率	60.73%	61.67%	68.74%
流动比率	77.07%	114.26%	91.44%
利息保障倍数	14.39	8.82	7.18
总资产周转率	0.87	0.69	0.70
固定资产周转率	1.74	1.48	1.43
坏账发生率	11.81%	16.94%	15.75%
折旧与摊销	53082307	91071327	93997035
股息	25462328	17193902	17042980
内部融资额	104617832	172782848	165078221
折旧摊销率	13.45%	14.98%	14.13%
付现成本率	60.15%	59.96%	62.61%
营销、一般及管理费用率	18.34%	17.67%	18.41%

（七）内控与风险管理

1. 内部控制

（1）信息披露管制和程序。2011年12月31日，在首席执行官和首席财务总监等管理者的参与及监督下，财务人员对墨西哥美洲电信公司的信息披露管制程序及程序设计、运行的有效性进行了评估。但是对于任何公司的信息披露程序而言，这种评估都是有局限性的，包括人工失误的可能、程序控制的宽松或过度等局限。所以，即使是有效的信息披露程序，对于公司控制的目标也只能在合理范围内提供保证。通过对墨西哥美洲电信的评估，其首席执行官和首席财务官得出结论是，公司的信息披露控制及程序进行是有效的，为公司提供了合理的保证。这表示墨西哥美洲电信根据《证券交易法》的要求记录、处理和总结以及按照报告适用的规则和形式在报告中披露信息，并在指定的时段内将信息传达给管理层，即首席执行官和首席财务官，以保证他们按要求及时做出有关披露的决策。

（2）管理财务报告中的内部控制。财务报告中有充分的内部控制信息披露墨西哥美洲电信的管理方式，如1934年修订后规则"13a-15（f）"和"15d-15（f）"中的一些术语。在董事会、首席执行官、首席财务总监和其他管理人员的参与及监督下，墨西哥美洲电信对以内部控制框架为基础的财务内部控制进行了有效性评估，这个内部控制框架是在特雷德韦委员会下的赞助组织委员会提出的。

墨西哥美洲电信旨在保证财务报告的可靠性和对外财务报表的合理性，严格按照国际财务报告准则编制内部控制财务报告。关于财务报告的内部控制，墨西哥美洲电信是在保持与IFRS标准一致的情况下，对财务报告可靠性和对外财务报告的披露提供合理保证。

墨西哥美洲电信的内部控制主要内容为：①在合理范围内，保证资产处置、交易的准确性及公正性。②在与国际财务报告准则IFRS一致性下，对于各项交易信息的准确性提供必要保证。另外，公司收入及支出必须经董事和管理人员的授权才能披露。③对于那些能够预防或者及时发现未经授权则使用、处置公司资产且对公司财务报表有重要影响的信息，要严格管理。

（3）注册会计师事务所的认证报告。按照COSO标准对墨西哥美洲电信和各附属子公司的内部控制报告进行审计，审计内容包括：公司信息披露准确性、公允性，财务报告中的各项交易是否根据IFRS原则披露，成本、收入等是否经管理层和董事会授权、及时查明那些未经授权批准事项，对由重大事项引起的财务内部控制变化进行披露，最终出具审计报告。

2. 风险管理

根据2011年墨西哥美洲电信年报披露的信息，可把影响墨西哥美洲电信风险分为三大类：①经营风险；②行业风险；③在墨西哥或其他国家发展存在的风险。

下面对各风险内容进行逐个分析：

（1）经营风险。①电信行业的激烈竞争，会给企业的经营收入或利润带来不利影响。墨西哥美洲电信面对很大压力，主要来源于无线运营商，固话运营商、电缆、寻呼和互联网公司性质的其他电信运营商。近年来，电信行业竞争日趋激烈，竞争虽然可以提高行业壁垒，使边际成本递减，增加额外的无限频谱，但是对于墨西哥美洲电信而言，竞争也可能让竞争对手在财务、技术、营销及其他资源方面更具竞争力。西班牙电信在巴西、墨西哥等地均有重要业务经营，是墨西哥美洲电信的最大竞争对手。竞争让墨西哥美洲电信增加了广告、业务费用，降低了业务资费和手机的价格，竞争也会加大企业留住老用户、增加新用户的难度。即使用户数量上升，但为吸引新用户而投入的费用也在不断增加，企业的盈利能力可能会下降。②政府的监管行为会影响公司运营。墨西哥美洲电信受到政府的大力监管，法律制度的变化或政府政策的变更都可能会对公司经营产生不利影响。尤其在墨西哥，墨西哥美洲电信受到政府的大力监管和调查，调查内容包括本地和长途电话运营商向移动运营商支付的移动终端费，以及在电信行业中的市场渗透程度和垄断地位等。另外，政府要员的变更会导致一些竞争和服务通讯税的政策变化，这些变化可能会对墨西哥美洲电信在拉美地区和加勒比地区的经营造成不利影响。③与行业业务标准的不一致会导致公司被罚款。墨西哥美洲电信及其附属公司的许多业务均要与行业业务标准一致，如最低电话完成率、最大线路忙碌率、维修标准等。过去一些未能达到服务标准的事件，均被监管机构处以罚款。影响墨西哥美洲电信的因素有很多，能否一直保持与行业标准的一致性是不确定的。④主导运营商条例限制公司制定具有竞争性和盈利性战略的能力。

主导运营条例的实施，会让墨西哥美洲电信降低应对市场竞争的弹性，提高墨西哥美洲电信的关税负担，适应其他的管理条例，比如，政府对信息披露或者服务质量提出额外的要求等，这些新的规章制度都会对公司的运营产生不利影响。

(2) 行业风险。①电信行业的变化会影响公司未来财务绩效。电信行业的不断变化，增加了用户选择更好的运营商来满足自我需求的机会。这些变化包括：行业标准的变化、数字技术能力和质量的不断改善、新产品开发周期的缩短、终端用户需求和喜好的变化等。但是，如果未来广为流行的某种技术和墨西哥美洲电信使用的技术不兼容，公司可能会被迫追加改善技术和基础设施的资本支出，这项支出是不在公司原预算之内的。②公司或者公司供应商使用的知识产权可能会损害到其他公司拥有的知识产权。公司部分产品和服务的开发是必须拥有某种知识产权才能形成，这些知识产权可能是本公司拥有的，也可能是其他公司的许可牌照。如果公司遇到有关知识产权的诉讼事件，也可能有高昂的诉讼费用和预计负债或要求本公司停止某些活动以及停止销售某些产品和服务。③消费者对无限手机和基站健康风险的关注，可能会对公司发展产生不利影响。由于便携式通信设备的无线电频率排放，使这些设备已存在健康风险，可能导致癌症。美国的部分无线电厂商已被诉讼，也许墨西哥美洲的附属公司也会面对相同的境况。相关研究和调查正在进行，一旦有什么消极发现，不仅会影响无线手机用户数量，更会影响公司未来财务表现力。

(3) 在墨西哥或其他国家发展存在的风险。①拉丁美洲和加勒比地区的经济、政治和社会环境变化可能对公司业务产生不利影响。墨西哥美洲电信的财务绩效与各国经济、政治和社会环境密切相关，尤其是墨西哥、巴西、哥伦比亚和美国。这些影响因素的不利变化，会限制电信服务需求量，增加运营环境的不确定性，会影响公司扩大市场占有率、提高盈利性而重申执照或特许权的能力，会对公司未来收购战略的执行产生不利影响。②相对美元，某些地区使用货币的贬值或波动会对财务状况或者公司运营产生不利影响。主要流通货币或同等该类货币的贬值会引起国际外汇市场的混乱，也可能会因此增加公司把货币转换成美元或其他货币而产生的汇兑损益。③在其他国家的发展可能会影响公司证券的市场价格，对筹借外资的能力产生不利影响。墨西哥公司证券的市场价值，受其他国家经济及市场的影响，包括美国、欧洲和新兴经济体国家。尽管其他国家经济发展状况与墨西哥有所不同，但是投资者对这些国家发展的态度可能会对墨西哥证券发行人发行证券的市场价值产生不利影响。在美国，欧盟和新兴市场国家的危机可能会减少墨西哥证券投资者的利益，包括墨西哥美洲电信在内。这可能会对公司证券的市场价值产生重大不利影响，同时也会使我们进入资本市场，为以后可发展项目融资变得更加艰难。

(八) 人力资源发展

1. 员工人数

表 2-8-5　墨西哥美洲电信员工人数

	12月31日		
	2009年	2010年	2011年
员工数量	53659	150079	158694
业务分类：			
无线	42968	46072	51114
固话	10691	104007	107580
地区分类：			
墨西哥	17347	70917	72214
南美洲	21133	60626	67441
中美洲	7384	8119	8486
加勒比地区	7161	9742	9820
美国	634	675	733

2. 工会

截止到2011年12月31日，工会覆盖了Telcel 87%的员工。Telcel的所有管理职位都由工会推选。薪水及相关收益每年谈判一次。根据《墨西哥劳动法》及墨西哥美洲电信的劳动协议，墨西哥美洲电信有义务给即将退休员工一笔额外资历费，并支付其退休员工退休金和抚恤金。并且退休员工的退休金会随着在职员工薪水的上涨而相应增加。

3. 养老金固定收益计划

墨西哥美洲电信公司在各地的很多子公司都制定了"养老金固定收益计划"。这一计划需要对即将退休或已退休的劳动者义务的累计影响进行评估与确认。这一累计影响基于运用预计单位信托成本法的精算研究进行确定。

4. 员工利润分享计划

从2008年1月起，墨西哥美洲电信公司采纳了墨西哥财务报告准则D-3，开始实施"员工利润分享计划"。

（九）企业社会责任

1. 公司使命

墨西哥美洲电信致力于建立一种秩序，该秩序能够为促进、发展和巩固最高标准做出保证。所谓的最高标准是指诚信、公正以及工作人员在职责方面的道德操守表现。

2. 道德规范

（1）做出与最高道德行为标准相一致的承诺声明，巩固墨西哥美洲电信在本国和国际电信行业的领导地位。

（2）定义墨西哥美洲电信的使命、业务价值以及与需求一致的道德行为标准。

（3）墨西哥美洲电信一直在电信行业发展，所以必须认可、遵守墨西哥及其他国家的法律、法规和其他适用法规。

（4）实现墨西哥美洲电信在人力资源方面的附加值。

3. 道德规范目的

（1）保证墨西哥美洲电信的政策及执行与公司的道德原则、公司使命和公司适用的法律、原则、指导方针是一致的。

（2）保证公司所有决定是与任何利益冲突无关的，保证员工在工作时，时刻以公司最佳利益为出发点。

（3）确保向公众披露的所有信息是完整、准确、公平和及时的。

（4）向员工逐步灌输公司使命、致力于良好企业道德行为发展的价值观念。

（5）向员工提供一种可以表达他们关心、疑问、不满、不解以及分歧的渠道。

（十）前景展望

拉美地区是国际新兴经济区，经济的快速发展、各国综合国力的提高、各类需求的不断上升，使得电信行业一直保持着强有力的发展态势。随着西班牙电信和有线电视运营商Megacable等电信企业的不断壮大，墨西哥美洲电信许多传统业务的垄断地位也受到一定的威胁，行业竞争压力加大，另外由于墨西哥美洲电信受业务资费降低、收购行为的影响，导致墨西哥美洲电信的现金管理和价值创造能力下降，但是墨西哥美洲电信在投资经营效果、融资管理效率和成本费用等方面均表现优异，综合发展前景可观。虽然面对电信行业竞争的加剧、墨西哥政府反垄断政策等挑战，墨西哥美洲电信在移动、固话、宽带以及第四代技术方面依然处于优势地位，用户占有率及业务普及率依然傲居群雄，其仍然是墨西哥最大的固定电话和互联网运营商，市场份额超过80%。在机遇与挑战并存的条件下，墨西哥美洲电信仍然是一个具有雄厚实力的公司，在墨西哥无线通信市场上占据强大而牢固的地位，发展潜力让人举首戴目。

附件一：墨西哥美洲电信财务报告（2011年）

1. 合并资产负债表

	12月31日（千墨西哥比索）		2011年（百万美元）
	2010年	2011年	
资产			
流动资产			
现金及现金等价物	比索 95938465	比索 59123996	US$ 4226
应收账款（净）	93164187	124973353	8933
衍生金融资产	5321321	7777953	556
与关联方有关的资产	3571036	3413899	244
存货（净）	26081530	34141317	2440
其他流动资产（净）	9635433	10846749	775
流动资产总数	233711972	240277267	17174
Non-current assets：			
固定资产（净）	411820387	466086773	33315
牌照（净）	44520858	38530899	2754
商标（净）	4531877	3006854	215
商誉（净）	70918967	73038433	5221
对子公司及其他公司的投资	50918967	54218023	3875
递延所得税资产	29589842	33074458	2364
养老金资产	16290367	22327733	1596
其他非流动资产（净）	11591878	15056421	1076
总资产	比索 873515603	比索 945616861	US$ 67590
负债及股东权益			
流动负债			
短期借款及即将到期的非流动负债	比索 9039204	比索 26643315	US$ 1904
应付账款及应计负债	145594927	178740455	12776
应付税费	22479495	28622319	2046
与关联方有关的负债	453932	873398	62
与关联方有关的负债	1911295	1630265	117
递延收入	25064230	26248679	1876
流动负债总额	204543083	262758431	18781
长期借款	294060952	353975487	25301
递延所得税负债	21999235	16751716	1197

续表

	12月31日（千墨西哥比索）		2011年（百万美元）
	2010年	2011年	
递延收入	3990184	3175796	227
应付职工薪酬	12884979	13315736	952
总负债	537478433	649977166	46459
股东权益			
股本	96433461	96419636	6892
留存收益			
以前年度留存收益总计	105009640	81198952	5804
本年度留存收益	91123052	82853529	5922
留存收益	196132692	164052481	11726
其他综合收入累计	15085830	25168067	1799
主要股东权益	307651983	285640184	20417
少数股东权益	28385187	9999511	715
股东权益合计	336037170	295639695	21132
负债及股东权益合计	比索 873515603	比索 945616861	US$ 67590

2. 合并损益表

	千墨西哥比索			2011年（百万美元）
	2009年	2010年	2011年	
营业收入：				
移动语音业务	比索 250575632	比索 268030881	比索 281952808	US$ 20153
固话语音业务	146975577	140178225	139219344	9951
移动数据语音业务	55253021	76954735	102190374	7304
固话数据业务	60681643	66015070	72007127	5147
收费电视	5958225	9484920	16958846	1212
其他业务	41810500	47191847	52973005	3786
	561254598	607855678	665301504	47553
营业成本、费用：				
主营业务成本	232672021	253449142	290902040	20793
销售、管理及其他费用	9646604	107406947	122450633	8752
其他营业成本	3400145	3606853	3176328	227
折旧与摊销	79904304	91071327	93997035	6718
	412443074	455534269	510526036	36490
营业利润	148811524	152321409	154775468	11063
利息收入	3666804	4801539	6853900	490
利息费用	(14595493)	(17280735)	(20791606)	(1486)
汇兑损益（净）	13419862	5581574	(22394716)	(1600)
其他融资损益	(10061863)	(11975955)	8177785	585
从子公司获得的投资收益	1959378	1671210	1923997	138
税前利润	143200212	135119042	128544828	9190
所得税	36299167	36213619	40420662	2889
净利润	比索 106901045	比索 98905423	比索 88124166	US$ 6301

续表

	千墨西哥比索			2011年(百万美元)
	2009年	2010年	2011年	
利润分配				
主要股东权益	比索 92697553	比索 91123052	比索 82853529	US$ 5922
少数股东权益	14203492	7782371	5270637	379
	比索 106901045	比索 98905423	比索 88124166	US$ 6301
其他综合营业利润				
外国实体转换影响	比索 33142627	比索 (7155708)	比索 10461607	US$ 748
衍生工具、净递延所得税的影响	(1366643)	(675686)	(317598)	(23)
其他综合营业利润	31775984	(7831394)	10144009	725
本年度总营业利润	比索 138677029	比索 91074029	比索 98268175	US$ 7026
本年度总营业净润分配				
主要股东权益	比索 115031755	比索 82792909	比索 92935766	US$ 6644
少数股东权益	23645274	8281120	5332409	382
	比索 138677029	比索 91074029	比索 98268175	US$ 7026
基本每股收益和稀释每股收益分配				
持续经营业务下的主要股东权益	比索 1.19	比索 1.15	比索 1.05	US$ 0.08

3. 合并现金流量表

	至12月31日（千墨西哥比索）			2011年(百万美元每股收益除外)
	2009年	2010年	2011年	
经营活动				
税前利润	比索 143200212	比索 135119042	比索 128544828	US$ 9190
不涉及现金流动的项目				
折旧	71950246	80294690	82642200	5907
无形资产摊销	7954058	10776637	11354835	812
从子公司获得的投资收益	(1959378)	(1671210)	(1923997)	(138)
固定资产出售损益	(403030)	806391	32463	2
员工权益成本净值	5763956	6160141	6272520	448
汇兑损益（净）	(4828496)	(3727490)	30971438	2213
利息费用	14595493	17280735	20791606	1486
衍生金融工具价值	(1838672)	1037728	(10692199)	(764)
营运资金调整				
应收账款	(7610356)	302354	(11287204)	(806)
预付费用	1148230	(1239958)	(1307557)	(94)
关联方交易	707600	(525056)	(530500)	(37)
存款	9926393	(2868024)	(6721377)	(480)
其他资产	(124899)	(4408473)	(3064825)	(219)
应收账款与应计负债	9764568	10192387	20966860	1498
员工分红	(1132677)	(3446374)	(3346952)	(239)
金融工具	5726316	2508129	6130808	438

续表

	至12月31日（千墨西哥比索）			2011年
	2009年	2010年	2011年	（百万美元每股收益除外）
递延收入	1344792	1373800	994315	71
员工义务（劳动义务）	(6509295)	(1797077)	(13030247)	(931)
已付所得税	(31203046)	(45410398)	(63556256)	(4542)
经营活动产生的现金流量净额	216472015	200757974	193240759	13814
购买固定资产	(77447018)	(77866409)	(120193188)	(8593)
购买牌照	(2384001)	(4075229)	(993692)	(73)
固定资产出售收入	556704	884241	38312	3
收购股权投资	(339701)	(31463621)	(2271059)	(164)
投资活动产生的现金流量净额	(79614016)	(112521018)	(123419627)	(8827)
融资活动				
获得的贷款	79685696	180852643	87230827	6237
偿还贷款	(112614308)	(148899354)	(41222218)	(2946)
已付利息	(15927620)	(14719299)	(18067293)	(1291)
股份回购	(31482657)	(18150990)	(53726784)	(3840)
支付股息	(33081026)	(17193902)	(17042980)	(1218)
衍生金融工具		826850	3158678	226
收购控股权益	(1151853)	(34667391)	(67464370)	(4822)
融资活动产生的现金流量净额	(114571768)	(51951443)	(107134140)	(7657)
现金及现金等价物净增加额	22286231	36285513	(37313008)	(2666)
汇率变动对现金及现金等价物的影响	1194606	(113581)	498539	35
期初现金及现金等价物余额	36285696	59766533	95938465	6857
期末现金及现金等价物余额	比索 59766533	比索 95938465	比索 59123996	US$ 4226

附件二：墨西哥美洲电信大事记

2002年第一季度，墨西哥美洲电信发行了20亿比索的商业票据和27.5亿比索的中期票据。

2003年5月8日，墨西哥美洲电信获得了运营在巴西东北部的巴西无线公司（BSE）95%的股份。

2004年6月，墨西哥美洲电信收购了拥有9.8万用户的洪都拉斯无线运营商——Megatel。

2005年，墨西哥美洲电信被《商业周刊》评为第一信息技术公司。

2005年11月15日，墨西哥美洲电信公司签署了沃达丰集团的国际协议，共同提供各种国际服务。

2006年，墨西哥美洲电信再次被《商业周刊》评为第一信息技术公司。

2006年7月，墨西哥美洲电信的智利子公司开始提供GSM无线服务，并启用了新品牌——Claro。

2007年2月25日，公司成为拉丁美洲最大的企业，按市值计算，超过巴西石油公司等巨头。

2007年3月，公司造就了卡洛斯·斯利姆·埃卢——墨西哥首富。

2007年8月，墨西哥美洲电信收购了无线和增值业务提供商——Oceanic Digital Jamaica。

从2007年到2008年，墨西哥美洲电信公司总计进行了76亿美元的投资，而其中的绝大多数资金用于发展 3G 网络，这项投入带动了美洲电信公司在金融危机背景下收入逆势上扬：第一季度，该公司移动数据业务的销量增长了 47%，并直接带动了整体收入的增长，通话和语音业务的收入也增长了 18.5%。

2008 年 3 月，其在阿根廷、巴拉圭、乌拉圭统一使用了 Claro 品牌。至此，中美洲和加勒比地区的 12 家子公司全部统一使用这一品牌。

2009 年，墨西哥美洲电信的 3G 服务覆盖了拉丁美洲地区 70% 的人口。

2009 年 12 月，墨西哥美洲电信的无线用户数突破了 2 亿家。

2010 年 1 月 1 日起，墨西哥美洲电信的财务报表在合并报表和子公司报表两个层面都遵守《国际财务报告准则》。

2010 年 3 月，墨西哥美洲电信公司利用良好的市场条件，在美国市场上发行了 5 年期、10 年期、15 年期共计 40 亿美元的证券。

2011 年 1 月，墨西哥美洲电信获得了在哥斯达黎加的运营牌照。

2011 年 4 月，墨西哥美洲电信公司宣布，计划向阿根廷电信业投资 15 亿美元，重点将放在移动网络、宽带和第四代技术方面，并表示未来 4 年将向智利投资 20 亿美元。

2011 年 7 月，墨西哥美洲电信的子公司 Embratel 公司收购了通用卫星控股有限公司旗下一星有限公司 20% 的股份。

2011 年 11 月，墨西哥美洲电信收购了加勒比电讯运营商。

2011 年 11 月，墨西哥美洲电信收购墨西哥电信流通在外的股份，直接和间接增持其 93% 的股份。

2012 年 1 月 6 日，墨西哥美洲电信与一体化伊比利亚和美洲媒体及娱乐公司（Claxson Interactive Group, Inc.）签订了协议，并以 5000 万美元获得了 DLA 公司的 100% 股份。

2012 年 1 月 26 日，巴西监管机构批准，由 Embrapar 公司控制 NET 控件。

王晓初

中国电信集团公司董事长兼首席执行官

　　王晓初，54岁，中国电信集团公司董事长兼首席执行官。王晓初于1989年毕业于北京邮电学院，于2005年获得香港理工大学颁发的工商管理博士学位。王晓初先生曾先后历任浙江省杭州市电信局副局长、局长、天津市邮电管理局局长、中国移动（香港）有限公司董事长兼首席执行官、中国移动通信集团公司副总经理、中国通信服务股份有限公司董事长兼非执行董事等职务，现兼任中国电信集团公司总经理及中国通信服务股份有限公司名誉董事长。他曾主持开发中国电信电话网络管理系统等信息科技项目，并因此获得国家科学技术进步三等奖及原邮电部科学技术进步一等奖等。王晓初拥有超过30年丰富的电信行业管理经验，于2004年12月出任中国电信集团公司董事长兼首席执行官。

标识含义：整个标识以字母C为主体元素，两个C在明快的节奏中交织互动，直接代表着"中国电信集团公司"；两个字母C向远方无限延伸，仿佛张开的双臂，又似地球的经纬线，传递着中国电信的自信和热情，象征着豁达的胸襟、开放的意识、长远的目光、豪迈的气势，意味着四通八达、畅通、高效的电信网络连接着世界的每一个角落，服务着更多的用户；C作为英文"用户、企业、合作"的第一个字母，它的交融互动也强烈表达了中国电信"用户至上，用心服务"的服务理念，体现了与用户手拉手、心连心的美好情感。同时也蕴涵着中国电信全面创新，不断超越自我，以更宽广的胸怀与社会各界携手合作，共同促进中国信息产业进步和繁荣的良好心愿；高高挑起的两角，凸显出简洁而充满活力的牛头和振翅飞翔的和平鸽图案，既表现了中国电信脚踏实地、求真务实、辛勤耕耘的精神，又展现了中国电信与时俱进、奋发向上、蓬勃发展、致力于创造美好生活的良好愿景；标识以代表高科技、创新、进步的蓝色为主色调，文字采用书法体，显得有生命力、感染力和亲和力，与国际化的标识相衬，使古典与现代融为一体、传统与时尚交相辉映。

九 中国电信集团公司可持续发展报告 (China Telecom)

(一) 公司简介

中国电信集团公司成立于2002年，是我国特大型国有通信企业，全业务综合信息服务提供商，也是全球最大的固定电话、CDMA移动网络及宽带互联运营商，在中国提供固定通信业务、移动通信业务等基础电信业务，以及互联网接入服务业务、信息服务业务等增值电信业务。主要经营国内、国际各类固定电信网络设施，包括本地无线环路；基于电信网络的语音、数据、图像及多媒体通信与信息服务；进行国际电信业务对外结算，开拓海外通信市场；经营与通信及信息业务相关的系统集成、技术开发、技术服务、信息咨询、广告、出版、设备生产销售和进出口、设计施工等业务；并根据市场发展需要，经营国家批准或允许的其他业务。

中国电信集团公司在全国31个省（区、市）和美洲、欧洲、香港、澳门等地设有分支机构，拥有覆盖全国城乡、通达世界各地的电信网络和"天翼领航"、"天翼e家"、"天翼飞扬"、"号码百事通"等知名品牌，具备电信全业务、多产品融合的服务能力和渠道体系。公司下属"中国电信股份有限公司"和"中国通信服务股份有限公司"两大控股上市公司，分别于2002年在香港及纽约、2006年在香港上市，形成了主业和辅业双股份、双上市的运营架构公司。截至2011年底，拥有固定电话用户1.70亿户，移动出账用户达到1.26亿户，其中3G用户达3629万户；有线宽带达到7681万户；集团公司总资产4191.15亿元，人员（含离退休职工）67万人。公司全年创造净利润165.98亿元，基本每股收益为0.20元，总资产报酬率3.90%，2011年12月30日每股收盘价为4.42元。

中国电信集团公司多年来的不懈努力获得了资本市场的广泛认可，取得了许多嘉许和奖项，其中包括获 Euromoney 评选为"亚洲最佳管理公司第一名"，成为首家连续三年获此殊荣的公司；获 Finance Asia 评选为"亚洲区最佳管理公司"和"亚洲最佳电信公司"；获 Corporate Governance Asia 评选为"亚洲区最佳公司治理企业"和"中国最佳企业社会责任"等奖项。

(二) 公司战略

2012年，面对3G、智能机进入高速增长期的发展机遇，以及移动、宽带存量市场和移动互联网新业务领域竞争进一步加剧的严峻挑战，公司将坚持"聚焦客户的信息化创新"战略，稳步推进规模经营和流量经营，通过创新和服务双领先带动规模发展。

具体而言，我们将进一步聚焦移动业务，突出打造3G、智能机的差异化优势，实现高价值、高流量、高忠诚度的3G用户爆发式增长，推动实现有质量的规模发展；不断优化渠道结构，深化大连锁等优质社会渠道资源的合作，持续提升渠道销售能力；积极开展流量经营，大力发展移动互联网、云计算、物联网等新兴业务；深入推进"宽带中国·光网城市"工程，提升品质，丰富内容，持续保持宽带业务优势竞争地位；不断提升行业应用的规模化发展能力，带动政企客户和中高端移动用户群体拓展；进一步管控好固网语音业务的流失风险,推进全业务协调发展。同时,我们也将进一步提升集约化的全业务运营服务能力,强化网络优化和运行维护工作,全面实现创新型、差异化的服务竞争优势,稳步推进向移动互联网经营模式转变。

(三)公司治理

本公司致力于维持高水平的公司治理,一贯秉承优良、稳健、有效的企业治理作风,不断完善公司治理手段、规范公司运作,健全内控制度,实施完善的治理和披露措施,确保企业运营符合本公司及其股东的长期利益。2011年,公司股东大会、董事会、监事会操作规范、运作有效;公司组织架构不断优化,体制创新取得突破,有效支撑企业向新三者(智能管道的主导者、综合平台的提供者、内容和应用的参与者)战略目标转型;内部控制进一步优化;全面风险管理融入经营实践。公司治理水平持续提升,确保符合股东最佳长远利益、股东权益得到有效保障。

本公司的企业管治整体架构采取双层结构制:股东大会下设董事会和监事会,董事会下设审核委员会、薪酬委员会和提名委员会。董事会根据公司章程授权负责企业重大经营决策,并监督高级管理人员的日常经营管理;监事会主要负责监督董事会以及高级管理人员的职务行为,两者各自独立地向股东大会负责。

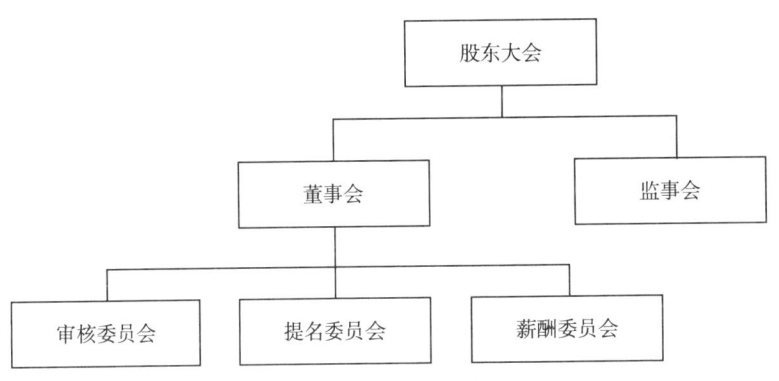

图 2-9-1 公司治理架构

股东大会:自2002年上市以来,本公司在股东大会上就每项独立的事项分别提出独立的股东议案,股东通函中也会详细列明有关议案的内容,所有股东大会上的决定均采用投票表决方式进行,表决结果登载于公司及香港联交所网站。本公司十分重视股东大会,重视董事和股东之间的沟通,董事在股东大会上就股东提出的问题做出详尽、充分的回答。于2011年年底,董事会通过采纳股东通讯政策,以确保股东适时取得全面、相同及容易理解且公开的公司资料,也让本公司与股东及投资人士加强沟通。

董事会:目前本公司第四届董事会由12名董事组成,包括6名执行董事、1名非执行董事、5名独立非执行董事。董事会由电信、财务、经济和法律等不同领域专家组成,具备各领域的专才使得董事会的架构和决策观点更全面平衡。第四届任期自2011年5月开始,任期3年,至2014年本公司召开股东周年大会之日止,届时将选举第五届董事会。本公司独立非执行董事人数超过1/3,其中担任公司审核委员会主席的谢孝衍先生是一位国际知名财务专家,具备丰富的会计和财务管理专长。本公司董事会下属的审核、薪酬、提名3个专业委员会均全部由独立非执行董事组成,提供足够的审核和制衡,确保委员会能够有效地做出独立判断,以维护股东和公司的整体利益。本公司《公司章程》规定董事会对股东大会负责，主要行使决议、制定重大的经营决策、财务方案和政策、公司基本管理制度的制定、聘任公司经理以及其他高级管理人员等职责。《公司章程》同时明确界定了公司董事会和管理层各自的职责范围。管理层主持公司的生产经营管理工作，组织实施董事会决议和公司年度经营计划和投资方案，拟定公司内部管理机构与分支机构的设置，履行《公司章程》和董事会授予的其他职权。为保持公司的高效运作和经营决策的灵活与迅捷，董事会必要时亦将其管理及行政管理方面的权力转授予管理层，并就授权行为提供清晰的指引，避免严重妨碍或削弱董事会整体履行职权的能力。

审核委员会：公司审核委员会由4名独立非执行董事组成。审核委员会章程清晰界定了审核委员会的地位、任职资格、运作程序、职责义务、工作经费及薪酬等。审核委员会主要职责包括监督公司财务报告的真实完整性、公司内部控制制度及风险管理制度的有效性和完整性、内部审计部门的工作，以及负责监督和审议外部独立审计师的资质、选聘、独立性及服务，并确保管理层已履行职责建立及维持有效的内部控制系统，包括考虑本公司在会计及财务汇报职能方面的资源、员工资历及经验是否足够，以及员工所接受的培训课程及有关预算是否充足等。审核委员会亦有权建立举报制度以受理和处理关于公司会计事务、内部会计控制和审计事项的投诉或匿名举报。审核委员会对董事会负责并定期报告工作。

薪酬委员会：公司薪酬委员会由4名独立非执行董事组成。薪酬委员会章程清晰界定了薪酬委员会的地位、任职资格、运作程序、职责义务、工作经费及薪酬等。薪酬委员会协助公司董事会制定公司董事及高级管理人员的全体薪酬政策及架构，并设立有关规范且具透明度的程序。薪酬委员会的主要职责包括：监督公司薪酬制度是否符合有关法律要求，向董事会提交公司薪酬制度评估报告，就公司董事及高级管理人员的全体薪酬政策及架构等向董事会提出建议等，其职责设置符合《企业管治常规守则》的有关要求。薪酬委员会对董事会负责并定期报告工作。

提名委员会：公司提名委员会由4名独立非执行董事组成。提名委员会章程清晰界定了提名委员会的地位、任职资格、运作程序、职责义务、工作经费及薪酬等，其中特别规定提名委员会委员应当与公司无重大关联关系，且符合有关"独立性"的监管要求。提名委员会协助董事会制定规范、审慎且具透明度的董事委任程序和继任计划，进一步优化董事会人员组成结构。提名委员会的主要职责包括：定期检查董事会的架构、人数及组成；物色具备合适资格的董事候选人士并就此向董事会提供意见；评核独立非执行董事的独立性；就董事委任或重新委任以及董事继任计划的有关事宜向董事会提出建议等。提名委员会对董事会负责并定期报告工作。

监事会：本公司按照中国《公司法》的要求设立监事会，目前公司监事会由6名监事组成，其中包括外部独立监事1名，职工代表监事1名。监事会主要职责在于依法对公司财务以及公司董事、经理及其他高级管理人员的职责履行情况进行监督，防止其滥用职权。监事会作为公司常设的监督性机构，向全体股东负责并报告工作。监事会通常每年至少召开一至两次例会。2011年5月20日，本公司第三届监事会届满，第三届监事会监事苗建华先生、朱立豪女士、徐蔡燎先生、韩芳女士经2011年5月20日召开之股东大会选举继续担任本公司第四届监事会监事。同日，该次股东大会选举杜祖国先生自2011年5月20日起任本公司第四届监事会监事。经由本公司职工代表大会推选，毛社军先生出任第四届监事会职工代表监事，马玉柱先生不再担任该职务。苗建华先生经2011年8月18日召开之第四届监事会第一次会议选举担任第四届监事会主席。

表 2-9-1 为公司股本及股权分布情况：

表 2-9-1 股本及股权分布

股本及股权分布
于 2011 年 12 月 31 日，本公司股本总额为人民币 80932368321 元，分为 80932368321 股每股面值人民币 1.00 元的股份。本公司于 2011 年 12 月 31 日的股本由以下组成：

	股份数目	占发行股份总数的百分比
内资股总数：	67054958321	82.85
由以下公司持有的内资股：		
中国电信集团公司	57377053317	70.89
广东省广晟资产经营有限公司	5614082653	6.94
浙江省财务开发公司	2137473626	2.64
福建省投资开发集团有限责任公司	969317182	1.20
江苏省国信资产管理集团有限公司	957031543	1.18
H 股总数（包括美国存托股份）：	13877410000	17.15
合计	80932368321	100.00

表 2-9-2 H 股主要股东

H 股主要股东
下表列出于 2011 年 12 月 31 日已行使或可控制行使 5%或以上 H 股的主要股东：

股东名称	股份数目	占发行 H 股总数的百分比
摩根大通集团	1663316937	11.99
澳大利亚联邦银行	1110034681	8.00
黑石集团	1006713763	7.25
阿尔卡特朗讯集团全资控股公司	907191530	6.54

（四）市场概览

1. 国内市场

2011 年，中国电信紧紧把握住移动互联网应用蓬勃兴起和行业信息化需求日趋旺盛的市场机遇，持续深化战略转型，扎实推进新三者"智能管道的主导者、综合平台的提供者、内容和应用的参与者"的建设，积极拓展移动互联网等新兴领域，加快业务结构的调整，不断提升运营管理能力，有效推动移动、有线宽带和行业信息化业务的规模化发展，继续保持了收入和利润的良好增长，公司的整体竞争实力得到进一步提升。

（1）全业务发展取得新的突破。通过三年多来的实践和探索，我们对全业务运营的规律的认识和把握不断深入，运营经验不断丰富，有效促进公司三大核心业务的规模化发展，公司的竞争优势得到进一步的巩固和加强。

（2）3G 引领移动业务规模化发展。2011 年，国内移动通信市场已逐渐步入 2G 业务向 3G 业务的转换期，3G 业务呈现加速增长态势，市场发展空间巨大。公司紧紧抓住这一历史性的发展机遇，通过全面推进终端引领的营销模式、优化渠道建设、提升服务能力、丰富移动业务应用、强化品牌建设等系列化的发展措施，有效促进了移动业务规模化拓展：通过实施自有营业厅向手机电子消费市场的卖场化改造，强化体验式营销，并采取灵活有效的激励措施，激发渠道的销售活力，新增用户快速上升；通过合作和让利调动终端产业链的生产积极性，智能手机特别是千元智能机的品种快速增加，3G智能手机的销售量持续攀升，有力地支撑了3G用户的快速扩张；不断创新服务手段，着力提升电子渠道服务能力，助力移动业务规模化拓展；强化对外合作，不断推出用户喜爱的移动互联网应用产品，并通过体验式营销和多波次营销等方式，扩大应用产品的使用率和活跃度，实现以应用促发展；针对年轻用户市场，推出"天翼飞扬"品牌，聚合网络、应用、服务等多种资源优势，抢占移动互联网活跃用户市场。2011年移动用户净增3595万户，用户总量达到1.26亿户，成为全球最大的CDMA运营商，移动用户市场份额进一步提升至13.0%，其中3G用户总量累计达到3629万户，3G用户市场份额达到28.5%，公司的市场话语权进一步增强，规模效益显现，促进企业整体盈利能力提升。

我们在实现移动用户规模发展的同时，立足当前、着眼长远，大力推进从语音经营向流量经营的转变，抢占未来发展的制高点：发挥综合平台的能力优势，聚合即时通信、微博、团购、号百业务等用户喜爱的互联网应用，强化应用引导，丰富流量内容；发挥云计算的服务提供能力，同时积极探索拓展移动支付、位置服务等新兴业务，提升流量价值；创新流量营销模式，通过强化体验式营销，培养用户使用习惯，增加流量收入。2011年移动数据收入为人民币296.20亿元，同比增长57.4%。

（3）宽带提速助力快速发展。宽带网络已成为信息化社会最为重要的基础设施，发展宽带将成为促进国家经济增长的重要措施。随着电子商务需求的日益旺盛、物联网应用的不断丰富以及三网融合进程不断加快，高带宽应用需求已成为宽带提速的重要驱动力量，为公司宽带业务的发展注入了新的活力。我们适时启动了"宽带中国·光网城市"计划，加快光进铜退和光纤到户（FTTH）改造，全面实施宽带提速，努力打造客户良好感知的精品网络，进一步巩固了公司的竞争优势，截至2011年底公司在服务区内已普遍实现8M带宽覆盖，20M接入带宽的覆盖率达到70%。在宽带提速的同时，积极填充ITV、天翼视讯、E云存储等高带宽需求产品，不断丰富"天翼宽带"的品牌内容，并从社会合作方积极引入热门网络游戏和在线视频等高带宽内容应用，为用户提供高带宽差异化感知，有效促进了宽带用户的增长和价值提升。2011年有线宽带用户净增1333万户，有线宽带用户总量达到7681万户。

（4）聚焦重点行业拓展信息化应用。行业信息化是国民经济信息化的重要领域。面对行业信息化应用市场这一蕴藏丰富的金矿，我们充分发挥在ICT和政企服务团队方面的综合实力，以"天翼领航"品牌为统领，聚焦政务监管执法、金融、大企业和聚类中小企业等行业，重点开发翼机通、电子政务、交通物流、数字校园、车载信息服务等应用产品，加快产品的规模化复制与推广；并以帮助客户构建"数字企业"为抓手，在信息化解决方案中有机地融入公司的移动3G、宽带接入等产品，有效带动了基础业务的规模化发展。同时，我们积极拓展云服务市场，集约构建全国性的云资源服务管理平台，大力推进云计算在行业应用领域的拓展，不断提升公司行业信息化方案的解决能力。

2. 海外拓展

2010年，中国电信成立海外拓展事业部，加大海外市场拓展力度。海外部牵头各海外公司，按照集团公司海外拓展战略，对海外市场、业务、产品、网络资源、IT及维护支撑能力、人力资源等全方位进行调研分析和梳理，结合全球通信业务市场变化，认真制定了未来三年发展规划。明确了打造具有亚太区域领先优势的全球综合信息服务提供商的战略定位，进而达到以亚太为核心带动全球发展的战略构想，以期实现集团公司海外业务收入百亿级的战略目标。

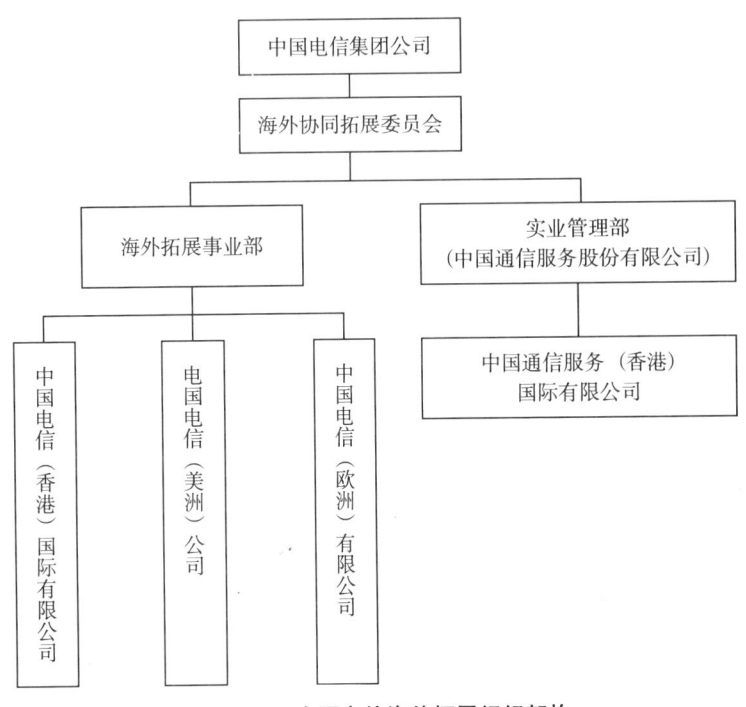

图 2-9-2　中国电信海外拓展组织架构

2011年，受全球经济低迷影响，国际电信市场的竞争日趋激烈，价格持续走低，业务发展压力较大，但在海外战线全体员工的共同努力下，海外业务仍继续保持了较快增长，海外公司业务收入增长接近30%。其中，在海外市场传统核心业务如国际数据业务等继续快速增长的同时，以ICT和IDC等新业务为主的海外综合信息服务应用业务增长迅猛，增长率达90%，市场前景广阔。

截至2011年底，中国电信在全球15个国家和地区设有23个海外分支机构，在全球的17个城市设有海外网络节点。全年完成印度尼西亚、泰国、澳大利亚、巴西分支机构的设立，并将加拿大代表处升级为加拿大分公司、法兰克福代表处升级为德国分公司。西班牙、南非、中国台湾、印度、阿根廷分支机构的设立以及莫斯科代表处升级为俄罗斯分公司的工作在积极推进过程中。中国电信的业务发展能力在海外有竞争力的区域不断增加，在越南、中亚、俄罗斯、印度、印度尼西亚等地区已经具备与国际一流运营商进行竞争的能力。

（五）业务概览

表2-9-3列示了2009年、2010年及2011年主要经营数据。

表 2-9-3　2009~2011年经营绩效概况

	单位	2009年	2010年	2011年	2011年较2010年的变化率
移动用户数	百万户	56.09	90.52	126.47	39.7%
其中：3G用户数	百万户	4.07	12.29	36.29	195.3%
有线宽带用户数	百万户	53.46	63.48	76.81	21.0%
固定电话用户数	百万户	188.56	175.05	169.59	-3.1%

续表

	单位	2009 年	2010 年	2011 年	2011 年较 2010 年的变化率
移动语音通话总分钟数	百万分钟	155410	295885	407765	37.8%
移动短信条数	百万条	15136	33116	49941	50.8%
移动彩铃用户数	百万户	32.63	54.15	75.38	39.2%
固定电话本地语音通话总次数	百万次	320585	251425	206371	−17.9%
固定电话用户数	百万户	128.45	118.99	115.58	−2.9%
我的 e 家套餐数	百万套	36.36	48.45	56.03	15.6%
商务领航客户数	百万户	4.36	4.99	6.10	22.2%

2011 年，面对复杂多变的宏观经济形势和更加激烈的市场竞争环境，公司把握移动互联网快速发展机遇，加快移动服务、有线宽带、固网综合信息服务等高成长性业务发展。移动和 3G 业务保持高速增长，流量经营快速推进，宽带业务竞争优势进一步巩固，固网下滑风险得到有效控制。业务结构进一步优化，市场竞争能力不断提升。

1. 主要业务表现

（1）经营收入稳健增长，业务结构持续改善。2011 年，公司实现经营收入（不含初装费）人民币 2449.43 亿元，年增长率 11.7；扣除移动终端销售收入后的经营收入为人民币 2310.10 亿元，年增长率为 8.1%。受移动、有线宽带等高成长性业务快速增长拉动，公司整体业务结构得到进一步优化，移动服务、有线宽带、固网增值及综合信息服务收入占不含初装费的经营收入比重达到 64.9%，较上年提升 5.6 个百分点。

（2）移动业务快速增长，用户规模进一步扩大，用户结构持续优化。2011 年公司聚焦 3G 业务发展，突出打造移动业务的差异化优势；通过智能终端引领、社会渠道优化来强化重点目标市场营销，积极拓展移动用户规模。同时，公司不断提升行业应用的规模化发展能力，带动政企客户中高端移动用户群体拓展。移动用户规模达到 12647 万户，较上年末增长 39.7%。移动服务收入达到人民币 682.48 亿元，移动 ARPU、MOU 基本保持稳定。

（3）全力推动宽带提速，保持宽带业务领先优势。2011 年，公司启动"宽带中国·光网城市"工程，加大光纤宽带发展力度，树立宽带品质优势，进一步提升"天翼宽带"品牌形象。通过推进落实"提速度"、"填内容"、"优服务"的业务发展策略，以及推广自主融合套餐等举措，降低用户对宽带业务的印象价格，提升宽带客户整体价值，持续保持宽带业务领先优势。2011 年有线宽带用户达到 7681 万户，净增 1333 万户，同比增长 21.0%，有线宽带接入收入达到人民币 608.01 亿元，同比增长 12.3%。

（4）合作与创新推动固网增值及综合信息服务业务稳步增长。2011 年，公司通过汇集与众包等创新合作模式，构建生活搜索加信息服务的联盟体系，打造号码百事通综合生活信息服务门户品牌，号百综合信息搜索量持续增长，商旅业务实现专业化经营。同时，公司把握物联网、云计算和移动互联网发展趋势，强化协同化营销、专业化支撑、"一站式"服务等举措，加快 ICT、IDC、ITV 业务发展，为客户提供便捷、丰富、差异化、高性价比的综合信息服务。固网增值及综合信息服务业务实现收入人民币 297.63 亿元，同比增长 5.1%，在不含初装费的经营收入中占比达到 12.2%。

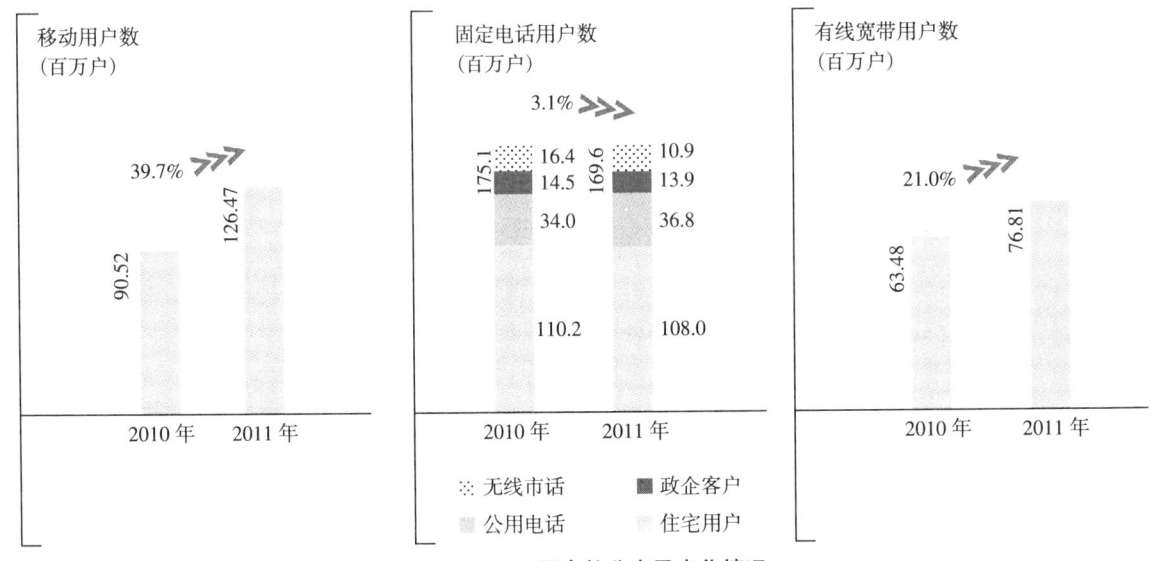

图 2-9-3 用户数分布及变化情况

(5) 固网语音业务的经营风险进一步释放。通过深化固移融合,推广固话话务量经营,固话用户流失趋缓,小灵通用户总量已不足 1100 万户,相应的收入占比为 0.8%。固网语音业务占公司总体经营收入比重进一步降低,有效释放了经营风险。2011 年固网语音业务实现收入人民币 497.64 亿元,占不含初装费经营收入的比例为 20.3%,较上年下降 8.2 个百分点。

2. 经营收入

2011 年,面对日趋激烈的市场竞争环境,本集团不断提升全业务经营水平,持续转变发展方式,增强综合服务能力。经营收入保持了良好的增长态势,收入结构进一步优化。2011 年经营收入为人民币 2450.41 亿元,较 2010 年增长了 11.5%。若扣除一次性初装费收入的摊销额人民币 0.98 亿元,2011 年经营收入为人民币 2449.43 亿元,较 2010 年增长 11.7%。其中,移动业务收入为人民币 827.01 亿元,较 2010 年增长 53.3%;固网业务收入为人民币 1622.42 亿元,较 2010 年下降 1.9%。移动服务收入、有线宽带、固网增值与综合信息服务收入占比分别达到 27.9%、24.8% 和 12.2%,收入结构日趋合理。

表 2-9-4 列示了 2010 年和 2011 年本集团各项经营收入的金额和他们的变化率。

表 2-9-4 基于业务类型的经营收入及变化率概览

(除百分比数字外,单位皆为人民币百万元)	分别截至各年度 12 月 31 日		
	2011 年	2010 年	变化率
固网语音	49764	62498	(20.4%)
移动语音	38628	28906	33.6%
互联网	74992	63985	17.2%
增值服务	25529	22571	13.1%
综合信息应用服务	20473	15519	31.9%
基础数据及网元出租	14273	12389	15.2%
其他	21284	13499	57.7%
一次性初装费收入	98	497	(80.3%)
经营收入合计	245041	219864	11.5%

固网语音：由于移动和互联网业务对固网语音的替代趋势加剧，固网语音业务收入持续下降。2011年，固网语音业务收入为人民币497.64亿元，较2010年的人民币624.98亿元下降20.4%，占经营收入的比重为20.3%。

移动语音：2011年，移动业务继续保持快速发展，移动语音收入为人民币386.28亿元，较2010年的人民币289.06亿元增长33.6%，占经营收入的比重为15.8%。2011年移动用户净增3595万户，达到1.26亿户。

互联网：2011年，互联网接入业务收入为人民币749.92亿元，较2010年的人民币639.85亿元增长17.2%，占经营收入的比重为30.6%。本集团通过"宽带中国·光网城市"计划，全面实施宽带提速，有效促进了宽带业务的快速发展，互联网接入业务收入持续增长。截至2011年底，有线宽带用户达到7681万户，较2010年底增加1333万户，增长21.0%。2011年，本集团有线宽带接入收入为人民币608.01亿元，较2010年增长12.3%；移动互联网接入收入为人民币133.01亿元，较2010年增长47.5%。

增值服务：2011年，增值服务收入为人民币255.29亿元，较2010年的人民币225.71亿元增长13.1%，占经营收入的比重为10.4%。增长主要得益于移动增值服务业务高速发展，移动增值服务收入为人民币120.67亿元，较2010年增长53.6%。但由于小灵通业务的萎缩，固网增值业务收入同比下降8.5%。

综合信息应用服务：2011年，综合信息应用服务收入为人民币204.73亿元，较2010年的人民币155.19亿元增长31.9%，占经营收入的比重为8.4%。增长主要得益于IT服务及应用、号百信息服务等业务的快速发展。移动综合信息应用服务收入为人民币41.72亿元，较2010年增长117.3%。

基础数据及网元出租：2011年，基础数据及网元出租业务收入为人民币142.73亿元，较2010年的人民币123.89亿元增长15.2%，占经营收入的比重为5.8%。由于客户对网络资源及信息化的需求不断增加，使得国内电路出租收入、IP-VPN业务收入、光纤管道等出租收入增长较快。移动基础数据及网元出租业务收入为人民币0.80亿元。

其他：2011年，其他业务收入为人民币212.84亿元，较2010年的人民币134.99亿元增长57.7%，占经营收入的比重为8.7%。增长主要来自于移动终端设备的销售收入。移动其他业务收入为人民币144.53亿元，较2010年增长132.0%。

一次性初装费收入：本集团对向用户收取的初装费按预计的十年服务期限摊销。自2001年7月1日起，本集团对新客户不再收取初装费。一次性初装费收入摊销截止期为2011年6月30日。2011年摊销的初装费收入为人民币0.98亿元，比2010年的人民币4.97亿元下降80.3%。

3. 业务经营策略

2011年，公司继续坚持贯彻"差异化融合创新，有效益规模发展"的经营思路，积极推动实施"终端引领发展、优化营销渠道、拓展重点市场、推进流量经营"等经营策略：

第一，推进终端引领的业务发展模式，移动用户规模有效提升。在用户规模和终端销售相互促进、终端产业链初步繁荣基础上，公司积极推动终端引领的销售模式转型。从销售方式转变、销售流程优化、销售能力提升等环节着手，强化智能3G终端营销，带动移动用户规模发展，促进用户结构优化。与此同时，大力推广"乐享3G"等集约套餐，加强移动和宽带业务的自主融合发展，有效提升客户价值。在上述举措推动下，公司移动用户发展能力迅速提升。3G和智能机用户在移动用户中的渗透率分别达到28.7%和13.2%，较上年末分别提升15.1个和11.4个百分点。宽带月均净增用户达到111万户，较上年提升33%。高带宽（4M及以上带宽）用户占比约50%，较2011年年初提升约23个百分点。

第二，大力拓展社会渠道，持续优化渠道结构，稳步提升渠道销售能力。公司聚焦大连锁和TOP10渠道拓展，加大C网终端进入G网门店销售的推进力度，并在营销政策、激励机制、佣金结算、队伍建设、IT支撑等方面给予社会渠道大力扶持，社会渠道带动规模发展的效果初步显现。大连锁及TOP10进驻店面近5500家，引C入G门店超过9700家，全年社会渠道发展移动用户占比为57.7%。对自营厅实施卖场化改造，提升体验营销能力。通过积极推进卖场化销售与节假日营销，自营厅销售效率和销售能力显著提升。2011年，公司全面完成了三级及以上自营厅的卖场化改造。加大电子渠道集约运营力度，提升营销服务水平。2011年，公司正式发布了全国统一网厅门户和掌厅客户端，实现了标准3G套餐、终端号卡、基地业务、全网性增值业务的集中销售。

第三，强化差异化经营优势，提升重点市场竞争能力。公司聚焦政府机关、大企业集团、金融行业、中小聚类等重点细分市场，实施信息化应用拓展工程，带动政企客户市场移动中高端用户规模发展。2011年全年净增行业应用移动用户约800万户，占移动净增用户比重约22%。在校园市场，通过发挥智能机、有线宽带和翼机通的产品优势，开展校园市场常态营销，积极拓展校园客户。在农村市场，通过完善销售渠道，配套激励措施，组织营销活动等方式，推进规模增长。在海外市场，公司持续打造亚太区差异化竞争优势，聚焦海外运营商、海外中资企业和跨国企业三大海外客户群，不断拓展海外客户规模。海外网络覆盖范围不断扩大，海外营销渠道逐步完善。

第四，集约运营与开放合作并重，推进移动互联网流量经营。在推进规模发展的同时，公司把握移动互联网发展趋势，积极培育新兴业务增长点。通过深化基地集约化运营，强化移动互联网产品运营能力，不断提升自有业务的易用、好用程度。自主经营的天翼视讯出账用户数超过1200万户，同比增长约2.5倍；天翼空间（软件商店）应用数量超过8.2万款，注册用户数超4300万；天翼阅读注册用户数达到约3600万，较上年末增长约13倍；爱游戏用户超过4000万，较上年末增长11倍。翼机通用户约590万，同比增长约2倍。在加大自有业务发展的同时，公司通过加大与主流应用提供商的合作，加强社会热门应用引入，做大做强内容。通过积极推动物联网、云计算等新技术新业务应用推广，提升综合信息服务能力，抢占移动互联网领域发展先机，稳步推进移动互联网流量经营。2011年，3G手机上网流量高速增长，3G手机用户月户均流量达到106M。公司还积极引导终端厂商把握3G、智能机的产业链升级机遇，通过移动用户规模增长来拉动终端产业链发展，采取定制集采、补贴激励、终端直供、采购和销售社会化等举措推动终端供应规模提升。3G终端在售机型达到约500款，智能手机在售机型达到近200款。

4. 网络及运营支撑

2011年，公司进一步优化资源配置，在注重效益提升与落实风险控制的同时，深化实施精确管理，快速提升网络基础能力，积极推进网络演进，大力支撑重点业务规模发展。

在网络基础能力建设方面，公司进一步加大宽带业务投资力度，规模部署光纤到户（FTTH），大幅提升用户的接入带宽和业务体验，有效支撑公司宽带业务规模发展。2011年公司宽带互联网投资为人民币331.21亿元，投资比重达到66.8%，较上年提升2.6个百分点。新增宽带接入设备1850万端口，城市地区（含县城）宽带线路20M带宽接入能力覆盖率达到70%，较上年提升12个百分点。

在承载网方面，推进IP、传输骨干网和城域网的扩容优化，并积极开展下一代互联网、高性能传输网等试点，做好网络与技术演进的储备。

在推进智能管道建设、强化综合平台服务能力方面，公司积极开展宽带智能提速、高性能CDN与移动流量调度等研究与试点，加快平台整合与综合平台体系建设，打造云资源池，提高平台的综合提供能力。同时，公司继续加大Wi-Fi网络投入，结合统一账号经营和Wi-Fi分流EV-DO等策略开展建设，以充分发挥Wi-Fi网络作为有线宽带的延伸和3G网络的补充作用。截至2011年底，全网Wi-Fi接入点数量达到60万个。为有效支撑3G业务发展及全业务融合经营，我们强化了IT支撑系统的集约化管理，实现了各业务平台和各级公司的数据共享；完善了社会化集中销售系统，支撑销售网点的集约化销售，有力地支撑了集约化生产销售和经营管控，IT支撑能力显著增强。

（六）经营和财务绩效

表2-9-5 2009~2011年度中国电信经营与财务绩效一览

单位：百万元

年份	中国电信		
	2009	2010	2011
收入	209370	219864	245041
总资产	426520	407355	419115
EBITDA	83284	88495	94266
EBITDA率	39.78%	40.25%	38.45%
净利润	14626	15888	16341
净利润率	6.99%	7.23%	6.67%
总资产报酬率（ROA）	3.43%	3.90%	3.90%
净资产报酬率（ROE）	6.57%	6.85%	6.36%
资本性支出（CAPEX）	38042	43037	49551
CAPEX占收比	18.17%	19.57%	20.22%
经营活动净现金流	74988	75571	73006
每股经营活动净现金流	0.93	0.93	0.90
自由现金流（FCF）	31159	27107	23455
自由现金流占收比	14.88%	12.33%	9.57%
销售现金比率	35.82%	34.37%	29.79%
资产现金回收率	17.58%	18.55%	17.42%
EVA	-12240	-13468	-11411
EVA率	-4.06%	-4.20%	-3.88%
每股盈利（EPS）（元）	0.18	0.19	0.20
每股股利（DPS）（元）	0.0850	0.0850	0.0850
股利支付率	47%	45%	42.50%
主营业务收入增长率	12.25%	5.01%	11.45%
总资产增长率	-3.14%	-4.49%	2.89%
净利润增长率	1393.97%	8.63%	2.85%
经营活动现金流增长率	-2.30%	0.78%	-3.39%

续表

年份	中国电信		
	2009	2010	2011
每股盈余增长率	1700.00%	5.56%	5.26%
资产负债率	47.81%	43.06%	38.71%
流动比率	42.47%	43.53%	46.82%
利息保障倍数	6.57	9.71	9.12
总资产周转率	0.49	0.54	0.58
固定资产周转率	0.73	0.80	0.91
坏账发生率	10.62%	10.46%	12.09%
折旧与摊销	52243	51656	51224
股息	6076	5778	5763
内部融资额	72945	73322	73148
折旧摊销率	24.95%	23.49%	20.90%
付现成本率	64.23%	65.58%	69.25%
营销、一般及管理费用率	19.35%	19.16%	19.89%

(七) 内控与风险管理

1. 内部控制系统

公司董事会高度重视内部控制系统的建设和完善，采取有效措施监督相关控制的贯彻执行，并通过提高运营效率和效益、完善企业管制、风险评估、风险管理和内部控制，保障股东的投资及公司的资产安全，协助企业达成长远发展目标。公司管理层是内部控制系统建设、完善和实施的主要责任人。公司的内部控制系统主要包括清晰的组织架构和管理职责、有效的授权审批和问责制度、明确的目标、政策和程序、全面的风险评估和管理、健全的财务会计系统、持续的运营表现分析和监察等，并涵盖了公司所有业务和交易。公司制定的高级管理人员及员工职业操守守则，确保了各级员工道德价值及胜任能力；公司制定的内部申告机制，鼓励对本公司员工特别是董事及高级管理人员的违规情况予以匿名举报。

本公司自2003年开始，以美国证券机构相关监管要求和COSO内部控制框架为基础，在毕马威企业咨询有限公司（北京分公司）等咨询机构的协助下，制定了内部控制手册、实施细则及配套的规章制度，并制定了"内控管理"及"内控责任管理"政策，以确保上述制度得以有效地贯彻执行。七年多来，本公司坚持根据内、外部经营环境的变化和业务发展的需要，对内部控制手册和实施细则进行了持续的修订和完善，特别是全业务运营以来，针对移动业务的特点，进一步强化了对重点业务环节的控制。在持续完善内控相关政策的同时，公司不断加强IT内控建设，提高了内部控制的效率和效果、信息系统的安全性，并确保了数据信息的完整、及时和可靠。

2011年，公司在总结全业务经营实践、接应管理制度更新及组织机构调整、体现财务支撑前端、解决近年发现管理问题的基础上，对内控手册进行了补充、更新和完善。主要包括：调整内控手册中原有业务流程不适用的部分；根据业务发展需要，增加了产品开发和业务外包流程；将财务支撑前端内容融入相关业务流程中，在相关流程中增加了前、后评估内容。通过完善内控流程，进一步提高了内控手册适用性。此外，公司进一步加强对内控制度执行的监督检查，提高内控制度执行的有效性，防范和化解财务风险。

2. 全面风险管理

公司将全面风险管理视为企业日常运营中的一项重要工作，兼顾美国和香港资本市场的要求，以风险管理理论为基础，结合实际，形成有特色的风险管理五步法，包括风险梳理、风险评估、关键风险分析、风险应对和风险管理评估。公司还设计了风险管理模板，对标准化的风险管理流程进行了固化，建立完善了全公司统一的风险目录和案例库，公司上下统一风险管理语言，提高了风险管理效率。经过四年多的建设，中国电信的全面风险管理工作体系基本建立，全面风险监督防范机制逐步完善。

2011年，公司结合香港联交所《企业管治常规守则》C2条款的要求，在2009年工作的基础上，进一步把全面风险管理融入企业日常经营，强化了风险的分层、分类和集中管理，集中资源重点防范了三个可能的重大风险——资产风险、经营风险和人员稳定风险，取得了良好的效果。2011年，中国电信未发生重大风险事件。

经过严格的风险梳理和评估分析，公司对2012年面临的可能的重大风险进行了初步评估，如外部环境风险、经营风险等，并提出了详细的应对方案。公司将通过严格而适度的风险管理程序，确保将上述可能的重大风险对公司造成的影响控制在预期范围之内。

3. 年度内控评估

本公司一直不断健全完善内部控制系统。为满足美国、香港等公司上市地相关监管要求，加强公司内部控制管理，防范企业经营风险，内部审计部门负责组织内控的监督评估工作。

本公司采用COSO内部控制框架作为内部控制评估的标准，以PCAOB发布的管理层内控测试指引和5号审计准则为指导，内控评估由内控责任人实施的自我评估和内部审计机构实施的独立评估共同组成。通过评估流程的四个主要步骤：①分析确定需要评估的领域；②评估内控设计的有效性；③评估内控执行的有效性；④分析内控缺陷造成的影响，判断内控缺陷的性质及得出内控系统有效性结论。同时，针对评估发现的缺陷加以整改。公司通过制定《内控评估暂行办法》、《内部控制自我评估操作指南》和《内部控制独立评估操作手册》等文件规定，保证了评估程序的规范性。

2011年，公司内部审计部门牵头组织了全公司范围内的内部控制评估工作，并已向审核委员会及董事会报告有关情况。

内控自我评估采用"自上而下"的方式，加强了对本公司层面控制点和与重大会计报表科目对应控制点的评估力度；内控自我评估坚持风险导向原则，在全面评估的基础上，重点评估通过风险分析而确定的关键控制领域和控制点。2011年，公司在持续优化自我评估方式的基础上，通过推进业务部门的有效参与，加强评估过程管控和监督考核等措施，全面开展了内控自我评估工作，自评工作覆盖面100%，及时发现和整改内控缺陷。同时，内部审计部门针对重要风险领域，选取了69个重点环节，覆盖了主要流程，组织了对10个省分公司的内控独立评估，并跟踪内控缺陷整改，确保整改工作有效。针对业财核对，组织了内控专项评估，推动公司进一步强化了业财核对规范化管理。上述内控评估工作，有效地防范了公司风险，促进了公司内控体系完善和健康发展。

在独立评估方面，自2009年以来，公司提出"独立评估要围绕企业经营和管理的主要风险，从完整的内控体系出发，确保评估工作抓住风险和问题的实质，不断提高整个审计工作成效"的指导思路，帮助各单位提高独立评估的质量和效率。2011年，各省分公司按照公司的评估思路和安排，积极开展了本省分公司的独立评估工作，对评估中发现的内控问题提出了整改意见和建议，并持续跟进整改落实情况，取得了较好的效果。公司总部也在指导各省分公司开展独立评估工作的同时，综合考虑特殊内控风险、资产及收入比重、接受外部审计师评估的频次等因素，对部分省分公司开展了独立评估。通过独立评估，本公司既掌握了总体内控情况，又对高风险流程开展了重点测试，并对有关单位内控缺陷的整改情况进行了检查，点面结合，突出重点，保证了评估工作的深度和质量。

此外，本公司组织内控评估工作团队和有关部门密切配合外部审计师与财务报表相关的内控审计工作。内控审计覆盖了本公司及其所属全部子公司，对所有与重大会计科目相关的流程及控制点进行了审计。外部审计师定期就审计结果与管理层进行沟通。

（八）人力资源发展

1. 重点概述

2011年，人力资源工作坚持支撑发展、服务员工的宗旨，深入推进人力资源转型和机制创新；积极开展人才队伍建设；坚持以人为本，调动员工的工作积极性，为企业又好又快发展提供坚实的人力资源保障。

一是全力打造勇于创新、富有激情、具备开放合作意识、适应移动互联网时代要求的领导人员队伍，推进领导人员队伍年轻化；以实施全员业绩考核为契机，不断完善领导人员选拔、考核及评价工作；加大领导人员竞争性选拔工作力度，不断优化领导班子结构、激发领导人员活力，提高选人用人满意度。

二是深入推进人力资源机制创新，解决企业在新的发展时期所面临的问题。建立和完善基于全业务运营的基准岗位体系，推进企业岗位结构、人员结构的调整和优化；各转型试点单位根据新的岗位体系重新对岗位价值进行评估，确定岗位价值和任职资格要求，开展竞争上岗和考核上岗，促进人岗匹配。

三是积极开展移动互联网领域专业人才队伍建设，制定了高层次专业人才队伍的建设规划以及高层次专业人才的管理办法，进一步完善了人才的选拔、使用、激励和培养机制；加快开展IP人才（基于IP技术的网络人才）、IT/ICT人才（基于IT技术的行业应用和企业信息化人才）、市场营销人才等高层次专业人才的选拔工作。

四是坚持以人为本，关心关爱员工，针对企业不同群体，建立健全机制让企业各类人员共享企业发展成果；坚持基层导向，持续提高一线人员待遇水平；持续改善工作条件，帮助员工解决实际困难；围绕"安全生产年"活动，进一步落实安全生产责任制，重点抓好隐患排查治理，确保企业工作环境的安全。

2. 员工数据

截至2011年底，本集团共有309799名员工。在不同部门工作的员工人数及比例如表2-9-6所示。

表2-9-6 不同职能部门的员工占比情况

	员工数目	百分比
管理、财务及行政	49455	16.0%
销售及营销	159374	51.4%
运营及维护	98801	31.9%
科研研发	2169	0.7%
总计	309799	100%

3. 公司与员工关系

（1）管理层与员工的沟通。公司密切联系员工，努力构建和谐劳动关系。公司管理层坚持多形式、多渠道与员工沟通与交流，经常深入基层一线进行走访和调查研究，掌握第一手材料。各级企业通过"总经理信箱"、"工会主席信箱"、"我与总经理面对面"、"网上心灵直通车"等多种形式听取员工心声。公司还认真组织开展员工思想动态调查，分析员工关心的热点问题，切实摸清和掌握员工思想动态，确保员工的诉求得到及时合理解决。

（2）工会的角色和工作。工会组织始终坚持"促进企业发展，服务员工成长"的工作原则，依照"融入中心、服务大局、突出维权、强化参与"的指导思想，在企业管理、改革、全业务经营发展中发挥了重要作用。2011年组织开展了"天翼飞扬"系列劳动竞赛，各省级公司开展各项劳动竞赛140多项，参与员工达上百万人次，为助推公司全业务发展发挥了重要的作用。

公司工会按照建设"四个一流"（即一流职业素养、一流业务技能、一流工作作风、一流岗位业绩）员工队伍的要求，组织开展了岗位练兵、技能竞赛和创建学习型团队等活动，搭建知识共享平台，总结推广优秀的操作方法，帮助员工提高业务技能。工会收集合理化建议3000多个，采纳推广了近1000个。通过岗位练兵等活动不仅促进了员工技能的提升，也增强了员工对企业的认同感。

工会通过职工代表大会等民主管理制度，组织员工参与企业涉及员工切身利益重大事项的决策和规章制度的制定，涉及员工利益事项的上会率不断提高。

（3）公司与工会的协调沟通。公司持续推进关爱员工、和谐发展，加大与工会的沟通协调力度。公司与工会通过组建劳动竞赛委员会，就开展劳动竞赛等活动进行沟通协调。深化落实省级公司职工代表大会职权，充分发挥职工代表参与公司经营管理的作用。工会通过省级电信工会主席联席会议制度，选举产生了公司监事会职工监事人选，审议通过了企业年金方案及补充规定，从源头维护员工合法权益。工会以规范劳动合同、提高集体合同实效性和完善职工代表大会制度为重点，与公司进行集体协商，加大参与公司用工管理和协调劳动关系的力度。充分发挥劳动争议调解委员会作用，加强对劳动纠纷处理的沟通和协调，扎实推进企业维权机制建设。

（4）员工关怀。2011年全面完成改善基层单位工作生活条件的"四小"建设（即小食堂、小浴室、小活动室、小卫生间），解决了一线员工最关心、最直接、最现实问题。截至2011年底，公司累计建设小食堂8509个；小浴室7748个；小活动室8514个；小卫生间10589个；小花园、小菜园、小学习室等其他项目1320个。

各级企业和工会在节假日、生产经营的关键阶段以及自然灾害期间普遍组织开展一线员工慰问活动。元旦春节期间，公司领导组成7个调研慰问组，深入到重庆、贵州等11个省（区、市）及其地市、县分公司和农村支局所，走访慰问生活困难员工、生产一线员工、劳动模范和离退休员工。全公司共慰问一线员工、困难及受灾员工、劳模先进员工等17.7万人次，慰问生产一线班组10991个。各省级公司全部建立了帮扶救助困难员工的专项资金，及时帮助救助困难员工，为员工办实事、解难事。

各级企业持续开展以"翼起来，我健康，我快乐"为主题的丰富多彩的群众性文体活动，满足员工文化需求。开展了中国电信先进典型宣传文艺作品展演评选活动，通过舞蹈、歌曲、小品等形式宣传先进典型，扩大先进典型在员工中的影响力、感召力。

4. 强化人才资本

公司聚焦战略发展重点，持续加强人才队伍建设，积极促进经营管理人才、专业人才和技能人才的能力提升。积极加强人才队伍建设，十分重视在领导力建设、专业人才培养和员工技能提升等方面的投入，积极推进移动、信息化、市场营销等六支重点专业人才队伍建设，有效支撑公司全业务发展，公司的人才结构持续优化。

（1）领导力建设。紧紧围绕"新三者"（智能管道的主导者、综合平台的提供者、内容和应用的参与者）和规模突破两大主题，落实经营管理人员培训工作。2011年，相继举办了一期省公司总经理研修班、四期地市分公司总经理研修班和两期省公司副总经理研修班，覆盖中高层经营管理人员550人次。同时，公司继续组织完善领导力进阶课程和师资体系，推动中高阶领导力重点课程开发和师资认证工作，推广地市分公司领导班子"引领转型"、"战略解码"等学习项目，继续举办针对区县局长、农村支局长的领导力培训班，推进基层经营管理人员领导力建设。

（2）专业人才培养。2011年，累计组织专业人才面授培训155期，参加培训的专业人才累计达到7750人次。针对网发建设类人才队伍建设，举办云计算技术引入、云计算产品采购管理等培训；针对行业应用营销人才队伍建设，先后开展政企渠道行业应用拓展能手培训班等13期培训项目，参加培训650人次，基本覆盖了总部、省和地市公司行业应用营销各个关键岗位的业务骨干。举办五期专业人才境外培训班，组织100名产品开发、渠道管理、客户服务、IT支撑、行业应用拓展方面的专业人才到国际先进通信企业学习培训。充分利用中国电信网上大学，开展远程培训、交流研讨和案例经验共享，为公司专业能力提升创造良好平台。

（3）员工技能提升。积极落实公司"宽带中国·光网城市"的战略部署，以FTTH（光纤到户）装维人员能力提升为重点，相继举办18期光接入网装维人员师资培训班，培养910余名内训师，并通过中国电信网上大学提供《FTTH技术与应用》等在线学习课程。启动FTTH网络建设施工人员认证工作，将FTTH网络建设施工人员持证率与外包公司外包资质管理挂钩。成立了172人组成的认证开发小组和省级内训师队伍，并组织师资编写认证标准、教材等。截至2011年底，FTTH建设和装维认证体系基本建立，课程开发和内训师培养工作基本到位。以一线销售服务维护技能提升为重点，组织开展网络维护、政企、号百、无线网优、VIP客服5类岗位技能认证，涉及14个基准岗位，共35338人次参加了39个批次的认证考试。将培训、认证、劳动竞赛有机结合，形成联动效应，组织约2万名10000号话务人员和1万名VIP客户服务经理参加培训、竞赛，8522人参加了VIP客户经理（四级）认证理论考试。结合装维及接入网维护技能大赛，开发系列培训课程，7万多人次参加了培训。截至2011年底，公司有高级技师628人，技师4900人，高级工33993人；先后有12人获得"全国技术能手"称号，81人获得"中央企业技术能手"称号，127人获得"中国电信集团技术能手"称号。

（4）薪酬与绩效管理。公司员工薪酬以基薪和绩效薪金为主组成，兼顾短期和中长期的激励。公司坚持人工成本投入与效益产出增长相一致的原则，通过对人工成本配置办法的不断修订和优化，促进分公司实现有效益的规模发展；同时明确要求分公司薪酬分配向基层一线人员倾斜，与工作业绩联动，激发广大员工的工作热情。公司以KPI（关键绩效指标）为主的绩效考核体系日臻完善，从企业战略出发的各项发展指标清晰明确并层层分解、逐级落实到各级组织和个人。绩效考核与人员的选、育、用、留有机结合，形成完整的绩效管理体系，使员工个人发展与公司发展协调一致。公司按照客观公正、民主公开、注重实绩的原则，对空缺岗位实行公开招聘、竞争上岗，建立以岗位管理为核心，岗位能上能下、人员能进能出的用人机制，科学、合理地配置人力资源。

5. 员工权益的保护

公司严格按照《中华人民共和国劳动法》、《中华人民共和国劳动合同法》等法律、法规的要求，规范用工，坚持男女员工同工同酬，履行女员工特殊保护规定，没有任何歧视性的政策和规定，不存在雇用童工和强制劳动的现象。公司加强EAP（员工帮助计划）知识和能力的培训，开展心理健康讲座、心理咨询等，缓解员工压力，提高员工自我调适的能力。

（九）企业社会责任

中国电信作为担当着国家信息化基础设施建设和现代信息服务重任的主体电信运营商，秉承"全面创新、求真务实、以人为本、共创价值"的理念，依法诚信经营，坚持科学发展，在认真履行对股东的应尽责任、保持企业稳健发展、努力回馈股东的同时，积极履行社会责任，服务客户，关爱员工，保护环境，回报社会。中国电信将企业社会责任内生于企业提供产品和服务的过程之中，把企业发展融入经济、社会和环境的可持续发展之中，努力促进社会的和谐与进步。

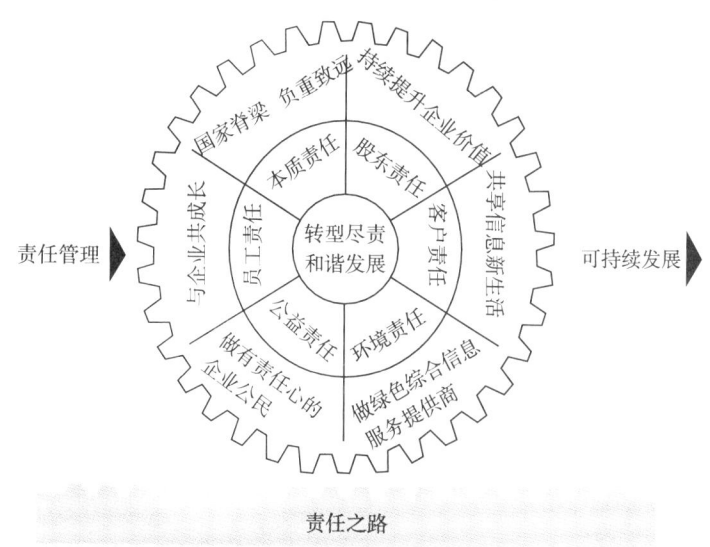

图 2-9-4 企业社会责任框架

1. 诚信经营、守法合规

中国电信遵守相关法律法规、行业规则、社会公德及商业道德，诚信经营。在普法教育、遵守行业监管、内审内控、防治腐败和全面风险管理等方面构建横向到边、纵向到底的守法合规体系；建立长效规范的沟通机制，加强信息披露，提高公司透明度，自觉接受政府监管和社会监督。2011年继续加强制度建设和监督检查，对于发现的问题，及时进行整改。

2. 履行电信运营商的本质责任

中国电信把建设完善基础网络、发展电信普遍服务、保障应急通信、维护信息健康和促进产业发展作为本质责任。

（1）推进"宽带中国·光网城市"工程。宽带网络是经济社会发展的重要基础。作为国家宽带网络建设的发起者和主力军，中国电信在2011年2月启动"宽带中国·光网城市"工程，计划在3年内实现所有城市光纤化，在3~5年内将用户接入带宽提升10倍以上；到"十二五"末，南方城市地区实现家庭和政企客户光网全覆盖，城市家庭接入带宽普遍达到20M以上，客户通过统一账号可以登录中国电信有线宽带、天翼3G网络以及Wi-Fi网络，便捷享受全地域、无缝隙的宽带接入服务。

2011年，中国电信持续深化"光进铜退"工作，加快FTTH进程，大幅度提升接入带宽。年底在南方20省城市地区宽带线路20M带宽接入能力的覆盖率达到70%，比2010年底提升12个百分点。

（2）推进"村通工程"。缩小城乡"数字鸿沟"，保证公民的基本通信权利是通信企业的共有责任。中国电信持续实施"村通工程"，加快农村服务网点建设，努力提升乡镇政府、农业企业、农民个人的信息化水平，2011年完成1.05万个行政村通宽带的任务。

（3）保障应急通信。中国电信担负着保障通信安全畅通的重要任务。在冰雪、地震、洪涝、泥石流等各种自然灾害面前，中国电信充分发挥应急通信指挥和保障体系的实力，全力开展抢修、抢险、通信保障等各项应对工作，为国家、公众第一时间提供各类通信保障和支撑，努力把灾害损失降低到最小。2011年防汛抗旱任务艰巨，中国电信坚持预防与保障并重的原则，从思想认识、组织体系、预案措施、安全检查、队伍物资、灾情报告等方面认真开展工作，确保了通信畅通和生命财产安全。

（4）支持社会盛事。作为深圳2011年世界大学生运动会唯一通信全业务全球合作伙伴，中国电信组织千名技术人员，建设和开通赛事成绩系统、赛事管理系统、赛事指挥系统"三大系统"和竞赛网、赛事管理网、安保传输网、广播电视信号传送网"四张专网"，以及56个场馆的信息技术设施，确保通信服务保障，得到组委会、运动员、媒体等各方的高度评价，荣获大运会通信保障与服务工作"先进单位"称号和"创新业务"奖。

作为2011年西安世界园艺博览会全球唯一通信合作伙伴，中国电信在园区全面部署以光纤通信技术为基础的城市光网，实现天翼3G网络全网覆盖，热点区域Wi-Fi覆盖，提供无处不在、无缝覆盖的宽带服务；为世园会提供智能总控系统、指挥和会议系统、售票厅楼宇自动化系统等九大信息应用系统，保障了世园会的顺利举办，实现了"宽带中国、光网世园、科技世园、信息世园"的信息服务理念。

（5）倡导健康信息。中国电信一直倡导绿色健康的网络和手机文化，积极防范利用网络传播不健康内容，大力传播适合社会健康有序发展的内容。2011年中国电信积极参与开展以"修身律己、做文明人"为主题的文明短信传递活动，引导公众创作或转发文明短信，传播优秀文化。还通过"天翼阅读"开展"全民阅读"系列活动，包括"全民数字阅读大讲堂"、"师生同读一本好书"等，倡导人人爱阅读的社会风气。

3. 履行对客户的责任

中国电信秉承"追求企业价值与客户价值共同成长"的经营理念，以及"用户至上、用心服务"的服务理念,以客户感知为出发点,不断提升服务品质,完善服务手段,为个人、家庭、企业、政府和社会事业等各类客户提供优质便捷的信息服务,让客户尽情享受信息新生活。

(1) 实施"为民服务创先争优"专项活动。2011年,中国电信统一部署开展"为民服务创先争优"活动。积极提升客户接触窗口的服务能力,规范营业窗口服务,完善电子渠道服务,优化10000号服务流程,落实回馈服务。做精做细宽带装移维服务,积极探索解决"光进铜退"后新出现的客户服务问题,不断提升宽带网络质量和装维服务的能力,本着让宽带客户"宽心使用"的目标,努力让客户"装得放心、用得开心、修得省心、续得舒心"。全面提升透明服务放心消费的能力,狠抓基础服务达标率,规范CP/SP管理,努力兑现"一张账单、明白消费、一键接入、便捷沟通、一站服务、首问负责、一点查询、自主订退、一声提醒、温馨关怀"的承诺。通过活动开展,中国电信努力为客户提供更加优质满意的服务,实现了装维服务满意率上升、客户投诉率下降的成效。

(2) 为各类客户提供领先的信息化业务。中国电信充分运用先进的通信和信息技术手段,携手商业伙伴,努力为各类客户提供包括移动通信、互联网接入及应用、固定电话、卫星通信、ICT集成等在内的综合信息服务,满足客户的信息化需求。

在行业及企业客户方面,中国电信聚焦客户需求,持续提升综合信息服务能力,积极引入移动互联网、云计算、物联网等新一代信息技术应用,推动信息化与工业化融合,促进各行业提升信息化应用水平。2011年重点在政务监管、社会民生、行业企业三大领域,在电子政务、城市管理、公安、工商、司法、环保、税务、医疗、交通物流、数字企业十大行业,进一步形成了专业

化服务能力,打造了全球眼、天翼黑莓、天翼对讲、加密通信、综合办公、协同通信、销售管家、翼机通、旺铺助手等一批具有差异化优势的融合产品和综合信息化应用解决方案,更好地满足广大客户日益增长的信息化需求。

在公众客户方面,中国电信依托领先的宽带网络、3G网络和Wi-Fi热点,提供通信、生活、娱乐等丰富多彩的信息服务。2011年通过升级家庭宽带,让家庭客户更加充分地体验基于宽带的各类业务。成立创新业务事业部,加大对天翼视讯、爱音乐、爱游戏、天翼空间等八大创新业务基地的支持力度,加强与商业伙伴的合作,努力为个人客户提供时尚的3G应用,让客户尽享移动互联网的精彩。

4. 履行对员工的责任

中国电信视员工为企业最宝贵的资源,以人为本,珍惜每一位员工;按照国家相关法律法规维护员工权益,注重建立和谐劳动关系;支持工会履行职能,引导员工参与管理,维护员工当家做主权利。2011年持续开展安全生产宣传、教育与培训,全面落实安全生产责任制和安全管理制度,推行安全生产标准化建设,创造良好的安全环境;积极开展员工培训,拓展员工职业发展通道,进一步改善员工的工作生活条件,持续增强企业的向心力和凝聚力。

5. 履行对环境的责任

中国电信树立"低碳电信、绿色发展"理念,致力于成为"绿色综合信息服务提供商",在采购、运营、信息化产品与社区活动等领域,系统推进节能减排工作。2011年进一步健全节能减排组织保障、统计监测、考核奖惩三大体系,将节能减排与生产经营和投资活动同步规划、同步实施,结合网络技术演进和技术进步,规模部署更

加节能的技术和设备,能耗增幅得到有效控制。中国电信2011年着力构建绿色采购管理体系,涵盖采购管理、供应商管理、物流管理、基础管理等方面,努力降低物资全生命周期的能耗和排放,打造有利于企业、有利于社会、有利于环境的绿色供应链;进一步降低重点能耗专业新购设备的单位能力能耗。

中国电信积极推进网络技术演进和技术创新,加快老旧高能耗低能效设备的退网改造,促进单位网络能力能耗进一步下降。2011年对空间设备进行清理和缩容改造;结合云计算技术推进业务平台整合,对无业务或轻载业务平台进行退网和整合,对老旧IT设备进行了替换和退网工作;继续推进机房、电源和空调等配套设施的节能技改工作。

中国电信积极与各电信运营商开展网络基础设施的共建共享工作,减少电信基础设施的重复建设,提高电信基础设施利用率,保护自然环境和景观,节约土地、能源和原材料的消耗。

中国电信在努力推进自身绿色运营的同时,2011年继续加大对环保e通、视频会议等环保信息化产品的推广,助力客户的节能减排与绿色发展。

6. 参与公益事业

中国电信自觉参与社会公益事业,通过多种形式的公益活动,支持科技、教育、文化体育事业的发展,关心社会弱势群体,扶危助困;倡导和鼓励员工发扬志愿精神,参与多种形式的志愿服务活动。

2011年,全国相继发生云南盈江地震、西藏亚东地震,以及干旱洪涝等多起重特大自然灾害,中国电信自觉向灾区伸出援助之手,并发动员工捐款捐物,帮助灾区群众解决实际困难。组织开展中国电信员工"十二五"公益性扶贫援藏捐款活动,中国电信员工以自愿捐款方式筹集资金,"十二五"期间定点资助盐源、木里的"新长城·中国电信高中生自强班"、"特困大学生自强项目"以及盐源、木里和边坝县小学生的"爱心包裹"项目,资助边坝县的特困大学生和高中生,提供大米用于边坝县儿童大骨节病防治。

未来,中国电信将在深化企业转型的过程中,协调地履行好肩负的股东责任、本质责任、客户责任、员工责任、环境责任和公益责任,继续发挥特大型通信企业和提供商的优势,努力实现企业持续稳健发展,为各类客户的生活与事业,为工业化与信息化融合,为资源节约型和环境友好型社会的建设及和谐发展做出应有的贡献!

(十)前景展望

当前,3G业务正在步入加速增长阶段,迎来爆发式增长;有线宽带业务仍处在高速发展期;移动互联网、云计算、物联网等新业务市场化进程进一步加快,这将为公司拓展新的发展空间,国家振兴文化产业发展政策推进也将为公司提供新的发展机遇。但同时公司也面临着信息产业融合、市场竞争加剧等新的挑战。

未来两到三年里,我们将打破思维惯性,增强创新意识和能力,努力探索新兴业务的发展规律,加大网络、平台、产品和机制体制的创新力度,扎实推进"新三者"战略的落实,努力打造差异化新优势,促进业务的规模化发展。积极推进智能管道建设,努力实现网络资源的差异化调度,重点提升对高等级用户的保障能力,缓解扩容压力,节约资本开支;同时试点宽带网络的智能提速产品,带宽网络资源可按用户需求快速配置,实现宽带接入用户的自助提速,改善客户的服务感知。加快综合平台建设和开放运营:进一步优化平台架构,将各类应用平台资源逐步纳入综合资源管理平台实施集约化运营,并加大平台资源的云化力度,实现用户信息和能力资源的集中共享。打造互联网应用聚合生态环境,不断完善综合平台的认证、定位、计费等基础支撑能力,并推进能力的对外开放,实现以能力换收入、换用户、换流量。加大内容应用产品的创新力度,积极拓展互联网应用;针对自营类应用产品,通过融合捆绑的营销模式不断提高其渗透率和活跃度,实现业务的规模化扩张。组建移动互联网开发合作联盟,创新合作模式,积极引入腾讯QQ、微博和UC浏览器等多家第三方优质内容应用产品,并深入推进在云应用、电子商务等领域的产品合作开发。

面对未来,我们充满信心。公司将把握行业发展趋势,紧紧围绕"以创新和服务双领先带动规模化发展"这条主线,打造差异化的竞争优势,坚持效益原则,继续加快移动、有线宽带和信息化应用的规模化发展,着力提升创新能力、服务能力、集约能力和运营能力,朝着建设"世界级的综合信息服务提供商"的目标迈出更加坚实的步伐,为股东创造更多价值。

附件一:中国电信财务报告(2011年)

1. 资产负债表

(以百万元列示)

	附注	2011年12月31日 人民币	2010年12月31日 人民币 (重列)	2010年1月1日 人民币 (重列)
资产				
非流动资产				
物业、厂房及设备净额	4	268877	272478	283550
在建工程	5	18448	14445	11567
预付土地租赁费		26280	27078	27790
商誉	6	29918	29920	29922
无形资产	7	7715	9968	12311
所拥有联营公司的权益	9	985	1123	997
投资	10	648	854	722
递延税项资产	11	3068	5022	6839
其他资产	19	3600	4396	5322
非流动资产合计		359539	365284	379020
流动资产				
存货	12	4840	3170	2628
应收所得税		2425	1882	1714
应收账款净额	13	18471	17328	17438
预付款及其他流动资产	14	4664	5073	3910
限期为三个月以上的定期存款		1804	1968	442
现金及现金等价物	15	27372	25824	34804
流动资产合计		59576	55245	60936
资产合计		419115	420529	439956

续表

	附注	2011年12月31日 人民币	2010年12月31日 人民币（重列）	2010年1月1日 人民币（重列）
负债及权益				
流动负债				
短期贷款	16	9187	20675	51650
一年内到期的长期贷款	16	11766	10352	1487
应付账款	17	44358	40039	34321
预提费用及其他应付款	18	59372	52885	52193
应付所得税		482	327	395
一年内到期的融资租赁应付款		—	—	18
一年内摊销的递延收入	19	2093	2645	3417
流动负债合计		127258	126923	143481
净流动负债		(67682)	(71678)	(82545)
资产合计扣除流动负债		291857	293606	296475
非流动负债				
长期贷款	16	31150	42549	52768
递延收入	19	2712	3558	5045
递延税项负债	11	1117	1375	1510
非流动负债合计		34979	47482	59323
负债合计		162237	174405	202804
权益				
股本	20	80932	80932	80932
储备	21	175158	164696	155372
本公司股东应占权益合计		256090	245628	236304
非控制性权益		788	496	848
权益合计		256878	246124	237152
负债及权益合计		419115	420529	439956

董事会于2012年3月20日审批及授权签发。

2. 利润表

合并综合收益表
截至2011年12月31日（除每股数字外，以百万元列示）

	附注	2011年 人民币	2010年 人民币（重列）
经营收入	22	245041	219864
经营费用			
折旧及摊销		(51224)	(52215)
网络运营及支撑成本		(52912)	(47432)
销售、一般及管理费用		(48741)	(42130)
人工成本	23	(39167)	(35529)
其他经营费用	24	(28868)	(19106)
经营费用合计	25	(220912)	(196412)

续表

	附注	2011年 人民币	2010年 人民币 (重列)
经营收益		24129	23452
财务成本净额	26	(2254)	(3600)
投资收益		40	328
应占联营公司的收益		99	131
税前利润		22014	20311
所得税	27	(5416)	(4846)
本年利润		16598	15465
本年其他综合收益			
可供出售股权证券公允价值的变动		(205)	132
可供出售股权证券公允价值的变动的递延税项		51	(48)
换算中国大陆境外附属公司财务报表的汇兑差额		(103)	(48)
应占联营公司的其他综合收益		—	(25)
税后的本年其他综合利益		(257)	11
本年综合收益合计		16341	15476
股东应占利润			
本公司股东应占利润		16502	15347
非控制性权益股东应占利润		96	118
本年利润		16598	15465
股东应占综合收益			
本公司股东应占综合收益		16245	15358
非控制性权益股东应占综合收益		96	118
本年综合收益合计		16341	15476
每股基本净利润	32	0.20	0.19
股数（百万股）	32	80932	80932

3. 现金流量表

合并现金流量表
截至2011年12月31日（以百万元列示）

	附注	2011年 人民币	2010年 人民币 (重列)
经营活动产生的现金净额	(a)	73006	75571
投资活动所用的现金流量			
资本支出		(48495)	(41597)
购买投资支付的现金		(6)	(41)
预付土地租赁费所支付的现金		(60)	(111)
购置物业、厂房及设备所收到的现金		3234	2738
转让预付土地租赁费所收到的现金		487	176
出售投资所收到的现金		1040	1
收回投资所收到的现金		10	—
原限期在三个月以上的定期存款投资额		(1804)	(1968)
原限期在三个月以上的定期存款到期额		1968	442

续表

	附注	2011年人民币	2010年人民币（重列）
收购CDMA业务支付的现金		—	(5374)
取得附属公司所支付的现金		(11)	
投资活动所用的现金净额		(43637)	(45734)
融资活动所用的现金流量			
融资租赁所支付的本金		—	(18)
取得银行及其他贷款所收到的现金		23876	53518
偿还银行及其他贷款所支付的现金		(45329)	(86001)
支付股息		(6174)	(5608)
由于第四次收购而分配给中国电信集团的现金	1	—	(535)
取得非控制性权益所支付的现金		(1)	(27)
支付第五次收购对价所支付的现金	1	(27)	—
分配给非控制性权益的现金净额		(65)	(100)
融资活动所用现金净额		(27720)	(38771)
现金及现金等价物增加/(减少) 净额		1649	(8934)
于1月1日现金及现金等价物		25824	34804
汇率变更的影响		(101)	(46)
于12月31日的现金及现金等价物		27372	25824

附件二：中国电信大事记

1995年，进行企业法人登记，从此逐步实行政企分开。

1998年，邮政、电信分营，开始专注于电信运营。

1999年，中国电信的寻呼、卫星和移动业务被剥离出去。后来寻呼和卫星并到三大运营商，电信、移动、联通。

2000年，中国电信集团公司正式挂牌。

2001年，中国电信被再次重组，进行了南北分拆。产生了北网通，南电信。

2002年5月，新的中国电信集团公司重新正式挂牌成立。

2002年11月，集团公司下属的两大控股公司之一中国电信股份有限公司在香港及纽约上市。

2003年12月，中国电信股份有限公司以人民币460亿元的对价从中国电信集团公司收购安徽、福建、江西、广西、重庆、四川6省电信有限公司，公司服务区扩大为10省。

2004年5月，中国电信股份有限公司以人民币278亿元的对价从中国电信集团公司收购湖北、湖南、海南、云南、贵州、甘肃等十省电信有限公司，公司服务区扩大为20省。

2004年12月，原中国电信集团公司董事长兼首席执行官周德强先生退休，王晓初先生出任董事长兼首席执行官。

2005年10月，中国电信股份有限公司首次发行面值为人民币100亿元，期限为6个月的短期融资券，发行年利率为2.54%。

2006年，集团公司下属的另一大控股公司中国通信服务股份有限公司在香港上市。

2007年6月，中国电信股份有限公司以人民币14亿元的对价从中国电信集团公司收购香港、美洲和系统集成等公司。

2008年6月，中国电信与中国联通达成收购框架协议，以人民币438亿元收购CDMA业务。

2008年10月，中国电信开始CDMA业务收购交割及运营，成为全业务综合信息服务运营商。

2008年12月，中国电信正式推出189号段服务，为用户提供全新的移动服务体验。

2009年1月7日，工业和信息化部为中国移动、中国电信和中国联通发放3张第三代移动通信（3G）牌照，此举标志着我国正式进入3G时代，其中中国电信获CDMA2000牌照。

2009年4月，中国电信在全国首批120个城市推出3G服务。

2009年6月，非语音业务收入占整体收入的比重逾50%，反映公司持续深化转型的良好效果。

2009年7月，中国电信被国家评为"2009年全国国有企业典型"，并名列第一。率先在全国342个地级市及2000多个县铺设EVDO网络，是规模商用最早、覆盖面最广的3G网络。

2010年4月，中国电信积极探索与研究下一代互联网技术，全球首家获得"IPv6论坛"颁发的"IPv6 Enabled ISP证书"。

2010年10月，中国电信作为探月工程地面应用通信合作方，为"嫦娥二号"任务的圆满完成做出重要贡献。

2010年12月，移动用户规模超过9000万，较年初增长超过60%，初步实现规模化发展。

2011年2月，中国电信扎实推进"宽带中国·光网城市"工程，积极打造优势宽带网络资源。

2011年3月，移动用户规模成功跨越亿户关口，成为全球最大的CDMA移动网络运营商。

2011年8月，中国电信发布天翼云计算战略、品牌及解决方案，成为国内对外发布云计算战略及解决方案的第一家通信运营商。

常小兵同志

中国联合网络通信集团有限公司董事长兼首席执行官、党组书记

常小兵，男55岁，为教授级高级工程师，1982年毕业于南京邮电学院电信工程系，获得工学学士学位；2001年获得清华大学工商管理硕士学位；2005年获得香港理工大学工商管理博士学位。曾先后任江苏省南京市电信局副局长、中国邮电电信总局副局长、信息产业部电信管理局副局长与局长、中国电信集团公司副总经理，2002年9月至2004年10月期间亦担任中国电信股份有限公司执行董事、总裁。自2004年11月加入中国联合通信有限公司担任董事长，中国联合通信有限公司于2008年12月更名为中国联合网络通信集团有限公司（"联通集团"）。常先生目前担任联通集团公司董事长，中国联合网络通信（香港）股份有限公司（"联通红筹公司"）执行董事、董事长兼首席执行官，中国联合网络通信有限公司（"联通运营公司"）董事长，并自2004年12月起任中国联通董事长。常小兵先生有丰富的电信行业管理和从业经验。

标识诠释：

中国联通的公司标识是由中国古代吉祥图形"盘长"纹样演变而来。回环贯通的线条，象征着中国联通作为现代电信企业的井然有序、迅达畅通以及联通事业的无以穷尽，日久天长。

标志造型有两个明显的上下相连的"心"，它形象地展示了中国联通的通信、通心的服务宗旨，将永远为用户着想，与用户心连着心。

中国红：国旗色，代表热情、奔放、有活力，是中国情结最具代表性的颜色。象征快乐与好运的红色增加了企业形象的亲和力并给人强烈的视觉冲击感，与活力、创新、时尚的企业定位相吻合。

水墨黑：最具包容与凝聚力的颜色，是高贵与稳重的象征。红色和黑色搭配具有稳定、和谐与张力的视觉美感。

i：发音同"爱"，延伸"心心相连，息息相通"的品牌理念；英文释义"我—i"、"信息—information"迎合"以客户为中心"的营销模式以及"向客户提供一体化的通信与信息服务"的品牌营销总体思路。红色双"i"是点睛之笔，既像两个人在随时随地沟通，突出了"让一切自由连通"的品牌精神，又在竖式组合中巧妙地构成了吉祥穗造型，强化了联通在客户心中吉祥、幸福的形象。

中国联通公司可持续发展报告（China Unicom）

（一）公司简介

中国联合网络通信集团有限公司（以下简称"中国联通"）于2009年1月6日在原中国联通的基础上合并组建而成，在国内31个省（自治区、直辖市）和境外多个国家和地区设有分支机构，是中国唯一一家同时在美国纽约、中国香港、中国上海三地上市的电信运营企业，连续多年入选"世界500强企业"。2011年，中国联通荣获"上海公司社会责任奖"和"保密工作先进单位奖"，并被TheAsset《财资》财经杂志评选为"2011最具潜力中国企业"，企业门户获国资委2011中央企业网站绩效评估A级，25项管理创新成果荣获全国通信行业优秀成果奖，并荣获第八届管理创新成果优秀组织单位奖。

中国联通拥有全球第二大固定电话网、移动电话网和互联网，主要经营固定通信业务、移动通信业务、国内、国际通信设施服务业务、卫星国际专线业务、数据通信业务、网络接入业务和各类电信增值业务，与通信信息业务相关的系统集成业务等。中国联通于2009年4月28日推出全新的全业务品牌"沃"，承载了联通始终如一坚持创新的服务理念，为个人客户、家庭客户、集团客户提供全面支持。截至2011年底，中国联通服务的用户总数达到3.5亿户，企业资产规模5293亿元。

中国联通拥有覆盖全国、通达世界的现代通信网络，积极推进固定网络和移动网络的宽带化，扩大国际网络覆盖，进一步完善营销网点布局，为广大用户提供全方位、高品质信息通信服务。截至2011年年底，3G基站数达到37.5万个，宽带接入端口达到8592.3万个，国际漫游业务覆盖到246个国家和地区的548家运营商。

面对全球通信电信业创新转型和我国深入推进信息化与工业化融合带来的新机遇和新挑战，中国联通将充分发挥融合重组后的独特优势，以全业务经营和3G发展为引擎，坚持以用户为中心，通过不断创新提升通信保障能力和服务水平，增强活力，壮大实力，全面满足广大用户的信息服务需求，致力于成为信息生活的创新服务领导者，在国民经济和社会信息化进程中发挥主力军作用。

近年来，中国联通的资产、人员、用户和收入规模明显扩大，企业综合实力得到明显提升。2011年，中国联通总营业收入达215518511458元人民币，净利润为4187965385元人民币，基本每股盈余为0.066元，2011年12月31日股票收盘价格为5.24元，市盈率为79.39。

（二）公司战略

中国联通在2010年针对经营环境和重组之后的变化，提出2010~2014年为期五年的发展战略——3G领先与一体化创新战略。2011年是中国3G通信从起步到高速发展的转折之年，也是中国联通创新发展的关键之年。中国联通秉承"创新改变世界"的发展理念，继续深入实施"3G领先与一体化创新战略"，牢牢把握3G和移动互联网的发展机遇，全力以赴推进公司转型升级，确立了差异化的竞争优势，走出一条具有自身特色的发展之路，企业的综合实力进一步增强。

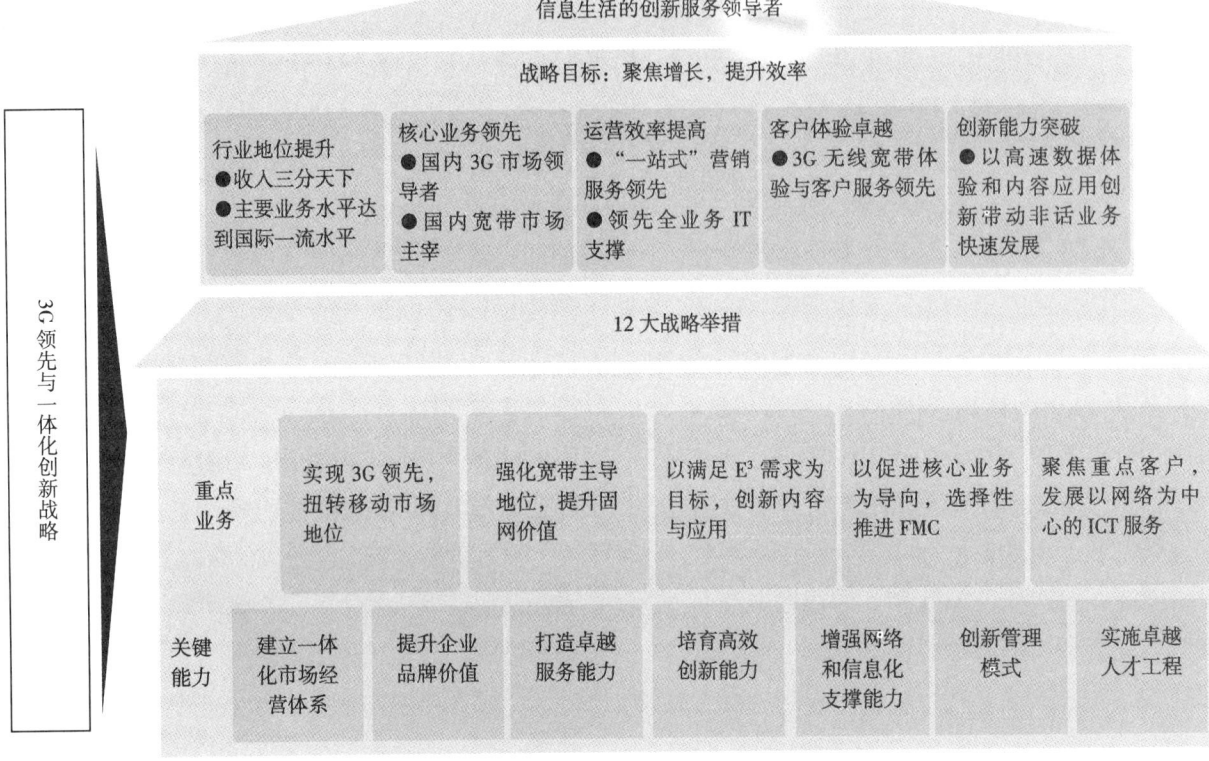

图 2-10-1 中国联通 2010~2014 年发展战略框架

这一全新的战略是在"信息生活的创新服务领导者"的公司愿景基础之上提出,以"聚焦增长,提升效率"为总体发展目标,包括"3G 领先"和"一体化创新"两大支柱,以 5 项重点业务发展举措和 7 项关键能力为核心的 12 大战略举措。

1. 3G 领先

这一支柱主要针对中国联通的业务发展方面,是中国联通的战略突破口,将集中资源加快 3G 发展,建设领先的无线宽带网络,实现用户规模增长和用户市场份额领先(>第二名 1.2 倍);同时,以高速数据体验和内容应用创新带动公司移动非话音收入快速增长,将 3G 打造成为公司收入增长的第一驱动力。2011 年,加快转变发展方式,3G 业务迅速发展,3G 业务已经成为公司收入增长的第一驱动力,业务结构持续优化,主营业务收入增速居国内行业首位,中国联通将继续坚持 3G 与 2G 协调发展,坚持无线宽带与固定宽带互补发展。

2. 一体化战略

这一支柱主要是针对公司内部运营管理方面,实现中国联通从"整合"到"融合",全面提升公司运营效率,加快当前"简单整合型"全业务运营管理框架向"一体化"运营管理框架转变,目标是打造与信息服务"价值链三层结构"相适应的"横向一体化"运营管理模式,形成经营合理,提高运营效率。"一体化"发展的关键要素从营销/服务、产品/创新和网络/支持三个方面推进以客户为导向的企业一体化服务,主要包括一体化市场体系(个人+家庭,企业市场)、集中化产品创新、一体化产品管理、一体化网络运营和一体化 IT 支撑。

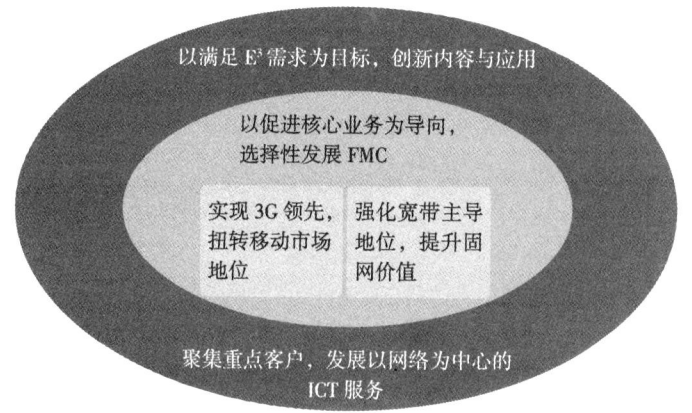

图 2-10-2 中国联通五大重点业务发展举措

中国联通针对 5 大重点业务分别提出发展目标，并提出具体的运营措施以及从现在到 2012 年的主要工作。

1. 以满足 E^3 需求为目标，创新内容与应用

主要目标包括以 3G 带动移动非话收入快速发展，以宽带及增值应用带动固网非话收入快速发展等，提出创新发展固移融合的个性化通信管理门户、建设固移融合的娱乐类内容和应用门户、实施专业化的合作伙伴管理 3 项具体措施。

2. 以促进核心业务为导向，选择性推进 FMC

主要目标包括到 2014 年，固移融合业务覆盖所有中高端家庭客户、固移融合业务 ARPU 不偏于单一业务 ARPU 之和以及有效拉动业务发展、用户价值和粘性提高三个方面，具体措施主要包括发展固移融合的社区化语音应用创新服务、创新发展"时时在线"的宽带连接服务和提升固移融合产品的精细化交叉销售能力三个方面。

3. 实现 3G 灵领先，扭动移动市场地位

中国联通支出此项业务重点的关键成功因素包括领先的无线宽带网络、卓越移动数据与内容应用体验、智能型 3G 定价、显著的终端优势、"沃" 3G 成为第一品牌以及高质量的渠道和销售能力六个方面，并针对每一个方面提出具体的措施以及主要工作。

4. 强化宽带主导地位，提升固网价值

关键成功因素主要包括：宽带接入与传输能力；与接入能力相匹配的影响服务能力；基于家庭网关的一体化解决方案。对于提升与宽带接入能力相匹配的营销服务水平方面，指出中国联通将在 2012 年之前不断优化北方宽带业务渠道发展结构，加大南方自有渠道建设。

5. 聚焦重点客户，发展以网络为中心的 ICT 服务

中国联通致力于打造行业应用品牌，实现 ICT 业务的突破。

(三) 公司治理

1. 中国联通股权结构

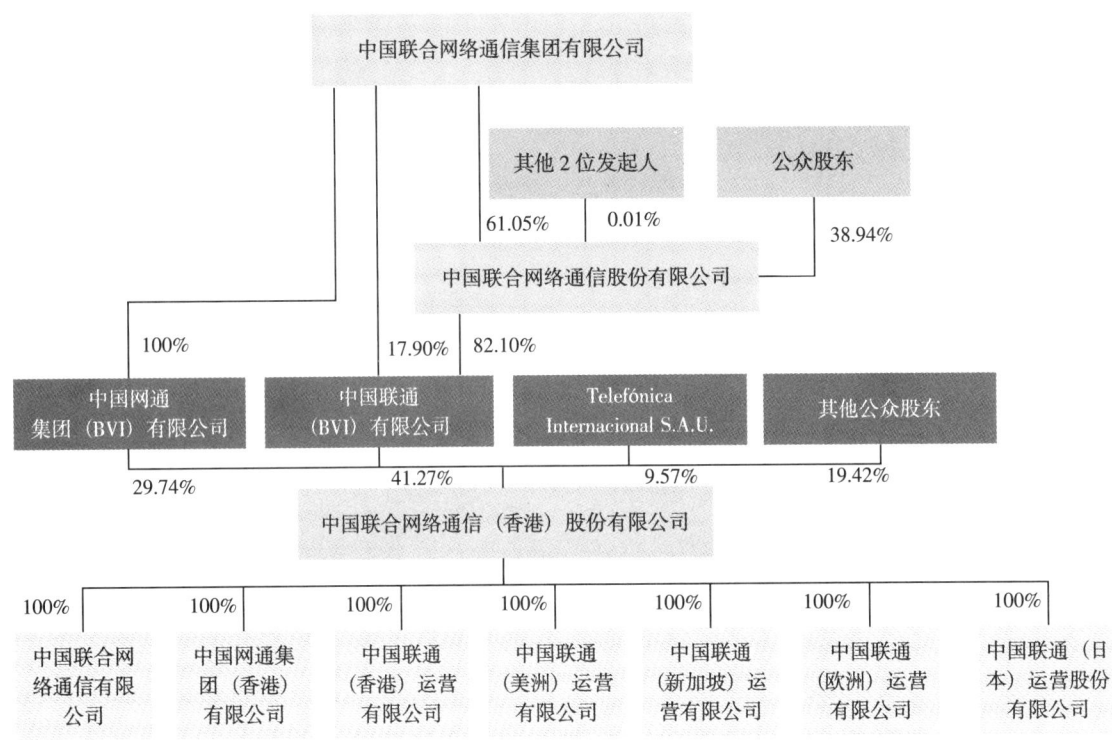

图 2-10-3　中国联通股权结构

2. 公司治理活动

2011年，中国联通继续严格遵循中国内地、中国香港、美国三地监管法规及公司内部管理要求，学习和借鉴国际公司治理先进经验，不断完善公司治理结构和各项内部管理制度，提升公司治理水平。

重组后，中国联通对各层级的公司治理状况进行了全面梳理，在中国联通、中国联合网络通信股份有限公司（于上海证券交易所上市）和中国联合网络通信（香港）股份有限公司（于香港联交所和纽约股票交易所上市）分别建立了股东会、董事会、管理层职责明确、相互制约的治理结构，持续优化了董事会及信息披露相关管理制度，完善了董事会决策的流程和制度体系。2011年，中国联合网络通信（香港）股份有限公司还依据最佳公司治理规范，设立了提名委员会，使公司治理结构更加完善。

（1）股东与股东大会。股东大会的召集、召开、表决等程序严格遵循有关法律法规及公司内部规定，确保全体股东，特别是中小股东享有平等地位，确保所有股东能按其持有的股份享有并充分行使自己的权利。2011年，中国联通召开了一次年度股东大会。中国联通股东大会的召集、召开、表决等相关程序均严格按照有关法律法规和中国联通《股东大会议事规则》的规定。

（2）董事与董事会。董事会以公司及股东的最佳利益为原则。上市公司通过组成具有广泛性的董事会并在董事会设审计委员会等下属委员会，有效监管公司内部与财务报告相关的控制系统，并充分发挥董事的专业特长，加强董事会的履职能力。中国联通董事会的召集、召开、表决等相关程序均严格按照有关法律法规和中国联通《董事会议事规则》的规定。中国联通董事会职责清晰，中国联通各位董事均投入了足够的时间处理中国联通事务，且均按时出席董事会。2011年，中国联通召开了五次董事会，讨论及审议了包括2010年年度报告、2011年中期报告、2011年第一季度报告和第三季度报告、内控工作报告、社会责任报告等重要事项。

（3）监事与监事会。监事会从股东利益出发，对公司重大事项、财务及公司董事高级管理人员履职的合规合法性进行监督。监事会的召集、召开程序符合公司《监事会议事规则》的规定。2011年，中国联通监事会共召开四次监事会会议。

（4）控股股东与上市公司的关系。中国联通控股股东严格规范自己行为，依法行使股东权利，承担义务。中国联通与控股股东在资产、业务、机构、财务、人员等方面严格分开，中国联通董事会、监事会和内部机构均独立运作。未发现控股股东非经营性占用公司资金和资产的情况。

（5）独立董事。中国联通各位独立董事均不在公司担任除董事外的其他职务，并与中国联通及其主要股东不存在可能妨碍其进行独立客观判断的关系。独立董事对中国联通及全体股东负有诚信与勤勉尽职义务，并按照相关法律法规、公司章程及本制度的要求，认真履行职责，维护公司整体利益，尤其关注中小股东的合法权益不受损害。中国联通一贯重视发挥独立董事的作用，独立董事们也以他们独立的立场、专业的视角、丰富的经验为公司出谋划策，提高了董事会决策的科学性。2011年，中国联通各位独立董事亲自参加历次独立董事会议，并发表独立意见。

（6）审计委员会。中国联通审计委员会能有效执行其任务，使董事会能更好监察中国联通的财务管理状况，监管中国联通与财务报告相关的内部控制体系，保障中国联通财务报表的完整及真实性。

（7）良好互动的投资者关系。中国联通十分注重与投资者的沟通与互动，设有专人负责与普通投资者的沟通、联系。包括接听电话、回复来信等；管理层和投资者关系管理人员经常参加证券机构组织的投资者见面会，回答投资者的提问。如有必要还会主动走访投资者，比如2011年5月到6月期间，中国联通董事会秘书先后在深圳、上海和北京走访了十几家投资机构，介绍公司发展情况。普通投资者也能方便地与中国联通进行沟通、联系以及反映有关情况。中国联通每年年报、半年报披露后立即召开业绩推介会，公司管理层与投资者见面，介绍公司经营情况、回答投资者关心的问题等。2011年，中国联通组织投资者参加中国联通在杭州召开的行业应用产品展示会。丰富多彩并且实用的行业应用增加了投资者对中国联通的了解，增强了投资者的信心。中国联通还组织投资者参加中国联通举办的"2011中国联通WCDMA终端产业链高峰论坛"，力图使投资者更加全面地了解中国联通的产业链现状和全貌。

（8）公开、公平、公正的信息披露。为使投资者能够更加及时、清晰地了解中国联通业务及运营进展，中国联通在严格按照法律法规要求履行法定信息披露义务的同时，加强主动信息披露。中国联通自上市以来，尽管并无相关规定或条例要求，但中国联通一直按月向市场公布月度生产经营数据信息，满足投资者对公司经营情况的及时了解。中国联通每年年报、半年报披露后立即召开业绩推介会。为保证信息披露的公平性，中国联通会将业绩推介会的材料在中国联通网站上同步刊登，确保所有投资者享有平等的机会获取相关信息。公司还及时更新、维护、完善公司网站的网页，确保投资者能及时了解公司情况。中国联通设有统一符合规定的信息披露渠道，其中包括报纸和公司的网站（www.chinaunicom-a.com），设有专门的投资者关系信息栏目，能保证信息公平、及时披露。

（四）市场概览

三家运营商2011年业绩及财务表现对比分析：

1. 经营业绩

中国移动：营业收入5279.99亿元，增长8.8%，净利润1258.70亿元，同比增长5.2%，净利润率为23.8%；

中国电信：营业收入2449.43亿元，增长11.7%，净利润164.04亿元，同比增长10.5%，净利润率为6.7%；

中国联通：营业收入2091.7亿元，增长22.2%，净利润42.3亿元，同比增长14.2%，净利润率为2%。

从营收和利润增长来看，中国联通居行业首位，这反映了联通在3G市场如鱼得水的迅猛发展，但受累于iPhone和其他手机的高额补贴，其净利润率一直偏低，这可能会影响到其持续盈利的能力。中国移动则依然维持了超强的盈利能力，2011年净利润达到1259亿元（联通与电信合计的净利润为207亿元，不足中国移动的零头），不过值得注意的是，中国移动营收和净利润率的增速均是行业最低的，一方面显示了作为"一头大象"奔跑速度的受限，另一方面也部分揭示了中国移动在3G市场上的表现平淡。而中国电信2011年的成绩单横向看起来比较"中庸"，但纵向比较来看，中国电信2010年营收的增长仅为5.4%，而2011年则达到11.7%，营收的增速大大加快，同时值得注意的是，中国电信的移动服务收入为人民币682.48亿元，同比增长43%，占总收入比重提升至27.9%，成为该公司第一大业务。另外还有一点，三大运营商的利润增长率都不同程度地低于营收增长率，显示行业依然没有摆脱增量不增收的大背景。

2. 客户经营

中国移动：客户总数达6.5亿，同比增长11.2%，净增6555万户，净增客户增长率为6.2%，ARPU为71元。

中国电信：移动客户总数达1.26亿，净增3595万户，同比增长39.7%，ARPU为52.4元。

中国联通：客户总数达2亿，同比增长19.3%，ARPU同比提高8.2%，达到人民币47.3元。

对比三家运营商的客户经营，中国移动客户份额约占66.5%，同比下降约3个点，而净增客户市场份额则首次跌破50%，至49%（注：50%是中国移动净增客户市场份额的目标红线），这说明竞争对手在新增客户吸引力方面在逐渐增强，2012年的净增市场将是一场激烈的遭遇战。另外，在客户价值方面，用户增量11.2%，客户总通话分钟数增长12.3%的情况下，ARPU继续下降至71元（2009年为77元，2010年为73元），这当然是受到资费下调的影响，但也部分显示了中国移动在客户价值的提升，以及中高端客户的保有上的成绩不是很优秀；中国电信移动客户总数达1.26亿，成为全球最大CDMA运营商，客户份额提升至12.9%，同比增长大约2.2个点，成为中国移动客户份额的主要攫取者，同样中国电信的ARPU呈继续下降的态势，至52.4元（2009年为59.5元，2010年为54.2元）。中国联通客户总数达2亿，客户份额占20.6%，同比上升约0.8个点，与中国电信一同侵夺中国移动的客户份额，跟移动、电信相反的是，中国联通的 ARPU 继续得到提升，至 47.3 元（2009 年为 41.6 元，2010 年为 43.7 元）。

3. 3G 经营

中国移动：3G 用户净增 3051 万户，同比增长 147.39%，3G 用户总数达 5121 万，占总用户数 7.8%；

中国电信：3G 用户净增 2400 万户，同比增长 195.3%，3G 用户总数达 3629 万户，占总用户数 28.8%；

中国联通：3G 用户净增 2596 万户，同比增长 184.5%，3G 用户总数达 4002 万户，占总用户数 20%。

在 2G 市场上，中国移动依然保持着霸主的地位，而在 3G 市场上则呈现出市场的多元化发展，三家运营商有点儿齐头并进、各显神通的味道，移动、电信、联通的 3G 市场份额相差不大，分别为 40.2%、28.5%、31.3%。从数字的比较上来看，三家运营商的 3G 用户数的增长都超过了 100%，中国电信甚至接近了 200%，这意味着 3G 市场正迎来成倍式的快速增长；另外除中国移动，其他两家运营商的 3G 用户数都达到或超过用户总数的 20%，这也意味着国内移动通信市场已逐渐步入 2G 业务向 3G 业务的转换期，3G 业务呈现加速增长态势，市场发展空间巨大。

具体到每家运营商本身，情况又各有不同，中国移动 3G 用户超过 5100 万，而 TD 网络的使用率只有 13.8%，一方面是庞大的 TD 网络投资，另一方面是低下的 TD 网络使用率，这意味着前期大量的建网投资成本要实现收益还有很大一段路要走。也正是因为这一点，在中国移动的财报上，跟其他两家相比有一个很明显的不同就是反复强调 TD-LTE 的部署和未来规划。中国联通的 3G 业务已经成为其收入增长的第一驱动力，2011 年实现 3G 服务收入 327.4 亿元，同比增长 182.3%，占移动服务收入的比例达到 31.7%，而同时联通也凭借 iPhone 等明星终端成功在中高端市场占领了相应位置，其 3G 用户的 ARPU 值也达到了 110 元，远高于其整体移动用户 ARPU 值 47.3 元，这都表明了中国联通在 3G 业务的运营上开始走上相对成熟的发展模式，另外为了继续扩大 3G 客户规模，中国联通 2012 年将维持以手机补贴刺激增长的策略。中国电信在财报中称 CDMA 业务已经成为第一大业务，3G 用户规模效益已经开始逐步显现，这将促进企业整体盈利能力的提升，而事实上，中国电信 CDMA 及 3G 业务在 2011 年年中即已经实现盈利，并大力拉动整体业绩的增长。

虽然中国移动已经在积极部署 TD-LTE 网络，并在试点城市提出商用计划，但考虑到国家出于行业结构调节的原因，4G 牌照的发放应该还需等待一段时间，因此未来两三年内 3G 依然是竞争的焦点。如何加快 3G 网络建设，保障市场发展需求，同时推动重点业务规模增长，实现收入和市场份额更快提升，将仍然是运营商们需要重点考虑的事情。

4. 流量经营

中国移动 2011 年财报显示，数据业务收入同比增长 15.4%，占营运收入比重达到 26.4%，数据业务特别是无线上网业务，成为拉动该公司收入增长的重要因素。无线上网业务收入增长 45.0%，占营运收入比重达到 8.4%。但必须提到的是受制于 TD 的发展，中国移动在 3G 市场的发展已经失去了在 2G 时代的掌控力，数据业务发展空间受到限制，因此相继建立了无线音乐、手机阅读等业务基地，试图以新的业务模式打开数据业务的发展空间。根据财报数据，2011 年无线音乐保持规模发展，手机阅读、手机视频、手机邮箱等业务快速成长,都为中国移动带来了发展新增点。

中国电信得益于 3G 市场的快速发展,在积极发展用户的同时,通过营销模式、渠道建设、服务能力、业务设计、应用开发、品牌建设等手段,有效促进了数据业务规模化发展。2011 年数据流量收入提升到了 296.20 亿元,同比增长 57.4%。另外还加大内容应用产品的创新力度,积极拓展互联网应用,其中爱音乐、天翼空间、爱游戏等五大自营类应用产品的发展都得到快速突破。关于 2012 年的发展,其中一个很重要的关注点在于与 iPhone 的合作能否助其数据业务的提升再上一个台阶。

同样也是在 3G 快速增长的拉动下,中国联通整体业务和收入结构持续优化,移动服务收入占服务收入的比例达到 55.6%,非语音业务收入占服务收入的比例达到 48.7%。其中移动数据流量同比增长 293.4%,带动移动非语音业务收入占移动收入的比例快速提升,达到 37.2%。

(五)业务概览

受 3G、固网宽带业务持续、快速增长拉动,2011 年中国联通收入快速增长,服务收入同比增幅超出行业平均增幅 3.4 个百分点,市场份额稳步提升。在收入规模快速增长的同时,业务和收入结构持续优化,移动服务收入占服务收入的比例达到 55.5%,非语音业务收入占服务收入的比例达到 49.3%。

1. 移动业务

2011 年,中国联通移动业务呈现强劲增长势头。移动用户全年累计同比增长 19.3%,达到 19966 万户。实现移动服务收入人民币 1063.3 亿元,同比增长 25.7%。受 3G 用户规模增长驱动,移动业务用户结构和收入结构持续改善,移动用户 ARPU 同比提高 8.2%,达到人民币 47.3 元;移动数据流量同比增长 293.4%,带动移动非语音业务收入占移动服务收入的比例快速提升,达到 37.1%。

(1) 3G 业务成为推动公司收入增长的第一驱动力。2011 年,中国联通充分利用终端、渠道和应用拉动,进一步巩固和扩大在 3G 业务领域的差异化竞争优势,3G 业务实现快速、规模增长。中国联通进一步激发 WCDMA 在智能终端领域的领先优势,不断丰富终端定制,建立了在各价位产品体系中的竞争优势。2011 年下半年,中国联通联合产业链各方,全球首推多款 3.5 寸电容屏、CPU600MHz 以上的千元智能机,成为继 iPhone 后推动移动互联网加速普及的重要驱动力,带动中国联通 3G 用户净增规模快速提升。

中国联通持续突破社会渠道规模,积极完善销售及结算流程,社会渠道产能和效率全面提升,全年 3G 业务社会渠道销售占比达到 53%。自有渠道方面,中国联通加快提升自有营业厅销售能力,在 3500 个自有营业厅推行体验式营销模式转型,单厅销量显著提升;积极引导电子渠道销售服务,网上营业厅使用量快速增长,全年营业额达到人民币 230.7 亿元,同比增长 86%。

内容及应用领域,中国联通聚焦音乐、阅读、应用商店等重点产品,广泛开展体验及内容推送活动,用户使用量不断提高。2011 年,中国联通 3G 用户月均数据流量达到 267MB,同比增长 50.1%。下半年,中国联通创新推出了 Wo+开放体系,致力于提升产品聚合、渠道、精细化运营和智能管道能力,提升流量,聚合应用,不断扩大行业影响力。

中国联通继续坚持 3G "品牌、业务、资费、包装、终端政策、服务标准" 六统一策略,根据市场和客户需求变化,不断优化营销策略,拉动 3G 用户快速增长。持续完善 3G 资费产品体系,优化国际资费，丰富预付费产品，推出 21Mbps 速率的 HSPA+无线上网卡；调整和优化战略终端补贴政策，进一步降低终端补贴门槛，推出千元大屏智能手机，加速中低端智能机型上市，丰富定制终端种类；加大应用创新和流量经营，引入定向流量计费模式，开展数据及信息业务促销活动，加快发展手机电视、手机阅读、沃商店、沃友等创新型产品。全年 3G 用户净增 2595.9 万户，达到 4001.9 万户，其中，无线上网卡用户达到 379.9 万户。3G 用户计费总时长达到 1695 亿分钟，平均每用户每月数据流量达到 267.2MB，平均每用户每月收入（ARPU）为人民币 110.0 元。沃商店、沃友注册用户分别达到 350 万户、120 万户。

（2）GSM 业务发展基本保持平稳。2011 年，中国联通积极推进 GSM 业务发展模式转型，GSM 业务发展基本保持平稳。调整渠道和佣金模式，建立长效佣金机制，提高成本使用效能；梳理 GSM 资费套餐，引入话务量产品和融合产品，加大手机上网、炫铃等重点业务推广；通过话费补贴等措施，引导无线市话用户升级为 GSM 用户，同时积极稳妥地推进 GSM 中高端客户向 3G 迁移。加强 GSM 数据业务营销，并从产品和渠道等领域大胆探索 GSM 业务营销模式的转型，全年累计净增用户 627.5 万户，达到 15964.1 万户。实现 GSM 服务收入人民币 725.4 亿元，基本保持平稳。其中，受语音领域的激烈竞争以及移动互联网业务替代等因素的影响，GSM 语音业务持续下滑；受手机上网等业务增长拉动，数据业务快速增长。GSM 用户计费总时长达到 4847.6 亿分钟，比上年同期增长 2.9%。平均每用户每月收入（ARPU）为人民币 37.4 元，比上年同期下降 5.3%。手机上网用户净增 778.7 万户，达到 6360 万户，用户渗透率达到 39.8%。炫铃业务用户达到 5883.5 万户，用户渗透率达到 36.9%。

2. 固网业务

2011 年，中国联通积极开展以固网宽带为核心的提速营销和融合业务营销，固网宽带业务的快速增长有效弥补了本地电话业务的下滑，全年实现固网服务收入人民币 843.8 亿元，同比增长 2.7%。其中，非语音业务收入所占比重达到 64.0%，业务结构进一步改善。本地电话用户减少 378.4 万户，用户总数达到 9285.1 万户，其中固定电话用户增加 185.2 万户，用户总数达到 8506.4 万户，无线市话用户减少 563.6 万户，用户总数达到 778.7 万户。本地电话平均每个用户每月收入（ARPU）为人民币 25.7 元，同比下降 11.1%。

（1）固网宽带业务持续快速增长。2011 年，中国联通加快实施宽带升级提速和融合业务推广，保持固网业务稳定发展。进一步提高宽带网络覆盖范围和接入能力，提升高速率带宽用户占比；全面推广宽带"装移修承诺服务"，为用户提供便捷的宽带服务；充分发挥全业务优势，大力推广"沃家庭"、"沃商务"等融合产品，带动了用户发展。全年宽带用户净增 842.7 万户，达到 5565.1 万户。4M 及以上速率宽带用户占比达到 41.3%，比上年同期提高 11.7 个百分点。宽带内容和应用业务用户达到 2024.5 万户，占宽带用户比例达到 36.4%。宽带平均每用户每月收入（ARPU）为人民币 56.4 元，比上年同期下降 1.2%。"沃家庭"用户净增 797.5 万户，达到 837.9 万户，带动宽带、固话新入网用户分别为 391.6 万户、272.0 万户。

（2）以融合业务保有固网价值。中国联通积极开展本地电话话务量和增值业务营销，大力推广融合产品，努力提升固网用户价值。2011 年，中国联通"沃家庭"用户累计净增 798 万户，拉动固话用户全年累计同比增长 2.2%，达到 8506.4 万户。但受用户 ARPU 下滑和无线市话用户大幅流失影响，本地电话业务全年累计实现服务收入人民币351.2亿元，同比下降15.0%。

表 2-10-1 中国联通 2010~2011 年各项业务营业收入对比

（人民币亿元）	2011年		2010年	
	金额	占服务收入百分比	金额	占服务收入百分比
服务收入	1917.6	100.0%	1685.9	100.0%
其中：移动业务	1063.3	55.5%	846.0	50.2%
其中：2G	725.4	37.8%	726.7	43.1%
3G	337.9	17.6%	119.3	7.1%
固网业务	843.8	44.0%	821.8	48.7%
其中：本地电话	351.2	18.3%	413.1	24.5%
宽带	364.3	19.0%	307.3	18.2%

3. 行业应用

2011年，中国联通聚焦移动OA、政府执法、汽车信息化、监测监控和股票机等重点行业应用产品的规模推广，不断扩大在央企、政府、汽车、金融等重点行业领域的影响力。截至2011年底，重点行业应用用户总数突破千万户。借助在行业应用领域的领先优势，中国联通加快面向集团客户的全业务拓展，带动集团客户业务快速增长。

（六）经营和财务绩效

表 2-10-2 中国联通 2009~2011 年度经营与财务业绩比较

单位：百万欧元	中国联通（ChinaUnicom）		
年份	2011	2010	2009
收入	215519	176168	158369
总资产	458524	443466	419232
EBITDA	63213	59630	60090
EBITDA率	29.33%	33.85%	37.94%
净利润	4188	3671	9374
净利润率	1.94%	2.08%	5.92%
总资产报酬率（ROA）	0.91%	0.83%	2.24%
净资产报酬率（ROE）	2.01%	1.76%	4.49%
资本性支出（CAPEX）	76660	70190	112470
CAPEX占收比	35.57%	39.84%	71.02%
经营活动净现金流	69453	68210	593088
每股经营活动净现金流	3.28	3.22	2.80
自由现金流（FCF）	-7207	-1980	-53160
自由现金流占收比	-3.34%	-1.12%	-33.57%
销售现金比率	32.23%	38.72%	37.45%
资产现金回收率	15.15%	15.38%	14.15%
EVA	-17219	-17673	-13601
EVA率	-7.71%	-7.83%	-5.74%
每股盈利（EPS）	0.0666	0.0579	0.148
每股股利（DPS）	0.03	0.03	0.05
股利支付率	50.29%	44.91%	36.22%

续表

单位：百万欧元	中国联通（ChinaUnicom）		
年份	2011	2010	2009
主营业务收入增长率	22.34%	11.24%	3.67%
总资产增长率	3.40%	5.78%	20.80%
净利润增长率	14.07%	−60.84%	−72.21%
经营活动现金流增长率	1.82%	15.01%	−1.28%
每股盈余增长率	15.03%	−60.88%	−8.07%
资产负债率	54.50%	53.06%	50.18%
流动比率	18.21%	21.37%	15.39%
利息保障倍数	3.43	2.71	8.48
总资产周转率	0.47	0.40	0.38
固定资产周转率	0.66	0.58	0.56
坏账发生率	22.23%	27.84%	29.54%
折旧与摊销	55216	54786	47898
股息	710	555	1136
内部融资额	58694	57902	56135
折旧摊销率	25.62%	31.10%	30.24%
付现成本率	46.03%	64.52%	61.41%
营销、一般及管理费用率	21.78%	22.62%	22.10%

（七）内控与风险管理

中国联通设立由董事会、内控与风险管理委员会、综合管理部门和各种相关专业职能管理部门构成的涵盖全集团范围的内控与风险管理组织体系，将风险管理与内部控制工作紧密结合，把各项要求融入公司日常管理和业务流程中。

（1）贯彻财政部等5部委内部控制基本规范及配套指引的要求，对现行内控制度和管理要求重新进行梳理，优化完善内控规范。

（2）开展内控流程专项梳理。从业务循环的业务源开始，闭环梳理每个业务环节可能存在的风险，提出流程完善方案。

（3）深入推进风险管理案例梳理和专业风险提示工作，推动专业部门改进管理中存在的风险问题，提升公司抗风险能力。

（4）通过编发《法律与风险管理信息专刊》、以案说法、培训等多种形式，加强内控与风险管理培训，培育良好的风险管理文化。

1. 内部控制

中国联通根据《公司法》、《证券法》、《上市公司内部控制指引》及《企业内部控制基本规范》等法律法规要求，已经设立由董事会、内控与风险管理委员会、综合管理和专业管理相结合，涵盖全公司范围的内控管理组织体系。公司将在内控与风险管理办公室的领导下持续开展内控规范更新优化工作，进一步完善内控机制。

2011年，中国联通内控与风险管理办公室组织各专业组，重点梳理公司相关业务流程，查找公司管理中存在的薄弱环节，收集整理《中国联通内部控制规范（2010版）》风险控制矩阵中未涵盖的风险点，组织开展内控规范更新优化及调整与更新工作。在2010年内控规范的基础上，对综合集中结算系统出账分发、国际国内异常流量监控等业务环节进行了风险评估，增加了相关内控措施。同时，公司通过多种形式的内控培训和宣传，增强全员法律遵循、诚信及内部控制管理理念,积极培育良好的内控管理文化。同时,公司亦全面推动内部的信息化建设和控制流程标准化工作,如通过ERP上线及总部财务部和各业务部门对现有控制流程的优化等工作全面推动公司的内控水平的提升。

中国联通设立独立的审计机构,配备专职审计人员,负责内部控制的检查监督及其他审计工作。在公司集团总部设立审计部,下设综合管理处、内控审计处、经营审计处、工程审计处及信息系统审计处等五个处室;审计机构实行审计派驻制管理体制,对所属分、子公司派驻审计分部;审计分部的负责人由集团公司统一考核任免。目前,公司审计人员为635人,其中,集团审计部20人,各分公司及子公司审计分部615人。集团审计部负责人定期或不定期向公司董事会下设的审计委员会报告工作,审计委员会审议批准年度审计工作计划并考核审计工作的完成情况。集团审计部对派驻审计机构工作质量及效果进行定期考核,对审计分部负责人履职情况进行年度考核,从机制上增强了审计工作的相对独立性、权威性和有效性,以促进其更好地围绕经营管理过程的规范有效履行好监督及服务职能。

(1)内部监督和内部控制自我评价工作开展情况。①2011年度内控评审开展情况。围绕合理保证公司经营管理合法合规、资产安全及财务信息真实,提高经营效率和效果,促进企业战略实现等目标,2011年,中国联通通过持续专题评审与配合中期及年度财务报告披露的定期评审相结合的方式,统一组织开展了两次涉及全国31省分公司的交叉内控评审。内控评审重点围绕确保业务发生源头到财务报告生成全过程重要经营管理行为的规范有效,关注了业务经营全过程、代理商及代理费等付现成本管控的效益性及规范性,营运资金等重要资金资产的安全完整性,工程建设等资本性支出过程严格管控规范性等控制活动

的规范有效;关注了信息系统的安全管控及对业务支撑的有效性;关注了不相容岗位分离等控制环境的有效性。内控评审通过深入业务流程,运用抽查、盘点、重新执行及分析复核等实质性评审的方法,及信息化审计手段,监督并验证了关键控制的有效执行情况。对于持续内控评审中发现的有关问题,一对一下达了整改通知,要求举一反三,深度自查,限期整改,并通过后续审计验证整改及执行效果。通过内控评审及督促整改,公司将内部控制要求融入到日常经营管理工作中,将关键控制措施责任逐级落实到各级公司的具体责任部门、岗位和责任人,内控有效性的评价也纳入年度省级分公司的绩效考核成绩中,从而推动了内控长效机制责任体系的建立。②2011年度内控自我评价开展情况。中国联通根据财政部、审计署、证监会等五部委于2008年下发的《企业内部控制基本规范》的规定,参照COSO内部控制框架,对围绕生成财务报告各业务环节及与非财务报告相关的关键控制,从控制环境、风险评估、控制活动、控制监督及信息系统控制等五个方面全面组织内控的有效性评价,完成了内部控制的自我评估报告。

(2)与财务报告相关的内部控制制度的建立和运行情况。中国联通按照《会计法》、《企业财务通则》、《企业会计准则》等法律法规的规定,制定了涵盖会计政策、财务报告制度、关联交易管理、工程财务管理、资金管理、固定资产管理、预算管理、ERP核心系统业务规范等财务内部控制制度,建立了较为完善的财务内控制度体系,并得到有效实施。2011年,结合管理要求、部分业务模式变化、新系统上线等情况,继续关注重点风险,更新优化了财务专业内部控制规范;继续将财务相关内控规范的控制目标和关键控制措施落实到具体岗位和人员,将内控制度融入到日常财务管理和会计核算中,进一步强化内控规范的执

行力;借助 ERP 系统实施,固化财务内控规范,规范会计业务操作,夯实财务基础工作;完善核算与业务系统的无缝衔接,实现数据从业务系统到核算系统到财务报表系统的自动导入和提取,提升了财务信息质量;通过财务检查、内控评审等工作,跟踪并促进各项制度的贯彻落实,有效防范财务风险。

(3)内部控制存在的缺陷及整改情况。中国联通 2011 年度内控评审中发现个别分公司存在的个别一般内控缺陷,不构成对财务报告的重大影响,也不属于内部控制存在重大缺陷或实质性漏洞。

2. 风险管理

中国联通的经营活动会涉及各种金融风险,包括市场风险(包括外汇风险、价格风险、现金流量利率风险及公允价值利率风险)、信用风险和流动性风险。中国联通整体风险管理计划是针对金融市场的不可预见性,尽可能减少对中国联通财务业绩的潜在不利影响。

(1)市场风险。①外汇风险。中国联通的主要经营地点位于中国境内,主要业务也以人民币结算。但中国联通承受因多种不同货币产生的外汇风险,主要涉及美元、港币和欧元,如当偿还外币借款,以外币支付款项给设备供货商和承办商或偿还外币借款等情况下,即存在外汇风险。中国联通总部财务部门负责监管集团外币资产及负债规模,以降低所面临的外汇风险。中国联通可能签署远期外汇合约或货币掉期合约以规避外汇风险。于 2011 年度和 2010 年度,中国联通未签署任何远期外汇合约或货币掉期合约。②价格风险。中国联通在资产负债表中被分类为可供出售金融资产的股票投资主要为西班牙电信的股票,因此中国联通承受权益证券的市场价格风险。于 2011 年 12 月 31 日,假设西班牙电信的股票价格上升或下降 10%,而其他因素保持不变,则中国联通会额外确认因可供出售金融资产公允价值变动导致的可供出售金融资产账面价值增加或减少约人民币 6.84 亿元(2010 年 12 月 31 日:约人民币 6.09 亿元)。③现金流量利率和公允价值利率风险。中国联通的带息资产主要为银行存款。由于主要的银行存款皆为短期性质并且所涉及的利息金额并不重大,管理层认为市场存款利率的波动并不会对财务报表造成重大的影响。中国联通的利率风险产生于带息债务,包括银行借款、长短期债券及关联方借款等计息借款。浮动利率计息的借款导致中国联通产生现金流量利率风险,而固定利率计息的借款导致中国联通产生公允价值利率风险。中国联通主要根据当时的市场环境来决定使用固定利率或浮动利率借款的政策。如果利率上升会增加新增借款的成本以及中国联通尚未付清的以浮动利率计息的借款的利息支出,并对中国联通的财务状况产生重大的不利影响。管理层持续监控集团利率水平并依据最新的市场状况及时做出调整。中国联通可能采用利率掉期安排以降低由浮动利率计息的借款而产生的利率风险,但中国联通认为在 2011 年度及 2010 年度并无该等安排的需要。

(2)信用风险。中国联通对信用风险按组合分类进行管理。中国联通的货币资金,以及提供给企业客户、个人客户、关联公司及其他电信运营商的信用额度均会产生信用风险。

由于国有银行受到政府的支持,而且其他银行均为大中型的上市银行,中国联通认为存放于国有银行和其他大中型上市银行的现金及现金等价物及银行存款不存在重大的信用风险。管理层预计不会因对方单位的违约行为将导致任何重大损失。

此外,中国联通于企业客户及个人用户方面并无重大集中性的信用风险。中国联通的信用风险敞口主要表现为应收服务款项的公允价值。中国联通设定相关政策以限制该信用风险敞口。中国联通基于对客户的财务状况、从第三方获取担保的可能性、信用记录及其他因素诸如目前市场状况等评估了信用资质并设置信用额度。中国联通授予通信服务用户的信用期一般为自账单日起平均30天。中国联通定期对客户使用其信用额度的状况以及结算惯例进行监控。由于关联方及其他电信运营商具有良好的信誉，并且应收此等公司的款项均定期结算，相关的信用风险并不重大。

（3）流动性风险。谨慎的流动性风险管理指通过不同资金渠道来维持充足的现金和资金获取能力，包括短期银行借款及发行债券。由于业务本身的多变性，中国联通总部的资产管理部门通过在必要时维持充足的现金及现金等价物和通过保持不同的融资渠道来确保营运资金的灵活性。

（八）人力资源发展

中国联通坚持以人为本，创新人力资源管理体制机制，全面加强员工队伍建设，维护员工合法权益，为员工提供广阔的空间，激发队伍活力，为公司业务健康、快速发展提供人才保障。

1. 维护员工权益

中国联通加强用工管理，尊重工作机会均等并努力实现用工结构多元化。2011年底，员工总数为300021人，其中，男女员工人数比例为58%：42%；少数民族约占员工总量的7%。

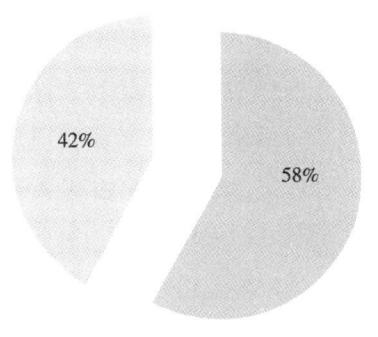 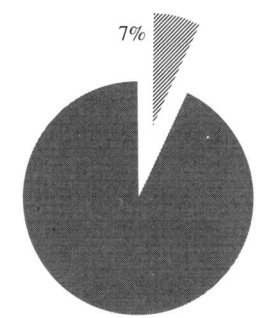

图2-10-4　中国联通2011年员工男女比例及少数民族员工比例

（1）推进员工民主管理。2011年，中国联通不断完善集团职代会制度建设，注重职代会运作实效，强化员工代表参与企业民主管理工作。一届四次职代会与公司年度工作会同时召开，使职工代表全面深入了解公司发展战略、市场策略和经营管理等方面的情况，维护员工的知情权和监督权。2011年9月，开展覆盖全系统员工的"署真名、讲真话、谏箴言"的"民意、民声调查活动"，体现了员工热爱公司，发挥聪明才智为公司发展献计献策的积极性，也让管理层直接倾听员工心声，了解员工最急迫解决的问题。这次良性互动，在公司内部形成了尊重实践、尊重民意、理解变革、参与发展的氛围，有助于建立职工参与民主管理的机制。

（2）实现员工有效激励。2011年，中国联通建立基于市场规模和资源使用高效率的分配激励机制，使人工成本资源有效渗透到市场前端，分配持续向一线员工倾斜；完善员工考核评价体系建设，通过建立综合积分法，量化激励要素，动态调整员工薪档，推动薪档常态化机制的落地实施，及时、有效地激励广大员工。

2. 帮助员工成长

（1）积极促进就业。2011年，中国联通强化招聘人员准入制度，优化招聘流程，高质量完成2011年校园招聘工作，并启动2012年招聘，为公司人员结构逐步优化，充实县级公司力量，吸引优秀人才创造了条件，同时为毕业生创造了更多的就业机会。

（2）拓展职业发展空间。2011年，中国联通深入推进以岗位价值为核心的人岗匹配，推行岗位资格管理制度试点工作，以"岗位+能力+业绩"为平台，促进激励资源向高价值岗位和高业绩、高能力员工倾斜，力争用1~2年时间，打通员工双通道发展路径，完善员工职业发展机制，激发队伍活力。

（3）创新选人用人机制。2011年，中国联通坚持民主公开、竞争择优原则，强化注重能力和业绩的用人导向，组织开展省分公司总经理、副总经理高管人员公开竞聘工作，坚持"先定标准后招人"、"先定规则后定人"，坚持阳光化操作，参加竞聘人员经过资格审查和多轮笔试、面试，有近9%的人员进入总经理后备人选和副总经理"人才池"，而进入"人才池"的人员有40%以上的人员走上总经理或副总经理岗位。

（4）加强员工教育培训。2011年，中国联通推进重点培训和技能鉴定工作，不断提升员工能力素质，激发队伍活力。主要包括：加大管理人员体系化培训和重点业务培训力度，开展了IBM领导力变革、与西电联合高管培训、中青年后备人才、省市县三级分公司领导人员分专业培训等12期948人的集中培训；组织完成业务技能培训班231个，培训员工14750人次；拓宽相关专业的持证上岗比例，组织实施营业、营销、客服、运维等专业12个批次、2.3万人的一线员工技能认证工作；探索专家队伍建设及管理模式，推进

内部人才交流，组织人才交流16批次、260余岗位，促进高素质专业人才合理配置。所辖各分、子公司结合本单位实际，开展领导力和业务技能培训工作，集团培训总人次140多万。

3. 关爱员工生活

中国联通关注员工健康，不仅力求为员工打造健康身体，也积极促进员工的心理健康。2011年，公司组织员工开展年度健康体检，开展丰富多彩的文体活动，举办全系统省级单位赛事42次，省级文化活动30余次。举办"员工心理咨询与疏导"培训班，把人文关怀渗透于企业日常管理，在营造和谐氛围方面发挥积极作用。

中国联通心系困难员工和离退休同志。制定《关于建立困难员工帮扶专项资金的指导意见》，指导分公司践行"以人为本"的理念，将帮贫扶困工作落到实处。在节日，开展送温暖活动，慰问一线员工、劳动模范和困难员工；对遭受严重自然灾害地区的员工实施专项救助。此外，中国联通用心做好离退休同志的服务，关注他们的健康，不断丰富他们的文化生活。如在云南，组织员工参加云南省总工会开展的职工医疗互助互动，帮助患病住院职工解决个人自付医疗费用过高的困难；在天津，建立急难救济金，已经为400多位职工发放；在湖北，成立职工重大疾病、重大灾难及住院互助协会，已向10余名重绝症员工提供互助金。

（九）企业社会责任

中国联通致力于成为"信息生活的创新服务领导者"，深入实施"3G领先于一体化创新战略"，将和谐发展要求和社会责任理念融入公司愿景和战略，从战略高度认识、部署推动企业与社会、环境的和谐发展。

履行社会责任是促进企业和谐发展的重要基石，中国联通坚持以可持续发展为核心，以"责

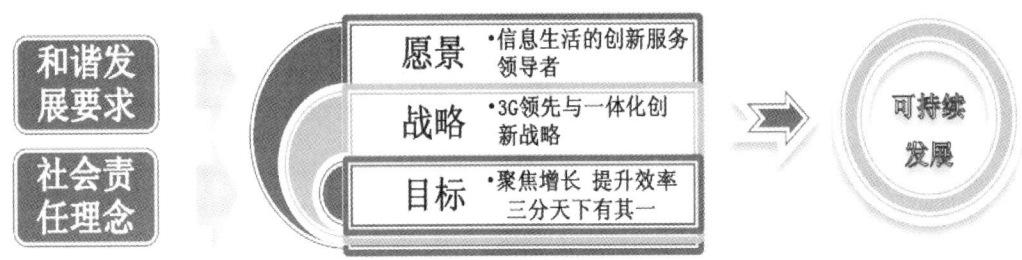

图 2-10-5 中国联通企业社会责任框架

任融入核心业务,聚焦提升客户感知,共同践行社会责任"为指导,把"诚信、绿色、平安、活力、责任"的履责要求融入公司运营的全过程,将自身发展与更广泛社会责任相结合,实现企业利益与社会目标的和谐统一。

中国联通建立了社会责任管理的组织体系,成立由公司领导任主任负责的社会责任指导委员会,明确社会责任工作的归口管理部门,在总部各部门设立专门的社会责任工作联络人,与省级分公司和子公司建立起社会责任实践的征集渠道。

中国联通重视加强与利益相关方的沟通和交流,与政府、客户、员工、投资者、合作伙伴、同业者、社区与公众等利益相关方建立起包括专项沟通和日常沟通的机制,每年定期发布财务运营年报和企业社会责任报告,并通过公司网站和报刊等方式不断增加责任信息披露,实现共同发展。

1. 增强持续发展实力

中国联通大胆改革创新,着力调整、转变营销服务和资源配置方式,加大科技创新力度,提供负责人的通信保障,在发展道路上迈出了新的步伐。主要包括:一是调整产品结构,2011 年,中国联通适应市场和客户需求的变化,进一步优化市场营销政策,完善 3G 套餐体系,加快实施宽带光纤入户和光进铜退策略,开展提速营销,全面梳理和优化宽带营销、服务、受理、实施等流程,促进宽带业务的持续快速增长,推动面向集团及中小企业客户的沃商务策略方案落地实施;

二是打造精品网络,加快通信网络建设,提升网络服务能力,加强网络优化和安全保障,确保网络的安全通畅和业务的稳定可靠,提升信息化支撑水平,提高用户感知度,按照"一个集团、一副面孔"的建设思路,初步搭建了集中化、一体化的信息化支撑架构,促进信息透明和数据统一;三是提升创新能力,不断优化研发体系,加强企业科技自主创新基础条件平台建设,2011 年提交国际标准文稿 490 篇,开展沃 phone、LTE、IMS 等 120 多个研发项目,提交专利 251 件,物联网应用迈上新台阶;四是保障信息畅通,面对重大活动和自然灾难,中国联通以高度的社会责任感和快速反应提供可靠的通信保障和全方位的灾难救援,做到"通信服务保障出色",全方位保障第八届全国残运会、大运会、世园会等多项大型赛事的通信任务,多次成功支援灾害建设。

2. 提升信息生活品质

中国联通以向社会提供高品质的信息服务为己任,创新产品应用服务,满足信息消费需求,提升客户感知,让所有用户共享美好信息生活。开展"沃爱生活"数据业务营销活动,培养用户使用习惯,加快数据信息业务的普及渗透;中国联通积极发挥信息化建设主力军作用,围绕"数字城市"、"智慧城市"建设以及政务、行业和企业信息化,依托优势网络,在智能管道能力、业务承载能力、弹性计算能力和服务于实施能力四个方面推动信息兴业;大力实施和推进"村通工程"建设任务,全年投资11.2亿元专项建设资金,服务农村信息化;中国联通采取有力措施,在网站备案管理、清理资源转租、规范手机上网代收费、治理垃圾短信等多个关键环节进行了全面安排和部署,提高信息安全管控水平,营造文明健康、安全游戏的网络环境;秉承"以客户为中心,用服务促发展"的服务理念,完善优质服务机制,建设优质服务窗口,不断提升服务能力,倾力做到"让客户满意消费,让信息服务民生"。

3. 致力于推动合作共赢

中国联通坚持开放、共赢的原则,加强与政府、运营商、内容应用提供商、社会渠道、设备制造商、终端厂商等社会各界的相互合作,优势互补,利益共享,实现共同发展。2011年,与北京、河南等当地政府签订了"十二五"战略合作协议,深化与西班牙电信的战略合作关系,推动双方在跨国企业客户拓展、国际漫游、国际网络合作等领域的合作;与全国性家电、通信和电脑连锁企业、区域性手机专业卖场、B2C电子商场等社会渠道建立战略合作伙伴关系;在2011年继续推行公开注册登记工作,全国注册企业供应商近20000家。

4. 践行绿色低碳发展

中国联通以持续创建"资源节约型企业"和"环境友好型企业"为目标,努力转变发展方式,树立低碳发展理念,推进企业高效、低成本、绿色发展、营造绿色"信息生活"环境。中国联通将节能减排工作与可持续发展紧密结合,推动节能减排体系化建设,2011年,能源消耗总量完成185万吨标准煤,同比增长6.3%,增幅下降超过50个百分点,节约能耗成本约2亿元;在网络主设备节能方面,建设一体化基站、分布式基站,实施网络IP化改造,利用现有资源进行低成本建网;2011年,共计下电设备超过1200台(套),

累计节约电费约600万元;以信息化为手段,推行办公自动化、移动办公、综合信息网等绿色节能新业务,带动全社节技能减排;2011年,中国联通积极推进共建共享,截至2011年底,中国联通完成2011年共建共享工作考核指标,铁塔共建率达到72%,共享率达到88%,杆路共建率达到57%,共享率达到89%。

5. 投身社会公益事业

中国联通竭诚回馈社会,全力保障和改善民生,帮扶贫困地区,主动参与社区建设,积极引导和开展员工志愿者活动,促进和谐社会建设。积极参加国家扶贫援藏活动,支援西藏建设,其中,2011年,开展援藏项目5个,累计投入资金1291万元,进一步提高了藏区人民生活质量;关注和支持教育事业,资助贫困学生,为大学生提供实践机会,关爱留守儿童,中国联通上海市分公司设立"上海联通—雪域童年"爱心基金,促进四川民族小学的发展;助推校园创业,2011年暑假,提供600余个实践岗位;支援四川地震灾区小学建设,关注留守儿童;鼓励员工积极开展支援活动,积极投身关爱农民工子女、支教、植树造林、志愿服务文化传播等工艺活动,受到社会各界的好评。

(十)前景展望

面对复杂多变的宏观经济环境,伴随信息通信业新技术新业态的不断涌现和产业加速跨界融合,中国的通信业总体仍有望保持较快发展。随着网络的完善与终端的丰富,WCDMA在国内实现更快发展的条件越来越成熟,3G的渗透率将进一步加速提高,移动互联网的应用市场将持续升温;国家加强网络基础设施建设,明确实施宽带中国战略,将推动宽带业务持续保持较快增长。中国联通在移动宽带数据业务领域已确立了一定的差异化优势,积累了较为丰富的运营经验,并逐步建立了良好口碑。公司有信心抓住战略机遇和时间窗口,加快重点业务的规模发展,实现收入与市场份额的更快提升,带动盈利增长,为股东创造更大价值。

2012年,中国联通将进一步加大对WCDMA网络投资,保障增长型业务的资源投入,继续推进管理创新与变革,在确保盈利水平更快增长的同时,实现业务发展和收入规模的更大突破,进一步提升公司的发展水平、效益水平和管理水平。主要经营目标和措施包括:

1. 加快WCDMA目标网建设,保障市场发展需求

2012年,中国联通将加快3G目标网建设,进一步扩大HSPA+覆盖范围,基本消除城市区域3G网络覆盖盲、弱区,完成东中部乡镇和西部发达乡镇、重点旅游景点和交通干线的3G网络全覆盖。同时,中国联通将以宽带中国战略的实施为契机,继续大力推进以FTTH/B为主的光纤接入网建设,实现城市主要竞争区域10M及以上速率接入、农村2M及以上速率接入。

2. 推动重点业务规模增长,实现收入和市场份额更快提升

中国联通将集中各类资源,发挥终端、渠道

及应用优势,进一步提升合约用户渗透率,确保3G业务发展实现新的规模突破;全面加速固网宽带升级提速,发挥全业务等优势,实现宽带业务持续快速增长,固网业务结构持续改善;推动融合业务深入发展,积极推进GSM业务营销模式转型,在转型中保持GSM业务稳定发展。

3. 大胆推进创新变革,进一步夯实基础管理

中国联通将积极适应业务发展模式的变化,持续优化营销组织体系,加快推进电子化销售和服务进程,全面提升市场销售能力;深入推进网络建设与运维、IT支撑的专业化运营改革,增强业务支撑能力;推动以本地网为核心、强化专业线管控的预算管理体系,实施与业务发展和收入规模相配比的动态资源分配机制,不断提升资源配置的科学性和透明度;持续完善薪酬和激励机制,激发企业经营活力。

展望未来,信息通信业服务经济社会发展的能力将进一步增强,转型升级步伐将进一步加快。中国联通将深入贯彻落实科学发展观,牢牢把握机遇,加快创新变革,全力构建领先的信息通信基础设施,不断增强营销服务能力,完善面向新形势转型需要的一体化运营管理体系,携手各方共创美好信息生活,为经济社会发展做出新的贡献。

附件一:中国联通财务报告(2011年)

1. 合并资产负债表

(除特别注明外,金额单位为人民币元)

资产	附注	2011年12月31日 合并	2010年12月31日合并(经重列)	2011年12月31日 公司	2010年12月31日 公司
流动资产					
货币资金	五(1),十六(1)	15439016285	22892569517	28383556	22094474
应收票据	五(2)	31490161	61453402	—	—

续表

资产	附注	2011年12月31日合并	2010年12月31日合并（经重列）	2011年12月31日公司	2010年12月31日公司
应收账款	五(3)	12439244269	10425387072	—	—
预付款项	五(5)	3689114396	3067243483	—	—
应收利息	五(39)	1583338	1654138	—	—
应收股利	十六(2)	—	—	479119262	423498119
其他应收款	五(4)	1924610778	1616633144	1835991	1840968
存货	五(6)	4651374730	3728424300	—	—
其他流动资产	五(21)	696047622	619616472	—	—
流动资产合计		38872481579	42412981528	509338809	447433561
非流动资产					
可供出售金融资产	五(7)	6951106326	6213538603	—	—
长期股权投资	五(8), 十六(3)	47465488	47713824	38538133791	38538133791
固定资产	五(9)	325436125614	304440266558	5960958	6352817
在建工程	五(10)	52328892232	55861735600	—	—
工程物资	五(11)	2337301169	3366791778	—	—
无形资产	五(12)	20739627902	19871863623	10751448	10999555
长期待摊费用	五(13)	8100299374	7724362908	—	—
递延所得税资产	五(44)	3710544195	3668413433	—	—
非流动资产合计		419651362300	401194686327	38554846197	38555486163
资产总计		458523843879	443607667855	39064185006	39002919724
流动负债					
短期借款	五(15)	32321530000	36726520000	—	—
应付短期债券	五(16)	38000000000	23000000000	—	—
应付票据	五(17)	1046319417	585181600	—	—
应付账款	五(18)	91138684831	93688780320	—	—
预收款项	五(19)	36620704885	29972285104	—	—
应付职工薪酬	五(20)	3550320691	3404906636	—	—
应交税费	五(21)	1233433789	1483483552	71267	28281
应付利息	五(22)	834595861	743909825	—	—
应付股利	五(23)	8940742	24118117	—	61049
其他应付款	五(24)	8607473651	8078377564	2816515	5823876
一年内到期的非流动负债	五(25)	127919616	184035033	—	—
流动负债合计		213489923483	197891597751	2887782	5913206
非流动负债					
长期借款	五(26)	1383679474	1462239790	—	—
应付债券	五(27)	33118105681	33557754642	—	—
长期应付款	五(28)	88460997	161603695	—	—
其他非流动负债（递延收益）	五(29)	1801330590	2170526901	—	—
递延所得税负债	五(44)	31647601	40130185	—	—
非流动负债合计		36423224343	37392255213	—	—
负债合计		249913147826	235283852964	2887782	5913206

续表

资产	附注	2011年12月31日合并	2010年12月31日合并（经重列）	2011年12月31日公司	2010年12月31日公司
股东权益					
股本	五（30）	21196596395	21196596395	21196596395	21196596395
资本公积	五（31）	27159443685	27859867254	17111103108	17111103108
盈余公积	五（32），十六（4）	746495256	684955035	746495256	684955035
未分配利润	五（33）	21944910470	21160924580	7102465	4351980
外币报表折算差额		(23643600)	(17733819)	—	—
归属母公司股东权益合计		71023802206	70884609445	39061297224	38997006518
少数股东权益	五（34）	137586893847	137439205446	—	—
股东权益合计		208610696053	208323814891	39061297224	38997006518
负债和股东权益总计		458523843879	443607667855	39064185006	39002919724

2. 合并损益表

2011年度合并及公司利润表
(除特别注明外，金融单位为人民币元)

项目	附注	2011年度合并	2010年度合并（经重列）	2011年度公司	2010年度公司
一、营业收入	五（35）	215518511458	176243422124	—	—
减：营业成本	五（35）	(154414023686)	(123763218376)	—	—
营业税金及附加	五（36）	(6351628168)	(4873381319)	—	—
销售费用	五（37）	(28750690843)	(23734742786)	—	—
管理费用	五（38）、十六（5）	(18199737712)	(16123273282)	(10676612)	(10442402)
财务费用（加：收入）	五（39）	(1243082687)	(1624003124)	473714	(2422076)
资产减值损失	五（41）	(2771213069)	(2667652270)	—	—
加：投资收益	五（40）、十六（6）	866240576	484626759	625590662	1277413763
二、营业利润		4654375869	3941777726	615387764	1264549285
加：营业外收入	五（42）	1874449694	1060169149	23449	—
减：营业外支出	五（43）	(864784747)	(330192862)	(9001)	—
三、利润总额		5664040816	4671754013	615402212	1264549285
减：所得税费用	五（44）	(1476075431)	(980121278)	—	—
四、净利润		4187965385	3691632735	615402212	1264549285
归属于母公司普通股股东净利润		1412245739	1234506831	615402212	1264549285
少数股东损益	五（34）	2775719646	2457125904	—	—
五、同一控制下企业合并中被合并方在合并前实现的净利润	四（3）	8940742	20356428	不适用	不适用
六、每股收益（归属于母公司普通股股东）					
基本每股收益	五（46）	0.0666	0.0582	不适用	不适用
稀释每股收益	五（46）	0.0660	0.0579	不适用	不适用
七、其他综合收益	五（47）	(1990478831)	(1334815631)	—	—

续表

项目	附注	2011年度合并	2010年度合并（经重列）	2011年度公司	2010年度公司
八、综合收益总额		2197486554	2356817104	615402212	1264549285
归属于母公司普通股股东综合收益总额		737787260	782214796	615402212	1264549285
归属于少数股东的综合收益总额		1459699294	1574602308	—	—

3. 合并现金流量表

2011年度合并及公司现金流量表
（除特别注明外，金融单位为人民币元）

项目	附注	2011年度合并	2010年度合并（经重列）	2011年度公司	2010年度公司
一、经营活动产生的现金流量——持续经营业务					
销售商品、提供劳务收到的现金		205738561772	170248492218	—	—
收到的税款返还		27664445	97762455	—	—
收到其他与经营活动有关的现金	五（48）	547931509	1887813551		
经营活动现金流入小计		206314157726	172234068224	—	—
购买商品、接受劳务支付的现金		(100918902794)	(73721453945)	(10149436)	(8549309)
支付给职工以及为职工支付的现金		(26443414889)	(23504105093)	(2876826)	(2898004)
支付的各项税费		(9498977137)	(6767502730)		
经营活动现金流出小计		(136861294820)	(103993061768)	(13026262)	(11447313)
经营活动产生的现金流量净额（减：支付）		69452862906	68241006456	(13026262)	(11447313)
二、投资活动产生的现金流量					
处置固定资产、无形资产所收回的现金净额		1431320599	374602080	41000	—
取得投资收益所收到的现金		1047765284	561683784	570446899	1158858348
收到其他与投资活动有关的现金	五（48）	181172648	1200945107		
持续经营业务投资活动现金流入小计		2660258531	2137230971	570487899	1158858348
购建固定资产、无形资产所支付的现金		(81817902431)	(78086433622)		(696878)
投资所支付的现金		(3367586262)	(46275271)		
支付的其他与投资活动有关的现金	五（48）	(212436455)	(477672520)		
持续经营业务投资活动现金流出小计		(85397925148)	(78610381413)		(696878)
持续经营业务投资活动产生的现金流量净额（减：支付）		(82737666617)	(76473150442)	570487899	1158161470
终止经营业务投资活动现金流量净额	五（48）	—	5121123007		
投资活动产生的现金流量净额（减：支付）		(82737666617)	(71352027435)	570487899	1158161470
三、筹资活动产生的现金流量——持续经营业务					
子公司吸收少数股东投资所收到的现金	五（45）	33422359	405515	—	—
发行可转换债券所收到的现金			12143781219		
发行债券收到的现金		61866594907	37881800000		
取得借款所收到的现金		55460955472	114981978200		
筹资活动现金流入小计		117360972738	165007964934		
偿还债务所支付的现金		(106305374182)	(141451449465)		
分配股利、利润或偿付利息所支付的现金		(5255611884)	(5732243210)	(551172555)	(1136153057)

续表

项目	附注	2011年度合并	2010年度合并（经重列）	2011年度公司	2010年度公司
筹资活动现金流出小计		(111560986066)	(147183692675)	(551172555)	(1136153057)
筹资活动产生的现金流量净额（减：支付）		5799986672	17824272259	(551172555)	(1136153057)
四、汇率变动对现金的影响		—	—	—	—
五、现金及现金等价物净增加（减少）额	五（49）	(7484817039)	14713251280	6289082	10561100
持续经营业务期末现金及现金等价物净增加额		(7484817039)	9592128273	6289082	10561100
终止经营业务期末现金及现金等价物净增加（减少）额		—	5121123007	—	—
加：年初现金及现金等价物余额	五（49）	22619788582	7906537302	22094474	11533374
六、年末现金及现金等价物余额	五（49）	15134971543	22619788582	28383556	22094474

附件二：中国联通大事记

1994年7月19日，中国联合通信有限公司正式成立。

1999年2月，中国联通根据国务院决定进行公司重组。

1999年3月，国信寻呼有限责任公司和上海国脉通信股份有限公司划入中国联合通信有限公司。

2000年1月，中国联通提出"两新两高一综合"发展战略。

2000年6月21日，中国联通在纽约、香港证券交易所成功上市。

2001年1月，中国联通提出"实现跨越式发展，把中国联通建设成为国际一流综合电信企业"的奋斗目标。

2002年10月9日，中国联通A股在上海证券交易所成功上市，中国联通成为国内首家在中国香港、美国、内地三地上市的电信运营企业。

2002年12月，GSM用户数突破6000万，CDMA用户数突破700万。

2003年5月，中国联通为抗击SARS疫情，向全国卫生部门、防"非典"机构捐赠宝视通视频会议系统等物资，合计人民币4100万元。

2003年7月，王建宙董事长提出"移动为主、综合发展；两网协调、差异经营；效益领先、做大做强"24字经营方针。

2003年7月，《福布斯》公布全球企业500强的评选结果，中国联通居第390位。

2004年5月10日，公司在京召开新闻发布会，宣布截至5月5日，中国联通移动用户总数突破一亿，成为全球第三大GSM运营商和全球第二大CDMA运营商。

2004年10月30日，国务院决定：任命常小兵同志为中国联合通信有限公司董事长，尚冰为中国联合通信有限公司总经理。11月，召开集团公司、联通A股公司、联通红筹公司股东会、董事会，任命常小兵为公司董事长、尚冰为公司总经理。

2005年1月10日，中国联通移动通信网与中国电信、中国网通"小灵通"网间实现短信业务全网互联互通。

2005年1月13日，公司正式推出增值业务"uni"品牌。

2005年2月6日，公司青少年业务品牌"up新势力"正式推向市场。

2005年2月25日，商务部印发《商务部关于同意中国联通有限公司与联通新世界通信有限公司合并的批复》（商资批［2005］258号）文件。

2005年3月11日，公司成功中标澳门CDMA牌照，这是国内电信运营商首次在大陆以外地区获得移动运营牌照。

2005年3月21日，公司印发《关于调整总部计划财务管理机构设置的通知》（中国联通企字［2005］141号），公司总部撤销计划财务部，分别成立计划部和财务部。

2005年4月12日，公司正式宣布推出世界风"双模卡"业务。

2005年7月1日，联通华盛通信技术有限公司正式注册成立。

2005年10月18日，公司成功开通澳门CDMA网络，这是国内电信运营商首次在大陆以外地区开通移动通信网络。

2006年1~2月，根据"以市场为导向、客户为中心"的思路，公司按照"前台面向市场、后台支撑前台"和"前台按照客户群组织，后台强调专业化支撑"的总体原则，对总部部门设置进行了调整。调整后，公司总部设置24个部门，116个处室。

2006年3月21日，公司印发《中国联通品牌策略纲要（试行）》，公司分品牌经营工作正式启动。

2006年3月21日，中国联通上市公司发行一年期短期融资券10亿元；7月11日发行半年期、九个月和一年期共三期60亿元短期融资券。

2006年3月28日，公司正式启用新标识。

2006年4月，公司在广泛开展风险分析的基础上，揭示了影响财务信息真实性的10大风险，提出了内控整改的26个重点问题，并进一步明确为82个内控重点整改目标。围绕重点问题的整改，公司先后组织开展了5次内控建设现场督导、自我测评、内控测评和评审，推动了重点风险问题的整改落实。

2006年4月29日，公司与中讯邮电咨询设计院拟进行重组获国资委批复同意（国资改革［2006］491号）。6月30日，两公司的重组方案获国资委批复同意（国资改革［2006］736号）。重组后，中讯邮电咨询设计院成为中国联合通信有限公司的全资子公司，对外名称不变，对内称"中国联通研究设计院"。

2006年5月11日，联通A股公司股改方案获A股股东大会通过。

2006年6月20日，中国联通股份公司与韩国SK电讯公司在北京签署了定向发行10亿美元可转换债及建立战略联盟框架协议。

2006年6月26日，公司印发《中国联通客户品牌服务标准》，明确了各服务渠道的定位和功能，制定了世界风、新势力、如意通和新时空四大客户品牌的服务标准。

2006年8月25日，公司与中国电信集团公司签署合作意向书，同意成为其实业上市公司中国通信服务股份公司的战略投资者。

2006年12月4~8日，公司以全新形象参加香港"2006世界电信展"。本次参展以世界风、新势力、如意通、新时空四大客户品牌及旗下丰富而各具特色的增值业务服务为重点，全力展示公司"让一切自由连通"的理念。

2008年7月27日，联通红筹公司、联通运营公司与电信H股公司签署《关于转让CDMA业务的协议》。联通运营公司将其拥有和经营的目标业务转让给电信H股公司、联通运营公司将其持有的联通华盛通信技术有限公司99.5%的股权转让给电信H股公司以及联通红筹公司及其附属公司向电信H股公司及其附属公司转让中国联通（澳门）有限公司100%的股权，CDMA业务出售交易的对价为人民币438亿元。与CDMA业务出售交易同步，联通集团、联通新时空与电信集团于同日签署了《关于转让 CDMA 资产的协议》，约定联通集团、联通新时空分别向电信集团转让相关 CDMA 资产，CDMA 资产出售交易的对价为人民币 662 亿元。

2008 年 10 月 1 日，CDMA 网络正式移交中国电信运营。

2008 年 10 月 15 日，中国网通红筹公司、中国联通红筹公司正式合并为中国联合网络通信有限公司，中国联通香港上市公司亦由"China Unicom Limited 中国联通股份有限公司"更改为"China Unicom（HongKong）Limited 中国联合网络通信（香港）股份有限公司"。

2009 年 1 月 6 日，国务院国资委《关于中国网络通信集团公司与中国联合通信有限公司合并有关问题的批复》（国资改革〔2009〕1 号），同意中国联合通信有限公司吸收合并中国网络通信集团公司。合并后，新的集团公司使用"中国联合网络通信集团有限公司"（以下简称"中国联通"）的名称，中国联通将继承中国联合通信有限公司、中国网络通信集团公司的全部资产、债权债务和业务，中国网络通信集团公司将依法注销。

2009 年 1 月 7 日，中国联通获经营 WCDMA 第三代移动通信业务经营牌照。

2009 年 1 月，中共中央决定，成立中国联合网络通信集团有限公司党组，常小兵同志任党组书记。中共中央决定，常小兵同志任中国联合网络通信集团有限公司董事长，陆益民同志任中国联合网络通信集团有限公司总经理。

2009 年 4 月 28 日，中国联通在京举行发布会，推出全业务品牌"沃"（英文发音"WOW"）。作为中国联通的核心品牌，"沃"品牌将覆盖中国联通的所有产品、业务、服务、套餐，为个人客户、家庭客户、集团客户提供 3G 时代的全业务服务。该品牌的推出，是中国联通实现由多品牌战略逐步过渡到企业品牌下的全业务品牌战略的重要一步。4 月，经工业和信息化部批准，中国联通换发了《基础电信业务经营许可证》和《增值电信业务经营许可证》并被授权从事相关业务。新颁发的电信业务许可证包括了原中国联合通信有限公司和原中国网络通信集团公司的全部电信业务经营许可事项。

2009 年 8 月 5 日，中国联通（新加坡）运营有限公司注册成立。

2009 年 10 月 30 日，中国联通与苹果公司联合在北京"世贸天阶"举行 iPhone 手机的上市首销仪式。

2009 年 12 月，贵州、云南、宁夏、新疆、江西、甘肃、青海 7 省（区）50 个城市正式开通 3G 业务。至此，中国联通已在 335 个大中城市开通 3G 网络。除西藏 5 个偏远地市外，中国联通 3G 网络基本覆盖了全国地市级以上城市、主要交通干线和 4A 级以上旅游景点。中国联通 WCDMA 网络规模跃居全球之首。

2010 年 5 月 11 日，中国联通与联想集团"精彩在沃，乐自由我"战略合作暨"乐 Phone"上市启动仪式在京举行。

2010 年 6 月 21 日，中国联通、中国电信、中国移动与台湾中华电信签署厦（门）金（门）海缆备忘录。计划联合建设厦门和大金门岛之间的两条 24 芯海底光缆，设计传输能力最少可达 19.2Tbit/s，是两岸已开通的传输带宽的上百倍，可满足未来两岸之间宽带通信业务需求。该海缆的建成将改变目前大陆和台湾之间通信经多边合作海缆绕转通达的现状。

2010 年 7 月，中国联通大幅下调国际及台港澳出访漫游资费。其中，漫游时拨打中国大陆的资费：来自日本、韩国、南非方向的降幅达 43%，来自英国、德国、法国等国的最高降幅达 33%；漫游地的接听资费：在美国、日本、韩国的降幅近 70%，在英国、法国、德国等欧美主要国家的降幅超过50%；在国外的手机上网流量费最低降至0.01元/KB，与在国内手机上网的标准资费基本相当。中国联通已与220个国家或地区的398家运营商开通了话音漫游业务，并与其中的143个国家和地区的269家运营商开通了GPRS/WCDMA数据漫游业务。

2010年11月，中国联通"沃商店"在上海发布并在全国投入使用。该平台是基于3G（WCDMA）成熟产业链，面向主流手机操作系统（Android、Symbian、WindowsMobile、Kjava等）构建的全透明、跨平台、高度开放的手机应用开发和推广平台，采用与应用软件开发者三七分成的模式，对开发者实行无门槛准入、接入无数量和容量限制、开发者自主定价和结算透明的策略。截至11月10日，中国联通累计招募并签约开发商146家，上架应用软件2377款。"沃商店"设立了互联网门户、手机门户和手机客户端三大门户，用户以手机号码作为用户名，可使用联通一卡充、银行卡等方式进行充值。

2010年12月，中国联通成为全球首家也是国内唯一一家可提供缅甸国际漫游服务的电信运营商。中国联通与缅甸邮政电信公司（MPT）签署国际漫游业务协议，开通GSM网络语音和短信国际漫游服务。截至2010年底，中国联通已与170个国家和地区的333个运营商开通GPRS国际漫游来访业务，并与155个国家和地区的294个运营商开通GPRS国际漫游出访业务。

2011年1月，中国联通和西班牙电信同意加强双方的战略联盟，在包括采购、移动通信服务平台、跨国客户服务、网络容量批发承运、国际漫游、技术等领域深化双方自从签署战略联盟协议以来开展的业务合作。

2011年2月，中国联通将发布其自有知识产权的沃Phone以及手机操作系统，系统将内置众多联通3G应用服务。联通沃Phone操作系统是完全基于Linux内核的原生操作系统，而不是Android操作系统。

2011年3月，中国联通正式启动"沃行天下"行业应用巡展，来自于全国各行业200多名客户出席了此次合作伙伴授牌仪式。中国联通在2011年将进一步加大集团客户行业应用推进，在为期2个月的时间内在全国12个城市进行行业巡展，为各行业的信息化建设提供新的解决方案。

2011年5月，中国联通在国内56个城市开放HSPA+，传输速率将升至21Mbps。同时，中国联通将推出首批HSPA+制式的新型终端，为3G上网卡，该类HSPA+制式的新型上网卡相当于目前联通3G上网卡速率的3倍。

2011年5月，中国联通对3G合约计划进行了优化调整，战略终端、普通定制终端和自备机"存费送费"合约计划入网资费门槛降为46元。据了解，凡是办理战略终端、普通定制终端、自备机"存费送费"合约计划的用户，最低入网套餐资费门槛均降至46元。以战略终端"预存话费送手机"合约计划46元套餐为例，用户可选择18个月和24个月合约期。选择签约在网18个月的用户，只需预存850元即可享受千元以下机型购机优惠。选择签约在网24个月的用户需预存款950元，即可享受千元以上机型购机优惠。

2011年6月，广东联通在国内首创的微博联盟——"红围脖开放联盟"正式开始运作，企业（商家）、个人或组织只要认同中国联通、新浪微博、"红围脖"业务及服务，自愿参与"红围脖"活动，认可"红围脖"理念，愿意推动"红围脖"进一步发展均可申请加入。联盟的成立，标志着一个以新浪微博为基础、红围脖为纽带的综合性传播平台荣耀诞生。

2011年6月，中国联通在九个重点城市开展IPRAN综合承载试商用项目，不仅要求承载HSPA+业务，同时叠加其他业务，实现综合业务承载。据了解，此次华为负责承建上海、沈阳、兰州、贵州、银川、南宁、台州等七个城市，阿朗承建常州、南昌等两个城市。

2011年7月，中国联通发布首批两款沃Phone终端，并与索尼爱立信、三星、酷派、摩托罗拉、LG、HTC和华为等公司发布了15款最新WCDMA智能终端。新品智能终端包括首批沃Phone、首款游戏手机、首款HSPA+手机、首款双网双待机、首款双核手机、首款裸眼3D手机，以及首批云手机等。

2011年9月1日，中国联通于年内第三次下调移动电话国际漫游业务资费标准。此次下调包括英国、法国、德国、意大利、西班牙、澳大利亚、加拿大、白俄罗斯、阿尔巴尼亚、土耳其、蒙古、爱沙尼亚、阿尔及利亚等30个国家和地区语音、数据漫游资费。

2011年9月，"2011年中国国际信息通信展览会"近日在北京中国国际展览中心正式举行。中国联通在展会中全面展示了其"沃品牌"下的3G应用物联网、智能家居、智能交通、移动智能终端等领域的三十多项移动互联网产品，成为本届展会最受关注的展商之一。

2011年10月，中国联通已与全球246个国家和地区的541家运营商开通GSM国际漫游，开通数量超过其他运营商。中国联通与189个国家和地区的434个运营商开通了GPRS国际漫游来访业务；与174个国家和地区的389个运营商开通了GPRS国际漫游出访业务。

2011年11月，中国联通正式推出iPhone 48GB版，同时推出"预存话费送手机"和"购手机送话费"合约计划在内的促销政策，并在联通所有渠道销售。其中"预存话费送手机"合约计划分为1年期、2年期和3年期。此次促销政策将执行到今年年底。

2011年12月，广东联通宣布推出WO+开放体系旗下四大开放平台，分别为"WO+全媒体开放平台"、"WO+智能通信开放平台"、"WO+分享传播开放平台"、"WO+社交生活开放平台"，并与首批50余家合作伙伴签约。

2011年12月，中国联通与小米手机合作合约价格2499元。中国联通版小米手机分为预存话费换手机以及购手机送话费两种方式进行，其中承诺在网两年或三年预存话费2699元就可以获得小米手机。

利万基（迈克尔）爵士（Sir Michael Rake）
英国电信集团董事长

利万基（迈克尔）爵士，2007年9月26日被任命为董事会主席，现年64岁。1972年起，利万基爵士开始在毕马威事务所工作，2002~2007年担任毕马威会计事务所的国际主席。利万基爵士曾担任易捷航空的主席，巴克莱银行的非执行董事，负责公司的审计委员会、麦格劳·希尔咨询公司以及财务报告理事会。利万基爵士还曾是英国皇家国立盲人学院的副总裁，跨大西洋商业对话以及CBI国际咨询的董事会成员以及国家安全论坛的成员。作为一名具有英国公认会计师资格的从业人员，在2007年因其对所从事服务的贡献而被授予爵位。

伊恩·利文斯顿（Ian Livingston）
英国电信集团首席执行官

伊恩·利文斯顿，2008年6月1日被任命为英国电信集团首席执行官，从2002年开始便担任董事会成员。伊恩1987年获得了曼彻斯特大学经济学学士学位，并取得了注册会计师资格，曾在3i集团和美国国际银行工作，担任Hilton Group plc的总监和Freeserve成立之初的总监。1991年，伊恩加入Dixons公司，对电子零售业务运营和财务进行统一调控。1997年起，在伊恩加入英国电信之前，他曾担任Dixons集团的财务总监，2002年4月起伊恩担任英国电信集团的财务总监，2005年2月起伊恩曾担任英国电信零售业务的首席执行官。

公司 LOGO 为 6 色半球形图案，由六种不同的颜色构成，极具空间感的半球形图案构成了一个酷似地球的造型。这个含义为"连通世界"，反映了公司朝着更广泛的世界级通信服务提供商的方向努力的意向及以用户为中心的全新企业价值观，六色新标识还象征着公司的六大主要部门。

十一 英国电信集团可持续发展报告（BT Group）

（一）公司简介

英国电信（集团），简称BT，总部位于伦敦，原为英国国营电信公用事业，由英国邮政总局管理，1981年10月1日脱离英国皇家邮政变成独立的国营事业。在英国保守党柴契尔夫人的执政下，1984年向市场出售50%公股，成为民营公司。作为全球传统固网运营商典型代表的英国电信，面对异质分流严峻、同业竞争加剧以及新技术和新业务的挑战，通过建立长期客户关系，实施业务转型、网络转型和组织转型等重点举措，完成了基于网络的综合信息通信服务提供商的重新定位，成为传统固网运营商转型的典范。

英国电信是英国最大的运营商，也是全球领先的通信解决方案和服务供应商之一，业务遍及170多个国家，其主要经营活动包括网络化IT服务，本地、国内与国际电信服务以及高价值宽带与互联网产品及服务。股票分别在伦敦证券交易所和纽约证券交易所上市。英国电信公司主要有6大部门，其中包括4大业务部门和2个内部支撑部门。4大业务部门分别是英国电信全球服务业务部（BT Global Services）、Openreach、英国电信零售业务部（BT Retail）和英国电信批发业务部（BT Wholesale）。2个内部支撑部门是BT研发和设计部和BT运营部。该公司始终是全英最大电信设施硬件的营运者。截至2012年3月31日，英国电信营业收入达到18.9亿英镑，同比下降6%；净利润为20.03亿英镑；每股盈余为25.8便士；EBITDA为5.9亿英镑，同比增加6%左右；每股股利为8.3便士，相比上年提高12%。截至2012年5月3日，英国电信共有8151227029股普通股，其中包括364096071股库存股。

（二）公司战略

英国电信集团的总体战略是：使BT成为更优秀、前景更加美好的企业，为股东创造更多价值。

为实现英国电信集团总战略，公司从以下三个方面开展具体行动：顾客至上、成本优化、投资未来。这三个方面是相辅相成的，只有做到成本优化，英国电信才能创造更多的机会投资未来。

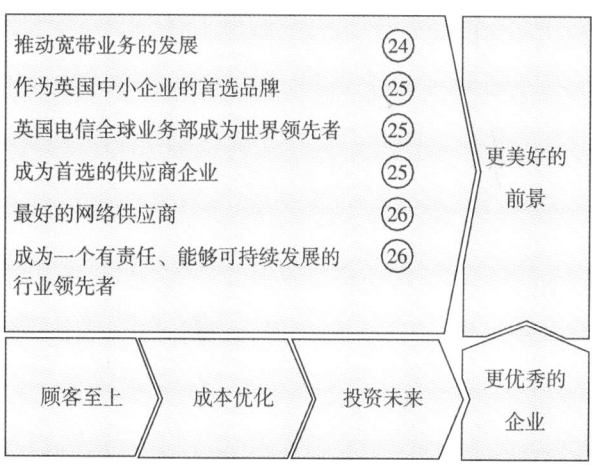

图2-11-1 英国电信2011年公司总战略

1. 顾客至上战略

顾客服务是英国电信战略的核心，英国电信一直不断改善服务质量，希望为消费者提供更好的服务。英国电信实施了"在第一时间为顾客提供满意服务"方案，这个方案是当顾客面对业务困难时，可以与公司及时联系，为公司在第一时间帮助顾客解决困难提供更好的平台。为了进一步提高公司顾客的体验感受，英国电信尽量减少犯错率，减少顾客因业务或服务不到位而提议的次数，诚信经营、便于沟通和直接处理是英国电信的三大业务处理原则。

2. 成本优化战略

对于公司成本优化，需要分阶段逐步进行：第一，注重各项资本支出的效率，比如劳动力费用、咨询费用或者第三方采购费用；第二，解决"在第一时间为顾客提供满意服务"流程再造问题，减少间接费用；第三，着眼于采购和销售产品时的价格。

3. 投资未来战略

近年来，电信行业发生了巨大变化，竞争变得更加激烈，消费者对电信业务有了更多需求。如果英国电信顾客满意度高并能够在激烈的竞争中合理控制成本的话，企业现金流能力将提升，这也就意味着英国电信有更多的资源投资未来，支持企业发展。英国电信围绕以下三个方面进行投资：第一，保护和增加顾客价值；第二，抓住捆绑市场机会；第三，抓住国际市场机会。

以上是三大概括性战略，对英国电信的战略进行了宏观概述。除了这三方面战略，英国电信还具体划分了六大优先战略。

1. 推动宽带业务的发展

现在英国99%的家庭都可以进行宽带连接，宽带连接已经成为人们生活的核心部分。面对如此有利的外界环境，英国电信决定为顾客建立一个与众不同且独具竞争性的宽带网络，提供网络更加顺畅的宽带服务，保持与竞争对手的差异化。另外，实行网络与电话、电视的价格捆绑服务，满足原有顾客和新顾客的需求，减少顾客损失率，增加顾客产品使用率。

2. 作为英国中小企业的首选品牌

英国电信的目标是成为中小企业固话、移动电话或IT需求的首选品牌。

在中小企业固话市场，有很多零散的竞争对手，英国电信面对很大的行业压力。但是，英国电信也存在很多的竞争优势，如广阔的业务覆盖范围、产品及服务的多种组合、各个市场的强大销售渠道等。英国电信在不断提高产品和服务质量，保护并提高自身市场地位的稳定性。

英国电信的未来业务是为顾客变换IT应用模式提供新的技术服务，如云计算。这将会越来越多地涉及主机托管数据、应用程序、IT和通讯服务一体化。

3. 英国电信全球业务部成为世界领先者

英国电信已经成为网络管理服务的领先者。近期，经权威的信息技术研究和咨询公司——高德纳（Gartner）分析，英国电信已经跻身于全球领先的网络服务提供商。英国电信将继续扩大业务经营范围，投资于经济高增长地区，如亚太地区、拉美、土耳其、中东地区和非洲地区等，吸引更多的用户，并不断优化投资组合和网络基础设施。通过不断减少用户故障、满足用户的不同需求，使英国电信经营变得更加有效，不断提高顾客满意度。

4. 成为首选的供应商企业

英国电信的目标是成为英国和国际电信服务市场的首选供应商。

英国电信通过两个方面来实现成为首选供应商的目标。一方面，基于英国电信提供的产品和服务质量，成为顾客的首选运营商。另一方面，顾客可以以批发供应商的身份参与英国电信的多方面业务，如联系产品开发部门或者高附加值产品的批发等，不断提高英国电信的供应商地位。

5. 最好的网络供应商

英国电信不断创造合格产品来满足顾客需求，致力于成为英国最优秀的网络提供商。英国电信努力提高网络稳定性，让企业与顾客可以进行更好的业务交流。

6. 成为一个有责任、能够可持续发展的行业领先者

英国电信的目标是成为一个有责任、可持续发展的商业巨头，为公司业务、利益相关者和社会环境创造更美好的未来。2012年与大型企业和公共部门客户签署的2.7亿英镑合同中，客户非常看重英国电信的可持续发展力，可持续发展力成为商业合作的一项参考标准。同时，英国电信通过一些重要政策表明社会和环境问题与英国电信的利益相关者和公司业务密切相关，英国电信将会承担更多的社会责任，做出更多贡献。

（三）公司治理

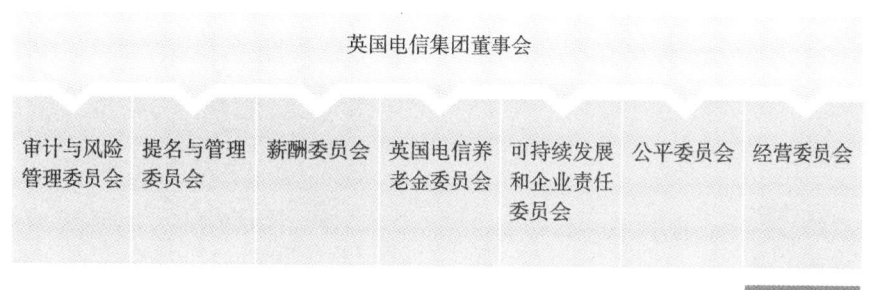

图 2-11-2　英国电信治理结构

1. 经营委员会

经营委员会负责英国电信集团的整体运营，该委员会的职责是不断完善公司战略，调节董事会批准的预算开支，关于资本开支和投资预算给予董事会建议，监督财务、业务和客户服务质量，检测集团风险和个人风险，在董事会允许的情况下合理分配资源。公司要员要参加所有的会议。

2. 审计与风险管理委员会

参考英国电信集团主要相关利益者的意见，审计与风险管理委员会每年会对外部审计人员的绩效进行评估，进而向董事会建议外部审计人员的委任和再委任情况，并根据其作业完成情况，考虑是否继续聘用该人员或者委任新的审计人员。该委员会不仅要对年度报表中披露的内部控制管理或者缺陷信息进行审核，还要对集团财务控制方面有重要职能的管理人员或者其他工作人员的欺诈行为进行严格管控。

3. 提名与治理委员会

委员会不断评估董事会的规模、组成以及成员更换情况，以确保董事会职能、工作经验、独立性以及学习能力之间的平衡。提名与治理委员

会要对公司所有董事的进行继任规划,不定期审查非执行董事的职责完成情况,并向董事会提议结束某些重新委任的非执行董事任期。该委员会完成英国电信公司治理结构,并审核其治理是否符合英国甚至全球的规章制度,尤其是公司治理、公司道德、商业准则、国际贸易以及数据保存等方面的制度。

4. 养老金委员会

养老金委员会的活动主要涉及管理层提议的有关英国电信养老金委员会计划,委员会的职能主要有:审核并通过有关养老金委员会的风险管理活动、监督该委员会的绩效、商讨该委员会的战略投资方案、关注对英国电信集团有重大影响的养老金政策和战略等。

5. 可持续发展和企业责任委员会

在高层管理者的监督下,该委员会制定公司全球责任战略,并提交董事会审核。该董事会负责监督企业责任、环境和社区活动、慈善开支以及使集团贡献最大化的战略等。要想使企业成为负责并兼具可持续发展能力的商业领跑者,该委员会是必不可少的一部分。

6. 薪酬委员会

薪酬委员会负责董事长、首席执行官、各董事以及某些高级管理人员的薪酬,包括现金薪酬、高管股份计划、服务合同和终止劳务等。该委员会审核并通过执行董事以及若干高级管理人员的工资、奖金和股份奖励计划。委员会负责制订新的人员股份计划,但做出的任何变更均要上报董事会,得到股东的批准后方可执行。

7. 英国电信的股权结构

表 2-11-1 2012 年 3 月 31 日的英国电信股权结构

2012 年 3 月 31 日股权分析	普通股每股面值 5 便士			
	持股数量	百分比(%)	持股金额	百分比(%)
1~399	408674	39.19	86	1.05
400~799	283082	21.15	158	1.94
800~1599	202004	19.37	226	2.77
1600~9999	142829	13.70	430	5.27
10000~99999	5112	0.49	95	1.16
100000~999999	598	0.06	221	2.71
1000000~4999999	308	0.03	700	8.60
5000000 及以上	168	0.01	6235	76.50
总数	1042775	100.00	8151	100.00

(四)市场概览

英国电信集团是世界领先的电信运营商,其公司业务遍布全球,根据各地区的人文、社会、技术及经济环境不同,英国电信提供区域差异化服务,各地区的经营概况如下。

1. 亚太地区

英国电信在亚太地区的经营须追溯到 1985 年,亚洲的第一个办公场所设置在香港。凭借英国电信公司出色的法制制度、开放的监督环境以及良好的市场反应,香港为英国电信集团亚太地区总部提供了理想办公地点。英国电信支持全球性跨国公司、亚洲跨国公司以及在亚洲新兴的跨国公司在亚太地区不断拓展业务,提供网络 IT 服务组合,帮助亚太地区用户改善服务。

在亚太地区,英国电信集团是面向全球和区域性跨国公司的领先网络服务供应商之一。其经营范围覆盖全球,并不断满足当地的顾客需求。英国电信在六个地区经营创新体验服务,分别是北京、上海、香港、新德里、新加坡和悉尼。这种创新体验服务可以让顾客更好地感受英国电信的价值理念，不断扩大消费市场。

英国电信大客户中的80%，其营业额增加大多来源于亚洲。凭借英国电信在亚太地区长久的投资历史、强大的用户基础，优秀的产品服务和解决方案以及英国久负盛名的技术支持，英国电信有很好的自身资源帮助大型跨国企业客户拓展亚洲市场，同时也支持英国电信亚洲地区分公司的业务发展，提高英国电信全球业务运营能力。

2. 欧洲（不包括英国）、中东、非洲和拉美地区

英国电信集团在欧洲、中东、非洲及拉美地区的多数国家经营业务，为企业、公共部门客户以及其他电信运营商提供网络IT服务和专业服务。其在欧洲、中东、非洲以及拉美地区的主要目的是，在优化成本结构的基础上实现每个市场的增长潜力，不断增加当地企业的市场价值。英国电信在该地区的战略重点是，通过网络、系统和投资组合的选择性投资，并通过与英国电信其他公司产品、服务及平台的共享等，不断提高资金运作能力和资产投资回报率。

3. 英国和爱尔兰

在英国，英国电信集团是领先的通信服务运营商，向顾客、中小型企业及公共管理部门销售产品和服务，同时还向英国和世界各地的通信服务运营商提供批发产品及服务功能。在全球范围内，英国电信向跨国公司、国内企业、国家以及当地政府组织提供网路IT服务。

2006年，英国电信把在北爱尔兰和爱尔兰共和国的所有业务进行整合，实行一体化操作，总部设在贝尔法斯特和都柏林，员工近3000人。

4. 美国和加拿大（U.S. & Canada）

1988年开始，英国电信集团开始在美国运营。至今，英国电信在美国和加拿大的员工人数已达4300多名。英国电信为企业提供网络IT服务，包括高性能网络、网络融合与协作、网络安全、联络网络中心和公司移动解决方案等。这些服务是通过英国电信专业部门提供的，如BT咨询部和BT全球业务部。

英国电信在北美拥有自己的网络基础设施，并能够很好地运用这些设施。美国和加拿大的主要城市里，均拥有该基础设施。英国电信也有该地区的26MPLS节点，成为该地区较大的MPLS网络运营商之一。

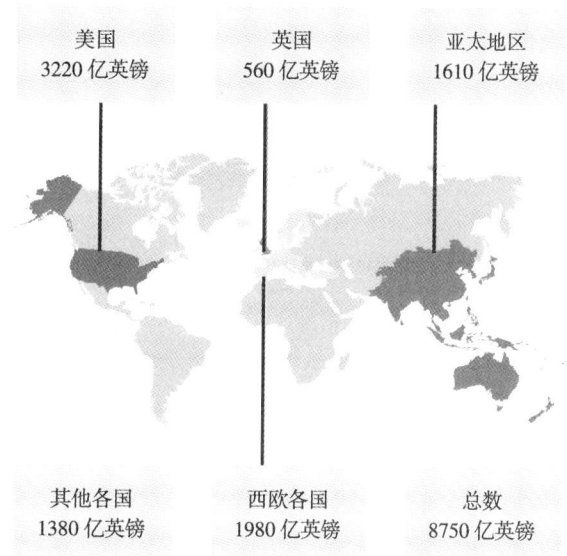

图 2-11-3　网络 IT 业务市场规模

（五）业务概览

从英国电信的业务组织结构可以看出，顾客是英国电信的核心。根据提供的业务不同，主要分为4个对外服务业务部门：BT全球服务、BT零售服务、BT批发业务、Openreach；2个内部支撑部门：BT研发设计、BT运营。

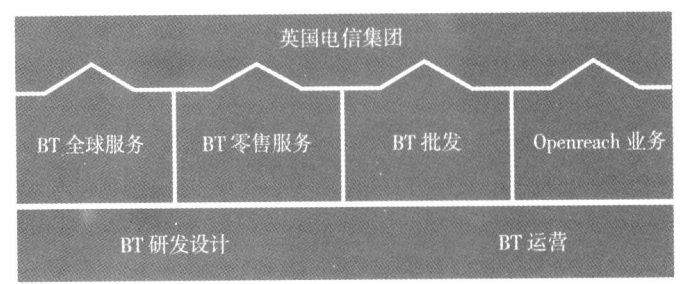

图 2-11-4 英国电信集团组织结构

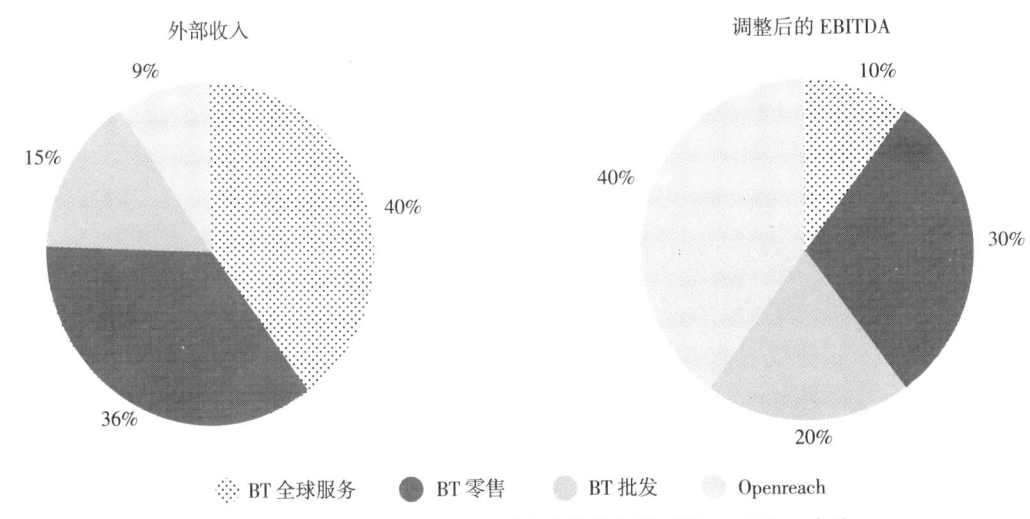

图 2-11-5 2012 年各业务外部收入占比和调整后的 EBITDA 占比

1. BT 全球服务

BT 全球服务部是网络 IT 服务的领导者,为世界 170 多个国家的顾客、7000 多家大型企业和公共部门客户提供服务。公司的企业客户经营范围广泛,包括银行和金融服务、制造业、物流、医药和消费品行业;公司的公共部门客户主要包括中央政府、地方政府和英国以外的公共部门组织。英国电信为全球运营商提供过境和其他批发服务。

由图 2-11-6 可以看出,BT 全球服务的近半收入均在于企业客户,其次分别是公共部门客户(英国及海外政府)、财务机构。

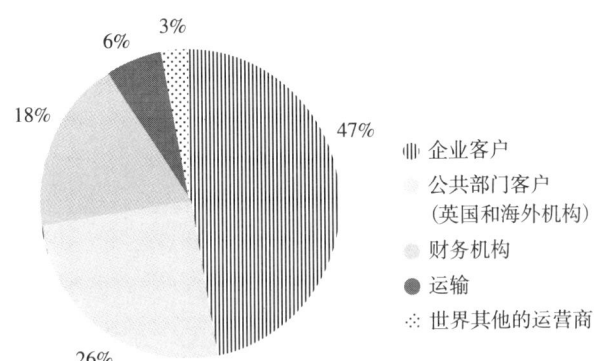

图 2-11-6 BT 全球服务部收入来源收入占比

2. BT 零售服务

BT 零售服务有四种收入来源,分别是 BT 用户、BT 业务、BT 爱尔兰、BT 独立事业部。

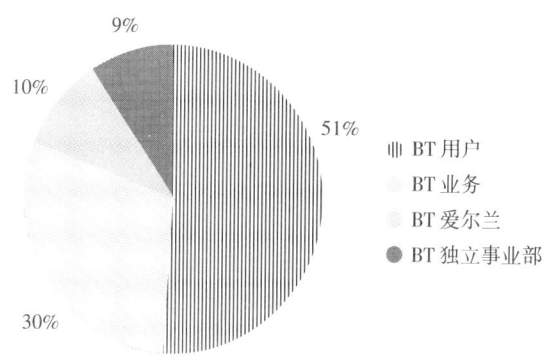

图 2-11-7　BT 零售服务收入来源占比

由图 2-11-7 可知，BT 零售服务的最大收入来源为 BT 用户，占比 51%，其次为 BT 业务、BT 爱尔兰、BT 独立事业部，分别占比 30%、10%、9%。对待零售业务，英国电信集团应注重 BT 用户的服务质量，保持用户使用量，不断拓展 BT 业务，扩大消费市场，综合提高 BT 零售收入。

3. BT 批发

BT 批发为固网和移动网络运营商（MNOs）、互联网服务提供商（ISPs）以及英国的电信经销商提供广泛的语音、宽带和数据通信服务，也为其他的英国电信业务部门提供服务。

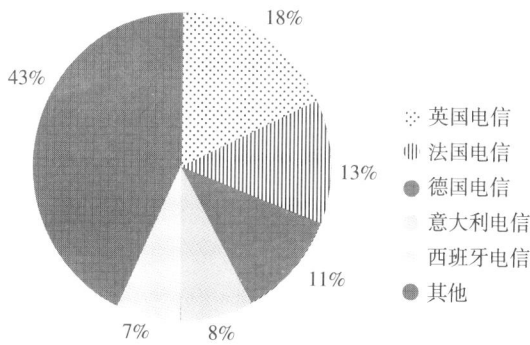

图 2-11-8　英国地区电信批发商的收入占比

Source：Ovum，Ang 2011.

4. Openreach

Openreach 部门为用户提供"本地环路"网络（也称"本地接入网络"），该网络是国家重要资产，包括消费者或企业电话交流中的光纤连接服务。Openreach 部门也负责英国电信光纤宽带网络的转出，除了提供本地环路服务，同时也为客户提供回程服务及 CP 的网络连接交流。

5. BT 研发设计

BT 研发设计部门负责开发、测试及部署 IT 系统、流程、网络、产品设计及其他服务等。面对英国和世界各地的中端客户，BT 研发设计部门通过使用或者出售面向客户的四个业务线来满足顾客需求。BT 研发设计部门负责提供英国电信集团的长期技术战略和全球研究创新活动（包括英国电信的全球专利组合）。BT 研发设计部门旨在保证英国电信集团的成本最小化，并对某些问题出具解决方案。

6. BT 运营

BT 运营部门负责英国电信的核心语音业务、数据、电视网络以及 IT 应用程序，这些基础设施都是英国电信集团各产品与服务组合的核心要素，对公司发展具有重要意义；BT 运营部负责管理英国电信集团的能源消耗战略和未来碳足迹减少战略；BT 运营部还负责管理英国电信业务的物理和网络安全。

(六) 经营和财务绩效

表 2-11-2　英国电信 2009~2011 年度经营与财务业绩比较一览

英国电信 (BT) (单位: 百万英镑)			
年份	2009	2010	2011
收入	20859	20076	18897
总资产	28680	23540	23948
EBITDA	5162	5557	5901
EBITDA 率	24.75%	27.68%	31.23%
净利润	1029	1504	2003
净利润率	4.93%	7.49%	10.60%
总资产报酬率 (ROA)	3.59%	6.39%	8.36%
净资产报酬率 (ROE)	−39.19%	77.09%	153.13%
资本性支出 (CAPEX)	2533	2590	2578
CAPEX 占收比	12.14%	12.90%	13.64%
经营活动净现金流	4825	4566	3760
每股经营活动净现金流	0.62	0.59	0.46
自由现金流 (FCF)	1933	2011	1182
自由现金流占收比	9.27%	10.02%	6.25%
销售现金比率	23.13%	22.74%	19.90%
资产现金回收率	16.82%	19.40%	15.70%
EVA	−168	581	108
EVA 率	−0.81%	3.59%	1.90%
每股盈利 (EPS)	13.30	19.4	25.8
每股股利 (DPS)	2.30	2.4	2.4
股利支付率	17.00%	12%	9.30%
主营业务收入增长率	−2.48%	−3.75%	−5.87%
总资产增长率	−2.03%	−17.92%	1.73%
净利润增长率	638.74%	46.16%	33.18%
经营活动现金流增长率	2.53%	−5.37%	−17.65%
每股盈余增长率	−632.00%	45.86%	32.99%
资产负债率	109.16%	91.71%	94.54%
流动比率	60.32%	55.91%	48.96%
利息保障倍数	2.35	2.91	6.05
总资产周转率	0.73	0.85	0.79
固定资产周转率	1.40	1.37	1.31
坏账发生率	6.29%	9.83%	8.22%
折旧与摊销	3039	2979	2972
股息	178	186	589
内部融资额	4246	4669	4975
折旧摊销率	14.57%	14.84%	15.73%
付现成本率	77.07%	74.18%	70.77%
营销、一般及管理费用率	6.83%	6.89%	6.85%

（七）内控与风险管理

1. 审计与风险管理委员会

英国电信集团内部设有"审计与风险管理委员会"，全面负责公司的内控和风险管理工作，委员会主要成员为公司的独立董事。

该委员会不仅要对年度报表中披露的内部控制管理或者缺陷信息进行审核，还要对集团财务控制方面有重要职能的管理人员或者其他工作人员的欺诈行为进行严格管控。除了负责评价集团的公开财务报表以及首席执行官和首席财务官给出的其他披露信息外，该委员会还负责评价集团内部审计以及其和外部审计的关系，管理监督并报告风险管理系统的运作，关注企业所有内部审计人员的书面材料，评价公司在会计政策、内部控制方面的行为及对问题的处理过程。

2. 风险管理

受内部因素和外部因素的影响，英国电信在业务经营过程中，面临很多风险和不确定性，有些风险是固有风险，不受企业控制。许多与英国电信具有可比性的企业也面对类似问题。影响英国电信运营的风险和不确定性因素太多，下面着重介绍英国电信面临的主要风险。

（1）安全性和恢复性。英国电信安全性和恢复性的能力主要依靠全球信息系统、网络和基础设施的质量、完备性和可靠性。英国电信业务和全球运营的现有规模，决定了英国电信要很好地管理企业客户的大量个人信息和商业机密信息，防止信息曝光、丢失或损坏。如果在数据转换过程中，出现数据安全问题，将对公司业务产生重大影响，可能会降低消费者对企业的信心、终止合同、降低收入或者导致计划内的现金流减少等问题。

（2）主要合同。英国电信和某些特定客户签有一些复杂且价值高昂的合同，这些合同的盈利能力受多个因素影响，而任何一个因素的变化都可能严重影响合同目标的实现。风险的程度取决于合约的期限和范围，在合同早期形成阶段风险最大。无法完成合同或者无法满足客户在某方面的要求都可能导致预期收入、利润及现金流的减少。

（3）福利津贴。福利津贴的设立是企业的责任和义务，但是投资回报率的下降、员工寿命的延长以及规制的变化都可能影响英国电信既定福利计划的成本支出，从而使福利津贴成为财政支出重大负担。福利赤字以及相关资本的不断增加，会对英国电信的未来现金流产生不利影响。任何信贷利率的不良变化都可能会增加借款成本，也可能限制英国电信未来资金用来投资、付息或还本的资本周转能力和弹性。

（4）在激烈的市场竞争中成长。电信市场是一个竞争越来越激烈的市场，价格的不断下降、技术替代品的增多、市场和服务的融合、顾客变动、成长力度的下降、竞争者增多以及严格的竞争规制等因素的影响，使电信行业竞争力度不断加大。英国电信大部分的收入和利润产生于英国电信市场的需求，尽管各市场面对很多的用户需求，收入增长却受限。用户和客户的电话及线路服务的收入一直在下降，但是宽带和链接市场的需求确实在不断增加。如果英国电信不能从战略优先层面实现收入增长，可能会导致收入的持续下降、竞争地位的下滑以及未来盈利能力和现金流的不稳定性。

（5）电信行业规制。英国电信部分活动一直受限于价格管制和其他管制，这些管制可能会影响英国电信的市场份额、竞争地位、未来盈利能力和现金流。英国电信英国地区的许多批发业务均被重大政策所管制。近年来，尽管某产品在某些情况被允许在一定的空间内提价，相关管制依然要求英国电信降低产品价格，甚至对可追溯的价格调整做出赔偿，这些非必要的降价会限制英国电信的收入绩效。

（6）适应当地和全球法律要求。英国电信经营的全球性决定了该企业要与当地和世界各国的法律制度相适应。英国电信遵守法律法规须承担的责任主要有反垄断、反破坏、合法竞争、数据隐私、行业处罚、进出口管控、税务以及符合电信行业管制要求。员工、供应商、代理商或者英国电信自身政策与任何法律的抵触都可能造成大量罚款、刑事起诉或者损坏公司声誉。

（7）供应链风险。英国电信依靠供应链来实现产品及服务的及时传递和成本降低。若任何重要供应商不能实现既定的用户需求，则会对英国电信客户服务、产品投入、重要业务系统升级、收入或者成本降低计划产生不利影响。经济环境的持续不确定性会对英国电信供应商产生不利影响，同时也让供应商很难与英国电信的规章制度保持一致。如果英国电信不能与供应商签订协议或者供应链不符合法规规制或道德预期，则会影响公司声誉或者造成法律冲突、财产损失。

（八）人力资源发展

1. 员工人数

英国电信把员工看做重要的资源，公司依靠员工实现公司战略、完成公司业务。截至2012年3月31日，英国电信全职员工数约为89015人，其中英国本土员工约为73845人。为让员工在公司的事业得到很好发展并被公正对待，英国电信为员工提供了包容性的工作环境。同时公司也与专业机构合作，招聘残疾人士，并制定相应政策保证员工可以长期在英国电信工作。

2. 工会

英国电信集团与英国知名工会组织和欧洲其他的工会组织都保持建设性的行业关系。英国有两大知名工会，分别是交流工会和人才工会。交流工会包括社会各层人士，如建筑师、行政或者文书等雇员，在该工会中进行交流探讨。人才工会包括经理级或者专业人才，是具有一定社会地位人士的工会组织。英国电信与世界各地的工会组织均有联系，企业本身也经营欧洲集体工会和英国电信欧洲咨询委员会。

3. 工资及福利

英国电信希望员工能够努力工作并给予员工相应的公平奖励作为回报。2012年，英国电信实现了英国地区3%的加薪，支付所有团队成员250英镑的奖金。对于英国电信的工程师和支持的员工来说，这是一个打破陈规的安排；对于公司管理者来说，这是绩效考核的分化。公平支付的相同政策也大体应用于英国电信运营的其他国家。

管理者的奖金与公司业绩和个人对公司的贡献相关，公司最高管理人员也享有长期激励，但是支付的金额与公司三年内企业业绩相关。

英国电信在25多个国家提供储蓄相关的股权购买计划，除了BT雇员持股投资计划，英国电信还让员工参加英国的税收和国家高效保险购股计划，超过60%的员工参与了一项或者多项股份计划。

英国电信还为法定退休的员工提供养老金和退休福利。

（九）企业社会责任

英国电信集团一直注重企业社会责任的投入和社会形象，并将企业社会责任作为战略优先层面的重要方面，在公司未来的可持续发展方面进行统筹规划。

1. 保护环境

作为一家享誉国际的电信运营商,英国电信非常注重环境保护工作,致力于寻找对环境最小损害的方法。1992年,英国电信设置了环境管理渠道,以减少碳排量为目标。英国电信做出了一项现行承诺,承诺表明到2020年减少80%的英国电信碳排放量,为达到能源的更有效利用和增加可持续能源使用量,至今英国电信已减少43%的碳排放量。

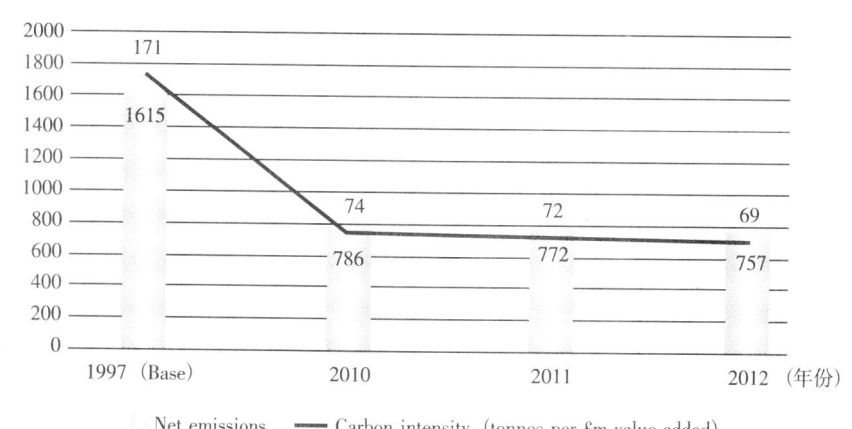

图 2-11-9　英国电信 CO_2 总排放量

Carbon intensity = CO_2e/value added（=EBITDA + employee costs）。

2. 支持社区活动

英国电信一直支持并投资于社区活动,得到社会大众的广泛认可。英国电信每年把税前利润的1%投资于社区项目和环境上,致力于建设经济可持续、学习型和包容型的社会,英国电信对社会做出了突出贡献。

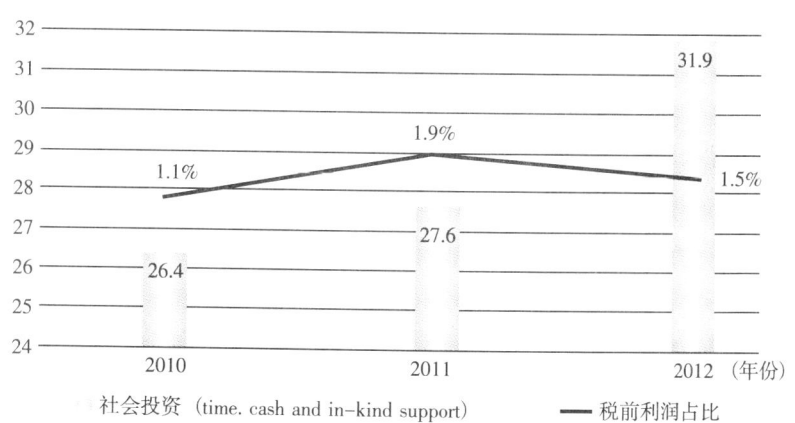

图 2-11-10　英国电信社区投资趋势图

3. 帮助顾客

英国电信致力于寻找一种业务经营方式，造福于公司客户和社会。通过设计顾客可接受的产品及服务，有效应对社会和环境的不断挑战，如融合性交流、低碳排放等。面对激烈的技术变更，消费者需要更多的技术产品来满足其需求，英国电信一直紧跟顾客需求，为客户创造满意的产品和服务。

4. 帮助员工

在过去的这些年中，英国电信一直被认为是先进的企业管理者。它为年长者和残疾人士等大批人力提供弹性工作政策和交通服务，使他们能够英国电信工作服务。英国电信已经签订了14500名固定工作人员，64000名弹性工作人员，让员工可以根据自身条件选择工作性质。

（十）前景展望

近几年，世界处于后金融危机时代，又欧洲各国面对严重的债务危机，这样的经济环境对于英国电信而言，可谓非常不利。但是，英国电信属于电信行业，除了自身强大的发展潜力及市场份额，电信用户的需求也在不断的增长，英国电信的发展前景还是非常可观的。电信行业的技术多变，产品及服务组合也更加多样化，用户交流方式也不断变化，英国电信的愿景是帮助顾客适应技术多变的世界，制造简单易用的产品及服务让英国电信的用户拥有更好的生活。未来的英国电信要与用户多加接触，理解他们的生活方式和需求，并与他们建立长期的亲密关系，全力满足用户的当下需求和未来需要。英国电信的品牌价值可用以下几点来形容：可靠、互助、激发、明确、勇气。对于英国电信，可靠，是要做到所做出的承诺；互助，如同一个团队般工作；激发，不断创造新的可能；明确，让事情变得更加清楚；勇气，相信公司所行之事，严格执行。2012年，英国电信计划通过优化收入结构，扭转收入下降的趋势，并在2013年实现收入的增长；深化战略调整，使得英国电信的EBITDA值持续增长，并预计在2013年超过60亿英镑；增强创造自由现金流的能力，使英国电信全球服务部2012年的经营活动现金流达到2亿英镑。

附件一：英国电信集团财务报告（2011年）

1. 合并资产负债表

3月31日	附注	2012（百万英镑）	2011（百万英镑）
非流动资产			
无形资产	13	3127	3389
财产、厂房及设备	14	14388	14623
衍生金融工具	26	886	625
长期投资	22	68	61
联合企业以及合资企业	15	153	164
应收账款及其他应收款	17	169	286
递延所得税资产	10	626	461
		19417	19609

3月31日	附注	2012（百万英镑）	2011（百万英镑）
流动资产			
存货	16	104	121
应收账款及其他应收款	17	3307	3332
当前应收税款		139	—
衍生金融工具	26	137	108
短期投资	22	513	19
现金及现金等价物	23	331	351
		4531	3931
流动负债			
短期借款	24	2887	485
衍生金融工具	26	89	62
应付账款及其他应付款	18	5962	6114
当前应付税费		66	221
减值准备	19	251	149
		9255	7031
总资产减流动负债		14693	16509
非流动负债			
长期借款	24	7599	9371
衍生金融工具	26	757	507
退休金义务	20	2448	1830
其他应付款	18	875	831
递延所得税负债	10	1100	1212
减值准备	19	606	807
		13385	14558
所有者权益			
普通股		408	408
资本公积—股本溢价		62	62
已归还投资准备		27	27
其他准备金	27	711	658
留存收益		89	770
母公司权益总额		1297	1925
少数股东权益		11	26
总权益		1308	1951
		14693	16509

2. 合并损益表

截至2012年3月31日	附注	特殊项目调整前（百万英镑）	特殊项目（百万英镑）	总额（百万英镑）
收入	4	19307	(410)	18897
其他运营收入	5	387	(19)	368
运营支出	6	(16602)	256	(16346)
营业利润	4	3092	(173)	2919
财务费用	25	(692)	(2092)	(2784)

续表

截至 2012 年 3 月 31 日	附注	特殊项目调整前 （百万英镑）	特殊项目 （百万英镑）	总额 （百万英镑）
财务收入	25	11	2289	2300
财务费用净额		(681)	197	(484)
对联合企业及合资企业持股的税后利润	15	10	—	10
税前利润		2421	24	2445
所得税	10	(584)	142	(442)
净利润		1837	166	2003
归属于：				
母公司的权益		1836	166	2002
少数股东权益		1	—	1
每股盈余	11			
基本每股盈余				25.8p
稀释的每股盈余				24.4p

3. 合并现金流量表

3 月 31 日	附注	2012 年 （百万英镑）	2011 年 （百万英镑）	2010 年 （百万英镑）
经营活动现金流量				
税前利润		2445	1717	1007
处置联合企业及业务等损失（利润）		19	(42)	10
持有的联合企业以及合资企业的股份收入		(10)	(21)	(54)
净财务支出		484	924	1158
其他非现金支出		106	78	77
折旧与摊销		2972	2979	3039
存货减少（增加）		12	(17)	14
应收款项及其他应收款的减少		28	408	524
应付款项及其他应付款的减少		(65)	(378)	(708)
减值准备及其他负债的减少		(2033)	(873)	(591)
经营活动现金流入		3958	4775	4476
支付所得税		(400)	(209)	(76)
之前偿还的所得税		—	—	425
经营活动现金流量净额		3558	4566	4825
投资活动现金流量				
收到的利息		8	29	16
联合企业及合资企业的股息		4	7	3
联合企业的利息收益		7	72	—
企业银行收益		13	—	2
处置子公司及其他营业单位的现金净额		(5)	(8)	(70)
处置金融资产收益		8329	9267	8739
购买金融资产支出		(8845)	(8902)	(8985)
处置非金融资产收益		1		
购买非金融资产支出		—	(18)	—
处置财产、厂房及设备的收益		18	15	29

续表

3月31日	附注	2012年 (百万英镑)	2011年 (百万英镑)	2010年 (百万英镑)
购买莱场、厂房及设备的支出		(2578)	(2645)	(2509)
投资活动现金流量净额		(3048)	(2183)	(2775)
筹资活动现金流量				
支付股利支出的现金		(590)	(543)	(265)
利息支出		(693)	(973)	(956)
偿还借款		(26)	(2509)	(307)
融资租赁支出		(2)	(11)	(24)
融资租赁收益		—	—	9
商业票据的净现金流入		522	69	(697)
银行借款收益		—	340	522
和净负债相关的衍生金融工具带来的现金流		258	120	—
库藏股发行收益		21	8	4
筹资活动现金流量净额		(510)	(3499)	(1714)
汇率变动对现金及现金等价物的影响		(2)	(3)	(7)
现金及现金等价物的净增加（减少）		(2)	(1119)	329
		325	1444	1115
现金及现金等价物3月31日期末余额	23	323	325	1444

附件二：英国电信大事记

英国电信是世界上历史最悠久的电信公司之一。它的起源可以追溯到1846年英国的商业电报业务和电报公司的成立。由于这些公司后来不断地被合并、接管，幸存者最终由国家邮政局控制。这些公司后来合并成为一个私有化公司——英国电信公共有限公司，也就是现在德尔英国电信集团的前身。

英国国家邮政署

从1878年开始，英国早期电话服务是由私人机构公司提供的，如the National Telephone Company（NTC），后来出现了竞争者——英国国家邮政总局（GPO）。1896年，邮政总局接管NTC的全部干线电话服务。1912年，英国国家邮政总局成为电话服务提供的垄断供应商，除了在少量地区没有提供服务之外，几乎控制了整个英国地区。

1932年出版的一本书中首次提出了"将邮政署转变成一个国有企业"的想法，同时，the Bridgeman Committee正式提出：邮政署任何形式或是地位上的转变都必须考虑到公众的利益。该委员会的报告被否决，直到1961年才开始重视这个问题，但仍像以前一样，此项提议被忽略。邮政署仍然作为中央政府的核心部门运营。

1965年3月，当时的邮政总署的负责人Anthony Wedgewood-Benn写信给总理，提出就"将邮政署转变成一个国有企业"的建议。专门针对此项议题的工作小组正式成立，并对此项改革的优势以及可能出现的问题进行调查和研究。最后，政府决定将邮政署分拆成五个部门：邮政、电信、储蓄、转账和国家数据处理服务，最后决定将邮政和电信作为一个公司的两个部门分别治理。

1969年出台《邮政署法案》，法案规定，邮政署不再是一个政府机构。1969年10月1日,邮政署正式成为公共企业,并且法案规定,邮政署拥有经营电信系统的权力,但是必须授权给他人进行经营,实际上,新的邮政署仍然保持其电信领域的垄断地位。

英国电信公司(British Telecom)创建

1977年,卡特委员会提出建议,进一步分离邮政和电信两项服务,使之在不同的公司下接受管理,这项建议最终在1980年被采纳,将电信业务部门更名为"英国电信",但从实质上看,其仍然是邮政署的一部分。

1981年,英国电信法正式改革,将邮政局分拆成两个部门:邮政和电信。这是英国电信市场引入竞争的第一步。

1982年,由于英国电信法案的出台及相关规定,英国电信逐渐进入竞争阶段,Cable & Wireless公司通过其全资子公司Mercury Communications正式获得公共电信网络的运营权。

英国电信公司私有化

1982年7月19日,政府正式宣布,将英国电信公司的51%的股份出售给私人投资者,实现英国电信的私有化。此项私有化进程在1984年8月6日正式开始,英国电信从过去的企业成为公共有限公司。在1984年11月,英国电信的50%以上的股份出售给公众投资者。英国电信并趁此机会逐渐开始向全球推广业务。

1991年12月,英国电信进一步完成私有化进程,英国政府出售其手中股份的一半给私人投资者,持股比例下降到21.8%。

1993年7月,英国政府开始第三轮出售股份的活动,为公司筹集50亿英镑以及引入75万新进投资者。

一个更加开放的电信市场

1991年3月5日,出台的政府白皮书正式结束了英国电信公司的垄断地位,使英国电信市场形成英国电信和水星电信(Mercury Communications)双寡头垄断的局面。1984年的法案废除了英国电信公司对电信系统运行的独有特权,这意味着英国电信永远失去了其垄断地位,和其他的运营商一样需要获得政府的许可才能经营。该法案还严格控制英国电信在设备制造及供应方面的业务活动。英国电信能够为各种各样的客户提供多种多样的服务。

BT:一个新的名字和英国电信公司的身份

1991年4月2日,英国电信启用新的名字——BT,企业形象以及新的组织结构。英国电信的这种结构重点关注具体的市场细分,反映不同的客户需求:个人用户,中小企业用户或跨国公司。这次组织结构优化被命名为"Project Sovereign",代表了英国电信对满足客户需求的承诺——客户就是上帝。和世界其他电信企业的战略合作,也给英国电信提供了向海外扩张的机会。

1994年6月,BT和美国第二大长途电信服务提供商MCI通信公司,共同推出了Concert Communications Services——总价值为10亿美元的合资公司。这次合作机会为BT公司和MCI公司提供了全球性的网络基础,能够提供更高级的终端到终端的业务。

1996年11月3日,英国电信(BT)和MCI公司宣布已达成合并协议,合资成立Concert公共有限公司,在英国注册成立,总部设在伦敦和华盛顿。与此同时,英国电信获得MCI公司20%的持股股份。

1997年10月1日,英国电信公司最终以70亿美元将这部分持股权出售给美国世通公司。此次出售股权的行为给英国电信带来了20多亿美元的利润以及4.65亿美元作为其与MCI公司合并协议解除的赔偿。

1998年7月,英国电信宣布将与全球性的企业AT&T合作投资,成立各自占比50%的新公司——concert，新公司将于1999年11月正式开始对外服务，为跨国公司以及企业和个人用户提供国际电话等业务。

2000年12月，随着英国电信在2000年4月的许可证发生变化，英国电信开始向其他电信运营商提供本地环路开放服务（LUU），保证这些运营商可以和自己的客户直接进行沟通。2005年8月底，105055条线路正式分解完成。

2001年12月，由于全球性电信市场形势下滑，英国电信和AT驭T同时宣布解除合作，将原concert公司的业务，客户以及网络进行分拆，各自独立经营，此举在2002年4月正式完成。

2001年5月，作为英国电信企业重组和债务削减计划的一部分，英国电信宣布"三股换十股"的股票增发行为，此次增发行为是英国规模最大的股票增发行为，英国电信凭此获得59亿英镑的资金；另外，英国电信将其"国际通讯录以及电子商务业务（The International Directories and Associatede-Commerce Business）"出售获得21.4亿英镑的资金，此两项交易在2001年6月正式完成。

2001年11月，BT无线——英国电信的移动业务部门，重新命名为mm02公司，从英国电信独立出去，正式作为独立核算的企业进行核算。2001年11月16日是英国电信作为一个整体的股票进行交易的最后一天，从11月19日起，mm02公司PLC和新的BT集团的股票将作为不同公司股票在股票市场上进行交易。

英国电信集团企业形象和价值观的重新塑造

2003年4月，英国电信正式公布其最新的企业形象和企业价值。其最新的"连接世界"的标识反映了企业追求技术革新的未来愿景，代表了英国电信的五项企业价值观念。诚信和互助是英国电信一直坚持的企业服务宗旨。

2003年出台的"通信法"在2003年6月25日正式生效，由此诞生了新的行业监管机构——通信委员会（the Office of Communications），取代了原来的电信委员会（the Office of Telecommunications），与此同时也引入了新的行业监管机制。尽管原来的发牌许可制度（The Licensing Regime）被最新的监管制度所替代，但英国电信仍然具有向除了赫尔地区之外的全英国提供普遍服务的义务。

2004年夏天，英国电信正式启动"Consult 21"项目，这个项目重点为英国电信的21世纪网络（21CN）提供行业为咨询服务。21世纪网络是最具开拓性和延展性的下一代网路变革，将会在2010年年底改变整个通信业的基础设施建设。采用互联网协议框架，21世纪网络将取代原来的通信网，为客户提供多媒体的电信服务，此项多媒体服务将实现任何两种终端设备之间的通信。

英国电信：一个全球性的公司

2005年的几项非常重要的合并使得英国电信的世界领先通信运营商的地位得到巩固。这些重要的合并包括：

（1）英国电信以520万英镑成功收购Infonet公司，并更名为"BT Infonet"，Infonet公司是当时世界领先的为企业用户提供全球性的语音服务和数据通信网络服务的电信运营商。

（2）英国电信收购了当时意大利电信市场的排名第二的电信运营商——Albacom，对Albacom和Infonet的收购充分提高了英国电信向世界各地提供跨国业务的能力。

（3）英国电信从路透社手中收购了财务网络提供商Radianz，计划利用此部门向财务市场提供增值服务。

"Openreach"部门创建

2005年9月，根据电信战略评估（the Telecommunications Strategic Review）的相关规定，英国电信和通信委员会（Ofcom）签署了具有法律约束力的承诺，以为英国电信以及整个电信行业建立良好的规制框架。Openreach 部门于 2006 年 1 月正式开始服务，并直接向英国电信集团的首席执行官报告，主要基于电信行业的整体利益监管英国电信的网络接入业务。

Openreach 部门负责管理英国的电信基础设施，将英国电信和其他电信运营商置于同等地位对待，是英国电信集团四个主要业务部门之一，另外三个部门分别是 BT Retail、BT Wholesale 和 BT Global Services。

目前，英国电信公共有限公司是英国电信集团的全资子公司，共有四个独立经营的业务部门英国电信集团在伦敦和纽约证券交易所上市。

英国电信正在从传统的电信公司向综合型电信服务提供商转型，公司宗旨是通过向用户提供方便快捷的解决方案使顾客最大程度地享受电信服务。

2012 年 2 月 1 日，英国电信宣布由切特·帕特尔担任英国电信伦敦地区的董事长。

2012 年 3 月 16 日，英国电信与北约咨询、指控和控制局（NC3A）签订了一项合同，负责提供支持北约全球运转的技术。

2012 年 6 月 26 日，英国电信接入网业务 Openreach 宣布将为 98 个新交换区提供光纤宽带业务。这也是英国电信 25 亿英镑光纤网络升级计划的一部分。

河成旼 Ha Sung Min（하성민）

韩国SK电讯集团董事长兼首席执行官

  河成旼（Mar. 24，1957）于1996年加入SK电讯，从财务和战略领域入手开始了他的职业生涯。作为战略规划部主管，他完成了许多里程碑式的项目，大大促进了SK电讯的增长。2008~2010年，他担任移动网络运营子公司总裁，负责各类电信业务，包括无线宽带以及固定线路服务。他有力地巩固了公司在韩国竞争激烈的移动通信市场的领先地位，在他的领导下，韩国SK电讯成为世界上最具创新性的移动运营商之一；2004~2007年担任SK电讯全球战略部经理，在此期间，他负责全球整体经营战略，发展和新业务；2009年担任董事长及全球管理服务主管（GMS）；2010年担任董事长及融合与互联网业务主管。在这段时间内他通过开展基于先进移动网络服务的全球性业务组合，让SK电讯成长为一个全球性的领先者；2010年12月24日河成旼成为公司新首席执行官，对公司事物进行整体的领导和管理。

此标志是SK电讯为了配合企业理念的更新以进军海外市场目标的确立，于2005年11月正式更新的企业品牌标识。公司用给人热情、灵活之感的红色标识代替原来略显严肃的蓝色标识，以体现SK电讯"创建幸福社会"的企业使命以及开拓海外市场的信心。

新版的企业标识由两部分组成：一部分是沿袭旧版LOGO中的大写字母缩写，红色的两个字母SK位于整个LOGO的左下方，庄重、热情，又充满了活力；另一部分是新添加的部分"幸福之翼"，充分体现了SK集团"幸福经营"的理念和胸怀更宏大理想，向全球市场展翅飞翔的SK精神。

新标识充分显示了SK的核心价值——为客户和员工创造幸福和以客户为中心的意志，并突出了SK缔造幸福和温暖世界的企业形象。

十二 韩国"SK电讯"公司可持续发展报告（SK Telecom）

（一） 公司简介

"SK电讯"（SKT）是最早推出彩铃业务的一家韩国电信运营商。其前身是成立于1984年的韩国移动通信（KMT）。1994年，SK集团开始参与KMT的经营，并成为最大的股东，1997年，KMT正式改名为SK Telecom（SK电讯）。总部设在韩国首尔，在韩国以超过50%的市场份额服务于大约2000万用户，公司在2011年的营业额达到138亿美元；同时，"SK电讯"在电信领域被认为是最具创新性的科技公司之一，也是全球最先把通信技术市场化和商业化的公司之一。公司通过发展技术和提供"世界第一"的服务，把焦点集中在让每一个消费者都可享受的移动媒介，通过开发大范围的集中服务，例如卫星DMB、MELON、GXG、移动博客、移动金融以及车载信息服务等，让人们无论何时何地，都可以不断地接近并了解娱乐、财经事务、家庭网络以及其他在世界范围内领先的服务，并在全球市场中扮演着越来越重要的角色。1996年6月在纽约和韩国上市，截止到2011年12月31日，SK集团拥有韩国"SK电讯"20363452股，占公司已发行股份的25.22%，外国投资基金占有SK 3.1%的股份。2011年，公司净利润达到13.66亿美元，基本每股盈余为19.74美元/股，2011年12月29日收盘价格为141500韩元，市盈率6.19，总投资报酬率为6.49%。

（二） 公司战略

1. "SK电讯"的总体发展战略

"SK电讯"的愿景与使命是"创新铸就最有价值企业"。为了实现上述目标，公司制定了以下四项战略任务：

（1）全球领先：通过持续作为全球信息通信市场的标准制定者，成为全球最具竞争力的公司。

（2）无处不在的伙伴：成为顾客最好的伙伴，不受时间、空间与方法的限制，完全满足顾客在信息时代的需求。

（3）顾客导向服务：通过不断发展并提供顾客最需要的服务，成为以客户为中心的公司。

（4）创造价值的创新：通过整合信息、电讯与娱乐行业，成为在这些产品中创造新价值的领导者。

2. "SK电讯"业务融合战略实施阶段

第一阶段：固定与无线业务的融合。此阶段以"SK电讯"良好的移动数据业务为基础，逐渐向固定互联网渗透，将移动与固定互联网上的内容进行整合，使用户可以通过两种方式获得自己喜爱的业务内容。

第二阶段：电信、广电与IT之间的ICT（Information & Communications Technology）内跨行业业务融合。此阶段，将电信领域的业务与广电媒体以及IT产业融合在一起，发展移动数字电视、与MP3厂家合作内置音乐等。

第三阶段：无处不在的服务融合。这种融合业务将跨越 ICT 领域、金融、家庭应用等领域，形成一个无处不在的业务网络，覆盖人们生活的各个层面。

目前"SK 电讯"的战略实施已经进入第二阶段，公司已经将移动、固定网络、互联网和广电网融合在一起。

3. "SK 电讯"未来发展目标及具体策略

未来 10 年内韩国电信业的全球市场不断扩大，技术水平迅速提升，行业监管更为严格，企业竞争不断加剧。面对未来行业的发展趋势，"SK 电讯"的目标是提高股东价值，维持和巩固在韩国市场上的领先地位。利用"SK 电讯"在无线服务（包括无线语音和数据传输服务）的竞争优势，产生的新的机遇以加速电信市场的全球化的进程。为实现这一目标，"SK 电讯"提出了 6 点具体策略。

（1）增强无线网络的技术能力，以提高数据传输速度和服务。继续升级和发展无线网络，扩大"SK 电讯"骨干网络基础设施电信技术，来提供更优质的服务，更便捷的无线通信产品。

（2）推动无线互联网在韩国的增长。"SK 电讯"计划将重点放在开发差异化服务平台之上，以便更好地领导韩国智能手机市场。

（3）提供丰富的创新型无线数据内容和服务。"SK 电讯"计划改善服务质量和扩大无线数据内容和服务的范围。将继续积极寻求合作伙伴，在战略投资、数字媒体、金融服务领域进行无线应用程序开发，以改善"SK 电讯"提供的无线数据内容。

（4）利用广泛的网络基础设施、技术和市场领先地位，积极开拓创新，把握在日益一体化时代出现的机会、业务。数字融合极大地满足了日益一体化的产品、服务的需求，"SK 电讯"计划继续提高新的融合服务，并努力提供定制的增值服务，包括金融、教育、卫生、购物等领域。

（5）利用半导体业务的投资寻求多元化增长。2012 年 2 月，"SK 电讯"收购世界第二大内存芯片制造商海力士 21.05%的股权，并成为其第一大股东。"SK 电讯"计划利用海力士的海外网络，实现一个更加多元化的业务组合，促进全球业务增长。

（6）继续寻求海外市场的机会扩大"SK 电讯"全球业务，把握未来发展的重要机遇进行全球扩张。

（三）公司治理

截止到 2011 年 12 月 31 日，韩国"SK 电讯"总股本为 3850 万美元，总股数为 80745711 股，流通股占绝对比重，其股权结构如图 2-12-1 所示。

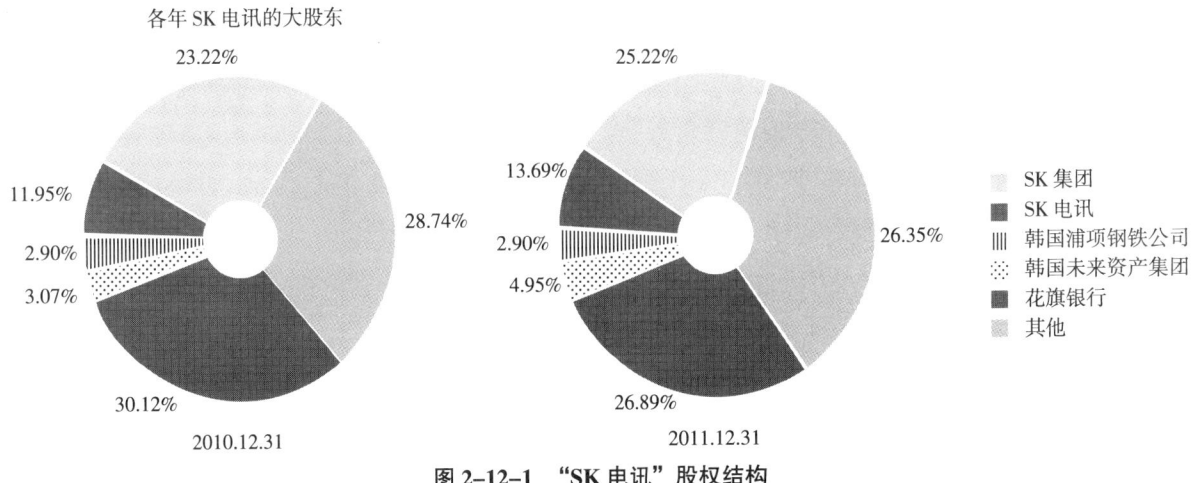

图 2-12-1 "SK 电讯"股权结构

表 2-12-1 "SK 电讯"股权占比及相应股数

股东	股份类型	股权比例	股份数
花旗银行	普通股	26.89%	21711446
SK 集团	普通股	25.22%	20363452
SK 电讯	普通股	13.69%	11050712
Nat'l 退休金担保公司	普通股	4.95%	2900451
韩国浦项钢铁公司	普通股	2.90%	2341569
其他	普通股	26.35%	22378081
总计		100.00%	80745711

"SK 电讯"公司的领导层结构如下：

（1）董事会：现由 8 名成员组成，其中 5 人是来自公司外部的独立董事。董事会成员应不少于 3 人不超过 12 人，并且超过一半的董事应由外部董事组成。

（2）监事会：现由 4 名成员组成，所有的人都是来自公司外部的独立董事。监事会成员至少由三人组成，其中 2/3 以上必须是由独立非执行董事担任，每年由股东大会决议任命。

（3）独立董事委员会：现由 4 名成员组成，包括 2 名执行董事及 2 名独立董事。该委员会的目的是帮助促进在独立董事选举中，保证候选人提名的公正性和透明度。

（4）薪酬委员会：由五名成员组成，所有的人都是来自公司外部的独立董事。负债审查管理人员和董事的薪酬标准和补偿水平制定整体的薪酬计划。

（5）资本支出审查委员会：由 4 名成员组成，其中 1 人为执行董事，而其他 3 人为独立董事。该委员会负责审查公司的商业计划书（包括预算），探讨主要资本开支的修订，并定期监测已执行的资本开支的效果。

（6）企业社会责任委员会：由 4 名成员组成，其中 1 人为执行董事，而其他 3 人为独立董事。该委员会帮助企业在实现全球性的可持续增长的同时，履行企业的社会责任。

（四）市场概览

"SK 电讯"选择 8 个产业作为其核心业务领域，并积极发展在这些领域的商业模式以提供更优质的服务如图 2-12-2 所示。

1. 2011 年市场发展情况

2011 年实现用户数 2660 万人次，占 50.6% 的韩国市场份额。主要通过智能手机和 4G 的 LTE 用户实现营运收入同比增长 2.5%。

（1）LET 市场的领导者。2011 年 9 月底 "SK 电讯"首次推出 LTE 的智能手机，截至 2011 年年底，共签署 LTE 用户超过 65 万人。"SK 电讯"优越的手机阵容共有 10 个 LTE 设备，包括七个智能模型，利用业界最先进的 4G LTE 网络技术，领军韩国市场，提供高档优质的服务。

（2）领先的智能手机市场。2011 年 "SK 电讯"共有 11.26 万智能手机用户，超过了计划达到 10 万人次的目标。"SK 电讯"将通过无限 3G 数据计划以及推出从低收入和中等价位的 3G 机型保费到 4G LTE 机型的活动，继续领导韩国通信市场向智能手机时代的过渡。

（3）转化购物体验。"SK 电讯"通过分销渠道的改造，构建 "imagine" 连锁店，客户可以体

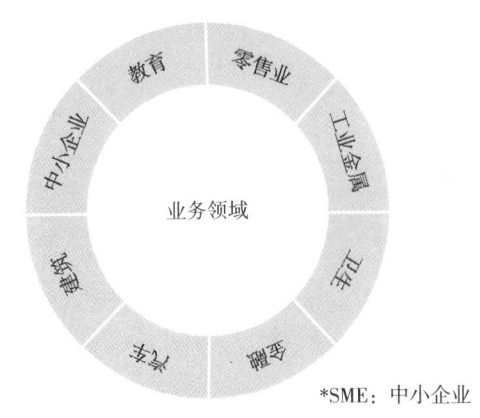

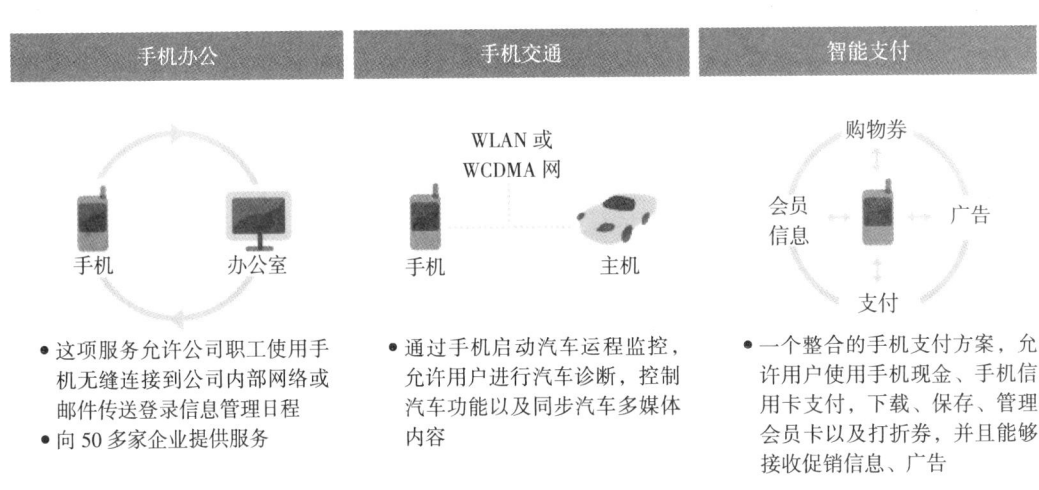

图 2-12-2 "SK 电讯"核心业务领域

验不同产品，更好地实现从手机为中心的销售向多设备阵容的智能手机，平板电脑和其他设备销售的转变。

（4）提供卓越的 LTE 体验。"SK 电讯"汇集业界最先进的网络技术，其 PETA 的解决方案使得公司能够从技术上拥有较大的竞争优势，更好地为广大客户提供优质的 LTE 服务，目标是带来新的 LTE 生活体验。用户不仅能享受无线上网等基本服务，还能享受 LTE 视频通话和视频点播 LTE 流媒体、"电子智能学习"（Smart Learning）和"智能健康"（Smart Health）、高清视频服务"Hoppin"、LTE 网络游戏等由"SK 电讯"公司开发的新一代移动通信服务。

2. 海外市场拓展

"SK 电讯"积极寻求各种海外市场，并继续把握机会，扩大公司的全球业务。将国内市场的资源和能力充分发挥到国际市场的合作中。其核心是外向的全球化及内向的全球化，前者侧重基于"SK 电讯"自身的资源和能力向海外市场拓展；后者更看重从国际市场获取"SK 电讯"所需的资源和能力。

（1）美国。2005 年 1 月，"SK 电讯"与美国第三大互联网服务企业 EarthLink 公司合作成立合资公司"SK—EarthLink"，"SK 电讯"成为首家进入美国市场的亚洲网络运营商。同年 11 月，合资公司"SK—EarthLink"，推出服务新品牌"HELIO"同时，合资公司的名称也由"SK—

EarthLink"更名为与新推出品牌一致的"HELIO"。通过统一的传播战略，积极面向美国新生代和年轻用户群体展开营销攻势。

2006年5月，合资公司HELIO，在美国全境内开启了MVNO方式的移动电话服务，重点放在通过积极活用先导全世界的韩国多媒体无线上网服务与移动博客，实现与现存MVNO商家的差别化的战略之上。

2008年8月，与EarthLink向美国第一大无线业务经销商Virgin Mobile出售部分HELIO的股权，获得价值约3100万美元回报。2009年11月，Virgin Mobile美国公司与Sprint合并成立Sprint Nextel公司的股份。2010年，公司出售了所有对于Sprint Nextel公司的股份持有。

2010年11月，"SK电讯"投资约6000万美元收购美国新兴无线运营商LightSquared公司3.3%的股权，重返美国投资市场。

（2）中国。2006年7月5日，"SK电讯"购入联通10亿美元的可转换债券；在2007年8月，将可转换债券转换成代表中国联通6.6%的股权，成为中国联通的第二大股东；2008年10月，中国联通与中国网通合并，"SK电讯"在中国联通股份由6.6%下降到3.8%；2009年11月5日，出售持有的股票中国联通的股份。

2008年2月，我们通过我们的全资中国子公司——SK电讯中国控股公司，投资15.6亿美元收购深圳市伊爱高新技术开发有限公司65.5%；2009年，深圳市伊爱高新技术开发有限公司和"SK电讯"分别在北京、上海和深圳设立合资企业，全面提供车载信息服务。

2008年3月，"SK电讯"在中国获得北京太合麦田音乐文化发展有限公司42.2%的股权；2008年5月，投资780万美元收购默凯网络科技公司30.0%的股权。

2010年8月2日，"SK电讯"与中铁二局联合成立"智能城市运营"合资公司，在成都金马国际体育城共同建设"中国首个完整意义无线数字城市"。

（3）马来西亚。2010年7月，"SK电讯"投资1.01亿美元收购Packet One Network（P1）公司27.2%股权。之后增加投资约1630万美元，2011年"SK电讯"占有的所有者权益增加至28.2%。在2012年3月花费50.5万马币，购买P1公司可换股优先股，期望与P1创建功能强大的协同效应，吸引P1的潜在客户，在这个过程中，建立更多战略合作伙伴关系。

（4）印度尼西亚。2010年5月，"SK电讯"与印度尼西亚最大的电信公司TELKOM，建立合资企业，在印尼市场进行数字内容交换系统（DCEH）的推广。

（五）业务概览

从2011年"SK电讯"年报中可以看到公司2011年营业利润为21315亿韩元，同比增长13.3%。

在营业收入方面，"SK电讯"2011年营业收入由155992亿韩元增加到159883亿韩元，增长了2.5%。其中，占营业收入65.4%的蜂窝数据业务收入增长1.4%，增加到131019亿韩元；其他业务收入增长60.3%，由4516亿韩元增加到7238亿韩元；这两部分的增长，抵消了"SK电讯"在固网电信业务收入2.9%的下降比率，营业收入总体成上涨趋势。

在营业支出方面，总体上升4.1%，由133133亿韩元增长到138568亿韩元。营业支出的上涨，主要是因为2011年智能手机销售量的增加所引起的销售费用49.7%的增长；同时，由于"SK电讯"增加对无线网络的投资，导致折旧与摊销也由2010年的21558韩元增长到23313亿韩元，同比增长8.1%。

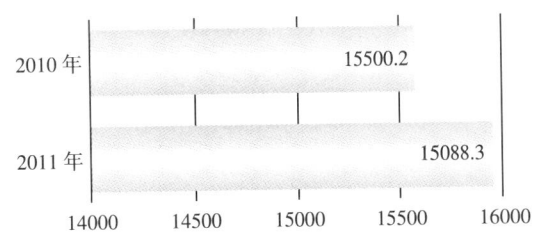

图 2-12-3 "SK 电讯"主营业务收入

用户和市场份额：截至 2011 年 12 月 31 日，韩国无线用户总数约 52.5 万人，无线电信服务普及率 105.5%。在韩国无线市场饱和的情况下，"SK 电讯"实现了新用户的继续增加，截至 2011 年，共有约 26.6 万用户（包括租赁"SK 电讯"网络的移动虚拟网络运营商）。基于上述用户数，"SK 电讯"的无线市场份额为 50.6%，与 2010 年 12 月 31 日持平。

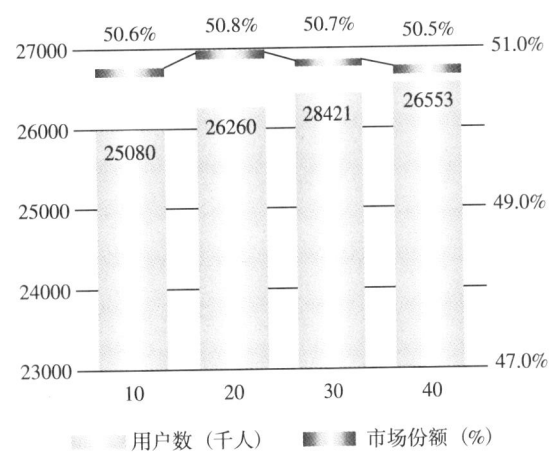

图 2-12-4 "SK 电讯"用户数与市场份额

续表

	12月31日			
	2010年		2011年	
	数量	百分比	数量	百分比
总计移动电话收入	12920.3	82.8	13101.9	81.9
固定电话收入				
固定电话设备	475.5	3.0	490.7	3.1
连接	88.8	0.6	83.8	0.5
互联网宽带设备	983.9	6.3	1000.5	6.3
国际呼叫设备	289.1	1.9	62.8	0.4
混合	390.0	2.5	524.8	3.3
总计固话收入	2227.3	14.3	2162.6	13.5
其他收入				
入口设备	239.5	1.5	235.6	1.5
混合	212.1	1.4	488.1	3.0
其他总收入	451.6	2.9	723.8	4.5
总营业收入	W15599.2	100.0%	W15988.3	100.0%
总营业收入增长	N/A		2.5%	
营业支出				
移动电话	10603.5	68.0	11034.6	69.0
固定电话设备	2279.4	14.6	2141.3	13.4
其他	430.4	2.8	680.9	4.3
总营业支出	W13313.3	85.3%	W13856.8	86.7%
营业收益（损失）				
移动电话	2316.7	14.9	2067.3	12.9
固定电话设备	(52.1)	(0.3)	21.3	0.1
其他	21.2	0.1	42.9	0.3
总营业收益	W2285.9	14.7%	W2131.5	13.3%

"SK 电讯"是韩国领先的无线通信服务提供商，一直致力于对于先进无线技术的开发和实施。公司主要通过 CDMA、WCDMA、WiBro 网络以及 LTE 技术提供以下 4 类核心业务：

（1）蜂窝语音服务："SK 电讯"通过蜂窝数据网络向用户提供无线语音传输服务，并与国外各大无线通信服务提供商签订服务协议，向用户提供全球无线漫游服务。因此而蜂窝语音服务主要是指"SK 电讯"的核心无线语音传输服务，包括无线全球语音传输和数据漫游服务。

（2）无线数据服务："SK 电讯"提供的无线数据传输服务，包括无线上网，接入服务，用户可以通过手机在线浏览丰富的数字化内容、享受

表 2-12-2 基于不同业务的主营业务收入与支出

	12月31日			
	2010年		2011年	
	数量	百分比	数量	百分比
移动电话收入				
无线设备	W10634.5	68.2%	W10459.7	65.4%
连接	1168.7	7.5	1090.9	6.8
数字手机销售	534.5	3.4	787.5	4.9
其他	582.7	3.7	763.9	4.8

(3) 宽带互联网和固定电话服务: "SK 电讯"的子公司——SK 宽带主要提供宽带互联网接入服务和其他互联网相关服务,包括视频点播和 IP 电视服务。SK 宽带还面向住宅及商业用户提供本地、国内长途和国际长途固定电话服务。"SK 电讯"在拥有 SK 宽带 50.6%的股权后,于 2009 年 9 月又收购了 7.2%该公司的股权。

(4) 数字融合和新业务: "SK 电讯"在领先科技和成功运营经验的基础上,努力实现无线通信技术和网络技术的联合,以"数字融合"为核心开拓新业务,将移动通信与其他领域有效的衔接,为顾客提供更便捷、丰富的服务体验。包括 11th Street、网上购物商城、T Store、网上移动应用程序,以及 GPS 服务。2011 年 10 月,为了更有效地促进业务发展,"SK 电讯"将 11th Street 与 T Store 业务剥离出来,建立一个新的全资子公司 SK Planet。

(六) 经营和财务绩效

表 2-12-3 "SK 电讯" 2009~2011 年度经营与财务业绩比较

单位:百万美元	韩国 SK 电讯		
年份	2011	2010	2009
收入	13801	13652	12508
总资产	21032	20035	19943
EBITDA	4284	4183	3663
EBITDA 率 (%)	31.04	30.64	29.28
净利润	1366	1147	907
净利润率 (%)	9.90	8.40	7.25
总资产报酬率 (ROA) (%)	6.49	5.73	4.55
净资产报酬率 (ROE) (%)	12.43	10.40	8.55
资本性支出 (CAPEX)	2556	2049	1858
CAPEX 占收比 (%)	18.52	15.01	14.86
经营活动净现金流	5444	3557	2521
每股经营活动净现金流 (美元/股)	77.11	49.44	34.84
自由现金流 (FCF)	2888	1507	662
自由现金流占收比 (%)	20.93	11.04	5.30
销售现金比率 (%)	39.44	26.05	20.15
资产现金回收率 (%)	25.88	17.75	12.64
EVA	-89	-221	-477
EVA 率 (%)	-0.53	-1.35	-2.86
每股盈利 (EPS) (美元/股)	19.34	15.95	12.54
每股股利 (DPS) (美元/股)	8.11	8.31	8.08
股利支付率 (%)	41.92	52.10	64.44
主营业务收入增长率 (%)	1.09	9.15	12.59
总资产增长率 (%)	4.98	0.46	11.99
净利润增长率 (%)	19.02	26.49	17.74
经营活动现金流增长率 (%)	53.06	41.09	-3.51

续表

单位：百万美元	韩国SK电讯		
年份	2011	2010	2009
每股盈余增长率（%）	21.29	27.20	18.43
资产负债率（%）	47.74	44.91	46.81
流动比率（%）	91.67	117.88	130.15
利息保障倍数	8.35	9.95	11.88
总资产周转率	0.66	0.68	0.63
固定资产周转率	1.77	1.96	1.78
坏账发生率（%）	3.54	1.78	4.90
折旧与摊销	15.53	18.59	18.78
股息	573	598	585
内部融资额	2936	3087	2671
折旧摊销率（%）	15.53	18.59	18.78
付现成本率（%）	71.14	68.83	68.32
营销、一般及管理费用率（%）	—	—	—

（七）内控与风险管理

1. 内部控制

"SK电讯"建立的是一个连续性的审计制度，聘用外部审计师，不断监察公司的会计信息。同时为了满足美国《萨班斯—奥克斯利法案》的要求，公司开设ERP系统，建立内部控制制度。

2005年1月，为了满足会计透明度的最严格的全球标准，"SK电讯"建立了一个连续的审计制度，使外部审计师可以对企业会计信息进行不断的监测，这也成为韩国公司的首列。

"SK电讯"一直在努力提高管理的透明度。它也成为韩国的第一家在任何内部交易发生之前公司首先需要外部董事做出批准的企业。公司于2000年开设了将公司会计、资金管理、预算、采购统一起来一起管理的ERP系统。它还在2003年推出了一个新的小组委员会制度，资本支出审查委员会就属于这个系统的一部分。

为适应新的系统并且先进国家的审计制度看齐，"SK电讯"设有专门的外部审计师办公室，办公室配备了一个电话会议系统，以及一个演示系统，外部审计师可以在任何时间访问公司ERP系统。

为了满足《萨班斯—奥克斯利法案》对有关在美国股市上市公司的要求，从2005年底，公司年度报告将披露公司内部控制系统的有效性、管理方案及外部审计师名单。"SK电讯"希望通过连续审计制度和内部控制制度的建立，能有效提高会计透明度，同时也能提高财务信息的可信度水平。

2. 风险管理

对于未来可能会遭受的市场风险、信用风险和流动性风险，"SK电讯"建立了风险管理系统来监控和管理这些特定风险。

公司的财务风险管理系统所监管的金融资产包括现金和现金等价物，可供出售金融资产，及其他应收款项，以及诸如借款，应付债券等金融负债。

（1）市场风险。①货币风险：公司如果使用公司记账本位币之外的货币对收入和支出进行计价，则会面临着货币风险。"SK电讯"公司除了其记账本位币韩元之外，还主要使用美元，日元和欧元进行计价。面对这种货币风险，"SK电讯"根据其业务特点对冲其目前的金融工具，控制风险。此外，"SK电讯"还通过外币计价的应收及应付款项管理系统定期管理和报告货币风险。

2011年12月31日公司外币计量的金融资产和负债的账面价值如表2-12-4所示（单位：百万韩元，其余货币均由每千计价）。

表2-12-4 "SK电讯"外币计量的金融资产和负债的账面价值

	资产		负债	
	外币	等值韩元	外币	等值韩元
美元	91388	W105440	1876911	W2164641
欧元	8	12	6761	10101
日元	166072	2466	20616595	306189
人民币	—	—	560002	97010
新加坡元	—	—	64423	57107
其他	3938	380	546	167
		W108298		W2635215

另外公司已进入一个货币掉期，公司可以通过对冲交易降低相应的货币风险。

10%的汇率变化对2011年"SK电讯"税前收益的影响，如表2-12-5所示（单位：百万韩元，其余货币均由每千计价）。

表2-12-5 10%的汇率变化对2011年"SK电讯"税前收益的影响

	韩元增值10%对外币影响	韩元贬值10%对外币影响
美元	W(37556)	W37556
欧元	(1009)	1009
日元	58	(58)
人民币	(9701)	9701
其他	21	(21)

②股票价格风险："SK电讯"分别对上市及非上市股本证券进行投资，来实现其流动性和持续经营的目的。

③利率风险：由于浮动利率的借款，公司易遭受利率风险。"SK电讯"通过再融资，续约，替代和对冲期权来优化融资，降低风险。

（2）信用风险。信用风险是指客户或交易性金融工具未能满足其合同义务对本公司造成的财务损失的风险。为了降低信贷风险，"SK电讯"对每个客户进行信用评估，为每个客户确立授信额度。

（3）流动性风险。"SK电讯"通过对现金和现金等价物流动性的管理，来满足公司的信贷额度，从而有效地进行业务经营。

（八）人力资源发展

截至2011年底，"SK电讯"共拥有员工20955人，如表2-12-6所示，2010年员工人数的大幅增加主要是由于2010年3家附属公司的成立，增加人员主要从事于客户服务和网络维护。

表2-12-6 "SK电讯"2009~2011年员工人数

	固定员工	临时员工	总数
12.31.2009	9298	1416	10714
12.31.2010	15490	4653	20143
12.31.2011	15480	5475	20955

1. 人力资源政策

"SK电讯"人力资源政策的目标是最大限度地提高人均生产力，通过对员工的培训和引进优秀人才，培养出具有很强竞争力的高素质人才，为成为世界领先的电信公司而不断努力。

（1）人力资源政策的变革。"SK电讯"人力资源管理的重点在于控制劳动力成本，并通过对人力资源的重视和提供良好的培训，确保人才工作的稳定。传统的标准化，论资排辈的人力资源管理模式已逐步退出历史舞台，让位于关注个人工作价值和工作业绩的新型人力资源管理方式。原来刚性的、分层的人力资源系统正在转化为无形的、无保护的网络平台。而公司与员工的关系也由原来的一方独断转化为双向选择。

（2）核心能力的培养，以满足不断变化的需求。在瞬息万变的行业发展趋势中，"SK电讯"培养员工缩短对变化的反应速度，并能够让员工灵活的感知和适应变化，同时做出最佳的应对措施。

（3）人力资源政策的任务。"SK电讯"的核心人力资源政策任务是：确保人才培养，以实现业务目标，通过实施工作效率的奖励制度，建立一个快速和灵活的组织。

2. 人力资源培养

图 2-12-5 "SK电讯"人力资源培养模式

"SK电讯"鼓励员工自发踊跃展示自己的能力，促进自我发展，寻求公司和员工的共同追求，期待着公司和员工的共同成长，来实现员人力资源价值的最大化。

（1）强调共同的愿景和价值观。"SK电讯"通过SUPEX目标和冠军方案，选择顶级的SK电信人才，并提供丰厚的奖励，招收和培养新的候选人。旨在加强更紧密的伙伴关系和共享的愿景和价值观。

（2）提供未来成长和发展的机会。除了SUPEX目标和冠军方案之外，公司还提供了各种培训机会，系统地培养自己的人才，员工通过在各个领域的不同任务体验，综合素质不断增强。

（3）最好的激励系统。"SK电讯"拥有依据员工个人工作价值和工作业绩进行奖励的新型激励系统，通过信誉评价保证评估标准的公开透明。

（4）愉快和创造性的工作任务。"SK电讯"通过进行雇员托儿、每周5天工作制、家庭野营等各种措施提高其雇员的工作条件，促进员工激情和富有创意的工作。

（九）企业社会责任

"SK电讯"提出"幸福最大化"的经营理念，体现在了社会贡献方案范式的转变，从单纯的捐钱或一次性的慈善服务转换为企业持续进行"社会投资"的理念，通过不断努力，解决社会问题。SK电信的社会责任参与计划，重点体现在六个方面：社会福利、移动/IT、教育/奖学金、志愿服务、全球性社会贡献、环境/文化/艺术。

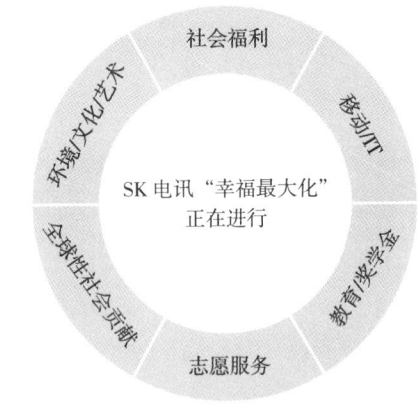

图 2-12-6 "SK电讯"企业社会责任的6大核心领域

1. 社会福利

"SK电讯"致力于为有需要的人士提供帮助，让他们获得独立生活的能力。因为只有稳定的工作，才能保证经济上的独立，所以"SK电讯"制定就业培训计划，并联合其他的SK子公司，为有需要的人士创造就业机会。从2005年到2008年，共产生约4000个新的就业机会。SK电信还积极参与人居署计划，为有需要的人建造家园。"SK电讯"计划创造人士可持续的就业机会，为需要的人准备和提供热午餐，培训的1000名残疾学生的助教。此外，"SK电讯"会同韩国基金会一起接收和帮助弱势群体。

2. 移动社会安全网

"SK电讯"目前正在使用移动基础设施，提供社会服务。如寻找失踪儿童或老年长者、灾害信息短信服务、流动献血服务。

3. 教育

培养青年人才，是"SK电讯"和SK集团的核心目标之一。"SK电讯"通过提供各类教育和奖学金计划，为有梦想的年轻人提供接受高品质教育的机会。

4. 志愿服务

员工志愿者是"SK电讯"社会贡献活动的基础。"SK电讯"义工团于2004年成立，以帮助残疾人、青少年和独居老人。2006年，超过4300员工（88%）参加过志愿者服务。

5. 全球性的社会贡献

基于"SK电讯"对于社会责任的理念，其已在中国、越南、蒙古国等国家，实施社会贡献方案。自1996年以来，"SK电讯"一直致力于通过社会福利发展，减少教育水平的差距。

6. 环境保护

"SK电讯"坚持使用"绿色"技术，减少天然资源和能源消耗，并采取其他措施，以帮助维护生态系统的稳定。

（十）前景展望

展望2012年，"SK电讯"将利用其卓越的能力，以最大的速度和效果，把握工作重点，提高盈利能力，并确定新的方法来创造增长机会。以下三个战略将指导"SK电讯"寻求这两个基本目标，并在未来几年内实现。

1."SK电讯"将巩固作为固定和移动融合的领导者的声誉，成为智能时代的领军人物

"SK电讯"将加强作为一个强大的移动网络运营商的地位，通过提供多样化的数据中心网络、开发令人信服的数据产品和服务、确保有竞争力的智能设备阵容，以改变行业竞争范式，建设一个无与伦比的品牌。

2."SK电讯"将积极发展核心增长业务，增强改变未来的潜力

"SK电讯"将通过发展能为客户提供新价值的开放平台，来实现平台业务的稳步增长。也将通过区分公司的产品和服务，利用企业声誉，发展行业生产力提升业务，确定新的商业机会，提升B2B业务的增长潜力。与此同时，"SK电讯"仍将确保核心技术，加强研发能力，以支持未来企业的成长。未来的进程会随着全球潜力产品的发展以及战略合作伙伴关系的紧密联系而逐步加快，更快地实现"SK电讯"将自己的B2B平台作为成功案例推向全球市场的目标。

3."SK电讯"将引导企业文化进行变化和创新，来改善企业的战略执行能力

"SK电讯"仍以保持客户为中心的理念，进行企业文化的变化和创新，并通过双向及时沟通，建立起一个强大、高效的决策系统。

SK Telecom将以前所未有的创新服务，细分

化的高级定制业务，提供使每一位用户都方便、满足用户多种需求的服务，为实现更加便利、更加自由的无所不在生活而努力。在不远的未来，"SK电讯"有无限的机会和可能。依托在信息通信领域积累的技术实力和经验，不仅在中国、以色列、越南等亚洲国家，还向法国、美国等发达国家出口无线互联网技术、平台解决方案。"SK电讯"的舞台正在向全世界延伸，为加强韩国的国家竞争力作出卓越的贡献。

附件一：韩国电讯财务报告（2011年）

1. 合并资产负债表

	附注	韩元			转换为韩元
		2010.1.31	2010.12.31	2011.1.31	2011.12.31
资产					
流动资产					
现金及现金等价物	4,29	W905561	W659405	W1650794	$1424941
短期金融工具	4,29	471970	567152	979564	845545
短期投资	4,7	376722	400531	94829	81855
应收账款——贸易	4,5,28	1832967	1949397	1823170	1573733
短期贷款	4,5,28	75941	94924	100429	86689
应收账款——其他	4,5,28	2421874	2531847	908836	784494
预付费用		172225	182091	118200	102028
衍生资产	4,30	—	—	148038	127784
存货	6,29	119317	149223	219590	189547
预付账款及其他	4,5,7	65391	119422	74029	63902
流动资产总额		6441968	6653992	6117479	5280518
非流动资产					
长期金融工具	4,29	6565	117	7628	6584
长期投资	4,7	2443978	1680582	1537945	1327531
联营公司投资	8	549913	1204692	1384605	1195170
不动产及设备	9,28,29	8027678	8153413	9030998	7795423
投资财产	10	212742	197307	271086	233997
商誉	11	1736733	1736649	1749933	1510516
无形资产	12	2004218	1884956	2995803	2585933
长期贷款	4,5,28	81109	84323	95565	82490
长期应收款——其他	4,5	761735	527106	5393	4655
长期预付费用	29	449906	411509	567762	490084
存入保证金	4,5,28	232975	250333	245218	211669
长期衍生资产	4,30	314658	203382	105915	91424
递延所得税资产	24	28646	106860	227578	196442
其他	4,5	43900	37168	23128	19965

续表

	附注	韩元			转换为韩元
		2010.1.31	2010.12.31	2011.1.31	2011.12.31
非流动资产总额		16894756	16478397	18248557	15751883
总资产		W23336724	W23132389	W24366036	$21032401
负债及所有者权益					
流动负债					
短期借款	4,13,29	W554469	W523710	W700713	$604845
应付账款——贸易	4,28	164314	195777	195391	168659
应付账款——其他	4,28	1307236	1434329	1507877	1301577
代扣费用	4	288455	408261	496860	428882
预付费用	4	419816	677480	744673	642791
应付所得税	24	395503	259871	293725	253539
预收账款		341538	311365	290791	251006
衍生负债	4,30	36318	15393	4645	4009
准备金	15	516382	652889	657198	567284
当前长期负债	4,13,14,16	1262383	1601231	1662841	1435340
预收款项及其他		96364	121864	118876	102612
流动负债总额		5382778	6202170	6673590	5760544
非流动负债					
应付债券	4,13	4453300	3658546	3229009	2787233
长期借贷	4,13,29	844640	235968	323852	279544
长期应付账款——其他	4,14	170953	54783	847496	731546
长期预收账款		274876	241892	212172	183144
融资租贷负债	4,16	77709	60075	41940	36202
应付职工退休金	17	53659	67870	85941	74183
长期衍生负债	4,30	34495	14761	—	—
长期准备金	15	121097	112227	142361	122884
长期预收款项及其他	4,28	75172	76098	76966	66435
长期负债总额		6105901	4522220	4959737	4281171
总负债		11488679	10724390	11633327	10041715
所有者权益					
股本	1,18	44639	44639	44639	38532
股本溢价	18,19	167876	(78953)	(285347)	(246307)
留存收益	20	9563940	10721249	11642525	10049655
储备金	21	919835	643056	260064	224483
非控股股东权益		1151755	1078008	1070828	924323
所有者权益总计		11848045	12407999	12732709	10990686
总负债及所有者权益		W23336724	W23132389	W24366036	$21032401

2. 合并损益表

	附注	韩元 2010年 (百万)	韩元 2011年 (百万)	转换为韩元 2011年 (千)
营业收入				
销售收入	27,28	W15518637	W15938549	$13757919
其他	22	80525	49729	42925
总收入		15599162	15988278	13800844
营业成本	27,28			
工资	17	1067820	1173247	1012729
佣金		5598044	5646448	4873930
折旧与摊销	9,10,12	2155815	2331268	2012316
网络接入		1316296	1264109	1091160
租用线路		437830	474018	409165
广告		338447	374269	323063
租赁费		367292	401706	346747
商品销售成本		640933	959276	828033
其他	12,22	1390774	1232479	1063857
小计		13313251	13856820	11961000
营业利润	27	2285911	2131458	1839844
财务收益	23	477217	442325	381808
财务支出	23	(441623)	(343776)	(296742)
子公司股权收益	8	41828	39131	33777
子公司股权损失	8	(45242)	(86280)	(74476)
持续经营所得税前收入		2318091	2182858	1884211
所得税支出	24	544530	599093	517128
持续经营营业利润		1773561	1583765	1367083
非持续经营营业利润	32	(6726)	(1692)	(1461)
净利润	27	W1766835	W1582073	$1365622
净利润归因于：				
控股股东权益		1841613	1612889	1392222
非控股股东权益		(74778)	(30816)	(26600)
		W1766835	W1582073	$1365622
持续经营的每股净利润（韩元及美元）	25	W25653	W22864	$19.74
每股净利润	25	W25598	W22848	$19.72
稀释的持续经营每股净利润（韩元及美元）	25	W24995	W22238	$19.20
稀释的每股净利润	25	W24942	W22223	$19.18
净利润		W1766835	W1582073	$1365622
其他综合利润				
非实现损失可出售金融资产	21,24	(204325)	(433546)	(374230)
其他综合收益联营公司投资	8,24	(390)	(2173)	(1876)
收益（损失）衍生金融工具	21,24	(76613)	29236	25236
基于国外业务的调整		(1459)	40673	35109

续表

	附注	韩元		转换为韩元
		2010年	2011年	2011年
		(百万)		(千)
收益（亏损）退休福利	17,24	(4497)	(25275)	(21817)
小计		(287284)	(391085)	(337578)
利润总额		W1479551	W1190988	$1028044
利润总额归因于：				
控股股东权益		1560572	1206577	1041500
非控股股东权益		(81021)	(15589)	(13456)
		W1479551	W1190988	$1028044

3. 合并现金流量表

	附注	韩元		转换为美元
		2010年	2011年	2011年
		(百万)		(千)
主营业务现金流量：				
主营业务现金流入				
净利润		W1766835	W1582073	$1365622
收入和支出调整	31	3089520	3225682	2784361
与主营业务有关的资产负债变动	31	277352	2180223	1881936
小计		5133707	6987978	6031919
利息收入		208444	156745	135300
股息收入		32394	34521	29798
利息支出		(364704)	(301632)	(260364)
所得税支出		(666436)	(571217)	(493066)
主营业务现金净流量		4343405	6306395	5443587
投资业务现金流量：				
投资业务现金流入				
短期证券投资减少额		168260	125000	107898
短期贷款额		216857	194561	167942
长期金融工具投资减少		3	5	4
长期投资出售		630030	256666	221550
处置子公司		58873	6381	5508
资产和设备处置		94254	35197	30382
无形资产处置		6826	3833	3309
长期贷款额		17823	33824	29196
其他非流动资产减少		2381	4122	3558
处置衍生物		1255	—	—
收到的现金流量		42736	66277	57209
小计		1239298	725866	626556
投资活动现金流出				
短期金融工具投资增加		88682	412256	355853

续表

	附注	韩元		转换为美元
		2010年	2011年	2011年
		(百万)		(千)
短期贷款增加		221308	233189	201285
长期金融工具投资增加		55	7516	6488
长期证券投资现金流入		150447	323246	279021
子公司现金流入		736105	239975	207143
来自资产和设备的现金流入		2142309	2960556	2555508
来自投资资产的现金		1991	86285	74480
商誉现金流入		—	1976	1706
来自无形资产现金流入		128032	596461	514856
长期贷款增加		36549	13856	11960
其他非流动资产增加		10778	3071	2651
处置衍生物的现金流出		35260	4007	3459
现金流出		26814	82533	71241
小计		3578330	4964927	4285651
投资活动净现金流		W (2339032)	W (4239061)	$ (3659095)
筹资活动现金流量				
筹资活动现金流入				
短期借款		W —	W174222	$150386
应付债券		149308	1129533	974996
长期借款		108044	92367	79730
合并子公司资产增加		6452	5769	4980
小计		263804	1401891	1210092
筹资活动现金流出				
短期借款支付		30910	—	—
长期债务支付		739334	224581	193855
应付债券支付		605140	842160	726940
长期借款支付		200000	512377	442276
股息支付		682283	668293	576861
留存股份		252259	208012	179553
衍生物现金流出		—	25783	22256
小计		2509926	2481206	2141741
筹资活动净现金		(2246122)	(1079315)	(931649)
现金及现金等价物的增加（减少）		(241749)	988019	852843
现金及现金等价物期初值		905561	659405	569189
外币汇率对现金及等价物的影响		(4407)	3370	2909
现金及现金等价物的期末值		W659405	W1650794	$1424941

附件二：韩国"SK电讯"大事记

1984年3月，韩国移动通信株式会社（KMT）正式成立。

1994年6月，SK集团作为最大股东参与经营KMT。

1996年1月，SK电讯在世界上首次将CDMA技术商业化。

1998年7月，SK Telink开始提供国际长途业务。

1998年12月，SK Teletech开始制造CDMA

手机。

1999年11月,开始提供无线数据业务(业务品牌为"n-top")。

2000年1月,收购韩国第三大移动通讯公司新世纪电讯。

2000年10月,在全球率先实现CDMA2000 1X商用服务。

2000年12月,获得韩国IMT-2000经营执照。

2001年7月,开始提供多媒体业务。

2001年11月,推出无线和有线融合的互联网品牌NATE。

2002年1月,在全球首次开始提供CDMA 2000 1X EV-DO业务。

2002年2月,开通宽带同步式IMT-2000商用服务。

2002年11月,推出第三代移动多媒体业务。

2003年6月,在世界上首次实现同步方式可视电话服务商用化,从而实现了真正的3G服务,奠定了"SK电讯"在3G服务领域领导地位的基础。

2006年5月,"SK电讯"在世界上首次实现了基于移动电话的HSDPA服务的商用化。

2006年6月,"SK电讯"认购中国联通发行的10亿美元的可转换债券。

2006年6月,"SK电讯"首推WiBro商用服务,实现WiBro、CDMA和WCDMA的三网合一。

2007年2月,"SK电讯"和大唐集团子公司大唐移动在北京共同设立了"TD-SCDMA联合业务开发中心"。

2007年4月,"SK电讯"在韩国首尔地区投资、大唐移动承建中国海外第一个TD-SCDMA试验网。

2007年8月,"SK电讯"换股,获联通6.6%股权成为联通第二大股东。

2008年2月,"SK电讯"收购中国最大车载卫星运营商深圳伊爱高新技术开发公司65%的股份,首次进军中国车载通信业。

2009年5月,"SK电讯"7亿美元收购SK网络宽带业务,将大幅度提高网络效率,并降低成本。

2009年6月,"SK电讯"入选《商业周刊》世界信息技术100强,位列第28。

2009年9月,中国联通100亿港元回购"SK电讯"持有的其全部股份。

2009年12月,"SK电讯"推出自主研制的首款SKAF手机。

2010年5月,"SK电讯"移动电话用户突破2500万。

2010年5月,与中铁二局投资1040万美元组建合资公司,共同打造"智能城市"。

2010年12月,"SK电讯"宣布,总裁Ha Sung Min继Jung Man Won离职后接任公司的首席执行官,同时还决定任命平台业务总裁So Jin Woo为联系执行官。

2011年4月,"SK电讯"与中国移动签署新技术合作协议,共同开发新的移动和无线技术。

2011年6月,"SK电讯"启动4G LTE网络服务,以满足韩国智能手机及平板电脑用户对于高速无线网络接入的需求。

2011年12月,"SK电讯"开发全球首个LTE微型基站。

2012年2月,"SK电讯"完成对全球第二大内存芯片制造商海力士(Hynix)的收购。

2012年6月,"SK电讯"推全球首例多载波LTE服务,4G用户即将达到300万。

第三部分 指标篇

——全球电信运营企业关键绩效指标

一　电信运营企业投资经营效果绩效指标概览
二　电信运营企业融资管理效率绩效指标概览
三　电信运营企业成本费用管理绩效指标概览
四　电信运营企业现金与质量管理绩效指标概览
五　电信运营企业可持续成长管理绩效指标概览
六　电信运营企业价值创造与分配绩效指标概览

一 电信运营企业投资经营效果绩效指标概览

1. 主营业务收入
2. 总资产
3. EBITDA
4. EBITDA 率
5. 员工人数
6. 人均 EBITDA
7. 净利润
8. 净利润率
9. 总资产报酬率（ROA）
10. 净资产报酬率（ROE）
11. 资本性支出（CAPEX）
12. CAPEX 占收比

1. 主营业务收入

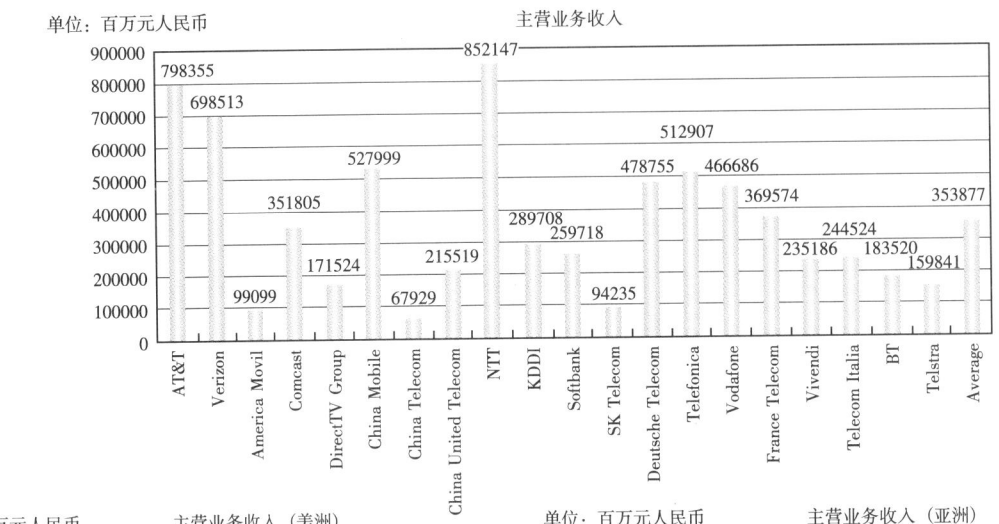

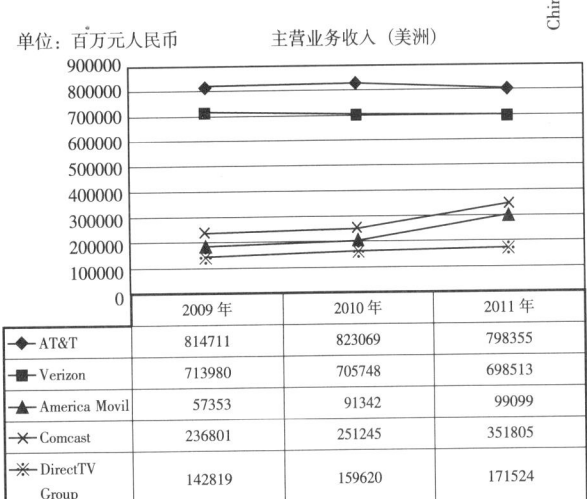

	2009年	2010年	2011年
AT&T	814711	823069	798355
Verizon	713980	705748	698513
America Movil	57353	91342	99099
Comcast	236801	251245	351805
DirectTV Group	142819	159620	171524

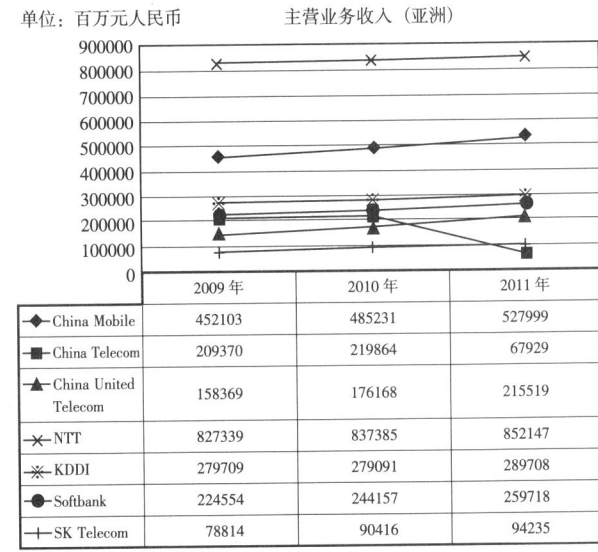

	2009年	2010年	2011年
China Mobile	452103	485231	527999
China Telecom	209370	219864	67929
China United Telecom	158369	176168	215519
NTT	827339	837385	852147
KDDI	279709	279091	289708
Softbank	224554	244157	259718
SK Telecom	78814	90416	94235

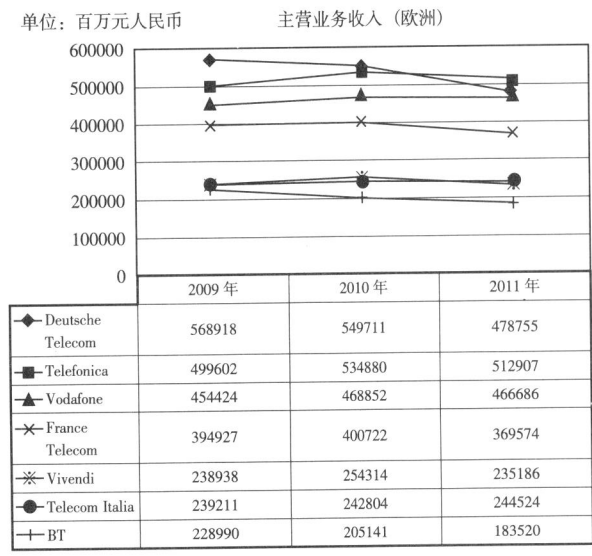

	2009年	2010年	2011年
Deutsche Telecom	568918	549711	478755
Telefonica	499602	534880	512907
Vodafone	454424	468852	466686
France Telecom	394927	400722	369574
Vivendi	238938	254314	235186
Telecom Italia	239211	242804	244524
BT	228990	205141	183520

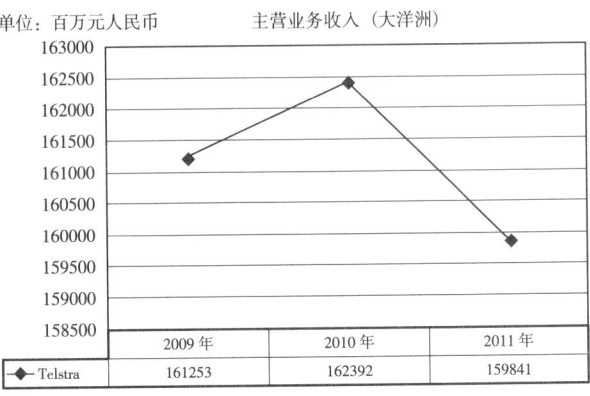

	2009年	2010年	2011年
Telstra	161253	162392	159841

2. 总资产

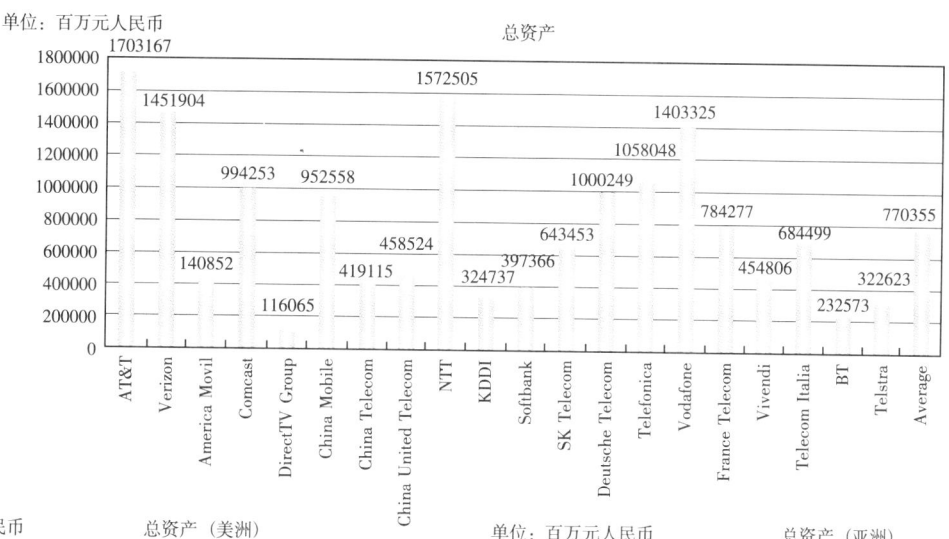

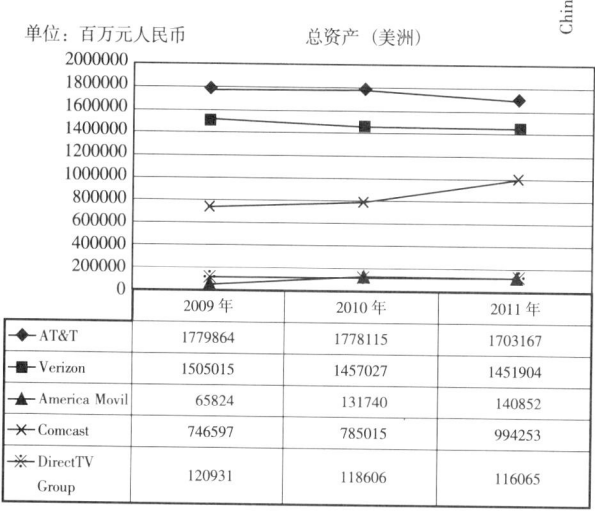

	2009 年	2010 年	2011 年
AT&T	1779864	1778115	1703167
Verizon	1505015	1457027	1451904
America Movil	65824	131740	140852
Comcast	746597	785015	994253
DirectTV Group	120931	118606	116065

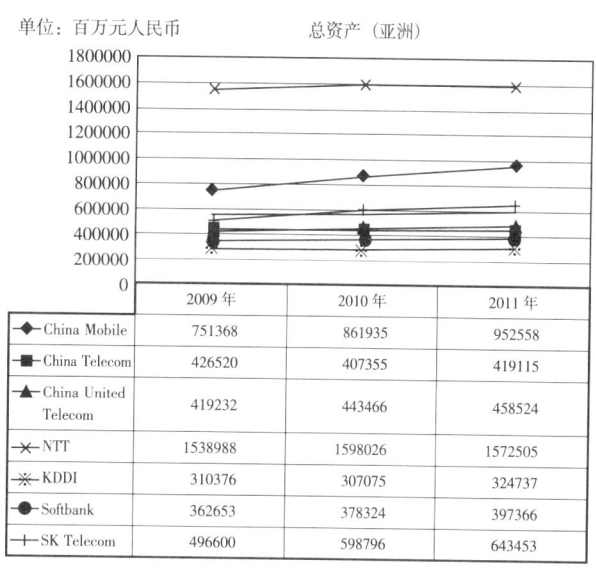

	2009 年	2010 年	2011 年
China Mobile	751368	861935	952558
China Telecom	426520	407355	419115
China United Telecom	419232	443466	458524
NTT	1538988	1598026	1572505
KDDI	310376	307075	324737
Softbank	362653	378324	397366
SK Telecom	496600	598796	643453

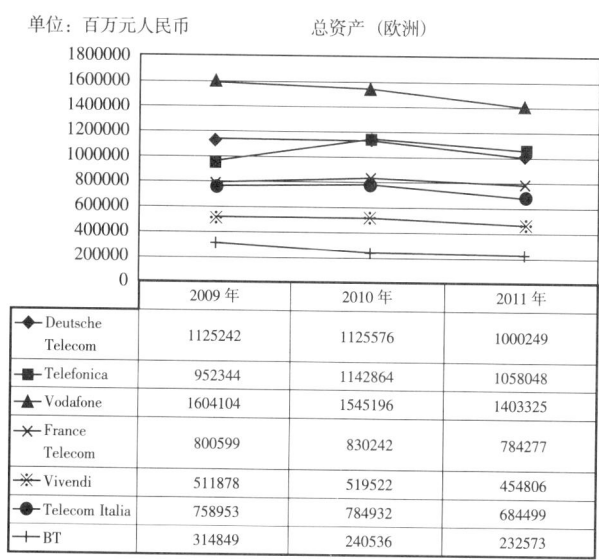

	2009 年	2010 年	2011 年
Deutsche Telecom	1125242	1125576	1000249
Telefonica	952344	1142864	1058048
Vodafone	1604104	1545196	1403325
France Telecom	800599	830242	784277
Vivendi	511878	519522	454806
Telecom Italia	758953	784932	684499
BT	314849	240536	232573

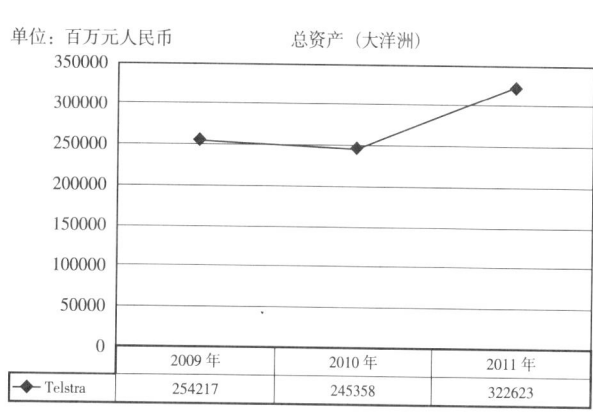

	2009 年	2010 年	2011 年
Telstra	254217	245358	322623

3. EBITDA

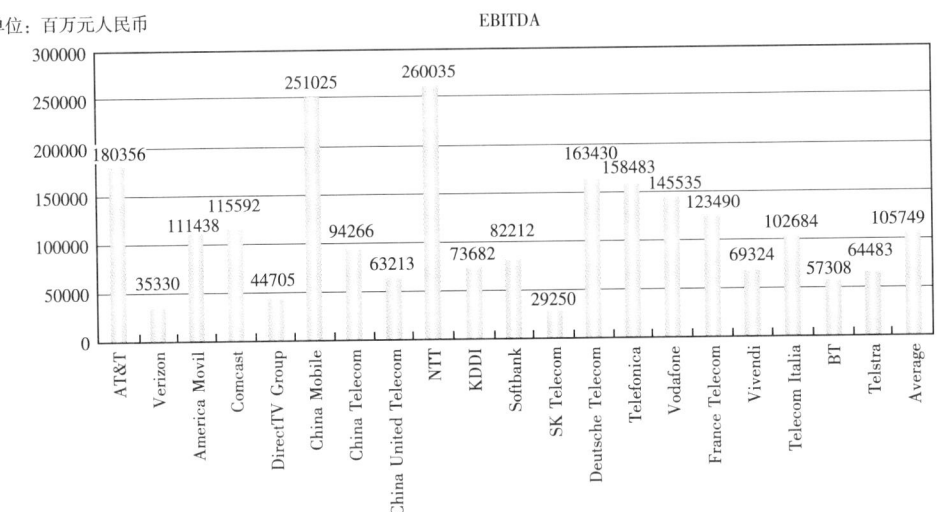

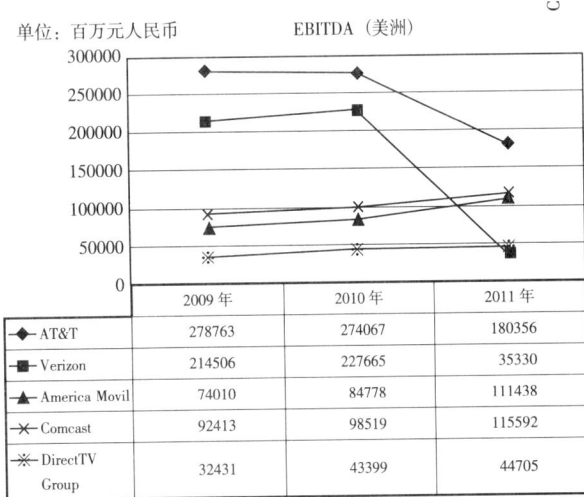

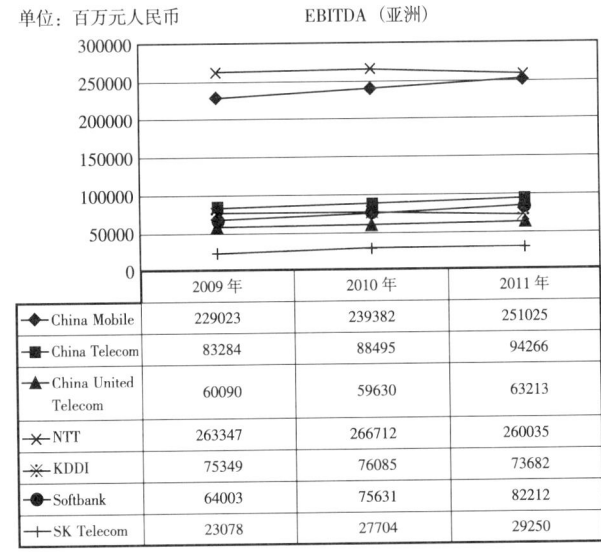

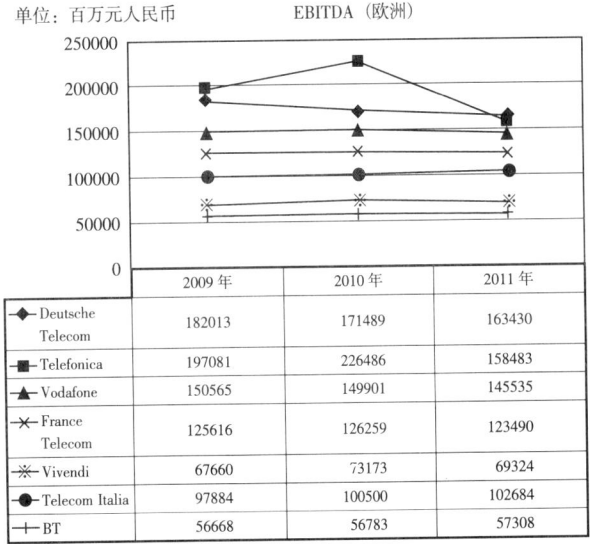

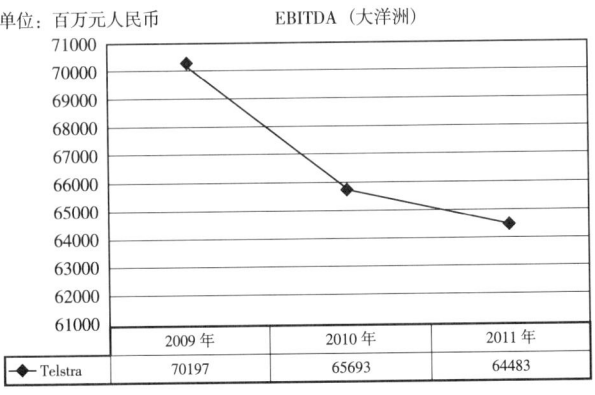

4. EBITDA 率

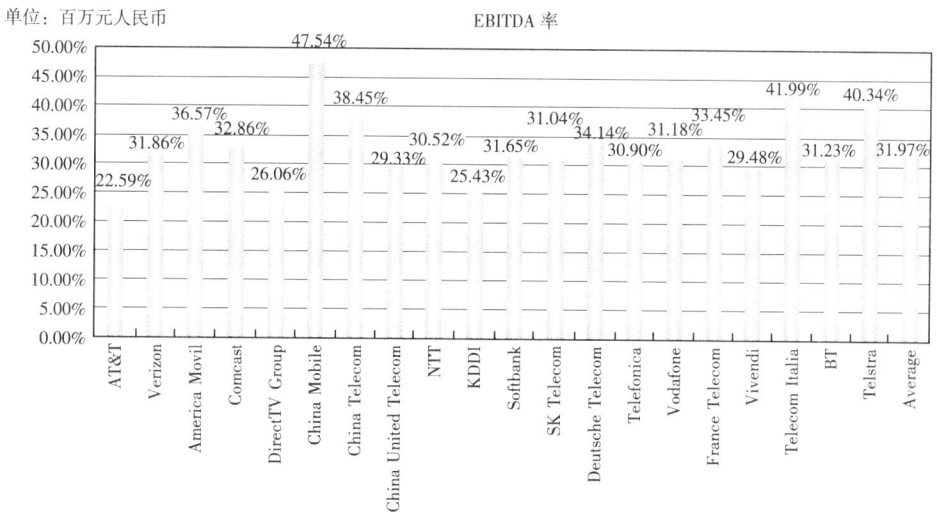

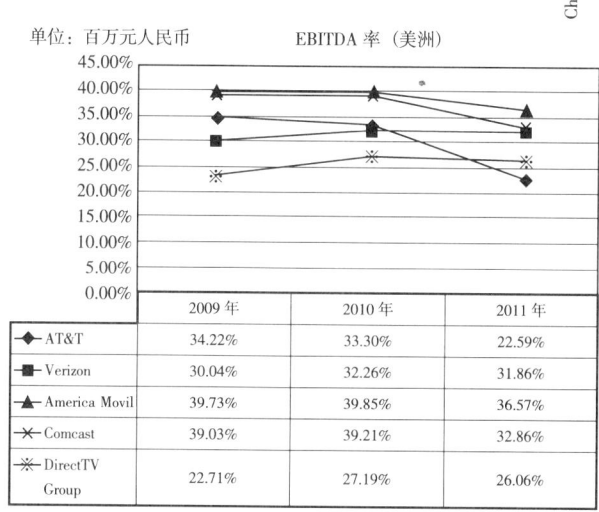

	2009 年	2010 年	2011 年
AT&T	34.22%	33.30%	22.59%
Verizon	30.04%	32.26%	31.86%
America Movil	39.73%	39.85%	36.57%
Comcast	39.03%	39.21%	32.86%
DirectTV Group	22.71%	27.19%	26.06%

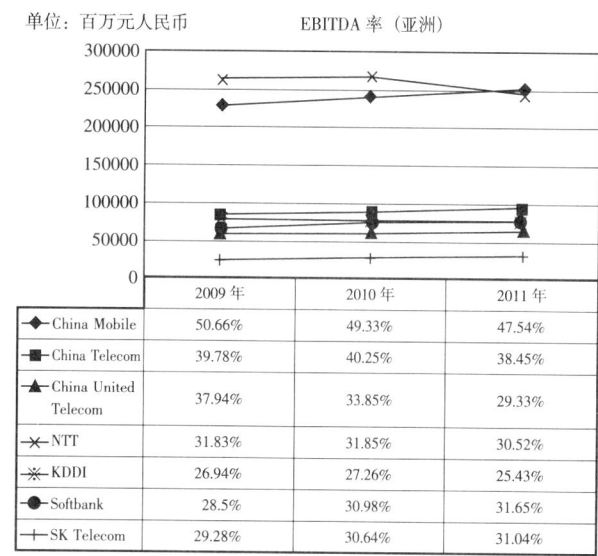

	2009 年	2010 年	2011 年
China Mobile	50.66%	49.33%	47.54%
China Telecom	39.78%	40.25%	38.45%
China United Telecom	37.94%	33.85%	29.33%
NTT	31.83%	31.85%	30.52%
KDDI	26.94%	27.26%	25.43%
Softbank	28.5%	30.98%	31.65%
SK Telecom	29.28%	30.64%	31.04%

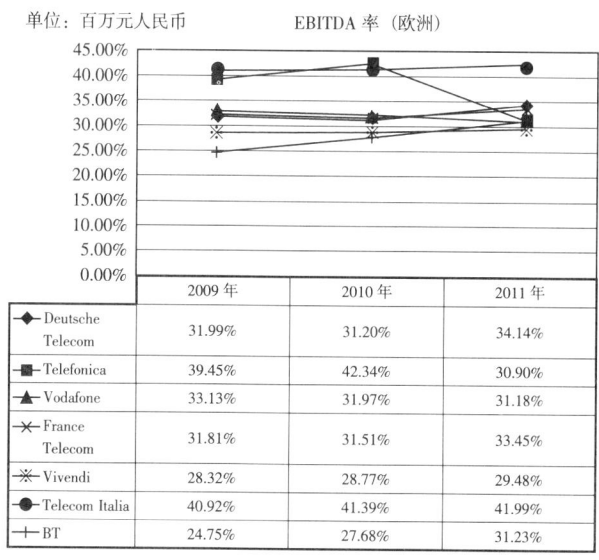

	2009 年	2010 年	2011 年
Deutsche Telecom	31.99%	31.20%	34.14%
Telefonica	39.45%	42.34%	30.90%
Vodafone	33.13%	31.97%	31.18%
France Telecom	31.81%	31.51%	33.45%
Vivendi	28.32%	28.77%	29.48%
Telecom Italia	40.92%	41.39%	41.99%
BT	24.75%	27.68%	31.23%

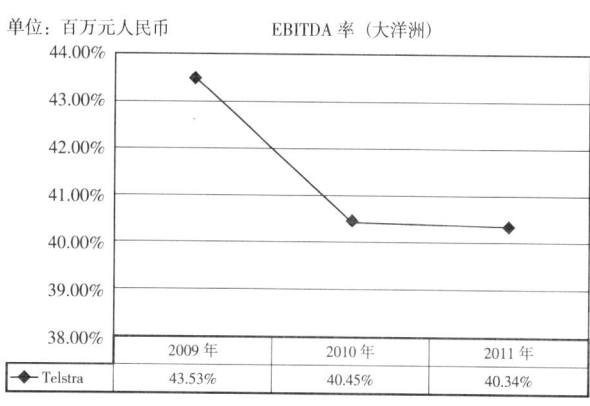

	2009 年	2010 年	2011 年
Telstra	43.53%	40.45%	40.34%

5. 员工人数

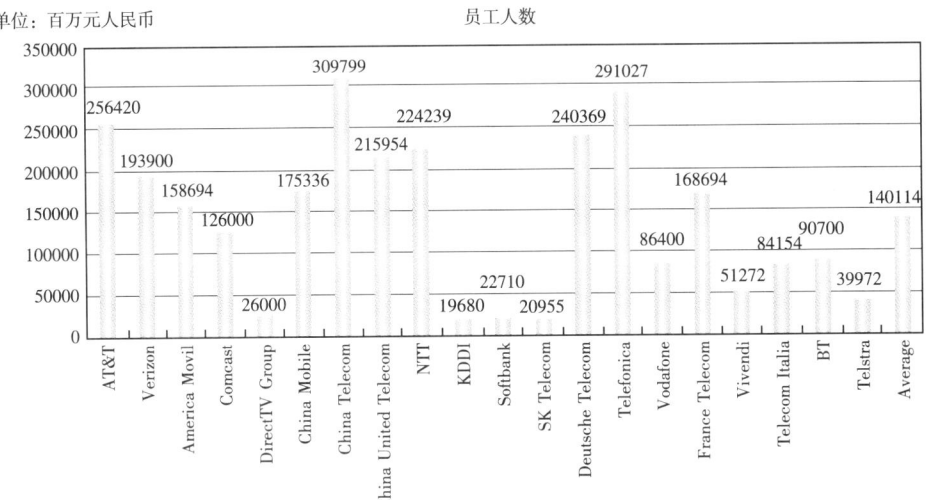

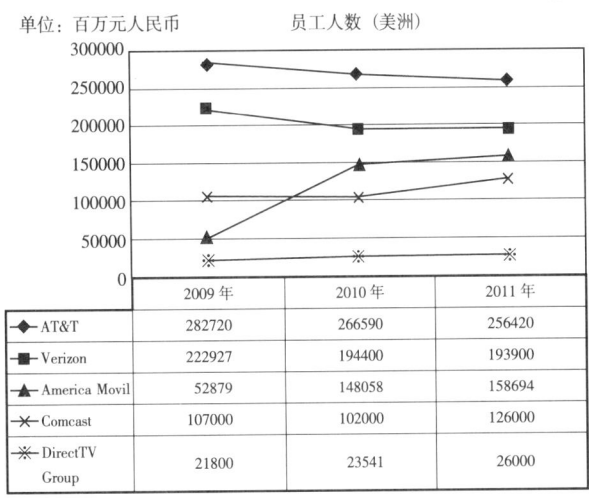

	2009年	2010年	2011年
AT&T	282720	266590	256420
Verizon	222927	194400	193900
America Movil	52879	148058	158694
Comcast	107000	102000	126000
DirectTV Group	21800	23541	26000

	2009年	2010年	2011年
China Mobile	145954	164336	175336
China Telecom	312520	312322	309799
China United Telecom	216772	215815	215954
NTT	195000	219350	224239
KDDI	18301	18418	19680
Softbank	21885	21799	22710
SK Telecom	10714	20143	20955

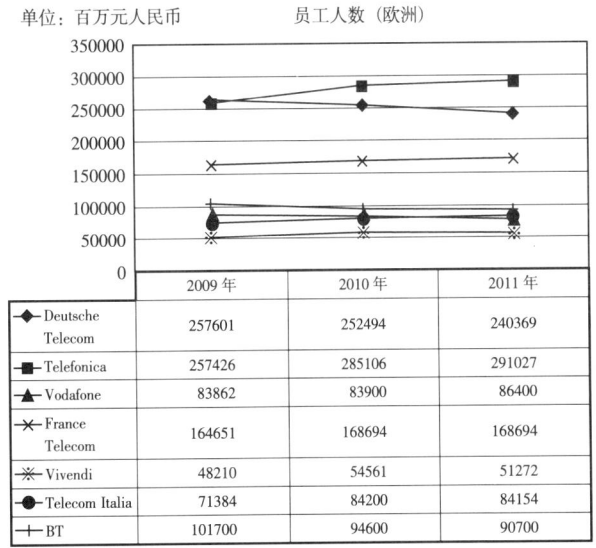

	2009年	2010年	2011年
Deutsche Telecom	257601	252494	240369
Telefonica	257426	285106	291027
Vodafone	83862	83900	86400
France Telecom	164651	168694	168694
Vivendi	48210	54561	51272
Telecom Italia	71384	84200	84154
BT	101700	94600	90700

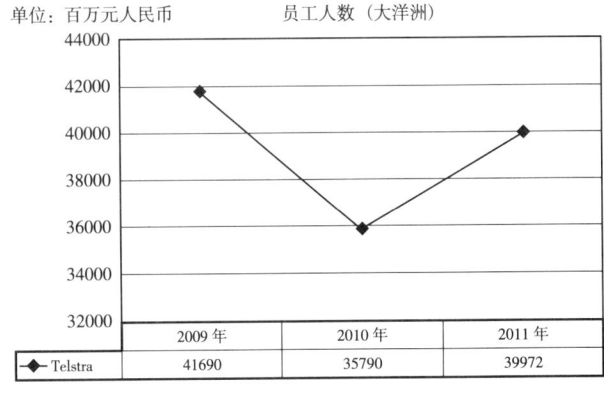

	2009年	2010年	2011年
Telstra	41690	35790	39972

6. 人均 EBITDA

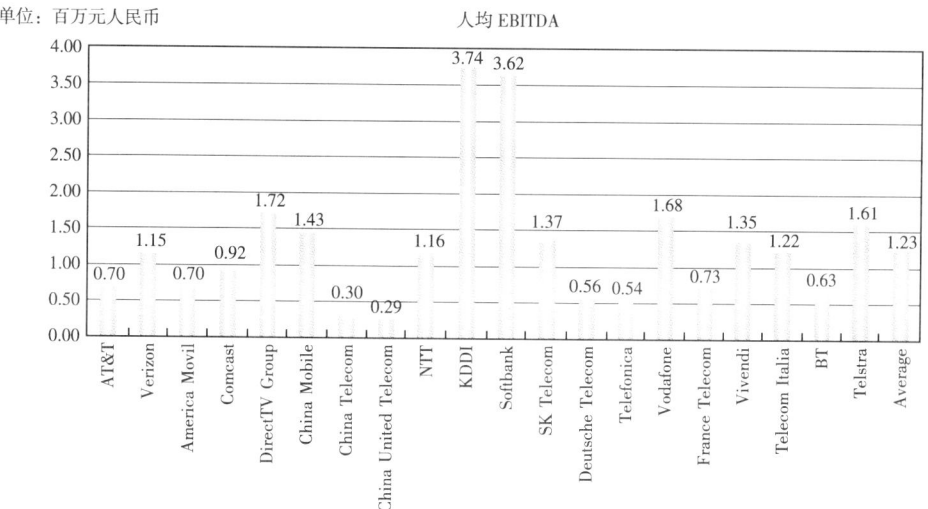

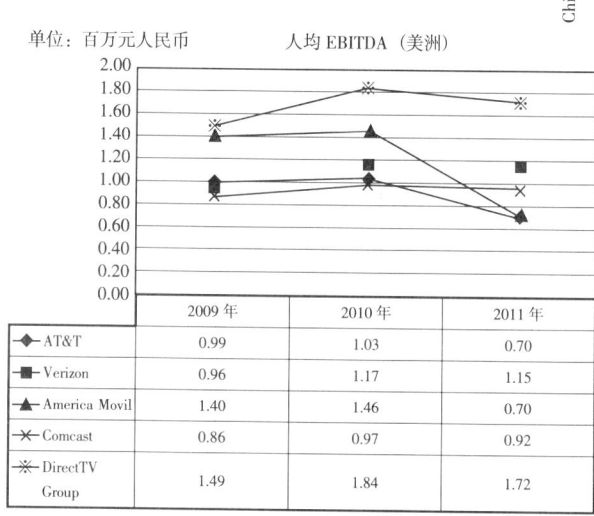

	2009 年	2010 年	2011 年
AT&T	0.99	1.03	0.70
Verizon	0.96	1.17	1.15
America Movil	1.40	1.46	0.70
Comcast	0.86	0.97	0.92
DirectTV Group	1.49	1.84	1.72

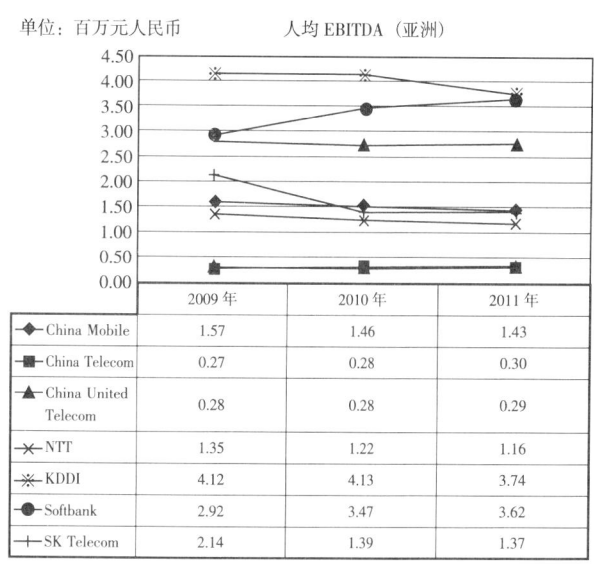

	2009 年	2010 年	2011 年
China Mobile	1.57	1.46	1.43
China Telecom	0.27	0.28	0.30
China United Telecom	0.28	0.28	0.29
NTT	1.35	1.22	1.16
KDDI	4.12	4.13	3.74
Softbank	2.92	3.47	3.62
SK Telecom	2.14	1.39	1.37

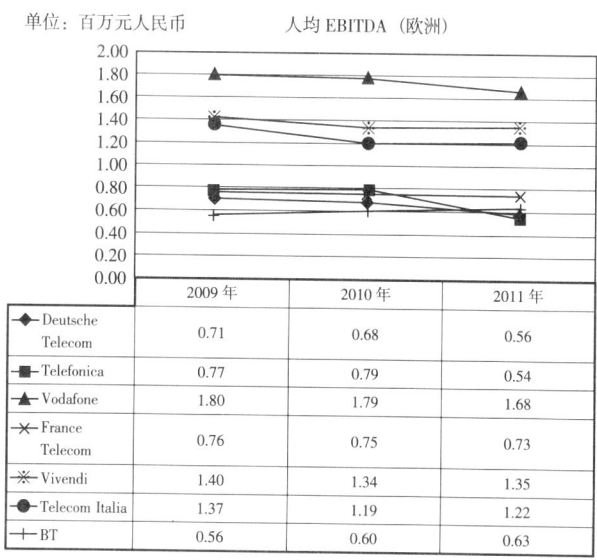

	2009 年	2010 年	2011 年
Deutsche Telecom	0.71	0.68	0.56
Telefonica	0.77	0.79	0.54
Vodafone	1.80	1.79	1.68
France Telecom	0.76	0.75	0.73
Vivendi	1.40	1.34	1.35
Telecom Italia	1.37	1.19	1.22
BT	0.56	0.60	0.63

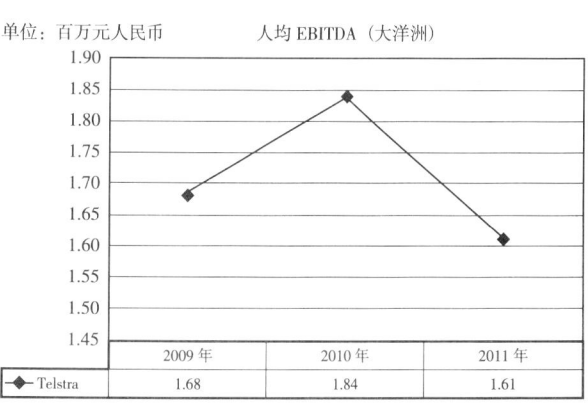

	2009 年	2010 年	2011 年
Telstra	1.68	1.84	1.61

7. 净利润

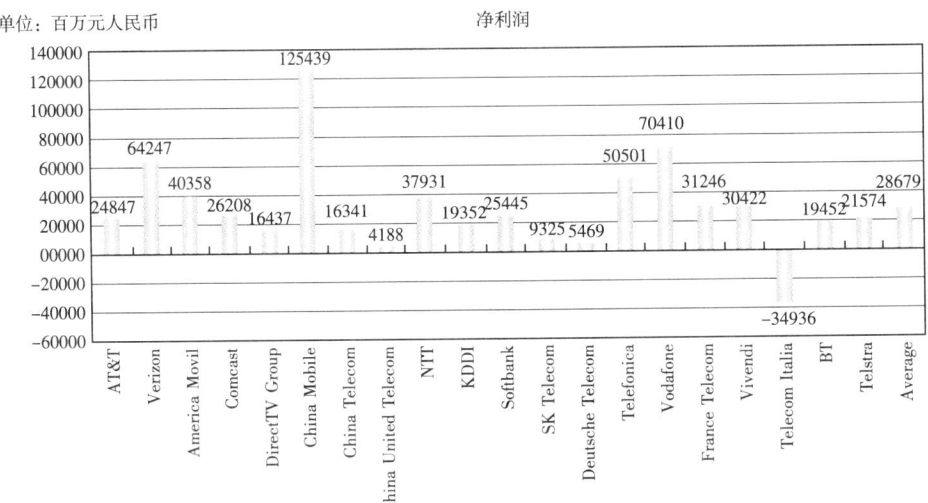

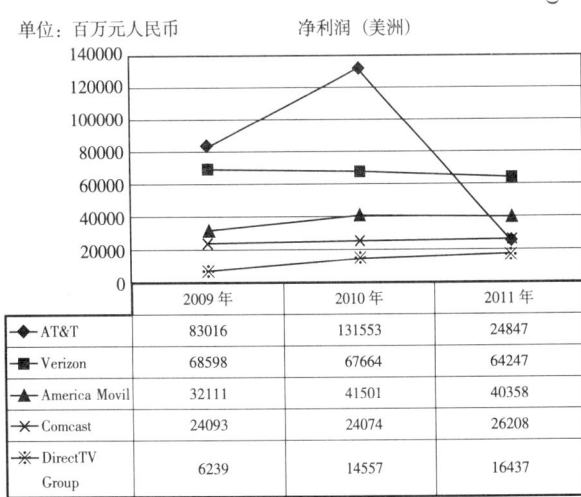

	2009年	2010年	2011年
AT&T	83016	131553	24847
Verizon	68598	67664	64247
America Movil	32111	41501	40358
Comcast	24093	24074	26208
DirectTV Group	6239	14557	16437

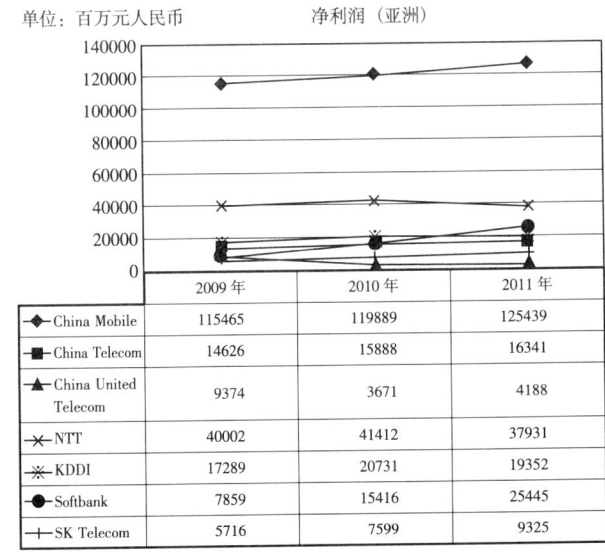

	2009年	2010年	2011年
China Mobile	115465	119889	125439
China Telecom	14626	15888	16341
China United Telecom	9374	3671	4188
NTT	40002	41412	37931
KDDI	17289	20731	19352
Softbank	7859	15416	25445
SK Telecom	5716	7599	9325

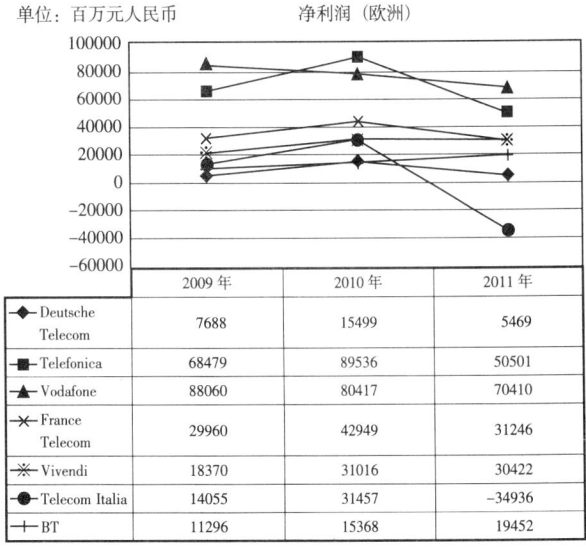

	2009年	2010年	2011年
Deutsche Telecom	7688	15499	5469
Telefonica	68479	89536	50501
Vodafone	88060	80417	70410
France Telecom	29960	42949	31246
Vivendi	18370	31016	30422
Telecom Italia	14055	31457	−34936
BT	11296	15368	19452

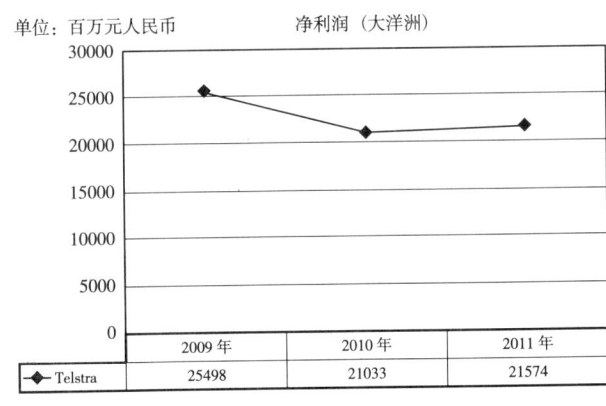

	2009年	2010年	2011年
Telstra	25498	21033	21574

8. 净利润率

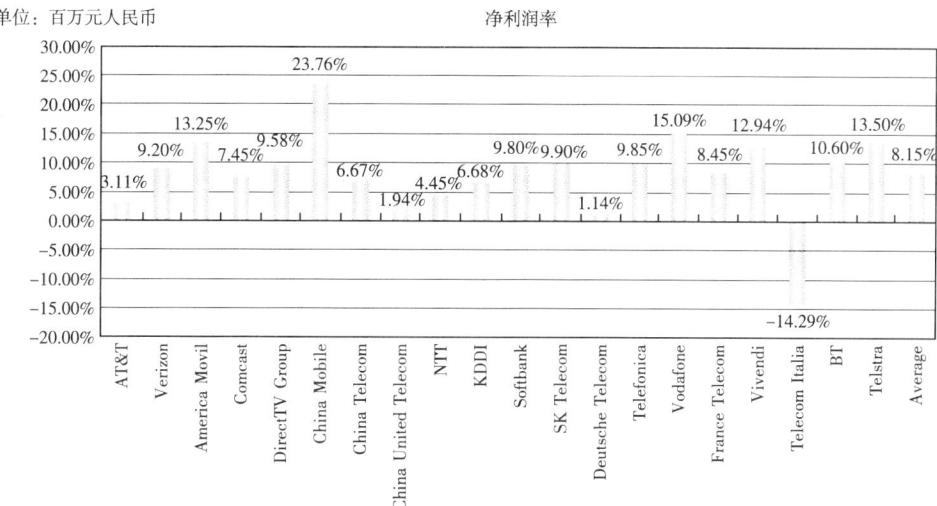

净利润率

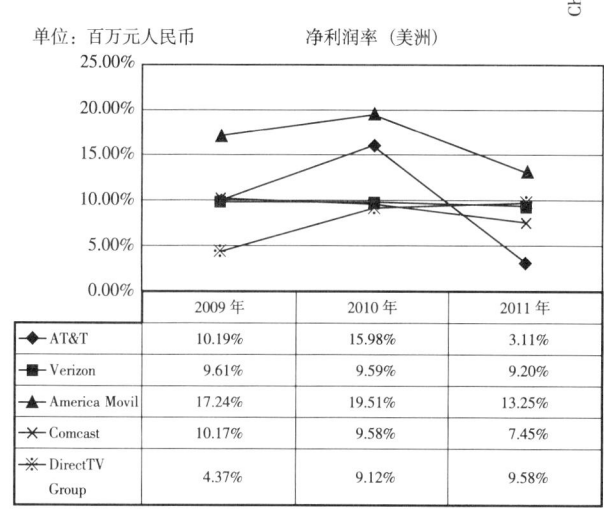

净利润率（美洲）

单位：百万元人民币	2009年	2010年	2011年
AT&T	10.19%	15.98%	3.11%
Verizon	9.61%	9.59%	9.20%
America Movil	17.24%	19.51%	13.25%
Comcast	10.17%	9.58%	7.45%
DirectTV Group	4.37%	9.12%	9.58%

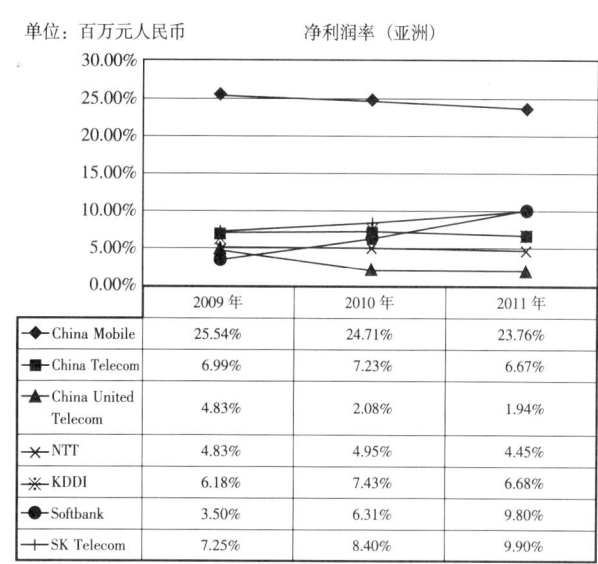

净利润率（亚洲）

单位：百万元人民币	2009年	2010年	2011年
China Mobile	25.54%	24.71%	23.76%
China Telecom	6.99%	7.23%	6.67%
China United Telecom	4.83%	2.08%	1.94%
NTT	4.83%	4.95%	4.45%
KDDI	6.18%	7.43%	6.68%
Softbank	3.50%	6.31%	9.80%
SK Telecom	7.25%	8.40%	9.90%

净利润率（欧洲）

单位：百万元人民币	2009年	2010年	2011年
Deutsche Telecom	1.35%	2.82%	1.14%
Telefonica	13.71%	20.01%	9.85%
Vodafone	19.38%	17.15%	15.09%
France Telecom	7.59%	10.72%	8.45%
Vivendi	7.69%	12.20%	12.94%
Telecom Italia	5.88%	12.96%	-14.29%
BT	4.93%	7.49%	10.60%

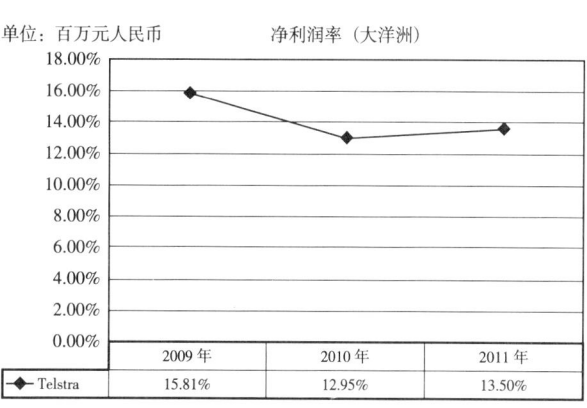

净利润率（大洋洲）

单位：百万元人民币	2009年	2010年	2011年
Telstra	15.81%	12.95%	13.50%

9. 总资产报酬率（ROA）

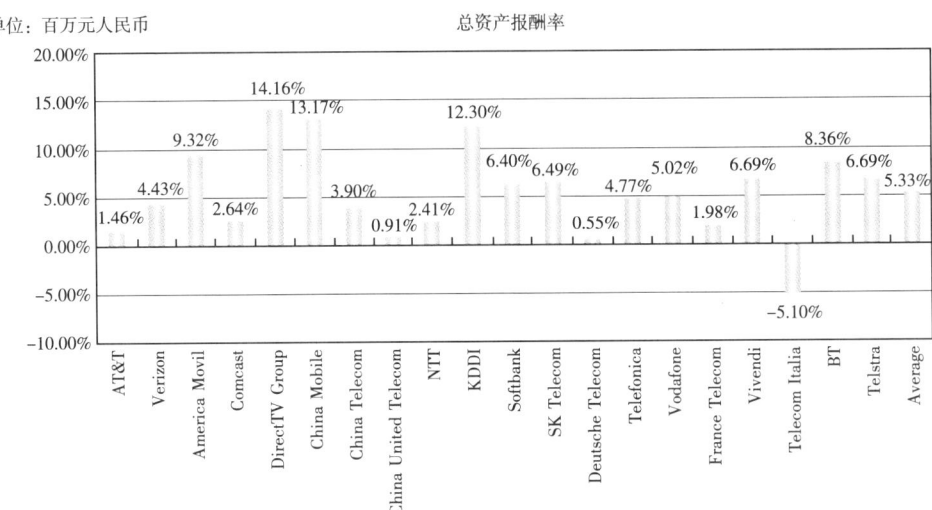

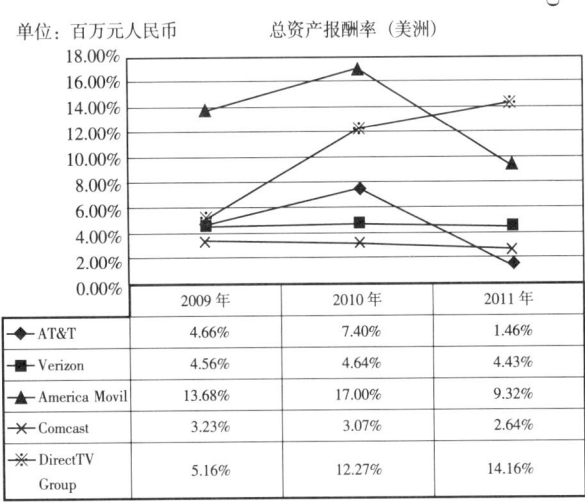

	2009 年	2010 年	2011 年
AT&T	4.66%	7.40%	1.46%
Verizon	4.56%	4.64%	4.43%
America Movil	13.68%	17.00%	9.32%
Comcast	3.23%	3.07%	2.64%
DirectTV Group	5.16%	12.27%	14.16%

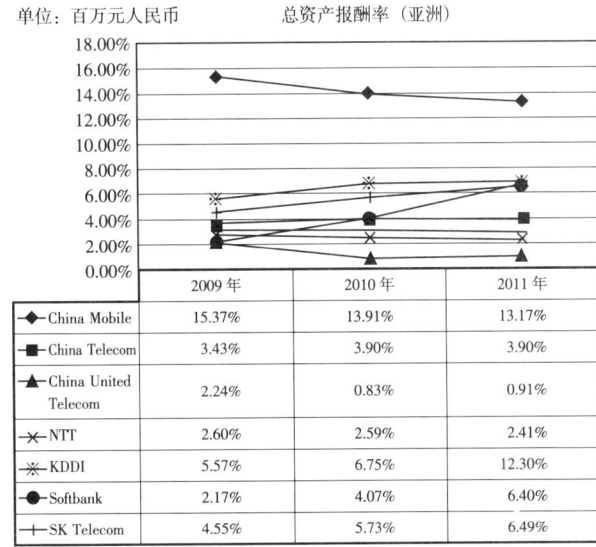

	2009 年	2010 年	2011 年
China Mobile	15.37%	13.91%	13.17%
China Telecom	3.43%	3.90%	3.90%
China United Telecom	2.24%	0.83%	0.91%
NTT	2.60%	2.59%	2.41%
KDDI	5.57%	6.75%	12.30%
Softbank	2.17%	4.07%	6.40%
SK Telecom	4.55%	5.73%	6.49%

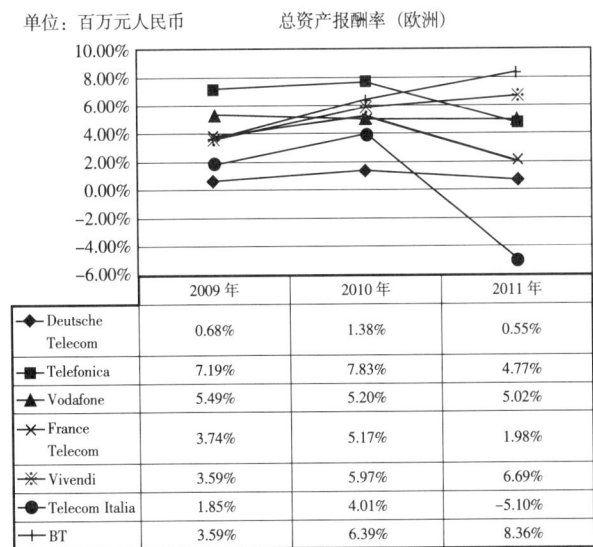

	2009 年	2010 年	2011 年
Deutsche Telecom	0.68%	1.38%	0.55%
Telefonica	7.19%	7.83%	4.77%
Vodafone	5.49%	5.20%	5.02%
France Telecom	3.74%	5.17%	1.98%
Vivendi	3.59%	5.97%	6.69%
Telecom Italia	1.85%	4.01%	-5.10%
BT	3.59%	6.39%	8.36%

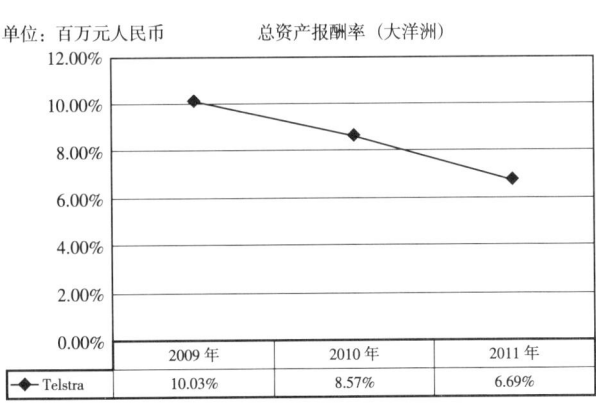

	2009 年	2010 年	2011 年
Telstra	10.03%	8.57%	6.69%

10. 净资产报酬率 (ROE)

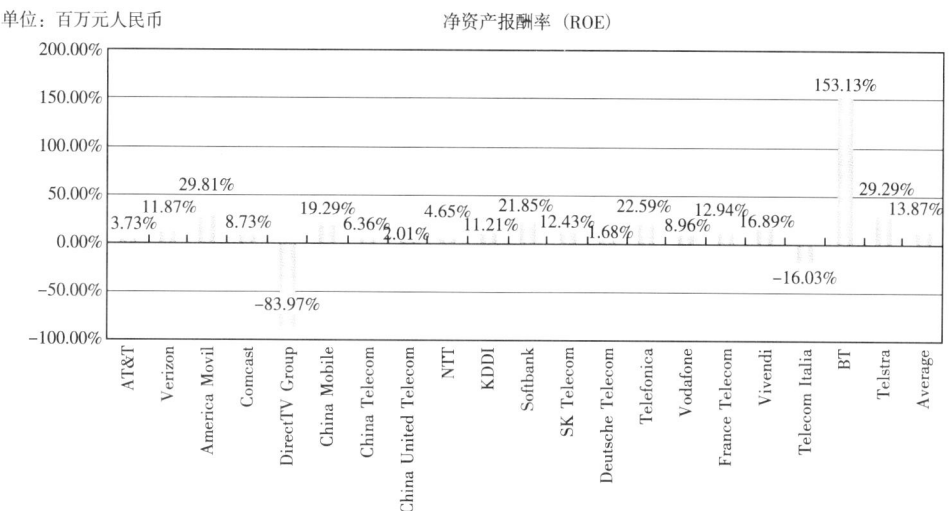

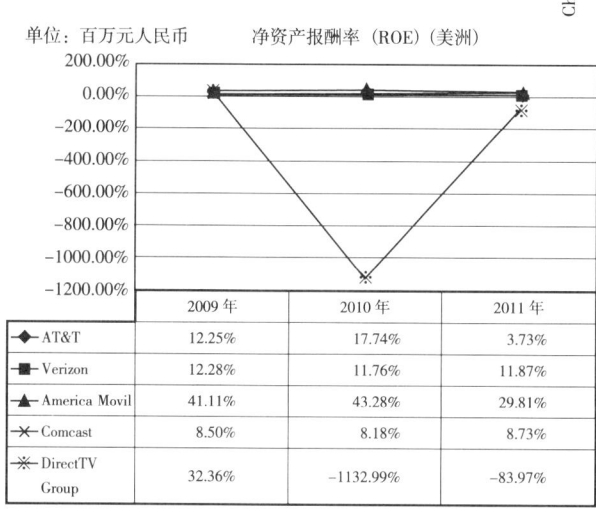

	2009 年	2010 年	2011 年
AT&T	12.25%	17.74%	3.73%
Verizon	12.28%	11.76%	11.87%
America Movil	41.11%	43.28%	29.81%
Comcast	8.50%	8.18%	8.73%
DirectTV Group	32.36%	-1132.99%	-83.97%

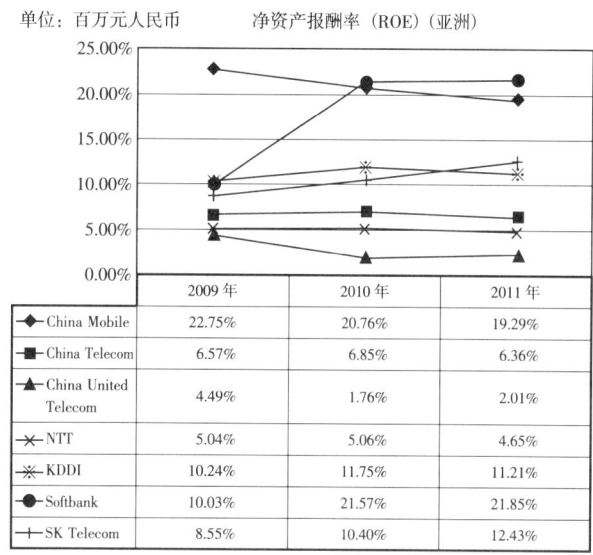

	2009 年	2010 年	2011 年
China Mobile	22.75%	20.76%	19.29%
China Telecom	6.57%	6.85%	6.36%
China United Telecom	4.49%	1.76%	2.01%
NTT	5.04%	5.06%	4.65%
KDDI	10.24%	11.75%	11.21%
Softbank	10.03%	21.57%	21.85%
SK Telecom	8.55%	10.40%	12.43%

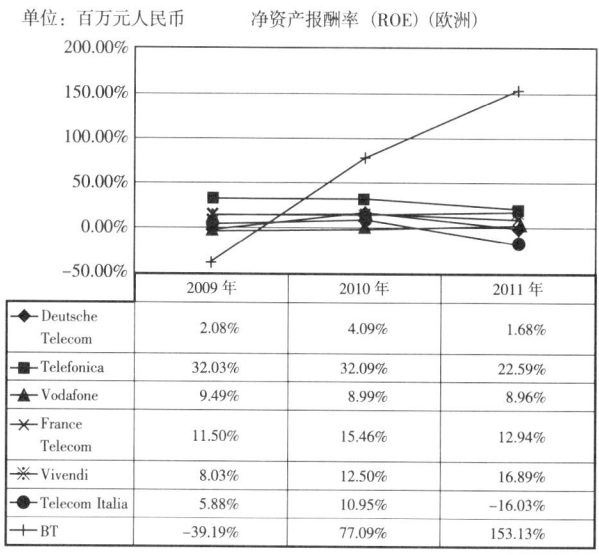

	2009 年	2010 年	2011 年
Deutsche Telecom	2.08%	4.09%	1.68%
Telefonica	32.03%	32.09%	22.59%
Vodafone	9.49%	8.99%	8.96%
France Telecom	11.50%	15.46%	12.94%
Vivendi	8.03%	12.50%	16.89%
Telecom Italia	5.88%	10.95%	-16.03%
BT	-39.19%	77.09%	153.13%

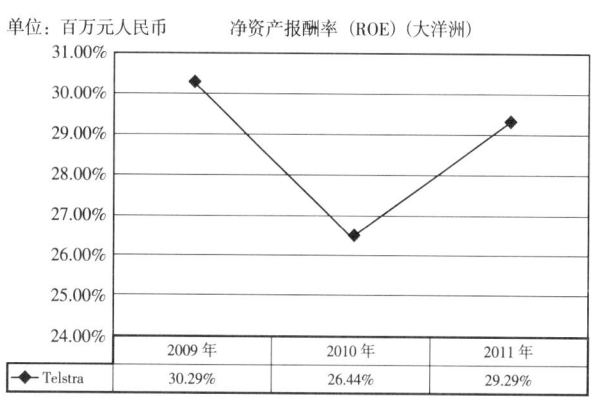

	2009 年	2010 年	2011 年
Telstra	30.29%	26.44%	29.29%

11. 资本性支出（CAPEX）

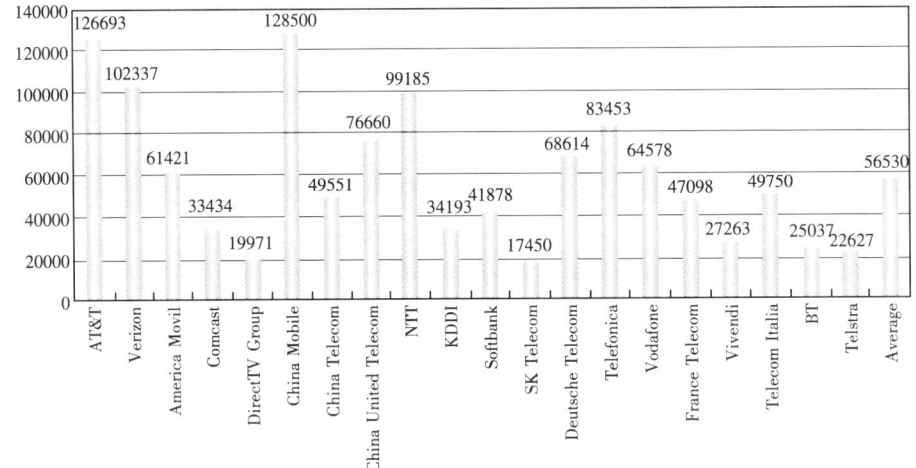

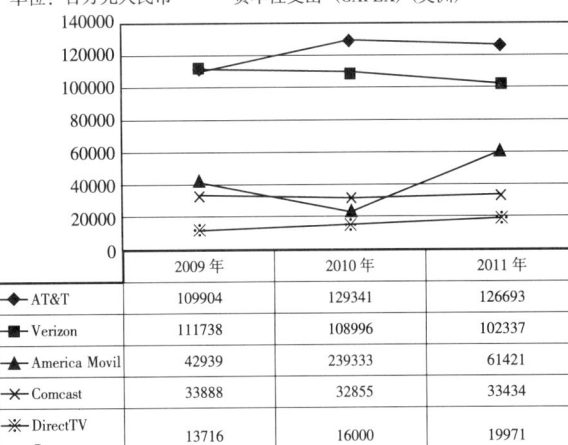

	2009年	2010年	2011年
AT&T	109904	129341	126693
Verizon	111738	108996	102337
America Movil	42939	239333	61421
Comcast	33888	32855	33434
DirectTV Group	13716	16000	19971

	2009年	2010年	2011年
China Mobile	129400	124300	128500
China Telecom	38042	43037	49551
China United Telecom	112470	70190	76660
NTT	161472	151964	99185
KDDI	42093	36055	34193
Softbank	18114	34177	41878
SK Telecom	11709	13572	17450

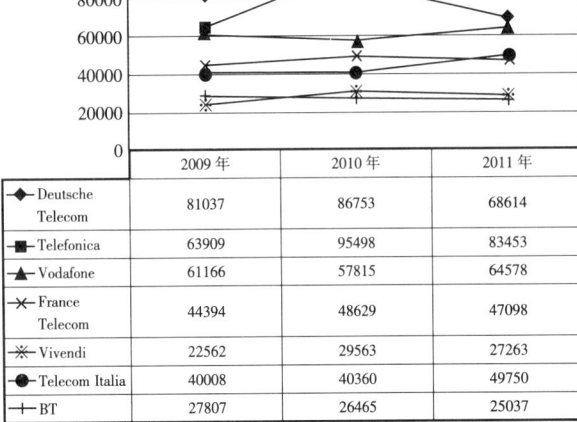

	2009年	2010年	2011年
Deutsche Telecom	81037	86753	68614
Telefonica	63909	95498	83453
Vodafone	61166	57815	64578
France Telecom	44394	48629	47098
Vivendi	22562	29563	27263
Telecom Italia	40008	40360	49750
BT	27807	26465	25037

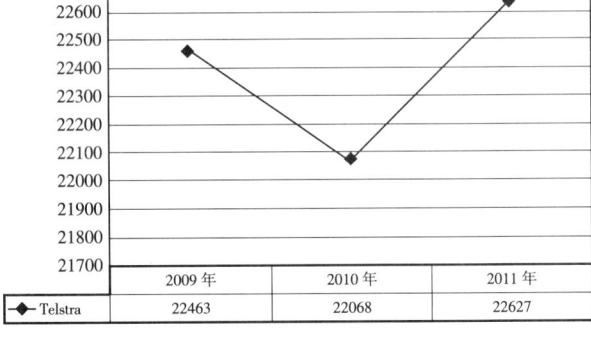

	2009年	2010年	2011年
Telstra	22463	22068	22627

12. CAPEX 占收比

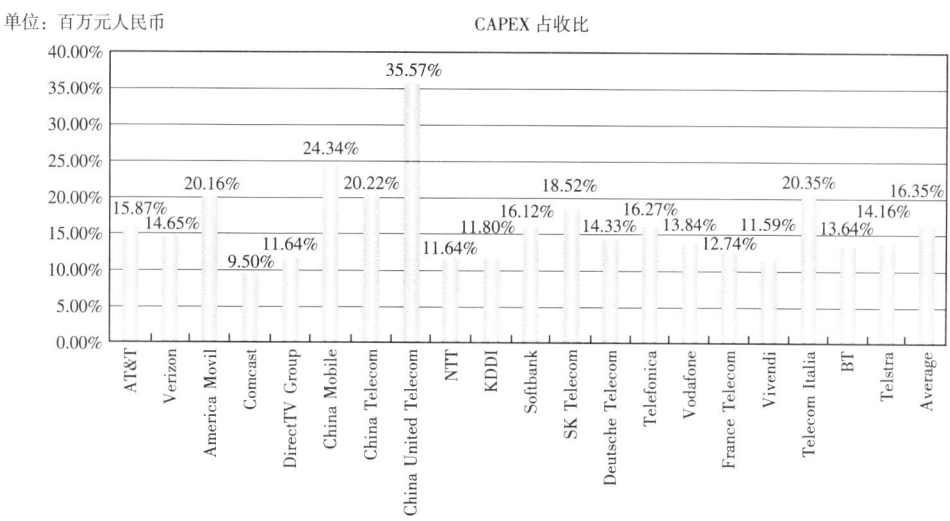

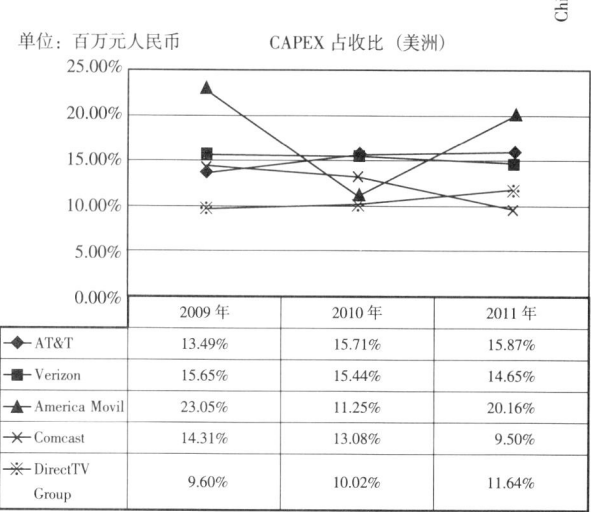

	2009年	2010年	2011年
AT&T	13.49%	15.71%	15.87%
Verizon	15.65%	15.44%	14.65%
America Movil	23.05%	11.25%	20.16%
Comcast	14.31%	13.08%	9.50%
DirectTV Group	9.60%	10.02%	11.64%

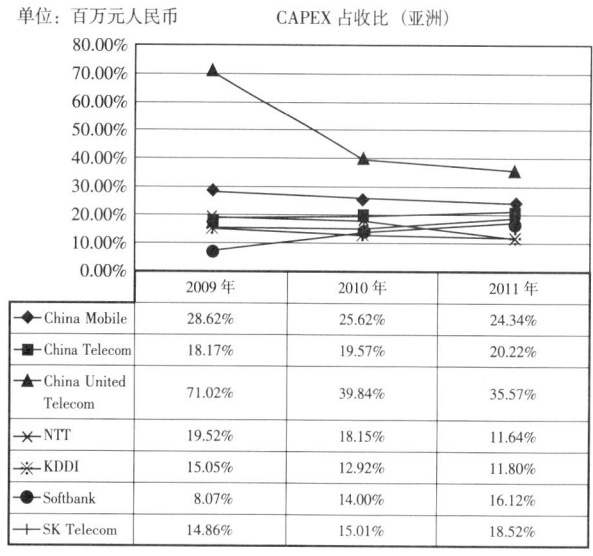

	2009年	2010年	2011年
China Mobile	28.62%	25.62%	24.34%
China Telecom	18.17%	19.57%	20.22%
China United Telecom	71.02%	39.84%	35.57%
NTT	19.52%	18.15%	11.64%
KDDI	15.05%	12.92%	11.80%
Softbank	8.07%	14.00%	16.12%
SK Telecom	14.86%	15.01%	18.52%

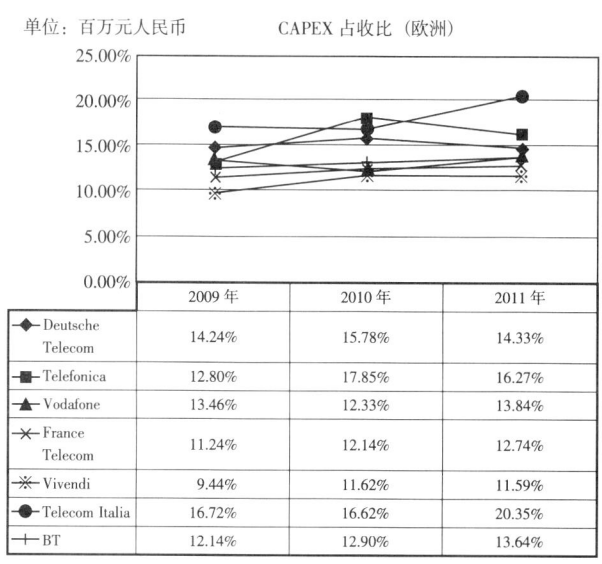

	2009年	2010年	2011年
Deutsche Telecom	14.24%	15.78%	14.33%
Telefonica	12.80%	17.85%	16.27%
Vodafone	13.46%	12.33%	13.84%
France Telecom	11.24%	12.14%	12.74%
Vivendi	9.44%	11.62%	11.59%
Telecom Italia	16.72%	16.62%	20.35%
BT	12.14%	12.90%	13.64%

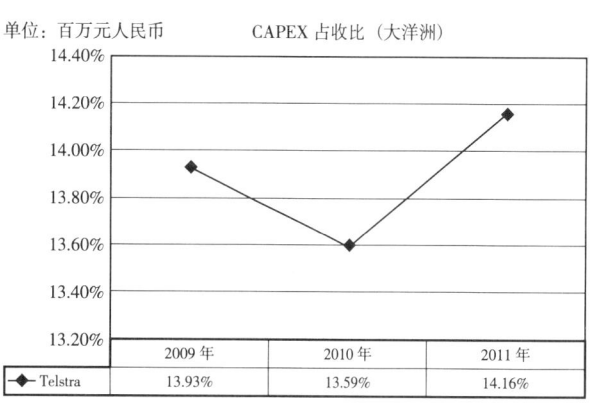

	2009年	2010年	2011年
Telstra	13.93%	13.59%	14.16%

二、电信运营企业融资管理效率绩效指标概览

1. 资产负债率
2. 流动比率
3. 利息保障倍数
4. 折旧与摊销
5. 股息
6. 内部融资额

1. 资产负债率

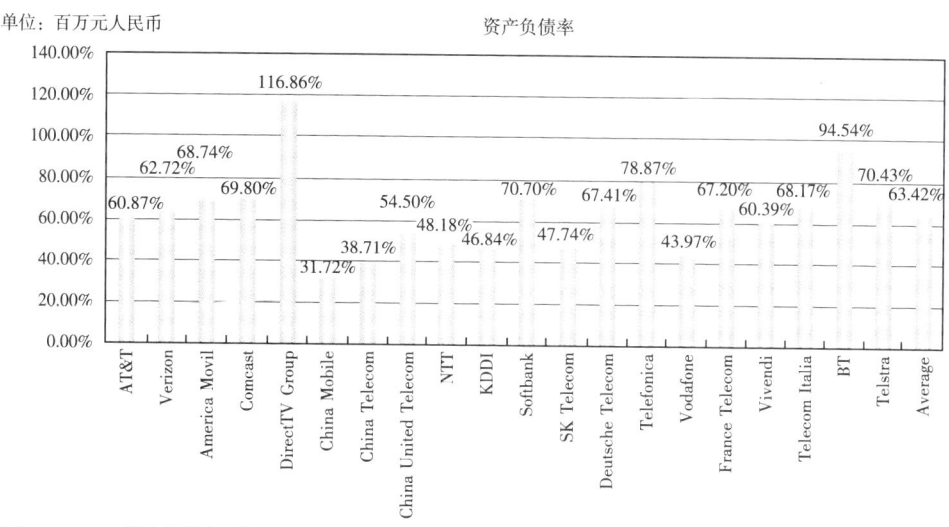

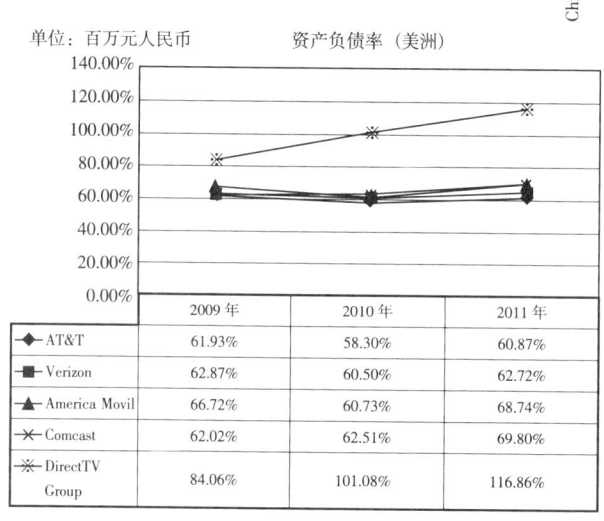

	2009年	2010年	2011年
AT&T	61.93%	58.30%	60.87%
Verizon	62.87%	60.50%	62.72%
America Movil	66.72%	60.73%	68.74%
Comcast	62.02%	62.51%	69.80%
DirectTV Group	84.06%	101.08%	116.86%

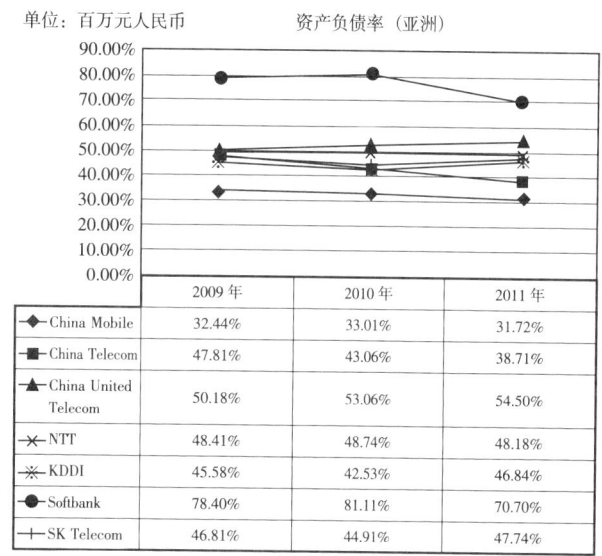

	2009年	2010年	2011年
China Mobile	32.44%	33.01%	31.72%
China Telecom	47.81%	43.06%	38.71%
China United Telecom	50.18%	53.06%	54.50%
NTT	48.41%	48.74%	48.18%
KDDI	45.58%	42.53%	46.84%
Softbank	78.40%	81.11%	70.70%
SK Telecom	46.81%	44.91%	47.74%

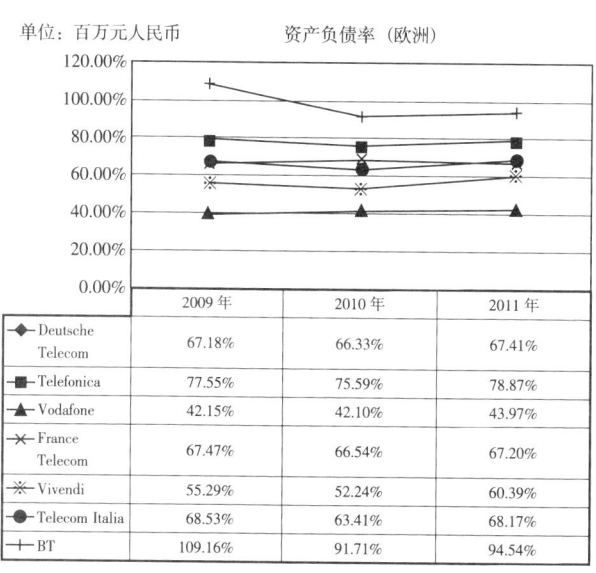

	2009年	2010年	2011年
Deutsche Telecom	67.18%	66.33%	67.41%
Telefonica	77.55%	75.59%	78.87%
Vodafone	42.15%	42.10%	43.97%
France Telecom	67.47%	66.54%	67.20%
Vivendi	55.29%	52.24%	60.39%
Telecom Italia	68.53%	63.41%	68.17%
BT	109.16%	91.71%	94.54%

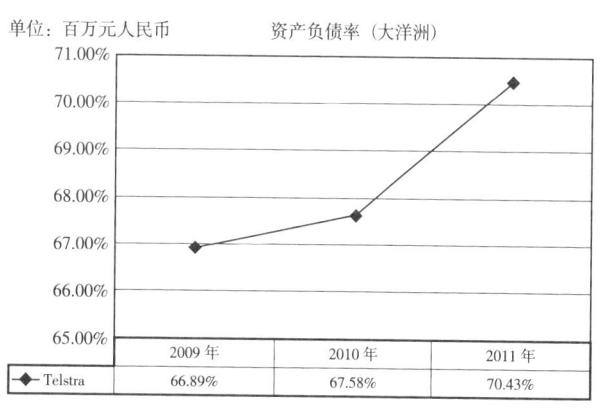

	2009年	2010年	2011年
Telstra	66.89%	67.58%	70.43%

2. 流动比率

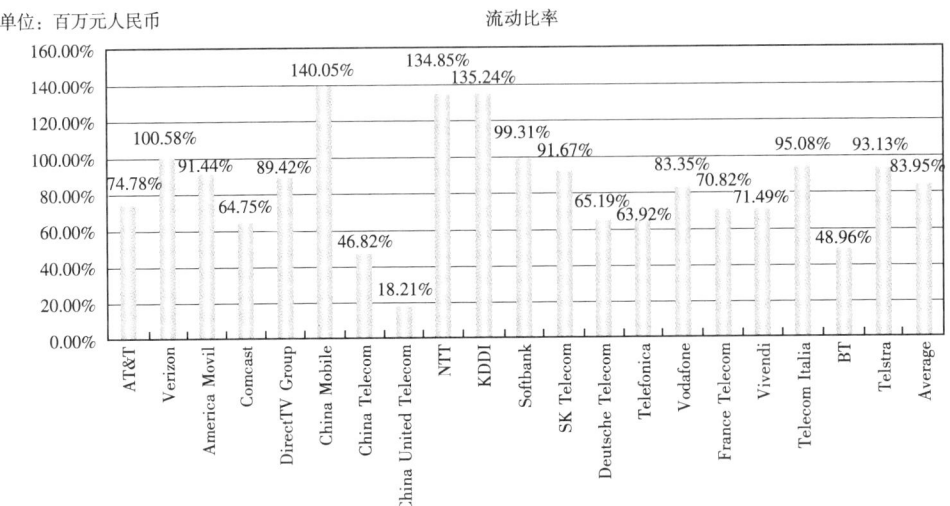

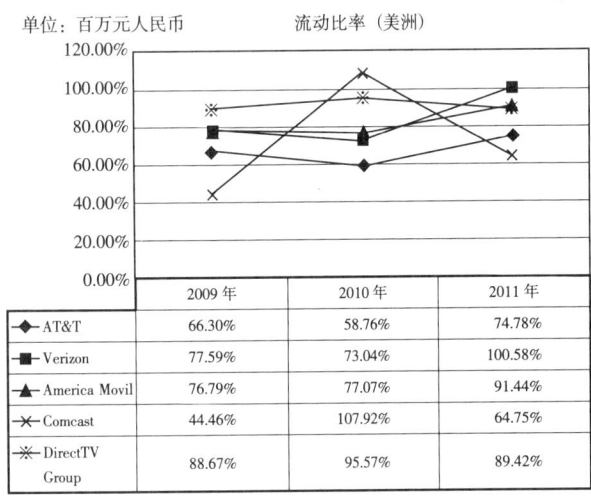

	2009年	2010年	2011年
AT&T	66.30%	58.76%	74.78%
Verizon	77.59%	73.04%	100.58%
America Movil	76.79%	77.07%	91.44%
Comcast	44.46%	107.92%	64.75%
DirectTV Group	88.67%	95.57%	89.42%

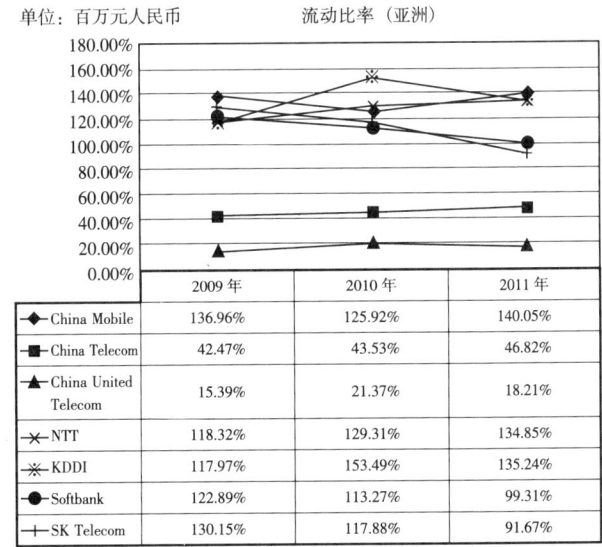

	2009年	2010年	2011年
China Mobile	136.96%	125.92%	140.05%
China Telecom	42.47%	43.53%	46.82%
China United Telecom	15.39%	21.37%	18.21%
NTT	118.32%	129.31%	134.85%
KDDI	117.97%	153.49%	135.24%
Softbank	122.89%	113.27%	99.31%
SK Telecom	130.15%	117.88%	91.67%

	2009年	2010年	2011年
Deutsche Telecom	92.81%	57.63%	65.19%
Telefonica	88.47%	62.86%	63.92%
Vodafone	49.69%	62.80%	83.35%
France Telecom	60.89%	64.13%	70.82%
Vivendi	64.02%	69.38%	71.49%
Telecom Italia	91.84%	88.42%	95.08%
BT	60.32%	55.91%	48.96%

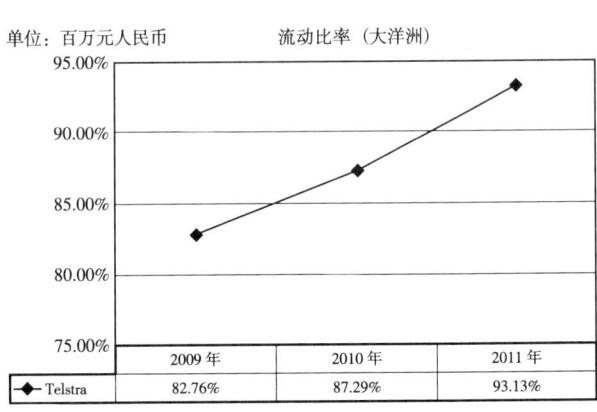

	2009年	2010年	2011年
Telstra	82.76%	87.29%	93.13%

3. 利息保障倍数

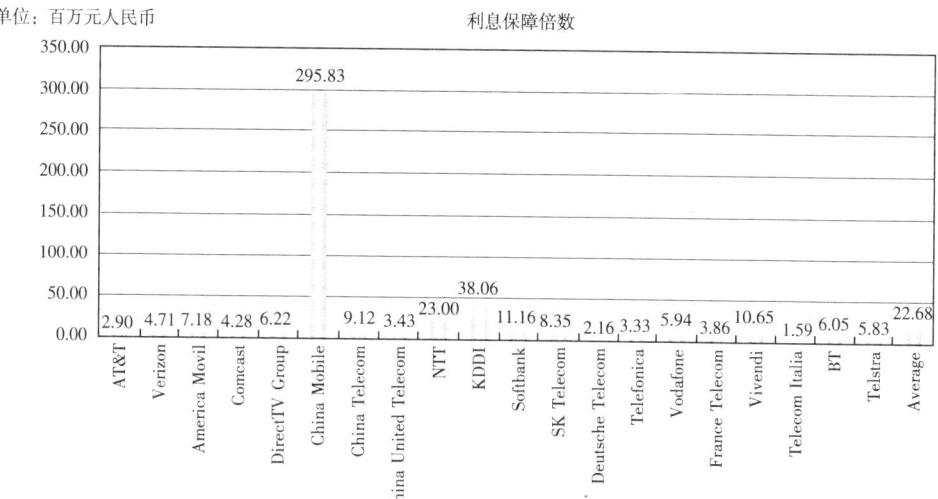

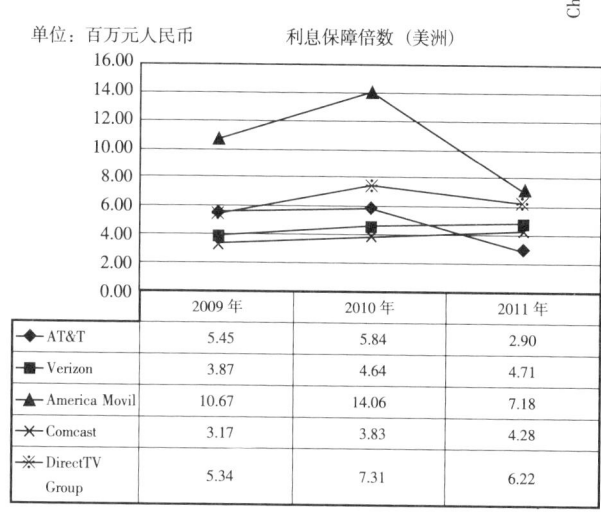

	2009 年	2010 年	2011 年
AT&T	5.45	5.84	2.90
Verizon	3.87	4.64	4.71
America Movil	10.67	14.06	7.18
Comcast	3.17	3.83	4.28
DirectTV Group	5.34	7.31	6.22

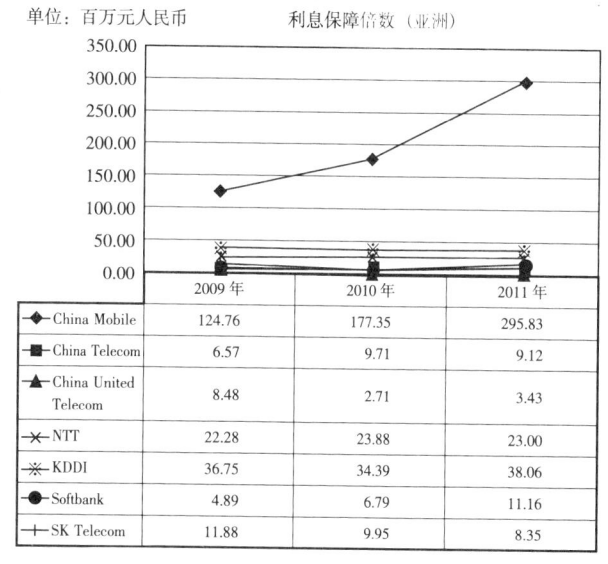

	2009 年	2010 年	2011 年
China Mobile	124.76	177.35	295.83
China Telecom	6.57	9.71	9.12
China United Telecom	8.48	2.71	3.43
NTT	22.28	23.88	23.00
KDDI	36.75	34.39	38.06
Softbank	4.89	6.79	11.16
SK Telecom	11.88	9.95	8.35

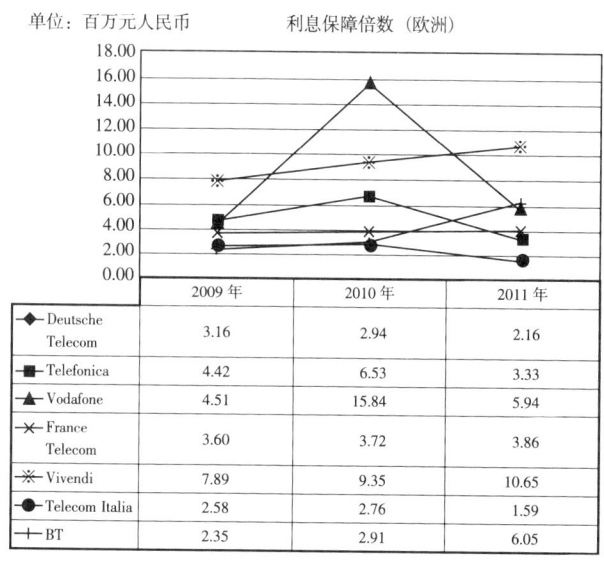

	2009 年	2010 年	2011 年
Deutsche Telecom	3.16	2.94	2.16
Telefonica	4.42	6.53	3.33
Vodafone	4.51	15.84	5.94
France Telecom	3.60	3.72	3.86
Vivendi	7.89	9.35	10.65
Telecom Italia	2.58	2.76	1.59
BT	2.35	2.91	6.05

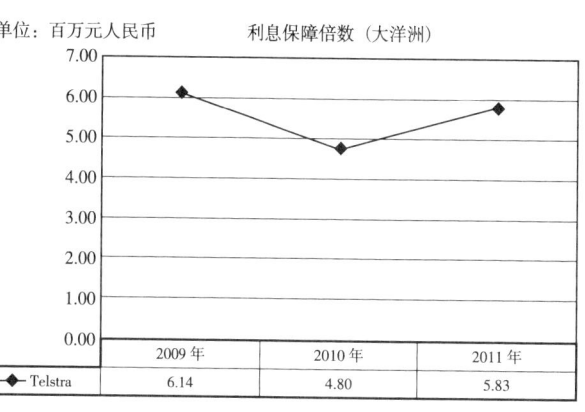

	2009 年	2010 年	2011 年
Telstra	6.14	4.80	5.83

4. 折旧与摊销

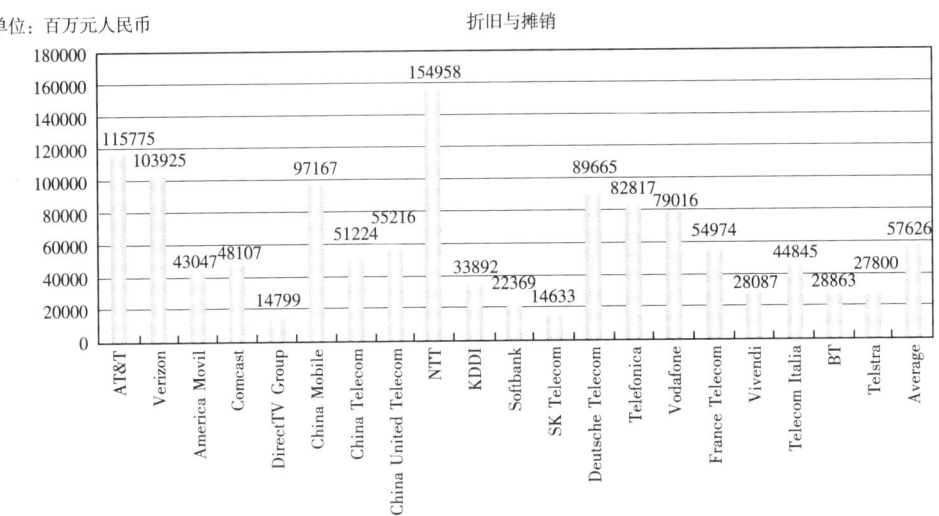

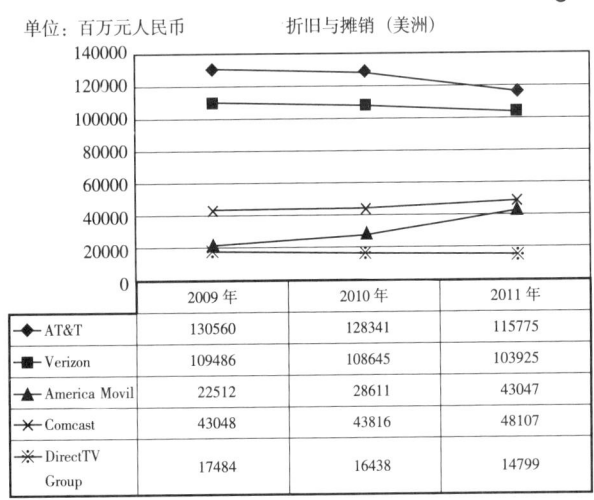

	2009年	2010年	2011年
AT&T	130560	128341	115775
Verizon	109486	108645	103925
America Movil	22512	28611	43047
Comcast	43048	43816	48107
DirectTV Group	17484	16438	14799

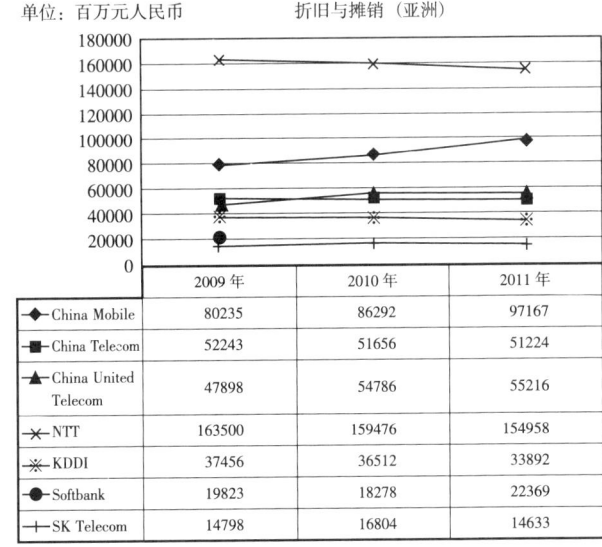

	2009年	2010年	2011年
China Mobile	80235	86292	97167
China Telecom	52243	51656	51224
China United Telecom	47898	54786	55216
NTT	163500	159476	154958
KDDI	37456	36512	33892
Softbank	19823	18278	22369
SK Telecom	14798	16804	14633

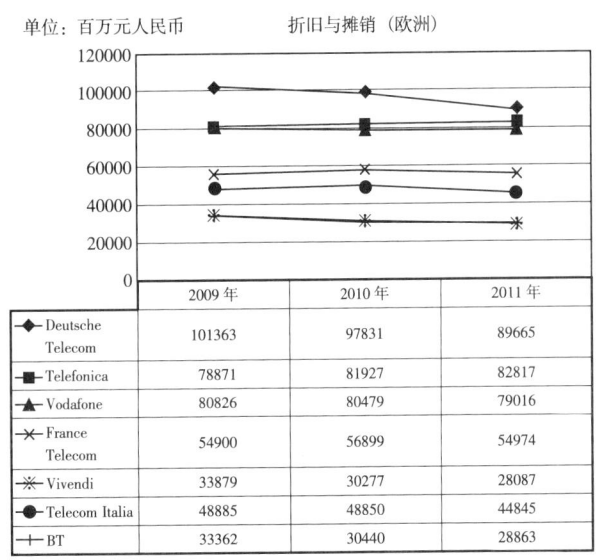

	2009年	2010年	2011年
Deutsche Telecom	101363	97831	89665
Telefonica	78871	81927	82817
Vodafone	80826	80479	79016
France Telecom	54900	56899	54974
Vivendi	33879	30277	28087
Telecom Italia	48885	48850	44845
BT	33362	30440	28863

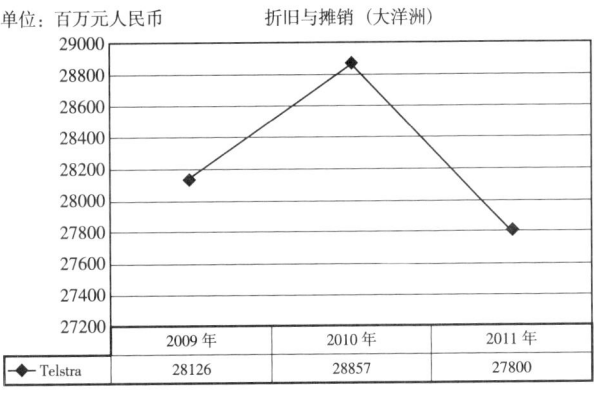

	2009年	2010年	2011年
Telstra	28126	28857	27800

5. 股息

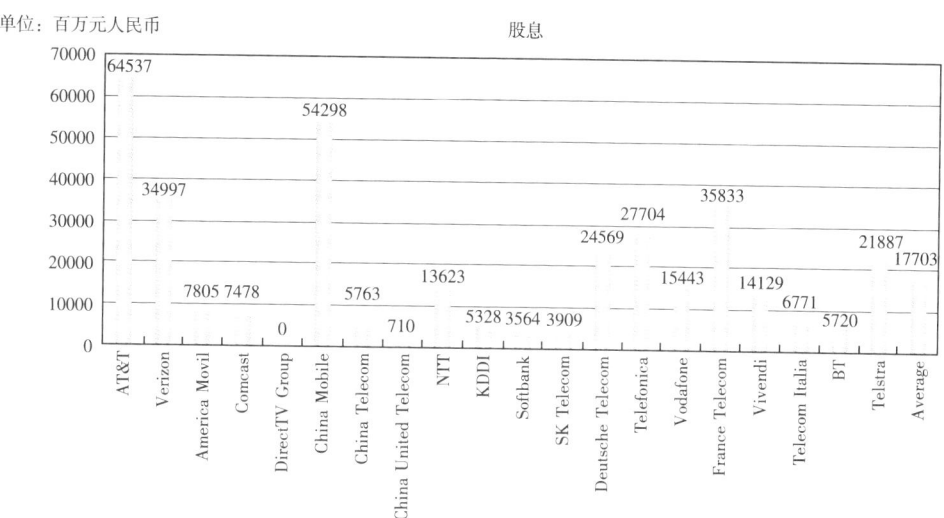

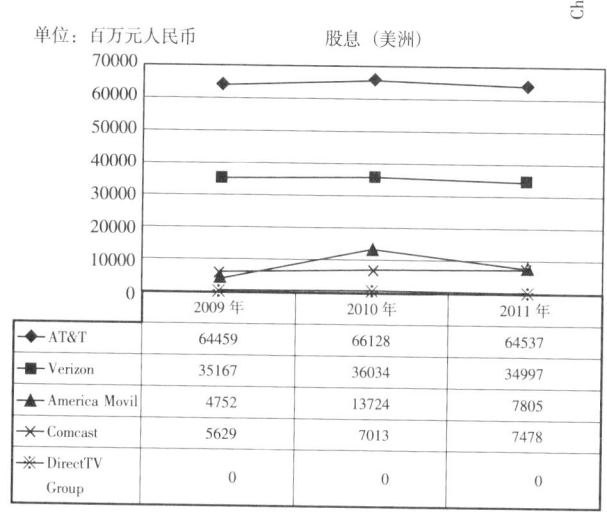

	2009年	2010年	2011年
AT&T	64459	66128	64537
Verizon	35167	36034	34997
America Movil	4752	13724	7805
Comcast	5629	7013	7478
DirectTV Group	0	0	0

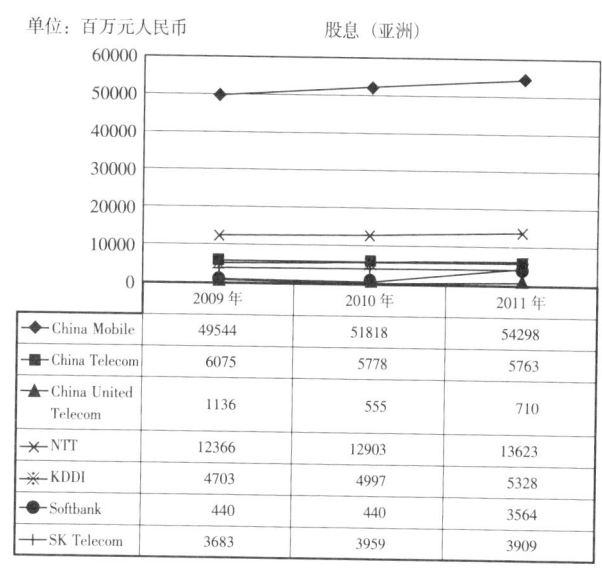

	2009年	2010年	2011年
China Mobile	49544	51818	54298
China Telecom	6075	5778	5763
China United Telecom	1136	555	710
NTT	12366	12903	13623
KDDI	4703	4997	5328
Softbank	440	440	3564
SK Telecom	3683	3959	3909

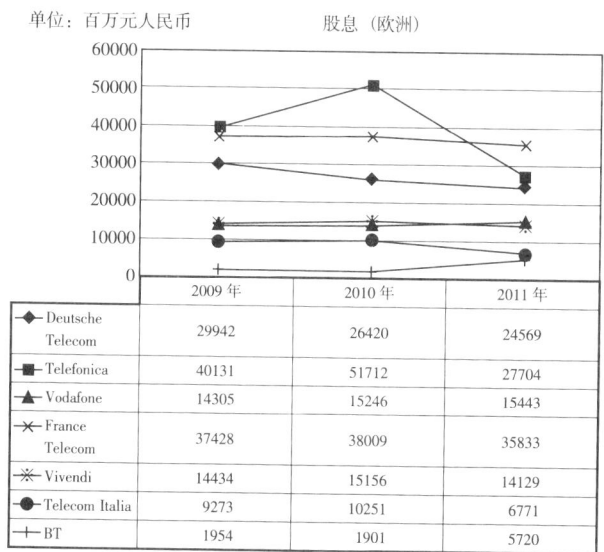

	2009年	2010年	2011年
Deutsche Telecom	29942	26420	24569
Telefonica	40131	51712	27704
Vodafone	14305	15246	15443
France Telecom	37428	38009	35833
Vivendi	14434	15156	14129
Telecom Italia	9273	10251	6771
BT	1954	1901	5720

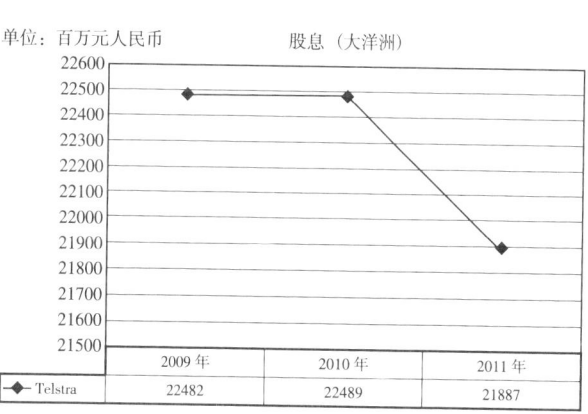

	2009年	2010年	2011年
Telstra	22482	22489	21887

6. 内部融资额

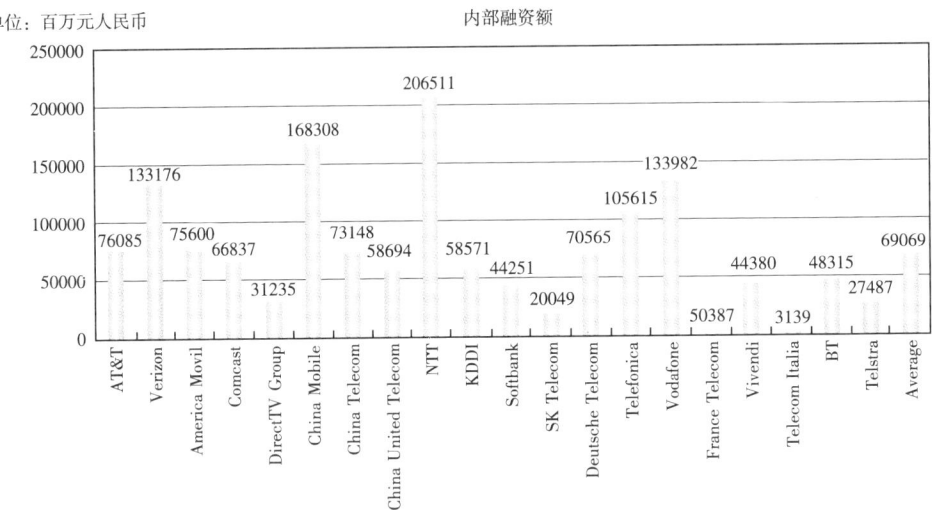

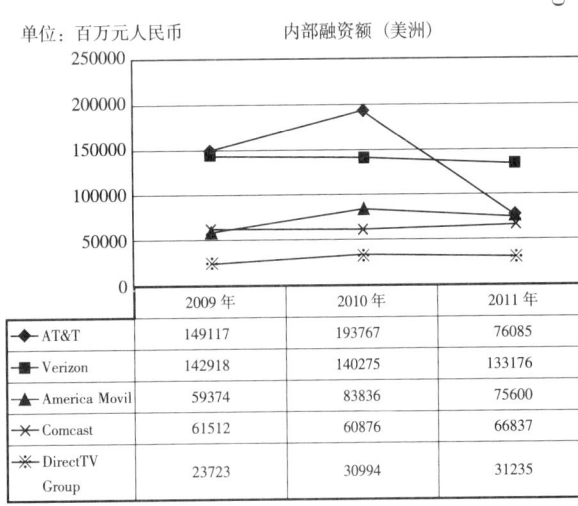

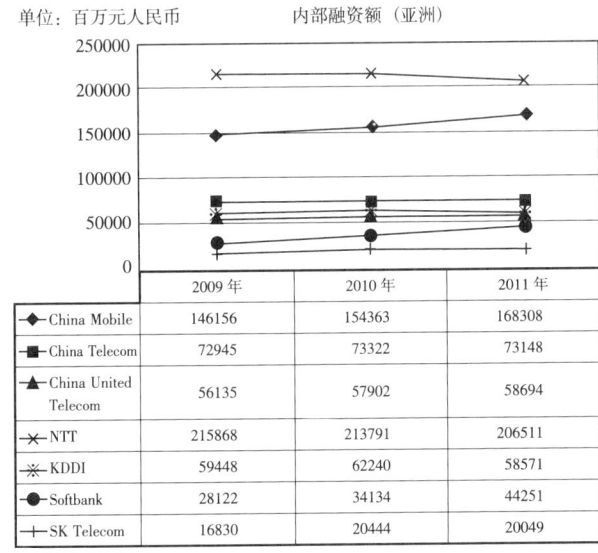

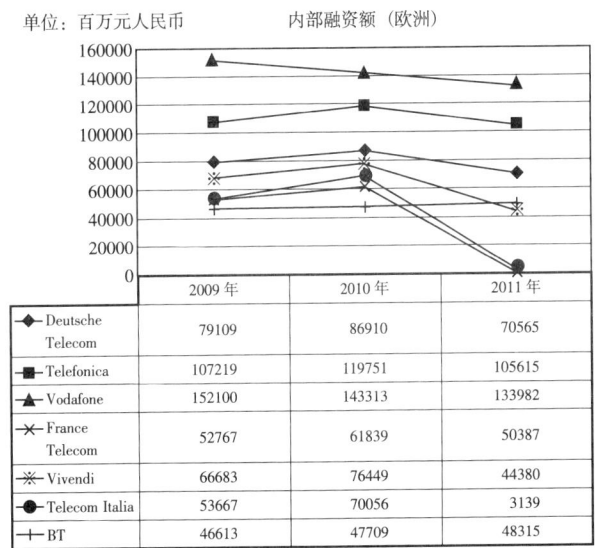

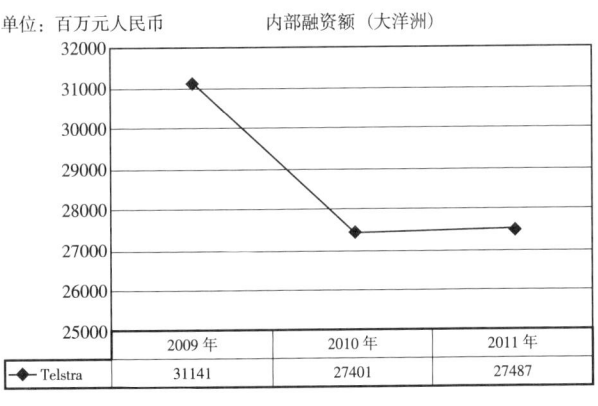

三 电信运营企业成本费用管理绩效指标概览

1. 总资产周转率
2. 固定资产周转率
3. 应收账款周转率
4. 坏账发生率
5. 折旧摊销率
6. 付现成本率
7. 营销、一般及管理费用率

1. 总资产周转率

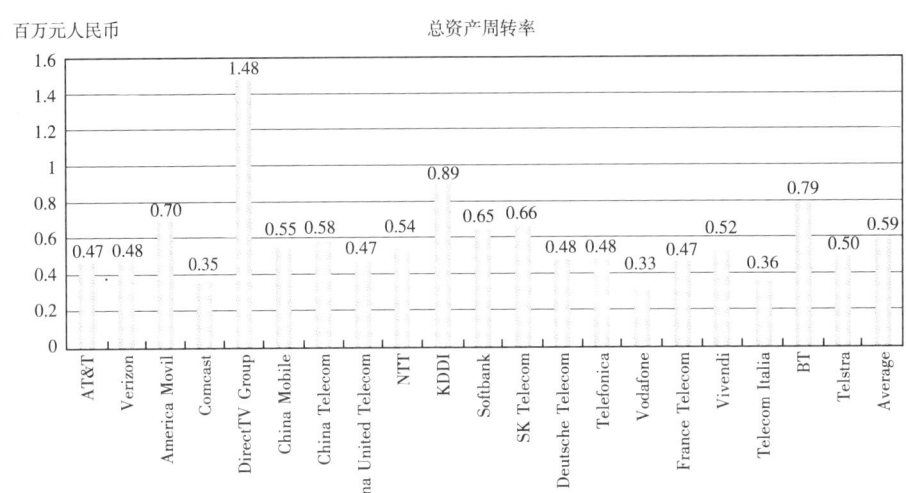

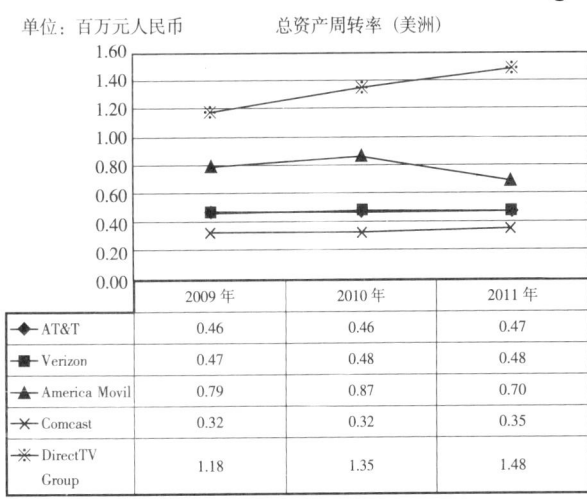

	2009年	2010年	2011年
AT&T	0.46	0.46	0.47
Verizon	0.47	0.48	0.48
America Movil	0.79	0.87	0.70
Comcast	0.32	0.32	0.35
DirectTV Group	1.18	1.35	1.48

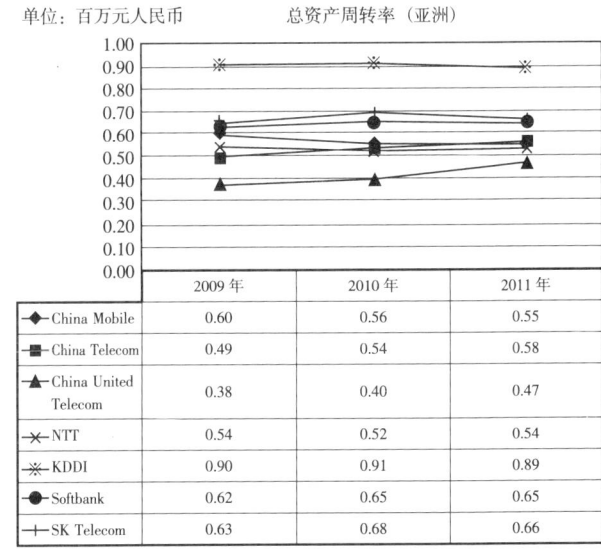

	2009年	2010年	2011年
China Mobile	0.60	0.56	0.55
China Telecom	0.49	0.54	0.58
China United Telecom	0.38	0.40	0.47
NTT	0.54	0.52	0.54
KDDI	0.90	0.91	0.89
Softbank	0.62	0.65	0.65
SK Telecom	0.63	0.68	0.66

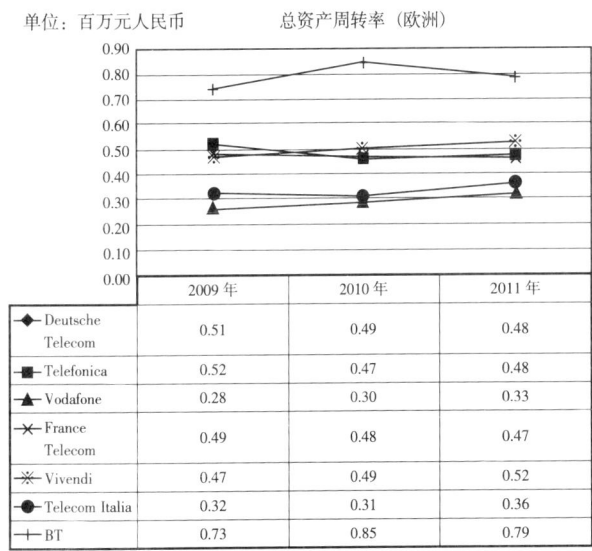

	2009年	2010年	2011年
Deutsche Telecom	0.51	0.49	0.48
Telefonica	0.52	0.47	0.48
Vodafone	0.28	0.30	0.33
France Telecom	0.49	0.48	0.47
Vivendi	0.47	0.49	0.52
Telecom Italia	0.32	0.31	0.36
BT	0.73	0.85	0.79

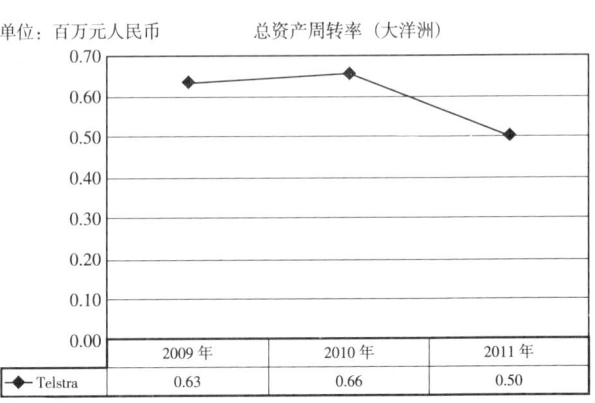

	2009年	2010年	2011年
Telstra	0.63	0.66	0.50

2. 固定资产周转率

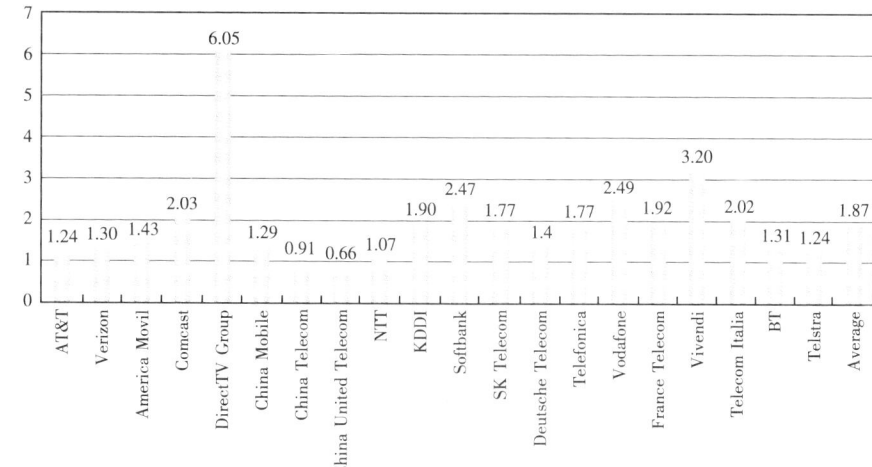

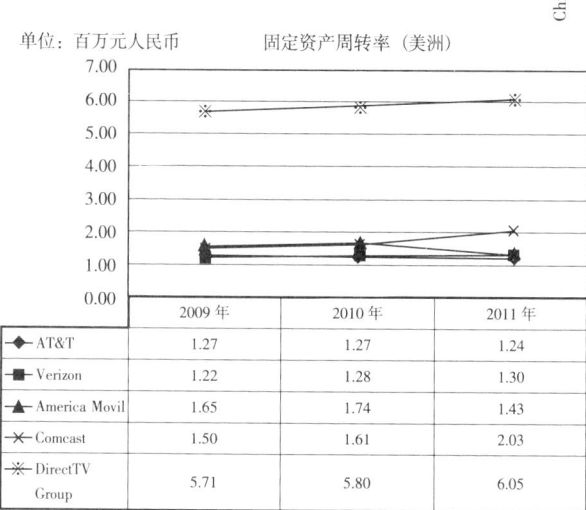

	2009年	2010年	2011年
AT&T	1.27	1.27	1.24
Verizon	1.22	1.28	1.30
America Movil	1.65	1.74	1.43
Comcast	1.50	1.61	2.03
DirectTV Group	5.71	5.80	6.05

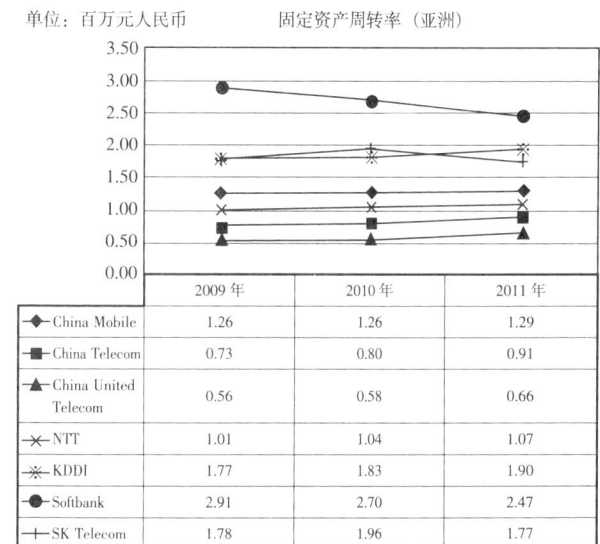

	2009年	2010年	2011年
China Mobile	1.26	1.26	1.29
China Telecom	0.73	0.80	0.91
China United Telecom	0.56	0.58	0.66
NTT	1.01	1.04	1.07
KDDI	1.77	1.83	1.90
Softbank	2.91	2.70	2.47
SK Telecom	1.78	1.96	1.77

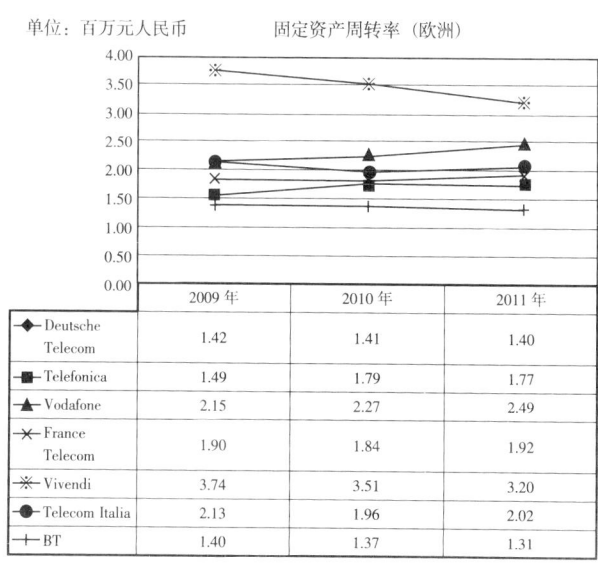

	2009年	2010年	2011年
Deutsche Telecom	1.42	1.41	1.40
Telefonica	1.49	1.79	1.77
Vodafone	2.15	2.27	2.49
France Telecom	1.90	1.84	1.92
Vivendi	3.74	3.51	3.20
Telecom Italia	2.13	1.96	2.02
BT	1.40	1.37	1.31

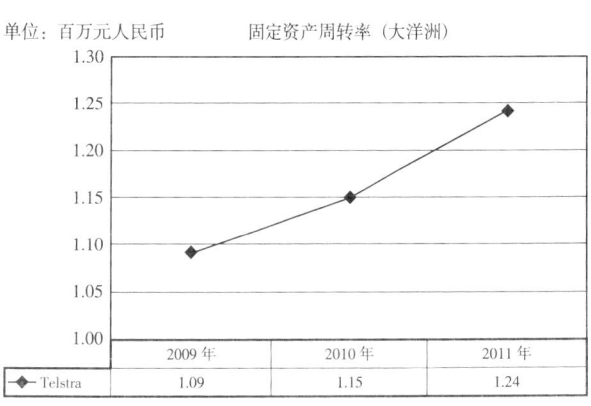

	2009年	2010年	2011年
Telstra	1.09	1.15	1.24

3. 应收账款周转率

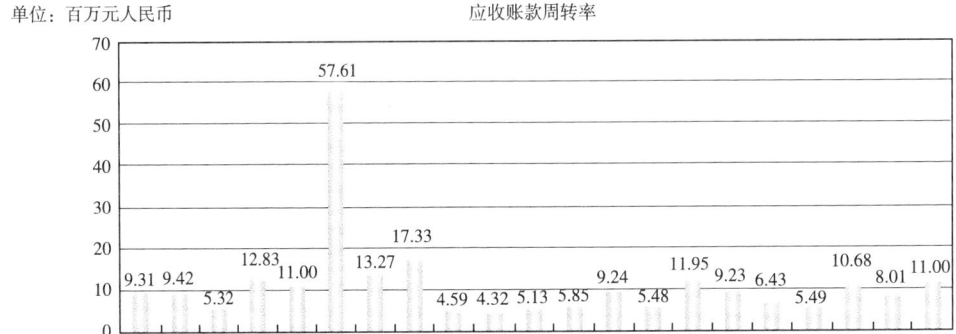

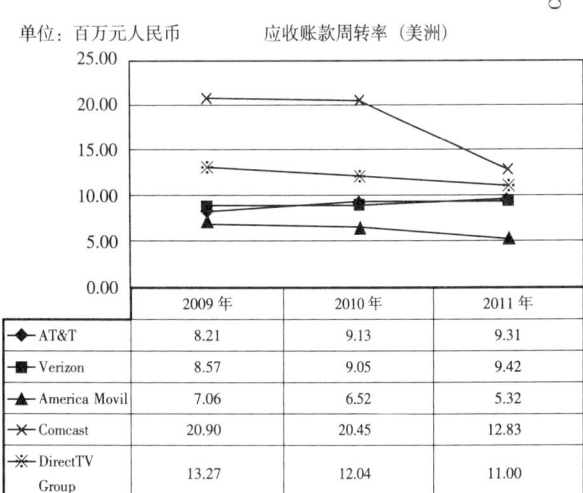

	2009年	2010年	2011年
AT&T	8.21	9.13	9.31
Verizon	8.57	9.05	9.42
America Movil	7.06	6.52	5.32
Comcast	20.90	20.45	12.83
DirectTV Group	13.27	12.04	11.00

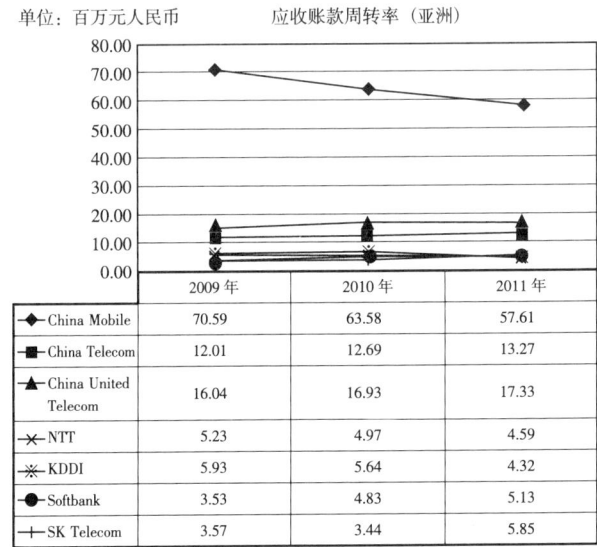

	2009年	2010年	2011年
China Mobile	70.59	63.58	57.61
China Telecom	12.01	12.69	13.27
China United Telecom	16.04	16.93	17.33
NTT	5.23	4.97	4.59
KDDI	5.93	5.64	4.32
Softbank	3.53	4.83	5.13
SK Telecom	3.57	3.44	5.85

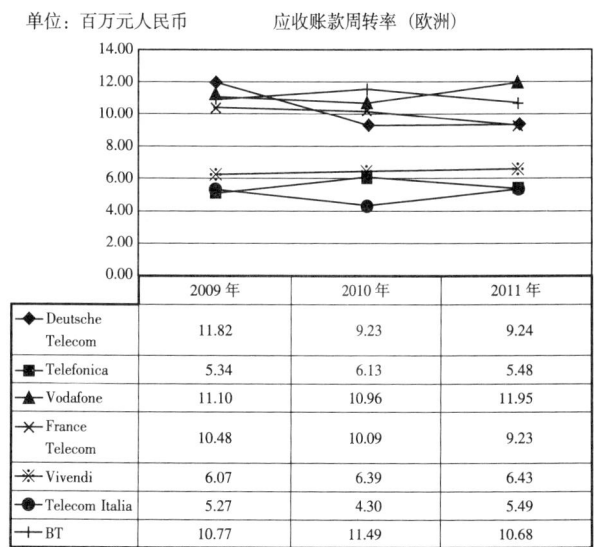

	2009年	2010年	2011年
Deutsche Telecom	11.82	9.23	9.24
Telefonica	5.34	6.13	5.48
Vodafone	11.10	10.96	11.95
France Telecom	10.48	10.09	9.23
Vivendi	6.07	6.39	6.43
Telecom Italia	5.27	4.30	5.49
BT	10.77	11.49	10.68

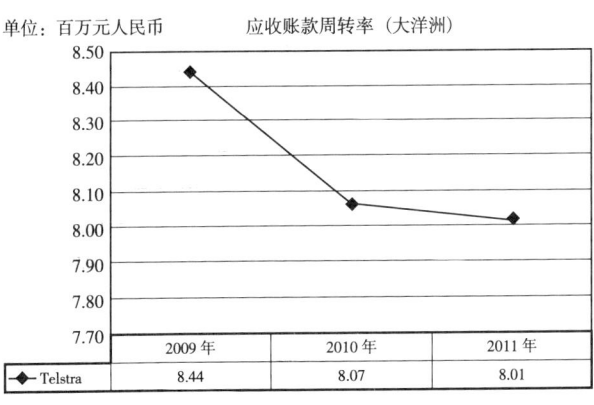

	2009年	2010年	2011年
Telstra	8.44	8.07	8.01

4. 坏账发生率

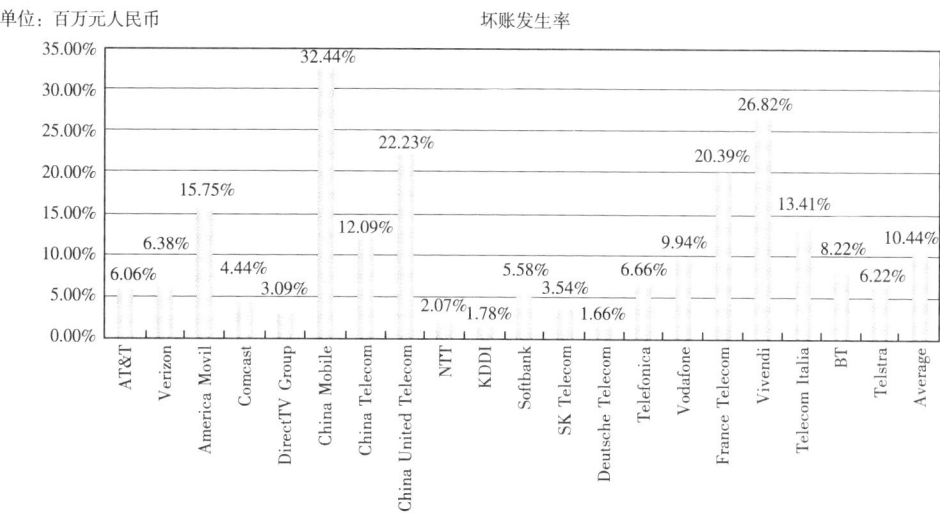

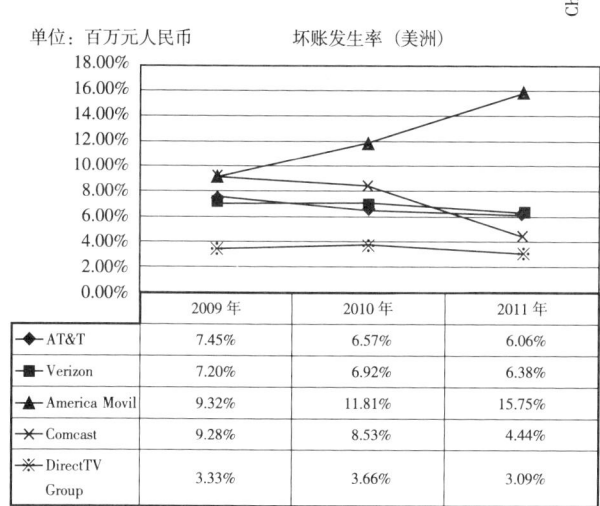

	2009年	2010年	2011年
AT&T	7.45%	6.57%	6.06%
Verizon	7.20%	6.92%	6.38%
America Movil	9.32%	11.81%	15.75%
Comcast	9.28%	8.53%	4.44%
DirectTV Group	3.33%	3.66%	3.09%

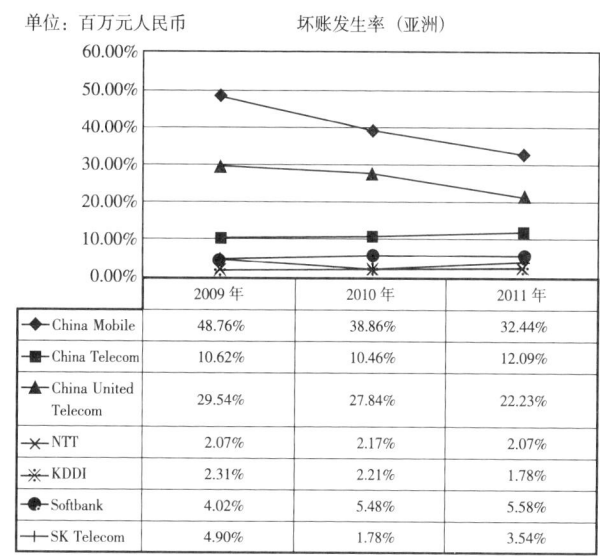

	2009年	2010年	2011年
China Mobile	48.76%	38.86%	32.44%
China Telecom	10.62%	10.46%	12.09%
China United Telecom	29.54%	27.84%	22.23%
NTT	2.07%	2.17%	2.07%
KDDI	2.31%	2.21%	1.78%
Softbank	4.02%	5.48%	5.58%
SK Telecom	4.90%	1.78%	3.54%

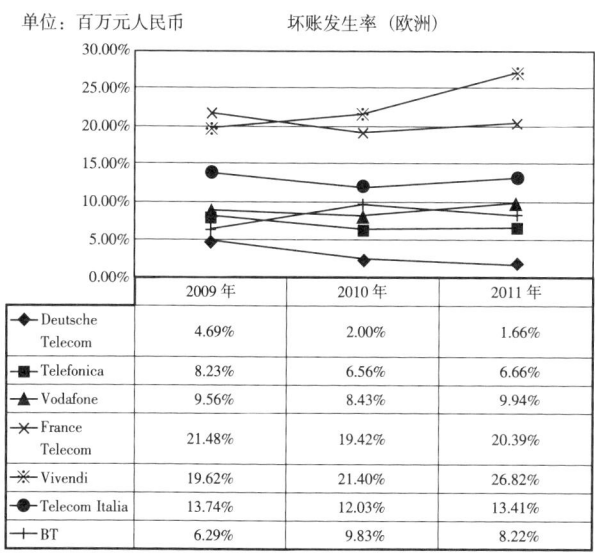

	2009年	2010年	2011年
Deutsche Telecom	4.69%	2.00%	1.66%
Telefonica	8.23%	6.56%	6.66%
Vodafone	9.56%	8.43%	9.94%
France Telecom	21.48%	19.42%	20.39%
Vivendi	19.62%	21.40%	26.82%
Telecom Italia	13.74%	12.03%	13.41%
BT	6.29%	9.83%	8.22%

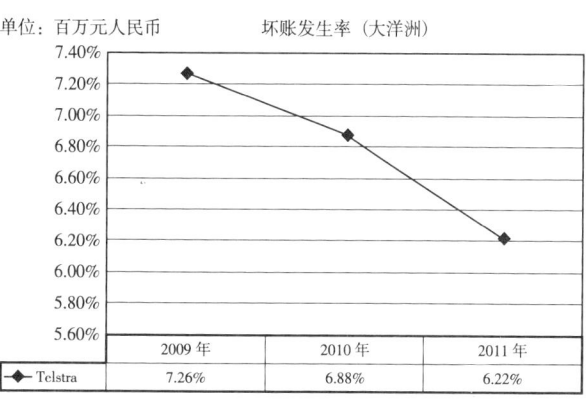

	2009年	2010年	2011年
Telstra	7.26%	6.88%	6.22%

5. 折旧摊销率

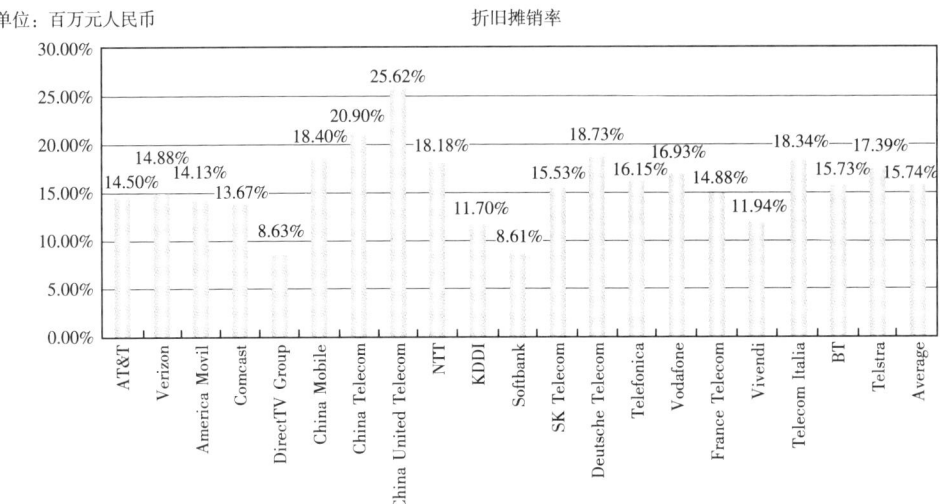

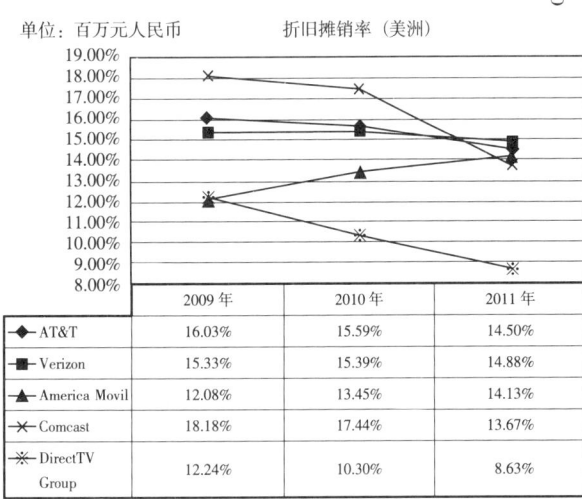

	2009年	2010年	2011年
AT&T	16.03%	15.59%	14.50%
Verizon	15.33%	15.39%	14.88%
America Movil	12.08%	13.45%	14.13%
Comcast	18.18%	17.44%	13.67%
DirectTV Group	12.24%	10.30%	8.63%

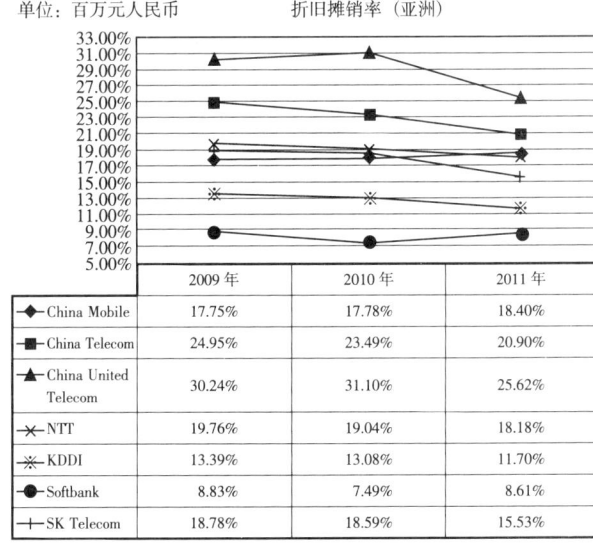

	2009年	2010年	2011年
China Mobile	17.75%	17.78%	18.40%
China Telecom	24.95%	23.49%	20.90%
China United Telecom	30.24%	31.10%	25.62%
NTT	19.76%	19.04%	18.18%
KDDI	13.39%	13.08%	11.70%
Softbank	8.83%	7.49%	8.61%
SK Telecom	18.78%	18.59%	15.53%

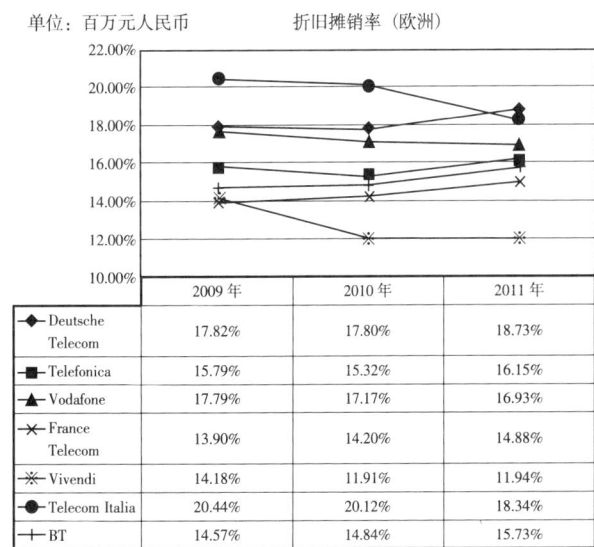

	2009年	2010年	2011年
Deutsche Telecom	17.82%	17.80%	18.73%
Telefonica	15.79%	15.32%	16.15%
Vodafone	17.79%	17.17%	16.93%
France Telecom	13.90%	14.20%	14.88%
Vivendi	14.18%	11.91%	11.94%
Telecom Italia	20.44%	20.12%	18.34%
BT	14.57%	14.84%	15.73%

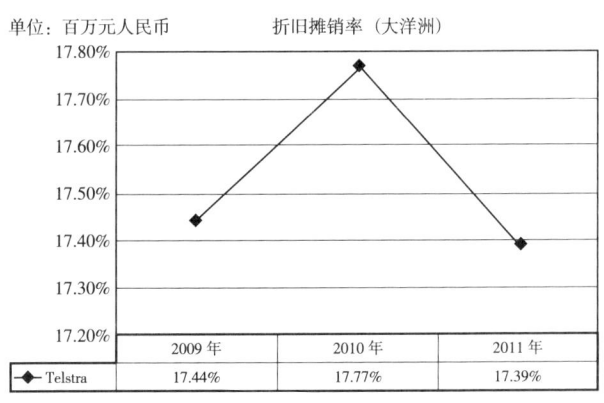

	2009年	2010年	2011年
Telstra	17.44%	17.77%	17.39%

6. 付现成本率

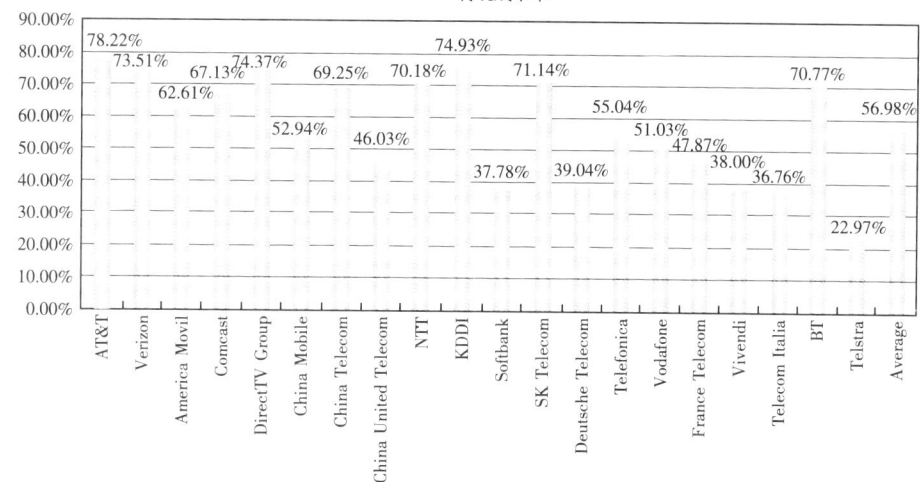

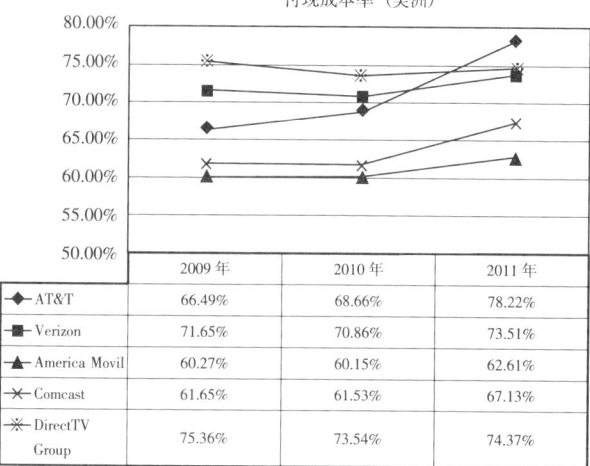

	2009 年	2010 年	2011 年
AT&T	66.49%	68.66%	78.22%
Verizon	71.65%	70.86%	73.51%
America Movil	60.27%	60.15%	62.61%
Comcast	61.65%	61.53%	67.13%
DirectTV Group	75.36%	73.54%	74.37%

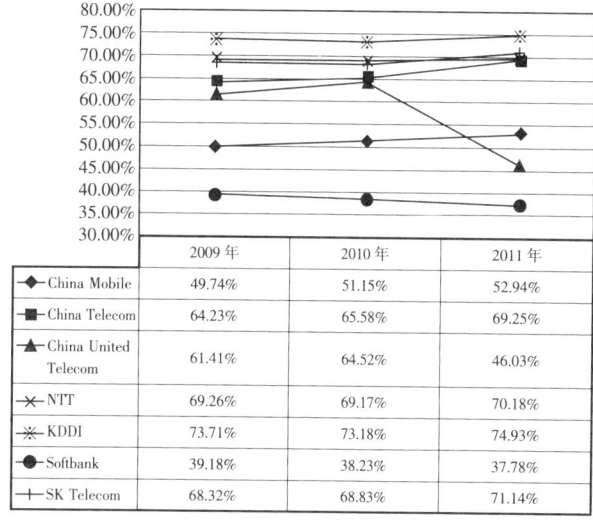

	2009 年	2010 年	2011 年
China Mobile	49.74%	51.15%	52.94%
China Telecom	64.23%	65.58%	69.25%
China United Telecom	61.41%	64.52%	46.03%
NTT	69.26%	69.17%	70.18%
KDDI	73.71%	73.18%	74.93%
Softbank	39.18%	38.23%	37.78%
SK Telecom	68.32%	68.83%	71.14%

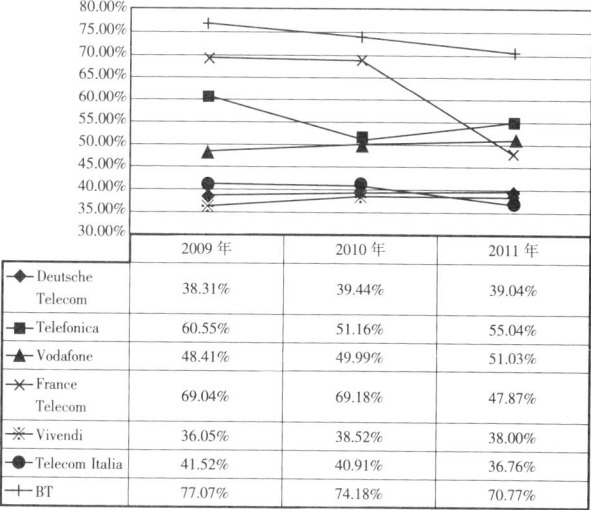

	2009 年	2010 年	2011 年
Deutsche Telecom	38.31%	39.44%	39.04%
Telefonica	60.55%	51.16%	55.04%
Vodafone	48.41%	49.99%	51.03%
France Telecom	69.04%	69.18%	47.87%
Vivendi	36.05%	38.52%	38.00%
Telecom Italia	41.52%	40.91%	36.76%
BT	77.07%	74.18%	70.77%

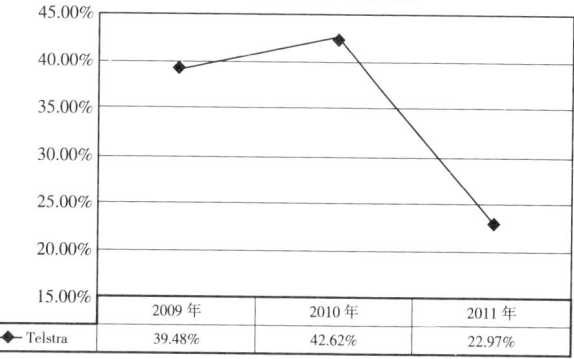

	2009 年	2010 年	2011 年
Telstra	39.48%	42.62%	22.97%

7. 营销、一般及管理费用率

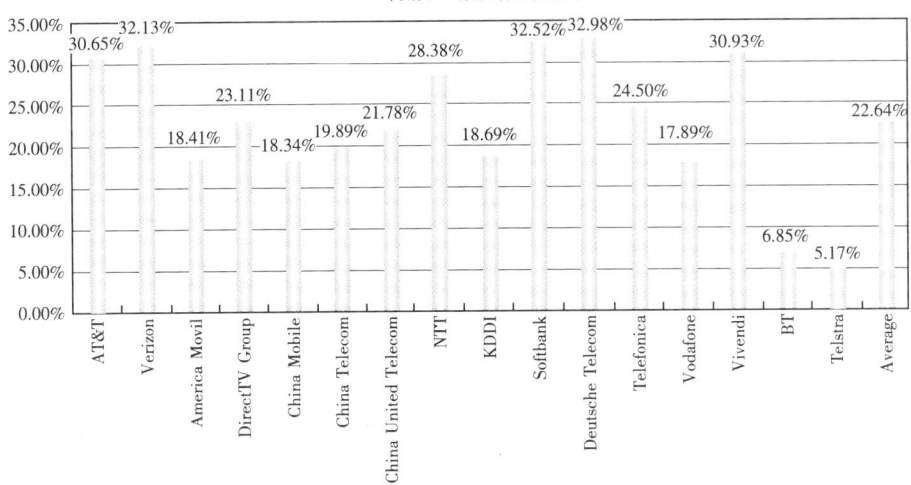

营销、一般及管理费用率

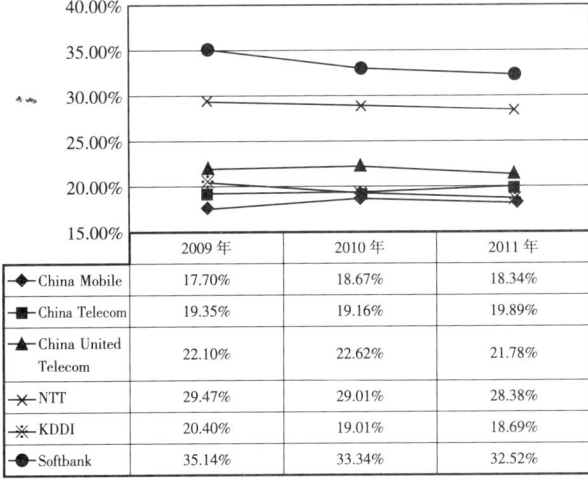

营销、一般及管理费用率（亚洲）

	2009年	2010年	2011年
China Mobile	17.70%	18.67%	18.34%
China Telecom	19.35%	19.16%	19.89%
China United Telecom	22.10%	22.62%	21.78%
NTT	29.47%	29.01%	28.38%
KDDI	20.40%	19.01%	18.69%
Softbank	35.14%	33.34%	32.52%

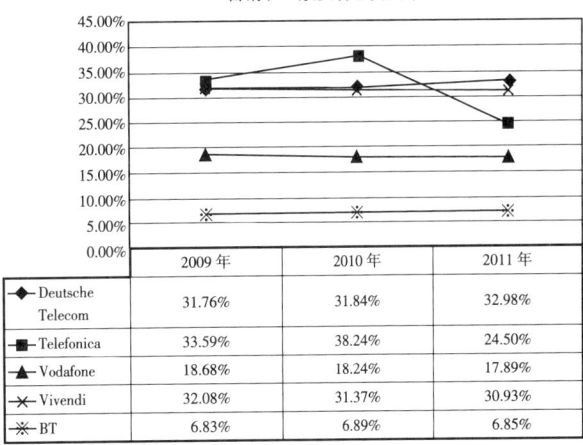

营销、一般及管理费用率（美洲）

	2009年	2010年	2011年
AT&T	25.55%	26.61%	30.65%
Verizon	30.56%	29.43%	32.13%
America Movil	18.03%	18.34%	18.41%
DirectTV Group	24.68%	23.21%	23.11%

营销、一般及管理费用率（欧洲）

	2009年	2010年	2011年
Deutsche Telecom	31.76%	31.84%	32.98%
Telefonica	33.59%	38.24%	24.50%
Vodafone	18.68%	18.24%	17.89%
Vivendi	32.08%	31.37%	30.93%
BT	6.83%	6.89%	6.85%

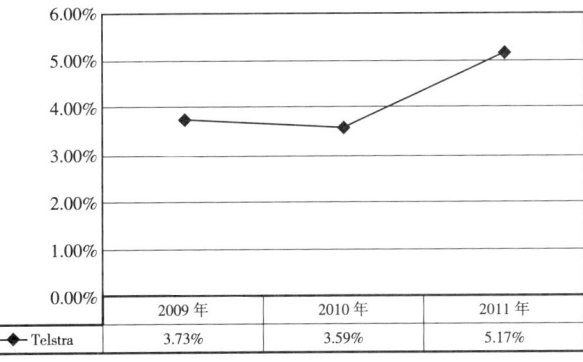

营销、一般及管理费用率（大洋洲）

	2009年	2010年	2011年
Telstra	3.73%	3.59%	5.17%

四 电信运营企业现金与质量管理绩效指标概览

1. 经营活动净现金流
2. 每股经营活动净现金流
3. 自由现金流（FCF）
4. 自由现金流占收比
5. 销售现金比率
6. 资产现金回收率
7. 现金流量经营充足率
8. 现金流入流出比
9. 现金比率

1. 经营活动净现金流

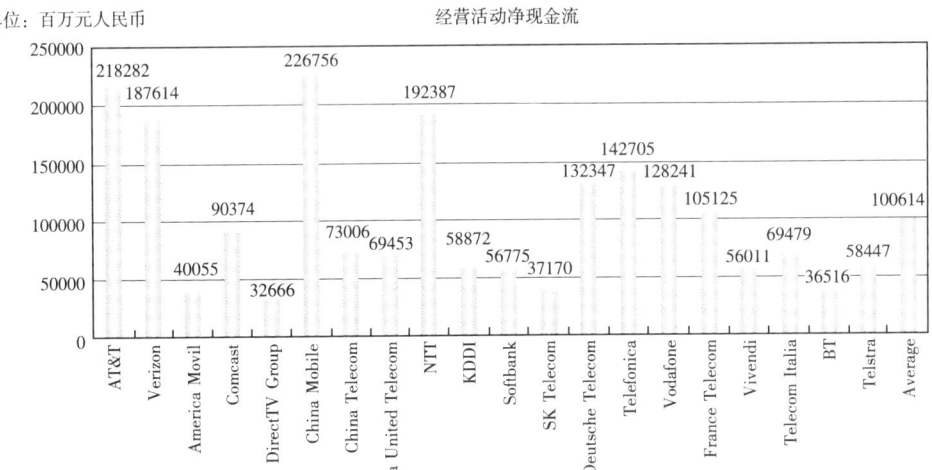

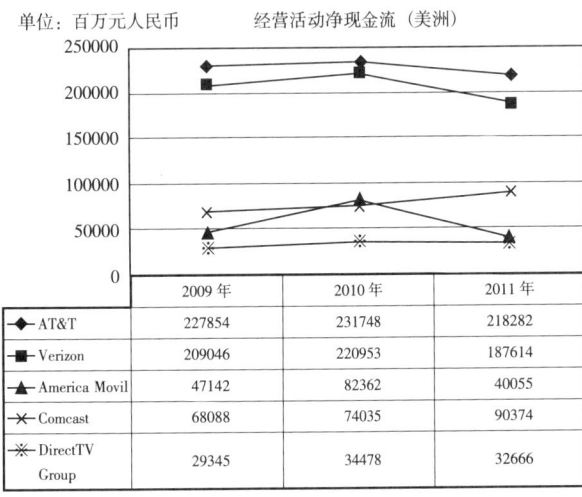

	2009年	2010年	2011年
AT&T	227854	231748	218282
Verizon	209046	220953	187614
America Movil	47142	82362	40055
Comcast	68088	74035	90374
DirectTV Group	29345	34478	32666

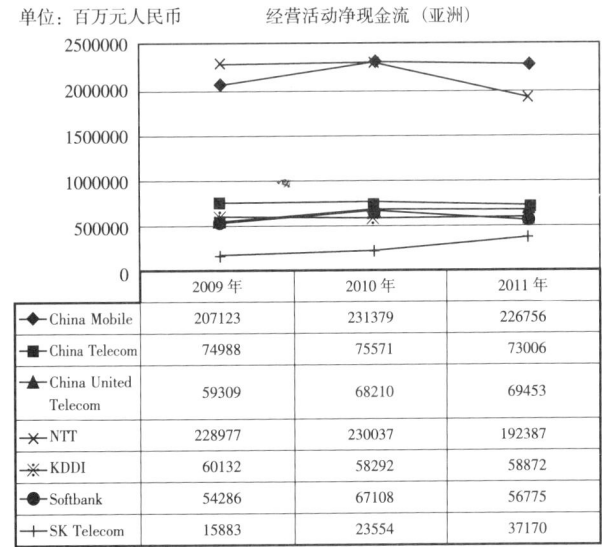

	2009年	2010年	2011年
China Mobile	207123	231379	226756
China Telecom	74988	75571	73006
China United Telecom	59309	68210	69453
NTT	228977	230037	192387
KDDI	60132	58292	58872
Softbank	54286	67108	56775
SK Telecom	15883	23554	37170

经营活动净现金流（欧洲）

	2009年	2010年	2011年
Deutsche Telecom	139099	129729	132347
Telefonica	142207	146822	142705
Vodafone	133491	122567	128241
France Telecom	123317	110856	105125
Vivendi	64745	61346	56011
Telecom Italia	48216	60527	69479
BT	52969	46656	36516

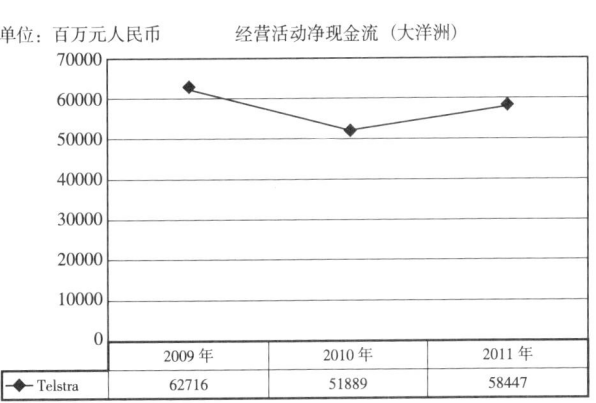

	2009年	2010年	2011年
Telstra	62716	51889	58447

2. 每股经营活动净现金流

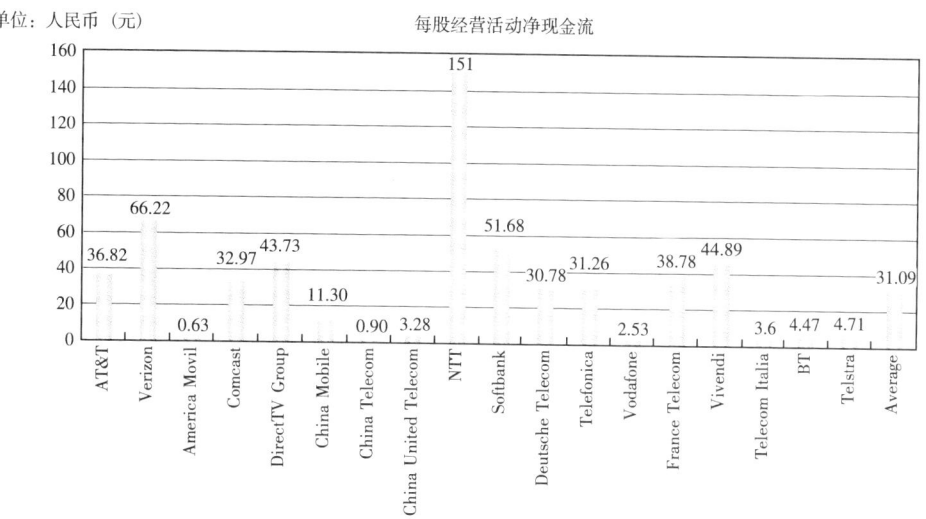

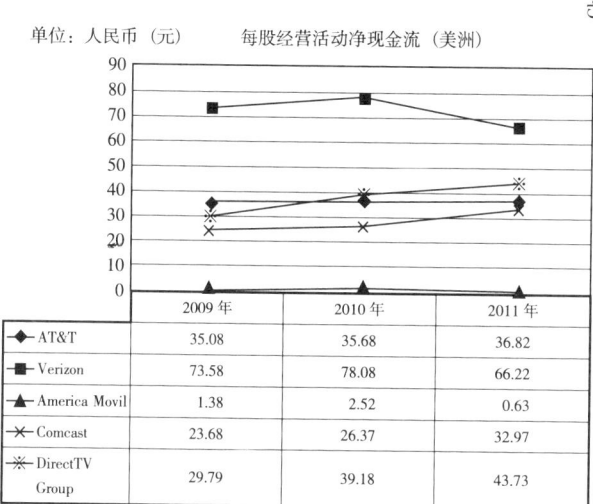

	2009 年	2010 年	2011 年
AT&T	35.08	35.68	36.82
Verizon	73.58	78.08	66.22
America Movil	1.38	2.52	0.63
Comcast	23.68	26.37	32.97
DirectTV Group	29.79	39.18	43.73

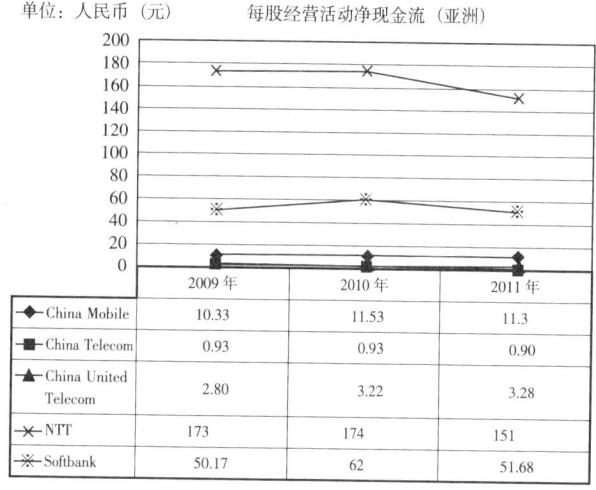

	2009 年	2010 年	2011 年
China Mobile	10.33	11.53	11.3
China Telecom	0.93	0.93	0.90
China United Telecom	2.80	3.22	3.28
NTT	173	174	151
Softbank	50.17	62	51.68

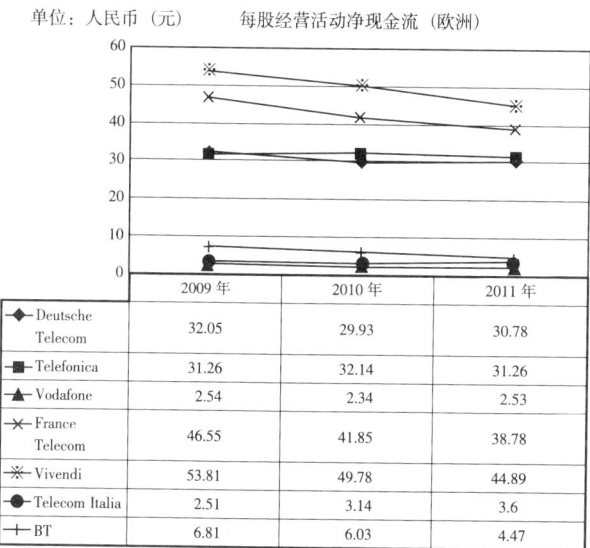

	2009 年	2010 年	2011 年
Deutsche Telecom	32.05	29.93	30.78
Telefonica	31.26	32.14	31.26
Vodafone	2.54	2.34	2.53
France Telecom	46.55	41.85	38.78
Vivendi	53.81	49.78	44.89
Telecom Italia	2.51	3.14	3.6
BT	6.81	6.03	4.47

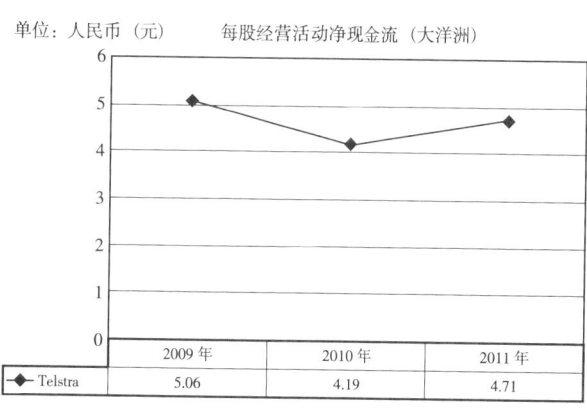

	2009 年	2010 年	2011 年
Telstra	5.06	4.19	4.71

3. 自由现金流（FCF）

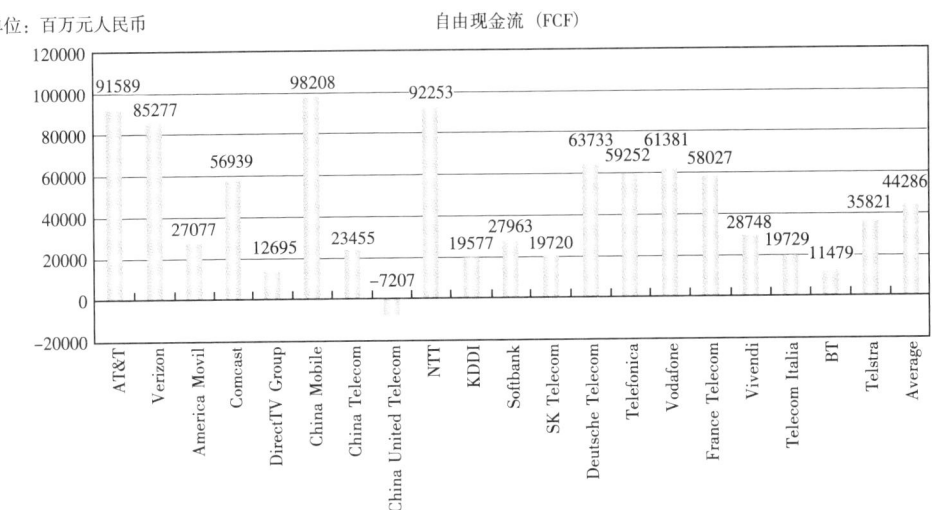

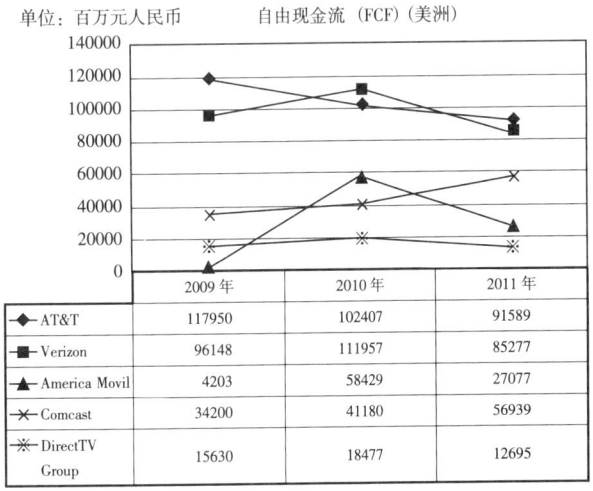

	2009年	2010年	2011年
AT&T	117950	102407	91589
Verizon	96148	111957	85277
America Movil	4203	58429	27077
Comcast	34200	41180	56939
DirectTV Group	15630	18477	12695

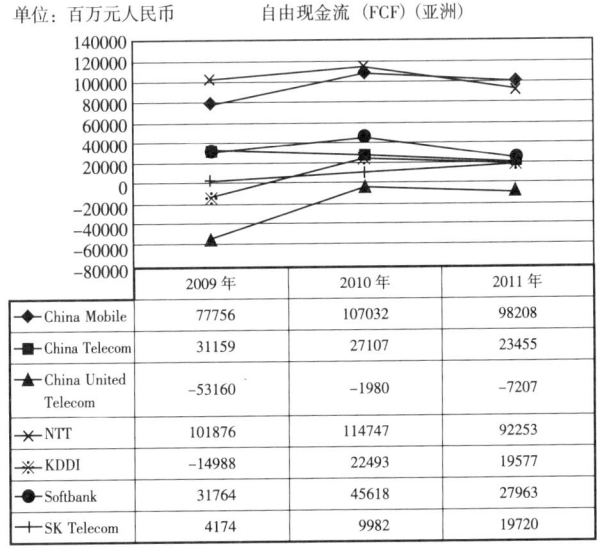

	2009年	2010年	2011年
China Mobile	77756	107032	98208
China Telecom	31159	27107	23455
China United Telecom	-53160	-1980	-7207
NTT	101876	114747	92253
KDDI	-14988	22493	19577
Softbank	31764	45618	27963
SK Telecom	4174	9982	19720

	2009年	2010年	2011年
Deutsche Telecom	61372	57621	63733
Telefonica	80113	74556	59252
Vodafone	73990	72028	61381
France Telecom	78924	62227	58027
Vivendi	42183	31783	28748
Telecom Italia	8208	20167	19729
BT	21220	20549	11479

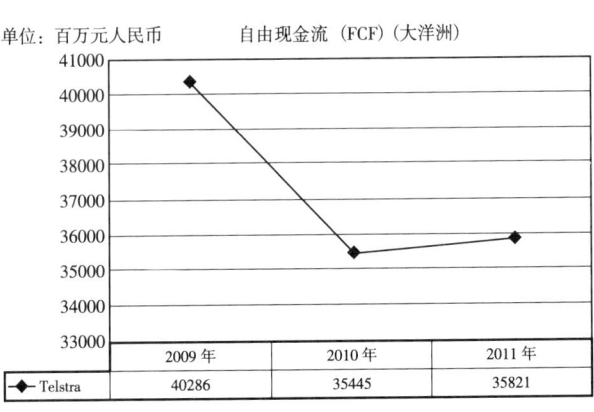

	2009年	2010年	2011年
Telstra	40286	35445	35821

4. 自由现金流占收比

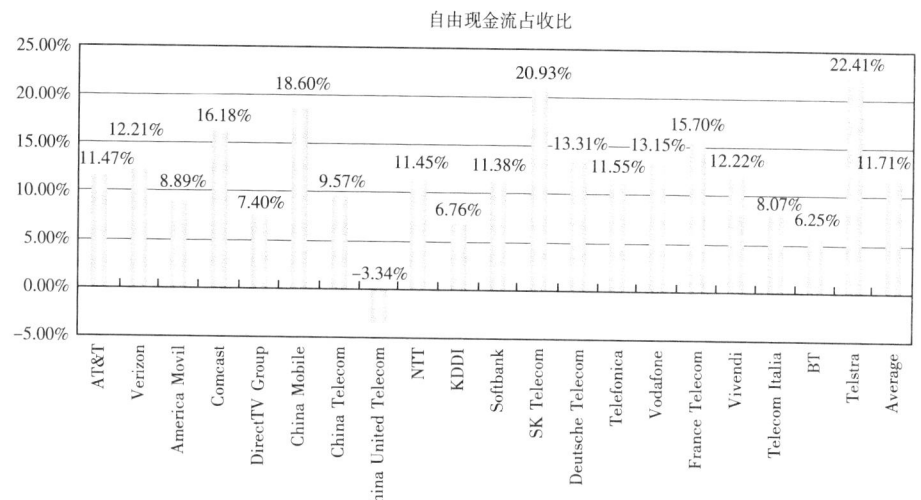

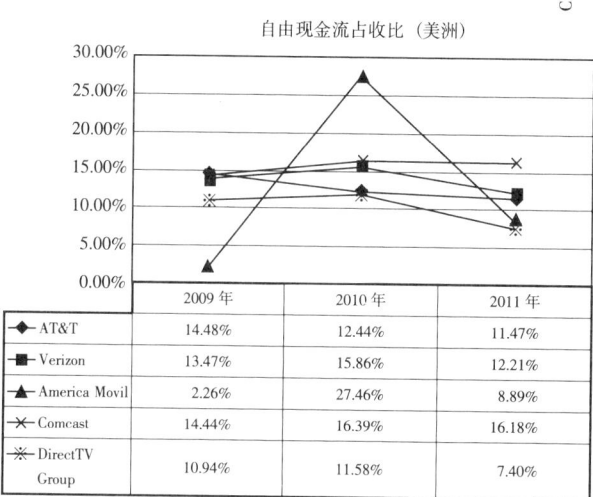

	2009 年	2010 年	2011 年
AT&T	14.48%	12.44%	11.47%
Verizon	13.47%	15.86%	12.21%
America Movil	2.26%	27.46%	8.89%
Comcast	14.44%	16.39%	16.18%
DirectTV Group	10.94%	11.58%	7.40%

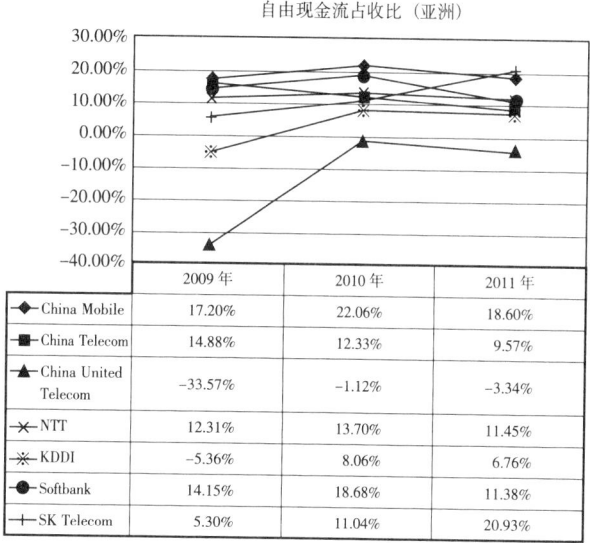

	2009 年	2010 年	2011 年
China Mobile	17.20%	22.06%	18.60%
China Telecom	14.88%	12.33%	9.57%
China United Telecom	-33.57%	-1.12%	-3.34%
NTT	12.31%	13.70%	11.45%
KDDI	-5.36%	8.06%	6.76%
Softbank	14.15%	18.68%	11.38%
SK Telecom	5.30%	11.04%	20.93%

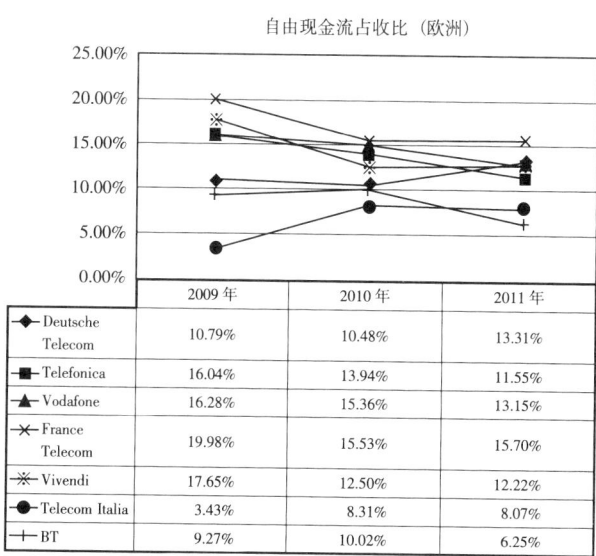

	2009 年	2010 年	2011 年
Deutsche Telecom	10.79%	10.48%	13.31%
Telefonica	16.04%	13.94%	11.55%
Vodafone	16.28%	15.36%	13.15%
France Telecom	19.98%	15.53%	15.70%
Vivendi	17.65%	12.50%	12.22%
Telecom Italia	3.43%	8.31%	8.07%
BT	9.27%	10.02%	6.25%

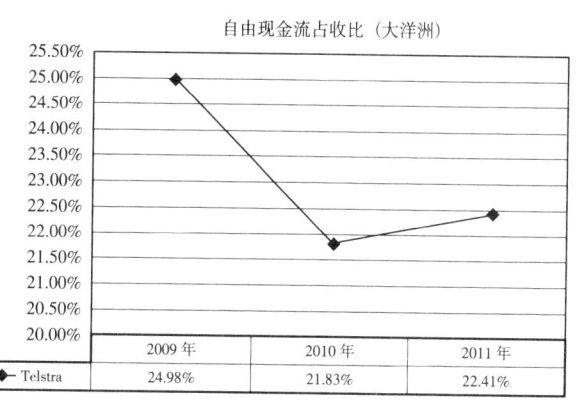

	2009 年	2010 年	2011 年
Telstra	24.98%	21.83%	22.41%

5. 销售现金比率

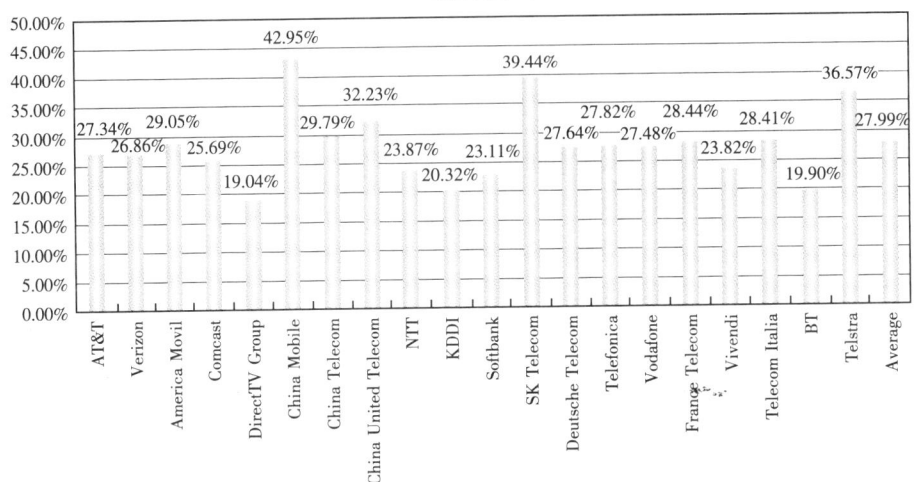

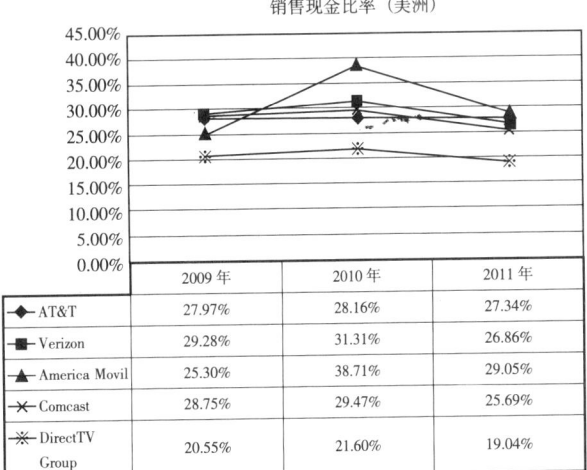

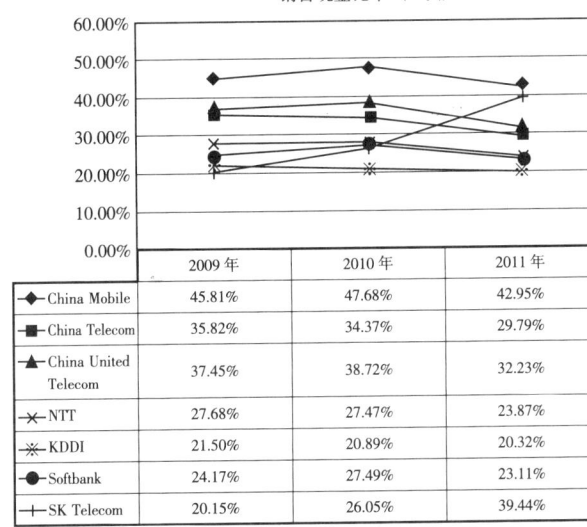

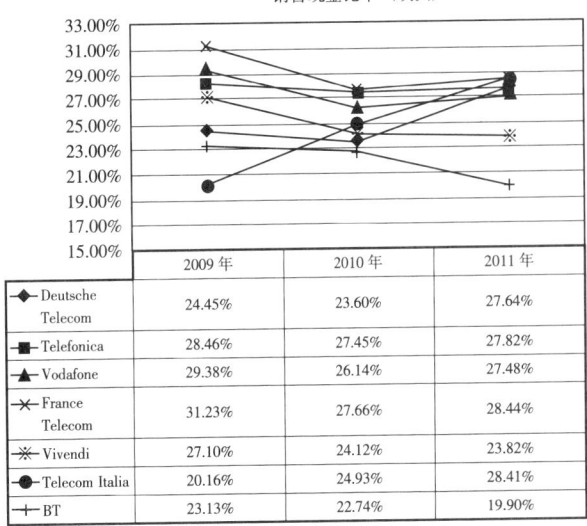

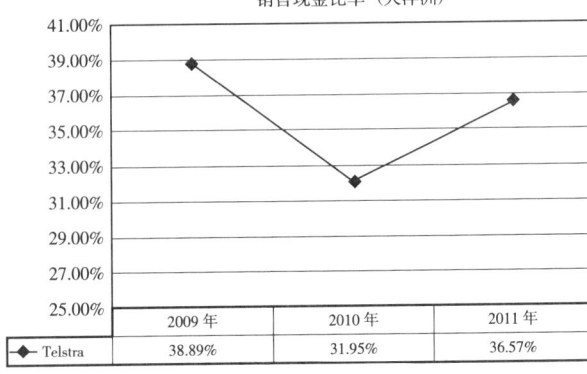

6. 资产现金回收率

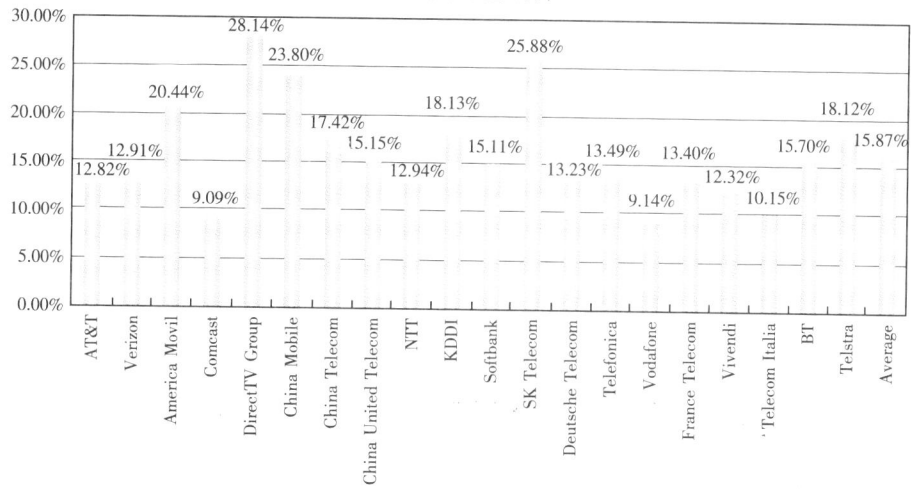

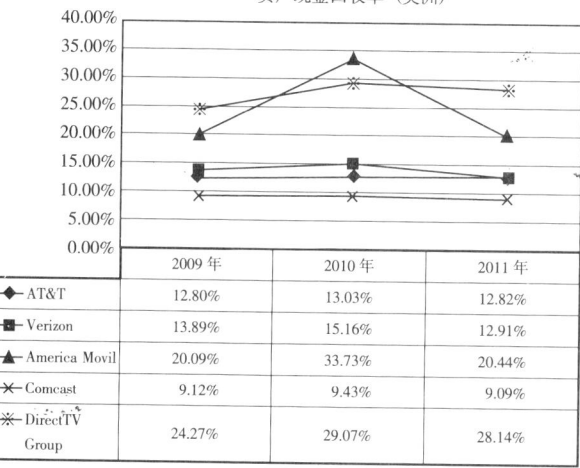

	2009 年	2010 年	2011 年
AT&T	12.80%	13.03%	12.82%
Verizon	13.89%	15.16%	12.91%
America Movil	20.09%	33.73%	20.44%
Comcast	9.12%	9.43%	9.09%
DirectTV Group	24.27%	29.07%	28.14%

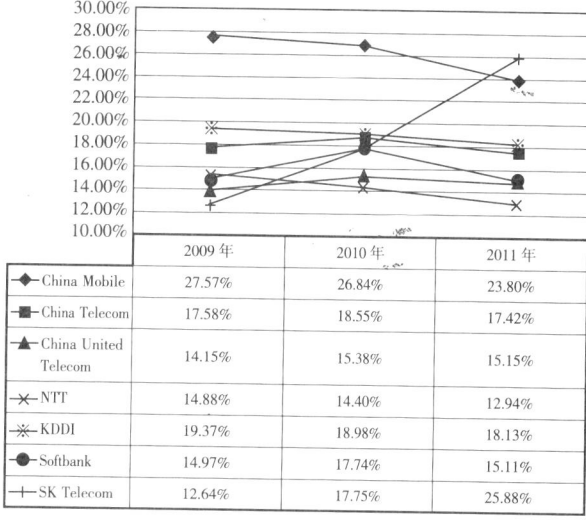

	2009 年	2010 年	2011 年
China Mobile	27.57%	26.84%	23.80%
China Telecom	17.58%	18.55%	17.42%
China United Telecom	14.15%	15.38%	15.15%
NTT	14.88%	14.40%	12.94%
KDDI	19.37%	18.98%	18.13%
Softbank	14.97%	17.74%	15.11%
SK Telecom	12.64%	17.75%	25.88%

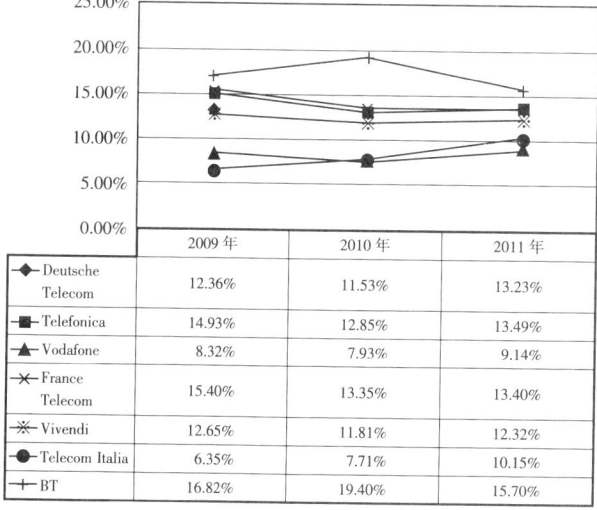

	2009 年	2010 年	2011 年
Deutsche Telecom	12.36%	11.53%	13.23%
Telefonica	14.93%	12.85%	13.49%
Vodafone	8.32%	7.93%	9.14%
France Telecom	15.40%	13.35%	13.40%
Vivendi	12.65%	11.81%	12.32%
Telecom Italia	6.35%	7.71%	10.15%
BT	16.82%	19.40%	15.70%

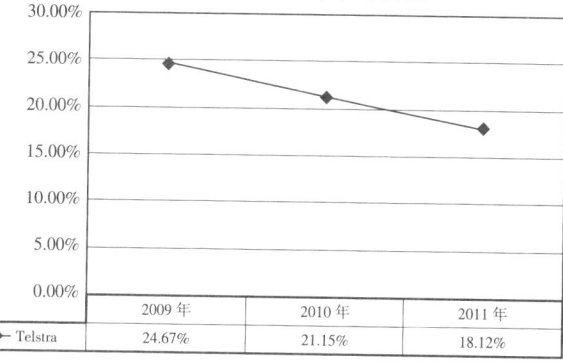

	2009 年	2010 年	2011 年
Telstra	24.67%	21.15%	18.12%

7. 现金流量经营充足率

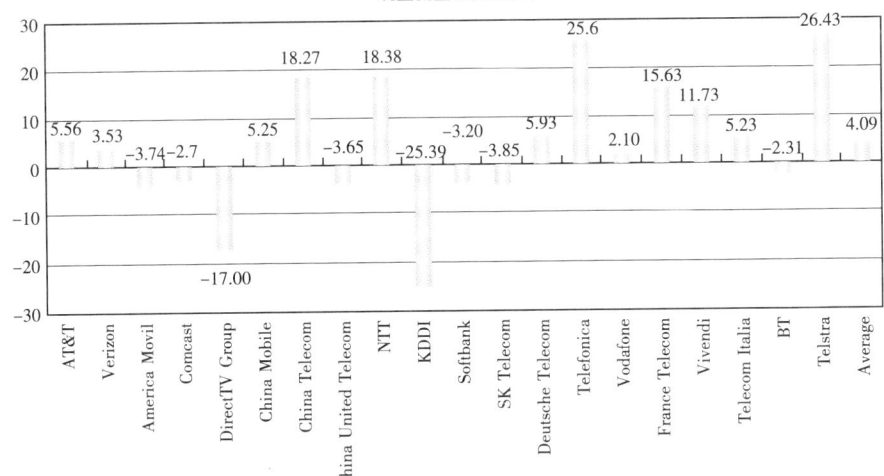

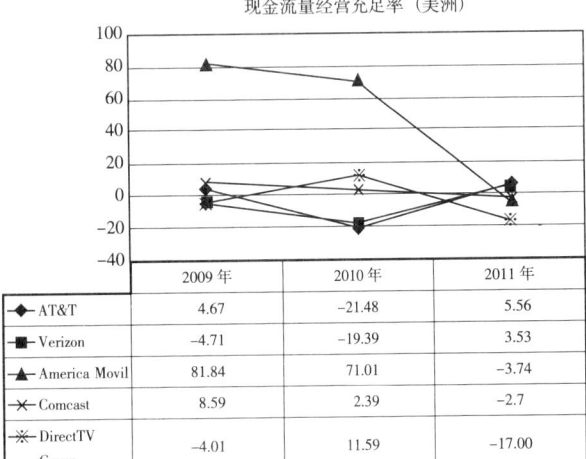

	2009年	2010年	2011年
AT&T	4.67	−21.48	5.56
Verizon	−4.71	−19.39	3.53
America Movil	81.84	71.01	−3.74
Comcast	8.59	2.39	−2.7
DirectTV Group	−4.01	11.59	−17.00

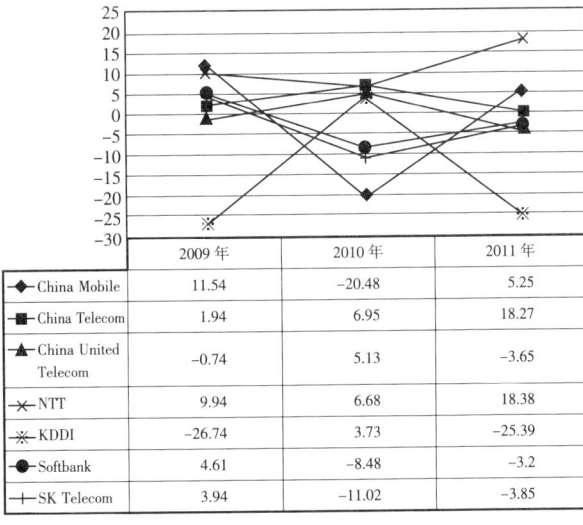

	2009年	2010年	2011年
China Mobile	11.54	−20.48	5.25
China Telecom	1.94	6.95	18.27
China United Telecom	−0.74	5.13	−3.65
NTT	9.94	6.68	18.38
KDDI	−26.74	3.73	−25.39
Softbank	4.61	−8.48	−3.2
SK Telecom	3.94	−11.02	−3.85

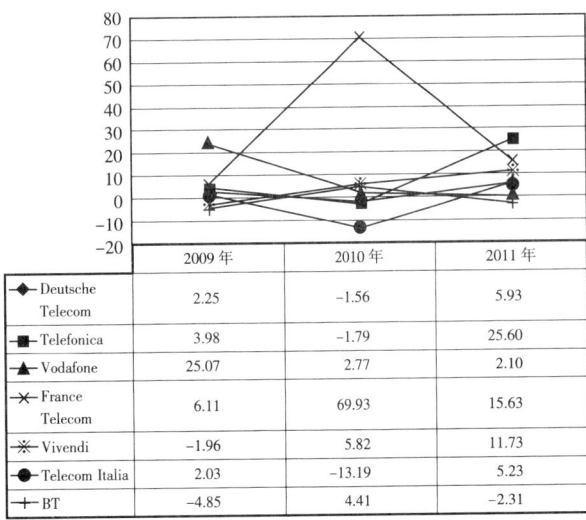

	2009年	2010年	2011年
Deutsche Telecom	2.25	−1.56	5.93
Telefonica	3.98	−1.79	25.60
Vodafone	25.07	2.77	2.10
France Telecom	6.11	69.93	15.63
Vivendi	−1.96	5.82	11.73
Telecom Italia	2.03	−13.19	5.23
BT	−4.85	4.41	−2.31

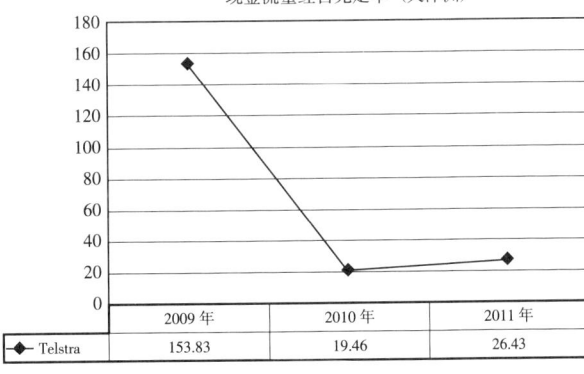

	2009年	2010年	2011年
Telstra	153.83	19.46	26.43

8. 现金流入流出比

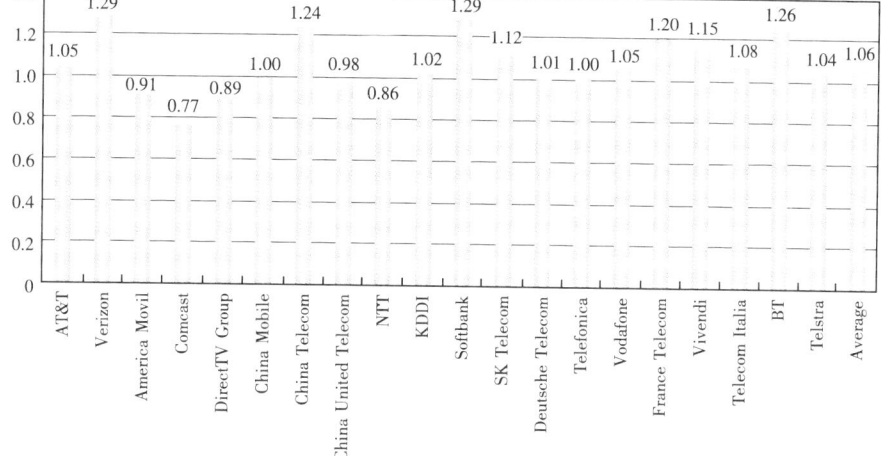

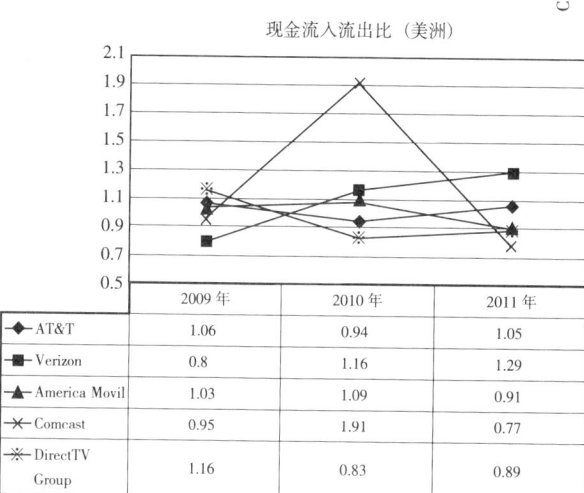

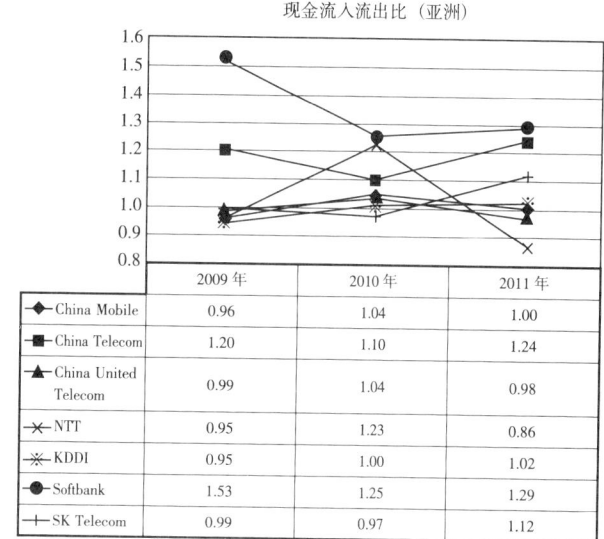

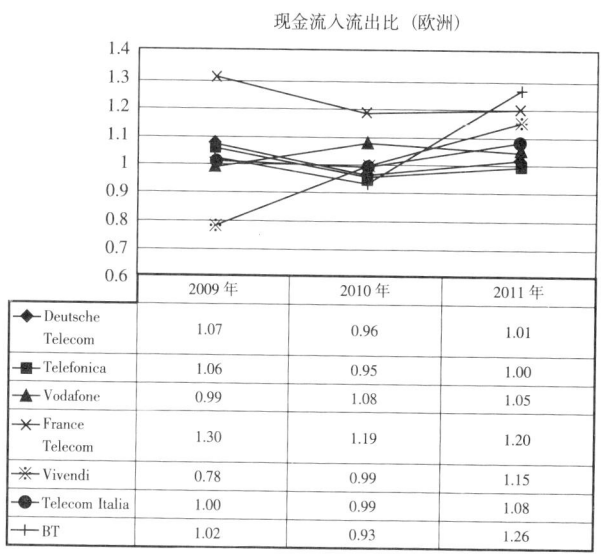

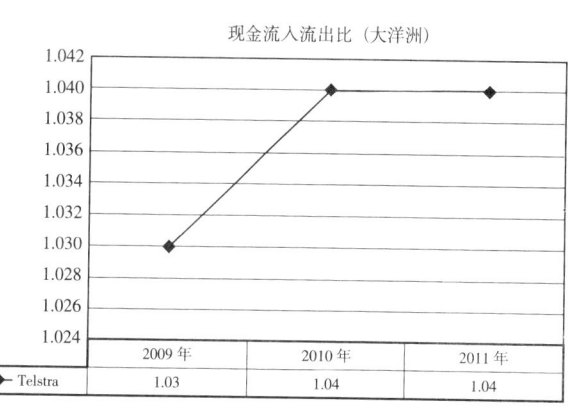

9. 现金比率

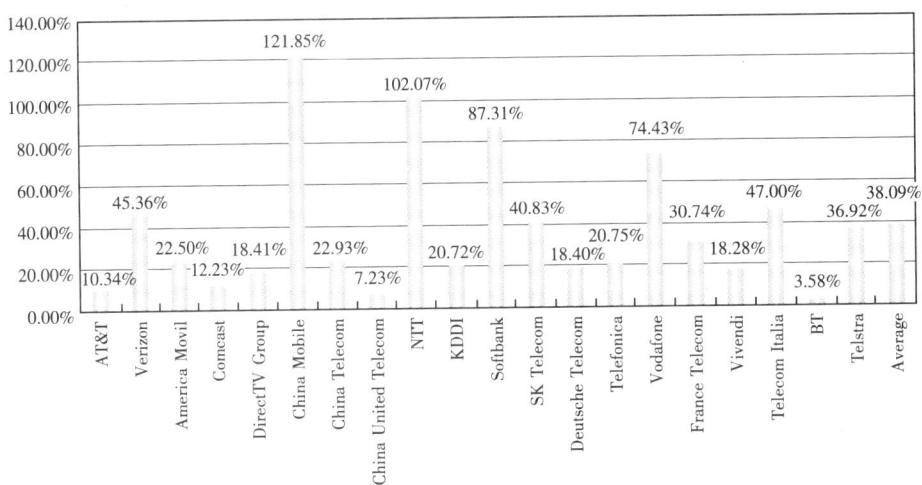

现金比率

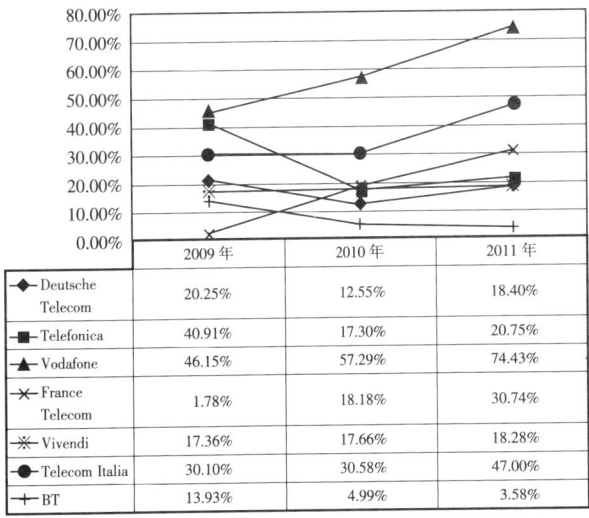

现金比率（美洲）

	2009年	2010年	2011年
AT&T	10.36%	4.23%	10.34%
Verizon	8.58%	23.57%	45.36%
America Movil	19.57%	46.90%	22.50%
Comcast	9.26%	72.67%	12.23%
DirectTV Group	45.69%	33.75%	18.41%

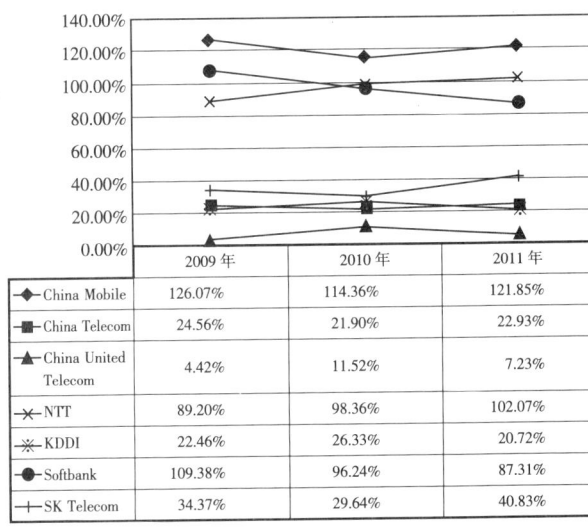

现金比率（亚洲）

	2009年	2010年	2011年
China Mobile	126.07%	114.36%	121.85%
China Telecom	24.56%	21.90%	22.93%
China United Telecom	4.42%	11.52%	7.23%
NTT	89.20%	98.36%	102.07%
KDDI	22.46%	26.33%	20.72%
Softbank	109.38%	96.24%	87.31%
SK Telecom	34.37%	29.64%	40.83%

现金比率（欧洲）

	2009年	2010年	2011年
Deutsche Telecom	20.25%	12.55%	18.40%
Telefonica	40.91%	17.30%	20.75%
Vodafone	46.15%	57.29%	74.43%
France Telecom	1.78%	18.18%	30.74%
Vivendi	17.36%	17.66%	18.28%
Telecom Italia	30.10%	30.58%	47.00%
BT	13.93%	4.99%	3.58%

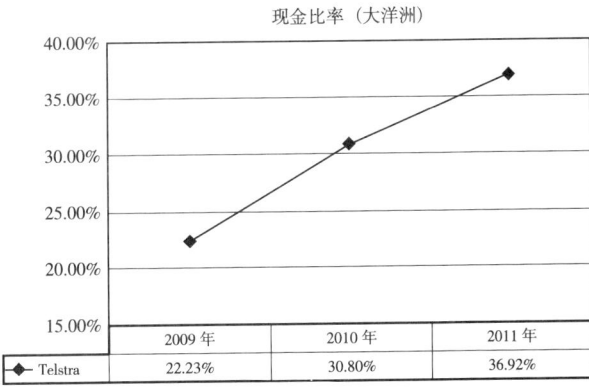

现金比率（大洋洲）

	2009年	2010年	2011年
Telstra	22.23%	30.80%	36.92%

五 电信运营企业可持续成长管理绩效指标概览

1. 可持续增长率
2. 主营业务收入增长率
3. 总资产增长率
4. 净利润增长率
5. 经营活动现金流增长率
6. 每股盈余增长率

1. 可持续增长率

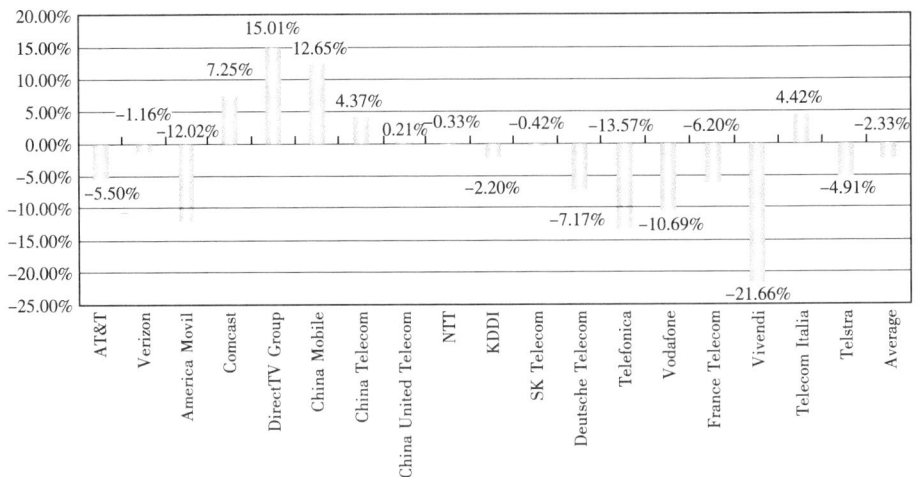

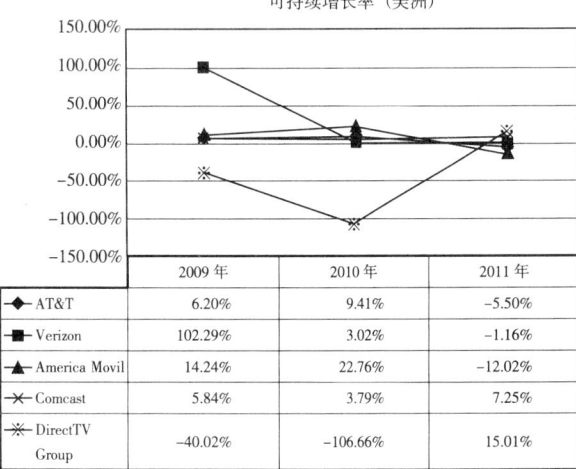

	2009年	2010年	2011年
AT&T	6.20%	9.41%	-5.50%
Verizon	102.29%	3.02%	-1.16%
America Movil	14.24%	22.76%	-12.02%
Comcast	5.84%	3.79%	7.25%
DirectTV Group	-40.02%	-106.66%	15.01%

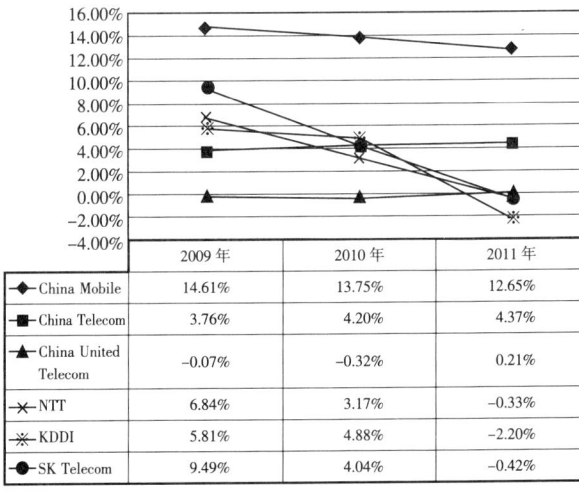

	2009年	2010年	2011年
China Mobile	14.61%	13.75%	12.65%
China Telecom	3.76%	4.20%	4.37%
China United Telecom	-0.07%	-0.32%	0.21%
NTT	6.84%	3.17%	-0.33%
KDDI	5.81%	4.88%	-2.20%
SK Telecom	9.49%	4.04%	-0.42%

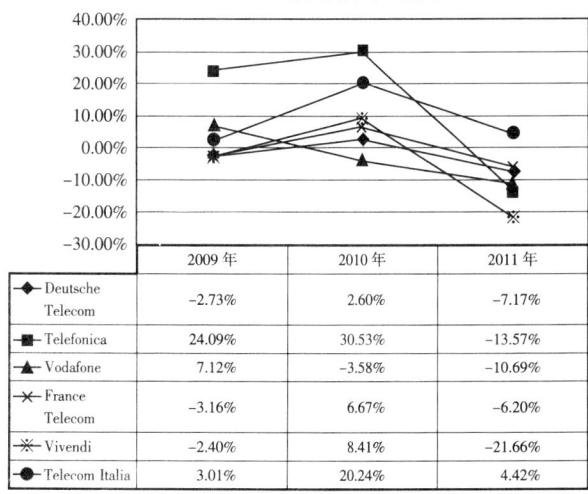

	2009年	2010年	2011年
Deutsche Telecom	-2.73%	2.60%	-7.17%
Telefonica	24.09%	30.53%	-13.57%
Vodafone	7.12%	-3.58%	-10.69%
France Telecom	-3.16%	6.67%	-6.20%
Vivendi	-2.40%	8.41%	-21.66%
Telecom Italia	3.01%	20.24%	4.42%

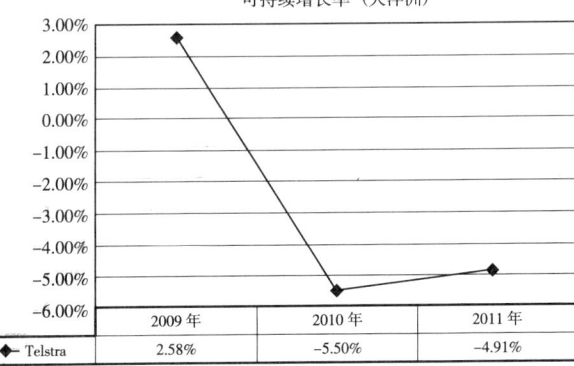

	2009年	2010年	2011年
Telstra	2.58%	-5.50%	-4.91%

2. 主营业务收入增长率

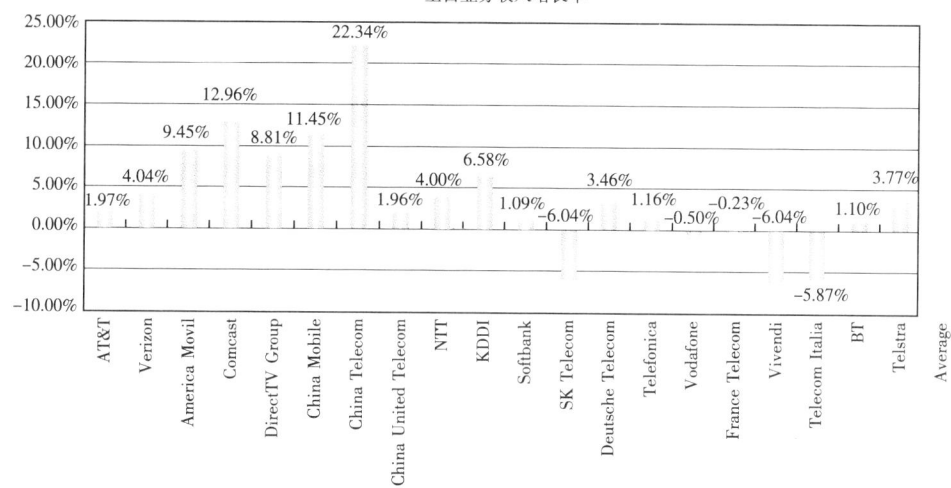

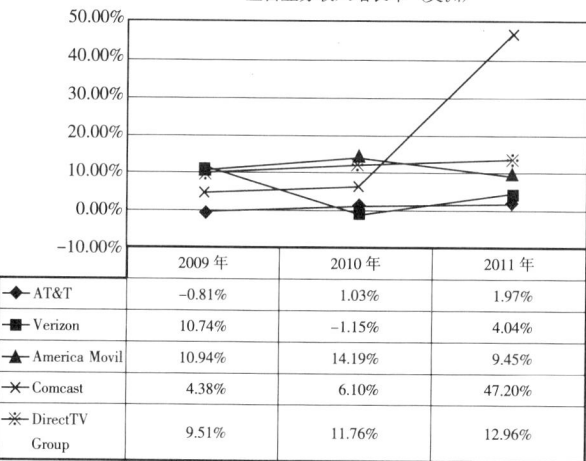

	2009年	2010年	2011年
AT&T	-0.81%	1.03%	1.97%
Verizon	10.74%	-1.15%	4.04%
America Movil	10.94%	14.19%	9.45%
Comcast	4.38%	6.10%	47.20%
DirectTV Group	9.51%	11.76%	12.96%

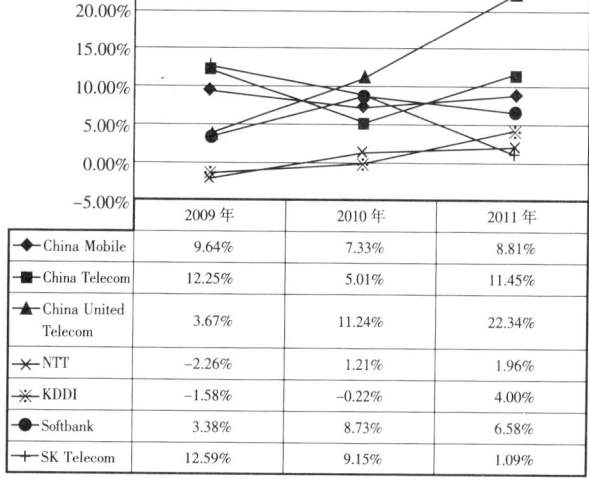

	2009年	2010年	2011年
China Mobile	9.64%	7.33%	8.81%
China Telecom	12.25%	5.01%	11.45%
China United Telecom	3.67%	11.24%	22.34%
NTT	-2.26%	1.21%	1.96%
KDDI	-1.58%	-0.22%	4.00%
Softbank	3.38%	8.73%	6.58%
SK Telecom	12.59%	9.15%	1.09%

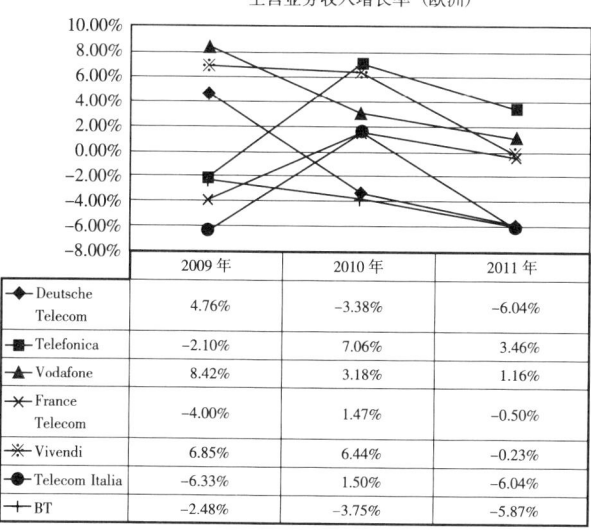

	2009年	2010年	2011年
Deutsche Telecom	4.76%	-3.38%	-6.04%
Telefonica	-2.10%	7.06%	3.46%
Vodafone	8.42%	3.18%	1.16%
France Telecom	-4.00%	1.47%	-0.50%
Vivendi	6.85%	6.44%	-0.23%
Telecom Italia	-6.33%	1.50%	-6.04%
BT	-2.48%	-3.75%	-5.87%

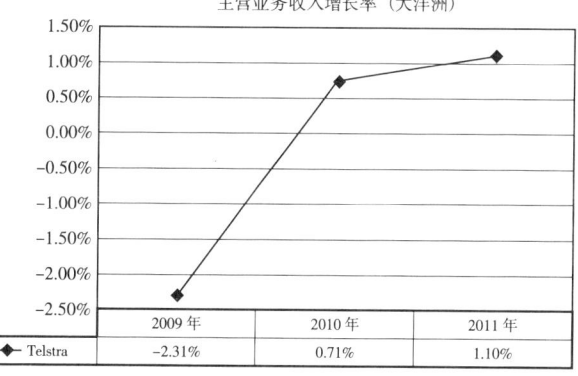

	2009年	2010年	2011年
Telstra	-2.31%	0.71%	1.10%

3. 总资产增长率

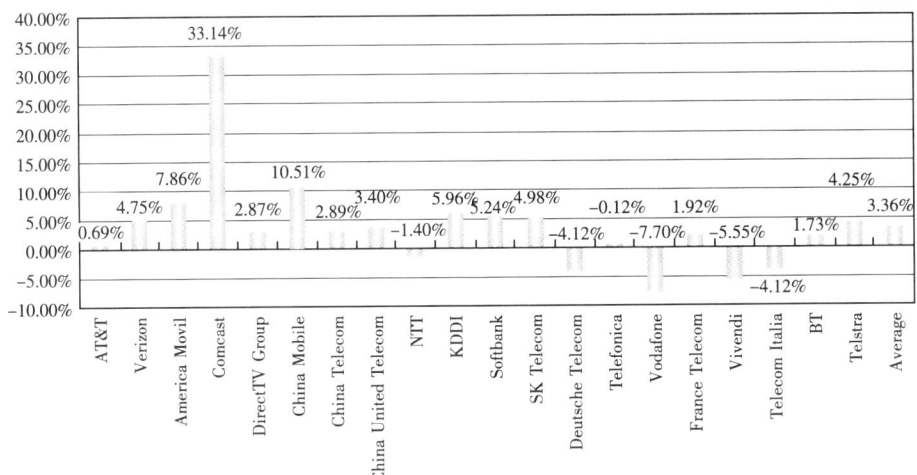

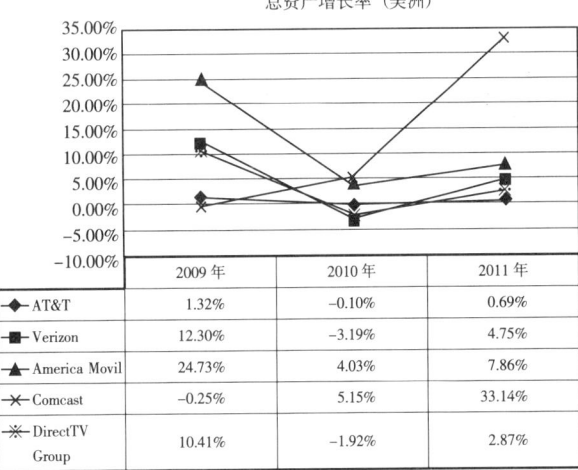

	2009年	2010年	2011年
AT&T	1.32%	-0.10%	0.69%
Verizon	12.30%	-3.19%	4.75%
America Movil	24.73%	4.03%	7.86%
Comcast	-0.25%	5.15%	33.14%
DirectTV Group	10.41%	-1.92%	2.87%

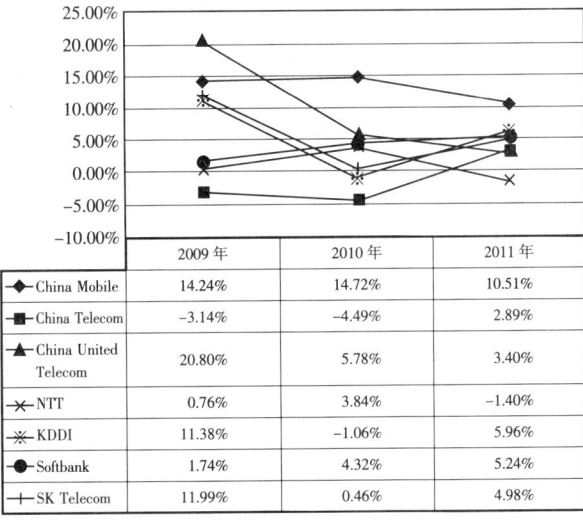

	2009年	2010年	2011年
China Mobile	14.24%	14.72%	10.51%
China Telecom	-3.14%	-4.49%	2.89%
China United Telecom	20.80%	5.78%	3.40%
NTT	0.76%	3.84%	-1.40%
KDDI	11.38%	-1.06%	5.96%
Softbank	1.74%	4.32%	5.24%
SK Telecom	11.99%	0.46%	4.98%

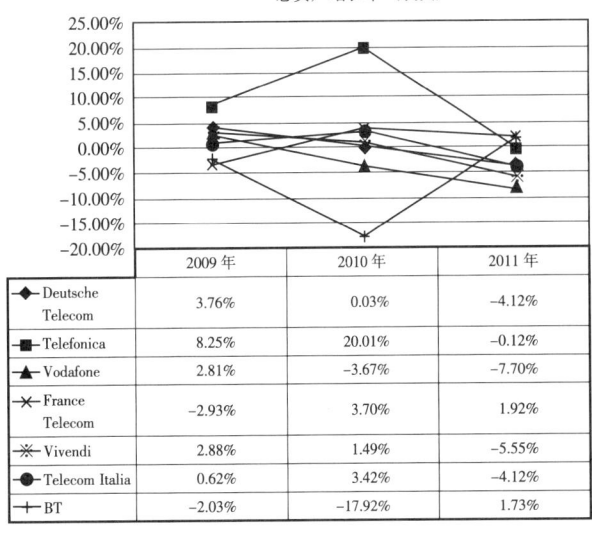

	2009年	2010年	2011年
Deutsche Telecom	3.76%	0.03%	-4.12%
Telefonica	8.25%	20.01%	-0.12%
Vodafone	2.81%	-3.67%	-7.70%
France Telecom	-2.93%	3.70%	1.92%
Vivendi	2.88%	1.49%	-5.55%
Telecom Italia	0.62%	3.42%	-4.12%
BT	-2.03%	-17.92%	1.73%

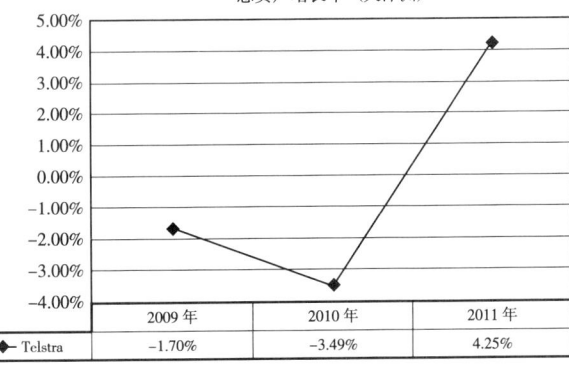

	2009年	2010年	2011年
Telstra	-1.70%	-3.49%	4.25%

4. 净利润增长率

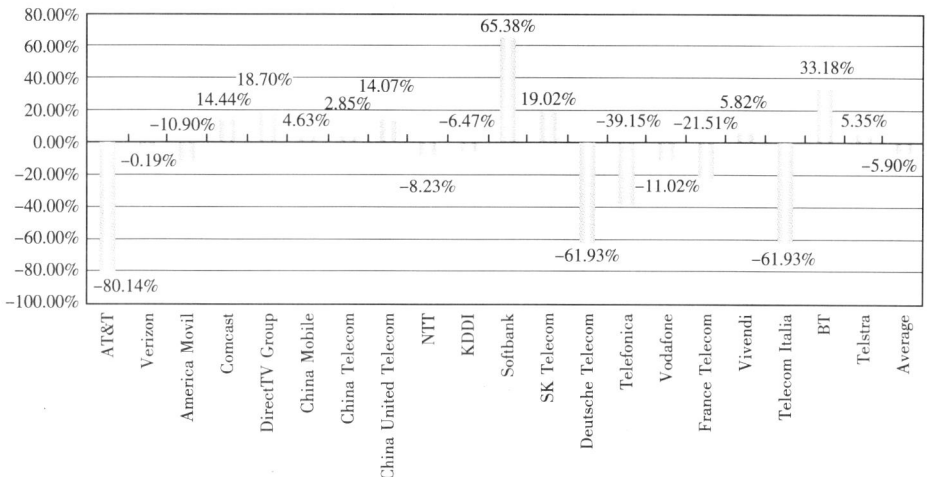

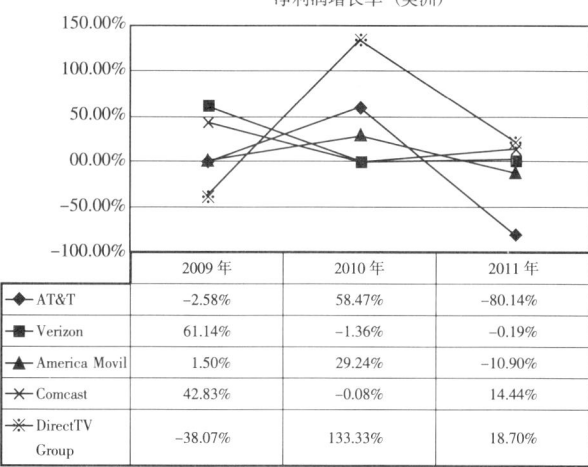

	2009 年	2010 年	2011 年
AT&T	-2.58%	58.47%	-80.14%
Verizon	61.14%	-1.36%	-0.19%
America Movil	1.50%	29.24%	-10.90%
Comcast	42.83%	-0.08%	14.44%
DirectTV Group	-38.07%	133.33%	18.70%

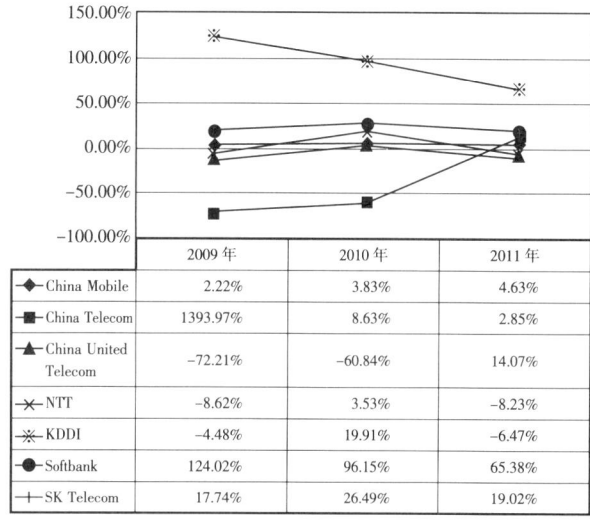

	2009 年	2010 年	2011 年
China Mobile	2.22%	3.83%	4.63%
China Telecom	1393.97%	8.63%	2.85%
China United Telecom	-72.21%	-60.84%	14.07%
NTT	-8.62%	3.53%	-8.23%
KDDI	-4.48%	19.91%	-6.47%
Softbank	124.02%	96.15%	65.38%
SK Telecom	17.74%	26.49%	19.02%

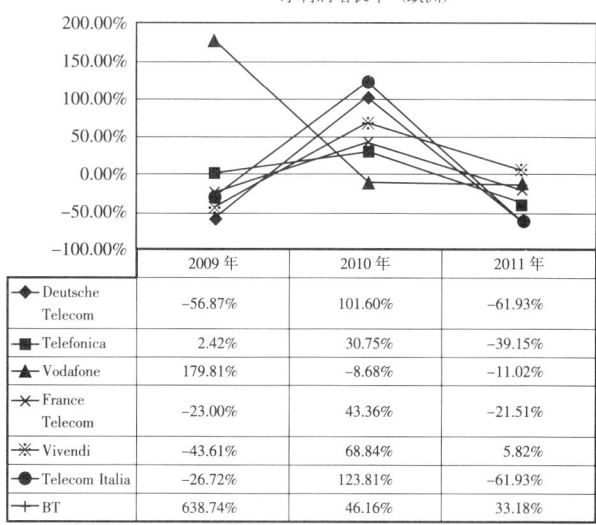

	2009 年	2010 年	2011 年
Deutsche Telecom	-56.87%	101.60%	-61.93%
Telefonica	2.42%	30.75%	-39.15%
Vodafone	179.81%	-8.68%	-11.02%
France Telecom	-23.00%	43.36%	-21.51%
Vivendi	-43.61%	68.84%	5.82%
Telecom Italia	-26.72%	123.81%	-61.93%
BT	638.74%	46.16%	33.18%

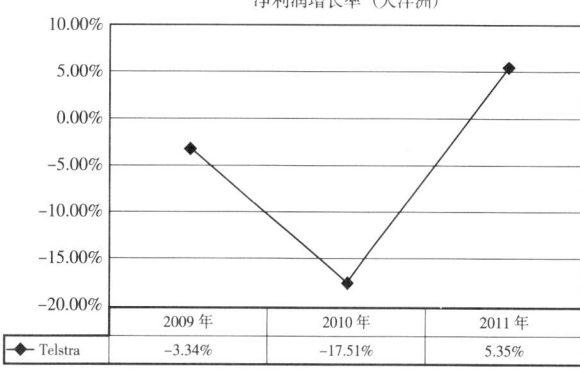

	2009 年	2010 年	2011 年
Telstra	-3.34%	-17.51%	5.35%

5. 经营活动现金流增长率

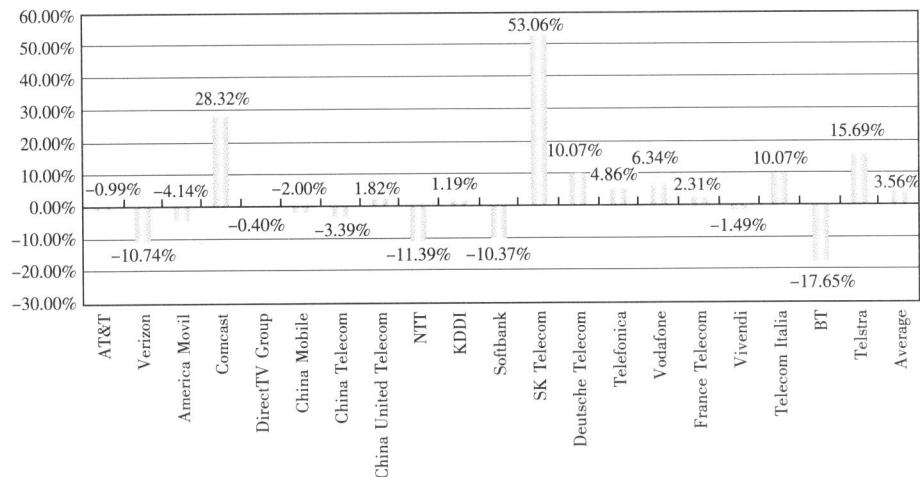

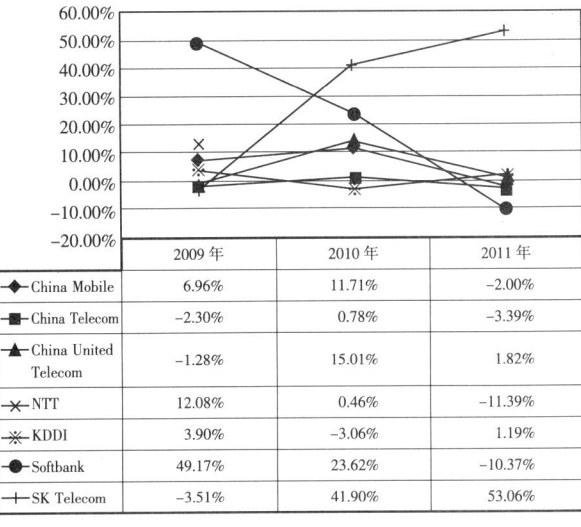

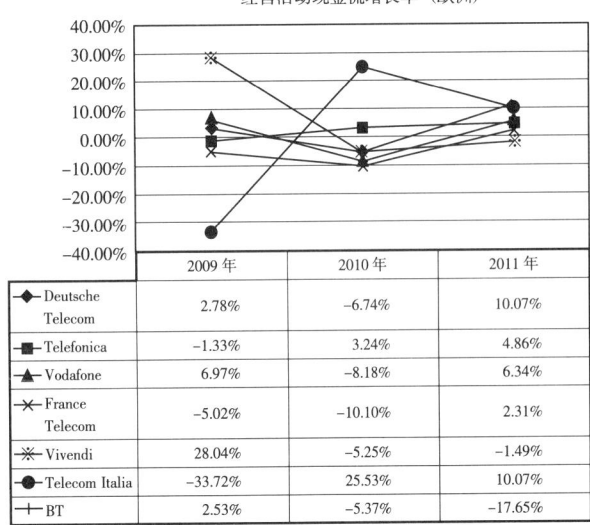

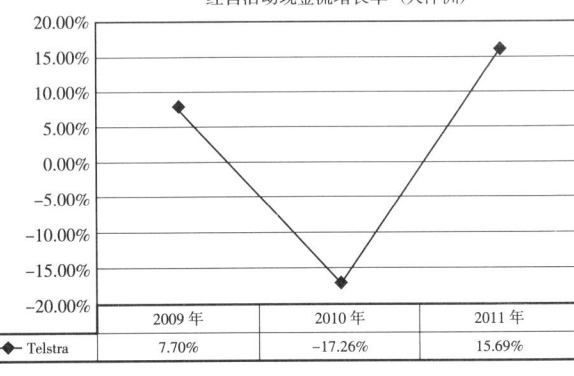

6. 每股盈余增长率

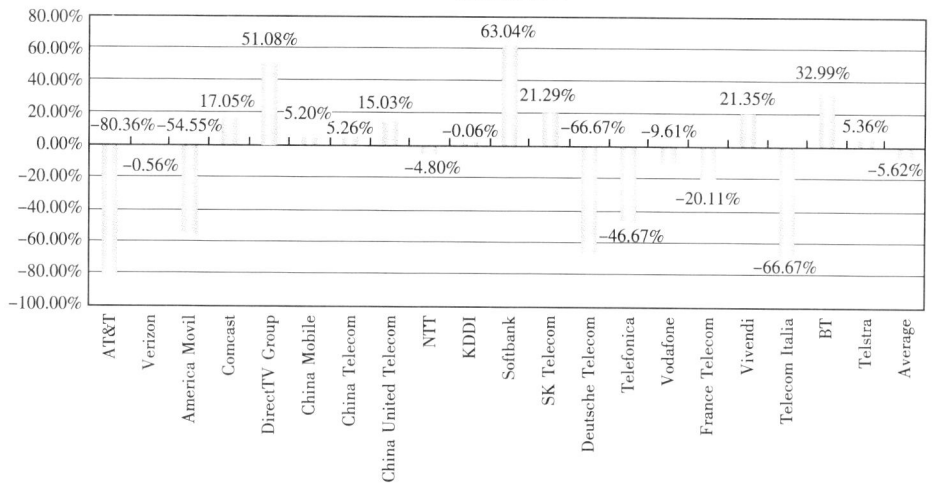

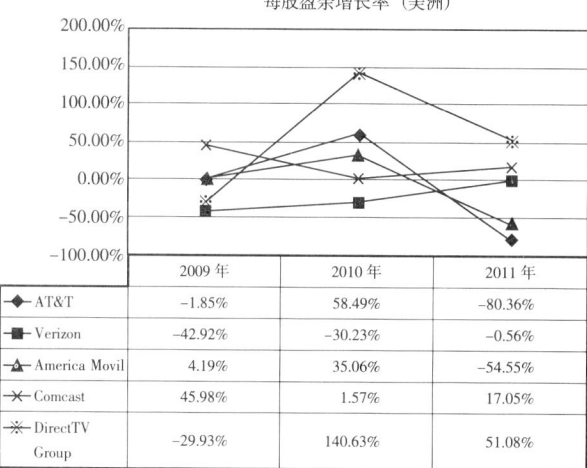

	2009年	2010年	2011年
AT&T	−1.85%	58.49%	−80.36%
Verizon	−42.92%	−30.23%	−0.56%
America Movil	4.19%	35.06%	−54.55%
Comcast	45.98%	1.57%	17.05%
DirectTV Group	−29.93%	140.63%	51.08%

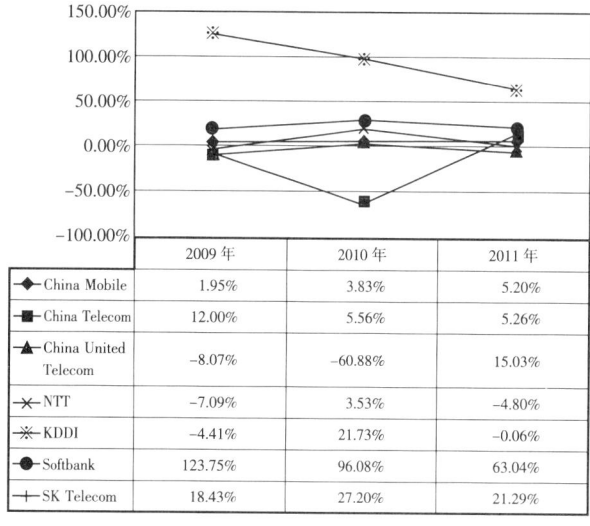

	2009年	2010年	2011年
China Mobile	1.95%	3.83%	5.20%
China Telecom	12.00%	5.56%	5.26%
China United Telecom	−8.07%	−60.88%	15.03%
NTT	−7.09%	3.53%	−4.80%
KDDI	−4.41%	21.73%	−0.06%
Softbank	123.75%	96.08%	63.04%
SK Telecom	18.43%	27.20%	21.29%

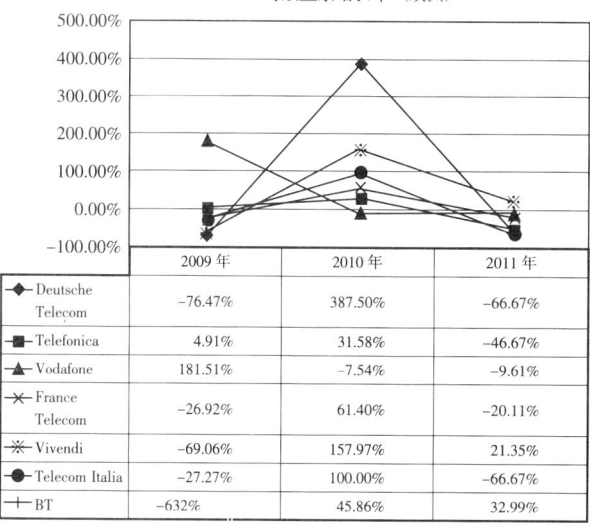

	2009年	2010年	2011年
Deutsche Telecom	−76.47%	387.50%	−66.67%
Telefonica	4.91%	31.58%	−46.67%
Vodafone	181.51%	−7.54%	−9.61%
France Telecom	−26.92%	61.40%	−20.11%
Vivendi	−69.06%	157.97%	21.35%
Telecom Italia	−27.27%	100.00%	−66.67%
BT	−632%	45.86%	32.99%

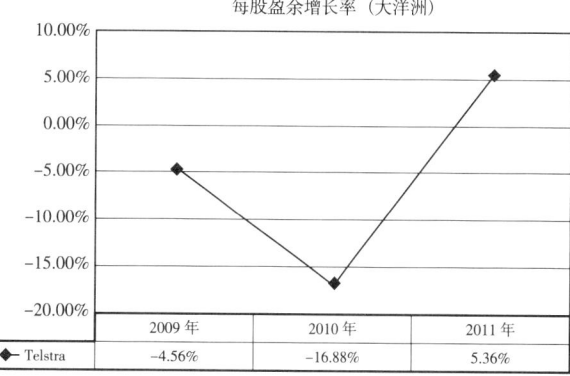

	2009年	2010年	2011年
Telstra	−4.56%	−16.88%	5.36%

六 电信运营企业价值创造与分配绩效指标概览

1. EVA
2. EVA 率
3. 每股盈利（EPS）
4. 每股股利（DPS）
5. 股利支付率

第三部分 指标篇——全球电信运营企业关键绩效指标

1. EVA

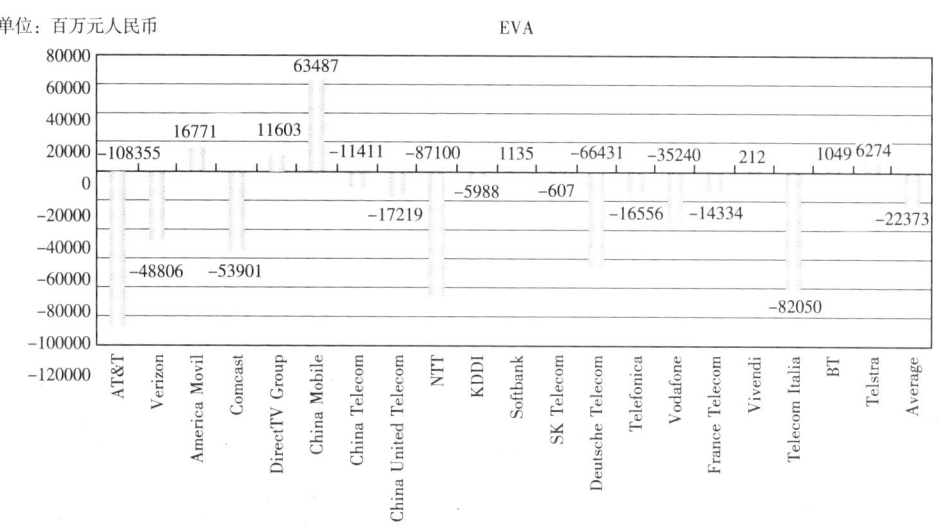

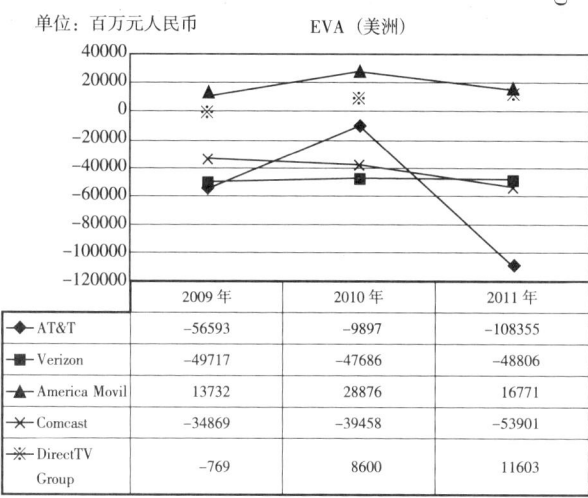

	2009年	2010年	2011年
AT&T	-56593	-9897	-108355
Verizon	-49717	-47686	-48806
America Movil	13732	28876	16771
Comcast	-34869	-39458	-53901
DirectTV Group	-769	8600	11603

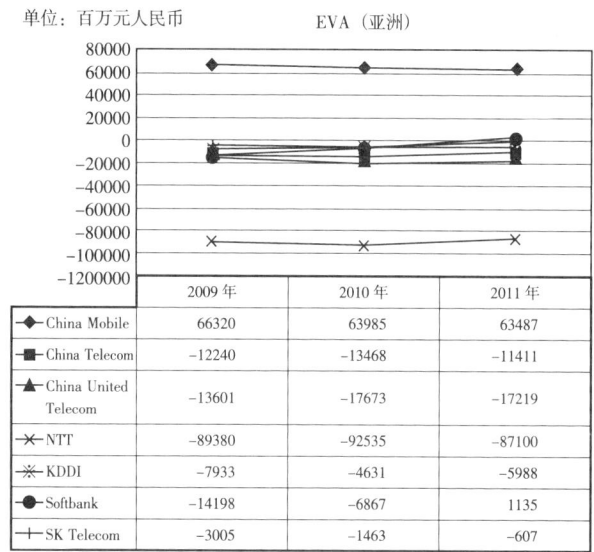

	2009年	2010年	2011年
China Mobile	66320	63985	63487
China Telecom	-12240	-13468	-11411
China United Telecom	-13601	-17673	-17219
NTT	-89380	-92535	-87100
KDDI	-7933	-4631	-5988
Softbank	-14198	-6867	1135
SK Telecom	-3005	-1463	-607

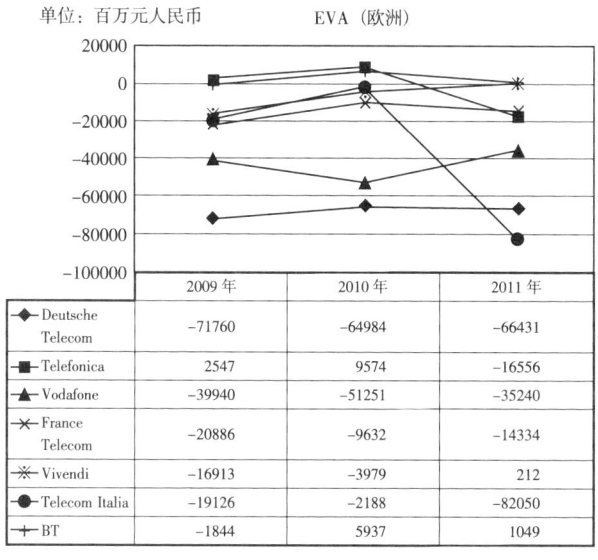

	2009年	2010年	2011年
Deutsche Telecom	-71760	-64984	-66431
Telefonica	2547	9574	-16556
Vodafone	-39940	-51251	-35240
France Telecom	-20886	-9632	-14334
Vivendi	-16913	-3979	212
Telecom Italia	-19126	-2188	-82050
BT	-1844	5937	1049

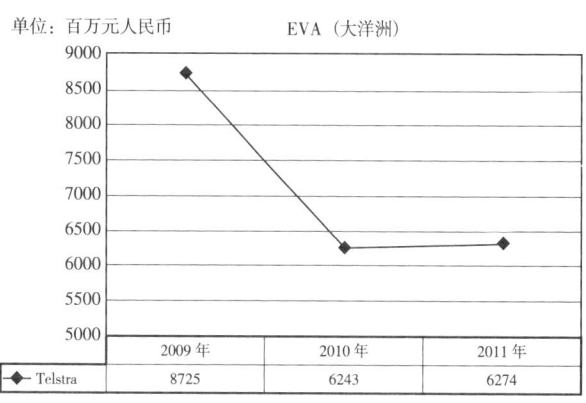

	2009年	2010年	2011年
Telstra	8725	6243	6274

2. EVA率

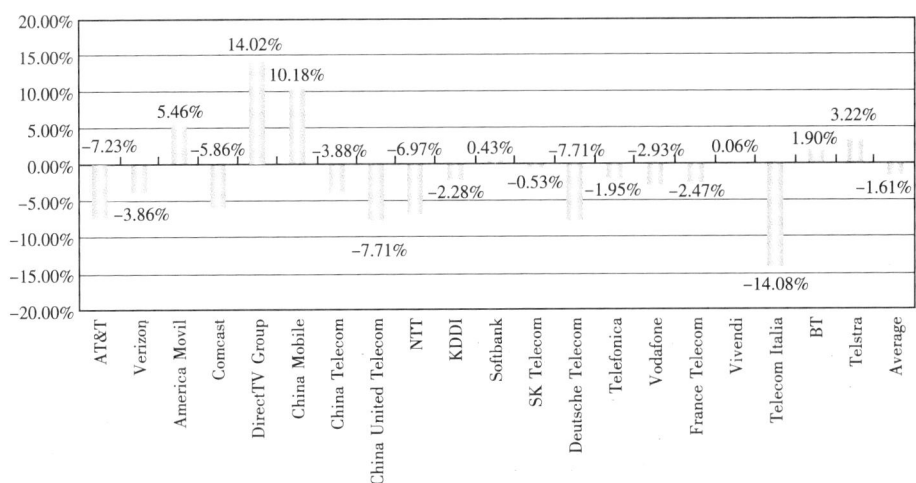

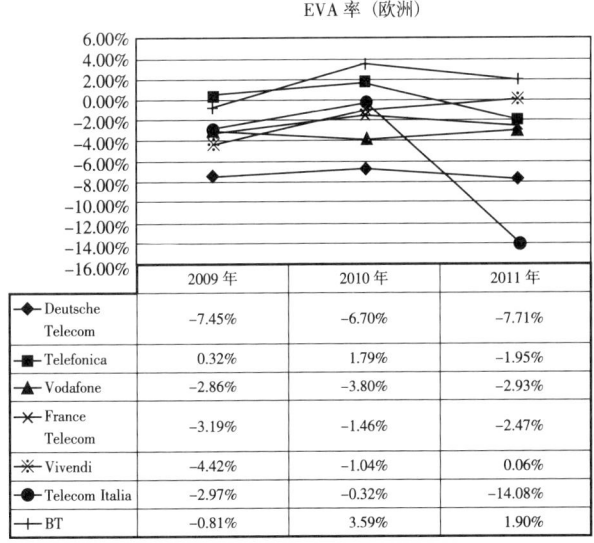

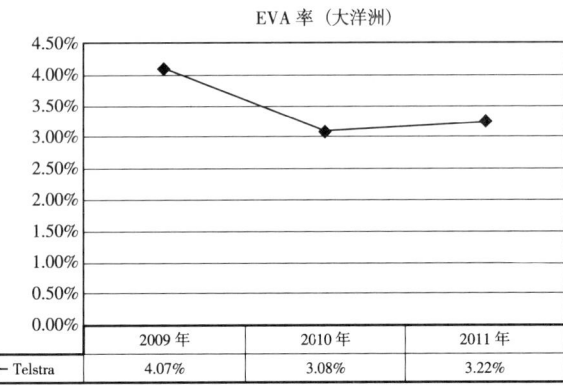

3. 每股盈利（EPS）

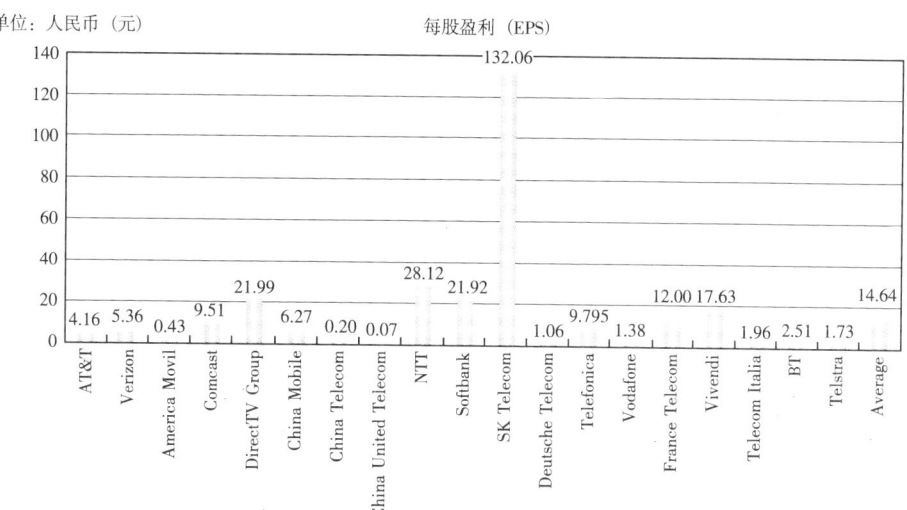

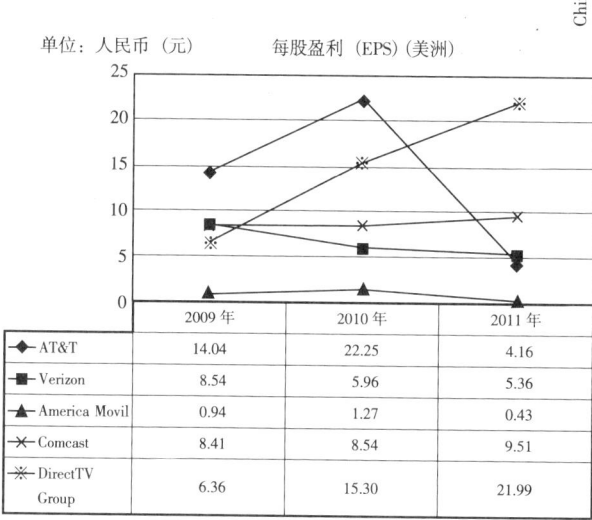

	2009年	2010年	2011年
AT&T	14.04	22.25	4.16
Verizon	8.54	5.96	5.36
America Movil	0.94	1.27	0.43
Comcast	8.41	8.54	9.51
DirectTV Group	6.36	15.30	21.99

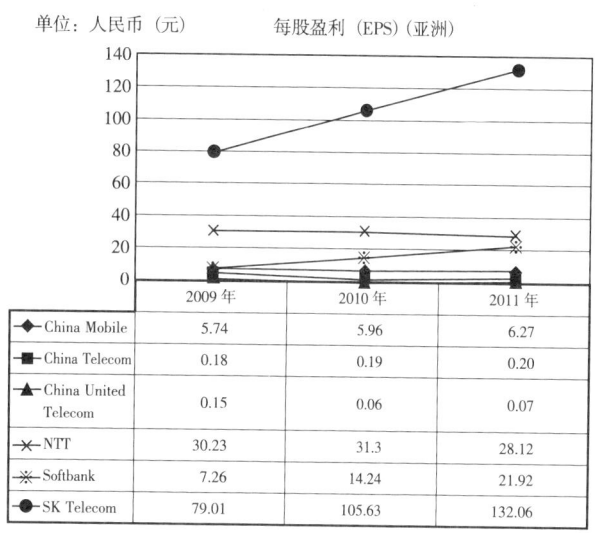

	2009年	2010年	2011年
China Mobile	5.74	5.96	6.27
China Telecom	0.18	0.19	0.20
China United Telecom	0.15	0.06	0.07
NTT	30.23	31.3	28.12
Softbank	7.26	14.24	21.92
SK Telecom	79.01	105.63	132.06

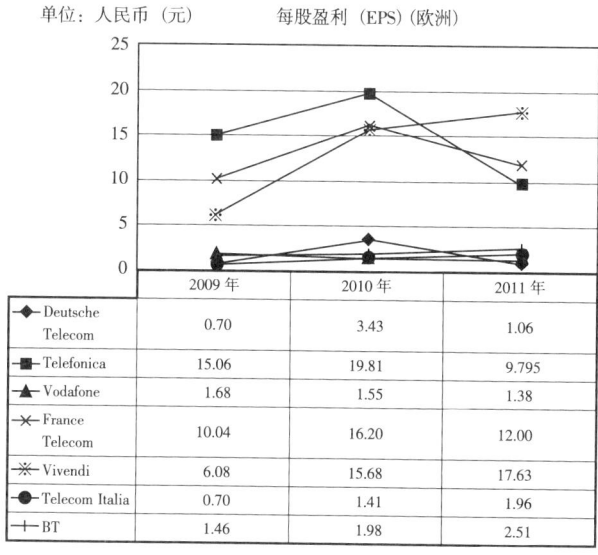

	2009年	2010年	2011年
Deutsche Telecom	0.70	3.43	1.06
Telefonica	15.06	19.81	9.795
Vodafone	1.68	1.55	1.38
France Telecom	10.04	16.20	12.00
Vivendi	6.08	15.68	17.63
Telecom Italia	0.70	1.41	1.96
BT	1.46	1.98	2.51

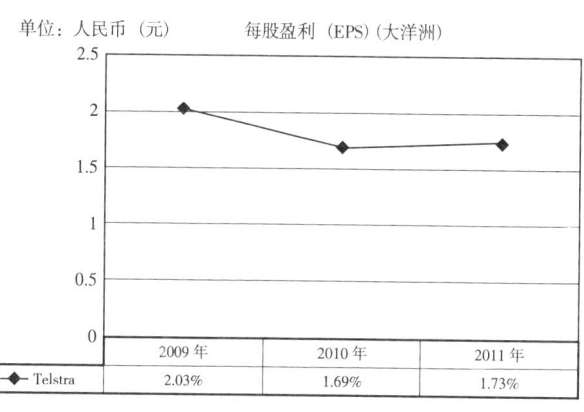

	2009年	2010年	2011年
Telstra	2.03%	1.69%	1.73%

4. 每股股利（DPS）

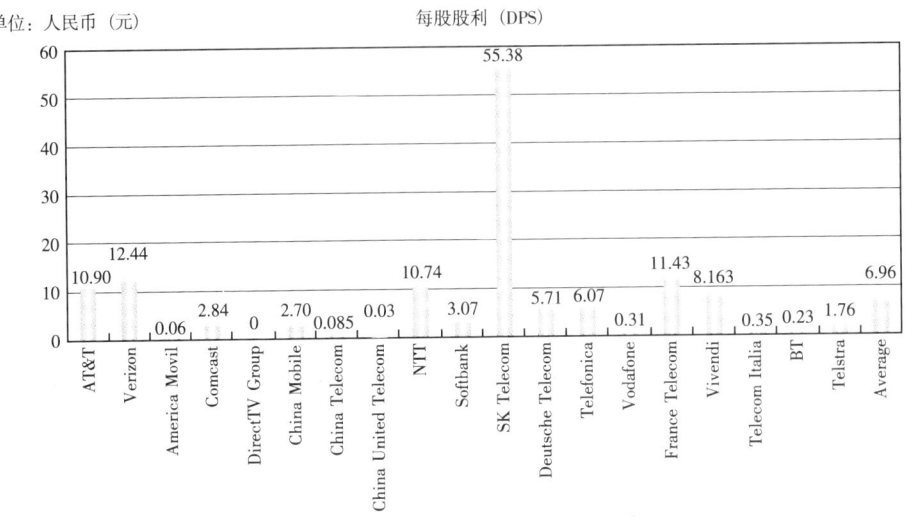

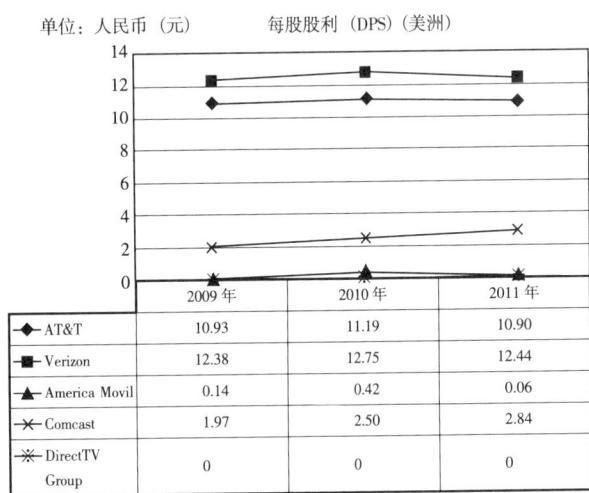

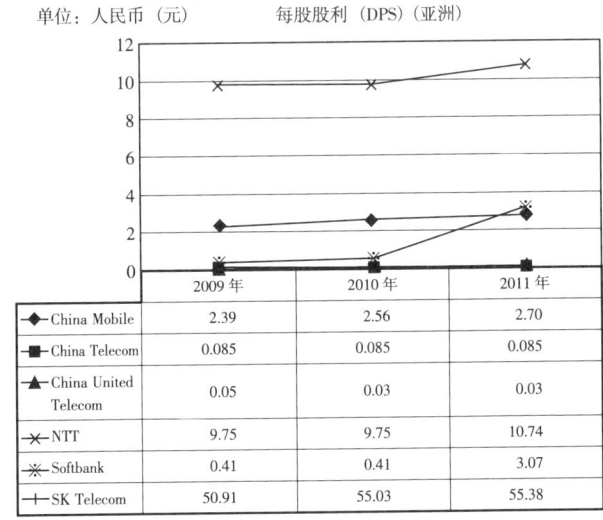

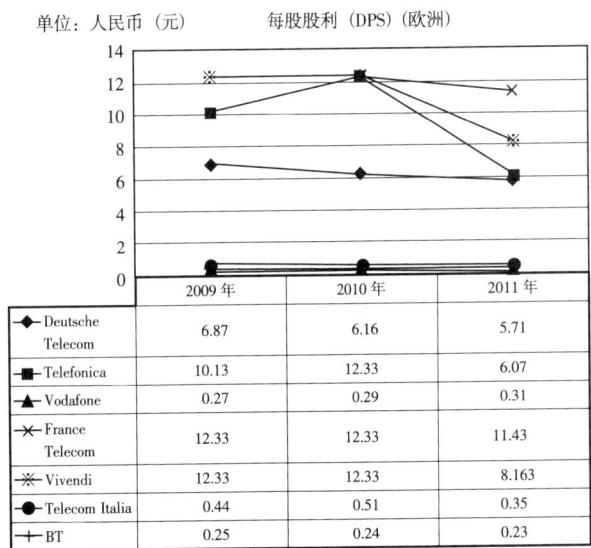

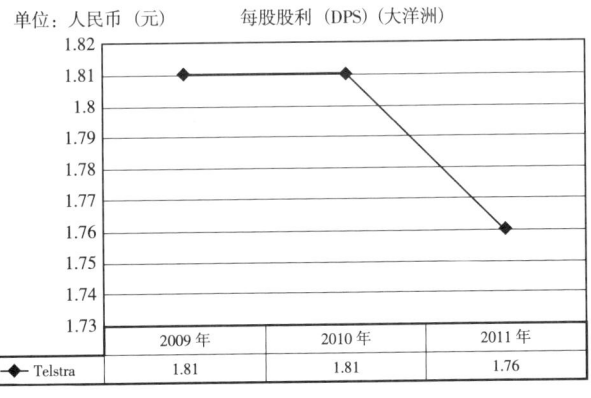

5. 股利支付率

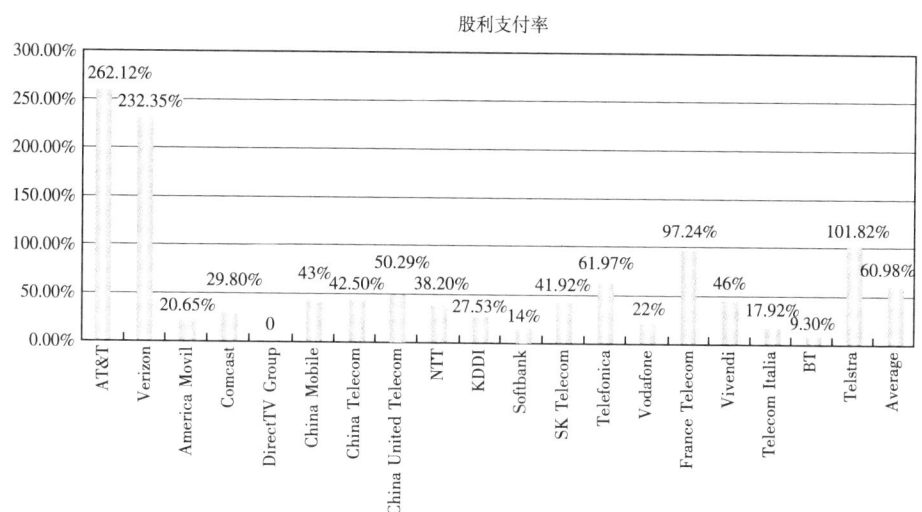

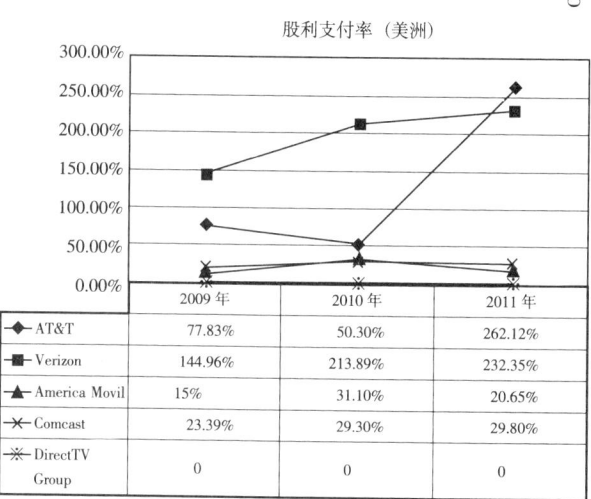

	2009年	2010年	2011年
AT&T	77.83%	50.30%	262.12%
Verizon	144.96%	213.89%	232.35%
America Movil	15%	31.10%	20.65%
Comcast	23.39%	29.30%	29.80%
DirectTV Group	0	0	0

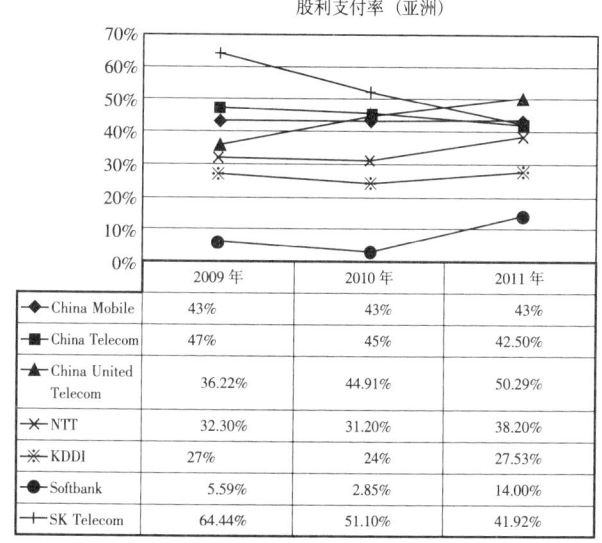

	2009年	2010年	2011年
China Mobile	43%	43%	43%
China Telecom	47%	45%	42.50%
China United Telecom	36.22%	44.91%	50.29%
NTT	32.30%	31.20%	38.20%
KDDI	27%	24%	27.53%
Softbank	5.59%	2.85%	14.00%
SK Telecom	64.44%	51.10%	41.92%

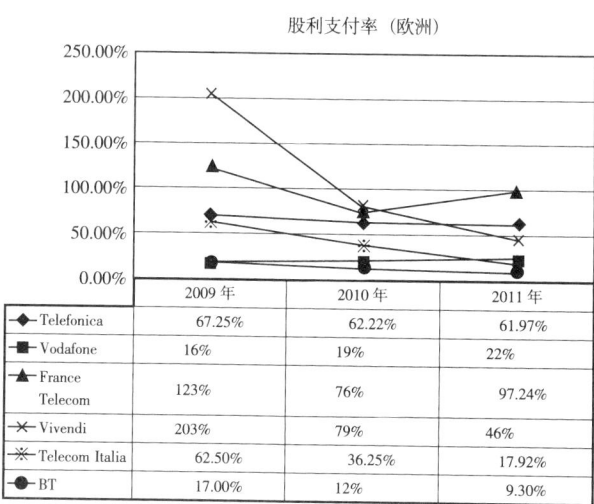

	2009年	2010年	2011年
Telefonica	67.25%	62.22%	61.97%
Vodafone	16%	19%	22%
France Telecom	123%	76%	97.24%
Vivendi	203%	79%	46%
Telecom Italia	62.50%	36.25%	17.92%
BT	17.00%	12%	9.30%

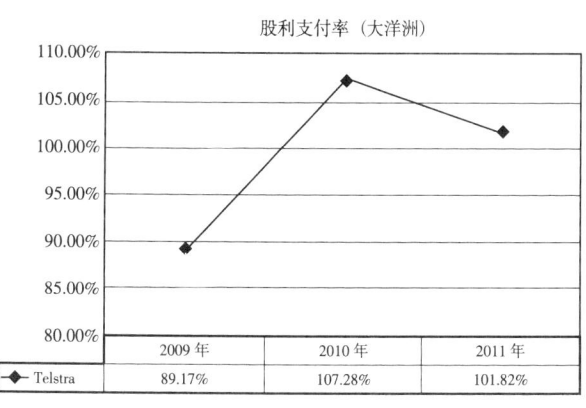

	2009年	2010年	2011年
Telstra	89.17%	107.28%	101.82%

附件

关键绩效指标计算公式一览表

关键指标	计算公式
投资经营效果：	
主营业务收入	
总资产	
EBITDA	税前利润 + 折旧与摊销 + 利息费用
EBITDA 率	EBITDA/主营业务收入
员工人数	
人均 EBITDA	EBITDA/员工人数
净利润	
净利润率	净利润/主营业务收入
总资产报酬率（ROA）	净利润/总资产
净资产报酬率（ROE）	净利润/净资产
资本性支出（CAPEX）	
CAPEX 占收比	CAPEX/主营业务收入
融资管理效率：	
资产负债率	总负债/总资产
流动比率	流动资产/流动负债
利息保障倍数	（税前利润 + 利息费用）/利息费用
折旧与摊销	
股息	
内部融资额	净利润 + 折旧与摊销 – 股息
成本费用管理：	
总资产周转率	主营业务收入/总资产
固定资产周转率	主营业务收入/固定资产
应收账款周转率	主营业务收入/应收账款
坏账发生率	呆坏账发生额/应收账款总额
折旧摊销率	折旧与摊销/主营业务收入
付现成本率	（主营业务成本 – 折旧与摊销）/主营业务收入
营销、一般及管理费用率	营销、一般及管理费用/主营业务收入
现金与质量管理：	
经营活动净现金流	
每股经营活动净现金流	经营活动净现金流/股数
自由现金流(FCF)	经营活动净现金流 – 资本性支出
自由现金流占收比	自由现金流/主营业务收入
销售现金比率	经营活动净现金流/主营业务收入
资产现金回收率	经营活动净现金流/总资产
现金流量经营充足率	经营活动净现金流/营运资本的增加额
现金流入流出比	现金流入流出比 = 现金流入额/现金流出额
现金比率	现金类资产/流动负债

续表

关键指标	计算公式
可持续成长管理：	
可持续增长率	(年末股东权益−年初股东权益)/年初股东权益
主营业务收入增长率	(本年主营业务收入−上年主营业务收入)/上年主营业务收入
总资产增长率	(年末总资产−年初总资产)/年初总资产
净利润增长率	(本年净利润−上年净利润)/上年净利润
经营活动现金流增长率	(本年经营活动净现金流−上年经营活动净现金流)/上年经营活动净现金流
每股盈余增长率	(本年每股盈余−上年每股盈余)/上年每股盈余
价值创造与分配：	
EVA	(净利润+财务费用×0.75)−(负债+所有者权益−无息流动负债−在建工程平均余额)×10%
EVA 率	(净利润+财务费用×0.75)/(负债+所有者权益−无息流动负债−在建工程平均余额)−10%
每股盈利（EPS）	
每股股利（DPS）	股息/股数
股利支付率	每股股利/每股盈利

第四部分　附录篇
——统计公报、绩效指标和网络就绪度

附录一　2011年中国国民经济和社会发展统计公报

附录二　2011年中国电信业统计公报

附录三　2011年进入世界500强的电信运营商关键绩效指标一览表

附录四　全球电信运营企业及LOGO

附录五　2011~2012年全球网络就绪度指数排名

附录一
2011年中国国民经济和社会发展统计公报[1]

一 综合

初步核算，全年国内生产总值[2] 471564亿元，比上年增长9.2%。其中，第一产业增加值47712亿元，增长4.5%；第二产业增加值220592亿元，增长10.6%；第三产业增加值203260亿元，增长8.9%。第一产业增加值占国内生产总值的比重为10.1%，第二产业增加值比重为46.8%，第三产业增加值比重为43.1%。

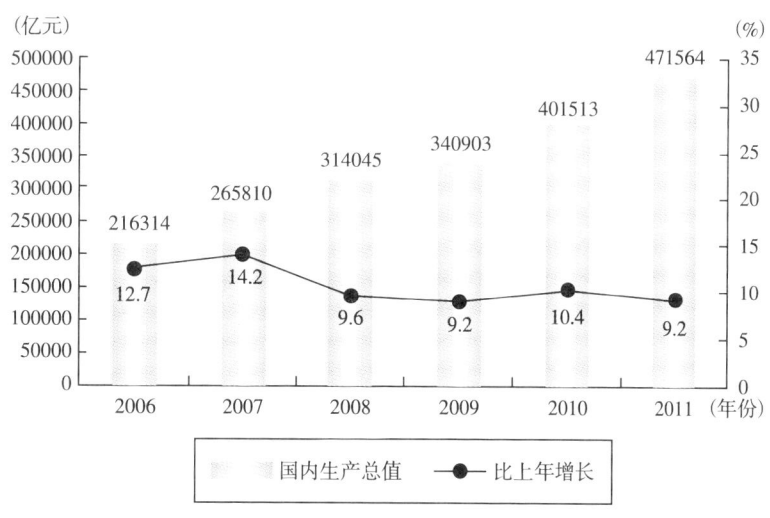

附图1-1 2006~2011年国内生产总值及其增长速度

全年居民消费价格比上年上涨5.4%，其中食品价格上涨11.8%。固定资产投资价格上涨6.6%。工业生产者出厂价格上涨6.0%。工业生产者购进价格上涨9.1%。农产品生产价格[3]上涨16.5%。

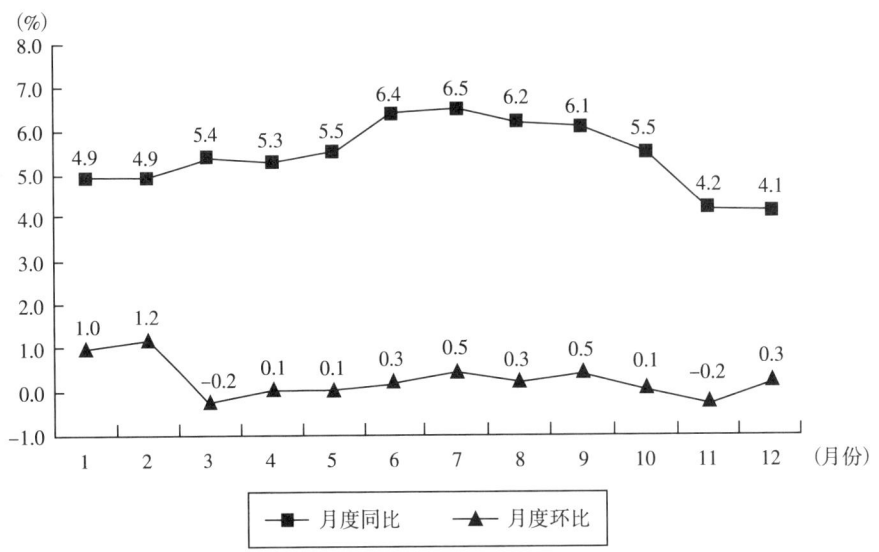

附图1-2 2011年居民消费价格月度涨跌幅度

附表1-1 2011年居民消费价格比上年涨跌幅度

单位：%

指标	全国	城市	农村
居民消费价格	5.4	5.3	5.8
其中：食品	11.8	11.6	12.4
烟酒及用品	2.8	3.0	2.4
衣着	2.1	2.2	1.9
家庭设备用品及维修服务	2.4	2.7	1.5
医疗保健和个人用品	3.4	3.4	3.3
交通和通信	0.5	0.2	1.3
娱乐教育文化用品及服务	0.4	0.3	0.8
居住	5.3	5.1	5.7

70个大中城市新建商品住宅销售价格月环比下降的城市个数逐步增加。12月，70个大中城市中，环比价格下降的城市为52个，比1月增加49个。

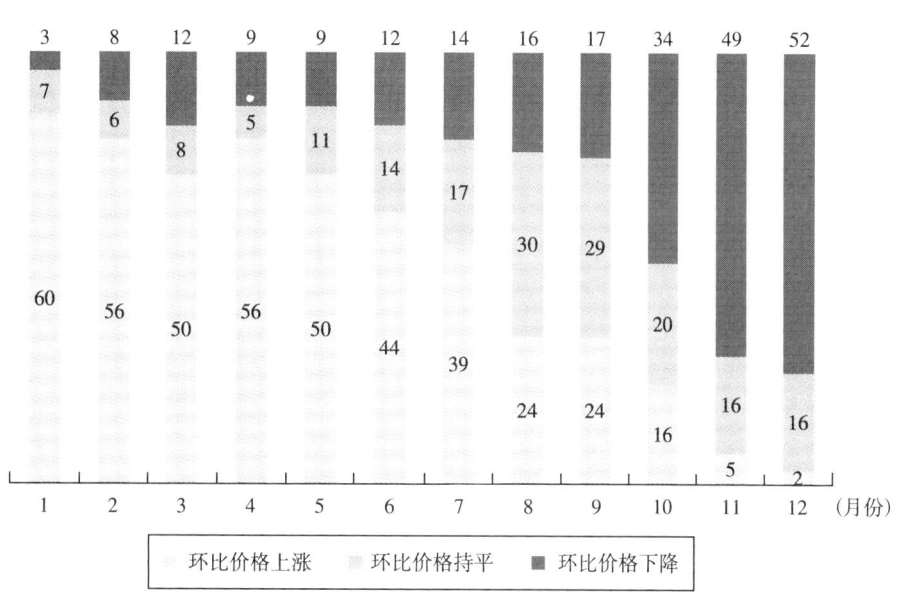

附图1-3 2011年新建商品住宅月环比价格下降、持平、上涨城市个数变化情况

年末全国就业人员76420万人,其中城镇就业人员35914万人。全年城镇新增就业人员1221万人。年末城镇登记失业率为4.1%,与上年末持平。全年农民工[4]总量为25278万人,比上年增长4.4%。其中,外出农民工15863万人,增长3.4%;本地农民工9415万人,增长5.9%。

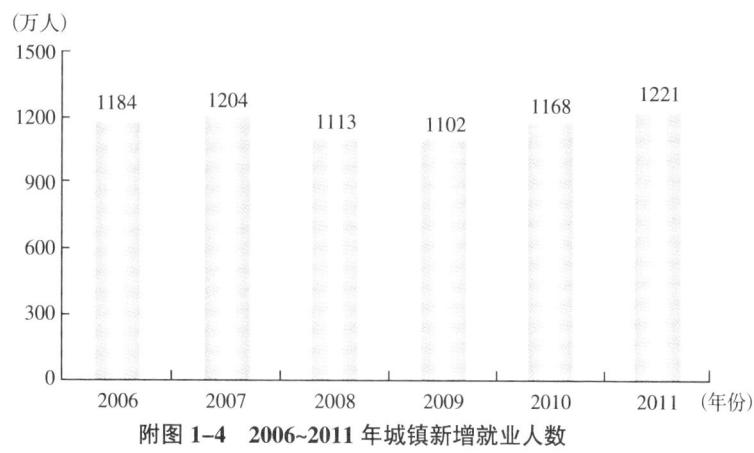

附图1-4 2006~2011年城镇新增就业人数

年末国家外汇储备31811亿美元,比上年末增加3338亿美元。年末人民币汇率为1美元兑6.3009元人民币,比上年末升值5.1%。

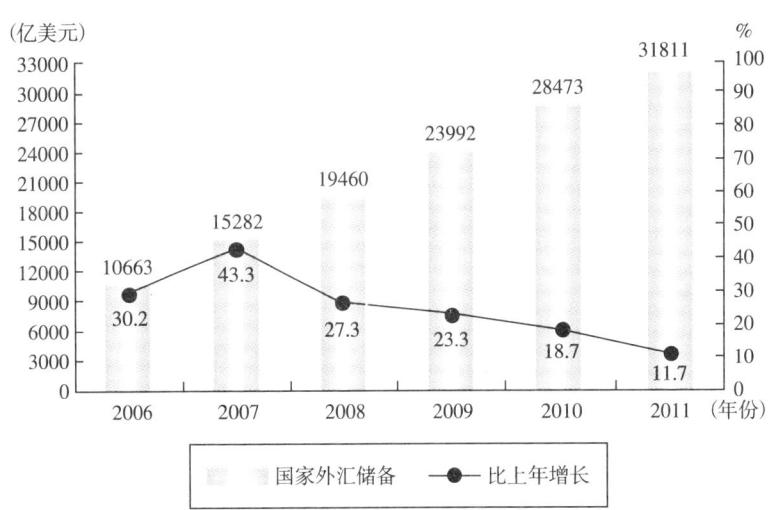

附图1-5　2006~2011年年末国家外汇储备及其增长速度

全年公共财政收入[5] 103740亿元，比上年增加20639亿元，增长24.8%；其中税收收入89720亿元，增加16510亿元，增长22.6%。

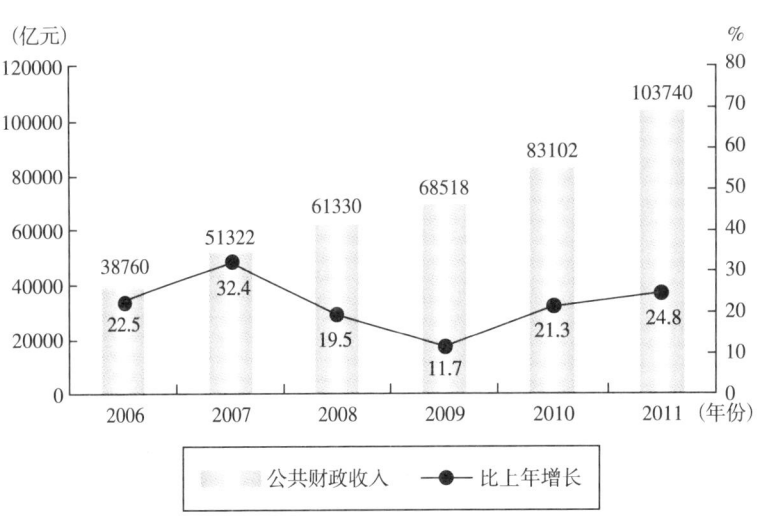

附图1-6　2006~2011年公共财政收入[6]及其增长速度

二、农业

全年粮食种植面积11057万公顷，比上年增加70万公顷；棉花种植面积504万公顷，增加19万公顷；油料种植面积1379万公顷，减少10万公顷；糖料种植面积195万公顷，增加4万公顷。

全年粮食产量57121万吨，比上年增加2473万吨，增产4.5%。其中，夏粮产量12627万吨，增产2.5%；早稻产量3276万吨，增产4.5%；秋粮产量41218万吨，增产5.1%。

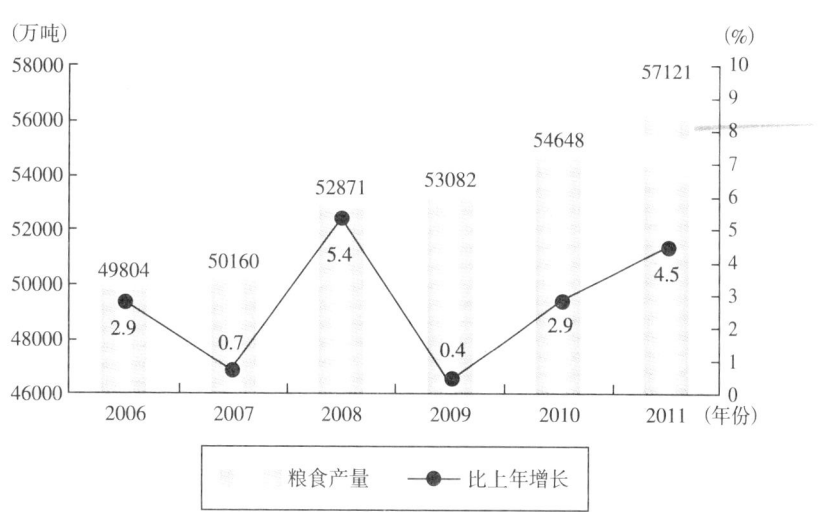

附图1-7　2006~2011年粮食产量及其增长速度

全年棉花产量660万吨，比上年增产10.7%。油料产量3279万吨，增产1.5%。糖料产量12520万吨，增产4.3%。烤烟产量287万吨，增产5.1%。茶叶产量162万吨，增产9.9%。

全年肉类总产量7957万吨，比上年增长0.4%。其中，猪肉产量5053万吨，下降0.4%；牛肉产量648万吨，下降0.9%；羊肉产量393万吨，下降1.4%。年末生猪存栏46767万头，增长0.7%；生猪出栏66170万头，下降0.8%。禽蛋产量2811万吨，增长1.8%。牛奶产量3656万吨，增长2.2%。

全年水产品产量5600万吨，比上年增长4.2%。其中，养殖水产品产量4026万吨，增长5.2%；捕捞水产品产量1574万吨，增长1.9%。

全年木材产量7272万立方米，比上年下降10.1%。

全年新增有效灌溉面积181万公顷，新增节水灌溉面积221万公顷。

三　工业和建筑业

全年全部工业增加值188572亿元，比上年增长10.7%。规模以上工业增加值[7]增长13.9%。在规模以上工业中，国有及国有控股企业增长9.9%；集体企业增长9.3%，股份制企业增长15.8%，外商及港澳台商投资企业增长10.4%；私营企业增长19.5%。轻工业增长13.0%，重工业增长14.3%。

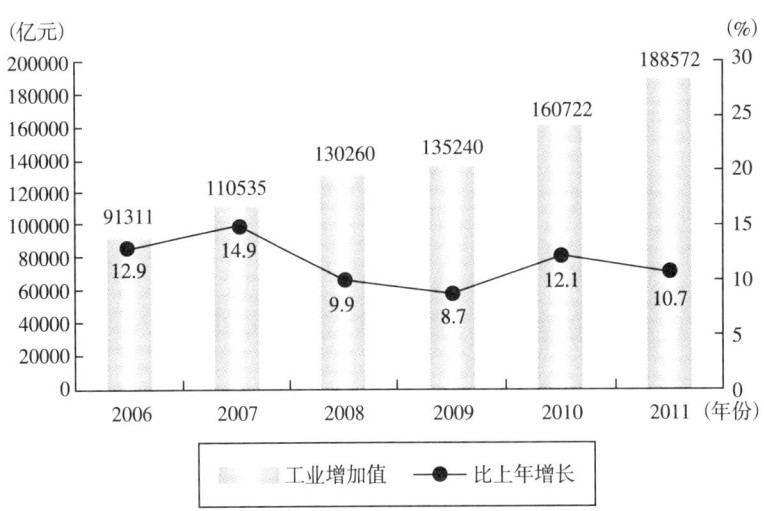

附图 1-8　2006~2011 年全部工业增加值及其增长速度

全年规模以上工业中，农副食品加工业增加值比上年增长 14.1%，纺织业增长 8.3%，通用设备制造业增长 17.4%，专用设备制造业增长 19.8%，交通运输设备制造业增长 12.0%，通信设备、计算机及其他电子设备制造业增长 15.9%，电气机械及器材制造业增长 14.5%。六大高耗能行业[8] 增加值比上年增长 12.3%，其中，非金属矿物制品业增长 18.4%，化学原料及化学制品制造业增长 14.7%，有色金属冶炼及压延加工业增长 13.6%，黑色金属冶炼及压延加工业增长 9.7%，电力、热力的生产和供应业增长 10.1%，石油加工、炼焦及核燃料加工业增长 7.6%。高技术制造业增加值比上年增长 16.5%。

附表 1-2　2011 年主要工业产品产量及其增长速度

产品名称	单位	产量	比上年增长%
纱	万吨	2900.0	6.7
布	亿米	837.0	4.6
化学纤维	万吨	3390.0	9.7
成品糖	万吨	1187.4	6.2
卷烟	亿支	24474.0	3.0
彩色电视机	万台	12231.4	3.4
其中：液晶电视机	万台	10298.5	15.2
家用电冰箱	万台	8699.2	19.2
房间空气调节器	万台	13912.5	27.8
一次能源生产总量	亿吨标准煤	31.8	7.0
原煤	亿吨	35.2	8.7
原油	亿吨	2.04	0.3
天然气	亿立方米	1030.6	8.7
发电量	亿千瓦小时	47000.7	11.7
其中：火电	亿千瓦小时	38253.2	14.8
水电	亿千瓦小时	6940.4	-3.9
核电	亿千瓦小时	863.5	16.9
粗钢	万吨	68388.3	7.3

续表

产品名称	单位	产量	比上年增长%
钢材[9]	万吨	88258.2	9.9
十种有色金属	万吨	3434.0	10.0
其中：精炼铜（电解铜）	万吨	517.9	12.9
原铝（电解铝）	万吨	1767.7	12.1
氧化铝	万吨	3417.2	18.1
水泥	亿吨	20.9	10.8
硫酸	万吨	7466.4	5.3
纯碱	万吨	2308.2	13.4
烧碱	万吨	2466.2	10.7
乙烯	万吨	1527.5	7.5
化肥（折100%）	万吨	6217.2	-1.9
发电机组（发电设备）	万千瓦	14410.4	11.9
汽车	万辆	1841.6	0.8
其中：基本型乘用车（轿车）	万辆	1012.7	5.8
大中型拖拉机	万台	40.2	19.3
集成电路	亿块	719.6	10.3
程控交换机	万线	3034.0	-3.3
移动通信手持机	万台	113257.6	13.5
微型计算机设备	万台	32036.7	30.3

全年规模以上工业企业实现利润54544亿元，比上年增长25.4%。

附表1-3　2011年规模以上工业企业实现利润及其增长速度

单位：亿元

指标	利润总额	比上年增长%
规模以上工业	54544	25.4
其中：国有及国有控股企业	14989	15.0
其中：集体企业	882	34.0
股份制企业	31651	31.2
外商及港澳台商投资企业	14038	10.6
其中：私营企业	16620	46.0

全年全社会建筑业增加值32020亿元，比上年增长10.0%。全国具有资质等级的总承包和专业承包建筑业企业实现利润4241亿元，增长24.4%，其中国有及国有控股企业1172亿元，增长36.0%。

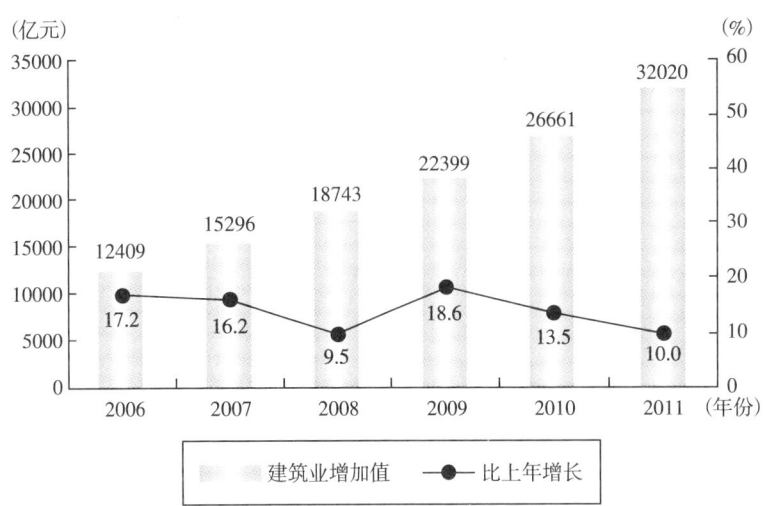

附图 1-9 2006~2011 年建筑业增加值及其增长速度

四 固定资产投资

全年全社会固定资产投资[10] 311022 亿元,比上年增长 23.6%,扣除价格因素,实际增长 15.9%。其中,固定资产投资(不含农户)301933 亿元,增长 23.8%;农户投资 9089 亿元,增长 15.3%。东部地区投资[11] 130319 亿元,比上年增长 20.1%;中部地区投资 70783 亿元,增长 27.5%;西部地区投资 71849 亿元,增长 28.7%;东北地区投资 32687 亿元,增长 30.4%。

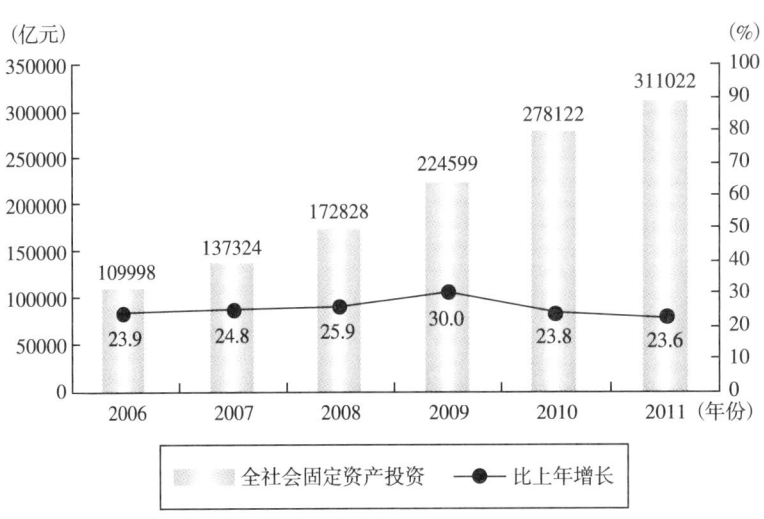

附图 1-10 2006~2011 年全社会固定资产投资及其增长速度

附表1-4 2011年分行业固定资产投资（不含农户）及其增长速度

单位：亿元

行业	投资额	比上年增长%
总计	301933	23.8
农、林、牧、渔业	6792	25.0
采矿业	11810	21.4
其中：煤炭开采及洗选业	4897	25.9
石油和天然气开采业	3057	12.5
制造业	102594	31.8
其中：农副食品加工业	5229	44.1
食品制造业	2386	23.1
纺织业	3669	30.9
纺织服装、鞋、帽制造业	2267	43.0
石油加工、炼焦及核燃料加工业	2234	10.1
化学原料及化学制品制造业	8899	26.4
非金属矿物制品业	10448	31.8
黑色金属冶炼及压延加工业	3860	14.6
有色金属冶炼及压延加工业	3861	36.4
金属制品业	5045	23.1
通用设备制造业	7702	30.6
专用设备制造业	5893	39.2
交通运输设备制造业	8406	27.2
电气机械及器材制造业	7851	44.6
通信设备、计算机及其他电子设备制造业	5266	34.2
电力、燃气及水的生产和供应业	14607	3.8
其中：电力、热力的生产与供应业	11557	1.8
建筑业	3253	42.9
交通运输、仓储和邮政业	27260	1.8
信息传输、计算机服务和软件业	2161	0.4
批发和零售业	7322	40.1
住宿和餐饮业	3916	34.3
金融业	628	42.0
房地产业[12]	75685	29.7
租赁和商务服务业	3374	40.3
科学研究、技术服务和地质勘查业	1650	39.4
水利、环境和公共设施管理业	24537	14.2
居民服务和其他服务业	1217	52.9
教育	3882	13.7
卫生、社会保障和社会福利业	2331	28.1
文化、体育和娱乐业	3148	21.3
公共管理和社会组织	5766	18.1

固定资产投资（不含农户）中，第一产业投资6792亿元，比上年增长25.0%；第二产业投资132263亿元，增长27.3%；第三产业投资162877亿元，增长21.1%。

附表 1-5 2011 年固定资产投资新增主要生产能力

指标	单位	绝对数
新增发电机组容量	万千瓦	9041
新增 220 千伏及以上变电设备	万千伏安	20906
新建铁路投产里程	公里	2167
其中：高速铁路[13]	公里	1421
增建铁路复线投产里程	公里	1889
电气化铁路投产里程	公里	3398
新建公路	公里	55285
其中：高速公路	公里	9124
港口万吨级码头泊位新增吞吐能力	万吨	26639
新增光缆线路长度	万公里	209
新增数字蜂窝移动电话交换机容量	万户	20406

全年房地产开发投资 61740 亿元，比上年增长 27.9%。其中，住宅投资 44308 亿元，增长 30.2%；办公楼投资 2544 亿元，增长 40.7%；商业营业用房投资 7370 亿元，增长 30.5%。

全年新开工建设城镇保障性安居工程住房 1043 万套（户），基本建成城镇保障性安居工程住房 432 万套。

附表 1-6 2011 年房地产开发和销售主要指标完成情况及其增长速度

指标	单位	绝对数	比上年增长%
投资额	亿元	61740	27.9
其中：住宅	亿元	44308	30.2
其中：90 平方米及以下	亿元	13637	28.0
房屋施工面积	万平方米	507959	25.3
其中：住宅	万平方米	388439	23.4
房屋新开工面积	万平方米	190083	16.2
其中：住宅	万平方米	146035	12.9
房屋竣工面积	万平方米	89244	13.3
其中：住宅	万平方米	71692	13.0
商品房销售面积	万平方米	109946	4.9
其中：住宅	万平方米	97030	3.9
本年资金来源	亿元	83246	14.1
其中：国内贷款	亿元	12564	0.0
其中：个人按揭贷款	亿元	8360	-12.2
本年购置土地面积	万平方米	40973	2.6
土地成交价款	亿元	8049	-1.9

五、国内贸易

全年社会消费品零售总额 183919 亿元，比上年增长 17.1%，扣除价格因素，实际增长 11.6%。按经营地统计[14]，城镇消费品零售额 159552 亿元，增长 17.2%；乡村消费品零售额 24367 亿元，增长 16.7%。按消费形态统计，商品零售额 163284 亿元，增长 17.2%；餐饮收入额 20635 亿元，增长 16.9%。

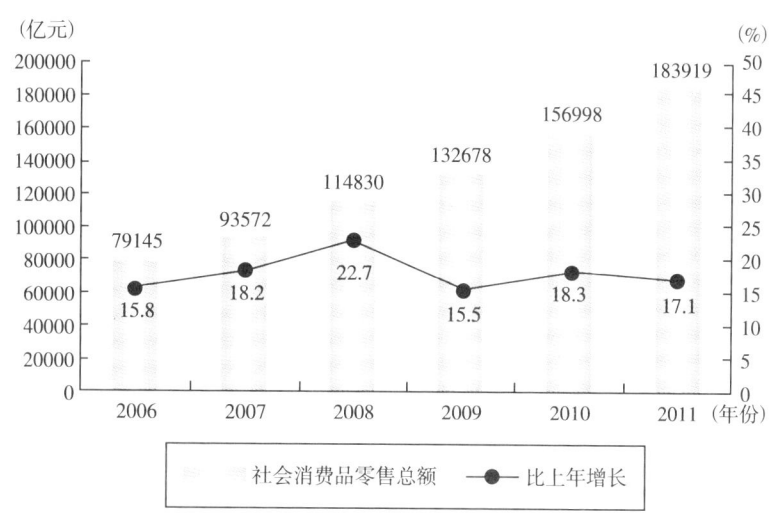

附图 1-11　2006~2011 年社会消费品零售总额及其增长速度

在限额以上企业商品零售额中，汽车类零售额比上年增长 14.6%，粮油类增长 29.1%，肉禽蛋类增长 27.6%，服装类增长 25.1%，日用品类增长 24.1%，文化办公用品类增长 27.6%，通讯器材类增长 27.5%，化妆品类增长 18.7%，金银珠宝类增长 42.1%，中西药品类增长 21.5%，家用电器和音像器材类增长 21.6%，家具类增长 32.8%，建筑及装潢材料类增长 30.1%。

六、对外经济

全年货物进出口总额 36421 亿美元，比上年增长 22.5%。其中，出口 18986 亿美元，增长 20.3%；进口 17435 亿美元，增长 24.9%。进出口差额（出口减进口）1551 亿美元，比上年减少 264 亿美元。

附表1-7 2011年货物进出口总额及其增长速度

单位：亿美元

指标	绝对数	比上年增长%
货物进出口总额	36421	22.5
货物出口额	18986	20.3
其中：一般贸易	9171	27.3
加工贸易	8354	12.9
其中：机电产品	10856	16.3
高新技术产品	5488	11.5
其中：国有企业	2672	14.1
外商投资企业	9953	15.4
其他企业	6360	32.2
货物进口额	17435	24.9
其中：一般贸易	10075	31.0
加工贸易	4698	12.5
其中：机电产品	7533	14.1
高新技术产品	4630	12.2
其中：国有企业	4934	27.1
外商投资企业	8648	17.1
其他企业	3852	42.9
进出口差额（出口减进口）	1551	—

附表1-8 2011年主要商品进口数量、金额及其增长速度

商品名称	单位	数量	比上年增长%	金额（亿美元）	比上年增长%
煤	万吨	1466	-23.0	27	20.6
钢材	万吨	4888	14.9	513	39.2
纺织纱线、织物及制品	—	—	—	947	22.9
服装及衣着附件	—	—	—	1532	18.3
鞋类	—	—	—	417	17.1
家具及其零件	—	—	—	379	15.0
自动数据处理设备及其部件	万台	183427	10.1	1763	7.5
手持或车载无线电话	万台	87509	15.5	628	34.3
集装箱	万个	324	29.6	114	57.7
液晶显示板	万个	244141	8.5	295	11.5
汽车（包括整套散件）	万辆	82	52.2	99	60.5

附表1-9 2011年主要商品进口数量、金额及其增长速度

商品名称	数量（万吨）	比上年增长%	金额（亿美元）	比上年增长%
谷物及谷物粉	545	-4.6	20	33.8
大豆	5264	-3.9	298	18.9
食用植物油	657	-4.4	77	28.0
铁矿砂及其精矿	68608	10.9	1124	40.9
氧化铝	188	-56.4	8	-48.1
煤	18240	10.8	209	23.6
原油	25378	6.0	1967	45.3
成品油	4060	10.1	327	45.5

续表

商品名称	数量（万吨）	比上年增长%	金额（亿美元）	比上年增长%
初级形状的塑料	2304	-3.7	472	8.3
纸浆	1445	27.1	119	35.3
钢材	1558	-5.2	216	7.3
未锻造的铜及铜材	407	-5.1	368	12.0

附表 1-10　2011 年对主要国家和地区货物进出口额及其增长速度

单位：亿美元

国家和地区	出口额	比上年增长%	进口额	比上年增长%
欧盟	3560	14.4	2112	25.4
美国	3245	14.5	1222	19.6
中国香港	2680	22.8	155	26.4
东盟	1701	23.1	1928	24.6
日本	1483	22.5	1946	10.1
韩国	829	20.6	1627	17.6
印度	505	23.5	234	12.1
俄罗斯	389	31.4	403	55.6
中国台湾	351	18.3	1249	7.9

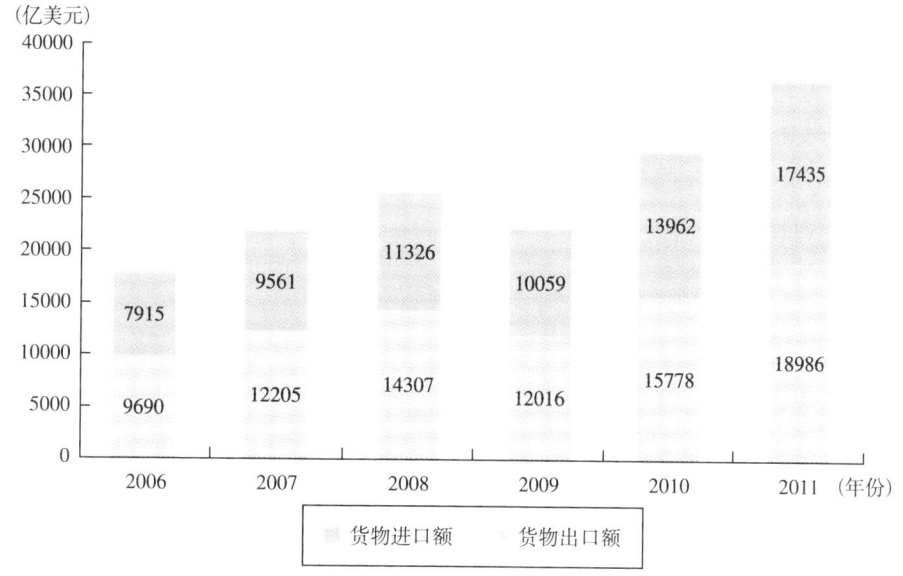

附图 1-12　2006~2011 年货物进出口总额

全年非金融领域新批外商直接投资企业 27712 家，比上年增长 1.1%。实际使用外商直接投资金额 1160.1 亿美元，增长 9.7%。

附表 1-11　2011 年非金融领域外商直接投资及其增长速度

行业	企业数（家）	比上年增长%	实际使用金额（亿美元）	比上年增长%
总计	27712	1.1	1160.1	9.7
其中：农、林、牧、渔业	865	-6.9	20.1	5.1
制造业	11114	0.6	521.0	5.1

续表

行业	企业数（家）	比上年增长%	实际使用金额（亿美元）	比上年增长%
电力、燃气及水的生产和供应业	214	1.9	21.2	-0.3
交通运输、仓储和邮政业	413	4.3	31.9	42.2
信息传输、计算机服务和软件业	993	-5.1	27.0	8.5
批发和零售业	7259	7.0	84.2	27.7
房地产业	466	-32.4	268.8	12.1
租赁和商务服务业	3518	2.9	83.8	17.6
居民服务和其他服务业	212	-2.3	18.8	-8.2

全年非金融类对外直接投资额 601 亿美元，比上年增长 1.8%。

全年对外承包工程业务完成营业额 1034 亿美元，比上年增长 12.2%；对外劳务合作派出各类劳务人员 45.2 万人，增加 4.1 万人。

七 交通、邮电和旅游

全年货物运输总量 368.5 亿吨，比上年增长 13.7%。货物运输周转量 159014 亿吨公里，增长 12.1%。

附表 1-12　2011 年各种运输方式完成货物运输量及其增长速度

指标	单位	绝对数	比上年增长%
货物运输总量	亿吨	368.5	13.7
铁路	亿吨	39.3	8.0
公路	亿吨	281.3	14.9
水运	亿吨	42.3	11.7
民航	万吨	552.8	-1.8
管道	亿吨	5.4	9.0
货物运输周转量	亿吨公里	159014.1	12.1
铁路	亿吨公里	29465.8	6.6
公路	亿吨公里	51333.2	18.3
水运	亿吨公里	75196.2	9.9
民航	亿吨公里	171.7	-4.0
管道	亿吨公里	2847.2	29.6

附表 1-13　2011 年各种运输方式完成旅客运输量及其增长速度

指标	单位	绝对数	比上年增长%
旅客运输总量	亿人	351.8	7.6
铁路	亿人	18.6	11.1
公路	亿人	327.9	7.4

续表

指标	单位	绝对数	比上年增长%
水运	亿人	2.4	8.6
民航	亿人	2.9	9.2
旅客运输周转量	亿人公里	30935.8	10.9
铁路	亿人公里	9612.3	9.7
公路	亿人公里	16732.6	11.4
水运	亿人公里	74.2	2.6
民航	亿人公里	4516.7	11.8

全年规模以上港口完成货物吞吐量90.7亿吨，比上年增长11.9%，其中外贸货物吞吐量27.5亿吨，增长10.8%。规模以上港口集装箱吞吐量16231万标准箱，增长11.4%。

年末全国民用汽车保有量达到10578万辆（包括三轮汽车和低速货车1228万辆），比上年末增长16.4%，其中私人汽车保有量7872万辆，增长20.4%。民用轿车保有量4962万辆，增长23.2%，其中私人轿车4322万辆，增长25.5%。

全年完成邮电业务总量[15] 13379亿元，比上年增长16.5%。其中，邮政业务总量1608亿元，增长25.0%；电信业务总量11772亿元，增长15.5%。全年局用交换机容量减少3070万门，总容量43467万门；新增移动电话交换机容量[16] 20406万户，达到170691万户。年末固定电话用户28512万户。其中，城市电话用户19110万户，农村电话用户9402万户。新增移动电话用户12725万户，年末达到98625万户，其中3G移动电话用户[17] 12842万户。年末全国固定及移动电话用户总数达到127137万户，比上年末增加11802万户。电话普及率达到94.9部/百人。互联网上网人数5.13亿人，互联网普及率达到38.3%。

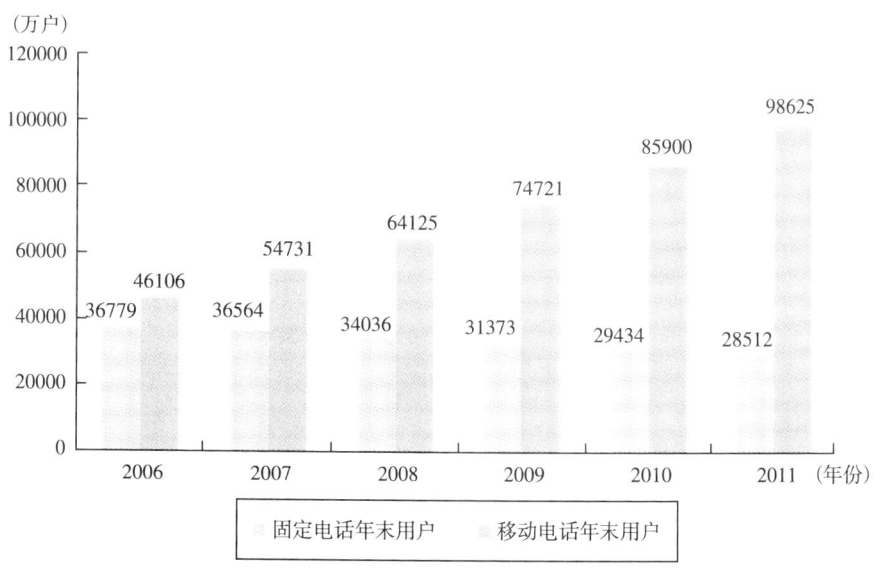

附图1-13　2006~2011年年末电话用户数

全年国内出游人数26.4亿人次，比上年增长13.2%；国内旅游收入19306亿元，增长23.6%。入境旅游人数13542万人次，增长1.2%。其中，外国人2711万人次，增长3.8%；中国香港、澳门和台湾同胞 10831 万人次,增长 0.6%。在入境旅游者中,过夜旅游者 5758 万人次,增长 3.4%。国际旅游外汇收入 485 亿美元,增长 5.8%。国内居民出境人数 7025 万人次,增长 22.4%。其中因私出境 6412 万人次,增长 24.5%,占出境人数的 91.3%。

八 金融

年末广义货币供应量 (M2) 余额为 85.2 万亿元,比上年末增长 13.6%;狭义货币供应量 (M1) 余额为 29.0 万亿元,增长 7.9%;流通中现金 (M0) 余额为 5.1 万亿元,增长 13.8%。

年末全部金融机构本外币各项存款余额 82.7 万亿元,比年初增加 9.9 万亿元,其中人民币各项存款余额 80.9 万亿元,增加 9.6 万亿元。全部金融机构本外币各项贷款余额 58.2 万亿元,增加 7.9 万亿元,其中人民币各项贷款余额 54.8 万亿元,增加 7.5 万亿元。

附表 1-14　2011 年年末全部金融机构本外币存贷款余额及其增长速度

单位:亿元

指标	年末数	比上年末增长%
各项存款余额	826701	13.5
其中:住户存款	351957	15.5
其中:人民币	348046	15.7
非金融企业存款	313981	9.5
各项贷款余额	581893	15.9
其中:境内短期贷款	217480	21.8
境内中长期贷款	333747	11.8

全年农村金融合作机构(农村信用社、农村合作银行、农村商业银行)人民币贷款余额 66778 亿元,比年初增加 10012 亿元。全部金融机构人民币消费贷款余额 88717 亿元,增加 14803 亿元。其中,个人短期消费贷款余额 13555 亿元,增加 3965 亿元;个人中长期消费贷款余额 75162 亿元,增加 10838 亿元。

全年上市公司通过境内市场累计筹资 6780 亿元,比上年减少 3495 亿元。其中,首次公开发行 A 股 282 只,筹资 2825 亿元,减少 2058 亿元;A 股再筹资(包括配股、公开增发、非公开增发、认股权证)筹资 2248 亿元,减少 1824 亿元;上市公司通过发行可转债、可分离债、公司债筹资 1707 亿元,增加 387 亿元。全年公开发行创业板股票 128 只,筹资 791 亿元。

全年发行非上市公司企业(公司)债券 3485 亿元,比上年减少 142 亿元。企业发行短期融资券 8029 亿元,增加 1287 亿元;中期票据 7270 亿元,增加 2346 亿元。

全年保险公司原保险保费收入[18] 14339 亿元,比上年增长[19] 10.5%,其中寿险业务原保险保费收入 8696 亿元;健康险和意外伤害险业务原保险保费收入 1025 亿元;财产险业务原保险保费收入 4618 亿元。支付各类赔款及给付 3929 亿元,其中寿险业务给付 1301 亿元;健康险和意外伤害险赔款及给付 441 亿元;财产险业务赔款 2187 亿元。

九 教育、科学技术和文化

全年研究生教育招生56.0万人，在学研究生164.6万人，毕业生43.0万人。普通高等教育本专科招生681.5万人，在校生2308.5万人，毕业生608.2万人。各类中等职业教育招生808.9万人，在校生2196.6万人，毕业生662.7万人。全国普通高中招生850.8万人，在校生2454.8万人，毕业生787.7万人。全国初中招生1634.7万人，在校生5066.8万人，毕业生1736.7万人。普通小学招生1736.8万人，在校生9926.4万人，毕业生1662.8万人。特殊教育招生6.4万人，在校生39.9万人，毕业生4.4万人。幼儿园在园幼儿3424.4万人。

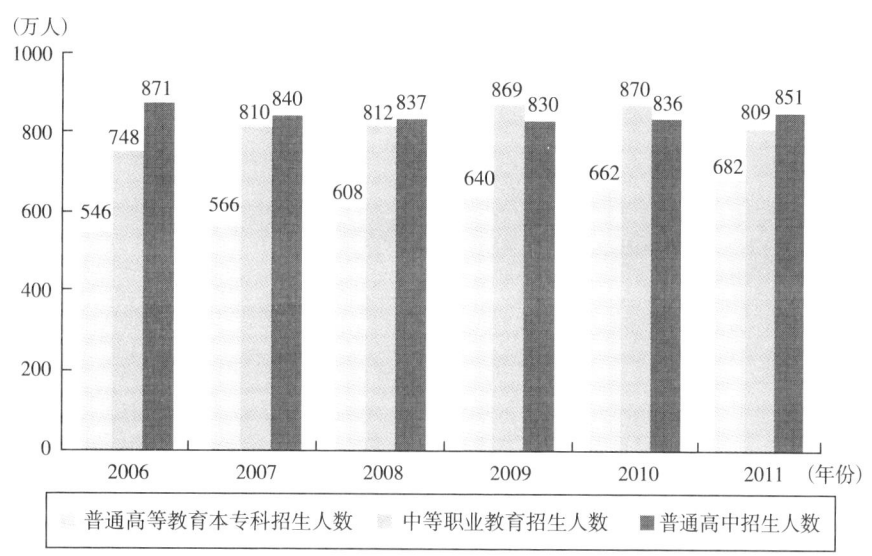

附图1-14　2006~2011年普通高等教育、中等职业教育及普通高中招生人数

全年研究与试验发展（R&D）经费支出8610亿元，比上年增长21.9%，占国内生产总值的1.83%，其中基础研究经费396亿元。全年国家安排了952项科技支撑计划课题，524项"863"计划课题。累计建设国家工程研究中心130个，国家工程实验室119个。累计建设国家地方联合工程研究中心101个，国家地方联合工程实验室116个。国家认定企业技术中心达到793家。省级企业技术中心达到6824家。实施新兴产业创投计划，累计支持设立61家创业投资企业，投资创业企业108家。全年受理境内外专利申请163.3万件，其中境内申请147.9万件，占90.5%。受理境内外发明专利申请52.6万件，其中境内申请40.4万件，占76.7%。全年授予专利权96.1万件，其中境内授权86.4万件，占89.9%。授予发明专利权17.2万件，其中境内授权10.6万件，占61.5%。截至年底，有效专利274.0万件，其中境内有效专利220.2万件，占80.4%；有效发明专利69.7万件，其中境内有效发明专利31.8万件，占45.7%。全年共签订技术合同25.6万项，技术合同成交金额4763.6亿元，比上年增长21.9%。全年成功发射卫星19次。天宫一号目标飞行器和神

舟八号飞船成功发射并实现空中交会对接。载人深潜器"蛟龙"号成功完成5000米海试。

年末全国共有产品检测实验室25669个，其中国家检测中心476个。全国现有产品质量、体系认证机构174个，已累计完成对83549个企业的产品认证。全国共有法定计量技术机构3740个，全年强制检定计量器具6179万台（件）。全年制定、修订国家标准1993项，其中新制定1559项。全年中央气象台和省级气象台共发布气象预警信号4034次，警报4337次。全国共有地震台站1480个，地震监测台网32个。全国共有海洋观测站74个。测绘地理信息部门公开出版地图2103种。

年末全国文化系统共有艺术表演团体2481个，博物馆2571个，全国共有公共图书馆2925个，文化馆3276个。广播电台197座，电视台213座，广播电视台2153座，教育电视台44个。有线电视用户20152万户，有线数字电视用户11455万户。年末广播节目综合人口覆盖率为97.1%；电视节目综合人口覆盖率为97.8%。全年生产电视剧469部14939集，动画电视261444分钟。全年生产故事影片558部，科教、纪录、动画和特种影片[20]131部。出版各类报纸467亿份，各类期刊33亿册，图书77亿册（张）。年末全国共有档案馆4107个，已开放各类档案10376万卷（件）。

全年运动员在24个大项中获得138个世界冠军，共有4人1队8次创8项世界纪录。

卫生和社会服务

年末全国共有医疗卫生机构953432个，其中医院21638个，乡镇卫生院37374个，社区卫生服务中心（站）32812个，诊所（卫生所、医务室）177754个，村卫生室659596个，疾病预防控制中心3499个，卫生监督所（中心）3005个。卫生技术人员620万人，其中执业医师和执业助理医师251万人，注册护士224万人。医疗卫生机构床位515万张，其中医院368万张，乡镇卫生院103万张。全年甲、乙类法定报告传染病发病人数323.8万例，报告死亡15264人；报告传染病发病率241.44/10万，死亡率1.14/10万。

年末全国共有各类提供住宿的社会服务机构[21]4.5万个，床位367.2万张，收养救助各类人员279.6万人。其中，农村养老服务机构3.2万个，床位232.6万张，收养各类人员182.8万人。各类社区服务设施14.8万个，其中，社区服务中心1.4万个，社区服务站4.9万个。年末2276.8万城市居民得到政府最低生活保障，比上年末减少33.7万人；5313.5万农村居民得到政府最低生活保障，增加99.5万人；552.0万农村居民得到政府五保救济，[22]减少4.3万人。全年救助城市医疗困难群众711.4万人次，救助农村医疗困难群众1558.1万人次；资助1276.5万城镇困难群众参加城镇医疗保险，资助4544.3万农村困难群众参加新型农村合作医疗。

十一 人口、人民生活和社会保障

年末全国大陆总人口为134735万人，比上年末增加644万人，其中城镇人口为69079万人，占总人口比重首次超过50%，达到51.3%。全年出生人口1604万人，出生率为11.93‰；死亡人口960万人，死亡率为7.14‰；自然增长率为4.79‰。出生人口性别比为117.78。全国人户分离的人口[23]为2.71亿人，其中流动人口[24]为2.30亿人。

附表1-15 2011年年末人口数及其构成

单位：万人

指标	年末数	比重%
全国总人口	134735	100.0
其中：城镇	69079	51.3
乡村	65656	48.7
其中：男性	69068	51.3
女性	65667	48.7
其中：0~14岁	22164	16.5
15~59岁	94072	69.8
60岁及以上	18499	13.7
其中：65岁及以上	12288	9.1

全年农村居民人均纯收入6977元，比上年增长17.9%，扣除价格因素，实际增长11.4%；农村居民人均纯收入中位数[25]为6194元，增长19.1%。城镇居民人均可支配收入21810元，比上年增长14.1%，扣除价格因素，实际增长8.4%；城镇居民人均可支配收入中位数为19118元，增长13.5%。农村居民食品消费支出占消费总支出的比重为40.4%，城镇为36.3%。

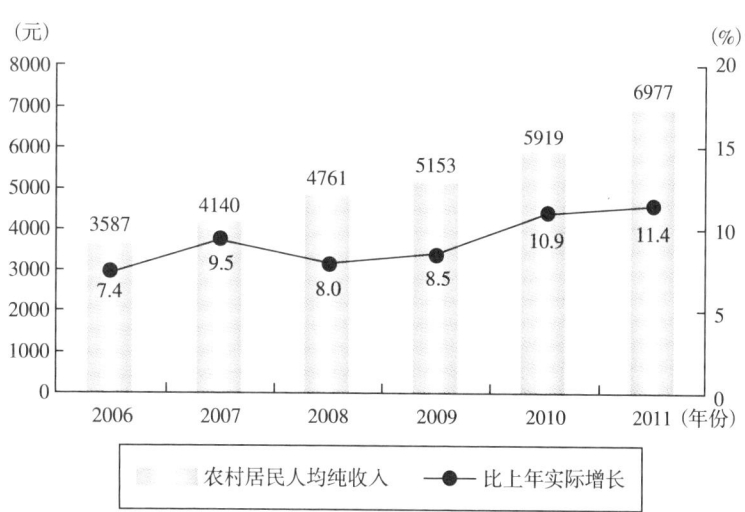

附图1-15 2006~2011年农村居民人均纯收入及其实际增长速度

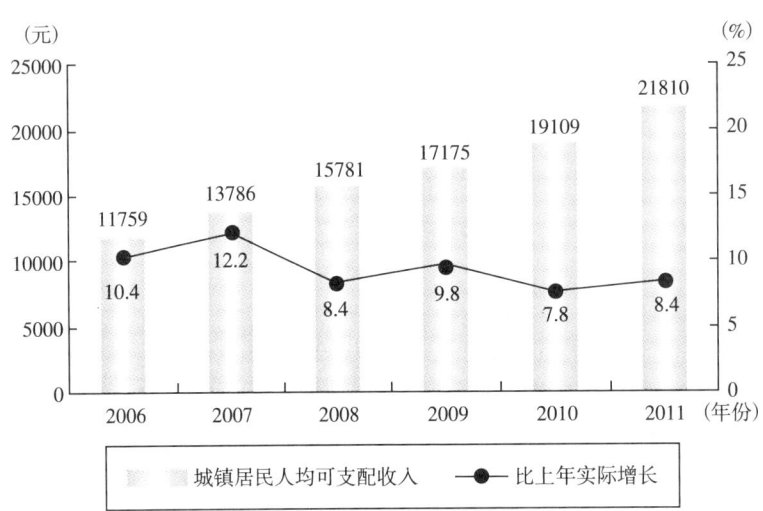

附图 1-16　2006~2011 年城镇居民人均可支配收入及其实际增长速度

年末全国参加城镇职工基本养老保险人数 28392 万人，比上年末增加 2685 万人。其中，参保职工 21574 万人，参保离退休人员 6819 万人。参加城镇基本医疗保险的人数 47291 万人，增加 4028 万人。其中，参加城镇职工基本医疗保险[26]人数 25226 万人，参加城镇居民基本医疗保险人数 22066 万人。参加城镇基本医疗保险的农民工 4641 万人，增加 58 万人。参加失业保险的人数 14317 万人，增加 941 万人。参加工伤保险的人数 17689 万人，增加 1528 万人，其中参加工伤保险的农民工 6837 万人，增加 537 万人。参加生育保险的人数 13880 万人，增加 1544 万人。截至 9 月底，2646 个县（市、区）开展了新型农村合作医疗工作，新型农村合作医疗参合率 97.5%；新型农村合作医疗基金支出总额为 1114 亿元，受益 8.4 亿人次。全国列入国家新型农村社会养老保险试点地区参保人数 32643 万人。年末全国领取失业保险金人数为 197 万人。2011 年，国家将农村扶贫标准提高到年人均纯收入 2300 元（2010 年不变价），按照新标准，年末农村扶贫对象为 12238 万人。

十二　资源、环境和安全生产

全年全国国有建设用地供应总量[27] 58.8 万公顷，比上年增长 37.2%。其中，工矿仓储用地 19.3 万公顷，增长 26.2%；房地产用地[28] 16.7 万公顷，增长 9.2%；基础设施等其他用地 22.8 万公顷，增长 86.1%。

全年水资源总量 24022 亿立方米。全年平均降水量 567 毫米。年末全国 422 座大型水库蓄水总量 1956 亿立方米，比上年末少蓄水 69 亿立方米。全年总用水量 6080 亿立方米，比上年增长 1.0%。其中，生活用水增长 2.5%，工业用水增长 0.9%，农业用水增长 0.8%，生态补水下降 4.0%。万元国内生产总值用水量[29] 139 立方米，比上年下降 7.3%。万元工业增加值用水量 82 立方米，下降 8.9%。人均用水量 452 立方米，增长 0.4%。

全年完成造林面积614万公顷，其中人工造林414万公顷。林业重点工程完成造林面积311万公顷，占全部造林面积的50.7%。截至年底，自然保护区达到2640个，其中国家级自然保护区335个。新增水土流失治理面积3.9万平方公里，新增实施水土流失地区封育保护面积2.8万平方公里。截至年底，已确权集体林地面积为17333万公顷，其中发放林权证的面积为15100万公顷。

全年平均气温为9.3℃，共有7个台风登陆。

初步核算，全年能源消费总量34.8亿吨标准煤，比上年增长7.0%。煤炭消费量增长9.7%；原油消费量增长2.7%；天然气消费量增长12.0%；电力消费量增长11.7%。全国万元国内生产总值能耗下降2.01%。主要原材料消费[30]中，钢材消费量8.4亿吨，增长9.0%；精炼铜消费量786万吨，增长5.2%；电解铝消费量1724万吨，增长12.1%；乙烯消费量1528万吨，增长7.5%；水泥消费量20.7亿吨，增长11.2%。

七大水系的398个水质监测断面中，Ⅰ～Ⅲ类水质断面比例占56.3%，比上年提高0.3个百分点；劣Ⅴ类水质断面比例占15.3%，下降2.0个百分点。七大水系水质总体上保持稳定。

近岸海域301个海水水质监测点中，达到国家一、二类海水水质标准的监测点占62.8%，三类海水占12.0%，四类、劣四类海水占25.2%。

在监测的330个城市中，有293个城市空气质量达到二级以上（含二级）标准，占监测城市数的88.8%；有33个城市为三级，占10.0%；有4个城市为劣三级，占1.2%。在监测的316个城市中，城市区域声环境质量好的城市占5.1%，较好的占72.8%，轻度污染的占21.5%，中度污染的占0.6%。

年末城市污水处理厂日处理能力达11255万立方米，比上年末增长7.8%；城市污水处理率达到82.6%，提高0.3个百分点。集中供热面积45.6亿平方米，增长4.6%。建成区绿地率达到34.7%，提高0.2个百分点。

全年各类自然灾害造成直接经济损失3096亿元，比上年下降42.0%。全年农作物受灾面积3247万公顷，下降13.2%，其中绝收289万公顷，下降40.5%。全年因洪涝、滑坡和泥石流灾害造成直接经济损失1260亿元，下降64.0%。全年因旱灾造成直接经济损失928亿元，增长22.6%。全年因低温冷冻和雪灾造成直接经济损失290亿元，下降8.9%。全年因海洋灾害造成直接经济损失60.5亿元，下降54.4%。全年累计发生赤潮面积1145平方公里，下降89.5%。全年大陆地区共发生5级以上地震17次，成灾15次，造成直接经济损失60.1亿元。全年共发生森林火灾5550起，下降28.1%。

全年各类生产安全事故共死亡75572人，比上年下降5.0%。亿元国内生产总值生产安全事故死亡人数为0.173人，下降13.9%；工矿商贸企业就业人员10万人生产安全事故死亡人数为1.88人，下降11.7%；道路交通万车死亡人数为2.8人，下降12.5%；煤矿百万吨死亡人数为0.564人，下降24.7%。

注释：

[1]本公报中数据均为初步统计数。各项统计数据均未包括香港特别行政区、澳门特别行政区和中国台湾省。部分数据因四舍五入的原因，存在着与分项合计不等的情况。

[2]国内生产总值、各产业增加值绝对数按现价计算，增长速度按不变价格计算。

[3]农产品生产价格是指农产品生产者直接出售其产品时的价格。

[4]年度农民工数量包括年内在本乡镇以外从业6个月以上的外出农民工和在本乡镇内从事

非农产业6个月以上的本地农民工两部分。

［5］公共财政收入是指政府凭借国家政治权力，以社会管理者身份筹集以税收为主体的财政收入，与以往年份财政收入指标口径一致。

［6］图中2006~2010年数据为公共财政收入决算数，2011年为执行数。

［7］从2011年开始，纳入规模以上工业统计范围的工业企业起点标准从年主营业务收入500万元提高到2000万元。

［8］六大高耗能行业分别为：化学原料及化学制品制造业、非金属矿物制品业、黑色金属冶炼及压延加工业、有色金属冶炼及压延加工业、石油加工炼焦及核燃料加工业、电力热力的生产和供应业。

［9］钢材产量及消费量数据中均含部分使用钢材加工成其他钢材的重复计算因素。

［10］从2011年开始，固定资产投资统计的起点标准从计划总投资50万元提高到500万元，因此2011年全社会固定资产投资绝对数与2010年不可比，但比上年增速是按可比口径计算的。与此同时，月度投资统计制度将统计范围从城镇扩大到城镇和农村企事业组织，并定义为"固定资产投资（不含农户）"。

［11］固定资产投资按东部、中部、西部和东北地区计算的合计数据小于全国数据，是因为有部分跨地区的投资未计算在地区数据中。其中，东部地区是指北京、天津、河北、上海、江苏、浙江、福建、山东、广东和海南10省市；中部地区是指山西、安徽、江西、河南、湖北和湖南6省；西部地区是指内蒙古、广西、重庆、四川、贵州、云南、西藏、陕西、甘肃、青海、宁夏和新疆12省（区、市）；东北地区是指辽宁、吉林和黑龙江3省。

［12］房地产业投资除房地产开发投资外，还包括建设单位自建房屋以及物业管理、中介服务和其他房地产投资。

［13］高速铁路是指最高营运速度达到200公里/小时及以上的铁路。

［14］从2010年起，社会消费品零售总额统计采用新的分组，即将经营单位所在地分组由"市"、"县"、"县以下"改为"城镇"、"乡村"；取消按行业分组，新设按"商品零售额"和"餐饮收入额"两种消费形态的分组。

［15］邮电业务总量按2010年不变价格计算，2001年至2010年按照2000年不变价格计算，因此2011年邮电业务总量绝对数与2010年不可比，但比上年增速是按可比口径计算的。

［16］移动电话交换机容量是指移动电话交换机根据一定话务模型和交换机处理能力计算出来的最大同时服务用户的数量。

［17］3G是指第三代蜂窝移动通信系统（3rd-generation，3G），3G移动电话用户是指报告期末在计费系统拥有使用信息、占用3G网络资源的在网用户。

［18］原保险保费收入是指保险企业确认的原保险合同保费收入。

［19］原保险保费收入同比增速是按照行业2011年全面实施《企业会计准则解释第2号》后的口径测算。

［20］特种影片是指那些采用与常规影院放映在技术、设备、节目方面不同的电影展示方式，如巨幕电影、立体电影、立体特效（4D）电影、动感电影、球幕电影等。

［21］提供住宿的社会服务机构除收养性机构外，还包括救助类机构、社区类机构以及军休所、军供站等机构。

［22］农村五保救济是指老年、残疾和未满16周岁的村民，无劳动能力、无生活来源又无法定赡养、抚养、扶养义务人，或者其法定赡养、抚养、扶养义务人无赡养、抚养、扶养能力的村

民,在吃、穿、住、医、葬方面得到的生活照顾和物质帮助。

[23] 人户分离的人口是指居住地与户口登记地所在的乡镇街道不一致且离开户口登记地半年以上的人口。

[24] 流动人口是指人户分离人口中不包括市辖区内人户分离的人口。市辖区内人户分离的人口是指一个直辖市或地级市所辖区内和区与区之间,居住地和户口登记地不在同一乡镇街道的人口。

[25] 人均收入中位数是指将所有调查户按人均收入水平从低到高顺序排列,处于最中间位置的调查户的人均收入。

[26] 城镇职工基本医疗保险人数包括参保职工和参保退休人员。城镇居民基本医疗保险的参保对象是不属于城镇职工基本医疗保险覆盖范围的城镇非从业人员。

[27] 国有建设用地供应总量是指报告期市、县人民政府根据年度土地供应计划依法以出让、划拨、租赁等方式将国有建设用地使用权提供给单位或个人使用的国有建设用地总量。

[28] 房地产用地是指商服用地和住宅用地的总和。

[29] 万元国内生产总值用水量、万元工业增加值用水量和万元国内生产总值能耗按2010年不变价格计算,2006~2010年按照2005年不变价格计算,因此2011年绝对数与2010年不可比,但比上年增速是按可比口径计算的。

[30] 主要原材料消费量是指表观消费量,即产品产量加上产品净进口量(进口-出口),没有包括库存变动。

资料来源:

本公报中城镇新增就业、登记失业率、社会保障数据来自人力资源社会保障部;外汇储备和汇率数据来自外汇局;财政数据来自财政部;水产品产量数据来自农业部;木材产量、林业、森林火灾数据来自林业局;灌溉面积、水资源数据来自水利部;新增发电机组容量、新增220千伏及以上变电设备数据来自中电联;新建铁路投产里程、增建铁路复线投产里程、电气化铁路投产里程、铁路运输数据来自铁道部;新建公路、港口万吨级码头泊位新增吞吐能力、公路运输、水运、港口货物吞吐量数据来自交通运输部;新增光缆线路长度、新增数字蜂窝移动电话交换机容量、电话用户、上网人数等通信数据来自工业和信息化部;保障性住房、城市污水处理、集中供热面积、建成区绿地率来自住房城乡建设部;货物进出口数据来自海关总署;外商直接投资、对外直接投资、对外承包工程、对外劳务合作等数据来自商务部;民航数据来自民航局;管道数据来自中石油、中石化;民用汽车数据来自公安部;邮政业务总量数据来自邮政局;旅游数据来自旅游局、公安部;货币金融数据来自人民银行;上市公司数据来自证监会;企业债券、国家工程研究中心、企业技术中心、新兴产业创投等数据来自发展改革委;保险业数据来自保监会;教育数据来自教育部;安排科技计划课题、技术合同等数据来自科技部;专利数据来自知识产权局;发射卫星数据来自国防科工局;质量检验、国家标准制定修订数据来自质检总局;气象预警、平均气温、登陆台风数据来自气象局;地震数据来自地震局;测绘数据来自测绘局;海洋观测站、海洋灾害造成直接经济损失、发生赤潮面积来自海洋局;艺术表演团体、博物馆、公共图书馆、文化馆数据来自文化部;广播、电视、电影数据来自广电总局;报纸、期刊、图书数据来自新闻出版总署;档案数据来自档案局;体育数据来自体育总局;卫生、新农合数据来自卫生部;社会服务、低保和五保救济数据、各类自然灾害造成直接经济损失、农作物受灾面积、洪涝滑坡和泥石流灾害造成直接经济损失、旱灾造成直接经济损失、低温冷冻和雪灾造成直接经济损失来自民政部；国有建设用地供应数据来自国土资源部；环境监测数据来自环境保护部；安全生产数据来自安全监管总局；其他数据均来自国家统计局。

附录二
2011年中国电信业统计公报

2011年,在党中央、国务院的正确领导下,我国电信业以科学发展观为主导,以"加快推动行业转型升级"为主线,按照"引领发展、融合创新、普惠民生、绿色安全"的指导原则,积极推动3G和宽带网络基础设施建设,大力发展移动互联网和增值电信业务,持续优化市场竞争格局,不断推动经济社会信息化应用水平提升,全行业继续保持健康平稳运行。

一、总体情况

经初步核算,2011年全行业累计完成电信业务总量11772亿元,同比增长15.5%;实现电信业务收入9880亿元,同比增长10.0%;完成电信固定资产投资3331亿元,同比增长4.2%。

2011年,电信综合价格水平同比下降4.8%。

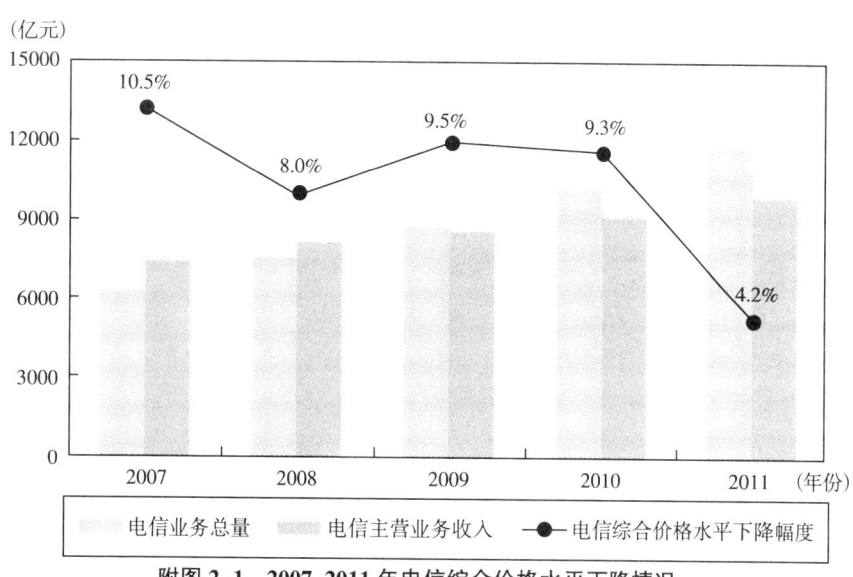

附图2-1　2007~2011年电信综合价格水平下降情况

二 电信用户

2011年,全国电话用户净增11802万户,总数达到127137万户。其中,移动电话用户达到98625万户,在电话用户总数中所占的比重达到77.6%。

附表 2-1　2007~2011 年电话用户到达数和净增数

	单位	2007 年	2008 年	2009 年	2010 年	2011 年
到达数	万户	91273	98160	106095	115335	127137
净增数	万户	8389	6866	7934	9240	11802

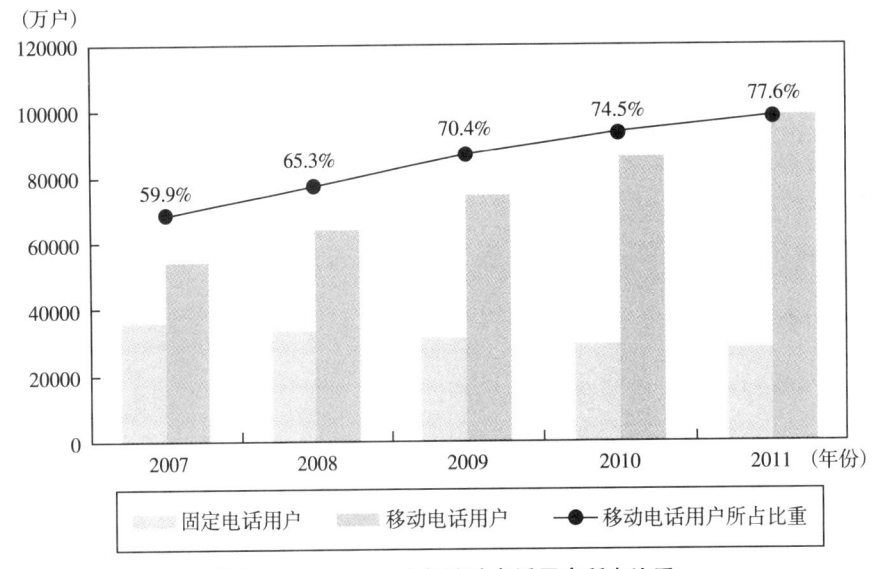

附图 2-2　2007~2011 年移动电话用户所占比重

(一) 移动电话用户

2011年,全国移动电话用户净增12725万户,创历年净增用户新高,达到98625万户。其中,3G用户净增8137万户,达到12842万户。移动电话普及率达到73.6部/百人,比上年底提高9.2部/百人。

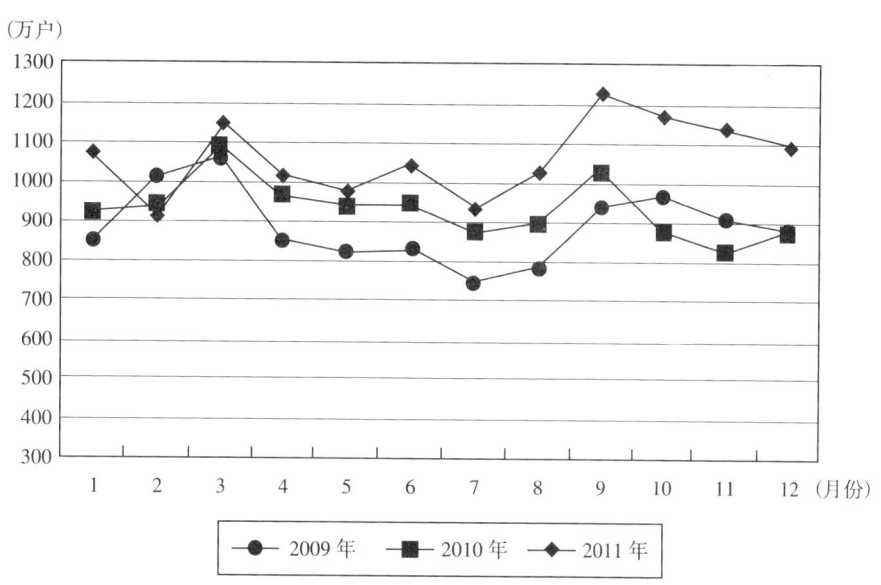

附图 2-3 2009~2011 年移动电话用户各月净增比较

移动增值业务中，移动个性化回铃业务用户达到 61408 万户，渗透率达到 63.3%；移动短信业务用户达到 77672 万户，渗透率达到 78.2%；移动彩信业务用户达到 20757 万户，渗透率达到 21.2%；手机报业务用户达到 16110 万户，渗透率达到 14.1%。

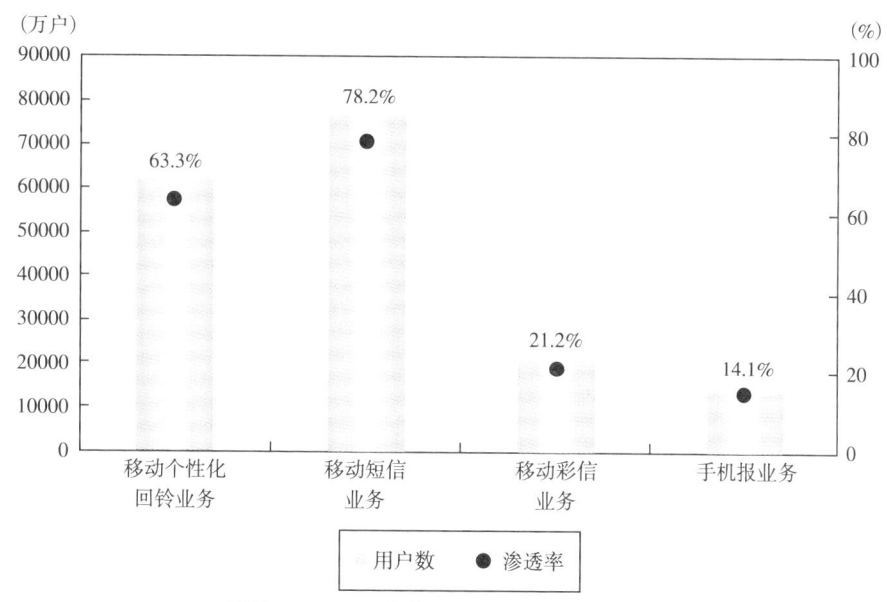

附图 2-4 2011 年主要移动增值业务发展情况

（二）固定电话用户

2011 年，全国固定电话用户减少 923 万户，达到 28512 万户。其中，城市电话用户减少 548 万户，达到 19110 万户；农村电话用户减少 375 万户，达到 9402 万户。固定电话普及率达到 21.3 部/百人，比上年底下降 0.8 部/百人。

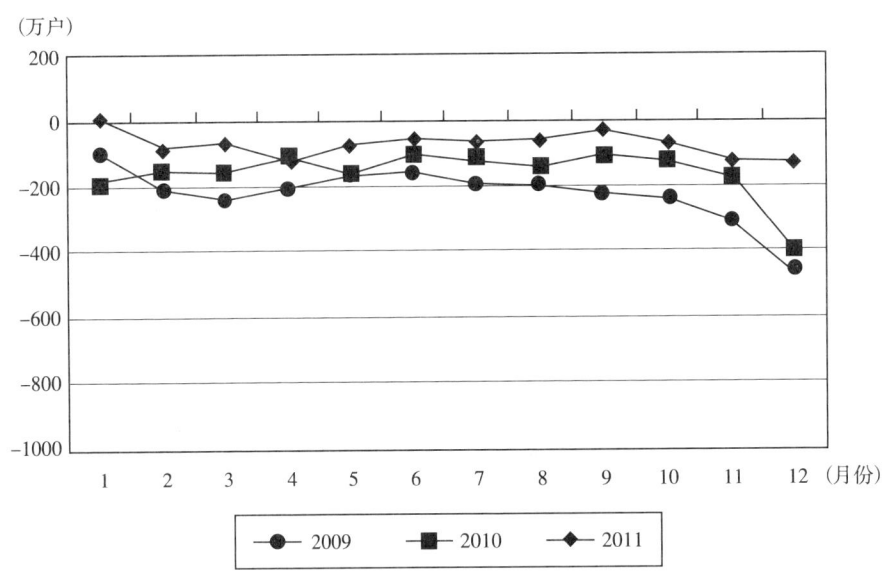

附图 2-5 2009~2011 年固定电话用户各月净增比较

固定电话用户中，传统固定电话用户净增 154 万户，达到 26725 万户；无线市话用户减少 1076 万户，达到 1787 万户。无线市话用户在固定电话用户中所占的比重从上年底的 9.7% 下降到 6.5%。

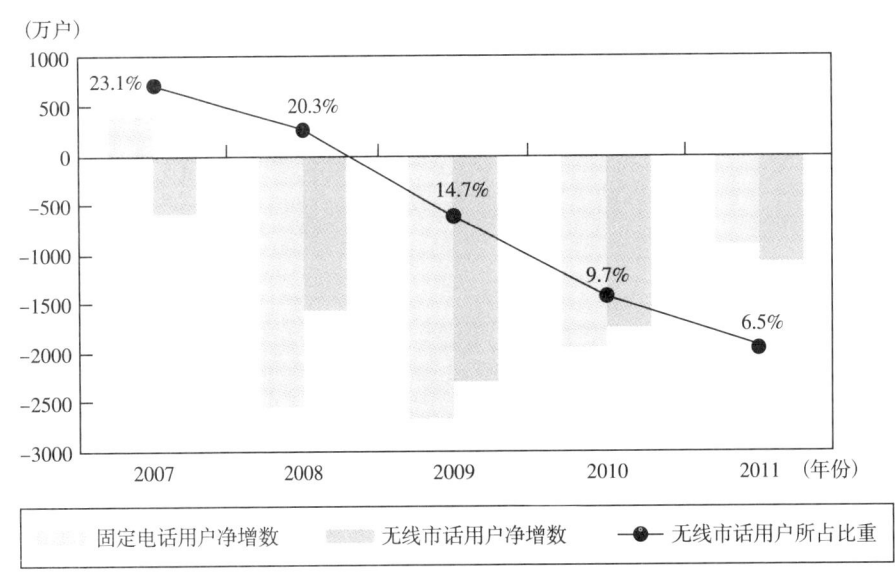

附图 2-6 2007~2011 年无线市话用户所占比重

固定电话用户中，住宅电话用户减少 1011 万户，达到 19287 万户；政企电话用户净增 217 万户，达到 6756 万户；公用电话用户减少 128 万户，达到 2468 万户。与往年相比，政企电话用户所占比重明显上升，住宅电话用户所占比重持续下降。

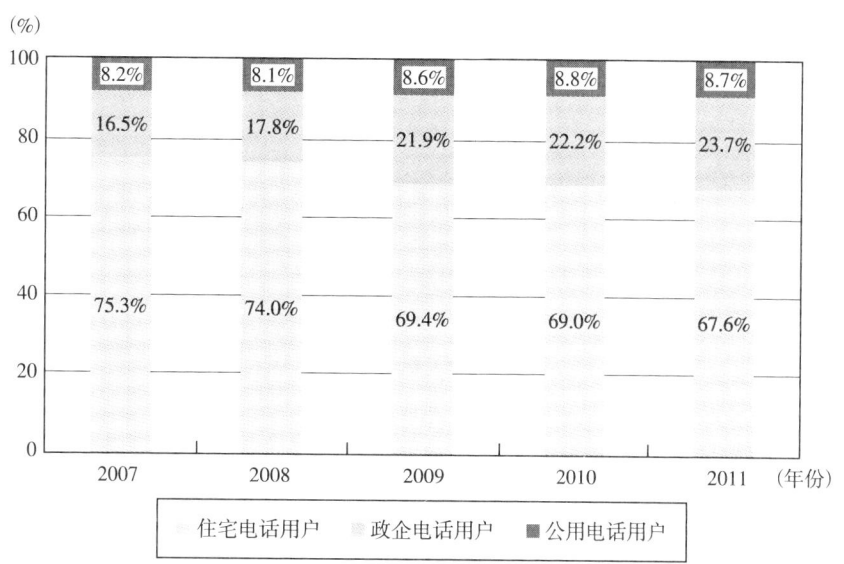

附图 2-7　2007~2011 年公用、政企、住宅电话用户所占比重

（三）互联网用户

2011 年，全国网民数净增 0.56 亿人，达到 5.13 亿人。其中家庭宽带网民数净增 0.10 亿人，达到 3.92 亿人，占网民总数的 76.4%；手机网民数净增 0.53 亿人，达到 3.56 亿人，占网民总数的 69.4%；农村网民数净增 0.11 亿人，达到 1.36 亿人，占网民总数的 26.5%。互联网普及率达到 38.3%，比上年底提高 4.0 个百分点。

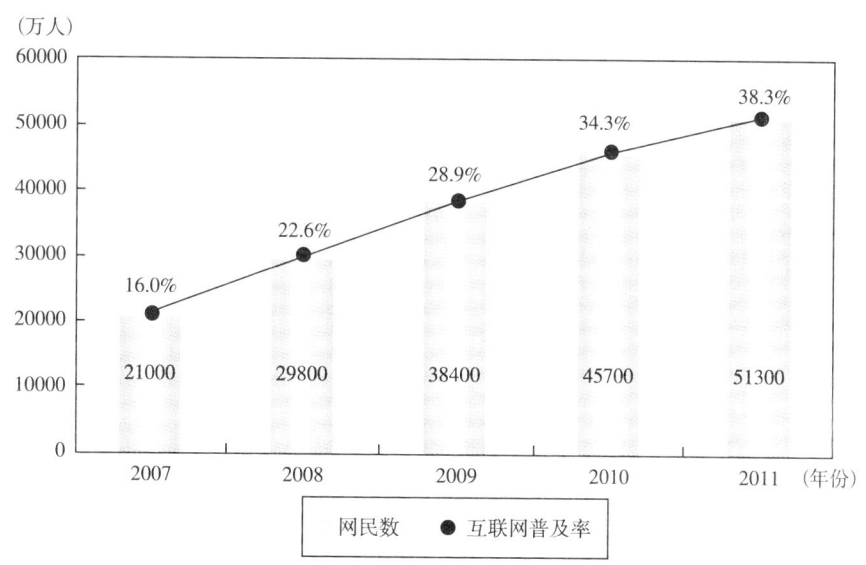

附图 2-8　2007~2011 年网民数和互联网普及率

2011 年，基础电信企业的互联网拨号用户减少 40 万户，达到 551 万户，而互联网宽带接入用户净增 3020 万户，达到 15649 万户。

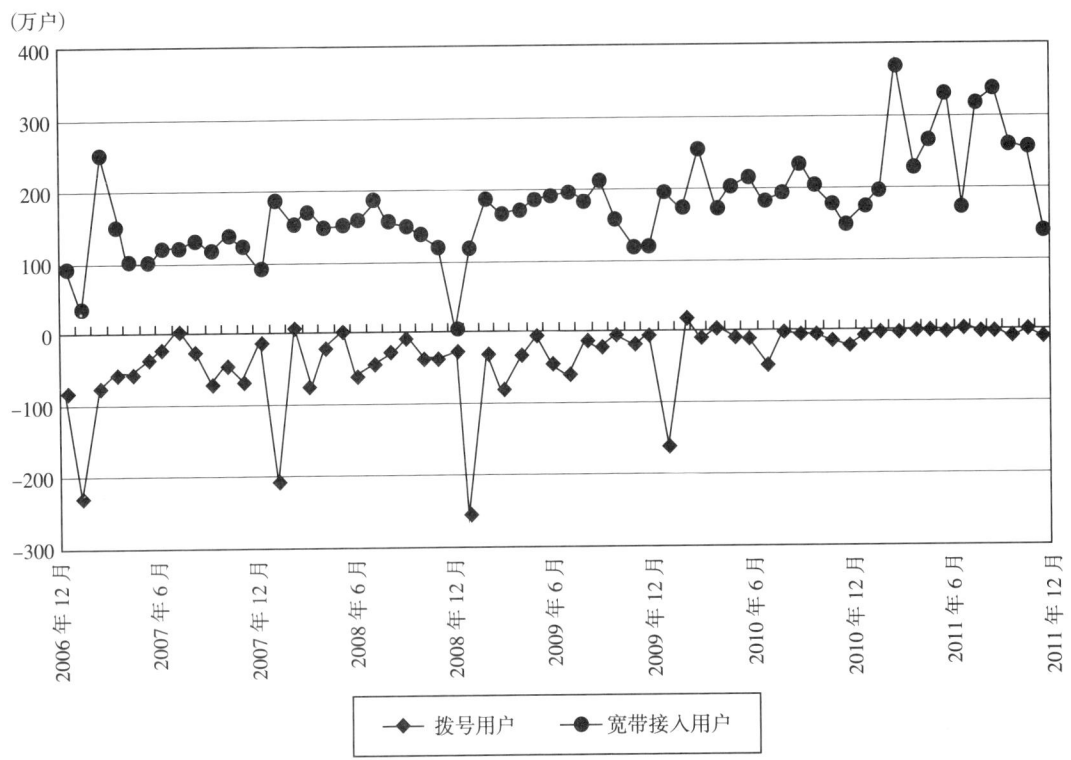

附图2-9 2007~2011年各月互联网拨号、宽带接入用户净增比较

三 业务使用情况

(一) 移动电话业务

2011年,全国移动电话去话通话时长累计达到24556亿分钟,同比增长16.2%。其中,非漫游通话时长22615亿分钟,增长14.4%;国内漫游通话时长1936亿分钟,增长42.0%;国际漫游通话时长2.6亿分钟,增长45.6%;港澳台漫游通话时长2.8亿分钟,增长21.4%。

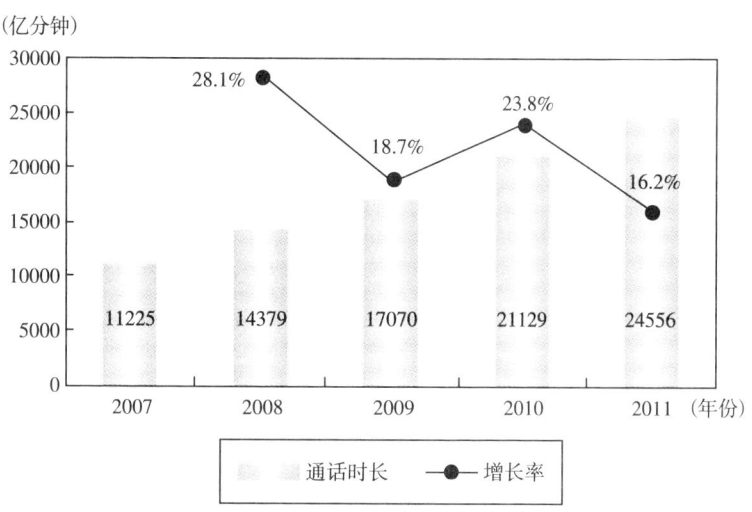

附图2-10　2007~2011年移动电话去话通话时长

（二）固定电话业务

2011年，固定本地电话通话量累计达到3582亿次，同比下降18.0%。其中，本地网内区间通话量486亿次，下降14.6%；区内通话量3071亿次，下降18.2%；拨号上网通话量24亿次，下降48.2%。固定本地通话中，传统电话通话量3339亿次，下降11.5%；无线市话通话量243亿次，下降59.3%。

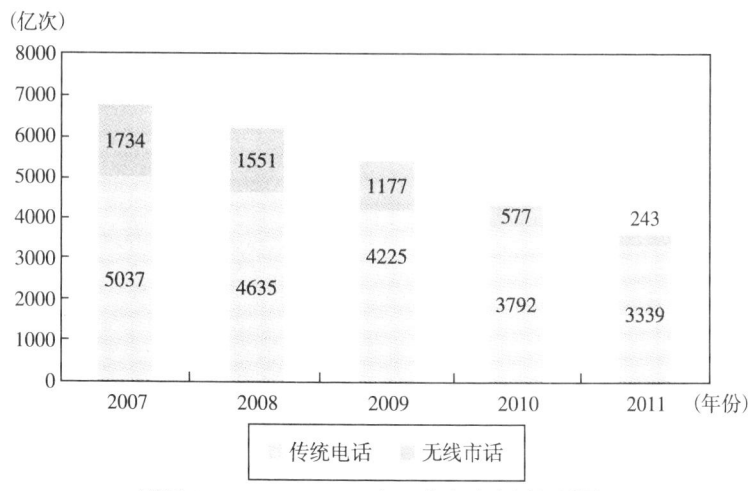

附图2-11　2007~2011年固定本地电话通话量

2011年，固定长途电话通话时长累计达到857亿分钟，同比下降20.0%。

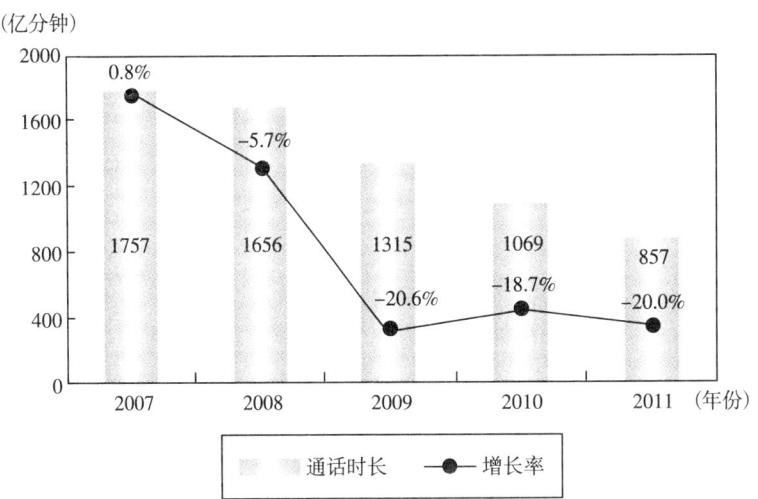

附图 2-12　2007~2011 年固定传统长途电话通话时长

（三）IP 电话业务

2011 年，全国 IP 电话通话时长累计达到 856 亿分钟，同比下降 14.2%。其中，从固定电话终端发起的通话时长 252 亿分钟，下降 26.3%；从移动电话终端发起的通话时长 604 亿分钟，下降 7.9%。通过移动电话终端发起的 IP 电话所占比重从上年的 66.2% 上升到 70.5%。

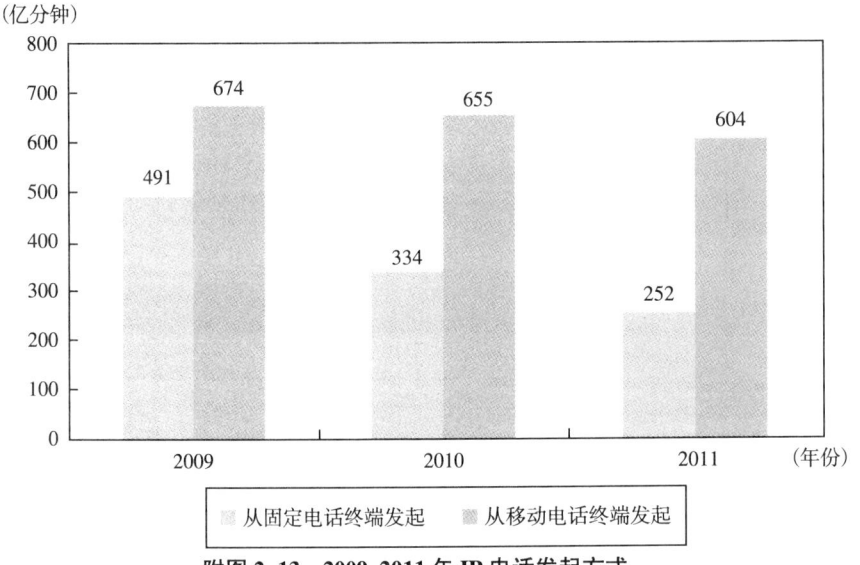

附图 2-13　2009~2011 年 IP 电话发起方式

（四）移动短信业务

2011 年，全国移动短信发送量累计达到 8788 亿条，同比增长 6.5%。

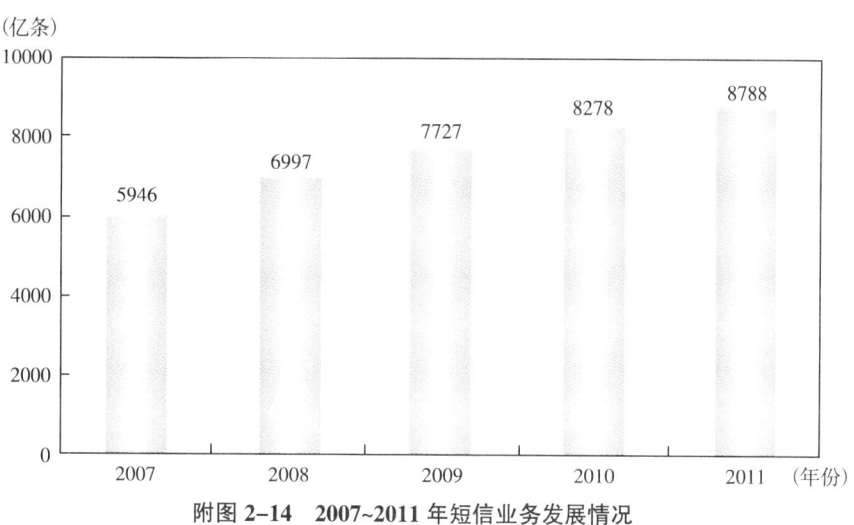

附图 2-14 2007~2011 年短信业务发展情况

四 经济效益

2011年，全国电信业务收入累计完成9880亿元，同比增长10.0%。其中，移动通信业务收入7162亿元，增长13.8%，占电信业务收入的比重上升到72.5%；固定通信业务收入2718亿元，增长1.0%。

电信业务收入中，非话音业务收入4598亿元，增长17.9%，占电信业务收入的比重上升到46.5%；话音业务收入5282亿元，增长3.9%。话音业务收入中，移动话音业务收入4591亿元，增长8.4%；固定话音业务收入691亿元，下降18.3%。

附图 2-15 2011 年电信业务收入构成

电信业务收入中，增值电信业务收入1982亿元，同比增长9.0%。其中，移动增值业务收入1744亿元，增长10.0%；固定增值业务收入238亿元，增长2.4%。

2011年，完成电信固定资产投资3331亿元，同比增长4.2%。

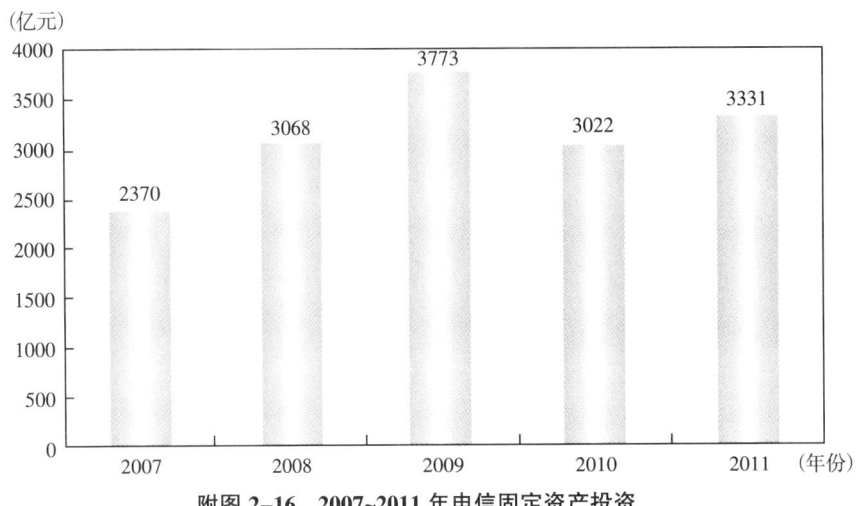

附图 2-16　2007~2011 年电信固定资产投资

五　电信能力建设

2011年，全国光缆线路长度净增210万公里，达到1205万公里。固定长途电话交换机容量减少28万路端，达到1616万路端；局用交换机容量（含接入网设备容量）减少3092万门，达到43467万门。移动电话交换机容量净增20174万户，达到170691万户。基础电信企业互联网宽带接入端口净增4406万个，达到23166万个。全国互联网国际出口带宽达到1389529Mbps，同比增长17.5%。

附表 2-2　2011 年主要电信能力指标增长情况

指标名称	单位	2011年	比上年末净增
光缆线路长度	万公里	1205	210
固定长途电话交换机容量	万路端	1616	-28
局用交换机容量	万门	43467	-3092
移动电话交换机容量	万户	170691	20174
互联网宽带接入端口	万个	23166	4406
互联网国际出口带宽	Mbps	1389529	207268

六 村通工程与农村信息化建设

2011年，电信业围绕社会主义新农村建设和城乡统筹发展战略目标，从"两个促进"（促进基础设施建设、促进便农信息服务）、"三项任务"（行政村通宽带、自然村通电话、信息下乡）着手，持续深入实施通信村村通工程。

行政村通宽带方面。在全国已经实现行政村通电话、乡镇通宽带的基础上，继续推进行政村通宽带。全年新增1.7万个行政村通宽带，通宽带行政村比例从80%提高到84%。

自然村通电话方面。全年新增1.2万个偏远自然村（20户以上）开通电话，全国通电话自然村比例从94%提高到94.6%；同时，还为黑龙江和内蒙古890个生产建设兵团连队和农林场矿开通电话。

信息下乡方面。全年新增7413个乡镇实施信息下乡活动，新建乡信息服务站6966个、村信息服务点75254个、乡级网上信息库4184个、村级网上信息栏目62755个。

附表：**2011年电信业主要指标分省情况**

附表2-3　2011年电信业务总量、收入、投资分省情况

	电信业务总量		电信业务收入		电信固定资产投资	
	2011年（亿元）	比上年（±%）	2011年（亿元）	比上年（±%）	2011年（亿元）	比上年（±%）
全国	11771.5	15.5	9879.8	10.0	3331.4	4.2
北京	435.3	15.6	470.8	9.3	125.6	16.5
天津	152.9	12.4	145.7	9.8	55.6	12.5
河北	489.2	11.3	416.3	9.8	140.0	13.6
山西	279.2	17.7	235.3	9.7	81.6	3.2
内蒙古	258.8	26.9	191.4	14.0	87.1	7.7
辽宁	433.4	15.5	389.7	8.3	131.2	15.4
吉林	220.2	13.3	163.9	7.7	58.5	-11.6
黑龙江	277.0	16.7	230.7	8.9	83.2	2.9
上海	409.8	9.9	471.4	7.0	115.2	-4.7
江苏	828.8	14.1	749.5	8.9	237.2	11.5
浙江	747.0	13.2	669.5	8.4	186.7	1.5
安徽	331.6	16.4	293.8	11.0	101.3	-4.8
福建	453.8	16.8	383.8	9.6	116.9	3.1
江西	251.4	12.8	202.5	11.6	67.5	-13.8
山东	724.1	15.0	585.7	8.7	148.4	-3.8
河南	540.7	15.2	426.5	11.5	163.4	24.0
湖北	387.4	16.2	333.6	10.7	100.6	-5.2
湖南	399.5	17.1	342.6	10.5	109.6	-3.0

续表

	电信业务总量		电信业务收入		电信固定资产投资	
	2011年(亿元)	比上年(±%)	2011年(亿元)	比上年(±%)	2011年(亿元)	比上年(±%)
广东	1616.1	14.0	1357.8	7.7	407.1	14.3
广西	304.4	12.7	237.9	9.9	83.1	-1.7
海南	86.7	18.5	78.6	16.1	29.3	-8.8
重庆	218.9	17.0	177.7	11.0	61.2	-8.9
四川	549.5	17.6	437.1	11.6	148.8	-0.2
贵州	231.4	37.2	166.0	12.7	63.6	12.8
云南	299.9	17.2	239.9	13.7	81.5	-2.8
西藏	25.7	16.3	24.4	10.9	13.9	-25.5
陕西	319.0	14.4	258.9	11.0	83.6	-5.3
甘肃	187.9	18.2	129.8	12.6	60.1	10.5
青海	45.8	26.0	37.3	16.5	21.5	10.7
宁夏	53.4	16.9	46.5	14.9	19.8	-5.3
新疆	212.7	16.5	164.0	17.0	76.6	3.2

附表2-4 2011年电信用户分省情况

	固定电话用户		移动电话用户		互联网宽带接入用户	
	2011年(万户)	比上年(万户)	2011年(万户)	比上年(万户)	2011年(万户)	比上年(万户)
全国	28511.5	-922.6	98625.3	12725.1	15648.7	3019.5
北京	883.9	-1.7	2576.0	446.2	523.4	25.0
天津	333.9	-33.0	1235.6	145.8	190.2	17.2
河北	1242.7	-8.6	5094.5	740.9	846.3	179.3
山西	682.2	-38.5	2446.9	241.7	437.3	84.2
内蒙古	379.5	-34.6	2316.2	282.2	233.8	43.3
辽宁	1353.8	-74.2	3836.5	494.7	667.6	72.0
吉林	579.3	-15.9	2004.1	198.8	310.6	25.6
黑龙江	793.5	-20.0	2376.6	304.5	386.7	60.6
上海	926.4	-5.3	2620.6	259.1	531.4	44.7
江苏	2370.9	-127.9	6684.8	761.8	1221.2	172.7
浙江	1947.9	-37.5	5756.0	708.6	1074.2	204.7
安徽	1243.9	13.0	3259.4	460.7	457.4	115.5
福建	1015.0	-30.7	3553.2	531.4	620.4	148.8
江西	673.9	-35.6	2322.1	510.8	318.3	64.9
山东	1896.6	-95.6	7118.1	927.7	1246.0	279.1
河南	1341.4	-85.5	5062.0	660.0	807.1	164.6
湖北	1020.3	-6.2	3953.7	499.1	592.3	132.9
湖南	1011.6	-65.4	3749.1	492.1	502.3	127.8
广东	3147.1	-22.0	10792.8	1168.2	1766.0	366.0
广西	650.9	-58.0	2532.7	318.2	442.9	112.8
海南	175.0	-4.9	671.6	77.3	86.6	19.0
重庆	571.3	-11.4	1801.2	136.7	326.7	63.6
四川	1382.9	-36.2	4817.9	661.5	682.4	160.6

续表

	固定电话用户		移动电话用户		互联网宽带接入用户	
	2011年 (万户)	比上年 (万户)	2011年 (万户)	比上年 (万户)	2011年 (万户)	比上年 (万户)
贵州	404.0	−27.2	2044.3	243.7	214.5	64.8
云南	540.1	−22.4	2589.5	345.0	306.5	82.4
西藏	40.5	−3.3	196.4	38.8	13.0	2.6
陕西	775.5	−6.4	2907.2	389.0	389.1	80.8
甘肃	396.4	−15.5	1614.7	224.6	145.6	33.5
青海	104.2	1.1	463.5	65.7	41.8	6.9
宁夏	108.5	−3.4	520.5	83.1	58.1	15.1
新疆	518.3	−9.6	1670.9	311.1	208.8	48.4

附表 2-5　2011年电信能力、电话普及率分省情况

	光缆线路长度 (公里)	互联网宽带接入端口 (万个)	局用交换机容量 (万门)	移动电话交换机容量 (万户)	固定电话普及率 (部/百人)	移动电话普及率 (部/百人)
全国	12053042	23165.5	43467.4	170691.4	21.3	73.6
北京	147375	801.8	1329.7	4474.0	45.1	131.4
天津	76991	366.7	485.9	2080.0	25.8	95.5
河北	524697	1150.0	1405.5	9435.0	17.3	70.9
山西	567438	645.7	957.2	4477.2	19.1	68.5
内蒙古	277366	408.4	682.6	3832.5	15.4	93.7
辽宁	400977	981.3	1857.8	6185.8	30.9	87.7
吉林	213334	498.3	797.4	3550.0	21.1	73.0
黑龙江	346511	638.4	1230.5	4563.2	20.7	62.0
上海	202048	705.3	1328.0	3978.0	40.2	113.8
江苏	1127038	2041.6	4126.5	9536.0	30.1	85.0
浙江	800554	1458.2	2985.8	9605.2	35.8	105.7
安徽	503398	732.8	1443.6	6912.0	20.9	54.8
福建	484873	906.7	1747.5	7179.9	27.5	96.3
江西	409804	562.0	851.9	3811.0	15.1	52.1
山东	530306	1789.6	2471.6	10822.4	19.8	74.3
河南	517135	1119.4	1860.0	8428.4	14.3	53.8
湖北	446858	746.1	1575.4	6245.3	17.8	69.1
湖南	432366	736.2	1551.8	5358.9	15.4	57.1
广东	888784	2509.2	4791.5	19076.7	30.2	103.5
广西	378032	590.2	1175.6	3422.1	14.1	55.0
海南	66991	127.1	289.6	1347.4	20.2	77.5
重庆	309523	482.7	1100.9	2976.0	19.8	62.4
四川	695893	943.2	1955.2	12192.5	17.2	59.9
贵州	264529	424.2	990.6	3601.1	11.6	58.8
云南	379611	443.8	1034.1	5276.2	11.7	56.3
西藏	51334	26.7	128.5	225.0	13.5	65.5
陕西	328939	620.5	1215.4	4306.8	20.8	77.9
甘肃	249744	250.5	797.2	2399.2	15.5	63.1

续表

	光缆线路长度（公里）	互联网宽带接入端口（万个）	局用交换机容量（万门）	移动电话交换机容量（万户）	固定电话普及率（部/百人）	移动电话普及率（部/百人）
青海	77419	65.0	161.2	649.0	18.5	82.3
宁夏	46830	76.3	220.6	1035.8	17.2	82.6
新疆	306342	318.2	916.4	3709.0	23.8	76.6

注：（1）对于本公报所披露的数据，2010年及以前的数据为年报最终核算数，2011年的数据为快报初步核算数。2011年的最终核算数及分省、分企业数据将在2012年年中出版的《中国通信统计年度报告（2011）》中公布。

（2）本公报电信综合指标是基础电信企业的合计数，未包括增值电信企业。增值电信企业年报数据将在2012年年中出版的《中国通信统计年度报告（2011）》中公布。

（3）网民数、互联网普及率、互联网国际出口带宽等数据取自中国互联网络信息中心（CNNIC）发布的《中国互联网络发展状况统计报告（2012年1月）》。

（4）电信业务总量根据2010年不变单价测算。

附录三
2011年进入世界500强的电信运营商关键绩效指标一览表

附表 3-1　日本 NTT 关键绩效指标一览表（2009~2011 年）

单位：百万元人民币	日本 NTT-1		
	2011 年	2010 年	2009 年
投资经营效果：			
主营业务收入	852147	837385	827339
总资产	1572505	1598026	1538988
EBITDA	260035	266712	263347
EBITDA 率	30.52%	31.85%	31.83%
员工人数	224239	219350	195000
人均 EBITDA	1.16	1.22	1.35
净利润	37931	41412	40002
净利润率	4.45%	4.95%	4.83%
总资产报酬率（ROA）	2.41%	2.59%	2.60%
净资产报酬率（ROE）	4.65%	5.06%	5.04%
资本性支出（CAPEX）	99185	151964	161472
CAPEX 占收比	11.64%	18.15%	19.52%
融资管理效率：			
资产负债率	48.18%	48.74%	48.41%
流动比率	134.85%	129.31%	118.32%
利息保障倍数	23.00	23.88	22.28
折旧与摊销	154958	159476	163500
股息	13623	12903	12366
内部融资额	206511	213791	215868
成本费用管理：			
总资产周转率	0.54	0.52	0.54
固定资产周转率	1.07	1.04	1.01
应收账款周转率	4.59	4.97	5.23
坏账发生率	2.07%	2.17%	2.07%
折旧摊销率	18.18%	19.04%	19.76%

续表

单位：百万元人民币	日本 NTT-1		
	2011年	2010年	2009年
付现成本率	70.18%	69.17%	69.26%
营销、一般及管理费用率	28.38%	29.01%	29.47%
现金管理：			
经营活动净现金流	203423	230037	228977
每股经营活动净现金流（元）	159	174	173
自由现金流（FCF）	97546	114747	101876
自由现金流占收比	11.45%	13.70%	12.31%
销售现金比率	23.87%	27.47%	27.68%
资产现金回收率	12.94%	14.40%	14.88%
现金流量经营充足率	18.38	6.68	9.94
现金流入流出比	0.86	1.23	0.95
现金比率	1.02	0.98	0.89
成长管理：			
可持续增长率	−0.33%	3.17%	6.84%
主营业务收入增长率	1.96%	1.21%	−2.26%
总资产增长率	−1.40%	3.84%	0.76%
净利润增长率	−8.23%	3.53%	−8.62%
经营活动现金流增长率	−11.39%	0.46%	12.08%
每股盈余增长率	−4.80%	3.53%	−7.09%
价值创造与分配：			
EVA	−92097	−92535	−89380
EVA 率	−6.97%	−6.81%	−6.81%
每股盈利（EPS）（元）	29.74	31.30	30.23
每股股利（DPS）（元）	11.35	9.75	9.75
股利支付率	38.2%	31.2%	32.3%

附表 3-2　美国 AT&T 关键绩效指标一览表（2009~2011 年）

单位：百万元人民币	美国 AT&T-2		
	2011年	2010年	2009年
投资经营效果：			
主营业务收入	798355	823069	814711
总资产	1703167	1778115	1779864
EBITDA	180356	274067	278763
EBITDA 率	22.59%	33.30%	34.22%
员工人数	256420	266590	282720
人均 EBITDA	0.70	1.03	0.99
净利润	24847	131553	83016
净利润率	3.11%	15.98%	10.19%
总资产报酬率（ROA）	1.46%	7.40%	4.66%
净资产报酬率（ROE）	3.73%	17.74%	12.25%
资本性支出（CAPEX）	126693	129341	109904
CAPEX 占收比	15.87%	15.71%	13.49%

续表

单位：百万元人民币	美国 AT&T-2		
	2011 年	2010 年	2009 年
融资管理效率：			
资产负债率	60.87%	58.30%	61.93%
流动比率	74.78%	58.76%	66.30%
利息保障倍数	2.90	5.84	5.45
折旧与摊销	115775	128341	130560
股息	64537	66128	64459
内部融资额	76085	193767	149117
成本费用管理：			
总资产周转率	0.47	0.46	0.46
固定资产周转率	1.24	1.27	1.27
应收账款周转率	9.31	9.13	8.21
坏账发生率	6.06%	6.57%	7.45%
折旧摊销率	14.50%	15.59%	16.03%
付现成本率	78.22%	68.66%	66.49%
营销、一般及管理费用率	30.65%	26.61%	25.55%
现金管理：			
经营活动净现金流	218282	231748	227854
每股经营活动净现金流（元）	36.82	35.68	35.08
自由现金流（FCF）	91589	102407	117950
自由现金流占收比	11.47%	12.44%	14.48%
销售现金比率	27.34%	28.16%	27.97%
资产现金回收率	12.82%	13.03%	12.80%
现金流量经营充足率	5.56	−21.48	4.67
现金流入流出比	1.05	0.94	1.06
现金比率	10.34%	4.23%	10.36%
成长管理：			
可持续增长率	−5.50%	9.41%	6.20%
主营业务收入增长率	1.97%	1.03%	−0.81%
总资产增长率	0.69%	−0.10%	1.32%
净利润增长率	−80.14%	58.47%	−2.58%
经营活动现金流增长率	−0.99%	1.71%	2.23%
每股盈余增长率	−80.36%	58.49%	−1.85%
价值创造与分配：			
EVA	−108355	−9897	−56593
EVA 率	−7.23%	−0.63%	−3.62%
每股盈利（EPS）（元）	4.16	22.25	14.04
每股股利（DPS）（元）	10.90	11.19	10.93
股利支付率	262.12%	50.30%	77.83%

附表 3-3 美国 Verizon 关键绩效指标一览表（2009~2011 年）

单位：百万元人民币	美国 Verizon-3		
	2011 年	2010 年	2009 年
投资经营效果：			
主营业务收入	698513	705748	713980
总资产	1451904	1457027	1505015
EBITDA	35330	227665	214506
EBITDA 率	31.86%	32.26%	30.04%
员工人数	193900	194400	222927
人均 EBITDA	1.15	1.17	0.96
净利润	64247	67664	68598
净利润率	9.20%	9.59%	9.61%
总资产报酬率（ROA）	4.43%	4.64%	4.56%
净资产报酬率（ROE）	11.87%	11.76%	12.28%
资本性支出（CAPEX）	102337	108996	111738
CAPEX 占收比	14.65%	15.44%	15.65%
融资管理效率：			
资产负债率	62.72%	60.50%	62.87%
流动比率	100.58%	73.04%	77.59%
利息保障倍数	4.71	4.64	3.87
折旧与摊销	103925	108645	109486
股息	34997	36034	35167
内部融资额	133176	140275	142918
成本费用管理：			
总资产周转率	0.48	0.48	0.47
固定资产周转率	1.30	1.28	1.22
应收账款周转率	9.42	9.05	8.57
坏账发生率	6.38%	6.92%	7.20%
折旧摊销率	14.88%	15.39%	15.33%
付现成本率	73.51%	70.86%	71.65%
营销、一般及管理费用率	32.13%	29.43%	30.56%
现金管理：			
经营活动净现金流	187614	220953	209046
每股经营活动净现金流（元）	66.22	78.08	73.58
自由现金流（FCF）	85277	111957	96148
自由现金流占收比	12.21%	15.86%	13.47%
销售现金比率	26.86%	31.31%	29.28%
资产现金回收率	12.91%	15.16%	13.89%
现金流量经营充足率	3.53	-19.39	-4.71
现金流入流出比	1.29	1.16	0.80
现金比率	45.36%	23.57%	8.58%
成长管理：			
可持续增长率	-1.16%	3.02%	102.29%
主营业务收入增长率	4.04%	-1.15%	10.74%
总资产增长率	4.75%	-3.19%	12.30%
净利润增长率	-0.19%	-1.36%	61.14%

续表

单位：百万元人民币	美国 Verizon-3		
	2011年	2010年	2009年
经营活动现金流增长率	−10.74%	5.70%	18.58%
每股盈余增长率	−0.56%	−30.23%	−42.92%
价值创造与分配：			
EVA	−48806	−47686	−49717
EVA率	−3.86%	−3.73%	−3.72%
每股盈利（EPS）（元）	5.36	5.96	8.54
每股股利（DPS）（元）	12.44	12.75	12.38
股利支付率	232.35%	213.89%	144.96%

附表 3-4 中国移动关键绩效指标一览表（2009~2011 年）

单位：百万元人民币	中国移动-4		
	2011年	2010年	2009年
投资经营效果：			
主营业务收入	527999	485231	452103
总资产	952558	861935	751368
EBITDA	251025	239382	229023
EBITDA率	47.54%	49.33%	50.66%
员工人数	175336	164336	145954
人均 EBITDA	1.43	1.46	1.57
净利润	125439	119889	115465
净利润率	23.76%	24.71%	25.54%
总资产报酬率（ROA）	13.17%	13.91%	15.37%
净资产报酬率（ROE）	19.29%	20.76%	22.75%
资本性支出（CAPEX）	128500	124300	129400
CAPEX占收比	24.34%	25.62%	28.62%
融资管理效率：			
资产负债率	31.72%	33.01%	32.44%
流动比率	140.05%	125.92%	136.96%
利息保障倍数	295.83	177.35	124.76
折旧与摊销	97167	86292	80235
股息	54298	51818	49544
内部融资额	168308	154363	146156
成本费用管理：			
总资产周转率	0.55	0.56	0.60
固定资产周转率	1.29	1.26	1.26
应收账款周转率	57.61	63.58	70.59
坏账发生率	32.44%	38.86%	48.76%
折旧摊销率	18.40%	17.78%	17.75%
付现成本率	52.94%	51.15%	49.74%
营销、一般及管理费用率	18.34%	18.67%	17.70%
现金管理：			
经营活动净现金流	226756	231379	207123
每股经营活动净现金流（元）	11.30	11.53	10.33

单位：百万元人民币	中国移动-4		
	2011年	2010年	2009年
自由现金流（FCF）	98208	107032	77756
自由现金流占收比	18.60%	22.06%	17.20%
销售现金比率	42.95%	47.68%	45.81%
资产现金回收率	23.80%	26.84%	27.57%
现金流量经营充足率	5.25	−20.48	11.54
现金流入流出比	1.00	1.04	0.96
现金比率	121.85%	114.36%	126.07%
成长管理：			
可持续增长率	12.65%	13.75%	14.61%
主营业务收入增长率	8.81%	7.33%	9.64%
总资产增长率	10.51%	14.72%	14.24%
净利润增长率	4.63%	3.83%	2.22%
经营活动现金流增长率	−2.00%	11.71%	6.96%
每股盈余增长率	5.20%	3.83%	1.95%
价值创造与分配：			
EVA	63487	63985	66320
EVA率	10.18%	11.20%	13.24%
每股盈利（EPS）（元）	6.27	5.96	5.74
每股股利（DPS）（元）	2.70	2.56	2.39
股利支付率	43.00%	43.00%	43.00%

附表 3-5　西班牙电信关键绩效指标一览表（2009~2011 年）

单位：百万元人民币	西班牙电信-5		
	2011年	2010年	2009年
投资经营效果：			
主营业务收入	512907	534880	499602
总资产	1058048	1142864	952344
EBITDA	158483	226486	197081
EBITDA率	30.90%	42.34%	39.45%
员工人数	291027	285106	257426
人均EBITDA	0.54	0.79	0.77
净利润	50501	89536	68479
净利润率	9.85%	20.01%	13.71%
总资产报酬率（ROA）	4.77%	7.83%	7.19%
净资产报酬率（ROE）	22.59%	32.09%	32.03%
资本性支出（CAPEX）	83453	95498	63909
CAPEX占收比	16.27%	17.85%	12.80%
融资管理效率：			
资产负债率	78.87%	75.59%	77.55%
流动比率	63.92%	62.86%	88.47%
利息保障倍数	3.33	6.53	4.42
折旧与摊销	82817	81927	78871
股息	27704	51712	40131

续表

单位：百万元人民币	西班牙电信-5		
	2011年	2010年	2009年
内部融资额	105615	119751	107219
成本费用管理：			
总资产周转率	0.484	0.47	0.52
固定资产周转率	1.77	1.79	1.49
应收账款周转率	5.48	6.13	5.34
坏账发生率	6.66%	6.56%	8.23%
折旧摊销率	16.15%	15.32%	15.79%
付现成本率	55.04%	51.16%	60.55%
营销、一般及管理费用率	24.50%	38.24%	33.59%
现金管理：			
经营活动净现金流	142705	146822	142207
每股经营活动净现金流（元）	31.26	32.14	31.26
自由现金流（FCF）	59252	74556	80113
自由现金流占收比	11.55%	13.94%	16.04%
销售现金比率	27.82%	27.45%	28.46%
资产现金回收率	13.49%	12.85%	14.93%
现金流量经营充足率	25.60	−1.79	3.98
现金流入流出比	1.00	0.95	1.06
现金比率	20.75%	17.30%	40.91%
成长管理：			
可持续增长率	−13.57%	30.53%	24.09%
主营业务收入增长率	3.46%	7.06%	−2.10%
总资产增长率	−0.12%	20.01%	8.25%
净利润增长率	−39.15%	30.75%	2.42%
经营活动现金流增长率	4.86%	3.24%	−1.33%
每股盈余增长率	−46.67%	31.58%	4.91%
价值创造与分配：			
EVA	−16556	9574	2547
EVA率	−1.95%	1.79%	0.32%
每股盈利（EPS）（元）	9.795	19.81	15.06
每股股利（DPS）（元）	6.07	12.33	10.13
股利支付率	61.97%	62.22%	67.25%

附表3-6 德国电信关键绩效指标一览表（2009~2011年）

单位：百万元人民币	德国电信-6		
	2011年	2010年	2009年
投资经营效果：			
主营业务收入	478755	549711	568918
总资产	1000249	1125576	1125242
EBITDA	163430	171489	182013
EBITDA率	34.14%	31.20%	31.99%
员工人数	240369	252494	257601
人均EBITDA	0.56	0.68	0.71

续表

单位：百万元人民币	德国电信-6		
	2011年	2010年	2009年
净利润	5469	15499	7688
净利润率	1.14%	2.82%	1.35%
总资产报酬率（ROA）	0.55%	1.38%	0.68%
净资产报酬率（ROE）	1.68%	4.09%	2.08%
资本性支出（CAPEX）	68614	86753	81037
CAPEX占收比	14.33%	15.78%	14.24%
融资管理效率：			
资产负债率	67.41%	66.33%	67.18%
流动比率	65.19%	57.63%	92.81%
利息保障倍数	2.16	2.94	3.16
折旧与摊销	89665	97831	101363
股息	24569	26420	29942
内部融资额	70565	86910	79109
成本费用管理：			
总资产周转率	0.48	0.49	0.51
固定资产周转率	1.40	1.41	1.42
应收账款周转率	9.24	9.23	11.82
坏账发生率	1.66%	2.00%	4.69%
折旧摊销率	18.73%	17.80%	17.82%
付现成本率	39.04%	39.44%	38.31%
营销、一般及管理费用率	32.98%	31.84%	31.76%
现金管理：			
经营活动净现金流	132347	129729	139099
每股经营活动净现金流（元）	30.78	29.93	32.05
自由现金流（FCF）	63733	57621	61372
自由现金流占收比	13.31%	10.48%	10.79%
销售现金比率	27.64%	23.60%	24.45%
资产现金回收率	13.23%	11.53%	12.36%
现金流量经营充足率	5.93	−1.56	2.25
现金流入流出比	1.01	0.96	1.072
现金比率	18.40%	12.55%	20.25%
成长管理：			
可持续增长率	−7.17%	2.60%	−2.73%
主营业务收入增长率	−6.04%	−3.38%	4.76%
总资产增长率	−4.12%	0.03%	3.76%
净利润增长率	−61.93%	101.60%	−56.87%
经营活动现金流增长率	10.07%	−6.74%	2.78%
每股盈余增长率	−66.67%	387.50%	−76.47%
价值创造与分配：			
EVA	−66431	−64984	−71760
EVA率	−7.71%	−6.70%	−7.45%
每股盈利（EPS）（元）	1.06	3.43	0.70
每股股利（DPS）（元）	5.71	6.16	6.87
股利支付率	538.46%	179.00%	975.00%

附表 3-7　英国沃达丰关键绩效指标一览表（2009~2011 年）

单位：百万元人民币	英国沃达丰-7		
	2011 年	2010 年	2009 年
投资经营效果：			
主营业务收入	466686	468852	454424
总资产	1403325	1545196	1604104
EBITDA	145535	149901	150565
EBITDA 率	31.18%	31.97%	33.13%
员工人数	86400	83900	83862
人均 EBITDA	1.68	1.79	1.80
净利润	70410	80417	88060
净利润率	15.09%	17.15%	19.38%
总资产报酬率（ROA）	5.02%	5.20%	5.49%
净资产报酬率（ROE）	8.96%	8.99%	9.49%
资本性支出（CAPEX）	64578	57815	61166
CAPEX 占收比	13.84%	12.33%	13.46%
融资管理效率：			
资产负债率	43.97%	42.10%	42.15%
流动比率	83.35%	62.80%	49.69%
利息保障倍数	5.94	15.84	4.51
折旧与摊销	79016	80479	80826
股息	15443	15246	14305
内部融资额	133982	143313	152100
成本费用管理：			
总资产周转率	0.33	0.30	0.28
固定资产周转率	2.49	2.27	2.15
应收账款周转率	11.95	10.96	11.10
坏账发生率	9.94%	8.43%	9.56%
折旧摊销率	16.93%	17.17%	17.79%
付现成本率	51.03%	49.99%	48.41%
营销、一般及管理费用率	17.89%	18.24%	18.68%
现金管理：			
经营活动净现金流	128241	122567	133491
每股经营活动净现金流（元）	2.53	2.34	2.54
自由现金流（FCF）	61381	72028	73990
自由现金流占收比	13.15%	15.36%	16.28%
销售现金比率	27.48%	26.14%	29.38%
资产现金回收率	9.14%	7.93%	8.32%
现金流量经营充足率	2.10	2.77	25.07
现金流入流出比	1.05	1.08	0.99
现金比率	74.43%	57.29%	46.15%
成长管理：			
可持续增长率	-10.69%	-3.58%	7.12%
主营业务收入增长率	1.16%	3.18%	8.42%
总资产增长率	-7.70%	-3.67%	2.81%
净利润增长率	-11.02%	-8.68%	179.81%

续表

单位：百万元人民币	英国沃达丰-7		
	2011年	2010年	2009年
经营活动现金流增长率	6.34%	−8.18%	6.97%
每股盈余增长率	−9.61%	−7.54%	181.51%
价值创造与分配：			
EVA	−35240	−51251	−39940
EVA率	−2.93%	−3.80%	−2.86%
每股盈利（EPS）（元）	1.38	1.55	1.68
每股股利（DPS）（元）	0.31	0.29	0.27
股利支付率	22%	19%	16%

附表3-8 法国电信关键绩效指标一览表（2009~2011年）

单位：百万元人民币	法国电信-8		
	2011年	2010年	2009年
投资经营效果：			
主营业务收入	369574	400722	394927
总资产	784277	830242	800599
EBITDA	123490	126259	125616
EBITDA率	33.45%	31.51%	31.81%
员工人数	168694	168694	164651
人均EBITDA	0.73	0.75	0.76
净利润	31246	42949	29960
净利润率	8.45%	10.72%	7.59%
总资产报酬率（ROA）	1.98%	5.17%	3.74%
净资产报酬率（ROE）	12.94%	15.46%	11.50%
资本性支出（CAPEX）	47098	48629	44394
CAPEX占收比	12.74%	12.14%	11.24%
融资管理效率：			
资产负债率	67.20%	66.54%	67.47%
流动比率	70.82%	64.13%	60.89%
利息保障倍数	3.86	3.72	3.60
折旧与摊销	54974	56899	54900
股息	35833	38009	37428
内部融资额	50387	61839	52767
成本费用管理：			
总资产周转率	0.47	0.48	0.49
固定资产周转率	1.92	1.84	1.90
应收账款周转率	9.23	10.09	10.48
坏账发生率	20.39%	19.42%	21.48%
折旧摊销率	14.88%	14.20%	13.90%
付现成本率	47.87%	69.18%	69.04%
营销、一般及管理费用率	—	—	—
现金管理：			
经营活动净现金流	105125	110856	123317
每股经营活动净现金流（元）	38.78	41.85	46.55

续表

单位：百万元人民币	法国电信-8		
	2011年	2010年	2009年
自由现金流（FCF）	58027	62227	78924
自由现金流占收比	15.70%	15.53%	19.98%
销售现金比率	28.44%	27.66%	31.23%
资产现金回收率	13.40%	13.35%	15.40%
现金流量经营充足率	15.63	69.93	6.11
现金流入流出比	119.67%	118.53%	130.47%
现金比率	30.74%	18.18%	1.78%
成长管理：			
可持续增长率	−6.20%	6.67%	−3.16%
主营业务收入增长率	−0.50%	1.47%	−4.00%
总资产增长率	1.92%	3.70%	−2.93%
净利润增长率	−21.51%	43.36%	−23.00%
经营活动现金流增长率	2.31%	−10.10%	−5.02%
每股盈余增长率	−20.11%	61.40%	−26.92%
价值创造与分配：			
EVA	−14334	−9632	−20886
EVA率	−2.47%	−1.46%	−3.19%
每股盈利（EPS）（元）	12.00	16.20	10.04
每股股利（DPS）（元）	11.43	12.33	12.33
股利支付率	97.24%	76.00%	123.00%

附表3-9　美国Comcast关键绩效指标一览表（2009~2011年）

单位：百万元人民币	美国Comcast-9		
	2011年	2010年	2009年
投资经营效果：			
主营业务收入	351805	251245	236801
总资产	994253	785015	746597
EBITDA	115592	98519	92413
EBITDA率	32.86%	39.21%	39.03%
员工人数	126000	102000	107000
人均EBITDA	0.92	0.97	0.86
净利润	26208	24074	24093
净利润率	7.45%	9.58%	10.17%
总资产报酬率（ROA）	2.64%	3.07%	3.23%
净资产报酬率（ROE）	8.73%	8.18%	8.50%
资本性支出（CAPEX）	33434	32855	33888
CAPEX占收比	9.50%	13.08%	14.31%
融资管理效率：			
资产负债率	69.80%	62.51%	62.02%
流动比率	64.75%	107.92%	44.46%
利息保障倍数	4.28	3.83	3.17
折旧与摊销	48107	43816	43048
股息	7478	7013	5629

续表

单位：百万元人民币	美国 Comcast-9		
	2011 年	2010 年	2009 年
内部融资额	66837	60876	61512
成本费用管理：			
总资产周转率	0.35	0.32	0.32
固定资产周转率	2.03	1.61	1.50
应收账款周转率	12.83	20.45	20.90
坏账发生率	4.44%	8.53%	9.28%
折旧摊销率	13.67%	17.44%	18.18%
付现成本率	67.13%	61.53%	61.65%
营销、一般及管理费用率	—	21.33%	21.38%
现金管理：			
经营活动净现金流	90374	74035	68088
每股经营活动净现金流（元）	32.97	26.37	23.68
自由现金流（FCF）	56939	41180	34200
自由现金流占收比	16.18%	16.39%	14.44%
销售现金比率	25.69%	29.47%	28.75%
资产现金回收率	9.09%	9.43%	9.12%
现金流量经营充足率	-2.70	2.39	8.59
现金流入流出比	0.77	1.91	0.95
现金比率	12.23%	72.67%	9.26%
成长管理：			
可持续增长率	7.25%	3.79%	5.84%
主营业务收入增长率	47.20%	6.10%	4.38%
总资产增长率	33.14%	5.15%	-0.25%
净利润增长率	14.44%	-0.08%	42.83%
经营活动现金流增长率	28.32%	8.73%	0.49%
每股盈余增长率	17.05%	1.57%	45.98%
价值创造与分配：			
EVA	-53901	-39458	-34869
EVA 率	-5.86%	-5.31%	-4.94%
每股盈利（EPS）（元）	9.51	8.54	8.41
每股股利（DPS）（元）	2.84	2.50	1.97
股利支付率	29.80%	29.30%	23.39%

附表 3-10　墨西哥美洲电信关键绩效指标一览表（2009~2011 年）

单位：百万元人民币	墨西哥美洲电信-10		
	2011 年	2010 年	2009 年
投资经营效果：			
主营业务收入	99098.65	91341.86	57353.09
总资产	140852.47	131740.01	65823.87
EBITDA	19147.14	20304.20	14422.46
EBITDA 率	19.32%	22.23%	25.15%
员工人数	158694	148058	53661
人均 EBITDA	0.12	0.14	0.27

续表

单位：百万元人民币	墨西哥美洲电信-10		
	2011年	2010年	2009年
净利润	13126.36	14862.42	11188.10
净利润率	13.25%	16.27%	19.51%
总资产报酬率（ROA）	9.32%	11.28%	17.00%
净资产报酬率（ROE）	29.81%	29.43%	43.28%
资本性支出（CAPEX）	19977.09	15875.37	18215.76
CAPEX占收比	20.16%	17.38%	31.76%
融资管理效率：			
资产负债率	68.74%	61.67%	60.73%
流动比率	91.44%	114.26%	77.07%
利息保障倍数	7.18	8.82	14.39
折旧与摊销	14001.14	13685.20	7713.07
股息	2538.60	2583.71	3699.78
内部融资额	24588.90	25963.91	15201.39
成本费用管理：			
总资产周转率	0.70	0.69	0.87
固定资产周转率	1.43	1.48	1.74
应收账款周转率	5.32	6.52	7.06
坏账发生率	15.75%	16.94%	11.81%
折旧摊销率	14.13%	14.98%	13.45%
付现成本率	62.61%	59.96%	60.15%
营销、一般及管理费用率	18.41%	17.67%	18.34%
现金管理：			
经营活动净现金流	28783.79	30291.95	22203.75
每股经营活动净现金流（元）	0.37	0.77	0.68
自由现金流（FCF）	8806.00	14416.00	3988.00
自由现金流占收比	8.89%	15.78%	6.95%
销售现金比率	29.05%	33.16%	38.71%
资产现金回收率	20.44%	22.99%	33.73%
现金流量经营充足率	−3.74	3.29	−4.75
现金流入流出比	91.46%	108.80%	102.68%
现金比率	22.50%	46.90%	19.57%
成长管理：			
可持续增长率	−12.02%	88.89%	22.76%
主营业务收入增长率	9.45%	95.09%	14.19%
总资产增长率	7.86%	151.11%	4.03%
净利润增长率	−10.90%	68.50%	29.24%
经营活动现金流增长率	−4.14%	31.92%	74.71%
每股盈余增长率	−54.55%	38.32%	35.06%
价值创造与分配：			
EVA	5454.78	7242.81	7936.78
EVA率	5.46%	7.57%	19.55%
每股盈利（EPS）（元）	0.16	0.35	0.34
每股股利（DPS）（元）	0.03	0.07	0.11
股利支付率	20.65%	18.84%	33.10%

附表 3-11　日本 KDDI 关键绩效指标一览表（2009~2011 年）

单位：百万元人民币	日本 KDDI-11		
	2011 年	2010 年	2009 年
投资经营效果：			
主营业务收入	289708	279091	279709
总资产	324737	307075	310376
EBITDA	73682	76085	75349
EBITDA 率	25.43%	27.26%	26.94%
员工人数	19680	18418	18301
人均 EBITDA	3.74	4.13	4.12
净利润	19352	20731	17289
净利润率	6.68%	7.43%	6.18%
总资产报酬率（ROA）	12.30%	6.75%	5.57%
净资产报酬率（ROE）	11.21%	11.75%	10.24%
资本性支出（CAPEX）	34193	36055	42093
CAPEX 占收比	11.80%	12.92%	15.05%
融资管理效率：			
资产负债率	46.84%	42.53%	45.58%
流动比率	135.24%	153.49%	117.97%
利息保障倍数	38.06	34.39	36.75
折旧与摊销	33892	36512	37456
股息	5328	4997	4703
内部融资额	58571	62240	59448
成本费用管理：			
总资产周转率	0.89	0.91	0.90
固定资产周转率	1.90	1.83	1.77
应收账款周转率	4.32	5.64	5.93
坏账发生率	1.78%	2.21%	2.31%
折旧摊销率	11.70%	13.08%	13.39%
付现成本率	74.93%	73.18%	73.71%
营销、一般及管理费用率	18.69%	19.01%	20.40%
现金管理：			
经营活动净现金流	58872	58292	60132
每股经营活动净现金流（元）	14339	13286	13500
自由现金流（FCF）	19577	22493	−14988
自由现金流占收比	6.76%	8.06%	−5.36%
销售现金比率	20.32%	20.89%	21.50%
资产现金回收率	18.13%	18.98%	19.37%
现金流量经营充足率	−25.39	3.73	−26.74
现金流入流出比	102.24%	99.97%	94.84%
现金比率	20.72%	26.33%	22.46%
成长管理：			
可持续增长率	−2.20%	4.88%	5.81%
主营业务收入增长率	4.00%	−0.22%	−1.58%
总资产增长率	5.96%	−1.06%	11.38%
净利润增长率	−6.47%	19.91%	−4.48%

续表

单位：百万元人民币	日本 KDDI-11		
	2011 年	2010 年	2009 年
经营活动现金流增长率	1.19%	-3.06%	3.90%
每股盈余增长率	-0.06%	21.73%	-4.41%
价值创造与分配：			
EVA	-5988	-4681	-7933
EVA 率	-2.28%	-1.79%	-3.08%
每股盈利（EPS）（元）	4713	4725	3882
每股股利（DPS）（元）	1298	1138	1056
股利支付率	27.53%	24.00%	27.00%

附表 3-12　中国电信关键绩效指标一览表（2009~2011 年）

单位：百万元人民币	中国电信-12		
	2011 年	2010 年	2009 年
投资经营效果：			
主营业务收入	67929	219864	209370
总资产	419115	407355	426520
EBITDA	94266	88495	83284
EBITDA 率	38.45%	40.25%	39.78%
员工人数	309799	312322	312520
人均 EBITDA	0.30	0.28	0.27
净利润	16341	15888	14626
净利润率	6.67%	7.23%	6.99%
总资产报酬率（ROA）	3.90%	3.90%	3.43%
净资产报酬率（ROE）	6.36%	6.85%	6.57%
资本性支出（CAPEX）	49551	43037	38042
CAPEX 占收比	20.22%	19.57%	18.17%
融资管理效率：			
资产负债率	38.71%	43.06%	47.81%
流动比率	46.82%	43.53%	42.47%
利息保障倍数	9.12	9.71	6.57
折旧与摊销	51224	51656	52243
股息	5763	5778	6076
内部融资额	73148	73322	72945
成本费用管理：			
总资产周转率	0.58	0.54	0.49
固定资产周转率	0.91	0.80	0.73
应收账款周转率	13.27	12.69	12.01
坏账发生率	12.09%	10.46%	10.62%
折旧摊销率	20.90%	23.49%	24.95%
付现成本率	69.25%	65.58%	64.23%
营销、一般及管理费用率	19.89%	19.16%	19.35%
现金管理：			
经营活动净现金流	73006	75571	74988
每股经营活动净现金流（元）	0.90	0.93	0.93

续表

单位：百万元人民币	中国电信-12		
	2011年	2010年	2009年
自由现金流（FCF）	23455	27107	31159
自由现金流占收比	9.57%	12.33%	14.88%
销售现金比率	29.79%	34.37%	35.82%
资产现金回收率	17.42%	18.55%	17.58%
现金流量经营充足率	18.27	6.95	1.94
现金流入流出比	123.77%	109.91%	120.00%
现金比率	22.93%	21.90%	24.56%
成长管理：			
可持续增长率	4.37%	4.20%	3.76%
主营业务收入增长率	11.45%	5.01%	12.25%
总资产增长率	2.89%	−4.49%	−3.14%
净利润增长率	2.85%	8.63%	1393.97%
经营活动现金流增长率	−3.39%	0.78%	−2.30%
每股盈余增长率	5.26%	5.56%	1700.00%
价值创造与分配：			
EVA	−11411	−13468	−12240
EVA率	−3.88%	−4.20%	−4.06%
每股盈利（EPS）（元）	0.20	0.19	0.18
每股股利（DPS）（元）	0.085	0.085	0.085
股利支付率	42.50%	45.00%	47.00%

附表 3-13 意大利电信关键绩效指标一览表（2009~2011 年）

单位：百万元人民币	意大利电信-13		
	2011年	2010年	2009年
投资经营效果：			
主营业务收入	244524	242804	239211
总资产	684499	784932	758953
EBITDA	102684	100500	97884
EBITDA率	41.99%	41.39%	40.92%
员工人数	84154	84200	71384
人均EBITDA	1.22	1.19	1.37
净利润	−34936	31457	14055
净利润率	−14.29%	12.96%	5.88%
总资产报酬率（ROA）	−5.10%	4.01%	1.85%
净资产报酬率（ROE）	−16.03%	10.95%	5.88%
资本性支出（CAPEX）	49750	40360	40008
CAPEX占收比	20.35%	16.62%	16.72%
融资管理效率：			
资产负债率	68.17%	63.41%	68.53%
流动比率	95.08%	88.42%	91.84%
利息保障倍数	1.59	2.76	2.58
折旧与摊销	44845	48850	48885
股息	6771	10251	9273

续表

单位：百万元人民币	意大利电信-13		
	2011年	2010年	2009年
内部融资额	3139	70056	53667
成本费用管理：			
总资产周转率	0.36	0.31	0.32
固定资产周转率	2.02	1.96	2.13
应收账款周转率	5.49	4.30	5.27
坏账发生率	13.41%	12.03%	13.74%
折旧摊销率	18.34%	20.12%	20.44%
付现成本率	36.76%	40.91%	41.52%
营销、一般及管理费用率	—	—	—
现金管理：			
经营活动净现金流	69479	60527	48216
每股经营活动净现金流（元）	3.60	3.14	2.51
自由现金流（FCF）	19729	20167	8208
自由现金流占收比	8.07%	8.31%	3.43%
销售现金比率	28.41%	24.93%	20.16%
资产现金回收率	10.15%	7.71%	6.35%
现金流量经营充足率	5.23	−13.19	2.03
现金流入流出比	1.08	0.99	1.00
现金比率	47.00%	30.58%	30.10%
成长管理：			
可持续增长率	4.42%	20.24%	3.01%
主营业务收入增长率	−6.04%	1.50%	−6.33%
总资产增长率	−4.12%	3.42%	0.62%
净利润增长率	−61.93%	123.81%	−26.72%
经营活动现金流增长率	10.07%	25.53%	−33.72%
每股盈余增长率	−66.67%	100.00%	−27.27%
价值创造与分配：			
EVA	−82050	−2188	−19126
EVA率	−14.08%	−0.32%	−2.97%
每股盈利（EPS）（元）	1.96	1.41	0.70
每股股利（DPS）（元）	0.35	0.51	0.44
股利支付率	17.92%	36.25%	62.50%

附表3-14 日本Softbank关键绩效指标一览表（2009~2011年）

单位：百万元人民币	日本Softbank-14		
	2011年	2010年	2009年
投资经营效果：			
主营业务收入	259718	244157	224554
总资产	397366	378324	362653
EBITDA	82212	75631	64003
EBITDA率	31.65%	30.98%	28.50%
员工人数	22710	21799	21885
人均EBITDA	3.62	3.47	2.92

续表

单位：百万元人民币	日本 Softbank-14		
	2011年	2010年	2009年
净利润	25445	15416	7859
净利润率	9.80%	6.31%	3.50%
总资产报酬率（ROA）	6.40%	4.07%	2.17%
净资产报酬率（ROE）	21.85%	21.57%	10.03%
资本性支出（CAPEX）	41878	34177	18114
CAPEX 占收比	16.12%	14.00%	8.07%
融资管理效率：			
资产负债率	70.70%	81.11%	78.40%
流动比率	99.31%	113.27%	122.89%
利息保障倍数	11.16	6.79	4.89
折旧与摊销	22369	18278	19823
股息	3564	440	440
内部融资额	44251	34134	28122
成本费用管理：			
总资产周转率	0.65	0.65	0.62
固定资产周转率	2.47	2.70	2.91
应收账款周转率	5.13	4.83	3.53
坏账发生率	5.58%	5.48%	4.02%
折旧摊销率	8.61%	7.49%	8.83%
付现成本率	37.78%	38.23%	39.18%
营销、一般及管理费用率	32.52%	33.34%	35.14%
现金管理：			
经营活动净现金流	60032	67108	54286
每股经营活动净现金流（元）	54.65	62.00	50.17
自由现金流（FCF）	29567	45618	31764
自由现金流占收比	11.38%	18.68%	14.15%
销售现金比率	23.11%	27.49%	24.17%
资产现金回收率	15.11%	17.74%	14.97%
现金流量经营充足率	−3.20	−8.48	4.61
现金流入流出比	1.29	1.25	1.53
现金比率	87.31%	96.24%	109.38%
成长管理：			
可持续增长率	63.21%	−8.75%	16.87%
主营业务收入增长率	6.58%	8.73%	3.38%
总资产增长率	5.24%	4.32%	1.74%
净利润增长率	65.38%	96.15%	124.02%
经营活动现金流增长率	−10.37%	23.62%	49.17%
每股盈余增长率	63.04%	96.08%	123.75%
价值创造与分配：			
EVA	1200	−6867	−14198
EVA 率	0.43%	−2.41%	−4.94%
每股盈利（EPS）（元）	23.18	14.24	7.26
每股股利（DPS）（元）	3.24	0.41	0.41
股利支付率	14.00%	2.85%	5.59%

附表 3-15 法国 Vivendi 关键绩效指标一览表（2009~2011 年）

单位：百万元人民币	法国 Vivendi-15		
	2011 年	2010 年	2009 年
投资经营效果：			
主营业务收入	235186	254314	238938
总资产	454806	519522	511878
EBITDA	69324	73173	67660
EBITDA 率	29.48%	28.77%	28.32%
员工人数	51272	54561	48210
人均 EBITDA	1.35	1.34	1.40
净利润	30422	31016	18370
净利润率	12.94%	12.20%	7.69%
总资产报酬率（ROA）	6.69%	5.97%	3.59%
净资产报酬率（ROE）	16.89%	12.50%	8.03%
资本性支出（CAPEX）	27263	29563	22562
CAPEX 占收比	11.59%	11.62%	9.44%
融资管理效率：			
资产负债率	60.39%	52.24%	55.29%
流动比率	71.49%	69.38%	64.02%
利息保障倍数	10.65	9.35	7.89
折旧与摊销	28087	30277	33879
股息	14129	15156	14434
内部融资额	44380	76449	66683
成本费用管理：			
总资产周转率	0.52	0.49	0.47
固定资产周转率	3.20	3.51	3.74
应收账款周转率	6.43	6.39	6.07
坏账发生率	26.82%	21.40%	19.62%
折旧摊销率	11.94%	11.91%	14.18%
付现成本率	38.00%	38.52%	36.05%
营销、一般及管理费用率	30.93%	31.37%	32.08%
现金管理：			
经营活动净现金流	56011	61346	64745
每股经营活动净现金流（元）	44.89	49.78	53.81
自由现金流（FCF）	28748	31783	42183
自由现金流占收比	12.22%	12.50%	17.65%
销售现金比率	23.82%	24.12%	27.10%
资产现金回收率	12.32%	11.81%	12.65%
现金流量经营充足率	11.73	5.82	-1.96
现金流入流出比	115.16%	99.00%	77.99%
现金比率	18.28%	17.66%	17.36%
成长管理：			
可持续增长率	-21.66%	8.41%	-2.40%
主营业务收入增长率	-0.23%	6.44%	6.85%
总资产增长率	-5.55%	1.49%	2.88%
净利润增长率	5.82%	68.84%	-43.61%

续表

单位：百万元人民币	法国 Vivendi-15		
	2011 年	2010 年	2009 年
经营活动现金流增长率	-1.49%	-5.25%	28.04%
每股盈余增长率	21.35%	157.97%	-69.06%
价值创造与分配：			
EVA	212	-3979	-16913
EVA 率	0.064%	-1.04%	-4.42%
每股盈利（EPS）（元）	17.63	15.68	6.08
每股股利（DPS）（元）	8.163	12.33	12.33
股利支付率	46%	79%	203%

附表 3-16 中国联通关键绩效指标一览表（2009~2011 年）

单位：百万元人民币	中国联通-16		
	2011 年	2010 年	2009 年
投资经营效果：			
主营业务收入	215519	176168	158369
总资产	458524	443466	419232
EBITDA	63213	59630	60090
EBITDA 率	29.33%	33.85%	37.94%
员工人数	215954	215815	216772
人均 EBITDA	0.29	0.28	0.28
净利润	4188	3671	9374
净利润率	1.94%	2.08%	5.92%
总资产报酬率（ROA）	0.91%	0.83%	2.24%
净资产报酬率（ROE）	2.01%	1.76%	4.49%
资本性支出（CAPEX）	76660	70190	112470
CAPEX 占收比	35.57%	39.84%	71.02%
融资管理效率：			
资产负债率	54.50%	53.06%	50.18%
流动比率	18.21%	21.37%	15.39%
利息保障倍数	3.43	2.71	8.48
折旧与摊销	55216	54786	47898
股息	710	555	1136
内部融资额	58694	57902	56135
成本费用管理：			
总资产周转率	0.47	0.40	0.38
固定资产周转率	0.66	0.58	0.56
应收账款周转率	17.33	16.93	16.04
坏账发生率	22.23%	27.84%	29.54%
折旧摊销率	25.62%	31.10%	30.24%
付现成本率	46.03%	64.52%	61.41%
营销、一般及管理费用率	21.78%	22.62%	22.10%
现金管理：			
经营活动净现金流	69453	68210	59309
每股经营活动净现金流（元）	3.28	3.22	2.80

续表

单位：百万元人民币	中国联通-16		
	2011年	2010年	2009年
自由现金流（FCF）	−7207	−1980	−53160
自由现金流占收比	−3.34%	−1.12%	−33.57%
销售现金比率	32.23%	38.72%	37.45%
资产现金回收率	15.15%	15.38%	14.15%
现金流量经营充足率	−3.65	5.13	−0.74
现金流入流出比	0.98	1.04	0.99
现金比率	7.23%	11.52%	4.42%
成长管理：			
可持续增长率	0.21%	−0.32%	−0.07%
主营业务收入增长率	22.34%	11.24%	3.67%
总资产增长率	3.40%	5.78%	20.80%
净利润增长率	14.07%	−60.84%	−72.21%
经营活动现金流增长率	1.82%	15.01%	−1.28%
每股盈余增长率	15.03%	−60.88%	−8.07%
价值创造与分配：			
EVA	−17219	−17673	−13601
EVA率	−7.71%	−9.64%	−5.74%
每股盈利（EPS）（元）	0.07	0.06	0.15
每股股利（DPS）（元）	0.03	0.03	0.05
股利支付率	50.29%	44.91%	36.22%

附表3-17　英国电信关键绩效指标一览表（2009~2011年）

单位：百万元人民币	英国电信-17		
	2011年	2010年	2009年
投资经营效果：			
主营业务收入	183520	205141	228990
总资产	232573	240536	314849
EBITDA	57308	56783	56668
EBITDA率	31.23%	27.68%	24.75%
员工人数	90700	94600	101700
人均EBITDA	0.63	0.60	0.56
净利润	19452	15368	11296
净利润率	10.60%	7.49%	4.93%
总资产报酬率（ROA）	8.36%	6.39%	3.59%
净资产报酬率（ROE）	153.13%	77.09%	−39.19%
资本性支出（CAPEX）	25037	26465	27807
CAPEX占收比	13.64%	12.90%	12.14%
融资管理效率：			
资产负债率	94.54%	91.71%	109.16%
流动比率	48.96%	55.91%	60.32%
利息保障倍数	6.05	2.91	2.35
折旧与摊销	28863	30440	33362
股息	5720	1901	1954

续表

单位：百万元人民币	英国电信-17		
	2011年	2010年	2009年
内部融资额	48315	47709	46613
成本费用管理：			
总资产周转率	0.79	0.85	0.73
固定资产周转率	1.31	1.37	1.40
应收账款周转率	10.68	11.49	10.77
坏账发生率	8.22%	9.83%	6.29%
折旧摊销率	15.73%	14.84%	14.57%
付现成本率	70.77%	74.18%	77.07%
营销、一般及管理费用率	6.85%	6.89%	6.83%
现金管理：			
经营活动净现金流	36516	46656	52969
每股经营活动净现金流（元）	4.47	6.03	6.81
自由现金流（FCF）	11479	20549	21220
自由现金流占收比	6.25%	10.02%	9.27%
销售现金比率	19.90%	22.74%	23.13%
资产现金回收率	15.70%	19.40%	16.82%
现金流量经营充足率	−2.31	4.41	−4.85
现金流入流出比	1.26	0.93	1.02
现金比率	3.58%	4.99%	13.93%
成长管理：			
可持续增长率	−32.96%	−174.30%	−1653.85%
主营业务收入增长率	−5.87%	−3.75%	−2.48%
总资产增长率	1.73%	−17.92%	−2.03%
净利润增长率	33.18%	46.16%	638.74%
经营活动现金流增长率	−17.65%	−5.37%	2.53%
每股盈余增长率	32.99%	45.86%	−632.00%
价值创造与分配：			
EVA	1049	5937	−1844
EVA率	1.90%	3.59%	−0.81%
每股盈利（EPS）（元）	2.51	1.98	1.46
每股股利（DPS）（元）	0.23	0.25	0.25
股利支付率	9.30%	12.00%	17.00%

附表3-18 美国 DirectTV Group 关键绩效指标一览表（2009~2011年）

单位：百万元人民币	美国 DirectTVGroup-18		
	2011年	2010年	2009年
投资经营效果：			
主营业务收入	171524	159620	142819
总资产	116065	118606	120931
EBITDA	44705	43399	32431
EBITDA率	26.06%	27.19%	22.71%
员工人数	26000	23541	21800
人均EBITDA	1.72	1.84	1.49

续表

单位：百万元人民币	美国 DirectTVGroup-18		
	2011 年	2010 年	2009 年
净利润	16437	14557	6239
净利润率	9.58%	9.12%	4.37%
总资产报酬率（ROA）	14.16%	12.27%	5.16%
净资产报酬率（ROE）	-83.97%	-1132.99%	32.36%
资本性支出（CAPEX）	19971	16000	13716
CAPEX 占收比	11.64%	10.02%	9.60%
融资管理效率：			
资产负债率	116.86%	101.08%	84.06%
流动比率	89.42%	95.57%	88.67%
利息保障倍数	6.22	7.31	5.34
折旧与摊销	14799	16438	17484
股息	0	0	0
内部融资额	31235	30994	23723
成本费用管理：			
总资产周转率	1.48	1.35	1.18
固定资产周转率	6.05	5.80	5.71
应收账款周转率	11.00	12.04	13.27
坏账发生率	3.09%	3.66%	3.33%
折旧摊销率	8.63%	10.30%	12.24%
付现成本率	74.37%	73.54%	75.36%
营销、一般及管理费用率	23.11%	23.21%	24.68%
现金管理：			
经营活动净现金流	32666	34478	29345
每股经营活动净现金流（元）	43.73	39.18	29.79
自由现金流（FCF）	12695	18477	15630
自由现金流占收比	7.40%	11.58%	10.94%
销售现金比率	19.04%	21.60%	20.55%
资产现金回收率	28.14%	29.07%	24.27%
现金流量经营充足率	-17.00	11.59	-4.01
现金流入流出比	0.89	0.83	1.16
现金比率	18.41%	33.75%	45.69%
成长管理：			
可持续增长率	15.01%	-106.66%	-40.02%
主营业务收入增长率	12.96%	11.76%	9.51%
总资产增长率	2.87%	-1.92%	10.41%
净利润增长率	18.70%	133.33%	-38.07%
经营活动现金流增长率	-0.40%	17.49%	13.32%
每股盈余增长率	51.08%	140.63%	-29.93%
价值创造与分配：			
EVA	11603	8600	-769
EVA 率	14.02%	9.86%	-0.84%
每股盈利（EPS）（元）	21.99	15.30	6.36
每股股利（DPS）（元）	0	0	0
股利支付率	0	0	0

附表 3-19 澳大利亚电信关键绩效指标一览表（2009~2011 年）

单位：百万元人民币	澳大利亚电信-19		
	2011 年	2010 年	2009 年
投资经营效果：			
主营业务收入	159841	162392	161253
总资产	322623	245358	254217
EBITDA	64483	65693	70197
EBITDA 率	40.34%	40.45%	43.53%
员工人数	39972	35790	41690
人均 EBITDA	1.61	1.84	1.68
净利润	21574	21033	25498
净利润率	13.50%	12.95%	15.81%
总资产报酬率（ROA）	6.69%	8.57%	10.03%
净资产报酬率（ROE）	29.29%	26.44%	30.29%
资本性支出（CAPEX）	22627	22068	22463
CAPEX 占收比	14.16%	13.59%	13.93%
融资管理效率：			
资产负债率	70.43%	67.58%	66.89%
流动比率	93.13%	87.29%	82.76%
利息保障倍数	5.83	4.80	6.14
折旧与摊销	27800	28857	28126
股息	21887	22489	22482
内部融资额	27487	27401	31141
成本费用管理：			
总资产周转率	0.50	0.66	0.63
固定资产周转率	1.24	1.15	1.09
应收账款周转率	8.01	8.07	8.44
坏账发生率	6.22%	6.88%	7.26%
折旧摊销率	17.39%	17.77%	17.44%
付现成本率	22.97%	42.62%	39.48%
营销、一般及管理费用率	5.17%	3.59%	3.73%
现金管理：			
经营活动净现金流	58447	51889	62716
每股经营活动净现金流（元）	4.71	4.19	5.06
自由现金流（FCF）	35821	35445	40286
自由现金流占收比	22.41%	21.83%	24.98%
销售现金比率	36.57%	31.95%	38.89%
资产现金回收率	18.12%	21.15%	24.67%
现金流量经营充足率	26.43	19.46	153.83
现金流入流出比	1.04	1.04	1.03
现金比率	36.92%	30.80%	22.23%
成长管理：			
可持续增长率	-4.91%	-5.50%	2.58%
主营业务收入增长率	1.10%	0.71%	-2.31%
总资产增长率	4.25%	-3.49%	-1.70%
净利润增长率	5.35%	-17.51%	-3.34%

续表

单位：百万元人民币	澳大利亚电信-19		
	2011年	2010年	2009年
经营活动现金流增长率	15.69%	-17.26%	7.70%
每股盈余增长率	5.36%	-16.88%	-4.56%
价值创造与分配：			
EVA	6274	6243	8725
EVA率	3.22%	3.08%	4.07%
每股盈利（EPS）（元）	1.73	1.69	2.03
每股股利（DPS）（元）	1.76	1.81	1.81
股利支付率	101.82%	107.28%	89.17%

附表3-20 韩国SK电讯关键绩效指标一览表（2009~2011年）

单位：百万元人民币	韩国SK电讯-20		
	2011年	2010年	2009年
投资经营效果：			
主营业务收入	94235	90416	78814
总资产	643453	598796	496600
EBITDA	29250	27704	23078
EBITDA率	31.04%	30.64%	29.28%
员工人数	20955	20143	10714
人均EBITDA	1.37	1.39	2.14
净利润	9325	7599	5716
净利润率	9.90%	8.40%	7.25%
总资产报酬率（ROA）	6.49%	5.73%	4.55%
净资产报酬率（ROE）	12.43%	10.40%	8.55%
资本性支出（CAPEX）	17450	13572	11709
CAPEX占收比	18.52%	15.01%	14.86%
融资管理效率：			
资产负债率	47.74%	44.91%	46.81%
流动比率	91.67%	117.88%	130.15%
利息保障倍数	8.35	9.95	11.88
折旧与摊销	14633	16804	14798
股息	3909	3959	3683
内部融资额	20049	20444	16830
成本费用管理：			
总资产周转率	0.66	0.68	0.63
固定资产周转率	1.77	1.96	1.78
应收账款周转率	5.85	3.44	3.57
坏账发生率	3.54%	1.78%	4.90%
折旧摊销率	15.53%	18.59%	18.78%
付现成本率	71.14%	68.83%	68.32%
营销、一般及管理费用率	—	—	—
现金管理：			
经营活动净现金流	37170	23554	15883
每股经营活动净现金流（元）	526.52	327.43	219.52

续表

单位：百万元人民币	韩国SK电讯-20		
	2011年	2010年	2009年
自由现金流（FCF）	19720	9982	4174
自由现金流占收比	20.93%	11.04%	5.30%
销售现金比率	39.44%	26.05%	20.15%
资产现金回收率	25.88%	17.75%	12.64%
现金流量经营充足率	−3.85	−11.02	3.94
现金流入流出比	1.12	0.97	0.99
现金比率	40.83%	29.64%	34.37%
成长管理：			
可持续增长率	−0.42%	4.04%	9.49%
主营业务收入增长率	1.09%	9.15%	12.59%
总资产增长率	4.98%	0.46%	11.99%
净利润增长率	19.02%	26.49%	17.74%
经营活动现金流增长率	53.06%	41.09%	−3.51%
每股盈余增长率	21.29%	27.20%	18.43%
价值创造与分配：			
EVA	−607	−1463	−3005
EVA率	−0.53%	−1.35%	−2.86%
每股盈利（EPS）（元）	132.06	105.63	79.01
每股股利（DPS）（元）	55.38	55.03	50.91
股利支付率	41.92%	52.10%	64.44%

附录四
全球电信运营企业及LOGO

欧洲：

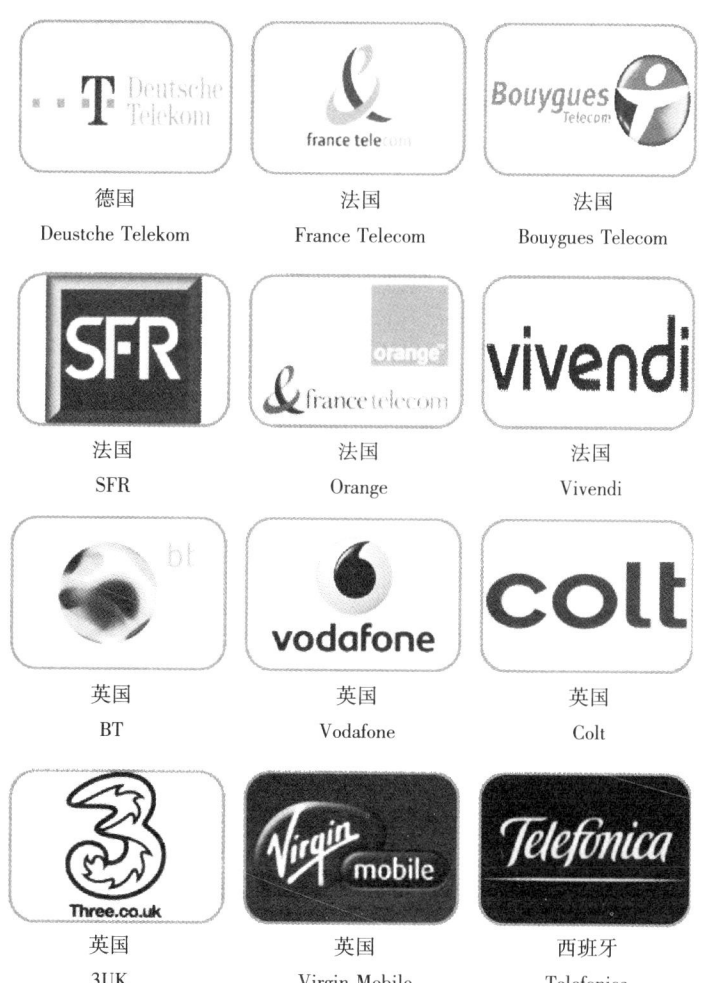

| 西班牙 | 芬兰 | 瑞典 |
| Movistar | Sonera | Telia |

| 意大利 | 荷兰 | 俄罗斯 |
| Telecom Italy | KPN Telecom | Golden Telecom |

| 奥地利 | 葡萄牙 |
| A1 | Portugal Telecom |

亚洲：

| 中国 | 中国 | 中国 |
| 中国移动 | 中国联通 | 中国电信 |

| 韩国 | 韩国 | 韩国 |
| SK Telecom | KT | LG Telecom |

| 韩国 | 日本 | 日本 |
| KTF | NTT | Softbank |

第四部分 附录篇——统计公报、绩效指标和网络就绪度

日本
KDDI

日本
NTT DOCOMO

新加坡
Sing Telecom

新加坡
Starhub

印度
BSNL

印度
Bharti Airtel

印度尼西亚
Telkomsel

印度尼西亚
Satelindo

土耳其
TURKCELL

香港地区
PCCW

香港地区
New World Pcs

香港地区
China Motion

香港地区
和记黄埔

台湾地区
TCC

台湾地区
Chungwha Telecom

台湾地区
远传电信

黎巴嫩
LibanCell

大洋洲：

澳大利亚
Telstra

新西兰
Telecom New Zealand

美洲：

美国
AT&T

美国
Sprint Nextel

美国
Verizon

美国
Direct TV Group

美国
Comcast

美国
Bell South

美国
Qwest

加拿大
Bell Canade Enterprise

墨西哥
América Móvil

墨西哥
Telmex

拉丁美洲：

巴西
Vivo

非洲：

肯尼亚　　　　　　肯尼亚　　　　　　肯尼亚
Safaricom　　　　　Celtel　　　　　　Telekom Kenya

附录五
2011~2012 年全球网络就绪度指数排名

自 21 世纪初以来,世界经济论坛(WEF)与欧洲工商管理学院(INSEAD)合作致力于共同研究信息通信技术(ICT)对生产力的影响,每年定期发布全球信息技术报告。2011~2012 年报告,通过网络就绪度指数(NRI)来衡量全球 142 个经济体利用 ICT 增强竞争力的程度,NRI 已经成为政策制定者及相关利益者了解国家经济优势与劣势的重要工具。世界经济论坛组织著名学者、政策制定者、ICT 产业代表等来自不同领域的专家,通过不断修正,形成了 NRI 体系框架。

一 网络就绪度框架体系

世界经济论坛与欧洲工商管理学院合作形成的 NRI 指标体系,由 4 个二级指标和 10 个三级指标构成,如附图 5-1 所示。

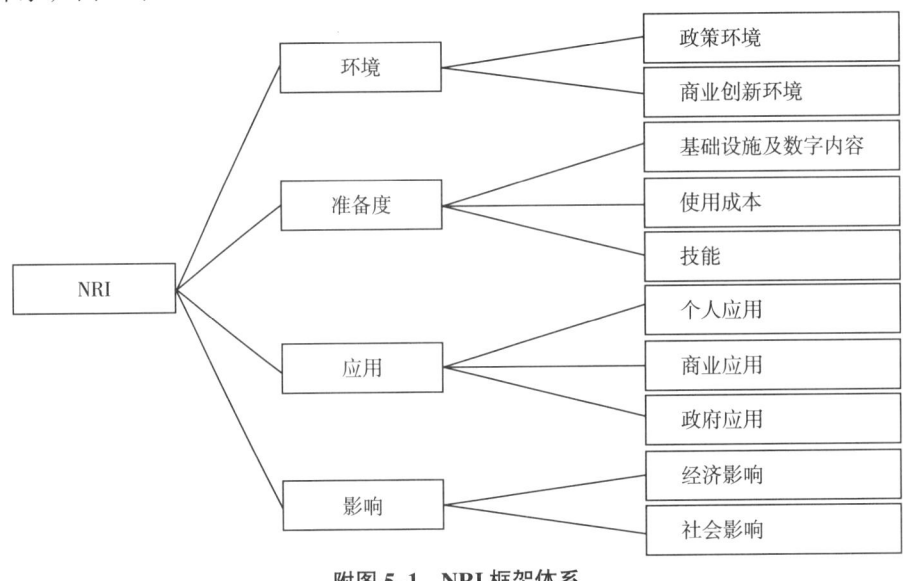

附图 5-1　NRI 框架体系

二 2011~2012 年全球网络就绪度排名

2011~2012 年，全球 NRI 排名的数据和资料来源于国际电联、联合国、世界银行等国际性组织，以及由国际经济论坛每年组织的调研数据。全球 NRI 排名如附表 5-1 所示。

附表 5-1 2011~2012 年 NRI 综合排名

排名	国家/经济体	得分	排名	国家/经济体	得分
1	瑞典	5.94	35	巴巴多斯	4.61
2	新加坡	5.86	36	波多黎各	4.59
3	芬兰	5.81	37	斯洛文尼亚	4.58
4	丹麦	5.70	38	西班牙	4.54
5	瑞士	5.61	39	智利	4.44
6	荷兰	5.60	40	阿曼	4.35
7	挪威	5.59	41	拉脱维亚	4.35
8	美国	5.56	42	捷克	4.33
9	加拿大	5.51	43	匈牙利	4.30
10	英国	5.50	44	乌拉圭	4.28
11	中国台湾	5.48	45	克罗地亚	4.22
12	韩国	5.47	46	黑山	4.22
13	中国香港	5.46	47	约旦	4.17
14	新西兰	5.36	48	意大利	4.17
15	冰岛	5.33	49	波兰	4.16
16	德国	5.32	50	突尼斯	4.12
17	澳大利亚	5.29	51	中国	4.11
18	日本	5.25	52	土耳其	4.07
19	奥地利	5.25	53	毛里求斯	4.06
20	以色列	5.24	54	文莱	4.04
21	卢森堡	5.22	55	哈萨克斯坦	4.03
22	比利时	5.13	56	俄罗斯联邦	4.02
23	法国	5.12	57	巴拿马	4.01
24	爱沙尼亚	5.09	58	哥斯达黎加	4.00
25	爱尔兰	5.02	59	希腊	3.99
26	马耳他	4.91	60	特立尼达和多巴哥	3.98
27	巴林	4.90	61	阿塞拜疆	3.95
28	卡塔尔	4.81	62	科威特	3.95
29	马来西亚	4.80	63	蒙古国	3.95
30	阿联酋	4.77	64	斯洛伐克共和国	3.94
31	立陶宛	4.66	65	巴西	3.92
32	塞浦路斯	4.66	66	马其顿	3.91
33	葡萄牙	4.63	67	罗马尼亚	3.90
34	沙特阿拉伯	4.62	68	阿尔巴尼亚	3.89

续表

排名	国家/经济体	得分	排名	国家/经济体	得分
69	印度	3.89	106	秘鲁	3.34
70	保加利亚	3.89	107	委内瑞拉	3.32
71	斯里兰卡	3.88	108	柬埔寨	3.32
72	南非	3.87	109	赞比亚	3.26
73	哥伦比亚	3.87	110	乌干达	3.25
74	牙买加	3.86	111	巴拉圭	3.25
75	乌克兰	3.85	112	尼日利亚	3.22
76	墨西哥	3.82	113	孟加拉国	3.20
77	泰国	3.78	114	塔吉克斯坦	3.19
78	摩尔多瓦	3.78	115	吉尔吉斯斯坦	3.13
79	埃及	3.77	116	马拉维	3.05
80	印度尼西亚	3.75	117	贝宁	3.05
81	佛得角	3.71	118	阿尔及利亚	3.01
82	卢旺达	3.70	119	伯利兹	3.01
83	越南	3.70	120	莫桑比克	2.99
84	波黑	3.65	121	苏里南	2.99
85	塞尔维亚	3.64	122	科特迪瓦	2.98
86	菲律宾	3.64	123	坦桑尼亚	2.95
87	多米尼加	3.60	124	津巴布韦	2.94
88	格鲁吉亚	3.60	125	喀麦隆	2.93
89	博茨瓦纳	3.58	126	马里	2.93
90	圭亚那	3.58	127	玻利维亚	2.92
91	摩洛哥	3.56	128	尼泊尔	2.92
92	阿根廷	3.52	129	叙利亚	2.85
93	肯尼亚	3.51	130	埃塞俄比亚	2.85
94	亚美尼亚	3.49	131	尼加拉瓜	2.84
95	黎巴嫩	3.49	132	东帝汶	2.84
96	厄瓜多尔	3.46	133	莱索托	2.78
97	加纳	3.44	134	马达加斯加	2.73
98	危地马拉	3.43	135	布基纳法索	2.72
99	洪都拉斯	3.43	136	斯威士兰	2.70
100	塞内加尔	3.42	137	布隆迪	2.57
101	冈比亚	3.41	138	乍得	2.55
102	巴基斯坦	3.39	139	毛里塔尼亚	2.55
103	萨尔瓦多	3.38	140	安哥拉	2.49
104	伊朗	3.36	141	也门	2.41
105	纳米比亚	3.35	142	海地	2.27

附表 5-2 环境分指标及三级指标排名

环境分类指数			政策环境		商业创新环境	
排名	国家/经济体	得分	排名	得分	排名	得分
1	新加坡	5.73	1	5.96	1	5.51
2	芬兰	5.56	4	5.80	4	5.32
3	瑞典	5.51	2	5.86	11	5.15
4	新西兰	5.48	3	5.84	14	5.12
5	丹麦	5.44	6	5.63	7	5.24
6	瑞士	5.37	7	5.61	13	5.13
7	中国香港	5.34	15	5.32	3	5.36
8	加拿大	5.33	12	5.36	5	5.30
9	荷兰	5.33	8	5.55	17	5.10
10	挪威	5.32	9	5.53	16	5.12
11	英国	5.28	10	5.51	20	5.05
12	澳大利亚	5.28	11	5.48	18	5.07
13	卢森堡	5.27	5	5.79	27	4.75
14	美国	5.11	21	4.99	9	5.22
15	卡塔尔	5.10	27	4.82	2	5.37
16	冰岛	5.02	22	4.98	19	5.06
17	沙特阿拉伯	5.00	29	4.75	8	5.24
18	德国	4.99	13	5.34	32	4.63
19	以色列	4.98	28	4.79	10	5.16
20	爱尔兰	4.95	18	5.16	28	4.75
21	奥地利	4.93	14	5.33	37	4.53
22	比利时	4.93	26	4.84	21	5.01
23	马来西亚	4.92	24	4.87	24	4.97
24	中国台湾	4.88	37	4.47	6	5.28
25	法国	4.87	17	5.17	33	4.57
26	日本	4.85	16	5.18	39	4.53
27	巴林	4.84	35	4.53	12	5.14
28	阿联酋	4.83	31	4.66	22	5.00
29	巴巴多斯	4.82	20	5.09	35	4.55
30	智利	4.72	38	4.45	23	4.99
31	塞浦路斯	4.69	36	4.53	25	4.86
32	爱沙尼亚	4.69	25	4.85	36	4.54
33	卢旺达	4.66	19	5.10	57	4.22
34	南非	4.65	23	4.92	50	4.37
35	韩国	4.63	43	4.14	15	5.12
36	阿曼	4.63	34	4.59	31	4.67
37	马耳他	4.60	30	4.68	41	4.51
38	葡萄牙	4.47	42	4.20	29	4.74
39	波多黎各	4.42	41	4.33	40	4.52
40	西班牙	4.39	44	4.12	30	4.67
41	毛里求斯	4.38	39	4.36	46	4.40
42	斯洛文尼亚	4.34	57	3.88	26	4.81
43	乌拉圭	4.22	50	4.01	45	4.42

续表

环境分类指数			政策环境		商业创新环境	
排名	国家/经济体	得分	排名	得分	排名	得分
44	纳米比亚	4.22	33	4.60	87	3.83
45	匈牙利	4.19	45	4.10	52	4.27
46	立陶宛	4.17	53	3.95	49	4.39
47	黑山	4.17	61	3.80	38	4.53
48	约旦	4.16	58	3.87	43	4.45
49	拉脱维亚	4.14	59	3.87	44	4.42
50	捷克	4.11	51	4.00	59	4.21
51	赞比亚	4.10	70	3.66	34	4.55
52	博茨瓦纳	4.10	40	4.33	79	3.88
53	土耳其	4.06	62	3.80	51	4.33
54	冈比亚	4.06	32	4.61	117	3.51
55	突尼斯	4.02	49	4.02	67	4.03
56	科威特	3.99	60	3.81	61	4.17
57	文莱	3.99	48	4.03	76	3.95
58	波兰	3.98	66	3.75	58	4.22
59	泰国	3.96	69	3.67	54	4.24
60	马其顿	3.95	83	3.51	47	4.40
61	巴拿马	3.95	84	3.51	48	4.39
62	牙买加	3.93	56	3.91	75	3.95
63	加纳	3.89	55	3.94	82	3.85
64	中国	3.88	46	4.07	105	3.69
65	佛得角	3.88	54	3.95	90	3.80
66	摩洛哥	3.86	68	3.68	66	4.04
67	斯洛伐克	3.86	74	3.63	65	4.09
68	克罗地亚	3.85	80	3.53	62	4.17
69	希腊	3.85	87	3.49	60	4.21
70	马拉维	3.80	47	4.05	114	3.56
71	斯里兰卡	3.79	64	3.75	85	3.84
72	印度尼西亚	3.79	88	3.48	64	4.09
73	保加利亚	3.78	99	3.30	53	4.27
74	格鲁吉亚	3.77	98	3.31	55	4.23
75	意大利	3.75	85	3.50	70	3.99
76	特立尼达和多巴哥	3.73	90	3.48	72	3.99
77	阿塞拜疆	3.73	75	3.60	80	3.86
78	印度	3.72	71	3.65	91	3.80
79	墨西哥	3.72	86	3.50	77	3.94
80	伊朗	3.71	78	3.57	81	3.85
81	哈萨克斯坦	3.70	92	3.42	71	3.99
82	阿尔巴尼亚	3.70	89	3.48	78	3.92
83	罗马尼亚	3.69	95	3.37	68	4.02
84	埃塞俄比亚	3.69	72	3.64	99	3.75
85	埃及	3.68	76	3.59	94	3.76
86	圭亚那	3.67	81	3.52	88	3.81

续表

环境分类指数			政策环境		商业创新环境	
排名	国家/经济体	得分	排名	得分	排名	得分
87	塔吉克斯坦	3.67	52	3.97	128	3.36
88	塞内加尔	3.66	106	3.18	63	4.15
89	柬埔寨	3.66	73	3.64	106	3.69
90	哥斯达黎加	3.66	67	3.70	108	3.62

附表 5-3 准备度分指标及三级指标排名

准备度分类指数			基础设施与数字内容		使用成本		技能	
排名	国家/经济体	得分	排名	得分	排名	得分	排名	得分
1	冰岛	6.52	2	6.89	4	6.48	7	6.18
2	芬兰	6.50	5	6.82	16	6.17	1	6.51
3	瑞典	6.44	1	6.90	7	6.38	12	6.03
4	加拿大	6.35	3	6.84	21	6.03	5	6.19
5	美国	6.26	6	6.80	10	6.34	32	5.65
6	挪威	6.17	4	6.83	20	6.04	34	5.65
7	瑞士	6.13	8	6.49	48	5.55	4	6.34
8	新加坡	6.06	20	5.88	29	5.84	2	6.46
9	丹麦	6.04	15	6.07	18	6.13	14	5.93
10	奥地利	5.99	12	6.20	24	5.99	24	5.79
11	荷兰	5.98	10	6.26	47	5.57	8	6.12
12	新西兰	5.96	9	6.40	63	5.31	6	6.18
13	英国	5.96	11	6.21	27	5.85	21	5.81
14	中国台湾	5.95	19	5.92	30	5.83	9	6.11
15	塞浦路斯	5.93	23	5.71	14	6.21	17	5.85
16	中国香港	5.90	28	5.48	5	6.40	23	5.81
17	德国	5.88	14	6.09	38	5.72	20	5.82
18	爱尔兰	5.86	17	6.02	44	5.64	15	5.92
19	卢森堡	5.86	13	6.17	36	5.74	31	5.66
20	比利时	5.83	21	5.80	68	5.25	3	6.42
21	马耳他	5.73	16	6.05	65	5.29	19	5.83
22	立陶宛	5.69	35	5.00	6	6.40	30	5.67
23	爱沙尼亚	5.67	24	5.69	54	5.48	18	5.83
24	韩国	5.64	18	5.98	70	5.22	27	5.72
25	巴林	5.54	31	5.20	31	5.83	36	5.60
26	澳大利亚	5.53	7	6.60	100	3.97	11	6.03
27	日本	5.52	22	5.72	78	5.03	22	5.81
28	法国	5.51	30	5.42	69	5.24	16	5.88
29	拉脱维亚	5.44	47	4.68	13	6.23	43	5.40
30	斯洛文尼亚	5.43	29	5.43	71	5.20	29	5.67
31	克罗地亚	5.41	45	4.72	19	6.08	42	5.43
32	俄罗斯联邦	5.41	40	4.84	17	6.16	53	5.22
33	乌克兰	5.34	74	3.76	2	6.76	39	5.51
34	以色列	5.32	38	4.86	32	5.81	48	5.29
35	意大利	5.30	43	4.78	28	5.85	51	5.28

续表

准备度分类指数			基础设施与数字内容		使用成本		技能	
排名	国家/经济体	得分	排名	得分	排名	得分	排名	得分
36	阿联酋	5.29	25	5.65	92	4.70	38	5.53
37	葡萄牙	5.28	34	5.02	40	5.70	59	5.12
38	波兰	5.25	41	4.78	50	5.53	41	5.43
39	波多黎各	5.24	53	4.55	11	6.33	78	4.84
40	蒙古国	5.22	64	4.22	3	6.52	71	4.92
41	摩尔多瓦	5.22	63	4.26	8	6.36	65	5.03
42	罗马尼亚	5.19	51	4.56	37	5.73	46	5.30
43	特立尼达和多巴哥	5.19	44	4.73	64	5.30	37	5.53
44	希腊	5.17	42	4.78	49	5.54	55	5.19
45	捷克共和国	5.16	26	5.49	93	4.65	44	5.34
46	沙特阿拉伯	5.14	36	4.99	85	4.81	35	5.61
47	约旦	5.10	79	3.66	9	6.35	49	5.29
48	科威特	5.09	37	4.93	62	5.32	66	5.02
49	匈牙利	5.08	61	4.32	55	5.47	40	5.46
50	波斯尼亚和黑塞哥维那	5.07	62	4.26	45	5.64	45	5.30
51	巴巴多斯	5.06	33	5.13	102	3.97	10	6.09
52	哈萨克斯坦	5.06	71	3.88	15	6.18	60	5.12
53	黑山	5.05	46	4.68	87	4.80	28	5.68
54	哥斯达黎加	5.05	77	3.68	35	5.76	26	5.72
55	马来西亚	5.03	65	4.12	41	5.69	47	5.29
56	西班牙	4.99	32	5.17	90	4.73	64	5.07
57	塞尔维亚	4.97	56	4.40	59	5.39	61	5.11
58	毛里求斯	4.95	73	3.78	23	6.00	63	5.08
59	卡塔尔	4.93	27	5.48	111	3.33	13	5.98
60	土耳其	4.86	52	4.55	53	5.48	92	4.54
61	阿塞拜疆	4.86	72	3.78	25	5.98	82	4.81
62	牙买加	4.82	54	4.46	61	5.35	90	4.65
63	乌拉圭	4.81	49	4.65	83	4.92	76	4.87
64	印度	4.79	100	3.16	1	6.94	100	4.27
65	阿尔巴尼亚	4.78	75	3.74	57	5.43	56	5.18
66	中国	4.78	87	3.49	42	5.67	57	5.18
67	斯里兰卡	4.78	102	3.12	22	6.02	54	5.20
68	突尼斯	4.76	70	3.91	73	5.16	52	5.22
69	巴拿马	4.74	55	4.43	39	5.72	102	4.09
70	阿曼	4.74	69	3.99	82	4.94	50	5.28
71	智利	4.71	50	4.59	89	4.74	83	4.79
72	巴西	4.66	68	4.00	67	5.27	86	4.72
73	保加利亚	4.65	39	4.86	98	4.12	70	4.98
74	印度尼西亚	4.63	103	3.11	34	5.78	69	4.99
75	泰国	4.58	107	3.06	33	5.80	74	4.87
76	墨西哥	4.57	81	3.62	52	5.50	91	4.59
77	菲律宾	4.57	80	3.66	72	5.18	77	4.86
78	马其顿	4.55	59	4.36	96	4.29	68	5.00

续表

准备度分类指数			基础设施与数字内容		使用成本		技能	
排名	国家/经济体	得分	排名	得分	排名	得分	排名	得分
79	埃及	4.54	89	3.43	12	6.30	108	3.87
80	委内瑞拉	4.47	83	3.54	60	5.37	93	4.52
81	圭亚那	4.44	92	3.35	66	5.28	88	4.68
82	巴拉圭	4.44	67	4.01	56	5.44	109	3.86
83	斯洛伐克共和国	4.43	57	4.38	104	3.91	67	5.01
84	阿根廷	4.38	58	4.37	103	3.93	80	4.83
85	哥伦比亚	4.37	88	3.47	95	4.49	58	5.15
86	越南	4.36	101	3.12	76	5.07	73	4.89
87	文莱	4.34	48	4.66	135	2.58	25	5.78
88	阿尔及利亚	4.33	105	3.08	51	5.52	97	4.40
89	黎巴嫩	4.31	95	3.22	99	4.06	33	5.65
90	亚美尼亚	4.26	85	3.52	97	4.19	62	5.09

附表 5-4 应用分指标及三级指标排名

应用分类指数			个人应用		商业应用		政府应用	
排名	国家/经济体	得分	排名	得分	排名	得分	排名	得分
1	瑞典	5.92	1	6.33	1	6.22	10	5.21
2	韩国	5.84	2	6.27	12	5.36	1	5.90
3	丹麦	5.77	4	6.22	4	5.96	12	5.15
4	芬兰	5.66	5	6.15	5	5.96	17	4.88
5	新加坡	5.60	10	5.79	14	5.25	2	5.78
6	挪威	5.59	3	6.23	9	5.46	13	5.08
7	瑞士	5.54	6	5.95	2	6.13	35	4.55
8	日本	5.51	13	5.61	3	6.09	21	4.83
9	荷兰	5.46	11	5.78	8	5.75	19	4.84
10	美国	5.45	18	5.37	10	5.45	5	5.52
11	英国	5.41	8	5.88	16	5.09	7	5.27
12	以色列	5.36	15	5.53	7	5.80	24	4.74
13	德国	5.33	14	5.53	6	5.86	30	4.61
14	中国台湾	5.31	28	4.92	13	5.31	3	5.70
15	卢森堡	5.26	7	5.91	18	5.03	20	4.83
16	中国香港	5.22	12	5.64	20	4.99	15	5.03
17	澳大利亚	5.19	16	5.48	22	4.82	8	5.26
18	加拿大	5.11	20	5.29	23	4.78	9	5.24
19	冰岛	5.10	9	5.83	15	5.11	42	4.35
20	奥地利	5.07	17	5.37	11	5.39	39	4.43
21	法国	5.06	21	5.27	17	5.07	18	4.86
22	新西兰	5.04	19	5.34	24	4.73	14	5.04
23	比利时	4.91	23	5.15	19	5.03	34	4.56
24	爱沙尼亚	4.80	22	5.17	28	4.35	16	4.89
25	卡塔尔	4.79	26	5.07	26	4.54	22	4.78
26	巴林	4.77	30	4.78	39	3.94	4	5.59
27	马耳他	4.69	27	4.94	35	3.98	11	5.16

续表

应用分类指数			个人应用		商业应用		政府应用	
排名	国家/经济体	得分	排名	得分	排名	得分	排名	得分
28	爱尔兰	4.66	25	5.08	25	4.66	47	4.26
29	马来西亚	4.60	47	4.01	27	4.43	6	5.35
30	阿联酋	4.52	31	4.77	30	4.20	32	4.59
31	葡萄牙	4.47	35	4.67	36	3.98	23	4.75
32	西班牙	4.34	34	4.70	40	3.89	40	4.43
33	沙特阿拉伯	4.33	44	4.08	31	4.20	25	4.70
34	巴巴多斯	4.30	24	5.08	41	3.88	61	3.94
35	立陶宛	4.28	32	4.76	38	3.94	49	4.13
36	波多黎各	4.26	53	3.86	21	4.84	54	4.07
37	斯洛文尼亚	4.24	33	4.76	32	4.15	69	3.81
38	捷克共和国	4.15	38	4.57	29	4.20	77	3.69
39	智利	4.12	55	3.80	42	3.88	26	4.69
40	阿曼	4.12	51	3.90	46	3.82	29	4.65
41	文莱	4.10	39	4.57	61	3.61	50	4.12
42	匈牙利	4.06	41	4.53	54	3.70	60	3.95
43	乌拉圭	4.01	48	3.98	64	3.55	36	4.49
44	拉脱维亚	3.98	42	4.51	52	3.73	76	3.70
45	意大利	3.95	29	4.79	45	3.82	113	3.24
46	塞浦路斯	3.91	45	4.06	50	3.74	62	3.94
47	克罗地亚	3.90	36	4.58	79	3.48	82	3.64
48	斯洛伐克共和国	3.89	37	4.58	55	3.67	100	3.42
49	波兰	3.88	40	4.55	58	3.65	99	3.43
50	黑山	3.84	50	3.91	70	3.51	53	4.09
51	中国	3.82	82	2.92	37	3.97	33	4.58
52	特立尼达和多巴哥	3.79	43	4.26	81	3.46	81	3.65
53	突尼斯	3.78	78	2.95	51	3.74	27	4.67
54	巴西	3.78	66	3.34	33	4.04	59	3.97
55	约旦	3.77	67	3.31	69	3.52	37	4.48
56	巴拿马	3.76	64	3.42	48	3.79	55	4.07
57	阿塞拜疆	3.73	70	3.25	72	3.51	38	4.44
58	哥伦比亚	3.72	76	2.99	71	3.51	28	4.65
59	土耳其	3.69	62	3.45	57	3.65	58	3.98
60	俄罗斯联邦	3.69	52	3.90	83	3.43	71	3.73
61	马其顿	3.68	46	4.03	113	3.12	63	3.90
62	阿尔巴尼亚	3.66	59	3.58	74	3.51	64	3.90
63	哥斯达黎加	3.64	65	3.34	43	3.86	74	3.72
64	毛里求斯	3.61	73	3.15	62	3.60	52	4.10
65	哈萨克斯坦	3.61	74	3.09	93	3.34	41	4.39
66	希腊	3.55	49	3.96	97	3.30	102	3.39
67	科威特	3.55	60	3.55	80	3.47	84	3.63
68	保加利亚	3.54	56	3.79	101	3.23	87	3.60
69	越南	3.52	80	2.94	78	3.48	48	4.14
70	罗马尼亚	3.50	54	3.80	91	3.34	105	3.36

续表

应用分类指数			个人应用		商业应用		政府应用	
排名	国家/经济体	得分	排名	得分	排名	得分	排名	得分
71	斯里兰卡	3.47	107	2.24	44	3.84	43	4.32
72	墨西哥	3.45	77	2.98	75	3.50	66	3.87
73	摩洛哥	3.44	69	3.25	92	3.34	70	3.75
74	埃及	3.42	79	2.95	103	3.23	51	4.10
75	蒙古国	3.40	101	2.46	84	3.43	44	4.32
76	南非	3.38	96	2.57	34	4.01	89	3.55
77	阿根廷	3.38	58	3.59	86	3.42	119	3.12
78	印度	3.36	117	2.01	47	3.81	46	4.26
79	牙买加	3.36	84	2.87	67	3.53	78	3.68
80	佛得角	3.35	94	2.61	110	3.16	45	4.29
81	秘鲁	3.34	85	2.87	85	3.43	73	3.72
82	多米尼加	3.33	87	2.78	95	3.33	65	3.88
83	泰国	3.32	90	2.73	60	3.63	86	3.61
84	乌克兰	3.31	72	3.16	76	3.49	111	3.28
85	印度尼西亚	3.28	103	2.39	49	3.76	75	3.70
86	菲律宾	3.28	95	2.61	63	3.58	79	3.66
87	卢旺达	3.28	133	1.69	66	3.53	31	4.61
88	塞内加尔	3.24	115	2.11	59	3.64	57	3.98
89	亚美尼亚	3.24	75	3.04	104	3.21	95	3.47
90	摩尔多瓦	3.24	71	3.20	120	3.04	94	3.48

附表 5-5　影响分指标及三级指标排名

影响分类指数			经济影响		社会影响	
排名	国家/经济体	得分	排名	得分	排名	得分
1	新加坡	6.03	2	6.14	3	5.91
2	瑞典	5.90	1	6.15	6	5.64
3	中国台湾	5.78	7	5.61	2	5.95
4	韩国	5.76	12	5.31	1	6.21
5	荷兰	5.64	4	5.89	13	5.40
6	丹麦	5.53	8	5.48	7	5.58
7	芬兰	5.50	5	5.84	18	5.17
8	美国	5.42	9	5.47	14	5.38
9	瑞士	5.42	3	5.92	25	4.92
10	中国香港	5.37	16	5.05	5	5.69
11	英国	5.35	14	5.18	9	5.52
12	以色列	5.29	6	5.70	28	4.88
13	挪威	5.28	11	5.33	17	5.24
14	加拿大	5.23	17	5.02	11	5.45
15	爱沙尼亚	5.21	21	4.65	4	5.77
16	澳大利亚	5.16	20	4.75	8	5.57
17	日本	5.13	10	5.37	26	4.90
18	德国	5.10	13	5.31	27	4.89
19	法国	5.03	15	5.08	23	4.98

续表

影响分类指数			经济影响		社会影响	
排名	国家/经济体	得分	排名	得分	排名	得分
20	奥地利	5.02	19	4.76	16	5.29
21	新西兰	4.98	25	4.50	10	5.45
22	比利时	4.86	22	4.65	20	5.08
23	冰岛	4.67	23	4.58	32	4.77
24	马来西亚	4.64	31	3.97	15	5.31
25	马耳他	4.61	28	4.11	19	5.12
26	爱尔兰	4.58	18	4.82	41	4.34
27	立陶宛	4.52	30	4.07	24	4.96
28	卢森堡	4.50	27	4.28	34	4.72
29	波多黎各	4.45	24	4.50	39	4.40
30	巴林	4.44	54	3.44	12	5.44
31	西班牙	4.44	33	3.86	22	5.02
32	卡塔尔	4.43	34	3.81	21	5.05
33	阿联酋	4.42	29	4.09	33	4.76
34	斯洛文尼亚	4.32	32	3.87	31	4.77
35	葡萄牙	4.30	37	3.74	29	4.87
36	巴巴多斯	4.26	26	4.32	44	4.20
37	智利	4.21	35	3.78	36	4.63
38	塞浦路斯	4.11	43	3.59	37	4.63
39	乌拉圭	4.08	47	3.51	35	4.65
40	沙特阿拉伯	4.01	40	3.64	40	4.37
41	中国	3.96	79	3.15	30	4.77
42	阿曼	3.92	55	3.44	38	4.41
43	捷克共和国	3.91	38	3.71	48	4.10
44	突尼斯	3.90	51	3.46	42	4.33
45	匈牙利	3.87	44	3.56	45	4.18
46	拉脱维亚	3.83	42	3.62	53	4.04
47	黑山	3.80	39	3.70	57	3.91
48	哥伦比亚	3.76	58	3.36	47	4.15
49	哈萨克斯坦	3.73	80	3.15	43	4.31
50	文莱	3.73	64	3.28	46	4.18
51	克罗地亚	3.71	61	3.33	50	4.09
52	印度	3.70	41	3.64	65	3.76
53	巴西	3.70	52	3.46	54	3.93
54	意大利	3.68	36	3.74	74	3.62
55	土耳其	3.67	67	3.27	52	4.07
56	卢旺达	3.67	50	3.49	60	3.85
57	约旦	3.66	70	3.23	49	4.10
58	哥斯达黎加	3.66	45	3.55	63	3.77
59	肯尼亚	3.59	56	3.41	64	3.77
60	保加利亚	3.59	69	3.26	55	3.92
61	巴拿马	3.58	65	3.28	59	3.88
62	蒙古国	3.56	84	3.04	51	4.09

续表

排名	影响分类指数 国家/经济体	得分	经济影响 排名	得分	社会影响 排名	得分
63	斯洛伐克共和国	3.56	49	3.50	72	3.62
64	塞内加尔	3.56	46	3.53	79	3.58
65	墨西哥	3.56	71	3.22	58	3.89
66	波兰	3.53	57	3.37	68	3.69
67	危地马拉	3.52	48	3.51	81	3.54
68	佛得角	3.50	74	3.20	62	3.79
69	斯里兰卡	3.49	63	3.30	70	3.68
70	阿塞拜疆	3.48	68	3.27	67	3.70
71	马其顿	3.45	87	2.99	56	3.91
72	阿尔巴尼亚	3.44	75	3.18	69	3.69
73	俄罗斯联邦	3.43	53	3.45	89	3.41
74	埃及	3.43	62	3.33	83	3.52
75	乌克兰	3.42	66	3.28	80	3.56
76	秘鲁	3.41	72	3.22	75	3.61
77	希腊	3.40	73	3.21	77	3.59
78	冈比亚	3.37	78	3.16	78	3.58
79	越南	3.33	102	2.85	61	3.81
80	多米尼加	3.33	76	3.16	86	3.50
81	南非	3.32	59	3.36	98	3.29
82	牙买加	3.32	81	3.13	84	3.51
83	毛里求斯	3.29	83	3.06	82	3.53
84	菲律宾	3.29	77	3.16	88	3.42
85	泰国	3.28	96	2.93	71	3.64
86	印度尼西亚	3.28	106	2.84	66	3.72
87	格鲁吉亚	3.26	100	2.91	73	3.62
88	尼日利亚	3.25	60	3.33	102	3.16
89	摩尔多瓦	3.21	91	2.98	87	3.44
90	罗马尼亚	3.21	98	2.92	85	3.50

三 中国网络就绪度排名情况

中国NRI在2011~2012年排名中位列第51位，位居金砖四国之首，如附表5-6所示。

附表 5-6　2011~2012 中国网络就绪度各项指标排名情况

一级指标及排名		二级指标及排名		三级指标及排名	
2012 年网络就绪度	51	环境	64	政策环境	46
				商业创新环境	105
		准备度	66	基础设施及数字内容	87
				使用成本	42
				技能	57
		应用	51	个人应用	82
				商业应用	37
				政府应用	33
		影响	41	经济影响	79
				社会影响	30

资料来源：The Global Information Technology Report 2012：Living in a Hyperconnected World，April 2012 by World Economic Forum and INSEAD.

后 记

《全球电信运营企业发展报告2011~2012：价值创造与可持续发展》的编写始自2012年初，顺利完成和出版得到了中国社会科学院、工业和信息化部、北京邮电大学、中国移动、中国电信、中国联通等机构的积极支持。全国人大常委会委员、中国社会科学院原副院长陈佳贵，工业和信息化部党组成员、总工程师朱宏任联袂担任专家委员会主任，对报告的编写进行指导，并为本年度报告撰写了序言；来自学术界的知名专家和部分企业的领导组成的专家委员会，对报告的编写思路和框架设计提出了宝贵建议，并给予了大力支持和帮助，在此一并表示诚挚的感谢。

专家委员会和编写委员会的各位成员为报告的策划和编写付出了辛勤的努力，北京邮电大学的何瑛负责设计了报告的整体框架、研究思路与方法、篇章结构和具体内容，并审阅全部稿件。本年度报告的主要内容包括四个部分。其中，第一部分（专题篇）包括一份总报告和五份分报告，由何瑛、东娇、周访、郝雪阳负责执笔，基础数据的计算由郝雪阳、周访、李娇、黄洁、孔静敏、孙睿子等研究生负责，并负责数据的最后审校。第二部分（报告篇）包括12家电信运营企业的可持续发展报告。由李娇、黄洁、孔静敏、孙睿子、郝雪阳、周访等研究生执笔，赵育梅、郝雪阳、周访、白瑞花、申兵、李玲、赵立等负责审校。第三部分（指标篇）呈现全球电信运营企业关键绩效指标概览，由黄洁、孔静敏等研究生执笔，王晨、苑占伟、潘教建、任睿等负责审校。第四部分（附录篇）由李娇、黄洁、孔静敏等负责整理，王萌、罗海虹等负责审校。经济管理出版社的张艳和陈力主任为本报告的顺利出版做了大量的工作，付出了辛勤的劳动。报告的撰写还参考了许多国内外研究文献和研究报告，在此一并表示感谢！

《全球电信运营企业发展报告2011~2012：价值创造与可持续发展》是在《全球电信运营企业发展报告2010~2011：财务竞争力与可持续发展》的基础上完成的。由于受到时间、成本、经验、资料来源等方面的限制，该著作难免有偏颇或疏漏之处，报告中使用了大量的英文资料，欠妥之处敬请读者批评与指正。报告团队将与电信各界携手前进，共同努力，精益求精，为全球电信运营企业价值管理的研究和信息资源交流奉献更加优秀的著述。

《全球电信运营企业发展报告》

编写委员会

2012 年 10 月